2016년도판 한국영화연감

Korean Film Yearbook 2016

2016 년도판
한국영화연감

영화진흥위원회 엮음

산지니

2016년도판
한국영화연감
통권 제38호

1판 1쇄 발행 2016년 9월 30일

엮은이 영화진흥위원회
부산시 해운대구 센텀중앙로 55 경남정보대 센텀산학캠퍼스 13층, 14층
홈페이지 www.kofic.or.kr

펴낸이 강수걸 **펴낸곳** 산지니
부산광역시 연제구 법원남로15번길 26 위너스빌딩 203호
홈페이지 www.sanzinibook.com

ISBN 978-89-6545-373-4 93680

책값은 뒤표지에 있습니다.
이 도서의 국립중앙도서관 출판예정도서목록(CIP)은 서지정보유통지원시스템
홈페이지(http://seoji.nl.go.kr)와 국가자료공동목록시스템(http://www.nl.go.kr/kolisnet)에서
이용하실 수 있습니다. (CIP제어번호 : CIP2016022506)

차례

표 차례

그림 차례

제1장 2015년 한국 영화산업 결산

1. 2015년 한국 영화산업 개관

2015년 전체 영화산업 직접매출[1]은 2조 1,132억 원으로 2014년 대비 4.2% 증가하면서 2년 연속 2조 원대를 기록하였다. 이는 극장매출 및 디지털 온라인 시장 매출의 증가에 따른 결과이다.

2015년 극장 입장권 매출액은 역대 최대 액수인 1조 7,155억 원으로 2014년 대비 3.1% 증가했다. 관객 수 역시 2014년 대비 1.0% 증가한 2억 1,730만 명에 달해 3년 연속 2억 명을 돌파하며 역대 최다를 기록했다. 이에 따라 인구 1인당 연간 평균 관람횟수[2]는 세계 최고 수준인 4.22회에 달하였다. 한국영화 총 관객 수는 1억 1,294만 명(관객 점유율 52.0%)으로 전년대비 4.9% 증가하였고, 외국영화 총 관객 수는 1억 436만 명(관객 점유율 48.0%)으로 전년대비 2.8% 감소하였다.

그리고 디지털 온라인 시장 규모도 2014년 대비 12.7% 증가한 3,349억 원에 달했다. IPTV 매출액은 2,609억 원으로 전년대비 15.7% 증가하면서 디지털 온라인 시장의 78%를 차지하였고, 인터넷 VOD 매출은 전년대비 16.7% 성장하였다. 2014년 〈겨울왕국〉 매출로 인해 소폭 성장하였던 패키지 시장은 다시 감소세로 접어들었다.

2015년 한국영화 수출실적은 5,550만 불로 전년대비 12% 감소하였다. 완성작 수출액은 2,937만 불로 전년대비 11.3% 증가하였는데, 이는 수출작의 추가수익(오버리지)이 전년대비 62.1% 상승한 결과이다. 서비스 수출액은 2014년 대비 29.8% 감소하면서 2,613만 불로 집계되었으나, 2014년도에는 할리우드 대작 〈어벤져스: 에이지 오브 울트론〉의 국내 로케이션 유치 실적으로 2013년 대비 서비스 수출액이 급증했던 특수성을 고려하고 2013년 서비스 수출액과 비교해보면 상승추세에 있다고 보인다.

2015년은 한국배급사들이 해외진출을 본격화한 해였다. CJ는 원소스멀티테레토리(One Source Multi Territory)를 표방하며 한국영화 〈수상한 그녀〉의 로컬라이징 작품인 〈20세여 다시 한 번〉(중국), 〈내가 니 할매다〉(베트남)를 개봉하여 모두 흥행에 성공하였고, NEW는 중국 화책미디어에서 535억 원의 투자를 받고 '화책합신'이라는 중국합자법인을 설립(2015.10월)하였다. 쇼박스도 중국의 화이브라더스와 독점 파트너십 계약을 체결하고 중국 쇼박스 차이나(2015년 5월)를 설립하는 동시에, 미국 제작사 블룸하우스와 투자사 아이반호와도 공동제작 계약을 체결하고 향후 5년간 최소 6편의 한국어 스릴러/공포 장르 영화를 공동제작하기로 했다. VFX 전문업체인 덱스터스튜디오도 완다그룹과 중국 레노버 계열사 레전드캐피탈에게 각각 1천만 달러, 중국 내 5위권 벤처캐피털인 DT 캐피털파트너스에게도 1백만 달러를 투자받고, 상하이에 덱스터차이나를 설립하며 중국 진출

1) 영화진흥위원회에서 매년 영화산업결산 시 집계하는 영화산업 매출은 영화상영관통합전산망 기준 극장매출액과 디지털온라인 시장 매출액, 해외매출액(완성작 수출+서비스 수출)을 합산한 수치다.

2) 글로벌 산업정보조사 기관인 IHS 자료에 따르면, 2014년도 인구 1인당 연평균 관람횟수는 아이슬란드가 4.0회, 싱가포르 3.9회, 미국 3.6회, 호주 3.3회, 그리고 프랑스가 3.1회로 수위권을 형성하고 있다.

을 본격화 했다.

한편, 2015년 한국영화 투자 수익률은 -7.2%를 기록했다.

〈표 Ⅰ-1-1〉 연도별 한국 영화산업 주요 통계지표

연도			2006	2007	2008	2009	2010	2011	2012	2013	2014	2015
관객 수 (만 명)	총 관객 수		15,341	15,878	15,083	15,696	14,918	15,972	19,489	21,335	21,507	21,730
	증감률		5.4%	3.5%	-5.0%	4.1%	-5.0%	7.1%	22.0%	9.5%	0.8%	1.0%
	한국영화		9,791	7,939	6,355	7,641	6,940	8,287	11,461	12,729	10,770	11,294
	증감률		14.6%	-18.9%	-20.0%	20.2%	-9.2%	19.4%	38.3%	11.1%	-15.4%	4.9%
	점유율		63.8%	50.0%	42.1%	48.7%	46.5%	51.9%	58.8%	59.7%	50.1%	52.0%
	외국영화		5,550	7,939	8,728	8,055	7,978	7,685	8,028	8,606	10,736	10,436
	증감률		-7.6%	43.0%	9.9%	-7.7%	-1.0%	-3.7%	4.5%	7.2%	24.8%	-2.8%
	점유율		36.2%	50.0%	57.9%	51.3%	53.5%	48.1%	41.2%	40.3%	49.9%	48.0%
개봉편수 (편)	한국영화		108	112	108	118	140	150	175	183	217	232
	외국영화		237	281	272	243	286	289	456	722	878	945
전국 스크린 수 (개)			1,880	1,975	2,004	2,055	2,003	1,974	2,081	2,184	2,281	2,424
1인당 관람횟수 (회)			3.13	3.22	3.04	3.15	2.92	3.15	3.83	4.17	4.19	4.22
한국영화 투자수익률			-24.5%	-40.5%	-43.5%	-13.1%	-11.0%	-14.7%	13.3%	14.1%	0.3%	-7.2%
영화산업 매출 (억 원)	극장 매출		9,257	9,918	9,794	10,941	11,684	12,358	14,551	15,513	16,641	17,155
	부가 시장		3,900	2,750	2,224	888	1,109	1,709	2,158	2,676	2,971	3,349
	해외 매출	(억 원)	268	267	230	155	462	382	414	651	664	628
		(만 불)*	2,451	2,440	2,104	1,412	4,222	3,487	3,782	5,946	6,308	5,550
	계		13,425	12,935	12,248	11,984	13,255	14,449	17,123	18,840	20,276	21,132

• 해외수출액 원화 환산 시 적용 환율은 1USD=1,131.49원(2015년 평균 매매기준율 적용)

2. 극장 관객 수와 매출액

2015년 극장을 찾은 관객 수는 2억 1,730만 명으로 전년대비 1% 증가하였다. 2013년 2억 명 관객 수를 돌파한 이후로 그 증가세는 감소하였으나, 여전히 역대 최다 관객 수를 갱신하고 있다. 한국영화 관객 수는 1억 1,294만 명으로 전년대비 4.9% 증가하여 4년 연속 1억 명을 웃돌며 안정적으로 관객층을 형성하고 있고, 외국영화 관객 수는 1억 436만 명으로 전년대비 2.8% 감소하였다. 한국영화 관객점유율은 52%, 외국영화 점유율은 48%를 기록하였다.

인구 1인당 연평균 관람횟수는 4.22회로 최고 기록을 갱신하였다. 글로벌 산업정보조사 기관인 IHS 자료에 따르면, 2014년도 인구 1인당 연평균 관람횟수는 아이슬란드가 4.0회, 싱가포르 3.9회, 미국 3.6회, 호주 3.3회, 그리고 프랑스가 3.1회로 우리나라의 1인당 연평균 극장 관람횟수는 2년 연속 세계 최고 수준을 유지하고 있다.

〈표 I-2-1〉 연도별 한국 · 외국영화 관객 수, 관객 점유율, 1인당 관람횟수

구분	한국영화			외국영화			총 관객 수 (만 명)	1인당 관람횟수 (회)
	관객 수 (만 명)	점유율 (%)	1인당 관람횟수 (회)	관객 수 (만 명)	점유율 (%)	1인당 관람횟수 (회)		
2006	9,791	63.8	2.00	5,549	36.2	1.13	15,341	3.13
2007	7,939	50.0	1.61	7,938	50.0	1.61	15,877	3.22
2008	6,354	42.1	1.28	8,729	57.9	1.76	15,083	3.04
2009	7,641	48.7	1.54	8,055	51.3	1.62	15,696	3.15
2010	6,940	46.5	1.37	7,978	53.5	1.58	14,918	2.92
2011	8,287	51.9	1.63	7,686	48.1	1.52	15,972	3.15
2012	11,461	58.8	2.25	8,028	41.2	1.58	19,489	3.83
2013	12,729	59.7	2.49	8,606	40.3	1.69	21,335	4.17
2014	10,770	50.1	2.10	10,737	49.9	2.09	21,507	4.19
2015	11,294	52.0	2.19	10,436	48.0	2.02	21,730	4.22

그림 Ⅰ-2-1 연도별 한국 · 외국영화 관객 수

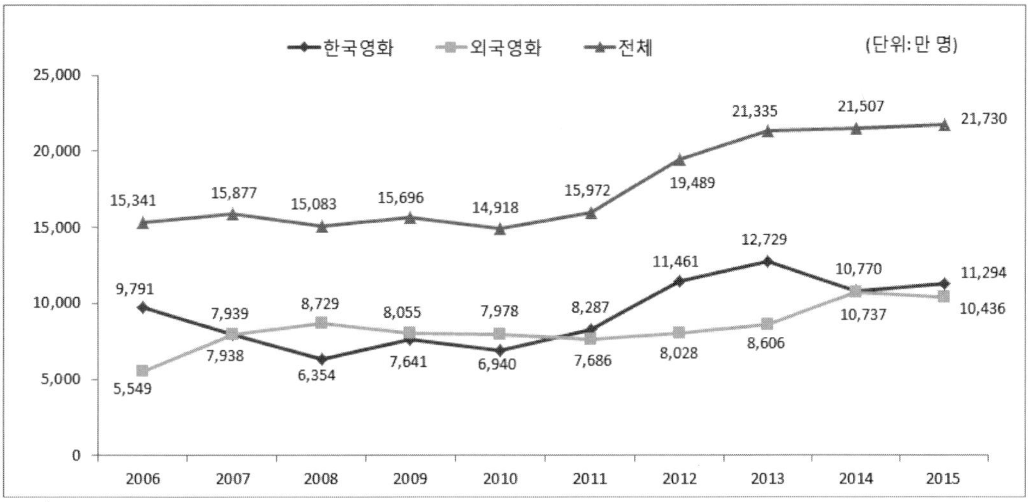

전국 17개 광역단체별 연간 극장 관객 수를 보면 서울지역 관객 수가 전국 관객 수의 27.2%인 5,913만 명으로 가장 많았다. 그리고 경기도가 4,925만 명으로 그 뒤를 이었고, 부산광역시가 1,691만 명의 관객 수로 세 번째를 차지했다.

한편, 광역단체별 인구 1인당 관람횟수도 서울특별시가 5.9회로 가장 높았다. 그 뒤를 이어 광주광역시가 5.57회를 기록하며 관람횟수 2위를 차지했으며, 대전, 대구 순으로 1인당 관람횟수가 높았다. 대도시를 중심으로 영화 관람이 편중된 현상은 매년 이어지고 있으나, 2015년에는 전라남도, 충청남도, 제주도 등의 1인당 관람횟수가 소폭 증가한 것으로 보아 중소도시에서도 영화 관람이 점차 활발해지고 있는 것으로 보인다.

〈표 Ⅰ-2-2〉 2015년 지역별 관객 수, 극장매출, 1인당 관람횟수

지역	관객 수 (명)	관객점유율 (%)	극장매출액 (원)	매출 점유율 (%)	인구수 (명)	1인당 관람횟수(회)
서울	59,131,129	27.2	486,415,699,465	28.4	10,022,181	5.90
경기	49,252,926	22.7	388,949,363,199	22.7	12,522,606	3.93
부산	16,907,521	7.8	132,755,706,697	7.7	3,513,777	4.81
대구	12,403,565	5.7	97,151,058,900	5.7	2,487,829	4.99
경남	11,193,776	5.2	86,891,149,118	5.1	3,364,702	3.32
인천	10,634,584	4.9	84,916,353,500	4.9	2,925,815	3.63
광주	8,194,922	3.8	59,732,050,700	3.5	1,472,199	5.57
대전	7,856,722	3.6	61,133,082,400	3.6	1,518,775	5.17
경북	6,347,384	2.9	49,600,886,800	2.9	2,702,826	2.35
전북	6,680,558	3.1	50,113,897,099	2.9	1,869,711	3.57
충북	5,695,693	2.6	42,781,844,500	2.5	1,583,952	3.60
충남+세종	7,189,004	3.3	54,483,436,700	3.2	2,288,533	3.14
강원	4,972,158	2.3	38,765,015,100	2.3	1,549,507	3.21
울산	4,556,196	2.1	37,971,123,900	2.2	1,173,534	3.88
전남	4,109,176	1.9	27,723,561,300	1.6	1,908,996	2.15
제주	2,174,209	1.0	16,117,342,300	0.9	624,395	3.48
합계	217,299,523	100	1,715,501,571,678	100	51,529,338	4.22

• 인구수는 2015년 12월 31일자 행정자치부 주민등록인구통계(주민등록 인구 및 세대현황) 기준
• 관객 수와 매출액은 영화관입장권 통합전산망 기준
• 충남과 세종시가 분리된 상세 데이터는 '제2장 한국 영화산업 부문별 현황'의 '5. 극장환경'부분 참조

2015년 극장 매출액은 1조 7,155원으로 2014년 대비 3.1% 증가하였다. 한국영화 극장 매출액은 8,797억 원으로 7.2% 증가하였고, 외국영화 극장 매출액은 8,358억 원으로 0.9% 감소하였다. 극장 관객 수 증가폭 대비 극장 매출액 증가폭이 큰 이유는 멀티플렉스의 탄력요금제가 확대되면서 평균 관람료가 상승하였기 때문으로 보인다.

〈표 Ⅰ-2-3〉 연도별 평균 극장 요금

구분	관객 수(만 명)	매출액(억 원)	평균 관람료(원)
2006	15,341	9,256	6,034
2007	15,877	9,918	6,247
2008	15,083	9,794	6,494
2009	15,696	10,940	6,970
2010	14,681	11,514	7,834
2011	15,972	12,362	7,737
2012	19,489	14,551	7,466
2013	21,335	15,513	7,271
2014	21,507	16,642	7,738
2015	21,730	17,155	7,895

3. 박스오피스 월별 점유율

2014년에 이어 2015년에도 '한 해 천만 관객동원 영화 4편'의 기록을 이어갔다. 2014년 연말에 개봉된 〈국제시장〉(2014년 관객 합산 1,426만 명)이 상반기 첫 관객 1천만 명을 넘었고, 외국영화 〈어벤져스: 에이지 오브 울트론〉(1,049만 명)이 '천만 영화' 대열에 합류했으며, 〈암살〉(1,271만 명)과 〈베테랑〉(1,341만 명)이 그 뒤를 이었다. 비수기에 개봉했음에도 불구하고, 개봉 전부터 국내 로케이션 촬영으로 화재를 모았던 〈어벤져스: 에이지 오브 울트론〉(2015.4.23.개봉)을 제외하면 나머지 천만 관객 동원 한국영화 세 편은 2015년 극장가 흥행에서 성수기 시즌(여름, 연말시즌 등)의 수혜를 톡톡히 누린 셈이다.

2015년 극장가 흥행은 상반기는 외국영화가 주도하다가 여름시즌 이후부터는 다시 한국영화가 흥행세를 되찾았다. 2015년 여름 성수기에 개봉한 〈암살〉(7.22.개봉)과 〈베테랑〉(8.5.개봉)은 각각 1,271만 명, 1,341만 명을 동원하며 한국영화 사상 최초로, 한 시즌에 두 편의 '천만 영화'라는 기록을 탄생시켰다. 2014년 여름 〈명량〉(7.30.개봉)이 1,761만 명이라는 이례적인 흥행기록을 보였고 〈해적〉(8.6. 개봉, 867만 명)이 연달아 흥행에 성공하며 여름 성수기 시즌의 최고 기록을 보였는데, 2015년에는 한 시즌에 두 편의 한국영화가 전국 관객 천만을 넘기며, 영화산업에 있어서 시즌 마켓이 더욱 커질 수 있음을 보여주었다. 또한, 2014년 연말시즌에 개봉한 〈국제시장〉(12.17.개봉)이 1,426만 명(2014년 관객 수 535만 명과 합산)을 동원하여 흥행에 성공하였던 것처럼, 2015년 연말시즌에도 흥행 성적이 갈리기는 했지만 〈히말라야〉(12.16.개봉), 〈대호〉(12.16.개봉)와 같은 대작영화들이 개봉되었다.

〈표 I-3-1〉 2015년 월별 관객 수 및 점유율

구분	1월	2월	3월	4월	5월	6월	7월	8월	9월	10월	11월	12월	계
한국영화 관객 수(만 명)	1,402	805	390	326	556	565	1,123	2,109	1,127	640	1,041	1,210	11,294
월별 점유율(%)	62.4	48.3	34.4	25.6	31.5	39.8	47.9	68.2	60.2	42.9	68.2	63.8	
분기별 점유율(%)	51.4			32.4			59.7			58.8			52.0
반기별 점유율(%)	42.5						59.3						
외국영화 관객 수(만 명)	846	862	742	947	1,211	855	1,220	981	746	853	486	687	10,436
월별 점유율(%)	37.6	51.7	65.6	74.4	68.5	60.2	52.1	31.8	39.8	57.1	31.8	36.2	
분기별 점유율(%)	48.6			67.6			40.3			41.2			48.0
반기별 점유율(%)	57.5						40.7						
관객 수 합계(만 명)	2,248	1,667	1,132	1,273	1,767	1,420	2,343	3,090	1,873	1,493	1,527	1,897	21,730

2015년도 전통적인 성수기에 어김없이 많은 영화들이 개봉하였는데, 박스오피스 TOP 10 영화 중 〈킹스맨: 시크릿 에이전트〉는 설 연휴시즌, 〈베테랑〉, 〈암살〉, 〈미션 임파서블: 로그네이션〉은 여름시즌, 〈사도〉는 추석 연휴시즌, 〈국제시장〉은 연말시즌 등의 영화를 들 수 있다. 반면, 〈어벤져스: 에이지 오브 울트론〉, 〈쥬라기 월드〉, 〈연평해전〉, 〈내부자들〉처럼 비수기에 속하는 4월, 6월, 11월에 개봉해서 좋은 흥행 성적을 거둔 영화들도 있다.

2015년 초에는 2014년 개봉작이었던 〈국제시장〉이 2015년 1월에만 721만 명을 동원하여 흥행세를 이어갔다. 한국영화는 〈오늘의 연애〉와 〈강남 1970〉이 각각 189만, 219만 명을 동원하였고, 외국영화는 〈테이큰 3〉와 미국 애니메이션 〈빅 히어로〉가 각각 186만, 280만 명을 동원하였다.

설 연휴시즌 관객을 두고 경쟁을 벌인 주요 작품은 한국영화인 〈조선명탐정: 사라진 놉의 딸〉, 〈쎄시봉〉과 할리우드 작품인 〈킹스맨: 시크릿 에이전트〉였다. 한국영화로는 드물게 시리즈물로 기획되어 설 연휴 전주인 2월 11일에 개봉한 〈조선명탐정: 사라진 놉의 딸〉은 387만 명을 동원하였고, 외국영화인 〈킹스맨: 시크릿 에이전트〉는 613만 명을 동원하며 역대 청소년관람불가 외국영화 흥행 1위를 기록하였다.

비수기에 속하는 3월~6월에는 보통 할리우드 영화가 한국영화보다 더 많은 관객을 동원한다. 2015년 이 시기 최대 흥행작은 〈어벤져스: 에이지 오브 울트론〉으로 2012년에 개봉한 전작 〈어벤져스〉도 707만 명을 기록한 바 있는데다가 한국에서 로케이션 촬영을 해서 개봉 전부터 화제가 되었던 작품이다. 이 작품은 총 1,049만 명을 동원하여 2015년 외국영화 흥행 1위, 역대 외국영화 흥행 2위로 등극하였다.

예년과 마찬가지로 3월~6월에는 〈매드 맥스: 분노의 도로〉(384만 명, 5.14.개봉), 〈쥬라기 월드〉(555만 명, 6.11.개봉), 〈분노의 질주: 더 세븐〉(325만 명, 4.1.개봉)과 같은 할리우드 프랜차이즈 영화들이 좋은 성적을 거두었고, 다양성 영화 〈위플래쉬〉(3.12.개봉)가 159만 명을 동원하였다. 이 시기에 개봉한 한국영화는 〈스물〉(304만 명, 3.25.개봉), 〈연평해전〉(604만 명, 6.24.개봉), 그리고 〈차이나타운〉(147만 명, 4.29.개봉)이 선전했다.

성수기로 접어드는 여름시즌이 시작되는 7월초에는 〈터미네이터 제니시스〉(324만 명, 7.2.개봉), 〈인사이드 아웃〉(497만 명, 7.9.개봉), 이어서 〈미션 임파서블: 로그네이션〉(613만 명, 7.30.개봉) 등의 할리우드 영화들이 흥행하면서 여름시장을 선점하는 듯하였다. 하지만, 그 뒤 7월 22일 개봉한 〈암살〉(1,271만 명)과 8월 5일에 개봉한 〈베테랑〉(1,341만 명) 2편의 한국영화가 모두 천만관객 이상을 동원하는 성과를 올리며 여름시즌 극장가를 더욱 뜨겁게 달궜다. 이 시기에 개봉한 주요 한국영화는 〈미쓰 와이프〉(99만 명, 8.13.개봉), 〈협녀, 칼의 기억〉(43만 명, 8.13.개봉), 〈뷰티 인사이드〉(205만 명, 8.20.개봉)가 있다.

추석시즌 최대 흥행작은 9월 16일 개봉한 〈사도〉(625만 명)였다. 이 시기 외국영화로는 〈앤트맨〉(284만 명, 9.3.개봉), 〈메이즈 러너: 스코치 트라이얼〉(274만 명, 9.16.개봉), 인턴(361만 명, 9.24.개봉)이, 한국영화는 〈탐정: 더 비기닝〉(263만 명, 9.24.개봉)이 흥행했다.

추석시즌 이후 10월~11월은 전통적인 비수기로 주로 할리우드 영화가 큰 성공을 거두는데, 10월 초에 〈마션〉(10.8.개봉)이 488만 명의 관객을 동원하며 좋은 성적을 냈다. 한편, 11월에는 한국영화 〈검은 사제들〉(544만 명, 11.5.개봉)과 〈내부자들〉(722만 명, 〈내부자들: 디 오리지널〉 관객 수 포함, 11.19.개봉) 두 편이 전통적 비수기임에도 불구하고 크게 흥행하기도 하였다.

연말 흥행가는 〈히말라야〉(12.16.개봉)가 2016년 1월 18일 기준으로 747만 명을 모으며 단독으로 주도하였다. 함께 개봉한 한국 블록버스터 〈대호〉(12.16.개봉)는 아쉽게 158만 명(2016년 관객 수 합산 총 176만 명)을 동원하는 것으로 그쳤고 북미 역대 흥행순위 1위에 오른 〈스타워즈: 깨어난 포스〉도 한국에서는 280만 명을 모으는데 그쳤다.

그림 Ⅰ-3-1 2015년 월별 한국 · 외국영화 관객

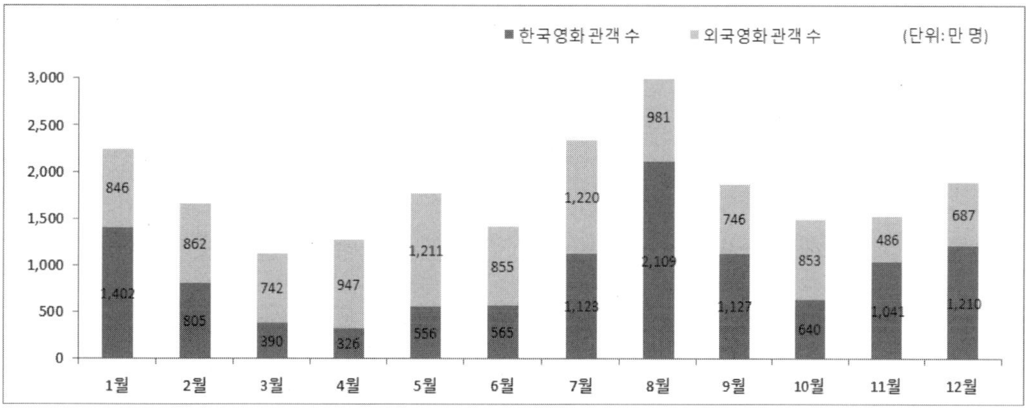

4. 박스오피스 국적별 점유율

2015년 한국영화 관객점유율은 전년대비 소폭 상승한 52.2%[3]로 4년 연속 관객 수 1억 명 이상, 관객점유율 50%대를 유지하였다. 미국영화 점유율은 42.5%로 전년대비 2.8%p 감소하였는데, 여기서 흥미로운 점은 직배사의 경우, 상영편수가 전년과 거의 동일한데도 관객점유율이 10%가 줄어든 반면, 국내 수입사의 관객점유율은 오히려 7.2% 증가했다는 것이다. 한국과 미국을 제외한 국가의 영화는 5.1%로 전년대비 소폭(0.8%p) 상승했다. 그러나 이는 영국영화 〈007 스펙터〉(182만 명)와 〈이미테이션 게임〉(174만 명)의 흥행에 힘입은 것으로 보이는데, 두 영화는 미국과의 공동제작 영화이므로 온전히 영국영화라고 보기는 어렵다.[4]

위 두 작품을 제외하고 한국, 미국 외 작품 중 최다 관객 동원작은 일본의 〈극장판 요괴워치: 탄생의 비밀이다냥!〉으로 55만 명을 동원하였는데, 그 뒤를 이어 일본의 〈도라에몽: 스탠 바이 미〉(50만 명), 〈명탐정 코난: 화염의 해바라기〉(47만 명), 프랑스의 〈어린왕자〉(43만 명)와 같은 애니메이션 영화들이 4~6위를 기록하였다.

〈표 I-4-1〉 2015년 국적별 점유율

국적		구분	상영편수 (편)	매출액 (억 원)	매출액 점유율 (%)	관객 수 (만 명)	관객 점유율 (%)
한국		상영작	302	8,789	51.5	11,276	52.2
		개봉작	232	7,920	49.5	10,167	50.2
미국	직배	상영작	57	3,961	23.2	4,881	22.6
		개봉작	55	3,914	24.4	4,829	23.9
	수입	상영작	274	3,455	20.2	4,290	19.9
		개봉작	253	3,338	20.8	4,136	20.4
	소계	상영작	331	7,415	43.4	9,170	42.5
		개봉작	308	7,252	45.2	8,964	44.3
중국		상영작	40	19	0.1	26	0.1
		개봉작	38	19	0.1	26	0.1
유럽		상영작	206	536	3.1	696	3.2
		개봉작	185	521	3.2	675	3.3
일본		상영작	364	289	1.7	394	1.8
		개봉작	362	289	1.8	394	1.9
기타		상영작	56	18	0.0	23	0.0
		개봉작	52	16	0.1	21	0.1
총계		상영작	1,299	17,066	100.0	21,584	100.0
		개봉작	1,177	16,016	100.0	20,247	100.0

3) 본 수치는 개봉영화의 상영실적(개봉영화+유료시사)만을 대상으로 하여, 기타상영(재개봉, 기획전상영, 영화제 상영 등 포함)으로 분류되는 관객 수와 매출액을 포함하는 〈표1-1-1〉, 〈표1-2-1〉, 〈표1-2-2〉, 〈표1-2-3〉, 〈표1-3-1〉의 관객 점유율과는 차이가 있음

4) 영화관입장권통합전산망에서 영화 제작국을 입력할 시에는 영상물등급위원회 등급심의를 원칙으로 하는데, 두 영화 모두 영급분류 심의 시 영국 영화로 등록됨

5. 박스오피스 배급사별 점유율

2015년 한국영화와 외국영화를 포함한 배급사 전체 관객점유율 1위와 한국영화 점유율 1위는 2014년에 이어 CJ E&M이 차지했으며, 외국영화 점유율 1위는 월트디즈니컴퍼니 코리아가 차지하였다. 2014년 6위로 밀려났던 쇼박스는 2015년 개봉한 영화들이 대부분 좋은 성적을 내며 2위로 올라선 반면, 2014년에 2위를 기록했던 롯데엔터테인먼트가 7위로 떨어졌다.

2014년까지는 소니픽쳐스 영화와 월트디즈니 영화들을 소니픽쳐스릴리징월트디즈니 코리아에서 배급하였으나, 2014년 12월 31일자로 소니픽쳐스 코리아가 한국시장에서 24년 만에 철수하면서 2015년부터는 소니픽쳐스 영화들은 유니버설픽쳐스인터내셔널(UPI) 코리아에서, 디즈니영화는 디즈니코리아가 맡아 배급하게 되었다. 이에 따라 디즈니와 UPI가 전체 관객점유율 5위 안에 새롭게 등장하였다. 2011년부터 2013년까지는 소니를 제외하고는 상위 5위권에 한국 배급사가 주를 이뤘으나, 2014년에 이어 2015년에도 1~2위는 한국배급사가 3위~5위까지는 할리우드 메이저 배급사가 이름을 올렸다.

〈표 I-5-1〉 2015년 전체 영화 배급사별 점유율

순위	배급사	상영편수 (편)	극장 매출액 (억 원)	매출액 점유율(%)	관객 수 (만 명)	관객 점유율(%)
1	씨제이이앤엠(주)	26	3,836	22.5	4,935	22.9
2	(주)쇼박스	11	2,902	17.0	3,694	17.1
3	월트디즈니컴퍼니 코리아(주)	9	2,041	12.0	2,492	11.5
4	이십세기폭스 코리아(주)	16	1,635	9.6	2,035	9.4
5	유니버설픽쳐스인터내셔널 코리아(유)	32	1,498	8.8	1,857	8.6
6	(주)넥스트엔터테인먼트월드(NEW)	14.5	1,335	7.8	1,747	8.1
7	롯데쇼핑㈜롯데엔터테인먼트	20.5	1,275	7.5	1,618	7.5
8	워너브러더스 코리아(주)	13	985	5.8	1,189	5.5
9	CGV아트하우스	15	333	2.0	420	1.9
10	메가박스(주)플러스엠	9.5	230	1.4	299	1.4
기타		1,132.5	995	5.8	1,298	6.0
계		1,299.0	17,065	100.0	21,584	100.0

• 두 개의 배급사가 공동으로 배급한 작품의 경우 두 배급사 실적에 0.5씩 나누어 계산함

CJ E&M은 주목할 만한 외국영화 배급작이 없음에도 불구하고, 1,341만 명을 동원하여 흥행 순위 1위를 기록한 〈베테랑〉을 비롯하여 〈국제시장〉(891만 명), 〈검은 사제들〉(544만 명), 〈히말라

야〉(513만 명), 〈탐정: 더 비기닝〉(263만 명) 등 한국영화들의 선전에 힘입어 4,935만 명의 관객(점유율 22.9%)을 동원하며 배급사 흥행 1위 자리를 지켰다.

쇼박스의 선전은 한국영화 상영작들의 고른 흥행 성공이 크게 영향을 미쳤다. 1,271만 관객의 〈암살〉과 〈내부자들〉(722만 명), 〈사도〉(625만 명), 〈조선명탐정: 사라진 놉의 딸〉(387만 명), 〈극비수사〉(286만 명) 등 11편의 상영작 중 6편이 200만 관객을 넘었을 뿐 만 아니라, 외국영화 배급작이었던 다양성 영화 〈위플래쉬〉도 159만 명의 관객이 모이며 좋은 반응을 더해 총 3,694만 명(점유율 17.1%)을 동원하며 흥행 2위를 차지했다.

3위는 월트디즈니컴퍼니 코리아로 9편의 상영영화 중 5편이 200만 명을 넘으며 총 2,492만 명을 동원하였다. 1,049만 명을 동원한 〈어벤져스: 에이지 오브 울트론〉과 〈인사이드 아웃〉(497만 명), 〈빅히어로〉(280만 명) 등 애니메이션의 선전, 〈앤트맨〉(284만 명), 〈스타워즈: 깨어난 포스〉(280만 명) 등 할리우드 프랜차이즈 영화들의 역할이 컸다. 이어서 4위를 차지한 이십세기폭스사는 〈킹스맨: 시크릿 에이전트〉(613만 명), 〈마션〉(488만 명), 〈메이즈 러너: 스코치 트라이얼〉(274만 명), 〈스파이〉(232만 명) 등 총 16편을 배급하여 2,035만 명을 동원하였다.

유니버설픽쳐스는 32편을 배급하여 1,857만 명을 동원하였는데, 〈쥬라기 월드〉(555만 명), 〈분노의 질주: 더 세븐〉(325만 명), 〈미니언즈〉(263만 명)가 좋은 반응을 얻었으나 상영편수가 32편으로 가장 많았던 것에 비해 나머지 작품들의 흥행성적은 좋은 편은 아니어서 전체 배급사 순위 5위에 머물렀다.

NEW는 1,747만 명을 동원하며 전년보다 한 단계 높은 전체 흥행순위 6위를 차지했다. 14.5편의 배급작품 중 〈연평해전〉(604만 명), 〈스물〉(304만 명, 〈뷰티 인사이드〉(205만 명) 3편만 200만을 넘겼고, 겨울시즌 기대작이었던 〈대호〉는 158만 명을 동원하는 데 그쳤다.

롯데는 독점 배급 계약한 파라마운트사의 〈미션 임파서블: 로그네이션〉(623만 명), 〈터미네이터 제니시스〉(324만 명)와 한국영화 〈간신〉(111만 명)을 제외하고는 100만 명 이상을 넘는 영화가 없을 만큼 흥행 성적이 저조했다. 이로 인해, 총 관객 수 1,618만 명(관객점유율 7.5%)을 기록하면서 7위에 머물렀다. 2014년 〈인터스텔라〉를 개봉하며 흥행 4위에 올랐던 워너브라더스는 2015년에 〈매드맥스: 분노의 도로〉(384만 명), 〈인턴〉(361만 명) 등을 배급하였지만, 총 1,189만 명의 관객을 동원하는데 그쳐 8위로 떨어졌다.

중소규모 영화 투자배급을 전문으로 하는 CGV 아트하우스는 2015년에도 〈차이나타운〉(147만 명), 〈그놈이다〉(105만 명), 〈무뢰한〉(41만 명), 〈소셜포비아〉(25만 명) 등을 개봉하여 2014년에 이어 전체 배급사 점유율 9위, 한국영화 점유율 5위를 유지했다. 점유율 10위에 오른 메가박스(주)플러스엠은 2014년 설립된 이후 2014년 176만 명이 찾아본 〈제보자〉로 상업적 성공을 거두었으나, 2015년에 개봉한 〈미쓰 와이프〉(99만 명), 〈워킹걸〉(15만 명) 등은 기대에 미치지 못했다.

〈표 I-5-2〉 2015년 한국영화 배급사별 점유율

순위	배급사	상영편수 (편)	극장 매출액 (억 원)	매출액 점유율(%)	관객 수 (만 명)	관객 점유율(%)
1	씨제이이앤엠(주)	16	3,563	40.5	4,566	40.5
2	(주)쇼박스	9	2,772	31.5	3,531	31.3
3	(주)넥스트엔터테인먼트월드(NEW)	10.5	1,293	14.7	1,689	15.0
4	롯데쇼핑㈜롯데엔터테인먼트	8.5	342	3.9	438	3.9
5	CGV아트하우스	13.5	325	3.7	408	3.6
6	메가박스(주)플러스엠	3.5	88	1.0	116	1.0
7	(주)리틀빅픽쳐스	10	81	0.9	106	0.9
8	씨네그루(주)다우기술	2	79	0.9	98	0.9
9	주식회사 대명문화공장	2.5	49	0.6	63	0.6
10	(주)시네마서비스	1	29	0.3	38	0.3
	기타	226	169	1.9	222	2.0
	계	302.5	8,790	100.0	11,275	100.0

〈표 I-5-3〉 2015년 외국영화 배급사별 점유율

순위	배급사	상영편수 (편)	극장 매출액 (억 원)	매출액 점유율(%)	관객 수 (만 명)	관객 점유율(%)
1	월트디즈니컴퍼니 코리아(주)	9	2,041	24.7	2,492	24.2
2	이십세기폭스 코리아(주)	15	1,625	19.6	2,022	19.6
3	유니버설픽쳐스인터내셔널 코리아(유)	31	1,498	18.1	1,857	18.0
4	워너브러더스 코리아(주)	13	985	11.9	1,189	11.5
5	롯데쇼핑㈜롯데엔터테인먼트	12	934	11.3	1,180	11.5
6	씨제이이앤엠(주)	10	274	3.3	369	3.6
7	메가박스(주)플러스엠	6	141	1.7	183	1.8
8	(주)쇼박스	2	130	1.6	163	1.6
9	씨네그루(주)다우기술	12	106	1.3	143	1.4
10	(주)이수C&E	11	76	0.9	99	1.0
	기타	876	467	5.6	611	5.8
	계	997	8,277	100.0	10,308	100.0

최근 5년간 연도별 전체 영화 배급사별 관객 점유율 추이를 살펴보면, CJ E&M 이 부동의 1위 자리를 지키고 있다. 2013년에 넥스트엔터테인먼트월드(NEW)에게 잠시 한국영화 관객 점유율 1위

를 내주기도 하고, 2015년, 2위 쇼박스의 선전도 있었지만, CJ는 2003년 이래 13년 동안 전체 배급사별 점유율 1위 자리를 놓치지 않았다.

직배사의 경우, 상위 5위권 성적을 유지하는 회사는 소니픽쳐스 한 곳 정도에 불과하고 대부분 한국 배급사가 상위권에 있었으나, 2014년 이후부터 워너브러더스, 이십세기폭스, 월트디즈니, UPI 등이 차례로 이름으로 올리며 할리우드 메이저 배급사의 행보가 두드러지는 양상을 보였다.

〈표 I-5-4〉 연도별 전체 영화 배급사별 관객 점유율 추이

구분	2011			2012			2013			2014			2015		
순위	배급사	편수(편)	점유율(%)	배급사	편수(편)	점유율(%)	배급사	편수(편)	점유율(%)	배급사	편수(편)	점유율(%)	배급사	편수(편)	점유율(%)
1	CJ	37.5	32.7	CJ	43	27.2	CJ	42	21.4	CJ	31	24.9	CJ	26	22.9
2	롯데	30.5	15.4	쇼박스	11	12.8	NEW	21	18.4	롯데	30.5	12.1	쇼박스	11	17.1
3	NEW	21.5	9.0	롯데	46	12.4	롯데	37.5	14.9	소니	16	11.3	디즈니	9	11.5
4	소니	19	8.5	NEW	16.5	12.1	쇼박스	13	13.7	워너	12	10.8	폭스	16	9.4
5	쇼박스	15.5	8.3	소니	15	10.4	소니	18	9.5	폭스	14	8.9	UPI	32	8.6
	기타	396.5	26.1	기타	586.5	25.1	기타	889.5	22.1	기타	1,110.5	32.0	기타	1,205	30.5
	계	520.5	100.0	계	718	100.0	계	1,021	100.0	계	1,214	100.0	계	1,299	100.0

• 두 개의 배급사가 공동으로 배급한 작품의 경우 두 배급사 실적에 0.5씩 나누어 계산함
• 2011~2014년 수치 수정

6. 흥행영화

2014년 말에 개봉하여 2015년 초까지 총 1,426만 명의 관객을 동원하면서 역대 한국영화 흥행순위 2위에 올라선 영화〈국제시장〉과 함께 2015년 전체 흥행 1위, 여름 개봉작 〈베테랑〉은 관객 1,341만 명을 동원하며 역대 한국영화 흥행순위 3위에 이름을 올렸다. 그 밖에도 2015년 상위 10위권 내에는 〈암살〉(1,271만 명), 〈내부자들〉(722만 명), 〈사도〉(625만 명), 〈연평해전〉(604만 명)까지 6편의 한국영화가 포함되었다. 한편 2015년 전체 흥행 상위 10위 내에 포함된 외국영화는 〈어벤져스: 에이지 오브 울트론〉(1,049만 명), 〈킹스맨: 시크릿 에이전트〉(613만 명), 〈미션 임파서블: 로그네이션〉(613만 명), 〈쥬라기 월드〉(555만 명) 등 총 4편으로 전년도와 동일하다.

〈표 I-6-1〉 2015년 전체영화 흥행 순위

순위	영화명	개봉일	배급사	스크린 수(개)	국적	관객 수(명)	매출액(원)
1	베테랑	2015-08-05	씨제이이앤엠(주)	1,064	한국	13,414,009	105,168,155,250
2	암살	2015-07-22	쇼박스㈜미디어플렉스	1,519	한국	12,705,700	98,463,132,781
3	어벤져스: 에이지 오브 울트론	2015-04-23	월트디즈니컴퍼니 코리아(주)	1,843	미국	10,494,499	88,582,586,366
4	국제시장	2014-12-17	씨제이이앤엠(주)	966	한국	8,911,437	69,823,893,034
5	내부자들	2015-11-19	쇼박스㈜미디어플렉스	1,075	한국	7,215,480	57,702,453,372
6	사도	2015-09-16	쇼박스㈜미디어플렉스	1,210	한국	6,246,849	48,842,902,501
7	킹스맨: 시크릿 에이전트	2015-02-11	이십세기폭스 코리아(주)	706	미국	6,129,681	50,369,009,795
8	미션 임파서블: 로그네이션	2015-07-30	롯데쇼핑(주)롯데엔터테인먼트	1,202	미국	6,126,488	48,547,353,607
9	연평해전	2015-06-24	(주)넥스트엔터테인먼트월드(NEW)	1,013	한국	6,043,784	45,563,228,330
10	쥬라기 월드	2015-06-11	유니버설픽쳐스인터내셔널 코리아(유)	1,290	미국	5,546,792	47,800,698,826

• 스크린 수는 공식 개봉일 기준 일주일간 발생한 최다 스크린 수 집계
• 〈내부자들: 디 오리지널〉의 관객 수, 매출액은 〈내부자들〉에 합산

2015년 한국영화는 역대 최고 한국영화 흥행순위 3위에 이름을 올린 1천만 영화〈베테랑〉을 필두로, 〈암살〉, 〈국제시장〉, 〈내부자들〉, 〈사도〉, 〈연평해전〉 등 다양한 장르에서 흥행에 성공하며 극장 흥행을 견인했다. 1위인 〈베테랑〉은 1,341만 명의 관객을 동원하였으며, 그 뒤를 바짝 쫓아 1,271만 명의 관객을 모은 〈암살〉이 2위를, 3위인 〈국제시장〉은 891만 명(2014년 535만 명)을 기록하였으며, 722만 명의 〈내부자들〉은 4위, 〈사도〉는 625만 명으로 5위를 차지하였다.

〈표 I-6-2〉 2015년 한국영화 흥행 순위

순위	영화명	개봉일	배급사	스크린 수(개)	관객 수(명)	매출액(원)
1	베테랑	2015-08-05	씨제이이앤엠(주)	1,064	13,414,009	105,168,155,250
2	암살	2015-07-22	쇼박스㈜미디어플렉스	1,519	12,705,700	98,463,132,781
3	국제시장	2014-12-17	씨제이이앤엠(주)	966	8,911,437	69,823,893,034
4	내부자들	2015-11-19	쇼박스㈜미디어플렉스	1,075	7,215,480	57,702,453,372
5	사도	2015-09-16	쇼박스㈜미디어플렉스	1,210	6,246,849	48,842,902,501
6	연평해전	2015-06-24	(주)넥스트엔터테인먼트월드(NEW)	1,013	6,043,784	45,563,228,330
7	검은 사제들	2015-11-05	씨제이이앤엠(주)	1,088	5,442,128	42,405,282,092
8	히말라야	2015-12-16	씨제이이앤엠(주)	1,009	4,969,735	39,469,775,448
9	조선명탐정: 사라진 놉의 딸	2015-02-11	쇼박스㈜미디어플렉스	811	3,872,015	30,456,879,428
10	스물	2015-03-25	(주)넥스트엔터테인먼트월드(NEW)	926	3,044,134	23,558,988,686

• 영화관입장권 통합전산망 기준
• 스크린 수는 공식 개봉일 기준 일주일간 발생한 최다 스크린 수 집계

외국영화로는 한국 로케이션 촬영으로 개봉 전부터 큰 관심을 모았던 마블의 〈어벤져스: 에이지 오브 울트론〉이 1,049만 명의 관객을 동원하며 1위에 올라, 역대 외국영화 흥행순위에서 1위인 〈아바타〉(2009) 다음으로 이름을 올렸다. 2위는 〈킹스맨: 시크릿 에이전트〉로 613만 명을 기록했고, 〈미션 임파서블: 로그네이션〉이 613만 명(6,126,488명)의 근소한 차이로 3위를 차지했다. 4위는 555만 명을 기록한 〈쥬라기 월드〉가, 그 뒤로는 애니메이션 〈인사이드 아웃〉이 497만 명의 관객을 동원하며 5위를 차지했다.

〈표 I-6-3〉 2015년 외국영화 흥행 순위

순위	영화명	개봉일	배급사	스크린 수(개)	국적	관객 수(명)	매출액(원)
1	어벤져스: 에이지 오브 울트론	2015-04-23	월트디즈니컴퍼니 코리아(주)	1,843	미국	10,494,499	88,582,586,366
2	킹스맨: 시크릿 에이전트	2015-02-11	이십세기폭스 코리아(주)	706	미국	6,129,681	50,369,009,795
3	미션 임파서블: 로그네이션	2015-07-30	씨제이이앤엠(주)	1,202	미국	6,126,488	48,547,353,607
4	쥬라기 월드	2015-06-11	유니버설픽쳐스인터내셔널 코리아(유)	1,290	미국	5,546,792	47,800,698,826
5	인사이드 아웃	2015-07-09	월트디즈니컴퍼니 코리아(주)	777	미국	4,969,735	38,024,694,936
6	마션	2015-10-08	이십세기폭스 코리아(주)	1,132	미국	4,880,800	39,663,145,295
7	매드 맥스: 분노의 도로	2015-05-14	워너브러더스 코리아(주)	799	미국	3,842,441	32,906,364,462
8	인턴	2015-09-24	워너브러더스 코리아(주)	496	미국	3,610,564	28,517,727,148
9	분노의 질주: 더 세븐	2015-04-01	유니버설픽쳐스인터내셔널 코리아(유)	983	미국	3,247,955	26,454,098,694
10	터미네이터 제니시스	2015-07-02	롯데쇼핑㈜롯데엔터테인먼트	1,113	미국	3,240,370	26,556,715,129

• 스크린 수는 공식 개봉일 기준 일주일간 발생한 최다 스크린 수 집계

7. 전국 극장

2015년 전국 극장 수는 전년도 356개에서 9.0% 증가한 388개로 집계됐다. 2015년 스크린 수는 2014년 대비 143개 늘어나며 최근 10년간 최고 수치인 2,424개를 기록했다. 좌석 수도 398,702개로 2014년 대비 26,341개 증가하였다. 3D, IMAX, 4D 상영이 가능한 스크린은 각각 901개, 17개, 40개로 '특수상영관'이 전체 스크린 중 39.5%의 비중을 차지했다.

〈표 I-7-1〉 연도별 전국 극장 현황

연도	전국 인구(만 명)	총 관객(만 명)	극장 수(개)	스크린 수(개)	좌석 수(개)
2006	4,899	15,341	321	1,880	354,691
2007	4,926	15,877	314	1,975	365,034
2008	4,954	15,083	309	2,004	362,657
2009	4,977	15,696	305	2,055	360,796
2010	5,052	14,918	300	2,003	349,640
2011	5,073	15,972	292	1,974	341,905
2012	5,094	19,489	314	2,081	358,659
2013	5,114	21,335	333	2,184	349,669
2014	5,133	21,507	356	2,281	372,361
2015	5,153	21,730	388	2,424	398,702

그림 Ⅰ-7-1 연도별 전국 극장 현황

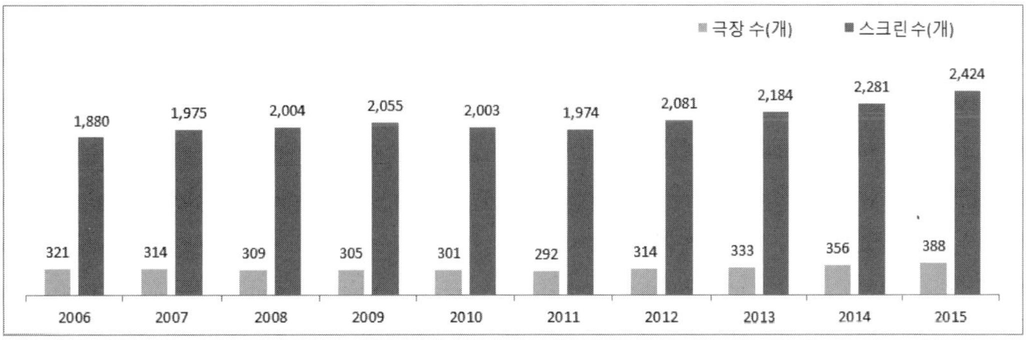

2015년 스크린이 늘어난 지역은 2014년 대비 140.0%의 증가세를 보인 세종이었으며, 그 뒤를 이어 충남과 전남이 각각 26.0%, 15.9% 증가하여 두 자리 수 증가폭을 보였다.

2015년 전국 극장 388개 중 81.7%에 해당하는 317개가 멀티플렉스[5] 극장이다. 지역별로는 전년

5) 영화진흥위원회는 전국 CGV, 롯데시네마, 메가박스의 직영 및 위탁 경영 지점과 기타 7개관 이상 모든 극장을 멀티플렉스로 집계하고 있다.

도와 마찬가지로 충북과 세종시가 모든 극장이 멀티플렉스였다. 멀티플렉스의 관객 점유율은 총 관객 수의 96.5%, 총 매출 점유율도 97.1%에 이를 정도로 매우 높다.

〈표 I-7-2〉 2015년 지역별 극장 현황

지역	극장 수				스크린 수				좌석 수			
	2014	2015	전년 대비		2014	2015	전년 대비		2014	2015	전년 대비	
			증감	증감률 (%)			증감	증감률 (%)			증감	증감률 (%)
서울	76	81	5	6.6	469	511	42	9.0	80,334	89,160	8,826	11.0
부산	26	28	2	7.7	193	202	9	4.7	34,596	36,702	2,106	6.1
대구	20	21	1	5.0	132	131	-1	-0.8	21,187	20,975	-212	-1.0
인천	19	21	2	10.5	124	130	6	4.8	19,814	21,394	1,580	8.0
광주	14	14	0	0.0	107	107	0	0.0	18,145	18,279	134	0.7
대전	9	10	1	11.1	61	66	5	8.2	10,782	12,137	1,355	12.6
울산	5	6	1	20.0	37	38	1	2.7	6,022	6,242	220	3.7
경기	81	85	4	4.9	515	536	21	4.1	80,661	84,974	4,313	5.3
강원	11	13	2	18.2	65	69	4	6.2	9,866	10,390	524	5.3
충북	10	11	1	10.0	80	84	4	5.0	14,048	14,641	593	4.2
충남	12	16	4	33.3	77	97	20	26.0	10,913	13,409	2,496	22.9
전북	19	22	3	15.8	93	99	6	6.5	14,429	14,778	349	2.4
전남	10	12	2	20.0	63	73	10	15.9	8,977	10,276	1,299	14.5
경북	16	18	2	12.5	94	99	5	5.3	15,536	15,963	427	2.7
경남	21	22	1	4.8	133	137	4	3.0	21,927	23,044	1,117	5.1
제주	6	6	0	0.0	33	33	0	0.0	4,386	4,495	109	2.5
세종	1	2	1	100.0	5	12	7	140.0	738	1,843	1,105	149.7
지방 합계	280	307	27	9.6	1,812	1,913	101	5.6	292,027	309,542	17,515	6.0
총계	356	388	32	100.0	2,281	2,424	2158	100.0	372,361	398,702	26,341	100.0

주요 멀티플렉스 체인은 CJ CGV, 롯데시네마, 메가박스 총 3곳이며, 3대 멀티플렉스의 극장 수는 311개로 전국 극장 수의 80.1%에 해당하는 수치이다. 3대 멀티플렉스의 스크린 수는 2,235개로 전체 2,424개 스크린의 92.2%를 차지하고 있다. 3대 체인 극장을 제외한 전국 멀티플렉스 극장은 7개 극장, 57개 스크린으로 지속적으로 줄어들고 있다.

8. 영화 부가시장

2015년 디지털 온라인 시장[6] 총 매출규모는 3,349억 원으로, 과거에 비해 다소 둔화된 상승세이긴 하나, 2014년 대비 12.7% 증가하며 성장세를 이어갔다. IPTV 및 디지털케이블 TV(이하 TV VOD[7])의 성장세는 2013년부터 줄어들긴 하였으나, 매출액은 지속적으로 성장하고 있으며 디지털 온라인 시장 내의 매출액 비중 역시 계속 증가하고 있다. 2014년에 크게 축소되었던 인터넷 VOD 시장은 모바일 상품 등의 판매가 증가하며 2014년에 비해 성장세를 보였다.

〈표 I-8-1〉 전체 디지털 온라인 시장 매출액[8]

(단위: 억 원)

구분	2011		2012		2013		2014		2015	
	매출액	전년 대비 증감(%)	매출액	전년 대비 증감(%)	매출액	전년 대비 증감(%)	매출액	전년 대비 증감(%)	매출액	전년 대비 증감(%)
IPTV 및 디지털 케이블 TV	910	85.3	1,310	44.0	1,737	32.6	2,254	29.8	2,609	15.7
인터넷 VOD	501	87.6	618	23.4	729	18.0	499	-31.6	582	16.7
패키지 상품	298	-15.1	230	-22.8	210	-8.7	218	3.8	158	-27.4
합계	1,709	54.1	2,158	26.3	2,676	24.0	2,971	11.0	3,349	12.7

• 인터넷 VOD에는 모바일과 N스크린 서비스의 매출 추정치가 포함되어 있다.

8.1 IPTV 및 디지털케이블TV(TV VOD)

2015년 TV VOD 전체 영화 순위 1위는 극장에서도 가장 많은 관객을 동원했던 〈베테랑〉이 약 95만 건의 이용건수를 기록하며 차지했다. 〈쥬라기 월드〉와 〈킹스맨: 시크릿 에이전트〉를 제외하고는 한국영화가 상위 10위권에 이름을 올리며 비교적 강세를 보였다.

전체 영화 순위에 이름을 올린 영화들 대부분이 극장 흥행에도 성공한 작품들로, 여전히 극장의 흥행이 TV VOD 시장에서의 인기로 이어지는 현상을 보였는데, 〈간신〉은 극장에서는 약 110만 명

6) 디지털 온라인 시장은 영화 부가시장을 대체하는 용어이다.

7) 인터넷 기반의 다양한 서비스가 출현하고 사라지는 상황 속에서 영화 디지털 온라인 유통이 인터넷 VOD라는 표현으로 모두 수렴될 수도 있으나, 현재 시점에서는 IPTV 및 디지털 케이블 TV를 'TV VOD' 서비스로 그 외 웹하드 등을 통한 특수유형 OSP의 서비스와 네이버, 호핀과 같은 일반 유형의OPS의 서비스를 '인터넷 VOD'라고 칭하기로 한다.

8) IPTV 및 디지털 케이블은 IPTV 3개사와 디지털 케이블 1개사로부터 매출을 제공받아 비교적 정확도가 높지만 인터넷 VOD는 관련업체로부터 제공받은 매출 자료와 전년 대비 성장률로 추산한 추정치를 합산하여 시장 규모를 도출하였다. 따라서 본 자료는 디지털 온라인 시상의 가이드로서만 참고하길 바란다.

의 관객을 동원했으나, IPTV에서는 71만 건 이상의 이용건수를 기록하며 전체 이용순위 5위에 랭크되기도 하였다.

또한 다양성 영화에서는 다큐멘터리인 〈님아, 그 강을 건너지 마오〉가 약 29만 건의 이용건수를 기록하며 2014년 서비스 시작 이후부터 꾸준한 사랑을 이어가던 〈비긴 어게인〉을 큰 차이로 밀어내고 1위를 차지하고, 동시에 다양성 영화로는 유일하게 한국영화 순위 10위권에 올랐다. 하지만, 〈님아, 그 강을 건너지 마오〉 역시, 극장 누적관객 수 480만 명을 돌파하며 역대 다큐멘터리 뿐 만 아니라 역대 다양성 영화사상 최고의 흥행 기록을 올린 작품으로 극장에서의 흥행이 TV VOD 이용에도 그대로 이어진 결과라고 볼 수 있다.

〈표 Ⅰ-8-2〉 2015년 IPTV 및 디지털케이블TV 전체영화 순위[9)]

순위	영화명	국적	극장개봉일	이용건수(회)
1	베테랑	한국	2015-08-05	970,168
2	암살	한국	2015-07-22	882,910
3	국제시장	한국	2014-12-17	787,376
4	쥬라기 월드	미국	2015-06-11	757,888
5	간신	한국	2015-05-21	717,597
6	연평해전	한국	2015-06-24	639,334
7	극비수사	한국	2015-06-18	596,701
8	킹스맨: 시크릿 에이전트	미국, 영국	2015-02-11	591,332
9	사도	한국	2015-09-16	493,150
10	기술자들	한국	2014-12-24	463,739

〈표 Ⅰ-8-3〉 2015년 IPTV 및 디지털케이블TV 다양성 영화 순위

순위	영화명	국적	극장개봉일	이용건수(회)
1	님아, 그 강을 건너지 마오	한국	2014-11-27	288,043
2	비긴 어게인	미국	2014-08-13	129,534
3	더 라스트: 나루토 더 무비	일본	2015-02-26	116,020
4	위플래쉬	미국	2015-03-12	108,511
5	개를 훔치는 완벽한 방법	한국	2014-12-31	103,476
6	성실한 나라의 앨리스	한국	2015-08-13	84,709
7	고녀석 맛나겠다 2: 함께 라서 행복해	한국	2015-07-29	81,766
8	어떤 살인	한국	2015-10-28	72,995
9	눈의 여왕 2: 트롤의 마법거울	러시아	2014-12-24	72,810
10	타임 패러독스	호주	2015-01-07	67,110

9) 본 순위는 위원회가 발표하고 있는 월간 IPTV 및 디지털 케이블 TV 통해 합산 수치를 기준으로 작성되었으며, 정액제 이용건수는 포함하고 있지 않음. 자료 집계 시기의 차이로 인해 2016년 2월 발표된 2015 한국영화산업결산 자료와는 상이할 수 있음

8.2 인터넷 VOD

TV VOD 시장이 가입자를 기반으로 매년 안정적인 성장세를 보이고 있는 반면 인터넷 VOD시장은 2011년 이후 지속적으로 성장률이 하락하면서, 2014년에는 결국 마이너스 성장률까지 기록하였다.

2015년 인터넷 VOD 시장은 특수유형의 OSP 매출액이 지속적으로 감소하는 추세가 이어졌으나, 일반유형의 OSP 매출이 크게 증가하여 전년도에 비해 약간의 매출액 증가를 보였다. 이는 모바일 결합상품, 포털 사이트 매출액 증가의 영향으로 보인다. 특수유형의 OSP(웹하드) 매출은 지속적인 감소추세로 인터넷 VOD 내 비중이 2014년 41.7%에서 2015년 36.3%까지 축소되었다.

모바일과 PC 기반 N스크린 서비스인 네이버 N스토어의 2015년 영화 매출 순위 10위권에 오른 작품들은 TV VOD 시장과 유사했으나 〈간신〉, 〈킹스맨: 시크릿 에이전트〉 등 청소년 관람불가 영화가 TV VOD 플랫폼에 비해 강세를 보였다. 외국 영화 중에서는 〈미니언즈〉, 〈빅히어로〉, 〈인사이드 아웃〉 등 애니메이션 작품이 강세였다. 또한 〈검은 사제들〉은 12월에 서비스를 시작했음에도 짧은 시간 많은 이용건수를 기록해 7위에 올랐고, 〈개를 훔치는 완벽한 방법〉이 다양성 영화로는 유일하게 한국 영화 이용 순위 10위에 오르기도 했다.

〈표 I -8-4〉 2015년 N스토어 한국 영화 이용 순위[10)]

순위	영화명
1	베테랑
2	간신
3	암살
4	국제시장
5	뷰티 인사이드
6	연평해전
7	검은 사제들
8	미쓰 와이프
9	사도
10	개를 훔치는 완벽한 방법

〈표 I -8-5〉 2015년 N스토어 외국 영화 이용 순위

순위	영화명
1	킹스맨: 시크릿 에이전트
2	인터스텔라
3	미니언즈
4	빅 히어로
5	그레이의 50가지 그림자
6	인사이드 아웃
7	쥬라기 월드
8	메이즈 러너
9	분노의 질주: 더 세븐
10	겨울왕국

10) 네이버 제공

8.3 패키지 시장

2009년 집계를 시작한 이후 매해 마이너스 성장률을 보이다가, 2014년 〈겨울왕국〉 매출액 견인으로 약간의 상승세를 보였던 패키지 시장은 다시 하락세로 접어들었다. 패키지 상품 판매 상위로는 한국 영화중에는 〈국제시장〉, 〈명량〉, 〈군도: 민란의 시대〉 등이 있었고, 외국 영화 중에는 〈인사이드 아웃〉, 〈인터스텔라〉, 〈위플래쉬〉 등이 높은 매출을 기록했다. 하지만 2014년 〈겨울왕국〉과 같은 콘텐츠가 등장하지 않는 이상, TV VOD 플랫폼에서는 DVD가 영화의 각종 부가 영상을 제공하고, 소장 상품을 출시하는 등 패키지 시장의 대체 상품이 늘어나 앞으로도 패키지 시장의 축소는 불가피할 것으로 전망된다.

디지털 온라인 시장의 상승세는 2014년을 기점으로 다소 더뎌지고 있는 추세다. TV VOD에 대한 의존도는 계속 높아지고 있으나, TV VOD의 가입자 수는 포화상태에 이르렀고, 매출 상승세 또한 둔화되고 있어 향후 디지털 온라인 시장의 지속적인 성장을 위해서는 새로운 활로를 찾아야할 시점으로 보인다.

2014년부터 증가하기 시작한 TV VOD의 정액제 상품은 가입자와 매출액이 꾸준히 증가하고 있어 기존 신작 중심의 VOD 소비 패턴에서 구작과 다양한 장르를 아우르는 VOD 소비 패턴으로 변화할 것으로 전망된다. 특히 2016년 1월부터 국내 서비스를 시작한 '넷플릭스'나 국내업체인 '왓챠'에서 내놓은 '왓챠플레이'와 같은 동영상 서비스가 주목된다. 매월 일정한 요금만 내면 동영상을 무제한으로 시청할 수 있는 월정액 상품이 디지털 온라인 시장과 VOD 구매자들에게 어떤 영향을 미치게 될지는 좀 더 지켜봐야 할 것이다.

9. 한국영화 제작비와 투자 수익성

9.1 한국영화 제작비

2015년에 개봉한 한국영화는 총 232편으로 전체 제작비 총액은 4,616.8억 원[11]으로 추산되어 2014년 4,361.7억 원에 비해 255.1억 원 증가하였다. 2015년 한국영화의 평균 총제작비는 19.9억 원으로 전년에 비해 소폭 감소하였지만, 제작편수가 전년보다 15편 증가하면서 전체 제작비 규모가 증가하였다.

극장 개봉작 중 총제작비 80억 이상의 블록버스터[12] 영화 편수는 2014년 13편 대비 6편이 증가하였고, 10억 원 미만의 저예산 영화 편수도 증가했다. 반면 총제작비 40~50억 원 사이 영화는 6편으로 전년에 비해 절반 수준으로 감소하였다.

〈표 I -9-1〉 연도별 한국영화 개봉작 평균 제작비

구분	순제작비(A)		마케팅비(P&A)(B)		총제작비(A+B)
	평균 순제작비(억 원)	비중(%)	평균 마케팅비(억 원)	비중(%)	평균 총제작비(억 원)
2006	25.8	64.2	14.4	35.8	40.2
2007	25.5	68.5	11.7	31.5	37.2
2008	20.7	68.8	9.4	31.2	30.1
2009	15.6	67.5	7.5	32.5	23.1
2010	14.2	65.7	7.4	34.3	21.6
2011	15.5	68.3	7.2	31.7	22.7
2012	13.4	66.0	6.9	34.0	20.3
2013	15.0	70.1	6.4	29.9	21.4
2014	14.9	74.1	5.2	25.9	20.1
2015	14.5	72.9	5.4	27.1	19.9

11) 2015년 한국영화 제작비 총액(추산) = 2015년 개봉편수 × 2015년 평균 총제작비

12) 영화진흥위원회는 매년 진행하는 한국영화 투자 수익성 분석에서 총비용 10억 원 미만 영화를 '저예산 영화', 10억 원 이상 80억 원 미만 영화를 '일반 상업영화', 80억 원 이상의 영화를 '블록버스터 영화'로 구분하고 있음

〈표 Ⅰ-9-2〉 연도별 총제작비 구간별 한국영화 개봉편수 분포

구분(억 원)		0~10	10~20	20~30	30~40	40~50	50~60	60~70	70~80	80~90	90~100	100~	합계
2011	편수(편)	82	10	6	10	14	10	6	3	1	1	3	146
	비율	56.2%	6.8%	4.1%	6.8%	9.6%	6.8%	4.1%	2.1%	0.7%	0.7%	2.1%	100%
2012	편수(편)	109	12	5	9	10	11	7	6	1	0	4	174
	비율	62.6%	6.9%	2.9%	5.2%	5.7%	6.3%	4.0%	3.5%	0.6%	0.0%	2.3%	100%
2013	편수(편)	125	8	4	7	11	7	5	7	0	3	5	182
	비율	68.7%	4.4%	2.2%	3.8%	6.0%	3.8%	2.8%	3.8%	0%	1.7%	2.8%	100%
2014	편수(편)	157	9	2	6	12	11	4	3	1	1	11	217
	비율	72.3%	4.1%	0.9%	2.8%	5.5%	5.1%	1.8%	1.4%	0.5%	0.5%	5.1%	100%
2015	편수(편)	163	12	6	6	6	11	7	2	5	8	6	232
	비율	70.3%	5.2%	2.6%	2.6%	2.6%	4.7%	3.0%	0.9%	2.2%	3.4%	2.6%	100%

한편, 한국 상업영화[13] 평균 제작비는 56.1억 원으로 전년 대비 소폭 증가하였다. 한국 상업영화 제작비 평균값은 2013년도에 비교적 큰 폭으로 상승한 바 있다. 〈설국열차〉, 〈미스터 고〉와 같이 일반적인 블록버스터 영화 제작비를 크게 상회하는 해외시장용 작품이 2013년에 개봉되었기 때문이다. 2014년의 〈넛잡〉과 2015년 〈제7기사단〉 역시 그러한 해외시장을 주요 목표로 하는 글로벌 프로젝트 작품이다.

〈표 Ⅰ-9-3〉 연도별 한국 상업영화 개봉작 평균 제작비

구분	순제작비(A)		마케팅비(P&A)(B)		총제작비 (A+B)
	평균 순제작비(억 원)	비중(%)	평균 마케팅비(억 원)	비중(%)	평균 총제작비(억 원)
2011	32.2	65.6	16.9	34.4	49.1
2012	30.6	62.3	18.5	37.7	49.1
2013	40.9	67.5	19.7	32.5	60.6
2014	35.5	65.7	18.5	34.3	54.0
2015*	40.8	72.7	15.3	27.3	56.1

- 2015년 순제작비와 마케팅비는『2015년 한국 영화산업 결산』자료 인용하였는데, 익년 초에 발표되는 '한국 영화산업 결산' 보고서에 담긴 순제작비와 마케팅비는 간이조사 결과를 바탕으로 작성되는 잠정치임
- 2011년~2014년 순제작비는『2014년 한국영화 투자수익성 분석』의 〈표 Ⅰ-4-1〉에서, 동 기간 마케팅비는 동 문헌 〈표 Ⅱ-2-2〉에서 발췌하였음

13) '상업영화'는 한국영화 투자 수익성 분석상인 상업적인 기획으로 제작 · 배급되는 경향의 영화(총제작비 10억 원 이상이거나 전국 개봉 스크린 수가 100개 이상인 작품)를 지칭함. 2015년 대상작은 총 77편임

9.2 한국영화 투자수익성

2015년 극장 개봉한 한국영화 232편 중 투자 수익성 분석 조사 대상이 되는 영화는 73편[14]으로 전년대비 6편 증가하였고, 투자수익률 -7.2%로 잠정적으로 집계되면서 2011년 이후 처음으로 마이너스 수익률을 기록하였다.

〈표 I-9-4〉 연도별 한국영화 투자 수익률

구분	2006	2007	2008	200	2010	2011	2012	2013	2014	2015
총매출(억 원)	3,881	2,669	2,008	2,458	2,634	2,939	4,385	5,018	3,461	3,540
총비용(억 원)	5,136	4,488	3,557	2,829	2,960	3,447	3,869	4,396	3,449	3,815
총이익(억 원)	-1,256	-1,819	-1,548	-371	-326	-508	516	622	12	-275
투자 수익률(%)	-24.5	-40.5	-43.5	-13.1	-11.0	-14.7	13.3	14.1	0.3	-7.2

• 2006~2009년 한국영화 투자 수익률은 극장에서 개봉한 전체 한국영화를 조사 대상으로 함
• 2010년부터는 극장 개봉한 한국영화 중 통상적으로 상업적인 기획을 통해 제작 · 배급되는 경향의 영화를 조사 대상으로 한정함(총비용 10억 원 미만이고 전국 개봉 스크린 수가 100개 미만인 작품 제외)
• 2006~2014년 한국영화 투자 수익률은 각 년도『한국영화 투자수익성 분석』보고서에서 발췌하였고, 2015년 한국영화 투자 수익률은『2015년 한국 영화산업 결산』자료에서 인용하였음

그림 I-9-1 연도별 한국영화 투자 수익률 추이

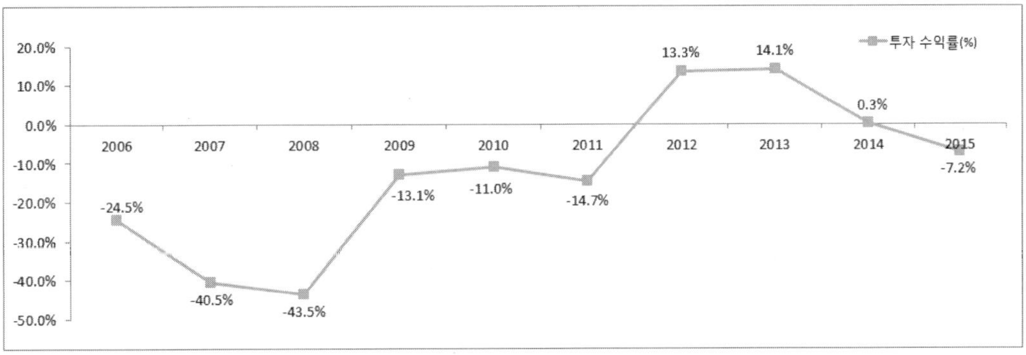

14) 2015년에 극장 개봉한 한국영화 232편 중 상업영화(총제작비 10억 원 이상이거나 전국 개봉 스크린 수가 100개 이상인 작품)는 총 77편이나, 수익성 분석 대상으로 적합하지 않은 4편의 영화(〈제7기사단〉, 〈다이노 타임〉, 〈오디세오〉, 〈에스엠타운 더 스테이지〉)를 제외한 수치임. 일반적으로 극장에서 개봉하는 상업영화는 극장 매출액과 디지털 온라인 시장 및 해외시장 매출이 정비례하는 경향이 있는데, 최근 몇 년간 해외시장을 메인 타깃으로 하는 국제공동제작 영화들은 해외매출이 국내 매출보다 훨씬 크기 때문에 영화관입장권통합전산망 자료를 근거로 전체 매출을 추산하는데 무리가 있음. 따라서 2015년 상업영화 중 해외 시장 타깃의 영화인 〈제7기사단〉, 〈다이노 타임〉, 〈오디세오〉 등 3편의 작품을 투자수익성 분석 대상에서 제외하였음. 또한 순제작비의 대부분이 공연비용이어서 일반적인 극장개봉용 상업영화로 보기 어려운 공연 실황 촬영물인 〈에스엠타운 더 스테이지〉도 제외하였음

10. 한국영화 수출[15)]

2015년 한국영화산업 해외매출액은 전년 대비 12.0% 하락한 55,500,500달러 집계됐다. 완성작 수출액은 전년대비 11.3% 상승한 반면, 서비스 수출이 전년 대비 29.8% 감소하였다. 완성작 수출은 대 중국 수출 호조와 직배, 부가판권 판매의 안정화로 상승세를 유지할 수 있었다. 서비스 수출액은 전년대비 감소하였으나, 2014년도에는 할리우드 대작 〈어벤져스: 에이지 오브 울트론〉의 로케이션 유치 실적으로 2013년 대비 서비스 수출액이 급증한 바 있다. 이 점을 고려하고 2013년과 비교해보면 서비스 수출액은 상승추세에 있다고 보인다.

10.1 완성작 수출

2015년 한국영화 완성작 해외수출총액은 29,374,098달러로 2014년보다 11.3% 증가했다. 완성작 해외수출은 당해 연도 마켓 등에서 계약한 실적인 계약금액과 이전에 판매된 작품에서 발생한 추가수익(overage)으로 나뉜다. 2015년도 계약금액은 16,823,335달러로 2014년보다 9.7% 줄어든 반면, 추가수익은 12,550,763달러로 62.0% 증가하며 전체 완성작 수출액의 상승을 이끌었다. 추가수익 상승의 원인은 한국영화 해외 직배로 인한 극장개봉 수익증가와 더불어 2014년 판매되었던 중국 인터넷 부가시장 판권의 추가수익이 큰 규모로 발생하였기 때문으로 보인다.

중복된 계약을 제외하고 파악된 2015년 한국영화 수출편수는 총 650편이었으며 이는 2014년보다 121편 늘어난 숫자다. 평균 수출가는 편당 25,882달러로 하락했다.

15) 본 수출 실적은 각 해외 세일즈사의 도움을 얻어 영화진흥위원회 유통지원팀이 자체 집계한 것이며, 계약금 기준이므로 실제 입금액과는 차이가 있을 수 있다.

〈표 I-10-1〉 연도별 한국영화 완성작 수출액 추이

연도	2006	2007	2008	2009	2010	2011	2012	2013	2014	2015
해외매출 총액 (USD)	24,514,728	24,396,215	21,036,540	14,122,143	13,582,850	15,828,662	20,174,950	37,071,445	26,380,475	29,374,098
계약금액 (USD)	24,514,728	12,283,339	20,541,212	13,930,262	13,166,280	14,815,146	14,170,390	34,156,895	18,636,519	16,823,335
추가수익(Overage) (USD)	-	12,112,876	495,328	191,881	416,570	1,013,516	6,004,560	2,914,550	7,743,956	12,550,763
전년 대비 증감율(%)	-67.7	-0.5	-13.8	-32.9	-3.8	16.5	27.5	83.7	-28.8	11.3
수출 편수(편)*	208	321	361	251	276	366	331	403	529	650
평균 수출가 (USD)**	117,859	38,266	56,901	55,499	47,704	40,479	42,811	84,756	35,230	25,882

* 수출 편수에는 추가수익(Overage) 발생 작품 수는 포함하지 않음. 30편 이상의 단편영화 패키지 판매 건은 판매계약 1건을 1편으로 계산함

** 평균수출가 = 계약금액 / 수출 편수

그림 I-10-1 연도별 한국영화 완성작 수출액 추이

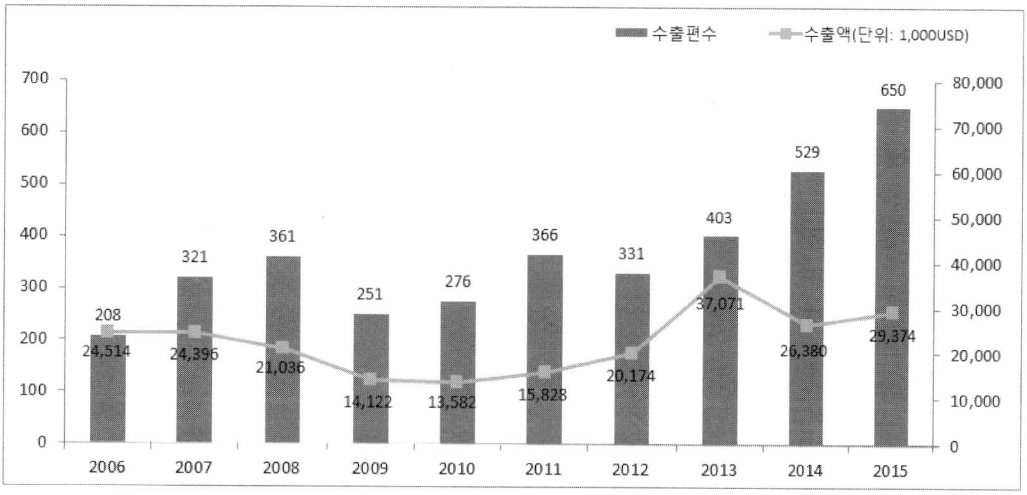

수출편수와 수출액은 연도별로 다소의 등락은 있었으나 점진적으로 상승하고 있는 것으로 나타났다. 2013년 〈설국열차〉라는 한편의 대작이 이끌어낸 수출액의 급상승을 제외한다면, 국내에서 흥행을 기록하는 영화들과 해외 시장까지 겨냥한 영화들이 포트폴리오를 이뤄 앞으로도 한국영화 수출액은 꾸준한 상승세를 이어갈 것으로 기대된다.

〈표 I-10-2〉 2014~2015년 권역별 수출실적

권 역	2014		2015		전년 대비 증감률(%)
	수출액(USD)	비중(%)	수출액(USD)	비중(%)	
아시아	20,867,717	79.1	22,958,571	78.2	10.0
유럽	1,760,129	6.7	1,237,665	15.1	-29.7
북미	3,097,044	11.7	4,448,168	4.2	43.6
중남미	306,223	1.2	309,200	1.1	1.0
오세아니아	122,630	0.5	262,785	0.9	114.3
중동	81,100	0.3	54,000	0.2	-33.4
기타	145,632	0.6	103,709	0.4	-28.8
계	26,380,475	100.0	29,374,098	100.0	11.3

권역별로 살펴본 수출실적의 추세는 아시아와 북미의 약진, 유럽의 쇠퇴로 요약할 수 있다. 중국, 일본을 위시해 한국영화 최대 수출 시장으로 손꼽혀온 아시아 지역의 비중은 2014년보다 0.9% 감소했지만, 액수는 10.0% 증가했다. 북미지역의 수출도 43.6%나 증가하며 4,448,168달러를 기록했다. 반면 유럽지역 수출은 매년 감소하고 있는데, 작가주의 작품을 선호하는 지역적 특성을 감안할 때, 주요 국제영화제에 초청되거나 수상한 작품들이 많지 않았던 2014년 한국영화의 부진을 그대로 반영하는 지표라 할 수 있겠다. 주목할 만한 것은 오세아니아 지역의 수출액 상승인데, 전체 수출액 내에서의 비중은 미미하나, 이 지역 수출액 상승이 일시적 현상일지, 계속 지속될 수 있는 흐름일지는 앞으로도 지켜볼 필요가 있다.

10.2 서비스 수출 부문

2015년 한국영화 서비스 수출액은 총 26,126,402달러로 2014년 대비 28.8% 가량 감소했다. 2014년에는 〈어벤져스: 에이지 오브 울트론〉을 필두로 한 할리우드 영화와 TV시리즈의 한국 로케이션 촬영이 활발히 이루어졌지만, 2015년에는 해외 대작의 한국로케이션이 메르스 등의 여파로 취소되면서 대작의 한국 로케이션 촬영이 전무한 영향이 컸다.

〈표 I-10-3〉 2012년~2015년 한국영화 서비스 분야별 수주 현황

(단위: USD)

서비스 분야	2012년		2013년		2014년		2015년	
	수주금액	비중	수주금액	비중	수주금액	비중	수주금액	비중
VFX · DI	6,763,300	38.3	18,845,429	84.0	10,995,259	30.0	18,179,820	69.6
3D 관련	5,460,000	30.9	-	-	-	-	2,541,312	9.7
사운드	51,700	0.3	89,000	0.4	102,600	0.3	54,000	0.2
기타(특효,무술 등)	225,570	1.3	16,500	0.1	2,944,950	8.0	597,373	2.3
외국영상물 국내 로케이션	5,149,284	29.2	3,472,483	15.5	22,661,143	61.7	4,753,897	18.2
합 계	17,649,854	100.0	22,423,412	100.0	36,703,952	100.0	26,126,402	100.0
전년대비 증감	-		27.0		63.7		-28.8	

• 2013년 수치 보완/수정

• 외국영상물이 한국에서 로케이션 촬영을 할 경우, 국내에서 집행한 금액임

2015년 한국영화 기술서비스 수주금액은 총 21,372,505달러로, 전년 대비 52% 가량 증가하였다. 세부분야별로 살펴보면, 사운드 등 기타 부문의 수주금액이 감소하는 대신 VFX · DI부문 수주금액이 대폭 증가했다. 이는 VFX · DI 부문의 아시아 지역 영화 수주가 증가했기 때문이다. 한편, 전년도까지 전무하던 3D 변환의 해외수주가 중화권을 중심으로 성사되어 가시적인 성과를 나타냈다.

시역별로 살펴보면 중화권 작품의 수주는 2배 이상 증가하며 총액 증가를 이끌었고, 기타 국가들은 전년과 비슷한 실적을 기록했다. 기술서비스 부문 조사가 시작된 이후 매해 계약 작품수가 증가하면서 수출 국가나 장르들이 점차 다양해지고 있지만, 2015년에는 유독 중화권 대작에 집중되었던 한 해로 보인다. 한편, 이탈리아, 인도 등이 계약건수가 집계되어 새로운 시장으로 등장하였다.

그림 I-10-2 2012년~2015년 한국영화 서비스 분야별 수주 현황

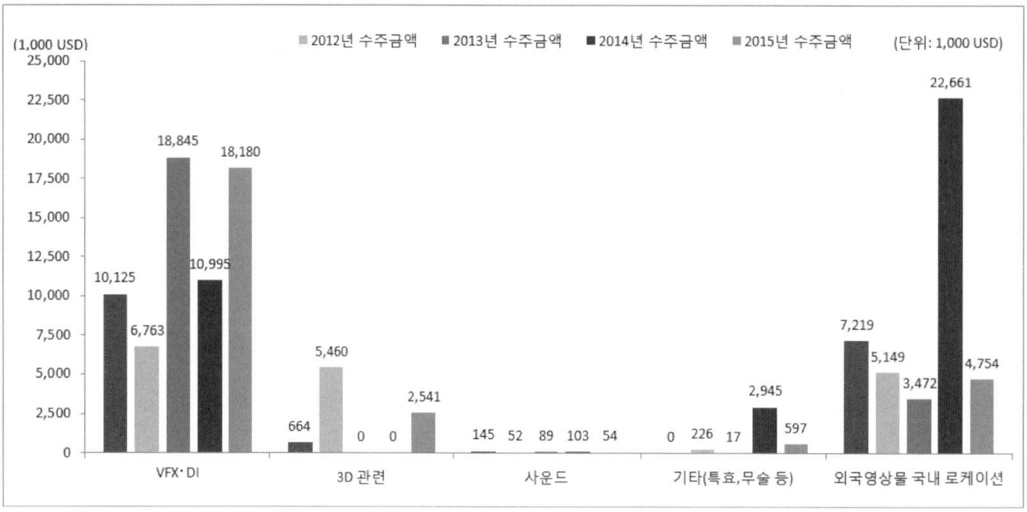

〈표 I-10-4〉 2014~2015년 한국영화 후반업체 및 제작스태프 국가별 수주 현황

권 역	국가	2014년		2015년		전년 대비 증감(%)
		수주금액(USD)	비중(%)	수주금액(USD)	비중(%)	
아시아	중국	8,398,734	59.8	17,023,565	79.6	102.7
	홍콩	1,185,000	8.4	3,754,940	17.6	216.9
	일본	3,632,303	25.9	-	-	-
	싱가포르	31,500	0.2	-	-	-
	카자흐스탄	29,700	0.2	-	-	-
	베트남	9,000	0.1	-	-	-
	인도	-	-	100,000	0.5	-
	소계	13,286,237	94.6	20,878,505	97.7	57.1
북미	미국	454,667	3.2	472,000	2.2	3.8
유럽	러시아	301,905	2.2	-	-	-
	이탈리아	-	-	22,000	0.1	-
합 계		14,042,809	100.0	21,372,505	100.0	52.2

외국영상물의 국내 로케이션 유치 · 집행금액은 4,753,897달러를 기록하였다. 2014년에 〈어벤져스: 에이지 오브 울트론〉 유치로 인해 급격하게 증가했던 수치가 연 400만 달러 내외의 평년 수준으로 다시 돌아간 셈이다. 한국에서 로케이션 촬영을 했다고 집계된 편수 역시 2013년 27편, 2014년 37편에 이어 2015년에는 25편을 기록, 작품 수 역시 2014년 이전 수준으로 감소했다.

〈표 I-10-5〉 2014~2015년 외국 영상물 국가별 한국 로케이션 유치 현황

권 역	지 역	2014		2015		전년 대비 증감(%)
		집행액(USD)	비중(%)	집행액(USD)	비중(%)	
북미	미국	17,208,986	75.9	182,979	3.8	-98.9
	캐나다	-	-	2,872	0.06	-
아시아	중국	4,651,256	20.5	3,677,395	77.4	-20.9
	베트남	402,273	1.8	6,120	0.12	-98.5
	홍콩	102,780	0.5	1,280	0.02	-98.8
	태국	58,297	0.3	26,860	0.6	-53.9
	대만	-	-	21,640	0.5	-
	말레이시아	48,658	0.2	-	-	-
	일본	17,428	0.1	772,364	16.2	4331.7
	싱가포르	-	-	-	-	-
	네팔	3,456	0.02	-	-	-
	소계	5,284,148	23.3	4,505,659	94.8	-14.7
유럽	프랑스	70,243	0.3	-	-	-
	기타	92,636	0.4	61,206	1.28	-33.9
오세아니아	뉴질랜드	5,130	0.02	-	-	-
중남미	아르헨티나	-	-	1,181	0.02	-
합 계		22,661,143	100.0	4,753,897	100.0	-5.7

• 출처 : 서울영상위원회, 부산영상위원회, 영화진흥위원회

지역별 비중을 보면 중국이 〈나쁜 놈은 죽는다〉 등의 촬영으로 인해 1위를 차지하였으나 집행금액으로 보면 전년보다 100만 달러 정도 하락했다. 2015년 여름 메르스 사태로 인해 국내 로케이션 촬영을 고려했던 중국 대작들이 한국촬영을 취소하면서 예상보다 낮은 수치를 기록한 것이다. 2014년에 살짝 주춤했던 일본의 경우 작품 수는 2편으로 저조했지만 중국에 이어 집행금액 2위를 기록했다. 3위를 기록한 미국지역의 경우 단편 영화, 다큐멘터리 등 소규모 작품 위주로 한국 촬영을 진행했다. 장르별로 살펴보면 2014년에는 한국의 풍경을 활용한 영화나 TV시리즈의 촬영이 활발했다면, 2015년에 미디어 환경의 변화를 반영하듯 웹드라마의 촬영이 늘어났다.

2015년 한국영화 서비스 부문의 실적은 전년보다 대거 감소하였지만 이는 일시적인 현상일 뿐 기술서비스 수출과 로케이션 유치 실적 모두 중국 영화시장 성장에 힘입어 꾸준히 증가할 것으로 예상된다.

제2장 한국 영화산업 부문별 현황

1. 흥행통계

1.1 연도별 한국 · 외국영화 제작, 수입 및 개봉 편수

구분	한국영화(편)		외국영화(편)		총 개봉편수(편)
	제작편수	개봉편수	수입편수	개봉편수	
2001	65	52	355	228	280
2002	78	82	266	192	274
2003	80	65	271	175	240
2004	82	74	285	194	268
2005	87	83	253	215	298
2006	110	108	289	237	345
2007	124	112	404	280	392
2008	113	108	360	272	380
2009	138	118	311	243	361
2010	152	140	383	286	426
2011	216	150	551	289	439
2012	204	175	721	456	631
2013	207	183	844	722	905
2014	248	217	1,031	878	1,095
2015	269	232	1,262	945	1,177

- 제작편수는 영상물등급위원회의 국내영화 등급분류편수를 기준으로 함
- 영화 및 비디오물의 진흥에 관한 법률 시행(2006.10.29자)으로 수입추천제도가 폐지됨에 따라, 2006년 이후 외국영화 수입편수는 등급분류편수를 기준으로 함
- 영화 및 비디오물의 진흥에 관한 법률 상 단편영화(40분 이하)는 제외하였으며, 내용 등의 수정으로 인한 재심과 3D판, 감독판, 무삭제판 등에 대한 수치는 중복여부에 따라 제외함
- 개봉편수에 전년도 이월작, 재개봉작은 제외
- 2014년 수입편수 수치 보완/수정

그림 Ⅱ-1-1 연도별 한국 · 외국영화 개봉 편수

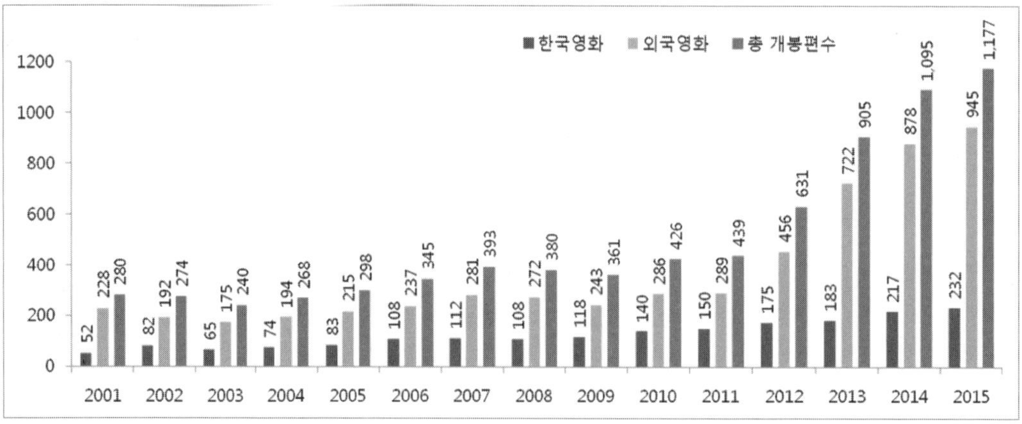

1.2 연도별 한국 · 외국영화 등급분류 현황

(단위: 편)

구분		등급					합계
		전체 관람가	12세 이상 관람가	15세 이상 관람가	청소년 관람불가	제한상영가	
2011년	한국영화	44	47	67	54	2	214
	외국영화	127	89	105	224	5	550
	합계	171	136	172	278	7	764
2012년	한국영화	40	32	74	77	6	229
	외국영화	135	82	180	372	4	773
	합계	175	114	254	449	10	1,002
2013년	한국영화	31	32	67	112	6	248
	외국영화	144	105	245	405	8	907
	합계	175	137	312	517	14	1,155
2014년	한국영화	60	53	66	168	6	353
	외국영화	164	136	319	470	11	1,100
	합계	224	189	385	638	17	1,453
2015년	한국영화	54	48	73	191	1	367
	외국영화	126	192	308	684	3	1,313
	합계	180	240	381	875	4	1,680

- 출처: 영상물등급위원회
- 영상물등급위원회의 산출방식에 따라 내용 등의 수정으로 인한 재심과 감독판, 무삭제판, 3D판 등에 대한 등급분류 수치도 중복여부에 상관없이 포함됨

그림 Ⅱ-1-2 연도별 한국 · 외국영화 등급분류 현황

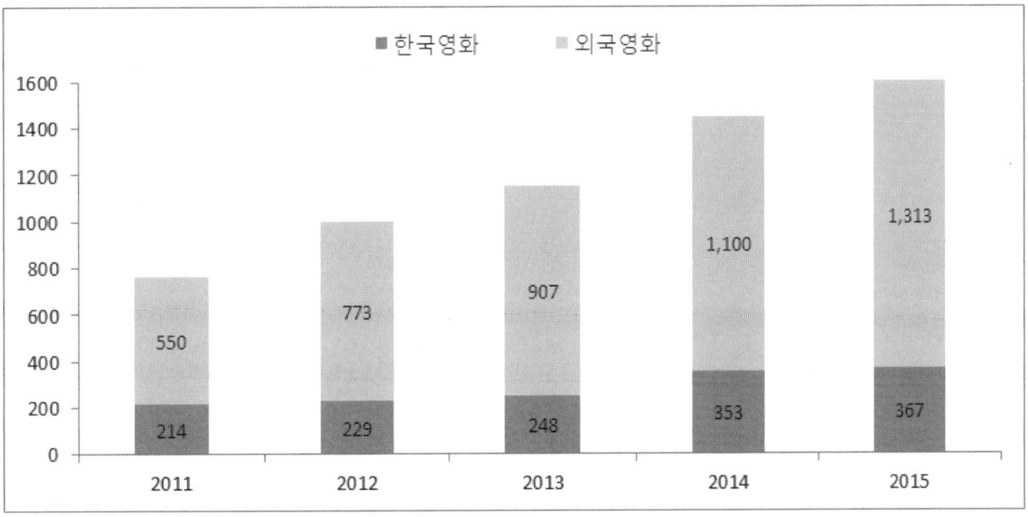

1.3 2015년 영화 등급분류 현황

등급	개봉영화(편)			전체 등급분류(편)		
	한국영화	외국영화	계	한국영화	외국영화	계
전체 관람가	26	88	114	54	126	180
12세 이상 관람가	32	133	165	48	192	240
15세 이상 관람가	52	226	278	73	308	381
청소년 관람불가	122	498	620	191	684	875
제한상영가	-	-	-	1	3	4
등급분류 합계	232	945	1,177	367	1,313	1,680

- 출처: 영상물등급위원회, 영화관입장권 통합전산망
- 영화 및 비디오물의 진흥에 관한 법률 상 단편영화(40분 이하)는 제외
- 등급분류 수치는 영상물등급위원회의 산출방식에 따라 내용 등의 수정으로 인한 재심과 감독판, 무삭제판, 3D판 등에 대한 등급분류 수치도 중복여부에 상관없이 포함됨

그림 Ⅱ-1-3 2015년 전체 개봉영화 등급별 비율

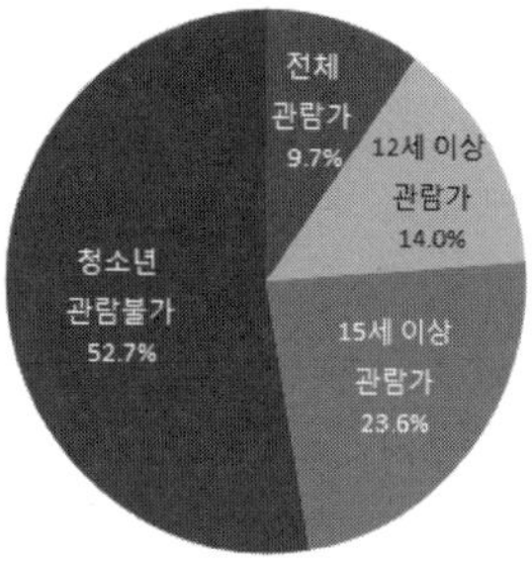

그림 Ⅱ-1-4 2015년 등급분류 받은 전체영화의 등급별 비율

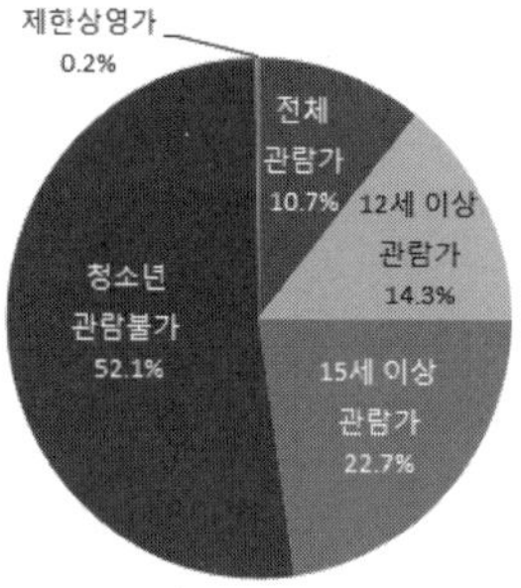

그림 Ⅱ-1-5 2015년 한국 개봉영화 등급별 비율

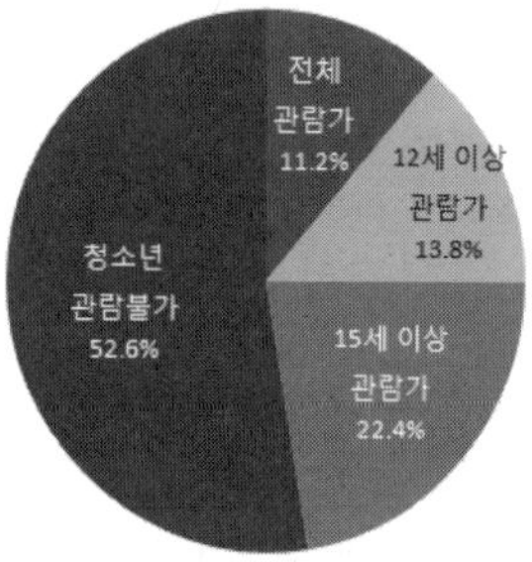

그림 Ⅱ-1-6 2015년 등급분류 받은 한국영화의 등급별 비율

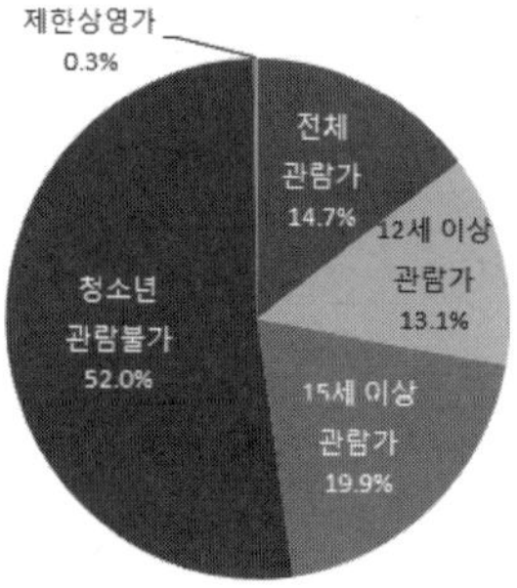

그림 Ⅱ-1-7 2015년 외국 개봉영화 등급별 비율

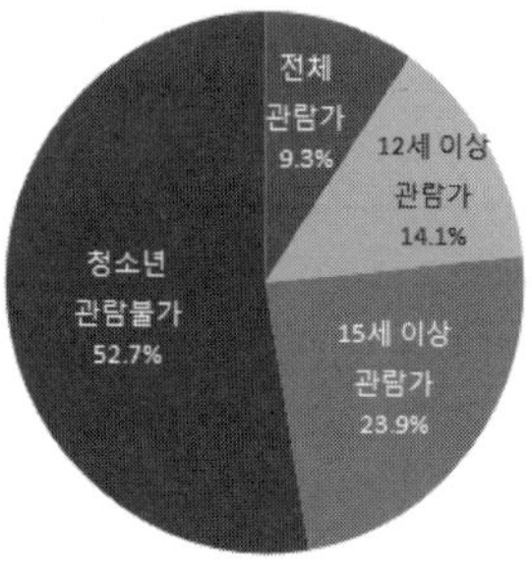

그림 Ⅱ-1-8 2015년 등급분류 받은 외국영화의 등급별 비율

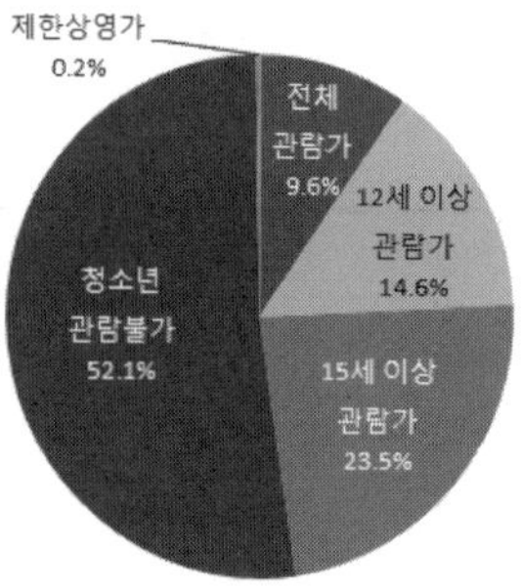

1.4 2015년 개봉영화 등급별 관객 수 및 매출액

등급	매출액(원)			관객 수(명)		
	한국영화	외국영화	합계	한국영화	외국영화	합계
전체 관람가	8,080,694,758	144,123,770,566	152,204,465,324	1,091,944	19,236,896	20,328,840
12세 이상 관람가	218,580,759,864	332,280,341,230	550,861,101,094	28,384,782	40,119,629	68,504,411
15세 이상 관람가	438,266,310,426	256,200,766,727	694,467,077,153	56,346,990	31,967,811	88,314,801
청소년 관람불가	127,020,039,164	77,072,026,853	204,092,066,017	15,952,289	9,474,723	25,427,012
합계	791,947,804,212	809,676,905,376	1,601,624,709,588	101,776,005	100,799,059	202,575,064

• 전체 상영영화가 아닌 개봉영화에 대한 매출액과 관객 수로 '1.5 연도별 한국 · 외국영화의 관객 수, 관객 점유율, 1인당 관람횟수'의 수치와 다름

그림 Ⅱ-1-9 2015년 전체 개봉영화 등급별 등급별 관객 점유율

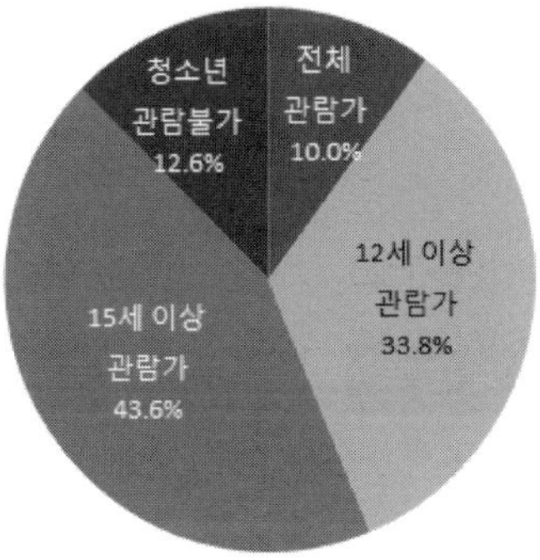

그림 Ⅱ-1-10 2015년 한국 개봉영화 등급별 관객 점유율

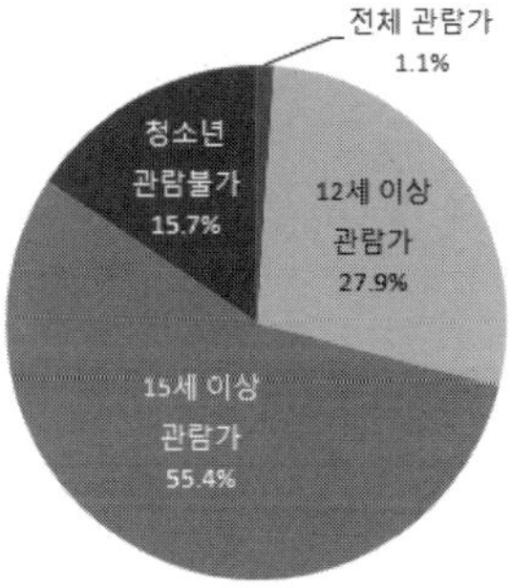

그림 Ⅱ-1-11 2015년 외국 개봉영화 등급별 관객 점유율

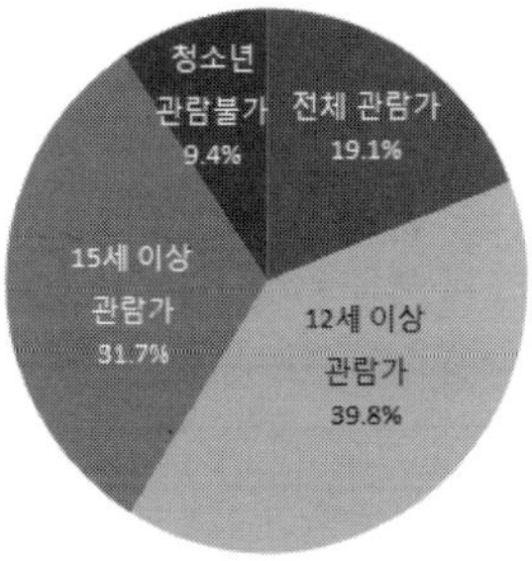

1.5 연도별 한국 · 외국영화의 관객 수, 관객 점유율, 1인당 관람횟수

구분	한국영화			외국영화			총 관객 수 (명)	1인당 관람횟수 (회)
	관객 수 (명)	점유율 (%)	1인당 관람횟수(회)	관객 수 (명)	점유율 (%)	1인당 관람횟수(회)		
2001	44,813,519	50.1	0.96	44,550,254	49.9	0.94	89,363,773	1.90
2002	50,825,199	48.3	1.07	54,312,524	51.7	1.13	105,137,723	2.20
2003	63,913,246	53.5	1.32	55,562,063	46.5	1.15	119,475,309	2.47
2004	80,188,543	59.3	1.65	54,977,632	40.7	1.13	135,166,175	2.78
2005	85,441,539	58.7	1.75	60,082,637	41.3	1.23	145,524,176	2.98
2006	97,913,570	63.8	2.00	55,499,940	36.2	1.13	153,413,510	3.13
2007	79,393,391	50.0	1.61	79,381,483	50.0	1.61	158,774,874	3.22
2008	63,544,965	42.1	1.28	87,285,714	57.9	1.76	150,830,679	3.04
2009	76,406,156	48.7	1.54	80,554,110	51.3	1.62	156,960,266	3.15
2010	69,397,733	46.5	1.37	79,784,275	53.5	1.58	149,182,008	2.92
2011	82,868,294	51.9	1.63	76,856,171	48.1	1.52	159,724,465	3.15
2012	114,613,190	58.8	2.25	80,277,432	41.2	1.58	194,890,622	3.83
2013	127,286,319	59.7	2.49	86,061,935	40.3	1.68	213,348,254	4.17
2014	107,702,562	50.1	2.10	107,365,198	49.9	2.09	215,067,760	4.19
2015	112,939,751	52.0	2.19	104,359,772	48.0	2.02	217,299,523	4.22

그림 Ⅱ-1-12 연도별 한국 · 외국영화 관객 수

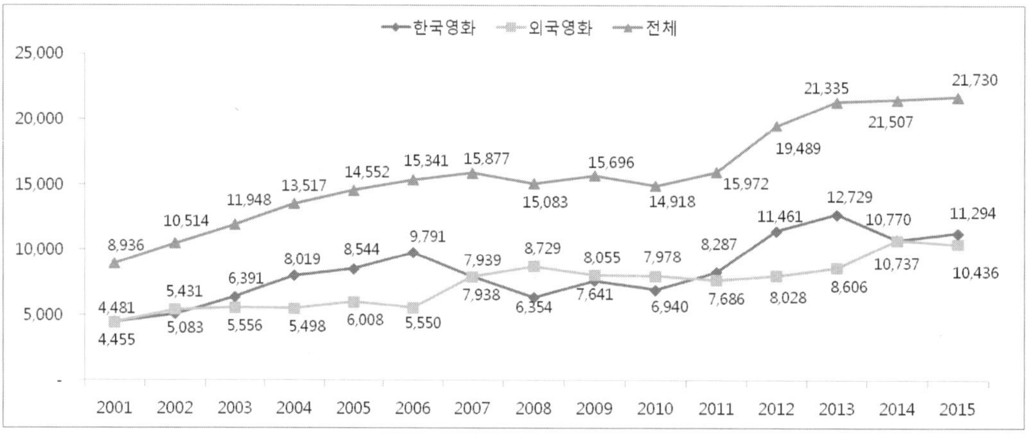

그림 Ⅱ-1-13 연도별 한국 · 외국영화 관객 점유율

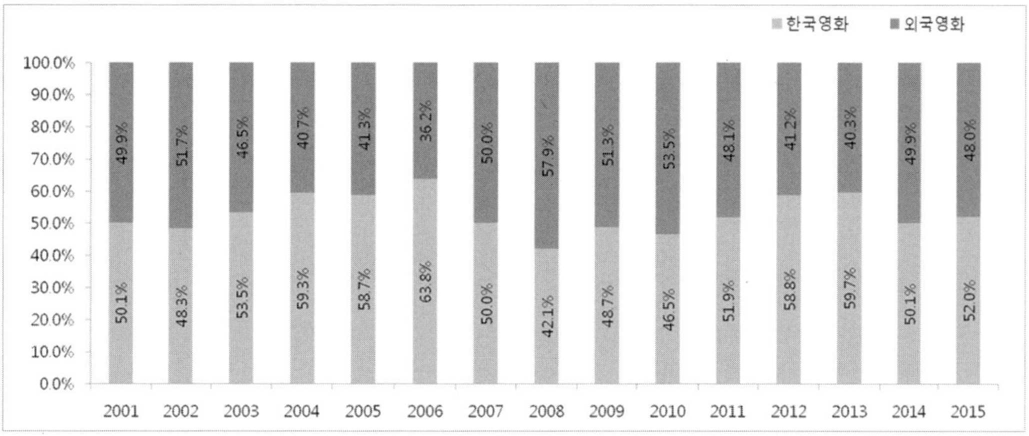

1.6 연도별 개봉영화 국적별 관객 점유율

1) 2014년 ~ 2015년 전국 기준 개봉영화 국적별 관객 점유율

구분			한국	미국(직배)	미국(수입)	중국 (홍콩/대만)	유럽	일본	기타	계
2014	상영 편수	상영작 (편)	262	55	274	77	250	224	74	1,216
		상영편수 비율(%)	21.6	4.5	22.5	6.3	20.6	18.4	6.1	100.0
		개봉작 (편)	217	44	256	72	221	217	68	1,095
		개봉편수 비율(%)	19.8	4.0	23.4	6.6	20.2	19.8	6.2	100.0
	관객 수	관객 수 (명)	107,350,703	69,700,790	27,127,448	573,467	6,244,468	2,536,653	350,773	213,884,302
		편당 관객 수 (명)	409,736	1,267,287	99,005	7,448	24,978	11,324	4,740	175,892
		관객 수 비율 (%)	50.2	32.6	12.7	0.3	2.9	1.2	0.2	100.0
	매출 액	매출액 (원)	819,067,154,205	558,040,081,315	211,745,435,541	3,760,331,300	45,896,008,573	17,796,707,069	2,490,405,686	1,658,796,123,689
		편당 매출액 (원)	3,126,210,512	10,146,183,297	772,793,560	48,835,471	183,584,034	79,449,585	33,654,131	1,364,141,549
		매출액 비율(%)	49.4	33.6	12.8	0.2	2.8	1.1	0.2	100.0
2015	상영 편수	상영작 (편)	302	57	274	40	206	364	56	1,299
		상영편수 비율(%)	23.2	4.4	21.1	3.1	15.9	28.0	4.7	100
		개봉작 (편)	232	55	253	38	185	362	52	1,177
		개봉편수 비율(%)	19.7	4.7	21.5	3.2	15.7	30.8	4.4	100
	관객 수	관객 수 (명)	112,758,133	48,806,489	42,897,817	259,181	6,955,053	3,937,504	229,125	215,843,302
		편당 관객 수 (명)	373,371	856,254	156,561	6,480	33,762	10,817	4,092	166,161
		관객 수 비율 (%)	52.2	22.6	19.9	0.1	3.2	1.8	0.1	100
	매출 액	매출액 (원)	878,906,348,686	396,053,760,487	345,481,302,809	1,858,797,000	53,572,907,054	28,922,266,137	1,786,916,741	1,706,582,298,914
		편당 매출액 (원)	2,910,285,923	6,948,311,587	1,260,880,667	46,469,925	260,062,656	79,456,775	31,909,228	1,313,766,204
		매출액 비율(%)	51.5	23.2	20.2	0.1	3.1	1.7	0.1	100

- 2008년 이후 전국관객수를 집계하였으나, 영화관입장권 통합전산망 가입률 99% 이상으로 보정작업이 이뤄지지 않은 2011년 이후 자료부터 작성함
- 관객 수 및 매출액은 상영작 기준
- 국적별 관객 수는 일부 국적누락 작품이 제외되어 연도별 관객 수(1.5)와 차이가 있음

그림 Ⅱ-1-14 2015년 국적별 점유율(상영편수 기준)

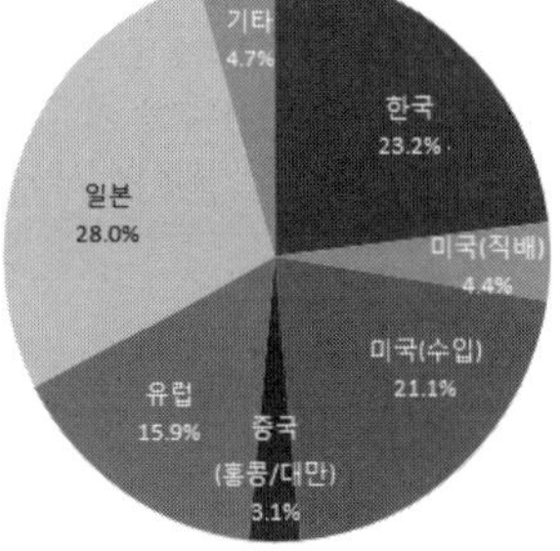

그림 Ⅱ-1-15 2015년 국적별 점유율(관객 수 기준)

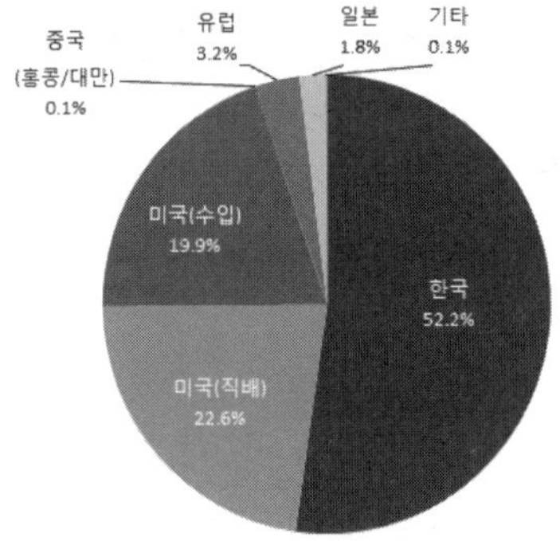

2) 2010년~2015년 서울 기준 개봉영화 국적별 관객 점유율

구분		한국	미국(직배)	미국(수입)	중국 (홍콩/대만)	유럽	일본	기타	계
2010	개봉편수 (편)	140	47	88	14	64	58	15	426
	편수 비율 (%)	32.9	11.0	20.7	3.3	15.0	13.6	3.5	100.0
	관객 수 (명)	19,122,864	12,108,586	7,474,757	553,739	1,187,949	876,052	164,221	41,488,168
	편당 관객 수 (명)	136,592	257,629	84,940	39,553	18,562	15,104	10,948	97,390
	관객 수 비율 (%)	46.1	29.2	18.0	1.3	2.9	2.1	0.4	100.0
2011	개봉편수 (편)	150	52	89	15	61	47	25	439
	편수 비율 (%)	34.2	11.8	20.3	3.4	13.9	10.7	5.7	100.0
	관객 수 (명)	21,458,354	11,503,652	10,271,160	140,759	1,105,305	703,418	485,533	45,668,181
	편당 관객 수 (명)	143,056	221,224	115,406	9,384	18,120	14,966	19,421	104,028
	관객 수 비율 (%)	47.0	25.2	22.5	0.3	2.4	1.5	1.1	100.0
2012	개봉편수 (편)	175	45	119	30	116	120	26	631
	편수 비율 (%)	27.7	7.1	18.9	4.8	18.4	19.0	4.1	100.0
	관객 수 (명)	30,789,843	14,808,724	4,705,042	218,135	2,595,514	587,385	313,495	54,018,138
	편당 관객 수 (명)	175,942	329,083	39,209	7,271	22,375	4,895	12,058	85,472
	관객 수 비율 (%)	57.0	27.4	8.7	0.4	4.8	1.1	0.6	100.0
2013	개봉편수 (편)	183	46	219	54	188	171	44	905
	편수 비율 (%)	20.2	5.1	24.2	5.9	20.8	18.9	4.9	100.0
	관객 수 (명)	32,043,096	13,861,330	8,082,063	226,855	2,228,313	504,775	203,061	57,148,462
	편당 관객 수 (명)	175,099	301,333	36,904	4,201	11,853	2,952	4,615	63,149
	관객 수 비율 (%)	56.1	24.3	14.1	0.4	3.9	0.9	0.3	100.0
2014	개봉편수 (편)	217	44	256	72	221	217	68	1,095
	편수 비율 (%)	19.8	4.0	23.4	6.6	20.2	19.8	6.2	100.0
	관객 수 (명)	24,383,854	20,507,815	8,282,317	148,213	1,819,550	563,476	135,539	55,840,764
	편당 관객 수 (명)	112,368	466,087	32,353	2,059	8,233	2,597	1,993	50,996
	관객 수 비율 (%)	43.7	36.7	14.8	0.3	3.3	1.0	0.2	100.0
2015	개봉편수 (편)	232	55	253	38	185	362	52	1,177
	편수 비율 (%)	19.7	4.7	21.5	3.2	15.7	30.8	4.4	100.0
	관객 수 (명)	25,150,471	14,183,509	12,397,647	61,731	2,251,915	988,414	97,388	55,131,075
	편당 관객 수 (명)	108,407	257,882	49,003	1,625	12,173	2,730	1,873	46,840
	관객 수 비율 (%)	45.6	25.7	22.5	0.1	4.1	1.8	0.2	100.0

• 개봉작 기준으로 지역별 관객 수(1.10)와 차이가 있음

1.7 2014년~2015년 한국 · 외국영화 관객 수, 극장 매출, 평균 관람요금 비교

구분			한국영화	외국영화	계
관객 수	연간 관객 수(명)	2014	107,702,562	107,365,198	215,067,760
		2015	112,939,751	104,359,772	217,299,523
	관객 점유율(%)	2014	50.1	49.9	100.0
		2015	52.0	48.0	100.0
	전년 대비 증감률(%)		4.9	-2.8	1.0
극장매출	연간 극장 매출(원)	2014	820,629,096,302	843,591,278,358	1,664,220,374,660
		2015	879,654,629,660	835,846,942,018	1,715,501,571,678
	극장 매출 점유율(%)	2014	49.3	50.7	100.0
		2015	51.3	48.7	100.0
	전년 대비 증감률(%)		7.2	-0.1	-
평균 관람요금	평균 관람요금(원)	2014	7,619	7,857	7,738
		2015	7,789	8,009	7,895
	전년 대비 증감률(%)		2.2	1.9	2.0

• 영화관통합전산망 테마통계 기준

1.8 2015년 월별 한국 · 외국영화 관객 수, 극장 매출

월	한국영화					외국영화					전체				
	개봉 편수(편)	상영 편수(편)	매출액(원)	관객 수(명)	월별 관객 점유율(%)	개봉 편수(편)	상영 편수(편)	매출액(원)	관객 수(명)	월별 관객 점유율(%)	개봉 편수(편)	상영 편수(편)	매출액(원)	관객 수(명)	월별 관객 점유율(%)
1월	14	82	110,123,050,402	14,019,496	62.4	67	210	66,172,275,249	8,464,595	37.6	81	292	176,295,325,651	22,484,091	10.3
2월	9	85	63,402,259,578	8,048,675	48.3	64	208	68,118,614,692	8,617,498	51.7	73	293	131,520,874,270	16,666,173	7.7
3월	14	98	30,469,065,119	3,899,544	34.4	59	234	59,199,074,299	7,423,563	65.6	73	332	89,668,139,418	11,323,107	5.2
4월	16	98	24,782,124,375	3,255,669	25.6	74	246	78,418,983,748	9,465,970	74.4	90	344	103,201,108,123	12,721,639	5.8
5월	15	102	44,274,804,858	5,560,234	31.5	70	237	100,000,237,495	12,110,506	68.5	85	339	144,275,042,353	17,670,740	8.1
6월	16	90	43,788,663,632	5,646,828	39.8	64	184	72,562,673,516	8,555,129	60.2	80	274	116,351,337,148	14,201,957	6.5
7월	19	78	85,792,613,127	11,234,744	47.9	100	236	95,288,541,131	12,196,982	52.1	119	314	181,081,154,258	23,431,726	10.8
8월	20	81	164,355,862,321	21,090,441	68.2	82	214	74,951,018,031	9,811,700	31.8	102	295	239,306,880,352	30,902,141	14.2
9월	32	118	88,785,729,519	11,274,846	60.2	99	242	60,028,407,953	7,458,197	39.8	131	360	148,814,137,472	18,733,043	8.6
10월	27	153	48,779,960,823	6,397,661	42.9	84	307	68,066,863,795	8,528,868	57.1	111	460	116,846,824,618	14,926,529	6.9
11월	24	159	81,573,437,650	10,414,836	68.2	80	288	37,885,396,261	4,861,142	31.8	104	447	119,458,833,911	15,275,978	7.0
12월	26	124	93,527,058,256	12,096,777	63.8	102	319	55,154,855,848	6,865,622	36.2	128	443	148,681,914,104	18,962,399	8.7
합계	232	1,268	879,654,629,660	112,939,751	52.0	945	2,925	835,846,942,018	104,359,772	48.0	1,177	4,193	1,715,501,571,678	217,299,523	100

그림 Ⅱ-1-16 2015년 월별 한국 · 외국영화 관객 수

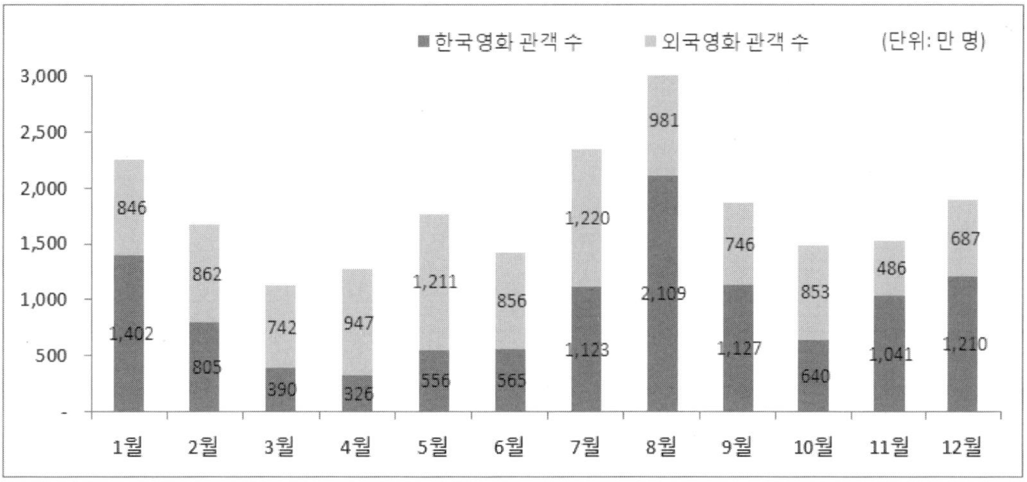

그림 Ⅱ-1-17 2015년 월별 한국 · 외국영화 극장 매출

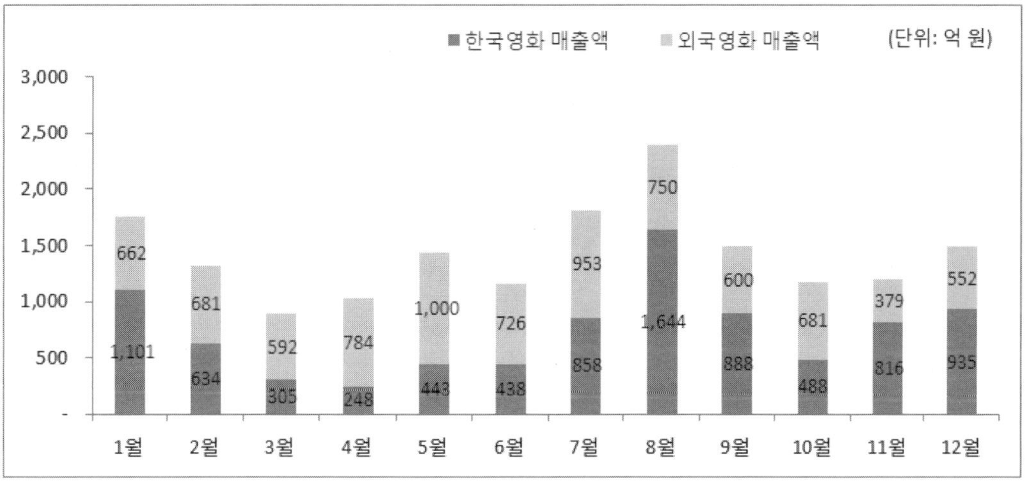

1.9 2015년 기간별 한국 · 외국영화 관객 수, 관객 점유율

구분	1월	2월	3월	4월	월	6월
한국영화 관객 수(명)	14,019,496	8,048,675	3,899,544	3,255,669	5,560,234	5,646,828
월별 점유율(%)	62.4	48.3	34.4	25.6	31.5	39.8
분기별 점유율(%)			51.4			32.4
반기별 점유율(%)						42.5
외국영화 관객 수(명)	8,464,595	8,617,498	7,423,563	9,465,970	12,110,506	8,555,129
월별 점유율(%)	37.6	51.7	65.6	74.4	68.5	60.2
분기별 점유율(%)			48.6			67.6
반기별 점유율(%)						57.5
관객 수 합계(명)	22,484,091	16,666,173	11,323,107	12,721,639	17,670,740	14,201,957

구분	7월	8월	9월	10월	11월	12월	계
한국영화 관객 수(명)	11,234,646	21,088,695	11,274,170	6,397,109	10,414,713	12,092,484	112,932,263
월별 점유율(%)	47.9	68.2	60.2	42.9	68.2	63.8	
분기별 점유율(%)			59.7			58.8	52.0
반기별 점유율(%)						59.3	
외국영화 관객 수(명)	12,196,850	9,811,700	7,457,817	8,528,868	4,860,524	6,863,536	104,356,556
월별 점유율(%)	52.1	31.8	39.8	57.1	31.8	36.2	
분기별 점유율(%)			40.3			41.2	48.0
반기별 점유율(%)						40.7	
관객 수 합계(명)	23,431,496	30,900,395	18,731,987	14,925,977	15,275,237	18,956,020	217,288,819

1.10 2015년 지역별 관객 수, 극장 매출, 1인당 관람횟수

지역	관객 수 (명)	관객점유율 (%)	극장매출액 (원)	매출 점유율(%)	인구수 (명)	1인당 관람횟수(회)
서울	59,131,129	27.2	486,415,699,465	28.4	10,022,181	5.90
경기	49,252,926	22.7	388,949,363,199	22.7	12,522,606	3.93
부산	16,907,521	7.8	132,755,706,697	7.7	3,513,777	4.81
대구	12,403,565	5.7	97,151,058,900	5.7	2,487,829	4.99
경남	11,193,776	5.2	86,891,149,118	5.1	3,364,702	3.32
인천	10,634,584	4.9	84,916,353,500	4.9	2,925,815	3.63
광주	8,194,922	3.8	59,732,050,700	3.5	1,472,199	5.57
대전	7,856,722	3.6	61,133,082,400	3.6	1,518,775	5.17
충남	7,189,004	3.3	54,483,436,700	3.2	2,288,533	3.14
전북	6,680,558	3.1	50,113,897,099	2.9	1,869,711	3.57
경북	6,347,384	2.9	49,600,886,800	2.9	2,702,826	2.35
충북	5,695,693	2.6	42,781,844,500	2.5	1,583,952	3.60
강원	4,972,158	2.3	38,765,015,100	2.3	1,549,507	3.21
울산	4,556,196	2.1	37,971,123,900	2.2	1,173,534	3.88
전남	4,109,176	1.9	27,723,561,300	1.6	1,908,996	2.15
제주	2,174,209	1.0	16,117,342,300	0.9	624,395	3.48
합계	217,299,523	100	1,715,501,571,678	100	51,529,338	4.22

• 인구수는 2015년 12월 기준 행정자치부 주민등록인구현황(주민등록 인구 및 세대현황) 기준 (외국인은 제외)

• 세종시는 충남지역에 포함하여 산출

그림 Ⅱ-1-18 2015년 지역별 관객 점유율

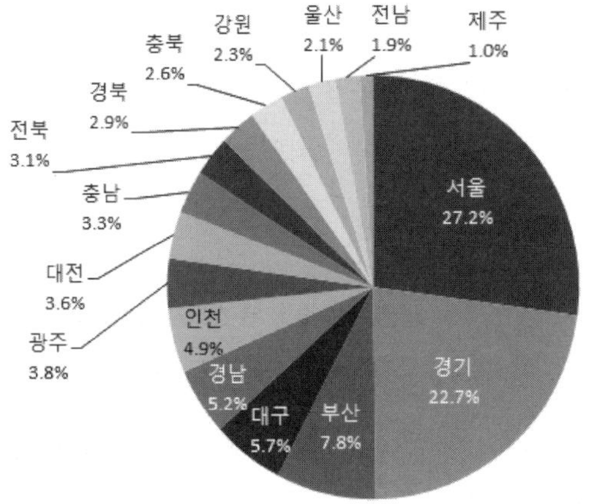

그림 Ⅱ-1-19 2015년 지역별 1인당 관람횟수

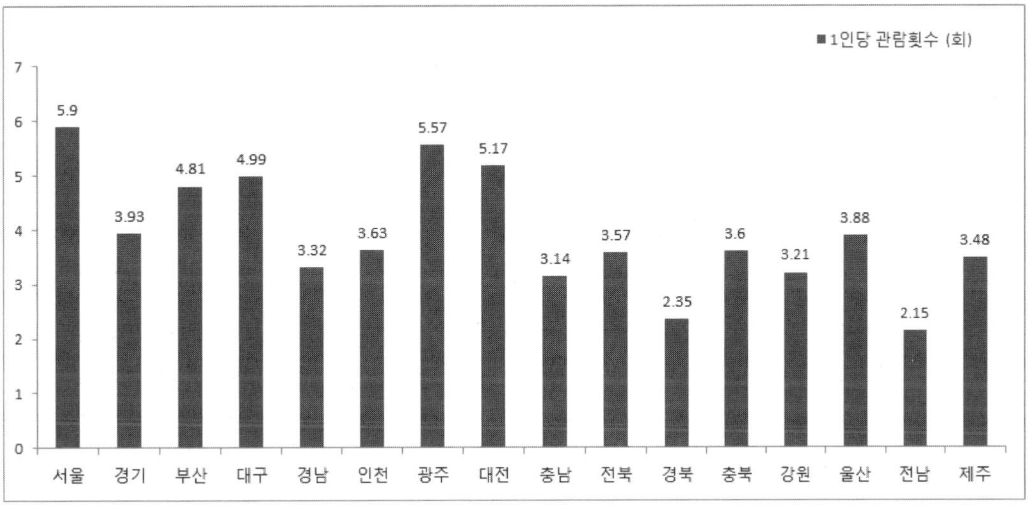

1.11 연도별 한국 · 외국영화 극장 매출, 표준 극장 매출

구분	전국 극장매출					표준극장매출*			물가지수
	한국영화		외국영화		합계 (원)	한국영화	외국영화	합계 (원)	
	매출액 (원)	매출 점유율 (%)	매출액 (원)	매출 점유율 (%)		매출액 (원)	매출액 (원)		
2001	260,950,995,378	49.8	262,765,404,257	50.2	523,716,399,635	343,018,068,193	345,403,094,653	688,421,162,846	76.1
2002	306,817,735,871	48.5	325,947,085,702	51.5	632,764,821,573	392,465,476,893	416,934,757,924	809,400,234,817	78.2
2003	382,268,356,438	53.3	334,839,904,696	46.7	717,108,261,134	472,379,462,753	413,770,827,809	886,150,290,562	80.9
2004	504,816,095,057	59.4	344,964,519,959	40.6	849,780,615,016	602,190,260,118	411,504,855,015	1,013,695,115,133	83.8
2005	527,690,394,420	58.8	370,453,865,187	41.2	898,144,259,607	612,603,343,921	430,065,202,971	1,042,668,546,892	86.1
2006	591,662,864,825	63.9	333,985,516,875	36.1	925,648,381,700	671,809,770,438	379,227,338,339	1,051,037,108,777	88.1
2007	494,019,799,265	49.8	497,819,698,965	50.2	991,839,498,230	547,075,147,023	551,283,137,655	1,098,358,284,678	90.3
2008	412,641,875,574	42.1	566,807,152,611	57.9	979,449,028,185	436,551,818,683	599,649,982,132	1,036,201,800,816	94.5
2009	531,784,892,424	48.6	562,296,199,444	51.4	1,094,081,091,868	547,503,724,350	578,916,903,751	1,126,420,628,101	97.1
2010	512,451,825,244	43.9	655,966,466,221	56.1	1,168,418,291,465	512,451,825,244	655,966,466,221	1,168,418,291,465	100.0
2011	613,723,307,100	49.7	622,076,157,100	50.3	1,235,799,464,200	590,118,564,519	598,150,151,058	1,188,268,715,577	104.0
2012	836,114,875,004	57.5	619,025,759,431	42.5	1,455,140,634,435	786,561,500,474	582,338,437,846	1,368,899,938,321	106.3
2013	909,923,820,105	58.7	641,414,116,616	41.3	1,551,337,936,721	843,302,891,664	594,452,378,699	1,437,755,270,363	107.9
2014	820,629,096,302	49.3	843,591,278,358	50.7	1,664,220,374,660	752,870,730,552	773,936,952,622	1,526,807,683,174	109.0
2015	879,654,629,660	52.0	835,846,942,018	48.0	1,715,501,571,678	801,142,649,964	761,244,938,086	1,562,387,588,049	109.8

- 표준극장매출은 통계청이 발표한 소비자물가지수(2010년=100)를 반영하여 환산한 극장 매출임(2015년 말 기준)
- 통계청(http://kosis.kr) 2015년 12월 및 연간 소비자물가 동향

그림 Ⅱ-1-20 연도별 한국 · 외국영화 극장 매출

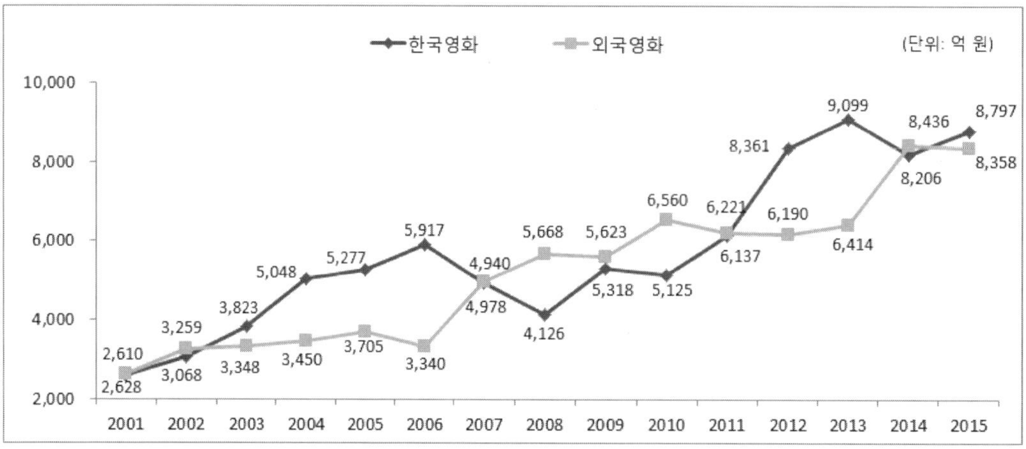

1.12 연도별 한국 · 외국영화 평균 관람요금

구분	한국영화 관람요금(원)	외국영화 관람요금(원)	평균 관람요금(원)
2001	5,823	5,898	5,860
2002	6,071	6,001	6,035
2003	5,981	6,026	6,002
2004	6,295	6,275	6,287
2005	6,176	6,166	6,172
2006	6,043	6,018	6,034
2007	6,222	6,271	6,247
2008	6,494	6,494	6,494
2009	6,960	6,980	6,970
2010	7,384	8,222	7,834
2011	7,406	8,093	7,737
2012	7,295	7,711	7,466
2013	7,149	7,453	7,271
2014	7,619	7,857	7,738
2015	7,789	8,009	7,895

그림 Ⅱ-1-21 연도별 한국 · 외국영화 평균 관람요금

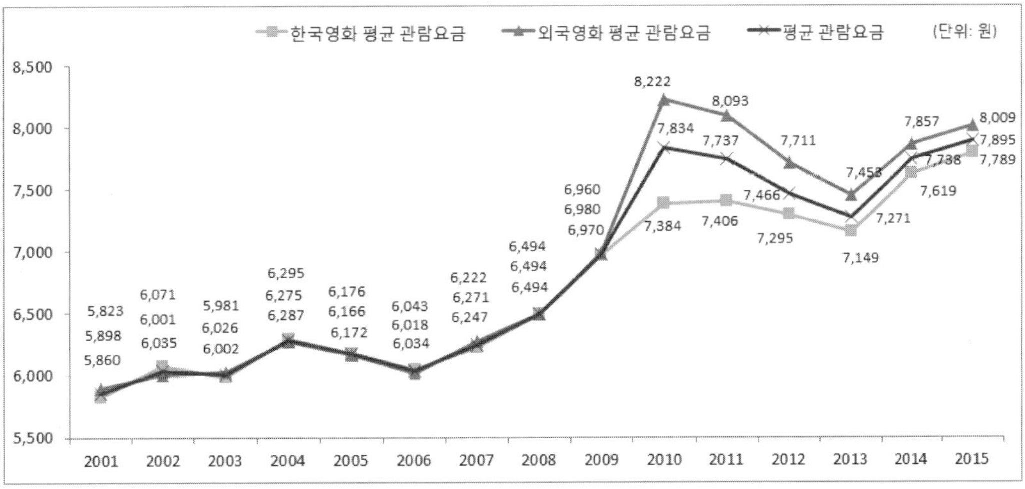

1.13 2015년 배급사별 매출액 및 관객 수

구분	배급사		상영 편수 (편)	극장 매출액 (원)	매출액 점유율 (%)	관객 수 (명)	관객 점유율 (%)	주요 흥행작
전체	1	씨제이이앤엠(주)	26	383,634,667,348	22.5	49,350,697	22.9	〈베테랑〉, 〈국제시장〉 등
	2	(주)쇼박스	11	290,216,179,519	17.0	36,937,369.50	17.1	〈암살〉, 〈내부자들〉 등
	3	월트디즈니컴퍼니 코리아(주)	9	204,058,390,844	12.0	24,918,992	11.5	〈어벤져스: 에이지 오브 울트론〉, 〈인사이드 아웃〉 등
	4	이십세기폭스 코리아(주)	16	163,537,697,145	9.6	20,353,230	9.4	〈킹스맨: 시크릿 에이전트〉, 〈마션〉 등
	5	유니버설픽쳐스인터내셔널 코리아(유)	32	149,800,651,547	8.8	18,574,240	8.6	〈쥬라기 월드〉, 〈분노의 질주: 더 세븐〉 등
	6	㈜넥스트엔터테인먼트월드 (NEW)	14.5	133,518,992,950	7.8	17,469,840	8.1	〈연평해전〉, 〈스물〉 등
	7	롯데쇼핑㈜ 롯데엔터테인먼트	20.5	127,514,650,692	7.5	16,179,480.50	7.5	〈미션 임파서블: 로그네이션〉, 〈터미네이터 제니시스〉 등
	8	워너브러더스 코리아(주)	13	98,535,283,889	5.8	11,894,527	5.5	〈매드 맥스: 분노의 도로〉, 〈인턴〉 등
	9	CGV아트하우스	15	33,286,652,061	2.0	4,195,538.50	1.9	〈차이나타운〉, 〈그놈이다〉 등
	10	메가박스(주)플러스엠	9.5	23,004,138,913	1.4	2,989,240	1.4	〈이미테이션 게임〉, 〈미쓰 와이프〉 등
	기 타		1,132.5	99,474,994,007	5.8	12,980,148	6.0	
	합 계		1,299	1,706,582,298,915	100.2	215,843,302.5	99.9	
한국 영화	1	씨제이이앤엠(주)	16	356,262,783,603	40.5	45,659,519	40.5	〈베테랑〉, 〈국제시장〉 등
	2	(주)쇼박스	9	277,249,473,054.50	31.5	35,308,241	31.3	〈암살〉, 〈내부자들〉 등
	3	㈜넥스트엔터테인먼트월드 (NEW)	10.5	129,264,509,290	14.7	16,891,998	15.0	〈연평해전〉, 〈스물〉 등
	4	롯데쇼핑㈜ 롯데엔터테인먼트	8.5	34,161,304,223	3.9	4,379,270	3.9	〈간신〉, 〈기술자들〉 등
	5	CGV아트하우스	13.5	32,460,144,653	3.7	4,083,894	3.6	〈차이나타운〉, 〈그놈이다〉 등
	기 타		244.5	49,508,133,863	6.0	6,435,211	6.0	
	합 계		262	819,067,154,205	100.0	107,350,703	100.0	
외국 영화	1	월트디즈니컴퍼니 코리아(주)	9	204,058,390,844	24.7	24,918,992	24.2	〈어벤져스: 에이지 오브 울트론〉, 〈인사이드 아웃〉 등
	2	이십세기폭스 코리아(주)	15	162,483,226,481	19.6	20,219,677	19.6	〈킹스맨: 시크릿 에이전트〉, 〈마션〉 등
	3	유니버설픽쳐스인터내셔널 코리아(유)	31	149,799,385,547	18.1	18,574,175	18.0	〈쥬라기 월드〉, 〈분노의 질주: 더 세븐〉 등
	4	워너브러더스 코리아(주)	13	98,535,283,889	11.9	11,894,527	11.5	〈매드 맥스: 분노의 도로〉, 〈인턴〉 등
	5	롯데쇼핑㈜ 롯데엔터테인먼트	12	93,353,346,469	11.3	11,800,211	11.5	〈미션 임파서블: 로그네이션〉, 〈터미네이터 제니시스〉 등
	기 타		917	119,446,316,998	14.4	15,677,587	15.2	
	합 계		954	839,728,969,484	100.0	106,533,599	100.0	

- 두 개의 배급사가 공동으로 배급한 작품의 경우 두 배급사 실적에 0.5씩 나누어 계산함
- 영화 한 편에 패키지 영화의 상영이 있을 경우, 매출액 또는 관객 수에 소수점이 발생하기도 함
- 매출액 및 관객점유율을 소수점 반올림 하여 산출하였기 때문에 점유율 합계가 100으로 맞춰지지 않기도 함

그림 Ⅱ-1-22 2015년 전체 배급사별 관객 점유율

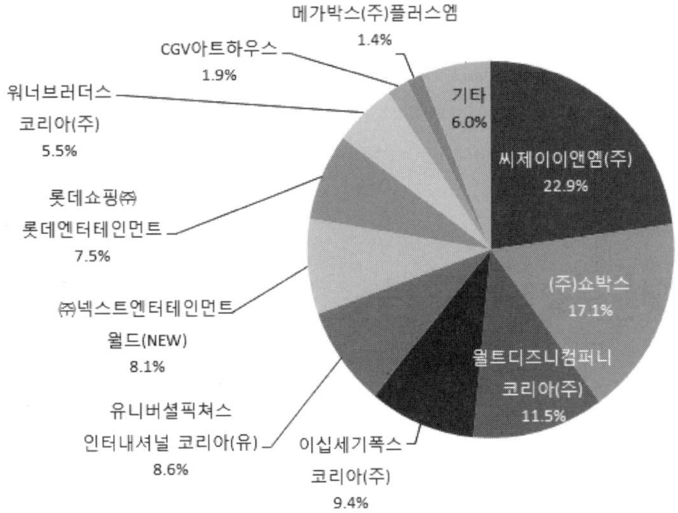

그림 Ⅱ-1-23 2015년 한국영화 배급사별 점유율

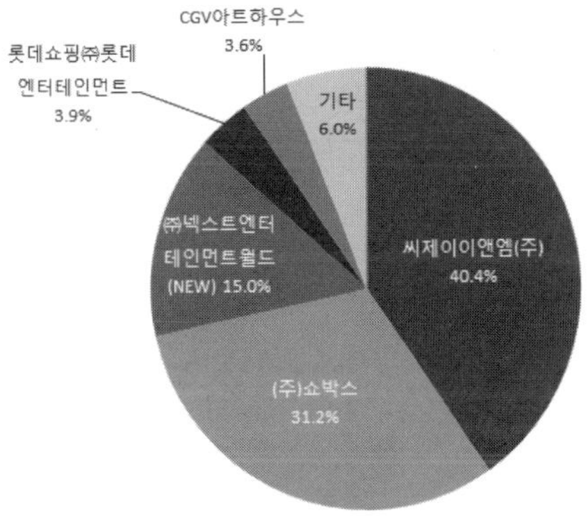

그림 Ⅱ-1-24 2015년 외국영화 배급사별 점유율

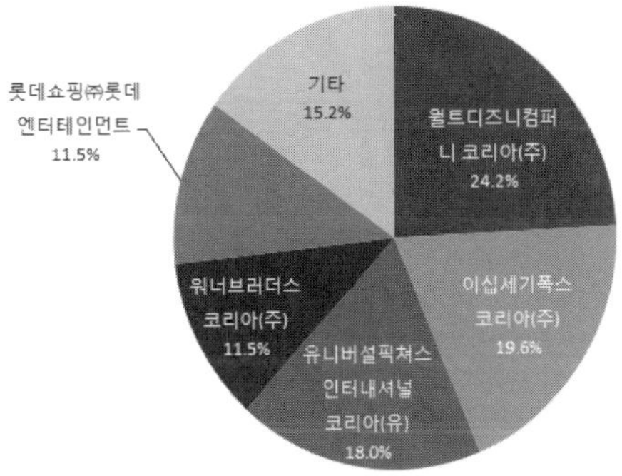

1.14 2015년 박스오피스 일람

1) 2015년 연간 박스오피스 일람

순위	영화명	개봉일	매출액(원)	매출액 점유율 (%)	관객 수(명)	스크린수 (개)	대표 국적
1	베테랑	2015-08-05	105,168,155,250	6.1	13,414,009	1,115	한국
2	암살	2015-07-22	98,463,132,781	5.7	12,705,700	1,519	한국
3	어벤져스: 에이지 오브 울트론	2015-04-23	88,582,586,366	5.2	10,494,499	1,843	미국
4	국제시장	2014-12-17	69,841,376,134	4.1	8,915,904	1,044	한국
5	내부자들	2015-11-19	56,465,665,657	3.3	7,055,332	1,129	한국
6	사도	2015-09-16	48,842,902,501	2.8	6,246,849	1,210	한국
7	킹스맨: 시크릿 에이전트	2015-02-11	50,369,009,795	2.9	6,129,681	728	미국
8	미션 임파서블: 로그네이션	2015-07-30	48,547,353,607	2.8	6,126,488	1,202	미국
9	연평해전	2015-06-24	45,563,228,330	2.7	6,043,784	1,013	한국
10	쥬라기 월드	2015-06-11	47,800,698,826	2.8	5,546,792	1,290	미국
11	검은 사제들	2015-11-05	42,405,282,092	2.5	5,442,128	1,109	한국
12	히말라야	2015-12-16	39,469,775,448	2.3	5,129,409	1,095	한국
13	인사이드 아웃	2015-07-09	38,024,694,936	2.2	4,969,735	931	미국
14	마션	2015-10-08	39,663,145,295	2.3	4,880,800	1,132	미국
15	조선명탐정: 사라진 놉의 딸	2015-02-11	30,456,879,428	1.8	3,872,015	825	한국
16	매드 맥스: 분노의 도로	2015-05-14	32,912,842,162	1.9	3,843,343	799	미국
17	인턴	2015-09-24	28,517,727,148	1.7	3,610,564	659	미국
18	분노의 질주: 더 세븐	2015-04-01	26,454,098,694	1.5	3,247,955	983	미국
19	터미네이터 제니시스	2015-07-02	26,556,715,129	1.5	3,240,370	1,113	미국
20	스물	2015-03-25	23,563,421,686	1.4	3,044,811	926	한국
21	극비수사	2015-06-18	22,389,535,897	1.3	2,860,786	894	한국
22	앤트맨	2015-09-03	23,529,209,937	1.4	2,841,795	949	미국
23	스타워즈: 깨어난 포스	2015-12-17	24,149,478,540	1.4	2,803,234	940	미국
24	빅 히어로	2015-01-21	21,993,119,765	1.3	2,801,949	825	미국
25	메이즈 러너: 스코치 트라이얼	2015-09-16	21,596,946,349	1.3	2,744,413	804	미국
26	탐정: 더 비기닝	2015-09-24	20,463,956,973	1.2	2,625,686	764	한국
27	미니언즈	2015-07-29	18,998,046,278	1.1	2,625,599	792	미국
28	스파이	2015-05-21	18,417,637,358	1.1	2,318,748	665	미국
29	악의 연대기	2015-05-14	17,361,815,332	1.0	2,192,525	776	한국
30	강남 1970	2015-01-21	17,718,699,499	1.0	2,192,276	841	한국

2) 2015년 월별 박스오피스 TOP 20

▶ 2015년 1월

순위	영화명	개봉일	매출액(원)	매출액 점유율 (%)	누적매출액 (원)	관객 수 (명)	누적관객수 (명)	스크린 수 (개)	대표 국적
1	국제시장	2014-12-17	56,449,464,034	32.0%	97,539,040,630	7,206,312	12,551,990	1,044	한국
2	테이큰 3	2015-01-01	15,085,403,600	8.6%	16,099,312,600	1,860,580	2,006,207	616	미국
3	오늘의 연애	2015-01-14	13,895,039,587	7.9%	13,895,039,587	1,760,564	1,760,564	709	한국
4	강남 1970	2015-01-21	13,030,131,460	7.4%	13,030,131,460	1,613,799	1,613,799	841	한국
5	마다가스카의 펭귄	2014-12-31	11,419,727,459	6.5%	12,468,224,259	1,507,845	1,656,735	615	미국
6	빅 히어로	2015-01-21	11,763,998,233	6.7%	11,763,998,233	1,480,804	1,480,804	825	미국
7	박물관이 살아있다: 비밀의 무덤	2015-01-14	7,589,993,206	4.3%	7,589,993,206	1,023,332	1,023,332	500	미국
8	님아, 그 강을 건너지 마오	2014-11-27	7,412,620,600	4.2%	37,258,450,079	939,051	4,785,429	486	한국
9	허삼관	2015-01-14	7,196,375,969	4.1%	7,196,375,969	927,595	927,595	621	한국
10	기술자들	2014-12-24	6,238,205,635	3.5%	19,890,685,783	785,741	2,563,824	481	한국
11	호빗: 다섯 군대 전투	2014-12-17	2,835,800,841	1.6%	24,264,284,185	326,275	2,836,162	350	미국
12	패딩턴	2015-01-07	2,242,976,529	1.3%	2,323,750,529	304,640	314,320	408	영국
13	아메리칸 스나이퍼	2015-01-14	2,368,771,538	1.3%	2,377,258,538	293,121	294,114	308	미국
14	언브로큰	2015-01-07	1,991,932,292	1.1%	1,994,540,292	255,639	255,965	401	미국
15	극장판 포켓몬스터 XY: 파괴의 포켓몬과 디안시	2015-01-14	1,642,811,300	0.9%	1,642,811,300	231,913	231,913	360	일본
16	내 심장을 쏴라	2015-01-28	1,571,129,632	0.9%	1,571,129,632	216,443	216,443	452	한국
17	개를 훔치는 완벽한 방법	2014-12-31	1,565,204,165	0.9%	1,873,860,065	203,923	246,815	199	한국
18	인터스텔라	2014-11-06	1,561,312,100	0.9%	82,232,760,400	162,931	10,268,180	109	미국
19	워킹걸	2015-01-07	1,138,974,479	0.6%	1,157,050,479	140,764	143,133	308	한국
20	눈의 여왕 2: 트롤의 마법거울	2014-12-24	858,720,900	0.5%	4,482,142,600	120,223	618,543	246	러시아

▶ 2015년 2월

순위	영화명	개봉일	매출액(원)	매출액 점유율 (%)	누적매출액 (원)	관객 수 (명)	누적관객수 (명)	스크린 수 (개)	대표 국적
1	조선명탐정: 사라진 놉의 딸	2015-02-11	28,250,848,728	21.5%	28,250,848,728	3,583,666	3,583,666	825	한국
2	킹스맨: 시크릿 에이전트	2015-02-11	25,876,812,505	19.7%	25,912,186,505	3,142,260	3,146,787	728	미국
3	쎄시봉	2015-02-05	13,270,282,711	10.1%	13,331,082,711	1,675,132	1,682,448	829	한국
4	국제시장	2014-12-17	12,805,144,200	9.7%	110,344,184,830	1,626,853	14,178,843	792	한국
5	빅 히어로	2015-01-21	9,947,018,032	7.6%	21,711,016,265	1,285,102	2,765,906	787	미국
6	이미테이션 게임	2015-02-17	8,831,777,005	6.7%	8,832,749,005	1,131,092	1,131,254	541	영국
7	강남 1970	2015-01-21	4,664,499,539	3.5%	17,694,630,999	574,717	2,188,516	688	한국
8	도라에몽: 스탠 바이 미	2015-02-12	3,239,707,729	2.5%	3,243,323,729	444,192	444,644	432	일본
9	주피터 어센딩	2015-02-05	2,685,363,879	2.0%	2,685,363,879	309,668	309,668	561	미국
10	스폰지밥 3D	2015-02-18	2,106,557,800	1.6%	2,106,557,800	278,181	278,181	357	미국
11	오즈의 마법사: 돌아온 도로시	2015-02-12	1,950,734,900	1.5%	1,950,734,900	267,447	267,447	330	미국
12	명탐정 코난: 코난 실종사건 - 사상 최악의 이틀	2015-02-12	1,750,012,800	1.3%	1,750,012,800	238,942	238,942	187	일본
13	그레이의 50가지 그림자	2015-02-26	1,565,606,496	1.2%	1,565,606,496	198,325	198,325	512	미국
14	내 심장을 쏴라	2015-01-28	1,285,729,500	1.0%	2,856,859,132	170,966	387,409	442	한국
15	센과 치히로의 행방불명	2002-06-27	1,232,691,129	0.9%	1,238,753,029	156,146	157,102	339	일본
16	백 투 더 비기닝	2015-02-26	1,122,979,100	0.9%	1,122,979,100	152,769	152,769	423	미국
17	최강전사 미니특공대: 새로운 악당의 습격	2015-02-05	1,144,591,000	0.9%	1,152,639,000	151,779	152,785	318	한국
18	오늘의 연애	2015-01-14	1,029,510,900	0.8%	14,924,550,487	131,416	1,891,980	370	한국
19	7번째 아들	2015-02-11	714,634,451	0.5%	714,634,451	90,456	90,456	358	미국
20	박물관이 살아있다: 비밀의 무덤	2015-01-14	580,791,400	0.4%	8,170,784,606	78,346	1,101,678	301	미국

▶ 2015년 3월

순위	영화명	개봉일	매출액(원)	매출액 점유율 (%)	누적매출액 (원)	관객 수 (명)	누적관객수 (명)	스크린 수 (개)	대표 국적
1	킹스맨: 시크릿 에이전트	2015-02-11	21,406,187,690	23.9%	47,318,374,195	2,609,181	5,755,968	669	미국
2	스물	2015-03-25	10,360,965,919	11.6%	10,360,965,919	1,351,838	1,351,838	926	한국
3	위플래쉬	2015-03-12	10,079,569,886	11.2%	10,290,658,686	1,266,386	1,293,619	574	미국
4	살인의뢰	2015-03-12	6,937,272,637	7.7%	6,937,272,637	848,054	848,054	646	한국
5	신데렐라	2015-03-19	4,642,205,600	5.2%	4,642,205,600	602,542	602,542	531	미국
6	이미테이션 게임	2015-02-17	4,718,311,615	5.3%	13,551,060,620	593,435	1,724,689	503	영국
7	채피	2015-03-12	4,597,958,454	5.1%	4,597,958,454	570,710	570,710	536	미국
8	헬머니	2015-03-05	4,076,791,272	4.5%	4,100,816,272	517,232	520,178	422	한국
9	순수의 시대	2015-03-05	3,700,618,228	4.1%	3,739,213,228	465,266	469,665	546	한국
10	조선명탐정: 사라진 놉의 딸	2015-02-11	2,206,030,700	2.5%	30,456,879,428	288,349	3,872,015	503	한국
11	런 올 나이트	2015-03-19	2,252,425,295	2.5%	2,252,425,295	284,058	284,058	411	미국
12	소셜포비아	2015-03-12	1,938,697,063	2.2%	1,948,953,263	246,588	247,745	368	한국
13	인서전트	2015-03-25	1,849,758,289	2.1%	1,849,758,289	243,013	243,013	480	미국
14	버드맨	2015-03-05	1,596,619,200	1.8%	1,608,156,200	197,686	199,185	380	미국
15	그레이의 50가지 그림자	2015-02-26	1,352,035,300	1.5%	2,917,641,796	165,967	364,292	458	미국
16	기생수 파트1	2015-02-26	990,832,085	1.1%	1,534,923,185	120,706	186,184	247	일본
17	백 투 더 비기닝	2015-02-26	893,319,300	1.0%	2,016,298,400	113,620	266,389	395	미국
18	세인트 빈센트	2015-03-05	604,885,528	0.7%	670,325,528	78,336	86,413	308	미국
19	국제시장	2014-12-17	538,807,300	0.6%	110,882,992,130	72,160	14,251,003	284	한국
20	도라에몽: 스탠 바이 미	2015-02-12	430,507,700	0.5%	3,673,831,429	57,828	502,472	273	일본

▶ 2015년 4월

순위	영화명	개봉일	매출액(원)	매출액 점유율 (%)	누적매출액 (원)	관객 수 (명)	누적관객수 (명)	스크린 수 (개)	대표 국적
1	어벤져스: 에이지 오브 울트론	2015-04-23	39,917,273,800	38.7%	39,917,273,800	4,664,133	4,664,133	1,843	미국
2	분노의 질주: 더 세븐	2015-04-01	25,906,523,794	25.1%	25,911,287,794	3,179,607	3,180,004	983	미국
3	스물	2015-03-25	13,167,418,467	12.8%	23,528,384,386	1,687,593	3,039,431	791	한국
4	장수상회	2015-04-09	7,875,743,143	7.6%	7,897,766,143	1,047,001	1,049,641	688	한국
5	킹스맨: 시크릿 에이전트	2015-02-11	3,038,145,600	2.9%	50,356,519,795	372,126	6,128,094	401	미국
6	위플래쉬	2015-03-12	2,272,743,959	2.2%	12,563,402,645	283,958	1,577,577	419	미국
7	차이나타운	2015-04-29	1,353,010,900	1.3%	1,353,010,900	185,582	185,582	495	한국
8	화장	2015-04-09	1,036,567,200	1.0%	1,051,126,200	137,752	139,655	327	한국
9	신데렐라	2015-03-19	856,443,300	0.8%	5,498,648,900	113,690	716,232	297	미국
10	더 건맨	2015-04-16	832,735,965	0.8%	832,735,965	107,275	107,275	349	프랑스
11	위자	2015-04-16	561,652,035	0.5%	562,487,035	72,336	72,503	337	미국
12	짱구는 못말려 극장판: 정면승부! 로봇아빠의 역습	2015-04-23	405,381,700	0.4%	405,381,700	56,197	56,197	372	일본
13	위험한 상견례 2	2015-04-29	347,472,300	0.3%	347,472,300	50,754	50,754	422	한국
14	송 원	2015-04-01	339,209,743	0.3%	350,480,143	45,573	47,093	365	미국
15	한 번 더 해피엔딩	2015-04-08	348,096,551	0.3%	350,961,851	45,166	45,527	231	미국
16	엘리노어 릭비: 그 남자 그 여자	2015-04-09	354,071,400	0.3%	363,955,900	43,878	45,102	212	미국
17	코블러	2015-04-08	309,895,732	0.3%	318,637,732	40,366	41,444	250	미국
18	유고와 라라: 하늘고래와 구름섬 대모험	2015-04-09	290,439,400	0.3%	290,439,400	40,097	40,097	222	중국
19	약장수	2015-04-23	294,605,400	0.3%	294,605,400	40,032	40,032	282	한국
20	인서전트	2015-03-25	308,393,600	0.3%	2,158,151,889	39,617	282,630	316	미국

▶ 2015년 5월

순위	영화명	개봉일	매출액(원)	매출액 점유율 (%)	누적매출액 (원)	관객 수 (명)	누적관객수 (명)	스크린 수 (개)	대표 국적
1	어벤져스: 에이지 오브 울트론	2015-04-23	48,468,449,666	33.6%	88,385,723,466	5,805,088	10,469,221	1,634	미국
2	매드 맥스: 분노의 도로	2015-05-14	25,604,910,523	17.7%	25,604,910,523	2,946,585	2,946,585	799	미국
3	악의 연대기	2015-05-14	16,188,255,132	11.2%	16,189,947,132	2,041,339	2,041,621	776	한국
4	스파이	2015-05-21	12,350,703,780	8.6%	12,371,504,780	1,554,812	1,557,678	665	미국
5	차이나타운	2015-04-29	10,631,768,778	7.4%	11,984,779,678	1,285,847	1,471,429	551	한국
6	간신	2015-05-21	7,142,752,510	5.0%	7,142,752,510	881,679	881,679	697	한국
7	위험한 상견례 2	2015-04-29	3,226,399,454	2.2%	3,573,871,754	421,723	472,477	429	한국
8	홈	2015-05-21	2,462,257,491	1.7%	2,462,257,491	330,374	330,374	532	미국
9	다이노 타임	2015-04-30	2,070,020,500	1.4%	2,096,662,100	279,134	282,839	430	한국
10	무뢰한	2015-05-27	2,144,811,131	1.5%	2,144,811,131	272,044	272,044	482	한국
11	언프렌디드: 친구삭제	2015-05-07	1,637,101,941	1.1%	1,638,813,941	218,706	218,920	386	미국
12	투모로우랜드	2015-05-27	1,689,497,900	1.2%	1,689,497,900	214,089	214,089	435	미국
13	연애의 맛	2015-05-07	1,706,805,153	1.2%	1,725,990,153	212,154	214,539	398	한국
14	노아의 방주: 남겨진 녀석들	2015-04-30	1,519,350,300	1.1%	1,586,417,300	211,157	219,621	436	독일
15	장수상회	2015-04-09	823,335,500	0.6%	8,721,101,643	112,234	1,161,875	142	한국
16	스틸 앨리스	2015-04-29	749,180,446	0.5%	839,282,546	95,724	108,771	116	미국
17	짱구는 못말려 극장판: 정면승부! 로봇아빠의 역습	2015-04-23	679,626,900	0.5%	1,085,008,600	93,973	150,170	330	일본
18	빌리와 용감한 녀석들 3	2015-04-30	643,550,100	0.4%	691,598,600	90,778	97,403	343	미국
19	분노의 질주: 더 세븐	2015-04-01	542,810,900	0.4%	26,454,098,694	67,951	3,247,955	91	미국
20	기생수 파트2	2015-05-07	502,071,959	0.3%	514,236,959	62,071	63,529	260	일본

▶ 2015년 6월

순위	영화명	개봉일	매출액(원)	매출액 점유율 (%)	누적매출액 (원)	관객 수 (명)	누적관객수 (명)	스크린 수 (개)	대표 국적
1	쥬라기 월드	2015-06-11	40,130,812,071	34.5%	40,130,812,071	4,565,888	4,565,888	1,290	미국
2	극비수사	2015-06-18	18,338,857,652	15.8%	18,338,857,652	2,330,813	2,330,813	894	한국
3	연평해전	2015-06-24	14,298,162,159	12.3%	14,300,770,159	1,872,677	1,873,003	1,013	한국
4	샌 안드레아스	2015-06-03	14,397,026,552	12.4%	14,419,050,552	1,712,142	1,714,377	847	미국
5	매드 맥스: 분노의 도로	2015-05-14	7,176,357,939	6.2%	32,781,268,462	882,409	3,828,994	574	미국
6	스파이	2015-05-21	6,034,312,078	5.2%	18,405,816,858	759,708	2,317,386	519	미국
7	경성학교: 사라진 소녀들	2015-06-18	2,710,740,700	2.3%	2,710,740,700	351,208	351,208	489	한국
8	소수의견	2015-06-24	2,015,282,936	1.7%	2,015,282,936	268,255	268,255	398	한국
9	간신	2015-05-21	1,803,866,400	1.6%	8,946,618,910	228,535	1,110,214	410	한국
10	악의 연대기	2015-05-14	1,169,618,200	1.0%	17,359,565,332	150,454	2,192,075	385	한국
11	은밀한 유혹	2015-06-04	1,112,273,247	1.0%	1,137,516,247	142,375	145,517	394	한국
12	무뢰한	2015-05-27	1,109,043,800	1.0%	3,253,854,931	141,533	413,577	413	한국
13	19곰 테드 2	2015-06-25	961,888,700	0.8%	961,888,700	119,518	119,518	297	미국
14	나의 절친 악당들	2015-06-25	921,337,864	0.8%	921,337,864	116,444	116,444	384	한국
15	심야식당	2015-06-18	711,908,074	0.6%	712,448,074	90,416	90,524	180	일본
16	투모로우랜드	2015-05-27	393,371,100	0.3%	2,082,869,000	51,655	265,744	388	미국
17	령: 저주받은 사진	2015-06-04	273,761,253	0.2%	277,244,253	35,984	36,371	253	일본
18	데모닉	2015-06-25	265,112,000	0.2%	266,104,000	34,673	34,797	146	미국
19	홈	2015-05-21	229,081,300	0.2%	2,691,338,791	30,071	360,445	244	미국
20	정글번치: 너구리 해적단과 보물지도	2015-06-25	212,700,700	0.2%	212,700,700	29,408	29,408	247	프랑스

▶ 2015년 7월

순위	영화명	개봉일	매출액(원)	매출액 점유율 (%)	누적매출액 (원)	관객 수 (명)	누적관객수 (명)	스크린 수 (개)	대표 국적
1	암살	2015-07-22	41,927,766,258	23.2%	41,927,766,258	5,419,705	5,419,705	1,519	한국
2	연평해전	2015-06-24	31,086,515,271	17.2%	45,387,285,430	4,143,532	6,016,535	913	한국
3	인사이드 아웃	2015-07-09	29,576,051,108	16.3%	29,585,159,108	3,830,349	3,831,397	931	미국
4	터미네이터 제니시스	2015-07-02	26,472,997,629	14.6%	26,482,987,629	3,229,609	3,230,608	1,113	미국
5	쥬라기 월드	2015-06-11	7,667,563,955	4.2%	47,798,376,026	980,611	5,546,499	545	미국
6	미션 임파서블: 로그네이션	2015-07-30	7,650,248,928	4.2%	7,650,248,928	971,976	971,976	1,199	미국
7	손님	2015-07-09	6,384,685,880	3.5%	6,385,327,880	827,832	827,939	634	한국
8	인시디어스 3	2015-07-09	6,384,492,720	3.5%	6,384,492,720	823,973	823,973	416	미국
9	픽셀	2015-07-16	5,381,436,447	3.0%	5,381,436,447	680,622	680,622	557	미국
10	미니언즈	2015-07-29	4,005,548,862	2.2%	4,005,548,862	566,529	566,529	762	미국
11	극비수사	2015-06-18	4,050,678,245	2.2%	22,389,535,897	529,973	2,860,786	598	한국
12	극장판 요괴워치: 탄생의 비밀이다냥!	2015-07-22	2,985,297,000	1.6%	2,985,297,000	423,789	423,789	509	일본
13	우먼 인 골드	2015-07-09	952,455,700	0.5%	966,039,700	124,440	126,138	252	미국
14	소수의견	2015-06-24	871,744,269	0.5%	2,887,027,205	114,474	382,729	387	한국
15	쓰리 썸머 나잇	2015-07-15	609,714,846	0.3%	609,714,846	76,819	76,819	297	한국
16	다크 플레이스	2015-07-15	530,282,654	0.3%	530,282,654	66,075	66,075	268	미국
17	러덜리스	2015-07-09	516,789,120	0.3%	527,750,120	65,436	66,960	117	미국
18	19곰 테드 2	2015-06-25	416,195,700	0.2%	1,378,084,400	51,129	170,647	280	미국
19	심야식당	2015-06-18	325,586,400	0.2%	1,038,034,474	40,772	131,296	85	일본
20	포켓몬 레인저와 바다의 왕자 마나피	2006-07-20	268,680,600	0.1%	1,003,527,600	38,176	172,003	257	일본

▶ 2015년 8월

순위	영화명	개봉일	매출액(원)	매출액 점유율 (%)	누적매출액 (원)	관객 수 (명)	누적관객수 (명)	스크린 수 (개)	대표 국적
1	베테랑	2015-08-05	85,716,472,226	35.8%	85,859,871,226	10,939,747	10,958,356	1,115	한국
2	암살	2015-07-22	52,986,623,168	22.1%	94,914,389,426	6,821,172	12,240,877	1,094	한국
3	미션 임파서블: 로그네이션	2015-07-30	40,578,807,479	17.0%	48,229,056,407	5,114,310	6,086,286	1,202	미국
4	미니언즈	2015-07-29	14,697,822,316	6.1%	18,703,371,178	2,019,164	2,585,693	792	미국
5	뷰티 인사이드	2015-08-20	11,355,150,467	4.7%	11,358,228,467	1,450,493	1,450,843	648	한국
6	인사이드 아웃	2015-07-09	8,242,179,028	3.4%	37,827,338,136	1,112,779	4,944,176	521	미국
7	미쓰 와이프	2015-08-13	6,486,157,966	2.7%	6,516,081,966	863,692	867,878	437	한국
8	명탐정 코난: 화염의 해바라기	2015-08-05	3,287,689,400	1.4%	3,289,624,400	470,020	470,235	433	일본
9	협녀, 칼의 기억	2015-08-13	3,338,050,489	1.4%	3,338,050,489	428,440	428,440	572	한국
10	판타스틱 4	2015-08-20	2,992,332,800	1.3%	2,992,332,800	394,825	394,825	451	미국
11	치외법권	2015-08-27	2,174,851,105	0.9%	2,174,851,105	280,096	280,096	446	한국
12	아메리칸 울트라	2015-08-27	1,115,657,295	0.5%	1,115,657,295	137,380	137,380	341	미국
13	극장판 요괴워치: 탄생의 비밀이다냥!	2015-07-22	901,072,100	0.4%	3,886,369,100	126,884	550,673	229	일본
14	퇴마: 무녀굴	2015-08-20	933,661,200	0.4%	933,661,200	118,248	118,248	331	한국
15	숀더쉽	2015-08-13	578,446,500	0.2%	626,804,500	83,178	89,400	263	영국
16	미라클 벨리에	2015-08-27	414,370,989	0.2%	486,233,489	53,968	63,674	245	프랑스
17	성실한 나라의 앨리스	2015-08-13	323,466,200	0.1%	323,466,200	40,231	40,231	69	한국
18	고녀석 맛나겠다2: 함께라서 행복해	2015-07-29	249,319,800	0.1%	373,307,000	35,757	53,607	134	한국
19	에스엠타운 더 스테이지	2015-08-13	281,024,500	0.1%	281,024,500	35,418	35,418	65	한국
20	연평해전	2015-06-24	162,584,900	0.1%	45,549,870,330	24,069	6,040,604	99	한국

▶ 2015년 9월

순위	영화명	개봉일	매출액(원)	매출액 점유율 (%)	누적매출액 (원)	관객 수 (명)	누적관객수 (명)	스크린 수 (개)	대표 국적
1	사도	2015-09-16	39,229,997,166	26.4%	39,229,997,166	4,965,409	4,965,409	1,210	한국
2	앤트맨	2015-09-03	23,392,408,737	15.7%	23,418,600,737	2,825,260	2,827,038	949	미국
3	메이즈 러너: 스코치 트라이얼	2015-09-16	18,857,382,349	12.7%	18,857,382,349	2,384,265	2,384,265	804	미국
4	베테랑	2015-08-05	17,978,897,424	12.1%	103,838,768,650	2,281,709	13,240,065	834	한국
5	탐정: 더 비기닝	2015-09-24	11,391,192,913	7.7%	11,391,192,913	1,439,262	1,439,262	764	한국
6	인턴	2015-09-24	6,744,793,365	4.5%	6,744,793,365	839,500	839,500	496	미국
7	뷰티 인사이드	2015-08-20	4,774,962,264	3.2%	16,133,190,731	600,291	2,051,134	548	한국
8	서부전선	2015-09-24	4,123,822,800	2.8%	4,123,822,800	522,978	522,978	509	한국
9	암살	2015-07-22	3,502,126,855	2.4%	98,416,516,281	457,251	12,698,128	495	한국
10	오피스	2015-09-03	3,353,036,230	2.3%	3,459,410,230	428,219	440,998	425	한국
11	에베레스트	2015-09-24	2,557,992,848	1.7%	2,557,992,848	276,347	276,347	331	미국
12	함정	2015-09-10	2,088,685,200	1.4%	2,090,877,200	257,716	257,990	445	한국
13	뮨: 달의 요정	2015-09-24	1,323,260,300	0.9%	1,323,260,300	180,038	180,038	365	프랑스
14	미쓰 와이프	2015-08-13	839,443,903	0.6%	7,355,525,869	114,330	982,208	353	한국
15	셀프/리스	2015-09-10	874,008,764	0.6%	874,008,764	111,049	111,049	340	미국
16	갤로우즈	2015-09-03	674,767,406	0.5%	686,186,406	87,301	88,777	299	미국
17	극장판 도라에몽: 진구의 우주영웅기~스페이스 히어로즈~	2015-09-17	604,160,900	0.4%	604,160,900	83,577	83,577	351	일본
18	러브 라이브! 더 스쿨 아이돌 무비	2015-09-03	529,099,500	0.4%	605,589,500	70,943	78,592	66	일본
19	치외법권	2015-08-27	490,089,900	0.3%	2,664,941,005	66,387	346,483	414	한국
20	더 매직: 리틀톰과 도둑공주	2015-09-24	478,672,400	0.3%	480,000,400	64,479	64,645	193	스페인

▶ 2015년 10월

순위	영화명	개봉일	매출액(원)	매출액 점유율 (%)	누적매출액 (원)	관객 수 (명)	누적관객수 (명)	스크린 수 (개)	대표 국적
1	마션	2015-10-08	35,549,880,995	30.4%	35,600,261,995	4,356,788	4,362,094	1,132	미국
2	인턴	2015-09-24	19,816,000,483	17.0%	26,560,793,848	2,522,580	3,362,080	659	미국
3	사도	2015-09-16	9,561,992,035	8.2%	48,791,989,201	1,273,830	6,239,239	778	한국
4	더 폰	2015-10-22	9,681,645,268	8.3%	9,681,645,268	1,254,282	1,254,282	794	한국
5	탐정: 더 비기닝	2015-09-24	9,055,741,560	7.8%	20,446,934,473	1,183,836	2,623,098	666	한국
6	성난 변호사	2015-10-08	8,655,996,239	7.4%	8,682,472,239	1,119,215	1,122,585	607	한국
7	특종: 량첸살인기	2015-10-22	4,299,437,218	3.7%	4,299,437,218	557,709	557,709	776	한국
8	그놈이다	2015-10-28	3,427,588,454	2.9%	3,427,588,454	452,269	452,269	681	한국
9	메이즈 러너: 스코치 트라이얼	2015-09-16	2,738,744,400	2.3%	21,596,126,749	360,023	2,744,288	414	미국
10	팬	2015-10-08	1,418,376,592	1.2%	1,420,730,592	185,392	185,606	428	미국
11	베테랑	2015-08-05	1,311,495,700	1.1%	105,150,264,350	170,759	13,410,824	294	한국
12	트랜스포터: 리퓰드	2015-10-15	1,263,319,115	1.1%	1,263,319,115	161,245	161,245	432	프랑스
13	뮨: 달의 요정	2015-09-24	966,120,300	0.8%	2,289,380,600	133,081	313,119	283	프랑스
14	하늘을 걷는 남자	2015-10-28	1,034,199,153	0.9%	1,034,199,153	112,189	112,189	415	미국
15	돌연변이	2015-10-22	697,146,584	0.6%	697,146,584	93,408	93,408	399	한국
16	서부전선	2015-09-24	622,206,600	0.5%	4,746,029,400	85,381	608,359	350	한국
17	주온: 더 파이널	2015-10-01	461,027,400	0.4%	461,921,400	60,877	61,026	318	일본
18	맨 프롬 UNCLE	2015-10-28	444,571,553	0.4%	444,571,553	57,576	57,576	358	미국
19	에베레스트	2015-09-24	495,250,900	0.4%	3,053,243,748	55,565	331,912	174	미국
20	더 비지트	2015-10-15	403,435,581	0.3%	403,435,581	52,197	52,197	279	미국

▶ 2015년 11월

순위	영화명	개봉일	매출액(원)	매출액 점유율 (%)	누적매출액 (원)	관객 수 (명)	누적관객수 (명)	스크린 수 (개)	대표 국적
1	검은 사제들	2015-11-05	38,519,528,692	32.2%	38,532,013,692	4,930,483	4,932,091	1,109	한국
2	내부자들	2015-11-19	29,947,023,737	25.1%	29,948,571,737	3,745,807	3,746,065	1,129	한국
3	007 스펙터	2015-11-11	14,034,511,330	11.7%	14,034,511,330	1,785,991	1,785,991	1,105	영국
4	헝거게임: 더 파이널	2015-11-18	5,228,745,763	4.4%	5,228,745,763	694,519	694,519	661	미국
5	그놈이다	2015-10-28	4,668,377,298	3.9%	8,095,965,752	593,688	1,045,957	670	한국
6	마션	2015-10-08	4,045,831,600	3.4%	39,646,093,595	516,358	4,878,452	594	미국
7	열정같은소리 하고있네	2015-11-25	2,771,293,084	2.3%	2,771,293,084	378,003	378,003	566	한국
8	더 폰	2015-10-22	2,627,519,300	2.2%	12,309,164,568	339,412	1,593,694	665	한국
9	스파이 브릿지	2015-11-05	2,006,383,478	1.7%	2,042,255,478	259,555	263,909	425	미국
10	도리화가	2015-11-25	1,769,169,139	1.5%	1,769,169,139	247,593	247,593	563	한국
11	인턴	2015-09-24	1,939,110,400	1.6%	28,499,904,248	246,056	3,608,136	387	미국
12	이터널 선샤인	2005-11-10	1,990,821,500	1.7%	3,119,147,800	242,189	414,830	108	미국
13	더 셰프	2015-11-05	1,466,224,148	1.2%	1,482,278,148	184,439	186,481	409	미국
14	하늘을 걷는 남자	2015-10-28	1,231,362,500	1.0%	2,265,561,653	125,826	238,015	408	미국
15	괴물의 아이	2015-11-25	877,912,016	0.7%	877,912,016	118,417	118,417	363	일본
16	프리덤	2015-11-19	498,210,400	0.4%	498,210,400	69,844	69,844	117	미국
17	아더와 미니모이 3: 두 세계의 전쟁	2015-11-05	426,808,300	0.4%	429,832,300	60,092	60,596	267	프랑스
18	특종: 량첸살인기	2015-10-22	449,430,900	0.4%	4,748,868,118	58,002	615,711	416	한국
19	극장판 파워레인저 트레인포스 VS 나이노포스 THE MOVIE	2015-11-26	380,168,700	0.3%	380,168,700	51,619	51,619	344	일본
20	맨 프롬 UNCLE	2015-10-28	401,818,800	0.3%	846,390,353	50,975	108,551	361	미국

▶ **2015년 12월**

순위	영화명	개봉일	매출액(원)	매출액 점유율 (%)	누적매출액 (원)	관객 수 (명)	누적관객수 (명)	스크린 수 (개)	대표 국적
1	히말라야	2015-12-16	39,469,775,448	26.5%	39,469,775,448	5,129,409	5,129,409	1,095	한국
2	내부자들	2015-11-19	26,517,093,920	17.8%	56,465,665,657	3,309,267	7,055,332	1,046	한국
3	스타워즈: 깨어난 포스	2015-12-17	24,149,478,540	16.2%	24,149,478,540	2,803,234	2,803,234	940	미국
4	대호	2015-12-16	12,104,808,332	8.1%	12,104,808,332	1,584,168	1,584,168	892	한국
5	몬스터 호텔 2	2015-12-24	7,029,012,585	4.7%	7,029,012,585	962,770	962,770	686	미국
6	하트 오브 더 씨	2015-12-03	6,776,484,023	4.6%	6,777,420,023	809,327	809,399	535	미국
7	검은 사제들	2015-11-05	3,873,268,400	2.6%	42,405,282,092	510,037	5,442,128	499	한국
8	어린왕자	2015-12-23	3,195,586,794	2.1%	3,195,586,794	428,855	428,855	494	프랑스
9	뽀로로 극장판 컴퓨터 왕국 대모험	2015-12-10	2,902,090,600	2.0%	2,902,090,600	391,760	391,760	544	한국
10	극적인 하룻밤	2015-12-03	2,604,823,429	1.8%	2,610,567,429	320,166	320,884	434	한국
11	열정같은소리 하고있네	2015-11-25	1,987,666,818	1.3%	4,758,959,902	276,099	654,102	535	한국
12	조선마술사	2015-12-30	1,506,449,794	1.0%	1,506,449,794	224,657	224,657	596	한국
13	포켓몬 더 무비 XY 후파: 광륜의 초마신	2015-12-23	1,528,041,500	1.0%	1,528,041,500	214,284	214,284	360	일본
14	레전드	2015-12-10	1,436,348,930	1.0%	1,436,348,930	179,738	179,738	449	프랑스
15	내부자들: 디 오리지널	2015-12-31	1,236,787,715	0.8%	1,236,787,715	160,148	160,148	595	한국
16	스누피: 더 피너츠 무비	2015-12-24	1,194,012,100	0.8%	1,194,012,100	156,376	156,376	348	미국
17	시카리오: 암살자의 도시	2015-12-03	1,128,148,952	0.8%	1,135,597,952	139,767	140,715	227	미국
18	헝거게임: 더 파이널	2015-11-18	840,421,400	0.6%	6,069,167,163	112,001	806,520	362	미국
19	괴물의 아이	2015-11-25	774,668,800	0.5%	1,652,580,816	104,799	223,216	325	일본
20	맥베스	2015-12-03	711,589,153	0.5%	712,208,153	93,534	93,610	141	영국

3) 2015년 주말 박스오피스 TOP 10

▶ 1주차 (2015년 1월 2일 ~ 1월 4일)

순위	영화명	개봉일	매출액(원)	매출액 점유율 (%)	누적매출액 (원)	관객 수 (명)	누적관객수 (명)	스크린 수 (개)	대표 국적
1	국제시장	2014-12-17	13,322,609,565	42.2%	60,542,168,661	1,655,472	7,752,904	1,044	한국
2	테이큰 3	2015-01-01	5,271,991,100	16.7%	8,930,451,200	641,860	1,109,140	616	미국
3	마다가스카의 펭귄	2014-12-31	3,873,239,859	12.3%	6,609,252,859	498,109	859,778	615	미국
4	님아, 그 강을 건너지 마오	2014-11-27	2,757,139,600	8.7%	34,081,984,679	341,730	4,367,049	486	한국
5	기술자들	2014-12-24	2,493,640,335	7.9%	17,446,004,183	310,969	2,249,423	481	한국
6	호빗: 다섯 군대 전투	2014-12-17	1,239,041,141	3.9%	23,277,203,285	140,943	2,720,818	350	미국
7	개를 훔치는 완벽한 방법	2014-12-31	584,349,665	1.9%	1,192,351,965	75,177	155,810	199	한국
8	상의원	2014-12-24	462,335,700	1.5%	5,986,545,064	56,782	761,853	264	한국
9	눈의 여왕 2: 트롤의 마법거울	2014-12-24	405,849,700	1.3%	4,262,462,100	54,984	584,282	229	러시아
10	인터스텔라	2014-11-06	469,853,600	1.5%	81,333,445,000	50,039	10,175,924	109	미국

▶ 2주차 (2015년 1월 9일 ~ 1월 11일)

순위	영화명	개봉일	매출액(원)	매출액 점유율 (%)	누적매출액 (원)	관객 수 (명)	누적관객수 (명)	스크린 수 (개)	대표 국적
1	국제시장	2014-12-17	9,141,771,400	42.9%	75,605,126,261	1,136,638	9,688,804	930	한국
2	테이큰 3	2015-01-01	3,017,257,900	14.1%	14,235,751,000	364,503	1,770,134	536	미국
3	마다가스카의 펭귄	2014-12-31	2,303,154,100	10.8%	10,426,173,559	301,541	1,371,374	528	미국
4	언브로큰	2015-01-07	1,183,595,692	5.5%	1,594,950,692	147,795	202,647	401	미국
5	패딩턴	2015-01-07	1,078,193,129	5.1%	1,466,833,529	142,500	194,886	408	영국
6	님아, 그 강을 건너지 마오	2014-11-27	1,101,518,800	5.2%	36,202,948,979	137,531	4,644,188	462	한국
7	기술자들	2014-12-24	1,002,149,900	4.7%	19,443,145,183	122,733	2,506,515	347	한국
8	워킹걸	2015-01-07	624,220,579	2.9%	886,869,479	74,657	108,449	308	한국
9	호빗: 다섯 군대 전투	2014-12-17	404,049,100	1.9%	24,103,973,685	44,932	2,816,638	185	미국
10	타임 패러독스	2015-01-07	345,795,108	1.6%	514,666,108	42,874	64,837	232	호주

▶ 3주차 (2015년 1월 16일 ~ 1월 18일)

순위	영화명	개봉일	매출액(원)	매출액 점유율 (%)	누적매출액 (원)	관객 수 (명)	누적관객수 (명)	스크린 수 (개)	대표 국적
1	국제시장	2014-12-17	6,458,236,269	27.6%	86,521,456,230	808,112	11,099,693	742	한국
2	오늘의 연애	2015-01-14	5,541,706,631	23.7%	7,811,675,731	678,595	973,400	709	한국
3	박물관이 살아있다: 비밀의 무덤	2015-01-14	3,209,333,406	13.7%	4,179,288,106	422,727	555,870	500	미국
4	허삼관	2015-01-14	3,352,006,069	14.3%	4,598,380,969	417,416	582,932	582	한국
5	극장판 포켓몬스터 XY: 파괴의 포켓몬과 디안시	2015-01-14	910,350,700	3.9%	1,262,687,200	126,788	178,035	360	일본
6	마다가스카의 펭귄	2014-12-31	880,036,300	3.8%	12,011,099,559	118,898	1,591,073	356	미국
7	아메리칸 스나이퍼	2015-01-14	946,105,094	4.0%	1,290,340,194	114,071	158,459	303	미국
8	테이큰 3	2015-01-01	655,598,200	2.8%	15,844,320,200	79,466	1,973,099	322	미국
9	패딩턴	2015-01-07	308,023,700	1.3%	2,169,741,229	41,134	292,537	198	영국
10	님아, 그 강을 건너지 마오	2014-11-27	322,600,000	1.4%	36,971,343,179	40,394	4,746,458	255	한국

▶ 4주차 (2016년 1월 23일 ~ 1월 25일)

순위	영화명	개봉일	매출액(원)	매출액 점유율 (%)	누적매출액 (원)	관객 수 (명)	누적관객수 (명)	스크린 수 (개)	대표 국적
1	강남 1970	2015-01-21	5,980,467,393	26.9%	8,261,089,293	711,901	1,003,805	841	한국
2	빅 히어로	2015-01-21	5,445,310,600	24.5%	6,858,709,500	663,400	840,271	825	미국
3	국제시장	2014-12-17	4,094,979,100	18.4%	93,490,079,330	514,269	12,006,474	649	한국
4	오늘의 연애	2015-01-14	2,265,731,956	10.2%	12,330,221,987	281,849	1,553,055	499	한국
5	박물관이 살아있다: 비밀의 무덤	2015-01-14	1,341,079,200	6.0%	6,725,065,906	178,067	902,476	417	미국
6	허삼관	2015-01-14	912,529,400	4.1%	6,674,001,369	115,992	856,294	393	한국
7	존 윅	2015-01-21	489,655,937	2.2%	746,256,537	59,071	92,569	315	미국
8	아메리칸 스나이퍼	2015-01-14	326,620,744	1.5%	2,080,681,338	38,806	257,103	147	미국
9	엑스 마키나	2015-01-21	312,445,663	1.4%	449,329,263	37,485	55,192	204	미국
10	극장판 포켓몬스터 XY: 파괴의 포켓몬과 디안시	2015-01-14	193,340,200	0.9%	1,606,655,200	26,482	226,749	196	일본

▶ 5주차 (2015년 1월 30일 ~ 2월 1일)

순위	영화명	개봉일	매출액(원)	매출액 점유율 (%)	누적매출액 (원)	관객 수 (명)	누적관객수 (명)	스크린 수 (개)	대표 국적
1	빅 히어로	2015-01-21	4,831,214,233	29.0%	13,819,236,833	611,546	1,739,498	787	미국
2	국제시장	2014-12-17	3,316,898,900	19.9%	98,873,673,830	420,467	12,719,320	606	한국
3	강남 1970	2015-01-21	3,377,728,767	20.3%	14,340,712,760	403,528	1,768,957	692	한국
4	내 심장을 쏴라	2015-01-28	1,303,886,732	7.8%	2,019,756,032	168,662	273,599	452	한국
5	오늘의 연애	2015-01-14	936,812,400	5.6%	14,229,577,787	116,396	1,801,697	374	한국
6	박물관이 살아있다: 비밀의 무덤	2015-01-14	613,615,600	3.7%	7,840,622,606	81,808	1,056,445	301	미국
7	워터 디바이너	2015-01-28	473,463,735	2.8%	749,827,235	61,117	101,128	324	미국
8	더 이퀄라이저	2015-01-28	304,839,600	1.8%	488,978,900	37,368	62,869	255	미국
9	빅 아이즈	2015-01-28	293,156,235	1.8%	423,368,235	36,479	55,091	290	미국
10	허삼관	2015-01-14	254,191,500	1.5%	7,289,807,069	32,365	939,342	208	한국

▶ 6주차 (2015년 2월 6일 ~ 2월 8일)

순위	영화명	개봉일	매출액(원)	매출액 점유율 (%)	누적매출액 (원)	관객 수 (명)	누적관객수 (명)	스크린 수 (개)	대표 국적
1	쎄시봉	2015-02-05	4,335,916,960	29.5%	5,145,790,460	534,658	642,244	829	한국
2	빅 히어로	2015-01-21	2,770,701,561	18.9%	17,795,736,094	353,009	2,250,274	611	미국
3	국제시장	2014-12-17	1,825,904,900	12.4%	101,967,691,130	228,352	13,122,087	489	한국
4	주피터 어센딩	2015-02-05	1,843,170,479	12.5%	2,230,796,279	208,219	253,291	561	미국
5	강남 1970	2015-01-21	1,239,351,039	8.4%	16,852,921,099	146,731	2,081,222	434	한국
6	최강전사 미니특공대: 새로운 악당의 습격	2015-02-05	594,964,500	4.0%	632,761,800	78,550	83,630	318	한국
7	센과 치히로의 행방불명	2002-06-27	557,493,300	3.8%	677,277,800	69,456	85,317	339	일본
8	바다 탐험대 옥토넛 스페셜	2015-02-05	250,658,800	1.7%	275,989,600	32,862	36,678	210	영국
9	내 심장을 쏴라	2015-01-28	203,321,000	1.4%	2,741,962,832	26,397	371,780	270	한국
10	오늘의 연애	2015-01-14	208,745,100	1.4%	14,824,363,987	25,771	1,879,010	184	한국

▶ 7주차 (2015년 2월 13일 ~ 2월 15일)

순위	영화명	개봉일	매출액(원)	매출액 점유율 (%)	누적매출액 (원)	관객 수 (명)	누적관객수 (명)	스크린 수 (개)	대표 국적
1	조선명탐정: 사라진 놉의 딸	2015-02-11	5,849,237,949	32.5%	7,592,484,149	729,578	961,507	811	한국
2	킹스맨: 시크릿 에이전트	2015-02-11	4,592,932,800	25.5%	5,880,652,000	547,374	713,529	706	미국
3	쎄시봉	2015-02-05	1,752,925,951	9.7%	8,635,042,411	216,672	1,091,745	522	한국
4	빅 히어로	2015-01-21	1,091,566,671	6.1%	19,500,950,265	141,289	2,475,420	434	미국
5	도라에몽: 스탠 바이 미	2015-02-12	1,032,685,429	5.7%	1,157,619,429	139,634	157,146	432	일본
6	국제시장	2014-12-17	961,956,800	5.3%	103,722,413,530	120,881	13,351,735	418	한국
7	오즈의 마법사: 돌아온 도로시	2015-02-12	654,696,200	3.6%	759,454,000	88,707	103,494	330	미국
8	명탐정 코난: 코난 실종사건 - 사상 최악의 이틀	2015-02-12	516,735,800	2.9%	591,650,600	69,881	80,140	187	일본
9	7번째 아들	2015-02-11	389,824,851	2.2%	595,831,251	48,006	74,742	358	미국
10	강남 1970	2015-01-21	247,245,600	1.4%	17,529,262,299	29,858	2,166,921	209	한국

▶ 8주차 (2015년 2월 20일 ~ 2월 22일)

순위	영화명	개봉일	매출액(원)	매출액 점유율 (%)	누적매출액 (원)	관객 수 (명)	누적관객수 (명)	스크린 수 (개)	대표 국적
1	조선명탐정: 사라진 놉의 딸	2015-02-11	9,593,027,779	30.6%	25,087,630,528	1,205,775	3,151,668	817	한국
2	킹스맨: 시크릿 에이전트	2015-02-11	7,620,603,901	24.3%	19,524,589,901	903,166	2,343,092	728	미국
3	국제시장	2014-12-17	3,672,435,600	11.7%	109,615,546,830	454,359	14,078,316	792	한국
4	이미테이션 게임	2015-02-17	3,266,877,201	10.4%	5,463,030,701	408,218	683,219	541	영국
5	쎄시봉	2015-02-05	2,175,658,100	6.9%	12,682,419,311	268,727	1,591,846	482	한국
6	스폰지밥 3D	2015-02-18	1,042,435,600	3.3%	1,480,320,700	134,916	190,348	357	미국
7	빅 히어로	2015-01-21	992,433,300	3.2%	21,234,266,765	128,245	2,700,367	365	미국
8	도라에몽: 스탠 바이 미	2015-02-12	916,917,900	2.9%	2,648,877,729	122,985	358,554	347	일본
9	오즈의 마법사: 돌아온 도로시	2015-02-12	535,132,600	1.7%	1,644,752,900	71,206	223,163	248	미국
10	명탐정 코난: 코난 실종사건 - 사상 최악의 이틀	2015-02-12	506,871,700	1.6%	1,457,079,400	67,997	197,187	149	일본

▶ 9주차 (2015년 2월 27일 ~ 3월 1일)

순위	영화명	개봉일	매출액(원)	매출액 점유율(%)	누적매출액(원)	관객 수(명)	누적관객수(명)	스크린 수(개)	대표 국적
1	킹스맨: 시크릿 에이전트	2015-02-11	5,077,485,504	31.8%	27,871,996,205	597,862	3,375,528	669	미국
2	이미테이션 게임	2015-02-17	2,496,838,904	15.6%	9,746,322,505	312,094	1,244,393	503	영국
3	조선명탐정: 사라진 놉의 딸	2015-02-11	2,090,006,400	13.1%	29,001,336,228	267,744	3,678,356	503	한국
4	그레이의 50가지 그림자	2015-02-26	1,370,506,596	8.6%	1,979,692,196	161,384	246,806	510	미국
5	백 투 더 비기닝	2015-02-26	1,082,283,500	6.8%	1,478,846,800	139,403	197,346	423	미국
6	기생수 파트1	2015-02-26	614,521,500	3.9%	768,971,800	72,448	91,817	247	일본
7	포커스	2015-02-26	416,123,000	2.6%	542,537,600	52,348	69,680	346	미국
8	국제시장	2014-12-17	391,919,000	2.5%	110,503,522,230	50,015	14,198,691	284	한국
9	스폰지밥 3D	2015-02-18	369,182,700	2.3%	2,240,348,600	49,764	295,863	285	미국
10	도라에몽: 스탠 바이 미	2015-02-12	359,179,900	2.3%	3,372,986,829	49,333	462,056	277	일본

▶ 10주차 (2015년 3월 6일 ~ 3월 8일)

순위	영화명	개봉일	매출액(원)	매출액 점유율(%)	누적매출액(원)	관객 수(명)	누적관객수(명)	스크린 수(개)	대표 국적
1	킹스맨: 시크릿 에이전트	2015-02-11	4,388,608,715	33.5%	34,626,966,920	510,425	4,188,158	633	미국
2	순수의 시대	2015-03-05	2,091,096,028	16.0%	2,646,409,328	252,383	324,305	546	한국
3	이미테이션 게임	2015-02-17	1,594,617,015	12.2%	12,162,860,520	195,064	1,547,401	396	영국
4	헬머니	2015-03-05	1,585,358,172	12.1%	1,887,225,672	192,297	232,137	422	한국
5	버드맨	2015-03-05	810,756,500	6.2%	981,391,500	96,699	119,054	380	미국
6	조선명탐정: 사라진 놉의 딸	2015-02-11	636,918,400	4.9%	30,172,666,328	81,326	3,832,898	397	한국
7	세인트 빈센트	2015-03-05	360,130,928	2.7%	497,154,928	45,589	63,024	308	미국
8	기생수 파트1	2015-02-26	305,971,285	2.3%	1,375,774,085	35,995	166,223	177	일본
9	그레이의 50가지 그림자	2015-02-26	287,262,300	2.2%	2,754,981,996	33,421	343,628	270	미국
10	백 투 더 비기닝	2015-02-26	223,877,300	1.7%	1,943,564,700	27,920	257,025	258	미국

▶ 11주차 (2015년 3월 13일 ~ 3월 15일)

순위	영화명	개봉일	매출액(원)	매출액 점유율 (%)	누적매출액 (원)	관객 수 (명)	누적관객수 (명)	스크린 수 (개)	대표 국적
1	살인의뢰	2015-03-12	3,455,690,846	23.1%	4,126,292,246	409,402	496,535	646	한국
2	킹스맨: 시크릿 에이전트	2015-02-11	3,277,833,500	21.9%	39,800,888,920	388,769	4,820,429	569	미국
3	채피	2015-03-12	2,704,637,354	18.0%	3,075,077,954	328,818	375,155	536	미국
4	위플래쉬	2015-03-12	1,932,878,500	12.9%	2,375,684,000	236,741	294,597	436	미국
5	소셜포비아	2015-03-12	1,015,429,554	6.8%	1,227,955,854	127,890	154,595	368	한국
6	헬머니	2015-03-05	646,734,000	4.3%	3,298,032,672	79,177	414,475	332	한국
7	이미테이션 게임	2015-02-17	557,048,300	3.7%	13,179,979,620	68,413	1,676,665	300	영국
8	순수의 시대	2015-03-05	289,042,200	1.9%	3,583,422,128	35,875	447,249	327	한국
9	드래곤 블레이드	2015-03-12	240,709,100	1.6%	301,679,300	30,923	39,439	264	중국
10	버드맨	2015-03-05	161,763,500	1.1%	1,448,793,100	18,955	178,701	146	미국

▶ 12주차 (2015년 3월 20일 ~ 3월 22일)

순위	영화명	개봉일	매출액(원)	매출액 점유율 (%)	누적매출액 (원)	관객 수 (명)	누적관객수 (명)	스크린 수 (개)	대표 국적
1	위플래쉬	2015-03-12	3,071,080,116	24.0%	6,633,875,416	374,423	825,172	574	미국
2	킹스맨: 시크릿 에이전트	2015-02-11	2,674,892,075	20.9%	43,977,696,595	317,714	5,334,076	546	미국
3	신데렐라	2015-03-19	2,446,738,600	19.1%	2,786,667,200	311,356	353,695	531	미국
4	런 올 나이트	2015-03-19	1,239,570,825	9.7%	1,460,268,425	151,102	180,472	411	미국
5	살인의뢰	2015-03-12	1,177,202,491	9.2%	6,412,393,137	139,792	780,607	448	한국
6	채피	2015-03-12	742,159,600	5.8%	4,400,370,954	94,395	544,450	366	미국
7	소셜포비아	2015-03-12	326,301,809	2.6%	1,835,593,763	41,192	232,946	245	한국
8	헬머니	2015-03-05	275,976,000	2.2%	3,902,446,672	33,917	493,313	208	한국
9	추억의 마니	2015-03-19	150,402,400	1.2%	175,718,200	19,489	22,799	242	일본
10	이미테이션 게임	2015-02-17	146,912,100	1.1%	13,488,810,520	18,207	1,716,576	114	영국

▶ 13주차 (2015년 3월 27일 ~ 3월29일)

순위	영화명	개봉일	매출액(원)	매출액 점유율 (%)	누적매출액 (원)	관객 수 (명)	누적관객수 (명)	스크린 수 (개)	대표 국적
1	킹스맨: 시크릿 에이전트	2015-02-11	5,077,485,504	31.8%	27,871,996,205	597,862	3,375,528	669	미국
2	이미테이션 게임	2015-02-17	2,496,838,904	15.6%	9,746,322,505	312,094	1,244,393	503	영국
3	조선명탐정: 사라진 놉의 딸	2015-02-11	2,090,006,400	13.1%	29,001,336,228	267,744	3,678,356	503	한국
4	그레이의 50가지 그림자	2015-02-26	1,370,506,596	8.6%	1,979,692,196	161,384	246,806	510	미국
5	백 투 더 비기닝	2015-02-26	1,082,283,500	6.8%	1,478,846,800	139,403	197,346	423	미국
6	기생수 파트1	2015-02-26	614,521,500	3.9%	768,971,800	72,448	91,817	247	일본
7	포커스	2015-02-26	416,123,000	2.6%	542,537,600	52,348	69,680	346	미국
8	국제시장	2014-12-17	391,919,000	2.5%	110,503,522,230	50,015	14,198,691	284	한국
9	스폰지밥 3D	2015-02-18	369,182,700	2.3%	2,240,348,600	49,764	295,863	285	미국
10	도라에몽: 스탠 바이 미	2015-02-12	359,179,900	2.3%	3,372,986,829	49,333	462,056	277	일본

▶ 14주차 (2015년 4월 3일 ~ 4월 5일)

순위	영화명	개봉일	매출액(원)	매출액 점유율 (%)	누적매출액 (원)	관객 수 (명)	누적관객수 (명)	스크린 수 (개)	대표 국적
1	분노의 질주: 더 세븐	2015-04-01	7,576,592,798	47.1%	9,633,894,698	908,493	1,170,353	983	미국
2	스물	2015-03-25	5,110,503,441	31.8%	17,012,714,960	644,612	2,202,170	791	한국
3	킹스맨: 시크릿 에이전트	2015-02-11	1,000,045,700	6.2%	48,622,628,295	117,768	5,913,818	401	미국
4	위플래쉬	2015-03-12	945,142,659	5.9%	11,538,598,545	114,371	1,448,354	419	미국
5	신데렐라	2015-03-19	455,632,700	2.8%	5,193,320,200	59,951	675,593	297	미국
6	인서전트	2015-03-25	177,691,200	1.1%	2,095,341,089	21,997	274,304	278	미국
7	송 원	2015-04-01	164,914,143	1.0%	253,716,543	20,852	34,132	365	미국
8	윈드랜드	2015-04-02	134,839,200	0.8%	148,559,700	18,597	20,418	240	이탈리아
9	팔로우	2015-04-02	155,970,843	1.0%	204,480,543	18,123	24,310	197	미국
10	파울볼	2015-04-02	107,004,300	0.7%	146,338,600	13,614	18,710	231	한국

▶ 15주차 (2015년 4월 10일 ~ 4월 12일)

순위	영화명	개봉일	매출액(원)	매출액 점유율(%)	누적매출액(원)	관객 수(명)	누적관객수(명)	스크린 수(개)	대표 국적
1	분노의 질주: 더 세븐	2015-04-01	4,895,280,183	42.7%	17,437,949,081	585,311	2,129,309	818	미국
2	스물	2015-03-25	2,338,243,300	20.4%	20,995,340,360	293,704	2,714,836	658	한국
3	장수상회	2015-04-09	2,217,526,917	19.3%	2,724,218,717	286,271	356,558	688	한국
4	킹스맨: 시크릿 에이전트	2015-02-11	417,217,500	3.6%	49,447,394,395	49,030	6,016,097	265	미국
5	화장	2015-04-09	365,495,400	3.2%	513,554,900	46,055	66,010	327	한국
6	위플래쉬	2015-03-12	296,410,000	2.6%	12,150,176,745	35,543	1,525,797	228	미국
7	코블러	2015-04-08	138,502,332	1.2%	222,363,532	17,376	28,415	250	미국
8	한 번 더 해피엔딩	2015-04-08	138,244,751	1.2%	212,710,051	16,934	27,059	229	미국
9	유고와 라라: 하늘 고래와 구름섬 대모험	2015-04-09	114,897,300	1.0%	125,892,300	15,647	17,083	222	중국
10	엘리노어 릭비: 그 남자 그 여자	2015-04-09	129,890,900	1.1%	177,873,500	15,612	21,839	211	미국

▶ 16주차 (2015년 4월 17일 ~ 4월 19일)

순위	영화명	개봉일	매출액(원)	매출액 점유율(%)	누적매출액(원)	관객 수(명)	누적관객수(명)	스크린 수(개)	대표 국적
1	분노의 질주: 더 세븐	2015-04-01	3,947,007,674	41.3%	23,414,668,155	472,201	2,862,405	813	미국
2	장수상회	2015-04-09	2,018,597,326	21.1%	6,023,335,643	257,401	793,068	619	한국
3	스물	2015-03-25	1,193,130,026	12.5%	22,964,208,086	147,424	2,964,497	520	한국
4	더 건맨	2015-04-16	509,866,365	5.3%	643,906,065	63,415	81,594	349	프랑스
5	킹스맨: 시크릿 에이전트	2015-02-11	439,893,500	4.6%	50,127,780,795	51,409	6,098,656	254	미국
6	위자	2015-04-16	361,499,435	3.8%	432,303,135	45,734	55,143	337	미국
7	위플래쉬	2015-03-12	191,314,800	2.0%	12,463,876,645	22,777	1,564,727	162	미국
8	유고와 라라: 하늘 고래와 구름섬 대모험	2015-04-09	140,839,700	1.5%	279,850,600	19,411	38,432	167	중국
9	화장	2015-04-09	149,311,900	1.6%	926,836,900	19,213	122,332	237	한국
10	신데렐라	2015-03-19	74,644,900	0.8%	5,487,980,500	9,743	714,801	103	미국

▶ 17주차 (2015년 4월 24일 ~ 4월 26일)

순위	영화명	개봉일	매출액(원)	매출액 점유율 (%)	누적매출액 (원)	관객 수 (명)	누적관객수 (명)	스크린 수 (개)	대표 국적
1	어벤져스: 에이지 오브 울트론	2015-04-23	24,758,627,700	90.5%	30,035,856,400	2,818,772	3,444,438	1,843	미국
2	분노의 질주: 더 세븐	2015-04-01	883,632,839	3.2%	25,550,563,594	106,979	3,131,027	393	미국
3	장수상회	2015-04-09	671,994,300	2.5%	7,552,854,543	86,153	1,000,077	380	한국
4	짱구는 못말려 극장판: 정면승부! 로봇아빠의 역습	2015-04-23	360,120,100	1.3%	380,284,500	49,709	52,457	372	일본
5	약장수	2015-04-23	156,038,200	0.6%	208,194,400	20,350	27,559	282	한국
6	스물	2015-03-25	132,613,900	0.5%	23,472,584,186	16,969	3,031,466	177	한국
7	땡큐, 대디	2015-04-23	88,230,461	0.3%	170,357,061	11,481	23,487	241	프랑스
8	킹스맨: 시크릿 에이전트	2015-02-11	37,354,800	0.1%	50,340,621,795	4,413	6,126,021	54	미국
9	위플래쉬	2015-03-12	23,567,300	0.1%	12,553,304,945	2,863	1,576,247	26	미국
10	화장	2015-04-09	20,535,500	0.1%	1,037,082,200	2,586	137,674	35	한국

▶ 18주차 (2015년 5월 1일 ~ 5월 3일)

순위	영화명	개봉일	매출액(원)	매출액 점유율 (%)	누적매출액 (원)	관객 수 (명)	누적관객수 (명)	스크린 수 (개)	대표 국적
1	어벤져스: 에이지 오브 울트론	2015-04-23	20,017,969,700	73.1%	59,935,243,500	2,347,472	7,011,605	1,634	미국
2	차이나타운	2015-04-29	3,708,774,254	13.5%	5,061,785,154	438,782	624,364	551	한국
3	위험한 상견례 2	2015-04-29	1,262,372,354	4.6%	1,609,844,654	160,405	211,159	429	한국
4	다이노 타임	2015-04-30	563,642,900	2.1%	590,284,500	74,429	78,134	337	한국
5	노아의 방주: 남겨진 녀석들	2015-04-30	491,911,200	1.8%	558,978,200	67,112	75,576	354	독일
6	빌리와 용감한 녀석들 3	2015-04-30	238,338,200	0.9%	286,386,700	32,855	39,480	298	미국
7	장수상회	2015-04-09	232,113,200	0.8%	8,129,879,343	30,263	1,079,904	115	한국
8	짱구는 못말려 극장판: 정면승부! 로봇아빠의 역습	2015-04-23	220,199,700	0.8%	625,581,400	29,927	86,124	256	일본
9	분노의 질주: 더 세븐	2015-04-01	211,339,400	0.8%	26,122,627,194	26,224	3,206,228	83	미국
10	스틸 앨리스	2015-04-29	199,644,346	0.7%	289,746,446	24,608	37,655	109	미국

▶ 19주차 (2015년 5월 8일 ~ 5월 10일)

순위	영화명	개봉일	매출액(원)	매출액 점유율 (%)	누적매출액 (원)	관객 수 (명)	누적관객수 (명)	스크린 수 (개)	대표 국적
1	어벤져스: 에이지 오브 울트론	2015-04-23	6,906,670,653	52.1%	79,625,803,453	804,397	9,377,422	1,295	미국
2	차이나타운	2015-04-29	2,311,776,800	17.4%	10,015,243,254	272,210	1,223,640	524	한국
3	언프렌디드: 친구삭제	2015-05-07	930,832,541	7.0%	1,096,556,541	123,919	146,335	386	미국
4	연애의 맛	2015-05-07	895,138,253	6.8%	1,040,228,653	107,337	126,184	398	한국
5	위험한 상견례 2	2015-04-29	575,449,600	4.3%	3,181,019,454	74,069	417,794	329	한국
6	다이노 타임	2015-04-30	306,684,800	2.3%	1,781,393,700	40,959	239,114	291	한국
7	기생수 파트2	2015-05-07	277,390,859	2.1%	361,962,459	33,156	44,135	260	일본
8	장수상회	2015-04-09	212,019,400	1.6%	8,574,925,443	27,510	1,139,592	142	한국
9	노아의 방주: 남겨진 녀석들	2015-04-30	172,181,300	1.3%	1,486,773,700	23,820	205,424	257	독일
10	말할 수 없는 비밀	2008-01-10	176,540,400	1.3%	850,595,800	21,079	124,957	94	대만

▶ 20주차 (2015년 5월 15일 ~ 5월 17일)

순위	영화명	개봉일	매출액(원)	매출액 점유율 (%)	누적매출액 (원)	관객 수 (명)	누적관객수 (명)	스크린 수 (개)	대표 국적
1	악의 연대기	2015-05-14	5,965,942,296	34.0%	6,934,206,896	733,015	860,266	776	한국
2	매드 맥스: 분노의 도로	2015-05-14	6,330,117,117	36.1%	7,148,742,017	708,407	802,101	799	미국
3	어벤져스: 에이지 오브 울트론	2015-04-23	3,100,594,404	17.7%	84,880,914,057	385,238	10,025,523	669	미국
4	차이나타운	2015-04-29	587,758,900	3.4%	11,607,144,454	68,960	1,423,093	362	한국
5	언프렌디드: 친구삭제	2015-05-07	242,116,300	1.4%	1,585,363,641	32,501	211,732	223	미국
6	다이노 타임	2015-04-30	219,264,000	1.3%	2,029,362,300	29,805	273,264	210	한국
7	위아영	2015-05-14	187,962,987	1.1%	240,789,487	22,641	29,660	235	미국
8	연애의 맛	2015-05-07	150,937,900	0.9%	1,648,425,853	18,022	204,241	166	한국
9	위험한 상견례 2	2015-04-29	114,401,000	0.7%	3,514,139,054	15,098	463,764	140	한국
10	트래쉬	2015-05-14	84,465,213	0.5%	107,346,013	11,006	14,708	206	미국

▶ 21주차 (2015년 5월 22일 ~ 5월 24일)

순위	영화명	개봉일	매출액(원)	매출액 점유율 (%)	누적매출액 (원)	관객 수 (명)	누적관객수 (명)	스크린 수 (개)	대표 국적
1	매드 맥스: 분노의 도로	2015-05-14	6,026,317,809	30.1%	16,275,460,926	672,746	1,839,721	714	미국
2	스파이	2015-05-21	4,546,918,277	22.7%	5,231,005,177	560,821	649,349	664	미국
3	악의 연대기	2015-05-14	3,356,954,267	16.8%	12,754,286,563	415,879	1,599,073	575	한국
4	간신	2015-05-21	3,275,080,010	16.4%	3,980,615,210	392,585	485,137	697	한국
5	어벤져스: 에이지 오브 울트론	2015-04-23	1,407,832,209	7.0%	87,151,070,166	173,590	10,311,562	454	미국
6	홈	2015-05-21	1,008,610,591	5.0%	1,084,368,991	134,416	144,154	532	미국
7	차이나타운	2015-04-29	71,959,313	0.4%	11,948,083,867	8,568	1,466,767	148	한국
8	위아영	2015-05-14	56,966,500	0.3%	395,087,987	6,759	49,418	70	미국
9	스틸 앨리스	2015-04-29	33,903,800	0.2%	786,851,646	4,095	102,160	41	미국
10	다이노 타임	2015-04-30	26,034,500	0.1%	2,067,942,300	3,468	278,820	42	한국

▶ 22주차 (2015년 5월 29일 ~ 5월 31일)

순위	영화명	개봉일	매출액(원)	매출액 점유율 (%)	누적매출액 (원)	관객 수 (명)	누적관객수 (명)	스크린 수 (개)	대표 국적
1	매드 맥스: 분노의 도로	2015-05-14	4,999,151,497	31.0%	25,604,910,523	586,224	2,946,585	669	미국
2	스파이	2015-05-21	3,760,964,803	23.3%	12,371,504,780	464,067	1,557,678	601	미국
3	악의 연대기	2015-05-14	1,423,671,869	8.8%	16,189,947,132	178,343	2,041,621	443	한국
4	무뢰한	2015-05-27	1,472,199,331	9.1%	2,144,811,131	177,730	272,044	477	한국
5	투모로우랜드	2015-05-27	1,363,952,900	8.4%	1,689,497,900	168,415	214,089	435	미국
6	간신	2015-05-21	1,297,580,100	8.0%	7,142,752,510	155,607	881,679	455	한국
7	홈	2015-05-21	600,856,600	3.7%	2,462,257,491	80,691	330,374	378	미국
8	어벤져스: 에이지 오브 울트론	2015-04-23	414,559,800	2.6%	88,385,723,466	52,006	10,469,221	247	미국
9	피치 퍼펙트: 언프리티 걸즈	2015-05-28	344,899,097	2.1%	446,309,297	43,759	56,590	297	미국
10	사이코패스	2015-05-28	109,541,500	0.7%	134,494,000	13,504	16,595	69	일본

▶ 23주차 (2015년 6월 5일 ~ 6월 7일)

순위	영화명	개봉일	매출액(원)	매출액 점유율 (%)	누적매출액 (원)	관객 수 (명)	누적관객수 (명)	스크린 수 (개)	대표 국적
1	샌 안드레아스	2015-06-03	6,373,341,269	48.4%	8,055,470,069	724,409	923,450	847	미국
2	매드 맥스: 분노의 도로	2015-05-14	2,316,325,622	17.6%	29,595,510,245	276,097	3,433,191	536	미국
3	스파이	2015-05-21	2,058,636,178	15.6%	15,776,917,758	249,996	1,985,836	475	미국
4	은밀한 유혹	2015-06-04	573,453,747	4.4%	761,576,047	70,784	95,892	394	한국
5	간신	2015-05-21	458,790,200	3.5%	8,193,893,710	54,554	1,015,100	298	한국
6	악의 연대기	2015-05-14	402,386,500	3.1%	17,027,137,532	49,490	2,148,921	278	한국
7	무뢰한	2015-05-27	297,117,500	2.3%	2,944,615,731	35,181	374,448	294	한국
8	령: 저주받은 사진	2015-06-04	158,142,153	1.2%	214,309,853	20,774	28,162	253	일본
9	홈	2015-05-21	145,439,900	1.1%	2,641,293,791	18,655	353,865	244	미국
10	투모로우랜드	2015-05-27	107,670,600	0.8%	2,037,121,600	13,750	259,658	208	미국

▶ 24주차 (2015년 6월 12일 ~ 6월 14일)

순위	영화명	개봉일	매출액(원)	매출액 점유율 (%)	누적매출액 (원)	관객 수 (명)	누적관객수 (명)	스크린 수 (개)	대표 국적
1	쥬라기 월드	2015-06-11	13,627,060,583	71.5%	16,027,478,183	1,531,450	1,808,930	1,290	미국
2	샌 안드레아스	2015-06-03	2,343,493,183	12.3%	12,490,788,052	285,785	1,464,734	627	미국
3	매드 맥스: 분노의 도로	2015-05-14	1,172,472,117	6.1%	31,613,410,362	139,112	3,681,121	414	미국
4	스파이	2015-05-21	1,041,556,800	5.5%	17,603,263,258	125,634	2,214,160	384	미국
5	간신	2015-05-21	270,897,600	1.4%	8,736,766,610	31,888	1,082,756	255	한국
6	악의 연대기	2015-05-14	125,574,000	0.7%	17,305,012,032	15,534	2,184,571	180	한국
7	꼬마 유령	2015-06-11	67,880,700	0.4%	74,880,900	9,390	10,595	176	독일
8	은밀한 유혹	2015-06-04	74,256,000	0.4%	1,071,947,147	9,103	136,526	197	한국
9	무뢰한	2015-05-27	76,176,300	0.4%	3,168,310,531	8,934	402,758	93	한국
10	엘리펀트 송	2015-06-11	42,724,800	0.2%	55,554,800	5,236	6,960	49	캐나다

▶ 25주차 (2015년 6월 19일 ~ 6월 21일)

순위	영화명	개봉일	매출액(원)	매출액 점유율 (%)	누적매출액 (원)	관객 수 (명)	누적관객수 (명)	스크린 수 (개)	대표 국적
1	쥬라기 월드	2015-06-11	9,514,677,093	44.9%	30,275,050,876	1,065,623	3,416,206	1,022	미국
2	극비수사	2015-06-18	8,046,725,047	37.9%	9,477,136,547	981,400	1,169,800	894	한국
3	경성학교: 사라진 소녀들	2015-06-18	1,593,590,900	7.5%	2,020,798,900	201,612	258,027	489	한국
4	샌 안드레아스	2015-06-03	770,856,600	3.6%	14,088,235,852	95,908	1,669,684	357	미국
5	매드 맥스: 분노의 도로	2015-05-14	405,707,200	1.9%	32,503,171,862	48,492	3,792,738	229	미국
6	심야식당	2015-06-18	276,349,930	1.3%	332,917,674	33,462	40,903	180	일본
7	스파이	2015-05-21	249,760,100	1.2%	18,282,590,158	30,344	2,300,898	196	미국
8	베스트 오브 미	2015-06-18	43,291,300	0.2%	62,839,100	5,569	8,023	118	미국
9	간신	2015-05-21	35,953,600	0.2%	8,925,087,910	4,347	1,107,273	113	한국
10	소수의견	2015-06-24	26,463,000	0.1%	69,579,000	3,980	10,370	15	한국

▶ 26주차 (2015년 6월 26일 ~ 6월 28일)

순위	영화명	개봉일	매출액(원)	매출액 점유율 (%)	누적매출액 (원)	관객 수 (명)	누적관객수 (명)	스크린 수 (개)	대표 국적
1	연평해전	2015-06-24	8,764,727,659	40.4%	11,114,490,659	1,105,380	1,438,287	1,013	한국
2	쥬라기 월드	2015-06-11	5,632,530,895	26.0%	39,126,153,171	641,578	4,446,168	674	미국
3	극비수사	2015-06-18	4,089,623,005	18.9%	17,309,724,152	505,919	2,191,691	661	한국
4	소수의견	2015-06-24	1,108,413,936	5.1%	1,628,996,536	139,221	215,474	398	한국
5	19곰 테드 2	2015-06-25	596,326,300	2.8%	736,533,500	71,494	89,840	297	미국
6	나의 절친 악당들	2015-06-25	539,176,564	2.5%	774,257,464	66,102	96,765	375	한국
7	정글번치: 너구리 해적단과 보물지도	2015-06-25	190,683,300	0.9%	202,559,400	26,373	27,941	247	프랑스
8	데모닉	2015-06-25	163,954,800	0.8%	219,670,500	21,029	28,457	146	미국
9	경성학교: 사라진 소녀들	2015-06-18	155,313,800	0.7%	2,664,519,800	19,724	344,923	274	한국
10	심야식당	2015-06-18	156,342,800	0.7%	659,794,674	18,890	83,494	83	일본

▶ 27주차 (2015년 7월 3일 ~ 7월 5일)

순위	영화명	개봉일	매출액(원)	매출액 점유율 (%)	누적매출액 (원)	관객 수 (명)	누적관객수 (명)	스크린 수 (개)	대표 국적
1	터미네이터 제니시스	2015-07-02	10,472,176,524	43.9%	12,538,477,424	1,238,518	1,493,216	1,113	미국
2	연평해전	2015-06-24	7,746,682,031	32.5%	24,695,173,490	997,000	3,232,441	898	한국
3	쥬라기 월드	2015-06-11	2,748,133,155	11.5%	43,600,458,126	352,790	5,006,813	545	미국
4	극비수사	2015-06-18	1,572,926,545	6.6%	20,656,511,397	199,199	2,629,733	423	한국
5	소수의견	2015-06-24	289,960,869	1.2%	2,548,697,305	36,440	337,222	217	한국
6	리틀드래곤 코코넛	2015-07-02	196,799,200	0.8%	219,166,000	26,367	29,257	209	독일
7	19곰 테드 2	2015-06-25	159,067,100	0.7%	1,259,252,300	18,479	155,803	95	미국
8	라자루스	2015-07-02	105,186,700	0.4%	136,174,000	13,114	17,102	88	미국
9	심야식당	2015-06-18	105,259,500	0.4%	862,166,074	12,536	108,917	53	일본
10	호비와 엄마나무섬의 비밀	2015-07-02	49,681,500	0.2%	57,651,500	7,271	8,383	74	일본

▶ 28주차 (2015년 7월 10일 ~ 7월 12일)

순위	영화명	개봉일	매출액(원)	매출액 점유율 (%)	누적매출액 (원)	관객 수 (명)	누적관객수 (명)	스크린 수 (개)	대표 국적
1	연평해전	2015-06-24	6,665,597,595	26.2%	35,592,893,485	872,536	4,695,782	777	한국
2	인사이드 아웃	2015-07-09	5,351,944,805	21.0%	5,888,447,405	679,259	750,015	777	미국
3	터미네이터 제니시스	2015-07-02	5,386,042,705	21.1%	21,812,821,229	647,675	2,634,057	745	미국
4	손님	2015-07-09	3,441,559,280	13.5%	4,568,404,980	437,204	589,783	634	한국
5	쥬라기 월드	2015-06-11	1,821,945,900	7.2%	46,345,684,726	233,076	5,364,496	420	미국
6	인시디어스 3	2015-07-09	1,540,768,820	6.0%	1,830,946,220	197,910	236,638	409	미국
7	극비수사	2015-06-18	491,372,200	1.9%	22,057,268,497	63,097	2,816,529	243	한국
8	우먼 인 골드	2015-07-09	272,767,600	1.1%	419,415,400	34,722	54,014	247	미국
9	러덜리스	2015-07-09	154,594,720	0.6%	213,484,820	18,947	26,733	112	미국
10	소수의견	2015-06-24	58,811,000	0.2%	2,806,617,405	7,803	372,067	43	한국

▶ 29주차 (2015년 7월 17일 ~ 7월 19일)

순위	영화명	개봉일	매출액(원)	매출액 점유율 (%)	누적매출액 (원)	관객 수 (명)	누적관객수 (명)	스크린 수 (개)	대표 국적
1	인사이드 아웃	2015-07-09	7,544,624,755	35.3%	16,321,829,760	939,154	2,066,002	931	미국
2	연평해전	2015-06-24	4,109,692,045	19.2%	42,260,335,930	530,970	5,584,775	730	한국
3	픽셀	2015-07-16	3,253,701,409	15.2%	3,799,304,009	400,621	469,770	557	미국
4	터미네이터 제니시스	2015-07-02	2,061,306,500	9.6%	25,402,310,129	260,317	3,089,108	498	미국
5	인시디어스 3	2015-07-09	1,774,747,400	8.3%	5,009,841,720	225,281	645,185	416	미국
6	쥬라기 월드	2015-06-11	824,671,400	3.9%	47,477,009,326	101,100	5,506,640	288	미국
7	손님	2015-07-09	622,789,800	2.9%	6,166,692,680	77,752	798,187	368	한국
8	쓰리 썸머 나잇	2015-07-15	296,447,546	1.4%	497,276,346	36,134	62,162	295	한국
9	다크 플레이스	2015-07-15	270,904,854	1.3%	414,500,354	32,679	51,192	268	미국
10	우먼 인 골드	2015-07-09	130,500,500	0.6%	743,481,900	16,025	96,949	84	미국

▶ 30주차 (2015년 7월 24일 ~ 7월 26일)

순위	영화명	개봉일	매출액(원)	매출액 점유율 (%)	누적매출액 (원)	관객 수 (명)	누적관객수 (명)	스크린 수 (개)	대표 국적
1	암살	2015-07-22	19,692,317,186	66.0%	26,692,706,686	2,443,051	3,370,006	1,519	한국
2	인사이드 아웃	2015-07-09	5,472,039,438	18.3%	25,082,045,698	696,792	3,199,022	778	미국
3	극장판 요괴워치: 탄생의 비밀이다냥!	2015-07-22	1,559,215,800	5.2%	1,977,215,600	216,951	276,961	509	일본
4	연평해전	2015-06-24	1,146,764,900	3.8%	44,799,002,330	149,396	5,930,898	448	한국
5	픽셀	2015-07-16	505,307,438	1.7%	5,135,238,147	66,791	645,527	340	미국
6	인시디어스 3	2015-07-09	427,736,900	1.4%	6,193,287,520	53,360	798,378	297	미국
7	터미네이터 제니시스	2015-07-02	353,282,200	1.2%	26,321,054,429	44,071	3,208,556	278	미국
8	포켓몬 레인저와 바다의 왕자 마나피	2006-07-20	145,067,400	0.5%	921,063,200	20,276	159,832	257	일본
9	쥬라기 월드	2015-06-11	152,527,400	0.5%	47,757,116,026	17,099	5,540,864	96	미국
10	우먼 인 골드	2015-07-09	68,918,800	0.2%	902,996,200	8,357	117,600	45	미국

▶ 31주차 (2015년 7월 31일 ~ 8월 2일)

순위	영화명	개봉일	매출액(원)	매출액 점유율 (%)	누적매출액 (원)	관객 수 (명)	누적관객수 (명)	스크린 수 (개)	대표 국적
1	미션 임파서블: 로그네이션	2015-07-30	16,121,434,384	43.7%	19,737,546,184	1,989,552	2,462,604	1,202	미국
2	암살	2015-07-22	12,419,756,016	33.6%	51,204,478,902	1,547,700	6,572,526	1,085	한국
3	미니언즈	2015-07-29	4,904,200,478	13.3%	7,499,449,278	647,606	1,024,155	792	미국
4	인사이드 아웃	2015-07-09	2,517,192,138	6.8%	31,362,849,436	331,175	4,063,778	513	미국
5	극장판 요괴워치: 탄생의 비밀이다냥!	2015-07-22	438,698,500	1.2%	3,282,475,100	60,980	464,962	229	일본
6	고녀석 맛나겠다2: 함께라서 행복해	2015-07-29	134,353,000	0.4%	212,553,400	18,638	30,095	137	한국
7	연평해전	2015-06-24	96,092,600	0.3%	45,448,957,130	13,235	6,024,879	108	한국
8	러브 앤 머시	2015-07-30	64,736,900	0.2%	88,807,500	7,804	11,026	51	미국
9	우먼 인 골드	2015-07-09	38,761,500	0.1%	994,578,700	4,606	129,527	29	미국
10	러덜리스	2015-07-09	25,657,500	0.1%	547,222,320	2,971	69,212	30	미국

▶ 32주차 (2015년 8월 7일 ~ 8월 9일)

순위	영화명	개봉일	매출액(원)	매출액 점유율 (%)	누적매출액 (원)	관객 수 (명)	누적관객수 (명)	스크린 수 (개)	대표 국적
1	베테랑	2015-08-05	15,386,212,523	41.4%	21,781,265,923	1,917,087	2,761,634	1,064	한국
2	암살	2015-07-22	8,647,818,577	23.2%	69,802,153,279	1,080,052	8,973,731	874	한국
3	미션 임파서블: 로그네이션	2015-07-30	7,717,355,923	20.7%	37,568,520,107	941,966	4,721,289	818	미국
4	미니언즈	2015-07-29	2,355,262,500	6.3%	13,147,546,478	319,480	1,808,636	534	미국
5	인사이드 아웃	2015-07-09	1,406,481,200	3.8%	34,840,526,036	186,070	4,538,777	408	미국
6	명탐정 코난: 화염의 해바라기	2015-08-05	1,159,232,000	3.1%	1,846,920,600	162,839	263,696	424	일본
7	극장판 요괴워치: 탄생의 비밀이다냥!	2015-07-22	147,426,700	0.4%	3,760,122,100	20,149	532,699	81	일본
8	아마조니아	2015-08-05	65,962,600	0.2%	125,853,000	8,827	17,319	93	프랑스
9	어느 하녀의 일기	2015-08-06	35,999,200	0.1%	52,961,100	4,559	6,919	37	프랑스
10	러브 앤 머시	2015-07-30	34,681,600	0.1%	161,415,800	4,238	20,389	39	미국

▶ 33주차 (2015년 8월 14일 ~ 8월 16일)

순위	영화명	개봉일	매출액(원)	매출액 점유율 (%)	누적매출액 (원)	관객 수 (명)	누적관객수 (명)	스크린 수 (개)	대표 국적
1	베테랑	2015-08-05	18,116,220,942	47.5%	52,187,133,465	2,254,106	6,643,738	1,115	한국
2	암살	2015-07-22	7,865,270,847	20.6%	82,778,314,226	989,709	10,651,042	767	한국
3	미션 임파서블: 로그네이션	2015-07-30	3,750,522,400	9.8%	44,563,823,107	469,340	5,615,165	500	미국
4	미니언즈	2015-07-29	1,963,906,600	5.2%	16,448,906,878	267,880	2,270,475	512	미국
5	미쓰 와이프	2015-08-13	1,956,287,911	5.1%	2,485,927,211	256,031	328,382	437	한국
6	협녀, 칼의 기억	2015-08-13	1,978,149,489	5.2%	2,623,580,189	247,117	333,371	562	한국
7	인사이드 아웃	2015-07-09	995,840,800	2.6%	36,630,725,436	131,933	4,782,662	332	미국
8	명탐정 코난: 화염의 해바라기	2015-08-05	542,896,600	1.4%	2,894,683,600	76,397	414,680	253	일본
9	숀더쉽	2015-08-13	323,491,300	0.8%	436,218,300	44,244	60,188	261	영국
10	성실한 나라의 앨리스	2015-08-13	101,384,600	0.3%	134,251,000	11,949	16,314	69	한국

▶ 34주차 (2015년 8월 21일 ~ 8월 23일)

순위	영화명	개봉일	매출액(원)	매출액 점유율 (%)	누적매출액 (원)	관객 수 (명)	누적관객수 (명)	스크린 수 (개)	대표 국적
1	베테랑	2015-08-05	10,894,047,156	43.5%	71,080,897,321	1,345,775	9,043,987	906	한국
2	뷰티 인사이드	2015-08-20	3,905,590,556	15.6%	5,035,003,556	486,199	629,829	648	한국
3	암살	2015-07-22	3,861,666,300	15.4%	89,985,064,026	484,184	11,590,022	611	한국
4	판타스틱 4	2015-08-20	1,819,148,200	7.3%	2,302,191,800	234,573	300,066	451	미국
5	미션 임파서블: 로그네이션	2015-07-30	1,104,534,900	4.4%	46,966,130,507	135,315	5,922,473	356	미국
6	미쓰 와이프	2015-08-13	1,006,030,044	4.0%	4,649,140,855	129,892	616,614	325	한국
7	미니언즈	2015-07-29	895,716,600	3.6%	18,032,356,678	122,214	2,492,635	395	미국
8	퇴마: 무녀굴	2015-08-20	518,275,900	2.1%	719,331,000	64,224	90,057	327	한국
9	인사이드 아웃	2015-07-09	413,052,700	1.6%	37,441,207,036	54,300	4,892,847	219	미국
10	명탐정 코난: 화염의 해바라기	2015-08-05	147,214,200	0.6%	3,213,775,500	20,283	459,775	130	일본

▶ 35주차 (2015년 8월 28일 ~ 8월 30일)

순위	영화명	개봉일	매출액(원)	매출액 점유율 (%)	누적매출액 (원)	관객 수 (명)	누적관객수 (명)	스크린 수 (개)	대표 국적
1	베테랑	2015-08-05	8,700,698,205	42.9%	84,787,322,126	1,080,080	10,814,096	876	한국
2	뷰티 인사이드	2015-08-20	3,247,359,911	16.0%	10,900,809,967	401,797	1,390,849	583	한국
3	암살	2015-07-22	2,742,070,100	13.5%	94,565,924,326	344,814	12,193,079	511	한국
4	치외법권	2015-08-27	1,569,683,805	7.7%	1,979,584,405	198,441	253,676	446	한국
5	미쓰 와이프	2015-08-13	978,726,411	4.8%	6,377,960,666	125,472	849,044	368	한국
6	아메리칸 울트라	2015-08-27	760,352,795	3.7%	1,010,683,095	91,080	123,541	341	미국
7	미션 임파서블: 로그네이션	2015-07-30	621,940,000	3.1%	48,150,670,407	75,844	6,075,949	252	미국
8	미니언즈	2015-07-29	481,853,200	2.4%	18,684,093,678	65,488	2,582,937	336	미국
9	미라클 벨리에	2015-08-27	283,307,989	1.4%	433,753,989	36,125	56,471	245	프랑스
10	인사이드 아웃	2015-07-09	256,438,000	1.3%	37,809,429,136	33,430	4,941,734	193	미국

▶ 36주차 (2015년 9월 4일 ~ 9월 6일)

순위	영화명	개봉일	매출액(원)	매출액 점유율 (%)	누적매출액 (원)	관객 수 (명)	누적관객수 (명)	스크린 수 (개)	대표 국적
1	앤트맨	2015-09-03	9,672,947,700	45.7%	11,134,819,200	1,138,137	1,314,502	949	미국
2	베테랑	2015-08-05	4,876,063,706	23.0%	93,134,286,332	601,436	11,881,800	669	한국
3	오피스	2015-09-03	1,662,179,749	7.9%	2,124,134,749	207,490	267,118	425	한국
4	뷰티 인사이드	2015-08-20	1,655,414,645	7.8%	14,071,814,612	202,223	1,791,094	431	한국
5	암살	2015-07-22	1,215,485,555	5.7%	96,866,509,381	152,839	12,494,487	402	한국
6	갤로우즈	2015-09-03	420,611,706	2.0%	512,797,906	54,033	66,033	299	미국
7	히트맨: 에이전트 47	2015-09-03	288,970,000	1.4%	356,731,600	36,008	44,917	272	미국
8	미쓰 와이프	2015-08-13	266,913,600	1.3%	7,083,717,066	34,187	943,589	216	한국
9	미니언즈	2015-07-29	168,254,900	0.8%	18,898,145,278	22,598	2,612,040	157	미국
10	러브 라이브! 더 스쿨 아이돌 무비	2015-09-03	141,874,500	0.7%	259,584,000	19,005	32,128	66	일본

▶ 37주차 (2015년 9월 11일 ~ 9월 13일)

순위	영화명	개봉일	매출액(원)	매출액 점유율 (%)	누적매출액 (원)	관객 수 (명)	누적관객수 (명)	스크린 수 (개)	대표 국적
1	앤트맨	2015-09-03	5,801,703,655	40.8%	19,880,305,855	695,258	2,376,127	869	미국
2	베테랑	2015-08-05	3,091,878,900	21.8%	97,969,908,232	379,804	12,497,379	674	한국
3	함정	2015-09-10	1,335,695,900	9.4%	1,644,545,700	159,307	200,762	445	한국
4	뷰티 인사이드	2015-08-20	985,166,419	6.9%	15,670,425,031	119,660	1,991,369	363	한국
5	암살	2015-07-22	649,025,900	4.6%	97,985,838,381	81,103	12,641,283	379	한국
6	오피스	2015-09-03	601,159,381	4.2%	3,330,114,630	75,942	423,925	334	한국
7	셀프/리스	2015-09-10	597,459,864	4.2%	715,552,364	74,387	90,048	340	미국
8	스트레이트 아웃 오브 컴턴	2015-09-10	184,246,700	1.3%	224,148,400	21,276	26,255	185	미국
9	미쓰 와이프	2015-08-13	108,440,900	0.8%	7,303,443,666	14,155	973,822	121	한국
10	러브 라이브! 더 스쿨 아이돌 무비	2015-09-03	101,090,500	0.7%	395,503,500	13,541	50,390	57	일본

▶ 38주차 (2015년 9월 18일 ~ 9월 20일)

순위	영화명	개봉일	매출액(원)	매출액 점유율 (%)	누적매출액 (원)	관객 수 (명)	누적관객수 (명)	스크린 수 (개)	대표 국적
1	사도	2015-09-16	10,701,649,579	50.6%	14,366,000,479	1,322,437	1,810,510	1,210	한국
2	메이즈 러너: 스코치 트라이얼	2015-09-16	6,727,762,997	31.8%	8,569,219,497	840,405	1,078,272	804	미국
3	앤트맨	2015-09-03	1,367,827,882	6.5%	22,421,858,637	171,444	2,698,086	398	미국
4	베테랑	2015-08-05	1,241,484,618	5.9%	100,235,326,850	152,366	12,786,846	424	한국
5	극장판 도라에몽: 진구의 우주영웅기~스페이스 히어로즈~	2015-09-17	329,868,000	1.6%	359,113,500	45,834	49,952	351	일본
6	뷰티 인사이드	2015-08-20	116,474,100	0.6%	16,045,075,631	13,938	2,039,642	128	한국
7	리브 라이브! 더 스쿨 아이돌 무비	2015-09-03	104,541,500	0.5%	532,938,000	13,797	68,747	38	일본
8	탐정: 더 비기닝	2015-09-24	116,319,000	0.6%	192,369,000	13,465	22,841	49	한국
9	암살	2015-07-22	86,648,000	0.4%	98,268,589,081	10,833	12,679,383	125	한국
10	함정	2015-09-10	78,833,900	0.4%	2,048,060,900	9,536	252,429	193	한국

▶ 39주차 (2015년 9월 25일 ~ 9월 27일)

순위	영화명	개봉일	매출액(원)	매출액 점유율 (%)	누적매출액 (원)	관객 수 (명)	누적관객수 (명)	스크린 수 (개)	대표 국적
1	사도	2015-09-16	10,046,512,287	36.9%	28,548,639,766	1,226,604	3,590,519	927	한국
2	탐정: 더 비기닝	2015-09-24	4,521,793,313	16.6%	5,107,930,113	553,406	628,714	641	한국
3	메이즈 러너: 스코치 트라이얼	2015-09-16	4,171,015,152	15.3%	15,066,866,149	516,031	1,896,731	589	미국
4	인턴	2015-09-24	2,820,941,165	10.4%	3,240,065,165	337,391	391,706	481	미국
5	서부전선	2015-09-24	1,960,928,900	7.2%	2,349,480,500	242,149	294,480	509	한국
6	베테랑	2015-08-05	1,216,980,700	4.5%	102,060,652,950	147,897	13,016,259	389	한국
7	에베레스트	2015-09-24	1,178,524,348	4.3%	1,432,818,248	125,911	154,193	331	미국
8	뮨: 달의 요정	2015-09-24	411,841,600	1.5%	462,454,700	55,051	61,784	335	프랑스
9	앤트맨	2015-09-03	302,968,300	1.1%	23,130,852,537	37,900	2,789,439	158	미국
10	더 매직: 리틀톰과 도둑공주	2015-09-24	167,891,000	0.6%	195,239,300	22,300	26,190	189	스페인

▶ 40주차 (2015년 10월 2일 ~ 10월 4일)

순위	영화명	개봉일	매출액(원)	매출액 점유율 (%)	누적매출액 (원)	관객 수 (명)	누적관객수 (명)	스크린 수 (개)	대표 국적
1	인턴	2015-09-24	4,404,471,295	26.7%	11,721,820,160	532,469	1,463,184	659	미국
2	사도	2015-09-16	3,910,917,935	23.7%	43,816,589,101	492,517	5,570,999	767	한국
3	탐정: 더 비기닝	2015-09-24	3,809,915,660	23.1%	15,779,691,073	472,529	2,004,744	666	한국
4	메이즈 러너: 스코치 트라이얼	2015-09-16	1,521,845,400	9.2%	20,580,415,749	191,519	2,608,054	414	미국
5	베테랑	2015-08-05	669,093,000	4.1%	104,621,457,150	82,576	13,341,067	294	한국
6	뮨: 달의 요정	2015-09-24	424,209,200	2.6%	1,769,096,000	57,872	241,812	283	프랑스
7	서부전선	2015-09-24	335,183,100	2.0%	4,535,348,400	43,077	578,873	344	한국
8	주온: 더 파이널	2015-10-01	286,145,800	1.7%	352,428,800	35,913	46,535	317	일본
9	에베레스트	2015-09-24	303,009,900	1.8%	2,920,003,748	31,386	315,823	171	미국
10	대니 콜린스	2015-09-30	186,282,105	1.1%	303,592,505	22,714	40,290	309	미국

▶ 41주차 (2015년 10월 9일 ~ 10월 11일)

순위	영화명	개봉일	매출액(원)	매출액 점유율 (%)	누적매출액 (원)	관객 수 (명)	누적관객수 (명)	스크린 수 (개)	대표 국적
1	마션	2015-10-08	12,692,385,061	48.3%	14,889,929,061	1,533,688	1,814,925	1,132	미국
2	인턴	2015-09-24	4,006,133,047	15.3%	18,141,015,407	490,019	2,272,084	545	미국
3	성난 변호사	2015-10-08	3,636,682,739	13.8%	4,404,938,739	453,157	556,305	593	한국
4	사도	2015-09-16	1,884,319,400	7.2%	47,152,112,901	241,910	6,013,033	471	한국
5	탐정: 더 비기닝	2015-09-24	1,659,433,700	6.3%	18,895,051,673	211,076	2,412,727	450	한국
6	팬	2015-10-08	986,395,792	3.8%	1,128,565,092	126,546	144,820	428	미국
7	문: 달의 요정	2015-09-24	338,374,800	1.3%	2,134,654,900	45,504	291,260	200	프랑스
8	메이즈 러너: 스코치 트라이얼	2015-09-16	333,183,000	1.3%	21,426,614,749	43,742	2,721,287	163	미국
9	베테랑	2015-08-05	185,724,300	0.7%	105,058,481,650	22,961	13,397,762	110	한국
10	극장판 도라에몽: 진구의 우주영웅기~스페이스 히어로즈~	2015-09-17	80,594,800	0.3%	800,219,800	10,875	110,897	53	일본

▶ 42주차 (2015년 10월 16일 ~ 10월 18일)

순위	영화명	개봉일	매출액(원)	매출액 점유율 (%)	누적매출액 (원)	관객 수 (명)	누적관객수 (명)	스크린 수 (개)	대표 국적
1	마션	2015-10-08	6,926,362,134	46.5%	25,472,354,195	819,477	3,111,002	1,040	미국
2	인턴	2015-09-24	2,563,962,800	17.2%	22,156,848,807	317,191	2,792,997	529	미국
3	성난 변호사	2015-10-08	1,773,207,800	11.9%	7,404,099,339	222,760	952,655	469	한국
4	트랜스포터: 리퓰드	2015-10-15	753,779,615	5.1%	914,699,215	93,771	115,086	432	프랑스
5	탐정: 더 비기닝	2015-09-24	689,384,700	4.6%	20,069,937,073	88,446	2,570,980	335	한국
6	사도	2015-09-16	652,013,000	4.4%	48,332,885,001	83,814	6,175,477	371	한국
7	더 비지트	2015-10-15	241,913,481	1.6%	299,883,881	30,686	38,395	279	미국
8	비밀	2015-10-15	212,204,800	1.4%	282,541,100	28,252	37,750	302	한국
9	아델라인: 멈춰진 시간	2015-10-15	152,805,819	1.0%	192,255,119	19,017	24,266	239	미국
10	팬	2015-10-08	120,150,000	0.8%	1,383,363,192	15,951	180,105	138	미국

▶ 43주차 (2015년 10월 23일 ~ 10월 25일)

순위	영화명	개봉일	매출액(원)	매출액 점유율 (%)	누적매출액 (원)	관객 수 (명)	누적관객수 (명)	스크린 수 (개)	대표 국적
1	더 폰	2015-10-22	4,895,509,375	31.7%	5,781,152,075	613,149	729,024	794	한국
2	마션	2015-10-08	4,548,295,200	29.5%	32,416,395,495	534,853	3,948,402	731	미국
3	특종: 량첸살인기	2015-10-22	2,490,905,225	16.2%	3,151,006,025	312,308	401,536	767	한국
4	인턴	2015-09-24	1,727,212,641	11.2%	25,064,087,048	212,564	3,163,489	447	미국
5	돌연변이	2015-10-22	461,842,184	3.0%	578,444,284	61,723	76,844	399	한국
6	성난 변호사	2015-10-08	421,164,800	2.7%	8,532,735,939	53,552	1,101,877	334	한국
7	사도	2015-09-16	134,214,500	0.9%	48,720,690,101	17,362	6,229,050	115	한국
8	탐정: 더 비기닝	2015-09-24	100,597,500	0.7%	20,417,769,573	13,153	2,618,883	130	한국
9	트랜스포터: 리퓰드	2015-10-15	74,804,700	0.5%	1,241,478,915	9,384	158,174	124	프랑스
10	러브 라이브! 더 스쿨 아이돌 무비	2015-09-03	54,826,500	0.4%	764,559,000	7,518	100,296	23	일본

▶ 44주차 (2015년 10월 30일 ~ 11월 1일)

순위	영화명	개봉일	매출액(원)	매출액 점유율 (%)	누적매출액 (원)	관객 수 (명)	누적관객수 (명)	스크린 수 (개)	대표 국적
1	그놈이다	2015-10-28	3,708,900,854	27.7%	4,876,918,354	456,177	628,141	681	한국
2	더 폰	2015-10-22	2,825,004,393	21.1%	10,721,763,468	355,148	1,383,739	681	한국
3	마션	2015-10-08	2,687,053,100	20.1%	36,609,327,395	330,075	4,485,333	610	미국
4	인턴	2015-09-24	1,128,511,400	8.4%	26,970,323,148	138,307	3,411,882	399	미국
5	하늘을 걷는 남자	2015-10-28	1,173,663,653	8.8%	1,482,367,553	120,032	157,192	415	미국
6	특종: 량첸살인기	2015-10-22	605,097,993	4.5%	4,515,042,518	75,845	584,474	419	한국
7	맨 프롬 UNCLE	2015-10-28	453,286,853	3.4%	618,089,753	55,664	78,767	361	미국
8	미안해 사랑해 고마워	2015-10-28	141,845,800	1.1%	258,745,500	18,866	36,065	341	한국
9	더 랍스터	2015-10-29	102,832,600	0.8%	126,734,100	12,120	15,308	69	영국
10	돌연변이	2015-10-22	60,953,400	0.5%	721,395,384	7,595	96,374	64	한국

▶ 45주차 (2015년 11월 6일 ~ 11월 8일)

순위	영화명	개봉일	매출액(원)	매출액 점유율 (%)	누적매출액 (원)	관객 수 (명)	누적관객수 (명)	스크린 수 (개)	대표 국적
1	검은 사제들	2015-11-05	11,506,164,654	61.9%	13,026,638,654	1,406,039	1,604,713	1,088	한국
2	마션	2015-10-08	1,263,936,000	6.8%	38,621,246,095	157,550	4,742,102	415	미국
3	그놈이다	2015-10-28	1,179,837,898	6.3%	7,427,904,752	145,970	955,705	494	한국
4	스파이 브릿지	2015-11-05	1,069,653,598	5.8%	1,258,787,898	133,991	158,727	425	미국
5	더 셰프	2015-11-05	839,542,048	4.5%	1,013,573,748	102,174	124,901	409	미국
6	더 폰	2015-10-22	564,005,400	3.0%	12,092,238,168	71,447	1,563,650	390	한국
7	인턴	2015-09-24	548,833,700	3.0%	27,986,872,348	66,441	3,540,582	263	미국
8	이터널 선샤인	2005-11-10	395,852,200	2.1%	1,600,348,500	45,725	227,763	100	미국
9	아더와 미니모이 3: 두 세계의 전쟁	2015-11-05	277,193,600	1.5%	284,045,200	37,826	38,915	267	프랑스
10	이스케이프	2015-11-05	220,337,100	1.2%	265,093,800	27,891	33,742	264	미국

▶ 46주차 (2015년 11월 13일 ~ 11월 15일)

순위	영화명	개봉일	매출액(원)	매출액 점유율 (%)	누적매출액 (원)	관객 수 (명)	누적관객수 (명)	스크린 수 (개)	대표 국적
1	검은 사제들	2015-11-05	8,716,860,920	48.7%	27,747,191,674	1,089,280	3,500,982	1,109	한국
2	007 스펙터	2015-11-11	6,713,213,080	37.5%	9,418,687,080	828,617	1,185,137	1,105	영국
3	마션	2015-10-08	446,435,800	2.5%	39,380,211,795	57,101	4,841,686	258	미국
4	이터널 선샤인	2005-11-10	409,750,800	2.3%	2,299,421,700	47,894	312,305	108	미국
5	스파이 브릿지	2015-11-05	297,281,080	1.7%	1,894,091,378	38,235	243,156	260	미국
6	그놈이다	2015-10-28	242,605,000	1.4%	7,994,624,952	31,585	1,031,496	264	한국
7	개구리왕국	2015-11-12	165,270,500	0.9%	176,544,400	23,122	24,821	227	중국
8	인턴	2015-09-24	165,208,200	0.9%	28,336,640,248	20,598	3,585,979	106	미국
9	몬스터 헌트	2015-11-12	125,881,900	0.7%	154,626,200	16,695	20,418	184	중국
10	더 셰프	2015-11-05	130,450,100	0.7%	1,413,396,848	16,419	177,275	217	미국

▶ 47주차 (2015년 11월 20일 ~ 11월 22일)

순위	영화명	개봉일	매출액(원)	매출액 점유율 (%)	누적매출액 (원)	관객 수 (명)	누적관객수 (명)	스크린 수 (개)	대표 국적
1	내부자들	2015-11-19	10,484,693,460	53.2%	13,163,504,560	1,261,073	1,605,806	1,075	한국
2	검은 사제들	2015-11-05	3,849,455,395	19.5%	34,972,530,369	487,654	4,448,673	778	한국
3	헝거게임: 더 파이널	2015-11-18	2,565,199,263	13.0%	3,368,599,363	330,899	438,644	661	미국
4	007 스펙터	2015-11-11	1,723,262,550	8.7%	13,124,499,230	211,469	1,662,908	603	영국
5	이터널 선샤인	2005-11-10	260,484,800	1.3%	2,794,855,800	30,775	373,445	106	미국
6	프리덤	2015-11-19	185,315,900	0.9%	258,880,300	24,614	35,221	117	미국
7	개구리왕국	2015-11-12	97,471,300	0.5%	297,461,000	13,825	42,548	127	중국
8	마션	2015-10-08	78,877,400	0.4%	39,605,944,295	10,375	4,872,780	96	미국
9	아이돌 마스터 무비: 빛의 저편으로!	2015-11-19	62,371,000	0.3%	79,275,000	8,429	10,705	55	일본
10	인턴	2015-09-24	44,143,900	0.2%	28,462,896,148	5,606	3,602,929	44	미국

▶ 48주차 (2015년 11월 27일 ~ 11월 29일)

순위	영화명	개봉일	매출액(원)	매출액 점유율 (%)	누적매출액 (원)	관객 수 (명)	누적관객수 (명)	스크린 수 (개)	대표 국적
1	내부자들	2015-11-19	9,481,700,677	55.4%	28,764,925,637	1,136,636	3,589,426	1,129	한국
2	검은 사제들	2015-11-05	1,854,851,023	10.8%	38,286,121,592	236,977	4,897,832	538	한국
3	열정같은소리하고있네	2015-11-25	1,745,353,784	10.2%	2,510,984,984	225,089	340,996	560	한국
4	도리화가	2015-11-25	1,055,050,939	6.2%	1,635,523,239	138,058	228,253	563	한국
5	헝거게임: 더 파이널	2015-11-18	913,960,900	5.3%	5,119,829,763	117,244	679,041	409	미국
6	괴물의 아이	2015-11-25	614,556,116	3.6%	809,726,116	80,094	108,868	363	일본
7	극장판 파워레인저 트레인포스 VS 다이노포스 THE MOVIE	2015-11-26	333,366,200	1.9%	369,865,400	45,267	50,147	344	일본
8	007 스펙터	2015-11-11	327,730,700	1.9%	13,977,002,030	41,536	1,778,136	206	영국
9	크림슨 피크	2015-11-25	176,700,900	1.0%	260,040,800	20,586	31,888	255	미국
10	이터널 선샤인	2005-11-10	153,210,800	0.9%	3,093,295,500	17,943	411,467	67	미국

▶ 49주차 (2015년 12월 4일 ~ 12월 6일)

순위	영화명	개봉일	매출액(원)	매출액 점유율 (%)	누적매출액 (원)	관객 수 (명)	누적관객수 (명)	스크린 수 (개)	대표 국적
1	내부자들	2015-11-19	6,690,753,030	45.6%	39,718,877,467	799,869	4,950,842	1,022	한국
2	하트 오브 더 씨	2015-12-03	2,584,355,400	17.6%	2,992,440,300	292,578	338,954	524	미국
3	검은 사제들	2015-11-05	1,246,909,200	8.5%	40,385,405,492	156,721	5,172,714	443	한국
4	극적인 하룻밤	2015-12-03	1,210,558,882	8.3%	1,492,094,782	143,624	180,126	434	한국
5	열정같은소리하고있네	2015-11-25	643,652,118	4.4%	4,017,359,002	83,752	547,497	407	한국
6	시카리오: 암살자의 도시	2015-12-03	343,178,752	2.3%	422,790,152	41,535	52,082	227	미국
7	사우스포	2015-12-03	315,140,748	2.1%	506,117,748	40,342	64,836	324	미국
8	헝거게임: 더 파이널	2015-11-18	303,304,200	2.1%	5,774,594,963	38,256	766,613	186	미국
9	괴물의 아이	2015-11-25	262,756,000	1.8%	1,290,028,816	34,205	173,321	197	일본
10	극장판 파워레인저 트레인포스 VS 다이노포스 THE MOVIE	2015-11-26	227,315,000	1.6%	629,307,900	30,607	85,376	266	일본

▶ 50주차 (2015년 12월 11일 ~ 12월 13일)

순위	영화명	개봉일	매출액(원)	매출액 점유율 (%)	누적매출액 (원)	관객 수 (명)	누적관객수 (명)	스크린 수 (개)	대표 국적
1	내부자들	2015-11-19	5,013,893,577	38.8%	47,790,178,044	602,996	5,958,351	980	한국
2	하트 오브 더 씨	2015-12-03	1,957,766,423	15.1%	6,152,345,123	234,194	728,114	525	미국
3	뽀로로 극장판 컴퓨터 왕국 대모험	2015-12-10	1,122,762,400	8.7%	1,214,701,300	149,149	161,861	544	한국
4	검은 사제들	2015-11-05	1,046,963,700	8.1%	42,036,809,992	134,059	5,391,273	421	한국
5	레전드	2015-12-10	920,877,430	7.1%	1,162,641,830	111,782	144,025	449	프랑스
6	극적인 하룻밤	2015-12-03	443,830,447	3.4%	2,463,335,129	52,166	300,990	336	한국
7	열정같은소리하고있네	2015-11-25	303,014,600	2.3%	4,660,029,802	41,088	639,549	290	한국
8	보루토 - 나루토 더 무비	2015-12-10	256,910,200	2.0%	303,227,100	34,467	40,883	219	일본
9	파더 앤 도터	2015-12-10	220,950,800	1.7%	363,993,200	28,266	46,792	351	미국
10	시카리오: 암살자의 도시	2015-12-03	240,078,800	1.9%	881,995,452	28,000	109,086	123	미국

▶ 51주차 (2015년 12월 18일 ~ 12월 20일)

순위	영화명	개봉일	매출액(원)	매출액 점유율 (%)	누적매출액 (원)	관객 수 (명)	누적관객수 (명)	스크린 수 (개)	대표 국적
1	히말라야	2015-12-16	8,842,491,940	37.2%	11,951,789,340	1,110,332	1,531,164	1,007	한국
2	스타워즈: 깨어난 포스	2015-12-17	7,897,313,053	33.3%	9,382,354,553	901,844	1,071,659	940	미국
3	대호	2015-12-16	3,813,974,134	16.1%	5,694,035,334	483,578	738,722	832	한국
4	내부자들	2015-11-19	1,825,992,913	7.7%	51,702,600,357	220,727	6,455,285	446	한국
5	뽀로로 극장판 컴퓨터 왕국 대모험	2015-12-10	687,004,700	2.9%	2,105,755,100	91,448	283,589	410	한국
6	바닷마을 다이어리	2015-12-17	102,627,200	0.4%	146,426,900	12,442	17,872	67	일본
7	러브 액츄얼리	2003-12-05	101,924,000	0.4%	1,510,955,800	12,436	229,184	101	미국
8	보루토 - 나루토 더 무비	2015-12-10	60,376,500	0.3%	443,832,200	8,021	59,715	59	일본
9	하트 오브 더 씨	2015-12-03	48,555,200	0.2%	6,758,271,223	6,053	806,723	95	미국
10	검은 사제들	2015-11-05	34,241,000	0.1%	42,374,476,592	4,441	5,437,772	51	한국

▶ 52주차 (2015년 12월 25일 ~ 12월 27일

순위	영화명	개봉일	매출액(원)	매출액 점유율 (%)	누적매출액 (원)	관객 수 (명)	누적관객수 (명)	스크린 수 (개)	대표 국적
1	히말라야	2015-12-16	14,112,354,040	38.0%	32,973,141,942	1,764,192	4,220,742	1,095	한국
2	스타워즈: 깨어난 포스	2015-12-17	8,186,528,540	22.0%	21,719,304,555	936,277	2,500,123	886	미국
3	몬스터 호텔 2	2015-12-24	4,541,443,900	12.2%	4,976,059,800	601,924	663,624	686	미국
4	대호	2015-12-16	3,120,789,860	8.4%	10,913,594,232	392,894	1,416,160	586	한국
5	내부자들	2015-11-19	2,239,547,300	6.0%	55,499,216,357	264,241	6,921,326	470	한국
6	어린왕자	2015-12-23	1,901,749,700	5.1%	2,386,380,100	247,009	314,057	494	프랑스
7	포켓몬 더 무비 XY 후파: 광륜의 초마신	2015-12-23	1,026,908,800	2.8%	1,187,585,200	142,419	165,058	360	일본
8	스누피: 더 피너츠 무비	2015-12-24	793,371,100	2.1%	917,790,500	101,695	117,886	348	미국
9	뽀로로 극장판 컴퓨터 왕국 대모험	2015-12-10	429,044,100	1.2%	2,654,128,400	55,916	357,364	217	한국
10	러브 액츄얼리	2003-12-05	215,357,322	0.6%	1,891,134,108	25,459	276,343	105	미국

2. 영화 부가시장

2.1 2015년 디지털 온라인 시장 현황

2014년에 이어 2015년에도 디지털 온라인 시장은 성장하였으나, 그 성장세는 둔화되고 있는 추세다. 2015년 디지털 온라인 시장 총 매출 규모는 3,349억 원으로, 이는 2014년 대비 12.7% 성장한 수치다. IPTV 및 디지털케이블 TV(이하 TV VOD[1])의 매출액은 지속적으로 성장하고 있으나, 성장세는 2013년을 기준으로 줄어든 반면, 디지털 온라인 시장 내의 매출액 비중은 계속 증가하고 있다. 인터넷 VOD 시장은 모바일 상품 등의 판매가 증가하며 2014년에 비해 성장하였으나, 2013년과 같은 규모로 다시 반등하기는 어려울 것으로 보인다. TV VOD 또한 가입자 수가 포화 상태에 가까워져 디지털 온라인 시장의 지속 성장을 위해서는 새로운 활로 개척이 필요한 상황이다.

2015년에도 IPTV 및 디지털케이블TV가 가장 높은 매출을 거뒀다. TV VOD는 2,609억 원의 매출을 기록해 전체 시장에서 77.9%의 점유율을 보였다. 디지털 온라인 시장에서 TV VOD가 차지하는 비중은 매년 크게 증가하고 있다. 인터넷 VOD[2]의 매출은 582억 원으로 2014년에 비해 매출은 증가하였고, 17.3%의 점유율로 전년과 비슷한 비중을 보였다. 패키지 상품 매출은 158억 원으로 4.7%의 점유를 보이며 점유율이 계속 줄어들고 있다.

〈표 Ⅱ-2-1〉 연도별 부가시장 매출액

(단위: 억 원)

구분	2011		2012		2013		2014		2015	
	매출액	전년 대비 증감 (%)	매출액	전년 대비 증감 (%)	매출액	전년 대비 증감 (%)	매출액	전년 대비 증감 (%)	매출액	전년 대비 증감 (%)
IPTV 및 디지털 케이블 TV	910	85.3	1,310	44.0	1,737	32.6	2,254	29.8	2,609	15.7
인터넷 VOD	501	87.6	618	23.4	729	18.0	499	-31.6	582	16.7
패키지 상품	298	-15.1	230	-22.8	210	-8.7	218	3.8	158	-27.4
합계	1,709	54.1	2,158	26.3	2,676	24.0	2,971	11.0	3,349	12.7

• 인터넷 VOD에는 모바일과 N스크린 서비스의 매출 추정치가 포함되어 있다.

1) 인터넷 기반의 다양한 서비스가 출현하고 사라지는 상황 속에서 영화 디지털 온라인 유통이 인터넷 VOD라는 표현으로 모두 수렴될 수도 있으나, 현재 시점에서는 IPTV 및 디지털케이블 TV를 'TV VOD' 서비스로 그 외 웹하드 등을 통한 특수유형OSP의 서비스와 네이버, 호핀과 같은 일반유형OSP의 서비스를 '인터넷 VOD'라고 칭하기로 한다.

2) IPTV 및 디지털케이블TV를 TV VOD로 그 외 웹하드 등을 통한 특수유형 OSP의 서비스와 네이버, 호핀과 같은 일반유형 OSP의 서비스 및 모바일 서비스를 인터넷 VOD로 분류하였다.

그림 Ⅱ-2-1 연도별 부가시장 매출액 추이

(단위: 억 원)

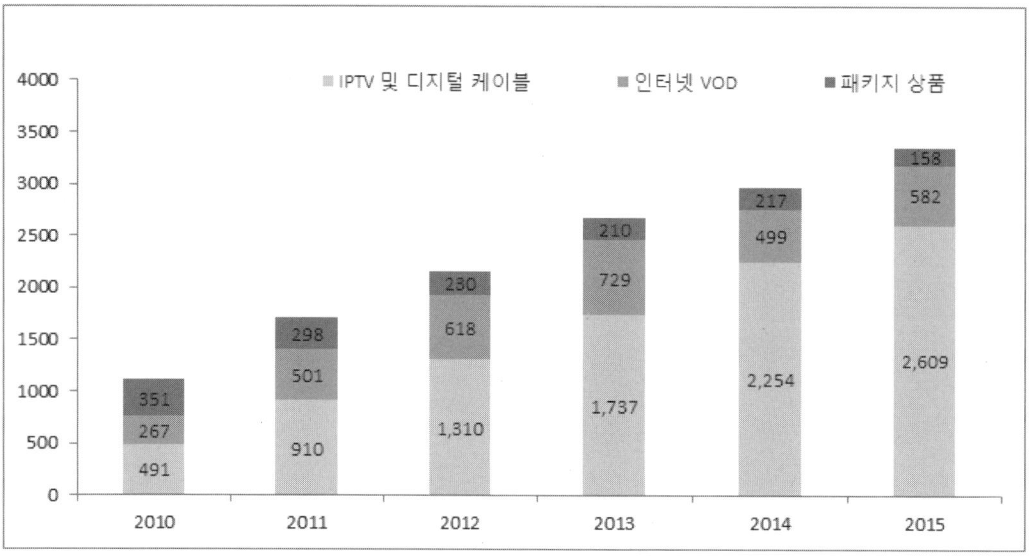

2.2 IPTV 및 디지털케이블TV(TV VOD)

2014년 12월말 기준, IPTV 가입자는 1,086만 가구[3], 디지털케이블 TV 가입자는 2015년 11월 기준 760만 가구[4]로 집계됐다. IPTV 가입자는 전년대비 24.2% 가량 증가한 수치이나, 가입자 수는 포화 상태에 다다른 것으로 보인다. TV VOD 시장의 매출액은 2,609억 원을 기록하며 상승했으나 증가세는 29.7%에서 15.7%로 예년에 비해 감소했다.

〈표 Ⅱ-2-2〉 IPTV 및 디지털케이블TV 영화 유통시장 규모

연도	2011	2012	2013	2014	2015
금액(억 원)	910	1,310	1,737	2,254	2,609
전년대비 증감(%)	-	44.0	32.6	29.7	15.7

2015년 TV VOD 전체 영화 순위 1위는 극장에서도 가장 많은 관객을 동원했던 〈베테랑〉이 차지했다. 약 97만 건의 이용건수를 기록했으며, 뒤이어 〈암살〉과 〈국제시장〉이 각각 88만, 78만 건의 이용건수를 기록하며 이용건수 1,2위에 올랐다. 〈간신〉은 극장에서는 약 110만 명의 관객을 동원하며 2015년 극장 박스오피스 45위에 그쳤지만, IPTV 에서는 71만 건 이상의 이용건수를 기록하

3) 2015년 방송산업실태조사 보고서 (미래창조과학부/방송통신위원회, 2015.11)

4) 한국케이블TV 방송협회 발표 자료 (2016.1)

며 5위에 올랐다. 2014년과 2015년의 이용건수 상위 작품을 비교해보면 2014년에는 70만 건 이상의 이용건수를 기록한 작품이 2편에 그쳤으나, 2015년에는 70만 건 이상의 이용건수를 기록한 작품이 〈베테랑〉, 〈암살〉, 〈국제시장〉등 5편으로 늘어났다.

〈표 Ⅱ-2-3〉 2015년 IPTV 및 디지털케이블TV 전체영화 순위[5)]

순위	영화명	국적	극장개봉일	이용건수(회)
1	베테랑	한국	2015-08-05	970,168
2	암살	한국	2015-07-22	882,910
3	국제시장	한국	2014-12-17	787,376
4	쥬라기 월드	미국	2015-06-11	757,888
5	간신	한국	2015-05-21	717,597
6	연평해전	한국	2015-06-24	639,334
7	극비수사	한국	2015-06-18	596,701
8	킹스맨: 시크릿 에이전트	미국,영국	2015-02-11	591,332
9	사도	한국	2015-09-16	493,150
10	기술자들	한국	2014-12-24	463,739
11	명량	한국	2014-07-30	452,767
12	터미네이터 제니시스	미국	2015-07-02	430,661
13	메이즈 러너	미국	2014-09-18	429,663
14	분노의 질주: 더 세븐	미국	2015-04-01	414,282
15	인터스텔라	미국,영국	2014-11-06	402,400
16	미쓰 와이프	한국	2015-08-13	384,632
17	스파이	미국	2015-05-21	375,832
18	탐정: 더 비기닝	한국	2015-09-24	374,439
19	빅 히어로	미국	2015-01-21	369,470
20	미니언즈	미국	2015-07-29	355,229
21	테이큰 3	미국	2015-01-01	349,737
22	악의 연대기	한국	2015-05-14	346,756
23	조선명탐정: 사라진 놉의 딸	한국	2015-02-11	344,620
24	치외법권	한국	2015-08-27	334,197
25	미션 임파서블: 로그네이션	미국	2015-07-30	328,961
26	차이나타운	한국	2015-04-29	324,430
27	겨울왕국	미국	2014-01-16	305,827
28	더 폰	한국	2015-10-22	301,278
29	뷰티 인사이드	한국	2015-08-20	295,660
30	강남 1970	한국	2015-01-21	290,328

5) 본 순위는 위원회가 발표하고 있는 월간 IPTV 및 디지털 케이블 TV 통계 합산 수치를 기준으로 작성되었으며, 정액제 이용건수는 포함하고 있지 않음. 자료 집계 시기의 차이로 인해 2016년 2월 발표된 2015 한국영화산업결산 자료와는 상이할 수 있음

〈표 Ⅱ-2-4〉 2015년 IPTV 및 디지털케이블TV 한국영화 순위

순위	영화명	극장개봉일	이용건수(회)
1	베테랑	2015-08-05	970,168
2	암살	2015-07-22	882,910
3	국제시장	2014-12-17	787,376
4	간신	2015-05-21	717,597
5	연평해전	2015-06-24	639,334
6	극비수사	2015-06-18	596,701
7	사도	2015-09-16	493,150
8	기술자들	2014-12-24	463,739
9	명량	2014-07-30	452,767
10	미쓰 와이프	2015-08-13	384,632
11	탐정: 더 비기닝	2015-09-24	374,439
12	악의 연대기	2015-05-14	346,756
13	조선명탐정: 사라진 놉의 딸	2015-02-11	344,620
14	치외법권	2015-08-27	334,197
15	차이나타운	2015-04-29	324,430
16	더 폰	2015-10-22	301,278
17	뷰티 인사이드	2015-08-20	295,660
18	강남 1970	2015-01-21	290,328
19	님아, 그 강을 건너지 마오	2014-11-27	288,043
20	스물	2015-03-25	273,007
21	성난 변호사	2015-10-08	267,848
22	헬머니	2015-03-05	261,599
23	손님	2015-07-09	258,341
24	상의원	2014-12-24	253,181
25	허삼관	2015-01-14	239,246
26	그놈이다	2015-10-28	214,086
27	쎄시봉	2015-02-05	203,939
28	해적: 바다로 간 산적	2014-08-06	203,157
29	협녀, 칼의 기억	2015-08-13	197,575
30	살인의뢰	2015-03-12	188,481

〈표Ⅱ-2-5〉 2015년 IPTV 및 디지털케이블TV 외국영화 순위

순위	영화명	국적	극장개봉일	이용건수(회)
1	쥬라기 월드	미국	2015-06-11	757,888
2	킹스맨: 시크릿 에이전트	미국,영국	2015-02-11	591,332
3	터미네이터 제니시스	미국	2015-07-02	430,661
4	메이즈 러너	미국	2014-09-18	429,663
5	분노의 질주: 더 세븐	미국	2015-04-01	414,282
6	인터스텔라	미국,영국	2014-11-06	402,400
7	스파이	미국	2015-05-21	375,832
8	빅 히어로	미국	2015-01-21	369,470
9	미니언즈	미국	2015-07-29	355,229
10	테이큰 3	미국	2015-01-01	349,737
11	미션 임파서블: 로그네이션	미국	2015-07-30	328,961
12	겨울왕국	미국	2014-01-16	305,827
13	매드 맥스: 분노의 도로	미국,호주	2015-05-14	257,761
14	어벤져스: 에이지 오브 울트론	미국	2015-04-23	253,347
15	마션	미국	2015-10-08	243,495
16	샌 안드레아스	미국	2015-06-03	242,902
17	인사이드 아웃	미국	2015-07-09	235,447
18	퓨리	미국,영국	2014-11-20	228,586
19	엑소더스: 신들과 왕들	미국,영국,스페인	2014-12-03	222,924
20	나를 찾아줘	미국	2014-10-23	217,964
21	메이즈 러너: 스코치 트라이얼	미국	2015-09-16	199,950
22	그레이의 50가지 그림자	미국	2015-02-26	195,248
23	헝거게임: 모킹제이	미국	2014-11-20	194,442
24	극장판 요괴워치: 탄생의 비밀이다냥!	일본	201507-22	185,121
25	명탐정 코난: 화염의 해바라기	일본	2015-08-05	165,115
26	슈퍼배드 2	미국	2013-09-12	161,602
27	신데렐라	미국	2015-03-19	158,252
28	호빗: 다섯 군대 전투	미국,뉴질랜드	2014-12-17	154,211
29	픽셀	미국	2015-07-16	149,008
30	명탐정 코난: 코난 실종사건 - 사상 최악의 이틀	일본	2015-02-12	147,872

〈표Ⅱ-2-6〉 2015년 IPTV 및 디지털케이블TV 다양성영화 순위

순위	영화명	국적	극장개봉일	이용건수(회)
1	님아, 그 강을 건너지 마오	한국	2014-11-27	288,043
2	비긴 어게인	미국	2014-08-13	129,534
3	더 라스트: 나루토 더 무비	일본	2015-02-26	116,020
4	위플래쉬	미국	2015-03-12	108,511
5	개를 훔치는 완벽한 방법	한국	2014-12-31	103,476
6	성실한 나라의 앨리스	한국	2015-08-13	84,709
7	고녀석 맛나겠다2: 함께라서 행복해	한국	2015-07-29	81,766
8	어떤살인	한국	2015-10-28	72,995
9	눈의 여왕 2: 트롤의 마법거울	러시아	2014-12-24	72,810
10	타임 패러독스	호주	2015-01-07	67,110
11	심야식당	일본	2015-06-18	63,129
12	아메리칸 셰프	미국	2015-01-07	62,408
13	뮨: 달의 요정	프랑스	2015-09-24	61,114
14	지금은맞고그때는틀리다	한국	2015-09-24	59,024
15	바다 탐험대 옥토넛 스페셜	영국	2015-02-05	52,157
16	우먼 인 골드	미국,영국	2015-07-09	51,901
17	꼬마 유령	독일,스위스	2015-06-11	51,392
18	오즈의 마법사: 돌아온 도로시	미국	2015-02-12	48,982
19	돼지 같은 여자	한국	2015-09-10	48,341
20	화장	한국	2015-04-09	47,384
21	소셜포비아	한국	2015-03-12	46,602
22	더 매직: 리틀톰과 도둑공주	스페인,쿠바	2015-09-24	46,019
23	몬스터 헌트	중국	2015-11-12	41,043
24	서유기: 모험의 시작	중국	2015-02-05	37,409
25	마돈나	한국	2015-07-02	37,193
26	바람의 검심: 전설의 최후편	일본	2015-03-05	35,834
27	한공주	한국	2014-04-17	34,699
28	색, 계	미국	2007-11-08	32,158
29	대니 콜린스	미국	2015-09-30	32,050
30	스틸 앨리스	미국	2015-04-29	31,622

2.3 인터넷 VOD

인터넷 VOD 시장은 특수유형의 OSP 매출액이 지속적으로 감소하는 추세가 지속되었으나, 일반 유형의 OSP 매출이 크게 증가하여 2014년에 비해 약간의 매출액 증가를 보였다. 이는 모바일 결합 상품, 포털 사이트의 매출액 증가의 영향으로 보인다. 특수유형의 OSP(웹하드)의 매출은 지속적인 감소추세로 인터넷 VOD 내 비중이 2014년 41.7%에서 2015년 36.3%까지 축소되었다.

〈표 Ⅱ-2-7〉 인터넷 VOD 영화 유통 시장 규모

연도	2011	2012	2013	2014	2015
금액(억 원)	501	618	729	499	582
전년대비 증감(%)	-	23.4	18.0	-31.5	16.7

모바일과 PC 기반 N스크린 서비스인 네이버 N스토어의 2015년 영화 매출 순위 10위권에 오른 작품들은 TV VOD 시장과 유사했으나 〈간신〉, 〈킹스맨 : 시크릿 에이전트〉 등 청소년 관람불가 영화가 TV VOD 플랫폼에 비해 강세를 보였다. 외국 영화 중에서는 〈미니언즈〉, 〈빅 히어로〉, 〈인사이드 아웃〉 등 애니메이션 작품이 강세였다. 또한 〈검은 사제들〉은 12월에 서비스를 시작했음에도 7위에 올라 짧은 시간 많은 이용건수를 기록했고, 〈개를 훔치는 완벽한 방법〉이 유일한 다양성영화로 한국 영화 이용 순위 10위에 오르기도 했다.

〈표 Ⅱ-2-8〉 2015년 N스토어 한국 영화 이용 순위[6]

순위	영화명
1	베테랑
2	간신
3	암살
4	국제시장
5	뷰티 인사이드
6	연평해전
7	검은 사제들
8	미쓰 와이프
9	사도
10	개를 훔치는 완벽한 방법

〈표 Ⅱ-2-9〉 2015년 N스토어 외국 영화 이용 순위

순위	영화명
1	킹스맨: 시크릿 에이전트
2	인터스텔라
3	미니언즈
4	빅 히어로
5	그레이의 50가지 그림자
6	인사이드 아웃
7	쥬라기 월드
8	메이즈 러너
9	분노의 질주: 더 세븐
10	겨울왕국

6) 네이버에서 제공받은 N스토어 순위이다.

2.4 패키지 시장

패키지 시장은 2014년 〈겨울왕국〉의 매출액 견인으로 약간의 상승세를 보이다가, 다시 하락세로 접어들었다. 패키지 상품 판매 상위로는 한국 영화로는 〈국제시장〉, 〈명량〉, 〈군도: 민란의 시대〉 등이 있었고, 외국 영화 중에는 〈인사이드 아웃〉, 〈인터스텔라〉, 〈위플래쉬〉 등이 높은 매출을 기록했다. 하지만 패키지 시장의 규모 뿐 아니라 제작 업체 또한 줄어드는 등 시장 축소가 지속되는 상황이다. TV VOD 플랫폼에서도 DVD가 영화의 각종 부가 영상을 제공하고, 소장 상품을 출시하는 등 패키지 시장의 대체 상품이 늘어나 앞으로도 패키지 시장의 축소는 불가피할 것으로 전망된다.

〈표 Ⅱ-2-10〉 패키지 시장 규모

연도	2011	2012	2013	2014	2015
금액(억 원)	298	230	210	218	158
전년대비 증감(%)	-	-22.8	-8.7	3.8	-27.4

디지털 온라인 시장의 상승세는 2014년을 기점으로 다소 더뎌지고 있는 추세다. TV VOD에 대한 의존도는 계속 높아지고 있으나, TV VOD의 가입자 수는 포화상태에 이르렀고, 매출 상승세 또한 둔화되어 향후 디지털 온라인 시장의 지속적 성장을 위해서는 새로운 활로를 찾아야할 시점으로 보인다.

2014년부터 증가하기 시작한 TV VOD의 정액제 상품은 가입자와 매출액이 꾸준히 증가하고 있어 기존 신작 중심의 VOD 소비 패턴에서 구작과 다양한 장르를 아우르는 VOD 소비 패턴으로 변화할 것으로 전망된다. 특히 2016년 1월부터 국내 서비스를 시작한 '넷플릭스', 국내업체인 '왓챠'에서 내놓은 '왓챠플레이'와 같은 동영상 서비스가 주목된다. 매월 일정한 요금만 내면 동영상을 무제한으로 시청할 수 있는 월정액 상품이 디지털 온라인 시장과 VOD 구매자들에게 어떤 영향을 미치게 될지는 좀 더 지켜봐야 할 것이다.

반면 인터넷 VOD 시장에서 불법 유통의 주된 경로로 지적되던 특수유형의 OSP, 웹하드 플랫폼의 매출은 감소하고 있다. 그러나 인터넷 플랫폼의 불법 유통 사례는 다변화되고 있다. 신작 영화의 국내 온라인 서비스 직후 중국 등의 해외 스트리밍 사이트에 업로드 되고, 그 링크가 국내로 유입되는 사례가 모니터링 되고 있으며, 이로 인한 피해는 국내 뿐 아니라 해외 판권 수출에도 영향을 줄 수 있어 이에 대한 국내외의 대응 방안 모색이 필요하다.

디지털 온라인 시장 플랫폼과 디바이스의 다변화에 따라 정확한 시장 계측과 분석을 위해서는 명확한 영화 온라인 유통 정보 수집 방법의 필요성이 커지고 있다. 현재 영화진흥위원회에서 추진 중인 '영화 온라인 상영관 통합전산망 구축 사업'은 디지털 온라인 시장 내 영화 유통 정보를 수집하고 정확한 시장 분석을 이끌어, 향후 디지털 온라인 시장의 새로운 활로 개척에도 원동력이 될 수 있을 것이다. 앞으로 급변할 글로벌 ICT 환경 속에서 영화 콘텐츠의 지속 가능한 성장을 위해서는 위원회와 영화계, 관련 업계의 활발한 교류와 협력이 필요한 시점이다.

3. 영화 수출입

3.1 연도별 외국영화 수입 편수

구분	외국영화 수입편수(편)		
	국내업체 수입	외국 직배사 수입	합계
2002	184	78	262
2003	185	86	271
2004	208	77	285
2005	173	80	253
2006	209	80	289
2007	342	62	404
2008	312	48	360
2009	258	53	311
2010	334	47	381
2011	457	51	508
2012	658	63	721
2013	784	60	844
2014	969	62	1,031
2015	1,193	69	1,262

- 출처: 영상물등급위원회
- 영화 및 비디오물의 진흥에 관한 법률 상 단편영화(40분 이하)는 제외
- 상기 수입편수는 영화 및 비디오물의 진흥에 관한 법률 시행(2006.10.29자)으로 수입추천제도가 폐지됨에 따라, 2005년까지는 영상물등급위원회의 수입추천 편수, 2006년부터는 등급분류 편수를 기준으로 집계함
- 내용 등의 수정으로 인한 재심과 3D판, 감독판, 무삭제판 등에 대한 수치는 중복여부에 따라 제외함
- 2014년 이후부터는 재개봉영화의 경우, 국내 판권 만료 등의 이유로 수입사가 변경되어 재수입되면 수치에 포함시킴
- 2014년 수치 보완/수정

그림 Ⅱ-3-1 연도별 외국영화 수입 편수

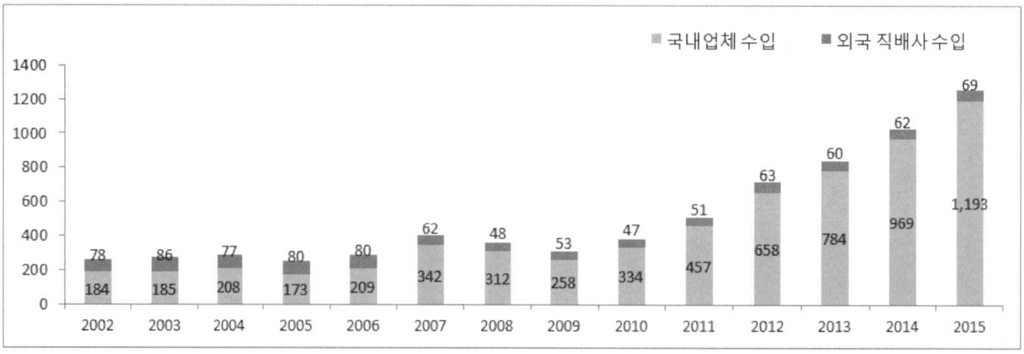

3.2 연도별 국영화 수입 편수 및 수입 총액

연도	수입편수(편)	수입총액(USD)		
		상영금대금(USD)	프린트대금(USD)	합계
2002	256	-	-	50,267,093
2003	235	-	-	58,865,358
2004	277	-	-	66,183,005
2005	246	-	-	46,830,799
2006	289	-	-	45,813,480
2007	404	-	-	67,526,855
2008	362	-	-	78,775,016
2009	311	-	-	73,645,664
2010	381	-	-	53,373,711
2011	508	-	-	46,355,237
2012	721	-	-	52,607,933
2013	844	-	-	50,339,067
2014	1,031	41,126,455	7,720,025	48,846,480
2015	1,262	51,896,902	9,645,735	61,542,637

- 2006년 10월 28일까지 수입추천 편수이며, 이후 수입추천 제도 폐지
- 통상 직배영화의 경우 수입가격은 프린트 비용만 산정되며, 직배사의 경우 개봉 후 순수익의 상당 부분이 본국에 송금됨
- 2014년 통계부터 상영금과 프린트 비용을 별도로 산출하여 표시
- 2014년 수치 보완/수정

그림 Ⅱ-3-2 연도별 외국영화 수입 편수 및 수입 총액

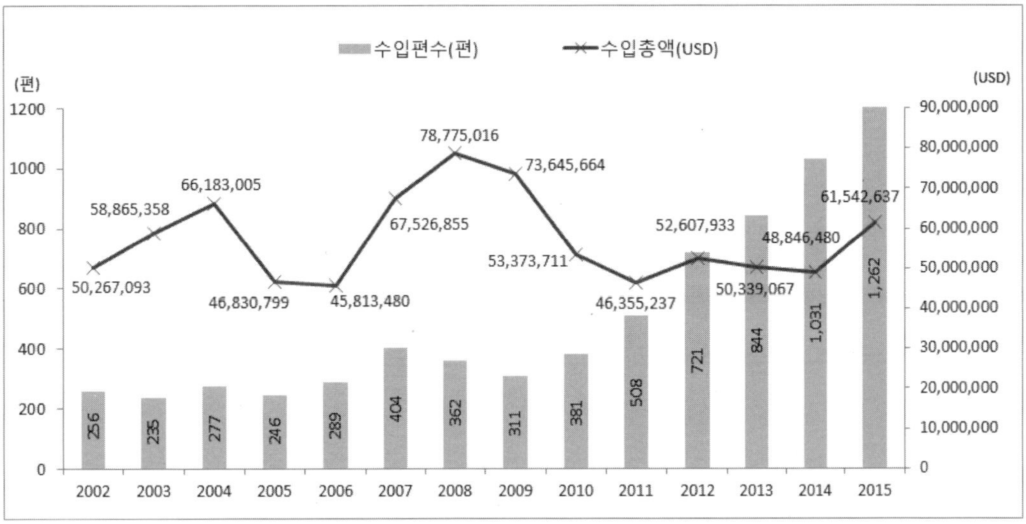

3.3 2015년 외국영화 가별 수입 현황

국가	수입 편수(편)	총 수입금액(USD)	국가	수입 편수(편)	총 수입금액(USD)
미국	392	38,866,198	캐나다	30	585,047
일본	471	6,717,431	네덜란드	5	42,400
프랑스	70	5,454,957	이탈리아	11	203,639
영국	56	2,803,491	러시아	12	125,588
독일	25	560,708	스페인	12	741,117
홍콩	18	558,145	호주	17	496,314
중국	35	2,829,344	기타 및 다국적	108	1,558,258
			계	1,262	61,542,637

• 영상물등급위원회 등급분류편수 기준

그림 Ⅱ-3-3 연도별 외국영화 국가별 수입 비율(수입 편수 기준)

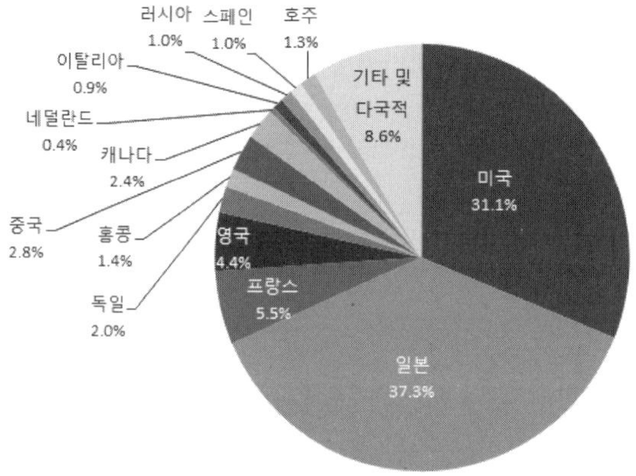

그림 Ⅱ-3-4 연도별 외국영화 국가별 수입 비율(수입 금액 기준)

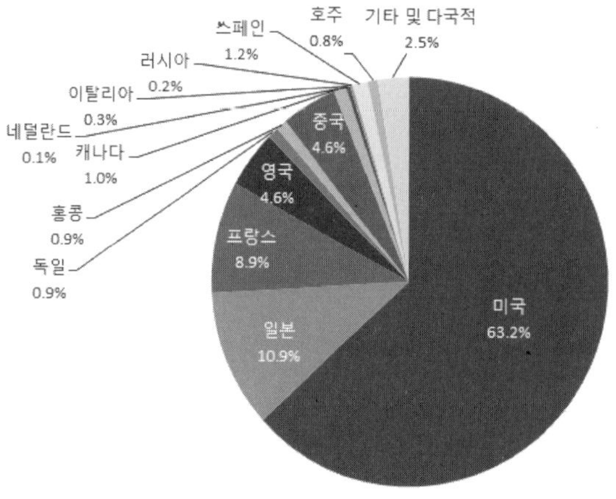

3.4 연도별 한국영화 수출 실적

연도	수출편수 (편)	계약금액 (USD)	추가수익(Overage) (USD)	수출총액 (USD)	편당 평균수출가(USD)
2001	102	11,249,573	-	11,249,573	110,290
2002	133	14,952,089	-	14,952,089	112,422
2003	164	30,979,000	-	30,979,000	188,896
2004	194	58,284,600	-	58,284,600	300,436
2005	202	75,994,580	-	75,994,580	376,211
2006	208	24,514,728	-	24,514,728	117,859
2007	321	12,283,339	12,112,876	24,396,215	38,266
2008	361	20,541,212	495,328	21,036,540	56,901
2009	251	13,930,262	191,881	14,122,143	55,499
2010	276	13,166,280	416,570	13,582,850	47,704
2011	366	14,815,146	1,013,516	15,828,662	40,479
2012	331	14,170,390	6,004,560	20,174,950	42,811
2013	403	34,156,895	2,914,550	37,071,445	84,756
2014	529	18,636,519	7,743,956	26,380,475	35,230
2015	650	16,823,335	12,550,763	29,374,098	25,882

- 2007년 이후 수출액은 추가수익(Overage)을 포함한다. 수출편수에는 추가수익(Overage) 발생 작품 수는 포함하지 않음. 30편 이상의 단편영화 패키지 판매 건은 판매계약 1건을 1편으로 계산함
- 편당 평균가격 = 계약금액/수출편수

그림 Ⅱ-3-5 연도별 한국영화 수출 실적

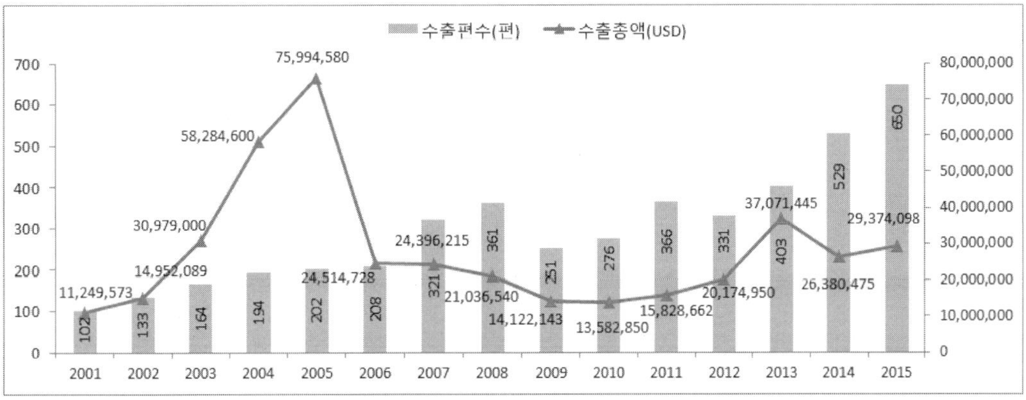

3.5 2015년 한국영화 권역별 수출 현황

1) 2015년 한국영화 권역별 수출 현황

권 역	2014		2015		전년 대비 증감률(%)
	수출액(USD)	비중(%)	수출액(USD)	비중(%)	
아시아	20,867,717	79.1	22,958,571	78.2	10.0
북미	3,097,044	11.7	4,448,168	15.1	43.6
유럽	1,760,129	6.7	1,237,665	4.2	-29.7
중남미	306,223	1.2	309,200	1.1	1.0
오세아니아	122,630	0.5	262,785	0.9	114.3
중동 · 아프리카	81,100	0.3	54,000	0.2	-33.4
기타	145,632	0.6	103,709	0.4	-28.8
계	26,380,475	100.0	29,374,098	100.0	11.3

그림 Ⅱ-3-6 2015년 한국영화 권역별 수출 현황

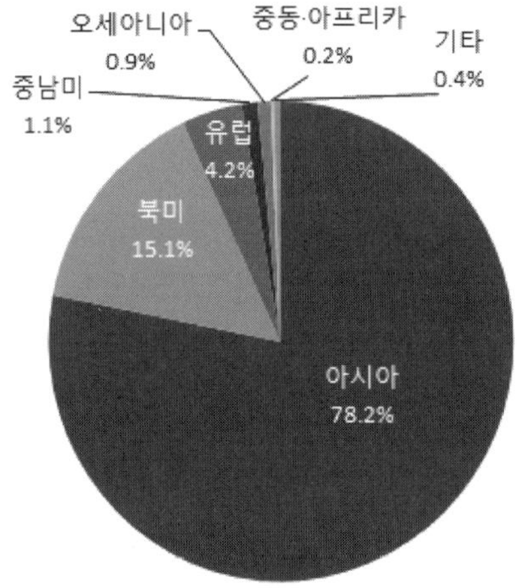

그림 Ⅱ-3-7 연도별 한국영화 권역별 수출액 추이

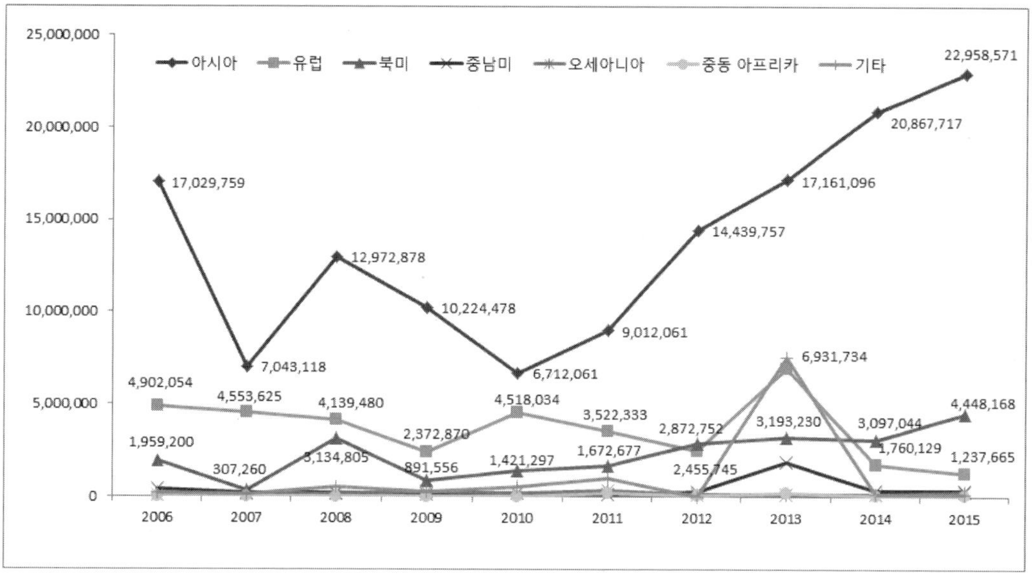

2) 2015년 주요 10개국 한국영화 수출현황

구 분	2014		2015		전년 대비 증감률(%)
	수출액(USD)	비중(%)	수출액(USD)	비중(%)	
중 국	8,206,702	31.1	9,254,539	31.5	12.8
일 본	4,474,824	17.0	4,956,355	16.9	10.8
미 국	2,900,625	11.0	4,428,168	15.1	52.7
홍 콩	2,755,624	10.4	1,967,937	6.7	-28.6
대 만	1,772,500	6.7	1,725,779	5.9	-2.6
베트남	396,455	1.5	965,104	3.3	143.4
필리핀	303,400	1.2	851,600	2.9	180.7
싱가포르	937,650	3.6	515,700	1.8	-45.0
태 국	337,096	1.3	477,500	1.6	41.7
말레이시아	127,700	0.5	289,000	1.0	126.3
기 타	4,167,899	15.8	3,942,416	13.4	-5.4
합 계	26,380,475	100.0	29,374,098	100.0	11.3

• 2014년도에 10위권 내에 있던 프랑스와 독일은 2015년에는 10위권에 진입하지 못했음

그림 Ⅱ-3-8 2015년 주요 10개국 한국영화 수출액 분포

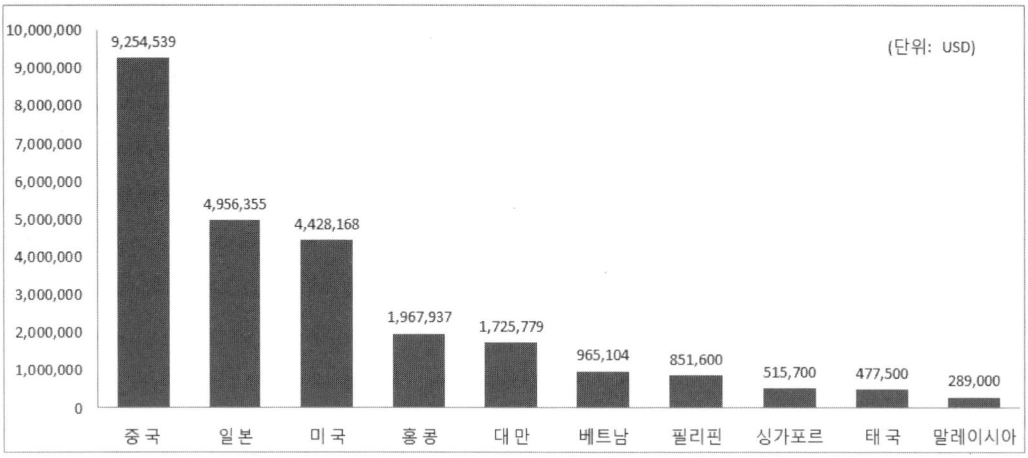

3.6 2014~2015년 한국영화 완성작 수출판권 유형

계약 판권 종류	2014		2015		전년 대비 증감률(%)
	수출액(USD)	비중(%)	수출액(USD)	비중(%)	
전판권(All Rights)*	11,440,052	61.4	10,580,050	62.9	-7.5
부가 판권**	6,643,222	35.6	5,245,621	31.2	-21.0
리메이크	310,000	1.7	635,000	3.8	104.8
극장 개봉 판권	243,245	1.3	362,664	2.1	49.1
합 계	18,636,519	100.0	16,823,335	100.0	-9.7

* 전판권(All Rights) 계약 중 일부 별도 조건부 계약건도 함께 포함

**부가판권은 비디오, DVD/Blu-Ray, VOD, 인터넷, PPV, 기내판권 등 다양한 유형 포함

• 본 수출 판권유형별 분석은 계약 당시의 실적(MG+Flat기타)만을 대상으로 한 것으로서, 당해 연도 추가수익(오버리지)은 제외함

그림 Ⅱ-3-9 2015년 한국영화 완성작 수출판권 유형

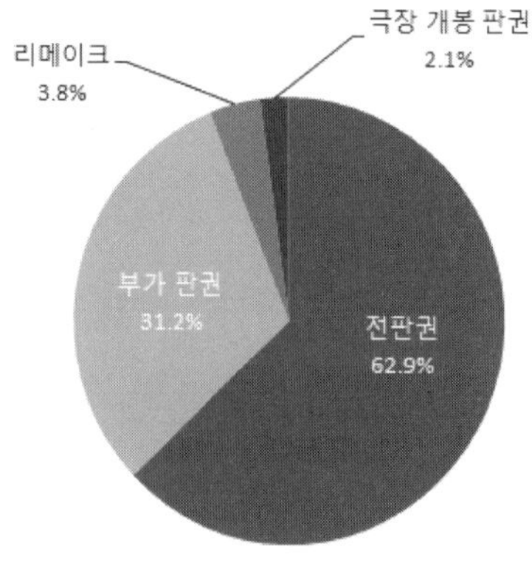

3.7 2012~2015년 한국영화 서비스 분야별 수주 현황

(단위: USD)

서비스 분야	2012년		2013년		2014년		2015년	
	수주금액	비중	수주금액	비중	수주금액	비중	수주금액	비중
VFX · DI	6,763,300	38.3	18,845,429	84.0	10,995,259	30.0	18,179,820	69.6
3D 관련	5,460,000	30.9	-	-	-	-	2,541,312	9.7
사운드	51,700	0.3	89,000	0.4	102,600	0.3	54,000	0.2
기타(특효,무술 등)	225,570	1.3	16,500	0.1	2,944,950	8.0	597,373	2.3
외국영상물 국내 로케이션	5,149,284	29.2	3,472,483	15.5	22,661,143	61.7	4,753,897	18.2
합 계	17,649,854	100.0	22,423,412	100.0	36,703,952	100.0	26,126,402	100.0
전년대비 증감	-		27.0		63.7		-28.8	

• 2013년 수치 보완/수정

그림 Ⅱ-3-10 2015년 한국영화 서비스 분야별 수주 비중

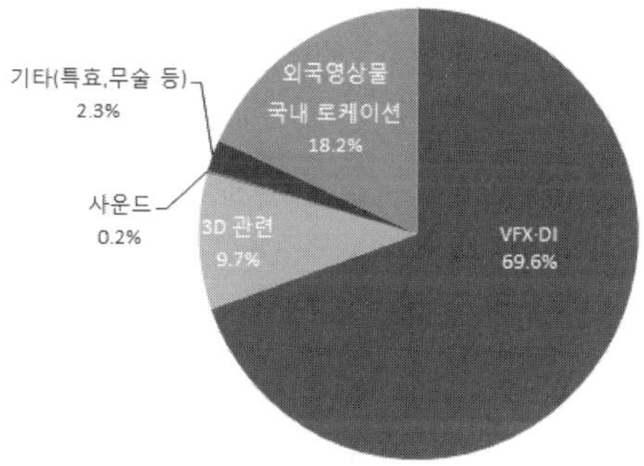

3.8 2013~2015년 한국영화 후반업체 및 제작스태프 국가별 수주 현황

권 역	국가	2013		2014		2015	
		수주액(USD)	비중(%)	수주액(USD)	비중(%)	수주액(USD)	비중(%)
아시아	중국	7,519,493	39.7	8,398,734	59.8	17,023,565	79.6
	홍콩	6,849,346	36.1	1,185,000	8.4	3,754,940	17.6
	인도	-	-	-	-	100,000	0.5
	일본	1,004,100	5.3	3,632,303	25.9	-	-
	싱가포르	-	-	31,500	0.2	-	-
	카자흐스탄	27,000	0.1	29,700	0.2	-	-
	베트남	-	-	9,000	0.1	-	-
북미	미국	1,224,990	6.5	454,667	3.2	472,000	2.2
유럽	이탈리아	-	-	-	-	22,000	0.1
	러시아	2,326,000	12.3	301,905	2.2		
합계		18,950,929	100.0	14,042,809	100.0	21,372,505	100.0

그림 Ⅱ-3-11 2015년 한국영화 후반업체 및 제작스태프 국가별 수주 현황

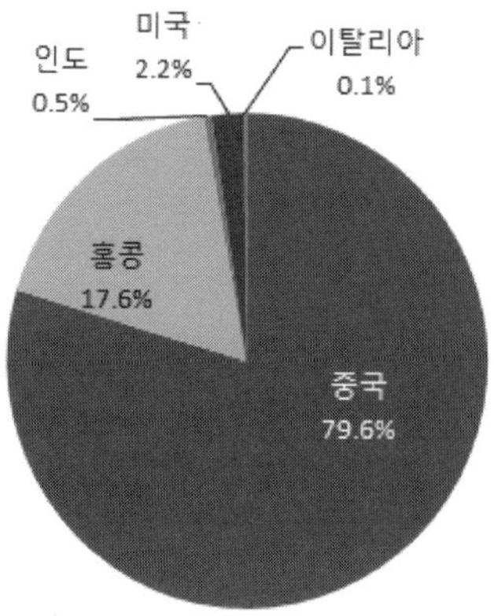

3.9 2013~2015년 외국영상물 국가별 한국 로케이션 유치 현황

권 역	지 역	2013		2014		2015	
		집행액(USD)	비중(%)	집행액(USD)	비중(%)	집행액(USD)	비중(%)
북미	미국	-	-	17,208,986	75.9	182,979	3.8
	캐나다	-	-	-	-	2,872	0.06
아시아	중국	181,173	5.2	4,651,256	20.5	3,677,395	77.4
	베트남	-	-	402,273	1.8	6,120	0.12
	홍콩		-	102,780	0.5	1,280	0.02
	태국	439,074	12.8	58,297	0.3	26,860	0.6
	대만	-	-	-	-	21,640	0.5
	말레이시아	64,860	1.8	48,658	0.2	-	-
	일본	2,412,497	70.3	17,428	0.1	772,364	16.2
	싱가포르	79,124	2.3	-	-	-	-
	네팔	-	-	3,456	0.02	-	-
유럽	프랑스	138,822	4.0	70,243	0.3	-	-
	기타	121,933	3.5	92,636	0.4	61,206	1.28
오세아니아	뉴질랜드	-	-	5,130	0.02	-	-
중남미	아르헨티나	-	-	-	-	1,181	0.02
합 계		3,437,483	100.0	22,661,143	100.0	4,753,897	100.0

• 출처: 서울영상위원회, 부산영상위원회, 영화진흥위원회

그림 Ⅱ-3-12 2015년 외국영상물 국가별 한국 로케이션 유치 현황

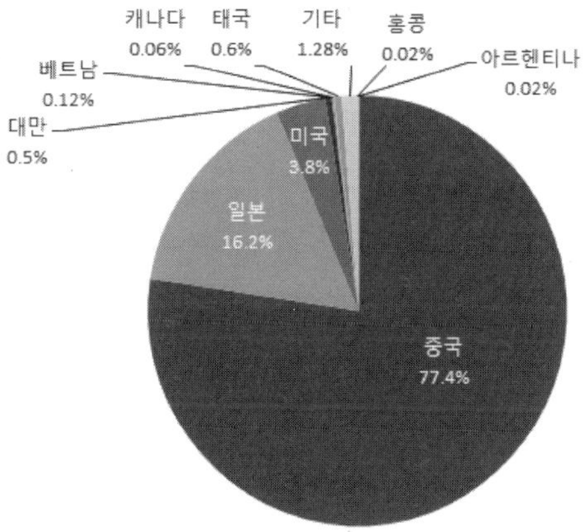

3.10 2015년 한국영화 수출 세부 현황

1) 2015년 신규 계약금액(MG) 기준

No.	작품명(한글)	판권사	수입사	판매국가	판권 종류	계약 형태
1	…ing	나이너스 엔터테인먼트	Sparkling Light Global Limited	중국	Free TV, Pay TV	Flat
2	20세여 다시 한 번	CJ E&M	Alebrije	라틴 아메리카	Pay TV, VOD	Flat
			Star Times	Sub-Sarahan Africa	All Rights (극장 제외)	MG
3	4등	화인컷	Joint Entertainment Int'l Inc.	대만	All Rights	MG
4	8월, 비, 아리랑 소나타	팜코리아 미디어	NHK Enterprises	일본	TV, Video	MG
			Measat Broadcast Network System Sdn Bhd	말레이시아	TV, Video	MG
5	AV IDOL2	엠라인 디스트리뷰션	Movie Cloud	대만	All rights	MG
6	Cha-Lui: Lost in Seoul	CJ E&M	Cai Chang	대만	All Rights	Mg
7	GROW	CJ E&M	Movie Cloud	대만	All Rights	MG
			LH Movie	태국	All Rights	MG
			Bloomsbury	몽골	PPV, TV Right	MG
8	SMTOWN THE STAGE	CJ E&M	Deltamac	홍콩	All Rights	MG
			Movie Cloud	대만	All Rights	MG
			Golden Village	싱가포르	All Rights	MG
			Dreamwest	호주	All Rights	MG
			M Pictures	태국	All Rights	MG
			M Pictures	태국	All Rights	MG
			Viva	필리핀	All Rights	MG
9	Sweet 20	CJ E&M	VSTV	베트남	Pay TV, VOD	Flat
10	Triple Trouble	CJ E&M	Movie Cloud	대만	All Rights	MG
11	가문의 수난	화인컷	Sparkling Light Global Limited	중국	TV Rights	MG
			Telesuccess Productions	필리핀	All Rights	Flat
12	가시	엠라인 디스트리뷰션	Digital Media Rights	북미	TV, Internet VOD	MG
13	간기남	쇼박스	Digital Media Rights / Trinity Releasing	미국, 캐나다	VOD, DVD	MG

No.	작품명(한글)	판권사	수입사	판매국가	판권 종류	계약 형태
14	간신	롯데 엔터테인먼트	Movie Cloud	대만	All Rights	MG
			Twin	일본	All Rights	MG
			U-Best	태국	All Rights	MG
			Sundream Motion Pictures	홍콩	All Rights	MG
		화인컷	Pretty Pictures	프랑스	All Rights	MG
			Cineama	이탈리아	All Rights	MG
15	강남 1970	쇼박스	VIVA Communications	필리핀	All Rights	MG
			Colourful Garden Company	미얀마	극장판권	MG
			The Klockworx	일본	All Rights	MG
			Dreamwest Pictures USA	미국, 캐나다	All Rights	MG
			Borsalino	남미 국가	TV, Video, Internet Rights	MG+ flat
16	개를 훔치는 완벽한 방법	나이너스 엔터테인먼트	Eagle International	대만	All Rights	MG
			IFE Services (Singapore Air)	싱가포르	항공판권	Flat
			IFE Services (Royal Brunei)	브루나이	항공판권	Flat
			IFE Services (Finnair)	핀란드	항공판권	Flat
			Euro Communication	에디오피아	항공판권	Flat
			United Airlines	미국	항공판권	Flat
			Hawaiian Airlines	미국	항공판권	Flat
17	거미의 땅	시네마달	DOC Alliance	유럽	VOD rights	RS
			Alexander street press	미국, 캐나다	VOD, DVD	RS
			Digital Media Rights	미국, 캐나다	VOD rights	RS
18	거짓말	엠라인 디스트리뷰션	Astro	말레이시아 외 13지역	TV, Internet VOD	Flat
			Lemontree media	중국	Internet Rights	MG
19	검은 사제들	유나이티드 픽쳐스	Cai Chang	대만	All Rights	MG
			Viva Communication	필리핀	All Rights	MG
			CJ Entertainment America, LLC.	미국, 캐나다	All Rights	MG
			TWIN	일본	All Rights	직배
			MM2	싱가포르	All Rights	MG
			Lemon Tree Media Company	중국	Internet Rights	MG
			Lemon Tree Media Company	중국	TV Rights	MG

No.	작품명(한글)	판권사	수입사	판매국가	판권 종류	계약 형태
20	검은손	엠라인 디스트리뷰션	Sundream	홍콩	All Rights	FLAT
			Digital Media Rights	북미	TV, Internet VOD	MG
			Sofa Cinema	중국	TV, Internet VOD	FLAT
			Astro	말레이시아 외 13지역	TV, Internet VOD	Flat
21	결혼전야	엠라인 디스트리뷰션	Cine Hub	우즈베키스탄	극장판권, TV판권	Flat
			Telesuccess	필리핀	All Rights	Flat
22	경성학교: 사라진 소녀들	롯데 엔터테인먼트	Viva Communication	필리핀	All Rights	MG
			LOTTE CINEMA VIETNAM	베트남	극장판권	MG
			Associated Euromedia LLC	터키	TV, VOD, Internet, Mobile	Flat
			Nikkatsu	일본	All Rights	MG
23	경주	엠라인 디스트리뷰션	Sofa Cinema	중국	TV, Internet VOD	FLAT
			Film du Dimanche Soir	프랑스	Internet Rights	RS
24	계몽영화	인디스토리	Blue Media Times	중국	New Media Rights	Flat
25	고양이 장례식	인디스토리	Hark & Company	일본	All Rights	MG
			DELTAMAC HK	홍콩	All Rights	MG
			Mei Ah Entertainment Group	홍콩	TV Rights	Flat
26	고양이 춤	인디스토리	AUTO AIDESIGN	대만	All Rights	MG
27	공동경비구역 JSA	나이너스 엔터테인먼트	MEASAT BROADCAST NETWORK SYSTEMS	말레이시아, 브루나이, 싱가포르, 베트남, 태국, 미얀마, 캄보디아, 인도네시아, 라오스, 필리핀, 동티모르, 크리스마스섬, 코코스제도, Andaman & Nicobar제도	All Rights	Flat
28	공모자들	엠라인 디스트리뷰션	Sky Media	몽골	Internet Rights	MG
29	관능의 법칙	롯데 엔터테인먼트	Takeshobo	일본	All Rights	MG
30	관상	쇼박스	Coral Culture Content (CCC)	태국	Free TV	Flat
31	광해	CJ E&M	GEE/Singapore Airline	전세계	항공판권	Flat

No.	작품명(한글)	판권사	수입사	판매국가	판권 종류	계약 형태
32	구미호 가족	나이너스 엔터테인먼트	Fox Int'l Channels Asia Pacific Ltd.	홍콩, 마카오, 싱가포르, 선박(브루나이, 캄보디아, 인도네시아, 라오스, 말레이시아, 필리핀, 태국, 베트남)	non-exclusive SVOD	Flat
33	국가대표	쇼박스	Emphasis	홍콩	항공판권	Flat
34	국제시장	CJ E&M	Dream West	호주	All Rights	MG
			Alebrije	라틴 아메리카	Pay TV, VOD	Flat
			Medyavizyon	터키	All Rights	MG
			MATV	동남아시아	Pay TV, VOD	Flat
			MM2	싱가폴, 말레이시아, 브루나이	All Rights except 1st run Pay TV	MG
			Viva	필리핀	All Rights	MG
			Bloomsbury	몽골	PPV, TV Rights	MG
35	군도	쇼박스	영화진흥위원회	재외공관상영권	홍보상영	Flat
36	권법형사: 차이나타운	나이너스 엔터테인먼트	MOVIE CLOUD	대만	All Rights	MG
			Viswass Films	인도	All Rights	Flat
37	궤도	인디스토리	Blue Media Times	중국	New Media Rights	Flat
38	귀접	엠라인 디스트리뷰션	Digital Media Rights	북미	TV, Internet VOD	MG
39	그 강아지 그 고양이	인디스토리	AUTO AIDESIGN	대만	All Rights	MG
40	그놈이다	화인컷	Viva Communications	필리핀	All Rights	MG
			Fine Films Inc.	일본	All Rights	MG
41	그대를 사랑합니다	나이너스 엔터테인먼트	Sparkling Light Global Limited	중국	Free TV, Pay TV	Flat
42	그때 그 사람들	나이너스 엔터테인먼트	Fox Int'l Channels Asia Pacific Ltd.	홍콩, 싱가포르, 대만, 선박(브루나이, 캄보디아, 인도네시아, 라오스, 말레이시아, 필리핀, 태국, 베트남)	non-exclusive SVOD	Flat
43	그랑프리	엠라인 디스트리뷰션	Prime Media	카자흐스탄	Free TV	Flat
44	그리고 싶은 것	시네마달	CNEX	중국	TV, Video	MG

No.	작품명(한글)	판권사	수입사	판매국가	판권 종류	계약 형태
45	극비수사	쇼박스	Coral Culture Content (CCC)	태국	All Rights	MG
			AV-Jet International Media Co., Ltd.	대만	All Rights	MG
			Emphasis	홍콩	항공판권	Flat
			New Select Co., Ltd.	일본	All Rights	MG
			Viva Communication	필리핀	All Rights	MG
			Binci Media (Lemon Tree)	중국	TV, Video, Internet Rights	flat
46	극적인 하룻밤	화인컷	Taewangsangsa	몽골	극장판권	MG
47	글로리데이	CJ E&M	The Klockworx	일본	All Rights	MG
			Deltamac	홍콩	All Rights	MG
48	기담	나이너스 엔터테인먼트	Fox Int'l Channels Asia Pacific Ltd.	홍콩, 싱가포르, 대만, 선박(브루나이, 캄보디아, 인도네시아, 라오스, 말레이시아, 필리핀, 태국, 베트남)	non-exclusive SVOD	Flat
49	기술자들	롯데 엔터테인먼트	Viva Communication	필리핀	All Rights	MG
			Klockworx	일본	All Rights	MG
50	기적의 피아노	롯데 엔터테인먼트	Twin	일본	All Rights	MG
			Swallow Wings	대만	All Rights	MG
51	길 위에서	독에어	Activator Marketing CO., LTD.	대만	All Rights	MG
52	꼭두각시	엠라인 디스트리뷰션	Digital Media Rights	북미	TV, Internet VOD	MG
53	끝까지 간다	쇼박스	Kino Lorber	미국, 캐나다	All Rights	MG
			Sinema TV	터키	TV, Internet VOD	Flat
			영화진흥위원회	재외공관상영권	홍보상영	Flat
54	나쁜 남자	나이너스 엔터테인먼트	King Records	일본	Video	MG
			Fox Int'l Channels Asia Pacific Ltd.	홍콩, 마카오, 싱가포르, 대만, 선박(브루나이, 캄보디아, 인도네시아, 라오스, 말레이시아, 필리핀, 태국, 베트남)	non-exclusive SVOD	Flat
			Media Acquisitions	구 유고권 국가	Free TV, Internet VOD	MG
55	나의 노래는	인디스토리	Blue Media Times	중국	New Media Rights	Flat

No.	작품명(한글)	판권사	수입사	판매국가	판권 종류	계약형태
56	나의 사랑 나의 신부	나이너스 엔터테인먼트	Lemon Tree Media Company	중국	TV, VOD	MG
			Seoul Sangsa Co.	카자흐스탄, 우즈베키스탄, 키르기즈스탄	극장판권, TV판권	MG
			계약서 기밀 조항으로 비공개	비공개	Free TV	Flat
57	나의 절친 악당들	엠라인 디스트리뷰션	Blue Media Times	중국	TV, Internet VOD	MG
			Movie Cloud	대만	All Rights	MG
			MATV	말레이시아 외 11지역	TV, Internet VOD	Flat
58	나인뮤지스: 그녀들의 서바이벌	독에어	Netflix	미국, 캐나다, 영국, 호주, 뉴질랜드	TV Rights	MG
59	나인틴	엠라인 디스트리뷰션	Tencent	중국	Internet Rights	MG
			Caichang	대만	All Rights	MG
			Sundream	홍콩	All Rights	Flat
			Digital Media Rights	미국, 캐나다	Internet rights	RS
60	낙타는 말했다	인디스토리	Blue Media Times	중국	New Media Rights	Flat
61	내 심장을 쏴라	나이너스 엔터테인먼트	VIVA COMMUNICATIONS	필리핀	All Rights	MG
			Lemon Tree Media Company	중국	Internet Rights	MG
62	내 아내의 모든 것	엠라인 디스트리뷰션	Blue Media Times	중국	TV, Internet VOD	MG
63	내가살인범이다	쇼박스	Coral Culture Content (CCC)	태국	Free TV	Flat
64	내 깡패 같은 애인	화인컷	Astro Shaw Sdn Bhd	동남아시아	All Rights	Flat
65	내 머릿속의지우개 외 10편	CJ E&M	LH Movie	태국	Free TV, VOD, HV	MG
66	내부자들	쇼박스	Coral Culture Content (CCC)	태국	All Rights	MG
			China 3D Digital Entertainment	홍콩	All Rights	MG
			Emphasis	홍콩	항공판권	Flat
			AV-Jet International Media Co., Ltd.	대만	All Rights	MG
			Viva Communication	필리핀	All Rights	MG
			The Klockworx	일본	All Rights	MG
			Splendid Films	독일	All Rights	MG
67	내츄럴 시티	나이너스 엔터테인먼트	Fox Int'l Channels Asia Pacific Ltd.	홍콩, 마카오, 싱가포르, 대만, 선박(브루나이, 캄보디아, 인도네시아, 라오스, 말레이시아, 필리핀, 태국, 베트남)	non-exclusive SVOD	Flat

No.	작품명(한글)	판권사	수입사	판매국가	판권 종류	계약형태
68	네비게이션	나이너스 엔터테인먼트	AV-Jet International Media Co., Ltd.	대만	All Rights	MG
69	노라노	시네마달	NPO Doc	네덜란드	VOD rights	MG
			Alexander street press	미국, 캐나다	VOD, DVD	RS
			Digital Media Rights	미국, 캐나다	VOD rights	RS
70	노브레싱	나이너스 엔터테인먼트	Melting Culture	중국	TV Rights	Flat
			Blue Media Times	중국	Internet, IPTV VOD	Flat
			Fox Int'l Channels Asia Pacific Ltd.	브루나이, 캄보디아, 인도네시아, 라오스, 말레이시아, 필리핀, 태국, 베트남	non-exclusive SVOD	Flat
71	누구에게나 찬란한	엠라인 디스트리뷰션	Tencent	중국	Internet Rights	MG
72	누구의 딸도 아닌 해원	화인컷	Les Acacias	독일	TV Rights	RS
73	눈길	화인컷	Joint Entertainment Int'l Inc.	대만	All Rights	MG
			Binci Media	중국	TV Rights	Flat
			BEIJING IQIYI	중국	New Media Rights	Flat
74	눈부신 하루	인디스토리	Blue Media Times	중국	New Media Rights	Flat
75	눈에는 눈 이에는 이	화인컷	Sparkling Light Global Limited	중국	TV Rights	MG
76	늑대소년 외 35편	CJ E&M	Migo	인니, 필리핀	Mobile VOD	MG
77	늙은 자전거 외	마운틴픽쳐스	Blue Media LLC Asia	중국	TV Rights	MG
78	다섯 개의 시선	인디스토리	Blue Media Times	중국	New Media Rights	Flat
79	다섯은 너무 많아	인디스토리	Blue Media Times	중국	New Media Rights	Flat
80	닭마야 놀자	엠라인 디스트리뷰션	Sparkling Light Global	중국	TV Rights	MG
81	대호	콘텐츠판다	Emphasis	홍콩	항공판권	MG
			KBS America	미국/캐나다	All Rights	MG
			Full Brief Marketing (China Lion)	호주/뉴질랜드	All Rights	MG
			Blue Media Times	중국	All Rights	MG
82	댄서의 순정	엠라인 디스트리뷰션	Telesuccess	필리핀	All Rights	Flat
			PrimeMedia	카자흐스탄	Free TV	Flat
83	댄싱퀸	CJ E&M	MATV	동남아시아	Pay TV	Flat
			Kross Pictures	인도	Remake Rights	MG

No.	작품명(한글)	판권사	수입사	판매국가	판권 종류	계약 형태
84	더 게임	나이너스 엔터테인먼트	Fox Int'l Channels Asia Pacific Ltd.	대만, 선박(브루나이, 캄보디아, 인도네시아, 라오스, 말레이시아, 필리핀, 태국, 베트남)	non-exclusive SVOD	Flat
85	더 테너 리리코 스핀토	모인그룹	Lighten Distribution	홍콩	All Rights	MG
			HGC Entertainment	중국	All Rights	MG
86	더 웹툰 외 9편	CJ E&M	Cordiline S.A.	중남미 국가	Pay TV	Flat
87	더 폰	콘텐츠판다	Caichang	대만	All Rights	MG
			Emphasis	홍콩	항공판권	Flat
			CJ America	미국/캐나다	All Rights	MG
			New Select	일본	All Rights	MG
			iqiyi	중국	Internet Rights	MG
			Astro	말레이시아	All Rights	MG
			Viva	필리핀	All Rights	MG
88	덕수리 5형제	롯데 엔터테인먼트	youku	중국	VOD rights	Flat
89	덫: 치명적 유혹	나이너스 엔터테인먼트	VIVA COMMUNICATIONS	필리핀	All Rights	MG
			MOVIE CLOUD	대만	All Rights	MG
			Donau Film	독일	All Rights	MG
			Sundream Motion Pictures	홍콩	All Rights	MG
			Klockworx	일본	All Rights	MG
90	데드엔드	마노 엔터테인먼트	Spyce Media Ltd.	일본	All Rights	Flat
			China New Classic	브라질	TV, Video	Flat
91	도둑들	쇼박스	IFE Services Limited	싱가포르	항공판권	Flat
92	도리화가	CJ E&M	Viva	필리핀	All Rights	MG
93	도희야	CJ E&M	Mediatres Estudio	스페인	All Rights	MG
			Bloomsbury	몽골	PPV, TV Rights	MG
94	도희야 외 2편	CJ E&M	DRK	덴마크	Free TV	Flat
95	돌연변이	CJ E&M	Synca	일본	All Rights	MG
			MATV	동남아시아	Pay TV	Flat
			Well Go	대만	All Rights	MG
96	동백꽃	인디스토리	Blue Media Times	중국	New Media Rights	Flat
97	동주	엠라인 디스트리뷰션	Deltamac	홍콩	All Rights	MG

No.	작품명(한글)	판권사	수입사	판매국가	판권 종류	계약형태
98	돼지 같은 여자	화인컷	Viva Communications	필리핀	All Rights	MG
			Binci Media	중국	TV Rights	Flat
			BEIJING IQIYI	중국	New Media Rights	Flat
99	돼지의 왕	인디스토리	Overman Enterprise	미국	All Rights	MG
100	두 개의 문	시네마달	CNEX	중국	TV, Video	MG
			Alexander street press	미국, 캐나다	VOD, DVD	RS
101	두근두근 내 인생	유나이티드 픽처스	GMA Network Inc.	필리핀	All Rights (극장, 부가판권 제외)	Flat
102	뒷담화: 감독이 미쳤어요	CJ E&M	Bloomsbury	몽골	PPV, TV Rights	MG
103	들개	CJ E&M	Bloomsbury	몽골	PPV, TV Rights	MG
104	땅의 여자	시네마달	CNEX	중국	TV, Video	MG
105	또 하나의 약속	엠라인 디스트리뷰션	Prime Media	카자흐스탄	Free TV	Flat
106	뛰뛰빵빵구조대	엠라인 디스트리뷰션	Sky Media	몽골	Internet Rights	MG
107	뜨거운 안녕	나이너스 엔터테인먼트	계약서 기밀 조항으로 비공개	비공개	Free TV	Flat
108	라이브러리 10편	CJ E&M	MATV	동남아시아	Pay TV / VOD	Flat
			Digi Film	루마니아, 헝가리	Pay TV / VOD	Flat
			VSTV	베트남	Pay TV / VOD	Flat
109	라이브러리 6편 (전우치, 요가학원, 쌍화점, 앤티크, 고고70, 초능력자)	유나이티드 픽처스	Blue Media Times	중국	Internet Rights	MG
110	레디액션!폭력영화	인디스토리	Blue Media Times	중국	New Media Rights	Flat
111	레디액션 청춘	엠라인 디스트리뷰션	Digital Media Rights	북미	TV, Internet VOD	MG
			TWIN	일본	All rights	직배
112	령	모인그룹	IBLUE MEDIA llc	중국	Internet Rights	RS
113	롤플레이	엠라인 디스트리뷰션	Intercon Media	일본	VOD rights	RS
114	링	인디스토리	Alexander Street Press	미국	Educational DVD, Streaming	RS
115	마녀	엠라인 디스트리뷰션	Digital Media Rights	북미	TV, Internet VOD	MG
116	마담뺑덕	CJ E&M	Bloomsbury	몽골	PPV	MG
117	마돈나	화인컷	AV-Jet International Media Co., Ltd.	대만	All Rights	MG
			Lena Films	프랑스	All Rights	MG
			MATV	동남아시아	TV, Internet VOD	Flat
			BEIJING IQIYI	중국	New Media Rights	Flat

No.	작품명(한글)	판권사	수입사	판매국가	판권 종류	계약 형태
118	마이가 결정할게 2	CJ E&M	Mingyo	호주	극장판권	MG
			Precious Time Group	대만	Pay TV, VOD	Flat
			VSTV	베트남	Pay TV, VOD	Flat
			Global Eagle Entertainment	전세계	항공판권	Flat
119	마지막 잎섹	콘텐츠판다	Caichang	대만	All Rights	MG
120	막걸스	엠라인 디스트리뷰션	Blue Media Times	중국	Internet Rights	MG
			MATV	동남아시아	TV Rights	FLAT
121	만찬	엠라인 디스트리뷰션	Blue Media Times	중국	Internet rights	Flat
122	맛	엠라인 디스트리뷰션	Tencent	중국	Internet Rights	MG
123	맨홀	롯데 엔터테인먼트	youku	중국	VOD rights	Flat
124	멋진 악몽	엠라인 디스트리뷰션	Viva Communications	필리핀	All Rights	MG
125	메밀꽃 필 무렵, 운수 좋은 날 그리고 봄봄	인디스토리	Blue Media Times	중국	New Media Rights	Flat
126	메이드인차이나	화인컷	Asian Media Rights	미국, 캐나다	All Rights	RS
127	메이킹 패밀리	나이너스 엔터테인먼트	Viva Communications	필리핀	All Rights	MG
			AV-Jet International Media Co., Ltd.	대만	All Rights	MG
			Encore Inflight Limited	홍콩	항공판권	Flat
128	명기	엠라인 디스트리뷰션	Movie Cloud	대만	All Rights	MG
			Intercon Media	일본	VOD rights	RS
			Sundream	홍콩	All Rights	FLAT
			Tencent	중국	Internet Rights	MG
129	명량	CJ E&M	Gulf Film	중동	All Rights	MG
			AAA	프랑스어권	All Rights	MG
			Viva	필리핀	All Rights	MG
			Bloomsbury	몽골	PPV, TV Rights	MG
130	명량, 7광구	CJ E&M	MVP	인도	All Rights	MG
131	명량: 회오리 바다를 향하여	콘텐츠판다	Edko	홍콩, 마카오, 싱가포르, 브루나이, 인도네시아, 베트남, 필리핀	All Rights	MG
132	목숨	독에어	Activator Marketing CO., LTD.	대만	All Rights	MG

No.	작품명(한글)	판권사	수입사	판매국가	판권 종류	계약 형태
133	몽정기 2	나이너스 엔터테인먼트	Fox Int'l Channels Asia Pacific Ltd.	브루나이, 캄보디아, 인도네시아, 라오스, 말레이시아, 필리핀, 태국, 베트남	non-exclusive SVOD	Flat
134	몽타주	화인컷	EDEL GERMANY GMBH	독일	All Rights	MG
			Merry Art Culture	중국	TV Rights	MG
			Plus Media Networks Asia	인도네시아	TV, Internet VOD	Flat
			Kross Pictures	인도	Remake Rights	MG
135	무게	화인컷	Only Hearts	일본	All Rights	MG
136	무뢰한	CJ E&M	Encore Inflight	전세계	항공판권	Flat
			MATV	싱가포르 외 11개국	Pay TV	Flat
			Studio Canal	영국	All Rights	MG
137	무수단	유나이티드 픽쳐스	Viva Communications Inc.	필리핀	All Rights	MG
138	미스터 컴퍼니	인디스토리	Alexander Street Press	미국	Educational DVD, Streaming	RS
139	미스터고	쇼박스	Emphasis	홍콩	항공판권	flat
140	미스터 로빈꼬시기	화인컷	Eagle Int'l Communication	대만	All Rights	MG
141	미쓰 와이프	엠라인 디스트리뷰션	Emphasis	홍콩	항공판권	Flat
			Encore	인도네시아, 말레이시아, 브루네이,싱가폴	All Rights	MG
			Mega Movies Technology	미얀마	극장판권	MG
			Asia Releasing	미국	극장판권	MG
			Cine Asia	호주	극장판권	RS
			Viva Communications	필리핀	All Rights	MG
			Lotte Cinema Vietnam	베트남	극장판권	MG
			Klockworx	일본	All Rights	MG
142	미안해 고마워	엠라인 디스트리뷰션	Prime Media	카자흐스탄	Free TV	Flat
143	미안해 사랑해 고마워	쇼박스	Soundspace International	인도네시아, 베트남, 라오스, 캄보디아, 동티모르	All Rights	MG
			MVP VIVA	필리핀	All Rights	MG
			Binci Media(Hualu)	중국	TV, HV, PPV, Internet	flat
144	미확인동영상	쇼박스	Coral Culture Content (CCC)	태국	Free TV	Flat
145	밀양 외 40편	CJ E&M	Truevision	태국	Pay TV	Flat

No.	작품명(한글)	판권사	수입사	판매국가	판권 종류	계약 형태
146	밍크코트	인디스토리	Blue Media Times	중국	New Media Rights	Flat
147	바라나시	쇼박스	Digital Media Rights / Trinity Releasing	미국, 캐나다	VOD, DVD	MG
148	바람과 함께 사라지다	화인컷	Telesuccess Productions	필리핀	All Rights	Flat
149	바람난 가족	나이너스 엔터테인먼트	I-Cable Entertainment	홍콩	All Rights	Flat
			Donau Film	독일	All Rights	MG
			Fox Int'l Channels Asia Pacific Ltd.	싱가포르, 선박(브루나이, 캄보디아, 인도네시아, 라오스, 말레이시아, 필리핀, 태국, 베트남)	non-exclusive SVOD	Flat
150	바캉스	엠라인 디스트리뷰션	Tencent	중국	Internet Rights	MG
151	박수건달	쇼박스	Coral Culture Content (CCC)	태국	Free TV	Flat
152	반두비	인디스토리	Blue Media Times	중국	New Media Rights	Flat
153	반드시 크게 들을 것 2: WILD DAYS	인디스토리	Alexander Street Press	미국	Educational DVD, Streaming	RS
154	반짝이는 박수소리	시네마달	Nondelaico LLC	일본	극장판권	MG+RS
155	방황하는 칼날	CJ E&M	Bloomsbury	몽골	PPV, TV Rights	MG
156	배꼽	나이너스 엔터테인먼트	Fox Int'l Channels Asia Pacific Ltd.	싱가포르, 선박(브루나이, 캄보디아, 인도네시아, 라오스, 말레이시아, 필리핀, 태국, 베트남)	non-exclusive SVOD	Flat
157	배우는 배우다	화인컷	Asian Media Rights	미국, 캐나다	All Rights	RS
158	범죄소년	화인컷	Asian Media Rights	미국, 캐나다	All Rights	RS
159	범죄와의 전쟁	쇼박스	Digital Media Rights / Trinity Releasing	미국, 캐나다	VOD, DVD	MG
			IFE Services Limited	싱가포르	항공판권	Flat
			Coral Culture Content (CCC)	태국	Free TV	Flat
160	범죄의 재구성	엠라인 디스트리뷰션	Sparkling Light Global	중국	TV Rights	MG
161	베를린 외 7편	CJ E&M	Cinema One	필리핀	Pay TV	MG
162	베테랑	CJ E&M	Discovery	구 유고권 국가	All Rights	MG
			Medyavizyon	터키	All Rights	MG
			Dreamwest	호주, 뉴질랜드	All Rights (극장 제외)	MG
			Splendid	독일어권	All Rights	MG
			Deltamac	홍콩	All Rights	MG

No.	작품명(한글)	판권사	수입사	판매국가	판권 종류	계약 형태
			MATV	싱가포르 외 11개국	Pay TV	Flat
			Dreamwest	호주, 뉴질랜드	극장판권	MG
			Alebrije	중남미 국가	All Rights	MG
			Alebrije	남아프리카 공화국	All Rights	MG
			One Movie	이탈리아	All Rights	MG
			Mediatres	스페인	All Rights	MG
			Viva	필리핀	All Rights	MG
			Bloomsbury	몽골	극장판권, TV판권, PPV	MG
163	변호인	화인컷	Aya Pro	일본	All Rights	MG
164	보호자	CJ E&M	Bloomsbury	몽골	PPV, TV Rights	MG
165	복면달호	나이너스 엔터테인먼트	Fox Int'l Channels Asia Pacific Ltd.	홍콩, 마카오, 싱가포르, 대만, 선박(브루나이, 캄보디아, 인도네시아, 라오스, 말레이시아, 필리핀, 태국, 베트남)	non-exclusive SVOD	Flat
166	봄	엠라인 디스트리뷰션	Klockworx	일본	All Rights	MG
			Eagle Entertainment	대만	All Rights	MG
167	봄 여름 가을 겨울 그리고 봄	화인컷	Euro Communication	카자흐스탄	항공판권	Flat
168	부러진 화살	화인컷	Legend film	중국	TV Rights	Flat
169	분홍돌고래	팜코리아 미디어	Shenzhen New Classic Film	중국	TV, Video	MG
170	붉은 가족	화인컷	Asian Media Rights	미국, 캐나다	All Rights	RS
171	붉은 바캉스 검은 웨딩	쇼박스	Digital Media Rights / Trinity Releasing	미국, 캐나다	VOD, DVD	MG
172	뷰티 인사이드	콘텐츠판다	Gaga	일본	All Rights	MG
			UA Films	홍콩/마카오	All Rights	MG
			AV Jet International	대만	All Rights	MG
			Well Go USA	미국/캐나다	All Rights	MG
			Clover Films	싱가포르/말레이시아/인도네시아/브루나이	All Rights	MG
			Viva Communications	필리핀	All Rights	MG
			Emphasis	홍콩	항공판권	MG
			Cine Plex	미얀마	Theatrical Only	MG
			Full Brief Marketing (China Lion)	호주, 뉴질랜드	All Rights	Distribution Deal
			Lotte Cinema Vietnam	베트남	극장판권	MG

No.	작품명(한글)	판권사	수입사	판매국가	판권 종류	계약 형태
173	블라인드	화인컷	Kross Pictures	인도	Remake Rights	MG
174	비념	인디스토리	Alexander Street Press	미국	Educational DVD, Streaming	RS
175	비밀	화인컷	New Select Co., Ltd.	일본	All Rights	MG
			AV-Jet International Media Co., Ltd.	대만	All Rights	MG
			BEIJING IQIYI	중국	New Media Rights	Flat
176	비상	엠라인 디스트리뷰션	Telesuccess	필리핀	All Rights	Flat
177	비열한 거리	CJ E&M	Borsalino	중남미 국가	All Rights	MG
178	빅매치	유나이티드 픽쳐스	Lemon Tree Media Company	중국	PPV, Internet, Closednet	MG
			Yejilim Entertainment	미얀마	극장판권	MG
			LOTTE CINEMA VIETNAM	베트남	극장판권	MG
			Borsalino	남미 국가	PPV, Video, TV, Internet	MG
			Viva Communications Inc.	필리핀	All Rights	MG
			At Entertainment Co., Ltd.	일본	All Rights	MG
179	빛나는 거짓	인디스토리	Blue Media Times	중국	New Media Rights	Flat
180	빨간구두 와 일곱난장이	화인컷	Five Stars Distribution Ltd	이스라엘	All Rights	MG
			Kino Swiat	폴란드	All Rights	MG
			Fabula Medya A.S.	터키	All Rights	MG
			Gulf Film	중동	All Rights	MG
181	뽀로로: 슈퍼썰매 대모험	CJ E&M	Medyavizyon	터키	All Rights	MG
			Lionsgate	영국	All Rights	MG
182	사도	쇼박스	Emphasis	홍콩	항공판권	Flat
			Dreamwest	호주, 뉴질랜드	All Rights	MG
			Dreamwest Pictures USA	미국, 캐나다	All Rights	MG
			MVP VIVA	필리핀	All Rights	MG
			Binci Media(Hualu)	중국	TV, HV, PPV, Internet	flat
183	사랑따윈 믿지않아	엠라인 디스트리뷰션	Telesuccess	필리핀	All Rights	Flat
184	사랑따윈 필요없어	엠라인 디스트리뷰션	Sparkling Light Global	중국	TV Rights	MG
185	사랑을 그리다	마운틴픽쳐스	SPO	일본	All Rights	MG
186	사랑하니까 괜찮아 외 4편	CJ E&M	MATV	싱가포르 외 11개국	Pay TV	Flat

No.	작품명(한글)	판권사	수입사	판매국가	판권 종류	계약 형태
187	사생결단	나이너스 엔터테인먼트	Fox Int'l Channels Asia Pacific Ltd.	홍콩, 싱가포르, 대만, 선박(브루나이, 캄보디아, 인도네시아, 라오스, 말레이시아, 필리핀, 태국, 베트남)	non-exclusive SVOD	Flat
188	사이비	화인컷	Astro Shaw Sdn Bhd	동남아시아	All Rights	Flat
			Oribuanime	미국, 캐나다	All Rights	MG
189	산다	화인컷	AV-Jet International Media Co., Ltd.	대만	All Rights	MG
			Asian Media Rights	미국, 캐나다	All Rights	RS
190	산타바바라	나이너스 엔터테인먼트	Merry Art Culture	중국	TV Rights	MG
			Blue Media Times	중국	Internet, IPTV VOD	Flat
			AV-Jet International Media Co., Ltd.	대만	All Rights	MG
191	살인의 추억	CJ E&M	The Jokers	프랑스어권	All Rights	MG
192	살인의뢰	나이너스 엔터테인먼트	MULTIVISION PLUS	인도네시아, 베트남	All Rights	MG
			MULTIVISION PLUS	라오스, 캄보디아, 동티모르, 미얀마	극장판권	MG
			New Select Co., Ltd.	일본	All Rights	MG
			VIVA COMMUNICATIONS	필리핀	All Rights	MG
			Lemon Tree Media Company	중국	TV, VOD	MG
			Fox Int'l Channels Asia Pacific Ltd.	홍콩, 싱가포르, 대만	non-exclusive SVOD	Flat
193	살인재능	화인컷	Hwa Yea Multimedia	싱가포르	All Rights	MG
			Sundream Motion Pictures	홍콩	All Rights	MG
			Asian Media Rights	미국, 캐나다	All Rights	RS
194	상의원	화인컷	AV-Jet International Media Co., Ltd.	대만	All Rights	MG
			Lemon Tree Media Company	중국	All Rights	MG
			The Klockworx	일본	All Rights	MG
			Sinema TV	터키	All Rights	Flat
			Coral Culture Content (CCC)	태국	All Rights	MG
			Viva Communications	필리핀	All Rights	MG
			I-Cable Entertainment	홍콩, 마카오	All Rights	MG
			Plus Media Networks Asia	인도네시아	TV, Internet VOD	Flat

No.	작품명(한글)	판권사	수입사	판매국가	판권 종류	계약 형태
			Hwa Yea Multimedia	싱가포르, 말레이시아, 브루나이	All Rights	MG
195	색즉시공 2	CJ E&M	Eagle	대만	All Rights	MG
196	서부전선	롯데 엔터테인먼트	Twin	일본	All Rights	MG
			Cai Chang	대만	All Rights	MG
			MATV	동남아시아	TV, Internet VOD	Flat
197	서울역	화인컷	JCGV	미얀마	극장판권	MG
198	설해	나이너스 엔터테인먼트	계약서 기밀 조항으로 비공개	비공개	Free TV	Flat
199	설행	엠라인 디스트리뷰션	Astro	말레이시아 외 13지역	TV, Internet VOD	Flat
200	섬	나이너스 엔터테인먼트	I-Cable Entertainment	홍콩	All Rights	Flat
			King Records	일본	Video	MG
			Fox Int'l Channels Asia Pacific Ltd.	싱가포르, 대만, 선박(브루나이, 캄보디아, 인도네시아, 라오스, 말레이시아, 필리핀, 태국, 베트남)	non-exclusive SVOD	Flat
			Media Acquisitions	구 유고권 국가	Free TV, Internet VOD	MG
201	섬: 사라진 사람들	콘텐츠판다	ASTRO	동남아시아	All Rights	MG
202	성난 변호사	CJ E&M	Medyavizyon	터키	All Rights	MG
			Sky Media / Aero Vista	전세계	항공판권	Flat
			AutoaiD	대만	All Rights	MG
			MATV	동남아시아	Pay TV	Flat
203	성실한 나라의 앨리스	CJ E&M	Bloomsbury	홍콩	PPV, TV Rights	MG
204	세 번째 시선	인디스토리	Blue Media Times	중국	New Media Rights	Flat
205	세븐데이즈	나이너스 엔터테인먼트	White Feather Films	인도	Remake Rights	N/A
206	세상끝의 사랑	엠라인 디스트리뷰션	Sundream	홍콩	All Rights	Flat
			Caichang	대만	All Rights	MG
207	선샤인 러브	엠라인 디스트리뷰션	Blue Media Times	중국	Internet Rights	MG
208	소꿉놀이	시네마달	Digital Media Rights	미국, 캐나다	VOD Rights	RS
209	소녀괴담	나이너스 엔터테인먼트	Seoul Sangsa Co.	카자흐스탄, 우즈베키스탄	극장판권	MG
			계약서 기밀 조항으로 비공개	비공개	Free TV	Flat
			Virtual Cinema	중국	Internet, IPTV VOD	Flat

No.	작품명(한글)	판권사	수입사	판매국가	판권 종류	계약 형태
210	소셜포비아	CJ E&M	GEE / Singapore Airline	전세계	항공판권	Flat
211	소수의견	나이너스 엔터테인먼트	Singapore Airlines	싱가포르	항공판권	Flat
			Lemon Tree Media Company	중국	TV, Internet VOD	MG
			Klockworx	일본	All Rights	MG
		CJ E&M	Medyavizyon	터키	All Rights	MG
212	소와 함께 여행하는 법	엠라인 디스트리뷰션	AV JET	대만	All Rights	MG
213	손님	CJ E&M	Medyavizyon	터키	All Rights	MG
			MATV	싱가포르 외 11개국	Pay TV	Flat
			Viva	필리핀	All Rights	MG
214	수상한 그녀	CJ E&M	Kross Pictures	인도	Remake Rights	MG
			Eagle	대만	All Rights	MG
			Deltamac	홍콩	All Rights	MG
			Win Win	독일어권	Remake Rights	MG
			Bloomsbury	몽골	PPV, TV Rights	MG
215	수색역	엠라인 디스트리뷰션	Astro	말레이시아 외 13지역	TV, Internet VOD	Flat
216	수취인 불명	나이너스 엔터테인먼트	King Records	일본	Video	MG
			Fox Int'l Channels Asia Pacific Ltd.	홍콩, 마카오, 싱가포르, 대만, 선박(브루나이, 캄보디아, 인도네시아, 라오스, 말레이시아, 필리핀, 태국, 베트남)	non-exclusive SVOD	Flat
217	순수의 시대	CJ E&M	Cai Chang	대만	All Rights	MG
			Deltamac	홍콩	All Rights	MG
218	숨바꼭질	화인컷	EDEL GERMANY GMBH	독일	항공판권	RS
219	스물	콘텐츠판다	Deltamac	홍콩	All Rights	MG
			Movie Cloud	대만	All Rights	MG
			Clover Films	싱가포르	All Rights	MG
			Emphasis	홍콩	항공판권	MG
			CJ America	북미, 캐나다	Theatrical Only	MG
			Lotte Cinema Vietnam	베트남	Theatrical Only	MG
			Viva Communications	필리핀	All Rights	MG
			NBC Universal	일본	All Rights	MG

No.	작품명(한글)	판권사	수입사	판매국가	판권 종류	계약 형태
			Drama Fever	미국/캐나다	Internet Rights	MG
			Asia Tropical Films	말레이시아	All Rights	MG
			Young Film	중국	Remake Rights	MG
			Hualu Publishing & Media Co.,Ltd.	중국	TV, Internet Rights	MG
220	스톤	화인컷	Astro Shaw Sdn Bhd	동남아시아	All Rights	Flat
221	스파이 파파	마노 엔터테인먼트	China New Classic	중국	TV, Video	Flat
222	슬로우비디오	엠라인 디스트리뷰션	Cine Hub	우즈베키스탄	극장판권, TV판권	Flat
			Telesuccess	필리핀	All Rights	Flat
223	시	화인컷	Euro Communication	카자흐스탄	항공판권	Flat
224	시선 1318	인디스토리	Blue Media Times	중국	New Media Rights	Flat
225	시선 너머	인디스토리	Blue Media Times	중국	New Media Rights	Flat
226	시월애	엠라인 디스트리뷰션	Caichang	대만	All Rights	MG
227	식객	엠라인 디스트리뷰션	Prime Media	카자흐스탄	Free TV	Flat
228	신의 선물	화인컷	Asian Media Rights	미국, 캐나다	All Rights	RS
229	신촌좀비만화	CJ E&M	Bloomsbury	몽골	PPV, TV Rights	MG
230	신촌좀비만화 외 5편	CJ E&M	GMA	필리핀	Free TV	Flat
231	쎄시봉	CJ E&M	Dream West	호주	All Rights	MG
			AV-Jet	대만	All Rights	MG
			MATV	동남아시아	Pay TV	Flat
232	쓰리 썸머 나잇	나이너스 엔터테인먼트	VIVA COMMUNICATIONS	필리핀	All Rights	MG
			MOVIE CLOUD	대만	All Rights	MG
233	아들의 것	인디스토리	Dissidenz Films	프랑스	DVD Rights	Flat
234	아랑	모인그룹	Astro	말레이시아 외 13개 국가	All Rights (극장 제외)	MG
			IBLUE MEDIA llc	중국	Internet Rights	RS
235	아리랑 소나타	팜코리아 미디어	Contineo Media Pte Ltd	싱가포르	All Rights	MG
236	아리랑 소나타, 분홍돌고래	팜코리아 미디어	Encore Inflight Limited	홍콩	항공판권	MG
237	아메리칸 앨리	시네마달	CNEX	중국	TV, Video	MG
238	아빠를 빌려드립니다	엠라인 디스트리뷰션	Eurocommunication	카자흐스탄, 아프리카 지역	항공판권	Flat
			MATV	말레이시아 외 동남아시아 11개국	TV Rights	Flat
			IFE	싱가폴, 미국, 캐나다	항공판권	Flat
			Sofa Cinema	중국	TV, Internet VOD	FLAT
			Prime Media	카자흐스탄	Free TV	Flat

No.	작품명(한글)	판권사	수입사	판매국가	판권 종류	계약 형태
239	아스라이	인디스토리	Blue Media Times	중국	New Media Rights	Flat
240	아이스케키	나이너스 엔터테인먼트	Thunder Communications International	중국	TV Rights	Flat
			MEASAT BROADCAST NETWORK SYSTEMS	말레이시아, 브루나이, 싱가포르, 베트남, 태국, 미얀마, 캄보디아, 인도네시아, 라오스, 필리핀, 동티모르, 크리스마스섬, 코코스제도, Andaman & Nicobar제도	All Rights	Flat
241	아티스트: 다시 태어나다	콘텐츠판다	Emphasis	홍콩	항공판권	Flat
242	악마를 보았다	화인컷	Discovery Film & Video Distribution	구 유고권 국가	All Rights	MG
243	악의 연대기	CJ E&M	Medyavizyon	터키	All Rights	MG
			Emphasis	홍콩	항공판권	Flat
			AutoaiD	대만	All Rights	MG
244	알포인트 외 2편	CJ E&M	Borsalino	중남미 국가	All Rights	MG
245	암살	쇼박스	Bona Film Distribution	중국	All Rights	MG
			VIVA Communications	필리핀	All Rights	MG
			Edko	홍콩	All Rights	MG
			Movie Cloud	대만	All Rights	MG
			Purple Plan	싱가포르, 말레이시아	All Rights	MG
			PT. Prima	인도네시아	All Rights	MG
			Coral Culture Content (CCC)	태국	All Rights	MG
			Colourful Garden Company	미안마	극장핀권	MG
			Viswass Films	인도	All Rights	MG
			Purple Plan	베트남	All Rights	MG
			Emphasis	홍콩	항공판권	Flat
			VIVA Communications	필리핀	All Rights	MG
			Edko Films	홍콩	All Rights	MG
			Movie Cloud	대만	All Rights	MG
			Purple Plan	싱가포르, 말레이시아, 브루나이	All Rights	MG
			PT. Prima	인도네시아	All Rights	Flat

No.	작품명(한글)	판권사	수입사	판매국가	판권 종류	계약 형태
			Coral Culture Content (CCC)	태국	All Rights	MG
			Colourful Garden Company	미얀마	극장판권	MG
			Viswass Films	인도	All Rights	MG
			Purple Plan	베트남	All Rights	MG
			Dreamwest	호주, 뉴질랜드	All Rights	MG
			Wellgo	미국, 캐나다	All Rights	MG
			Splendid Films	독일	All Rights	MG
			Hark	일본	All Rights	MG
			Mediatres Estudio	스페인	All Rights	MG
			Alebrije Entertainment	남미 국가	TV, PPV, Internet	MG
246	야간비행	화인컷	Asian Media Rights	미국, 캐나다	All Rights	RS
247	야수	쇼박스	Digital Media Rights / Trinity Releasing	미국, 캐나다	VOD / DVD	MG
248	약장수	나이너스 엔터테인먼트	Melting Culture	중국	극장판권, TV판권	MG
			MATV	싱가포르, 말레이시아, 인도네시아, 브루나이, 필리핀, 베트남 ,태국, 캄보디아, 네팔, 라오스, 스리랑카, 미얀마	TV, New Media	Flat
249	어떤 살인	엠라인 디스트리뷰션	MATV	말레이시아 외 동남아11지역	TV Rights	Flat
			Lemontree media	중국	Internet Rights	MG
250	어쿠스틱	엠라인 디스트리뷰션	Telesuccess	필리핀	All Rights	Flat
251	엘리스	엠라인 디스트리뷰션	Caichang	내반	All Rights	MG
252	여교수의 은밀한 매력	나이너스 엔터테인먼트	Fox Int'l Channels Asia Pacific Ltd.	홍콩, 싱가포르, 선박(브루나이, 캄보디아, 인도네시아, 라오스, 말레이시아, 필리핀, 태국, 베트남)	non-exclusive SVOD	Flat
253	여름의 끝	센트럴파크	Egoist.tv	러시아	TV, Video	Flat
254	여배우는 너무해	엠라인 디스트리뷰션	Digital Media Rights	북미	TV, Internet VOD	MG
255	여섯 개의 시선	인디스토리	Blue Media Times	중국	New Media Rights	Flat
256	역린	롯데 엔터테인먼트	youku	중국	VOD Rights	Flat
257	연애소설	모인그룹	IBLUE MEDIA llc	중국	Internet Rights	RS

No.	작품명(한글)	판권사	수입사	판매국가	판권 종류	계약 형태
258	연애의 맛	엠라인 디스트리뷰션	Klockworx	일본	All Rights	MG
			Sundream	홍콩	All Rights	FLAT
			Lotte Cinema Vietnam	베트남	극장판권	MG
259	연평해전	콘텐츠판다	Deltamac	홍콩, 마카오	All Rights	MG
			Well Go USA	미국, 캐나다	All Rights	MG
			Viva	필리핀	All Rights	MG
			Emphasis	홍콩	항공판권	MG
			Full Brief Marketing (China Lion)	호주, 뉴질랜드	All Rights	Distribution Deal
			TWIN	일본	All Rights	MG+ Distribution Deal
			Cine Plex	미얀마	Theatrical Only	MG
			Movie Cloud	대만	All Rights	MG
			Astro	동남아시아	All Rights	MG
260	열정같은소리하고있네	콘텐츠판다	Caichang	대만	All Rights	MG
			Emphasis	홍콩	항공판권	MG
			Deltamac	홍콩, 마카오	All Rights	MG
			Astro	말레이시아	All Rights	MG
			Viva	필리핀	All Rights	MG
261	오늘의 연애	CJ E&M	Emphasis	홍콩	항공판권	Flat
			Movie Cloud	대만	All Rights	MG
			Viva	필리핀	All Rights	MG
262	오피스	나이너스 엔터테인먼트	VIVA COMMUNICATIONS	필리핀	All Rights	MG
			Mono Film	태국	All Rights	MG
			Edko	홍콩	All Rights	MG
			Nikkatsu	일본	All Rights	MG
			Lemon Tree Media Company	중국	PPV, VOD, Internet	MG
263	옹녀뎐	엠라인 디스트리뷰션	Tencent	중국	Internet Rights	MG
			Movie Cloud	대만	All Rights	MG
			Intercon Media	일본	VOD Rights	RS
264	와이키키 브라더스	나이너스 엔터테인먼트	Fox Int'l Channels Asia Pacific Ltd.	브루나이, 캄보디아, 인도네시아, 라오스, 말레이시아, 필리핀, 태국, 베트남	non-exclusive SVOD	Flat

No.	작품명(한글)	판권사	수입사	판매국가	판권 종류	계약 형태
265	왕의남자 외 99편	CJ E&M	Bloomsbury	몽골	VOD Rights	MG
266	외출	엠라인 디스트리뷰션	Caichang	대만	All Rights	MG
267	욕망	나이너스 엔터테인먼트	I-Cable Entertainment	홍콩	All Rights	Flat
268	용산	시네마달	CNEX	중국	TV, Video	MG
269	용의자	쇼박스	Coral Culture Content (CCC)	태국	Free TV	Flat
270	용의주도 미쓰신	엠라인 디스트리뷰션	Telesuccess	필리핀	All Rights	Flat
271	우는 남자	CJ E&M	Mediatres Estudio	스페인	All Rights	MG
			Bloomsbury	몽골	PPV	MG
272	우리별 일호와 얼룩소	인디스토리	GKIDS	미국	All Rights	MG
			BINCI media	중국	VOD / DVD	Flat
273	우아한 거짓말	CJ E&M	Bloomsbury	몽골	PPV, TV Rights	MG
274	워킹걸	엠라인 디스트리뷰션	Sundream	홍콩	All Rights	FLAT
			Sofa Cinema	중국	TV, Internet VOD	FLAT
275	웨딩드레스	엠라인 디스트리뷰션	Prime Media	카자흐스탄	Free TV	Flat
276	웰컴 투 동막골	쇼박스	한국국제교류재단	해외홍보상영권	홍보상영	Flat
277	위험한 상견례 2	롯데 엔터테인먼트	Viva Communication	필리핀	All Rights	MG
			LOTTE CINEMA VIETNAM	베트남	극장판권	MG
			Movie Cloud	대만	All Rights	MG
			Encore Inflight Limited	홍콩	항공판권	Flat
			Cinemadic Motion Pictures	호주	All Rights	MG
278	은밀하게 위대하게	쇼박스	Coral Culture Content (CCC)	태국	Free TV	Flat
279	은밀한 유혹	CJ E&M	Sky Media / Aero Vista	전세계	항공판권	Flat
			AutoaiD	대만	All Rights	MG
280	응시	센트럴파크	Pacific Voices	일본	All Rights	Flat
281	이대로 죽을 순 없다	엠라인 디스트리뷰션	Telesuccess	필리핀	All Rights	Flat
			Sparkling Light Global	중국	TV Rights	MG
282	이별계약	CJ E&M	Star Times	Sub-Sarahan Africa	All Rights (극장 제외)	MG
			Bloomsbury	몽골	PPV, TV Rights	MG
283	이층의 악당	엠라인 디스트리뷰션	Prime Media	카자흐스탄	Free TV	Flat
284	이클립스	나이너스 엔터테인먼트	Encore Inflight Limited	홍콩	항공판권	Flat

No.	작품명(한글)	판권사	수입사	판매국가	판권 종류	계약 형태
285	인천상륙작전	화인컷	Discovery Film & Video Distribution	구 유고권 국가, 알바니아	All Rights	MG
			Movie Cloud	대만	All Rights	MG
286	일대일	화인컷	Lemon Tree Media Company	중국	New Media Rights	MG
			Sundream Motion Pictures	홍콩	All Rights	MG
287	잉투기 외 4편	CJ E&M	Hwa Yea	말레이시아, 브루나이	TV, VOD	Flat
288	자유의 언덕	화인컷	Blue Media Times	중국	Internet Rights	MG
			Astro Shaw Sdn Bhd	동남아시아	All Rights	Flat
			IFE Services Limited	싱가포르	항공판권	Flat
289	잡아야 산다	유나이티드 픽쳐스	Cai Chang	대만	All Rights	MG
			Viva Communication	필리핀	All Rights	MG
290	장수상회	CJ E&M	Deltamac	홍콩	All Rights	MG
			Shengchi Media	대만	All Rights	MG
			MATV	동남아시아	Pay TV	Flat
291	저수지에서 건진 치타	인디스토리	Blue Media Times	중국	New Media Rights	Flat
292	적의 사과	인디스토리	Third Window Films	영국	DVD Rights	Flat
293	점박이: 한반도의 공룡	CJ E&M	Eagle	호주, 뉴질랜드	All Rights	MG
294	접속	나이너스 엔터테인먼트	Fox Int'l Channels Asia Pacific Ltd.	싱가포르, 선박(브루나이, 캄보디아, 인도네시아, 라오스, 말레이시아, 필리핀, 태국, 베트남)	non-exclusive SVOD	Flat
295	정사	엠라인 디스트리뷰션	Sundream	홍콩	All Rights	FLAT
			Tencent	중국	Internet Rights	MG
			Movie Cloud	대만	All Rights	MG
296	제보자	엠라인 디스트리뷰션	Klockworx	일본	All Rights	MG
			Prime Media	카자흐스탄	Free TV	Flat
297	조난자들	화인컷	Hwa Yea Multimedia	싱가포르	All Rights	MG
			Asian Media Rights	미국, 캐나다	All Rights	RS
298	조류인간	나이너스 엔터테인먼트	VIVA COMMUNICATIONS	필리핀	All Rights	MG
			Blue Media Times	중국	Internet, IPTV VOD	Flat

No.	작품명(한글)	판권사	수입사	판매국가	판권 종류	계약 형태
299	조선마술사	롯데 엔터테인먼트	Twin	일본	All Rights	MG
			Viva Communication	필리핀	All Rights	MG
			Sinema TV	터키	TV, VOD, Internet, Mobile	Flat
			Cai Chang	대만	All Rights	MG
300	조선명탐정: 사라진 놉의 딸	쇼박스	AV-Jet International Media Co., Ltd.	대만	All Rights	MG
			VIVA Communications	필리핀	All Rights	MG
			Soundspace Int'l	인도네시아, 베트남, 라오스, 캄보디아, 동티모르	All Rights	MG
			Colourful Garden Company	미얀마	극장판권	MG
			Dreamwest Pictures USA	미국, 캐나다	All Rights	MG
			Coral Culture Content (CCC)	태국	TV, Video, Internet Rights	MG
301	조용한 가족	나이너스 엔터테인먼트	Fox Int'l Channels Asia Pacific Ltd.	홍콩, 마카오, 싱가포르, 대만, 선박(브루나이, 캄보디아, 인도네시아, 라오스, 말레이시아, 필리핀, 태국, 베트남)	non-exclusive SVOD	Flat
302	종로의 기적	시네마달	CNEX	중국	TV, Video	MG
			Alexander street press	미국, 캐나다	VOD, DVD	RS
303	좋아해줘	CJ E&M	Deltamac	홍콩	All Rights	MG
304	좋은 친구들	유나이티드 픽쳐스	Lemon Tree Media Company	중국	PPV, Internet, Closednet	MG
			MATV	싱가포르 외 11개국	극장판권, TV판권	Flat
305	주홍글씨	쇼박스	Digital Media Rights / Trinity Releasing	미국, 캐나다	VOD, DVD	MG
306	중독	쇼박스	Digital Media Rights / Trinity Releasing	미국, 캐나다	VOD, DVD	MG
307	지금은맞고 그때는틀리다	화인컷	Les Acacias	프랑스	All Rights	MG
			Leopardo Filmes	포르투갈	All Rights	MG
			Folkets Bio	스웨덴	All Rights	MG
			Stadtkino Filmverleih und Kinobetriebs gesellschaft	오스트리아	극장판권	MG
			ZETA FILMES	브라질	All Rights	MG
			La Aventura Audiovisual	스페인	All Rights	MG
			GRASSHOPPER	미국	All Rights	MG

No.	작품명(한글)	판권사	수입사	판매국가	판권 종류	계약 형태
			AV-Jet International Media Co., Ltd.	대만	All Rights	MG
			Sinema TV	터키	TV, Internet VOD	MG
			IFE Services Limited	싱가포르	항공판권	Flat
			Brava Cinema	멕시코	극장판권	MG
			BEIJING IQIYI	중국	New Media Rights	Flat
308	짐승	엠라인 디스트리뷰션	Sky Media	몽골	Internet Rights	MG
309	짝패	CJ E&M	Borsalino	중남미 국가	All Rights	MG
310	쩨쩨한 로맨스	엠라인 디스트리뷰션	Sky Media	몽골	Internet Rights	MG
311	찌라시: 위험한 소문	CJ E&M	Bloomsbury	몽골	PPV, TV Rights	MG
312	차이나타운	CJ E&M	New Select	일본	All Rights	MG
			Borsalino	중남미 국가	All Rights	MG
			Encore Inflight	전세계	항공판권	Flat
			MATV	싱가포르 외 11개국	Pay TV	Flat
			Viva	필리핀	All Rights	MG
			Bloomsbury	몽골	극장판권, TV판권, PPV	MG
313	참을 수 없는	엠라인 디스트리뷰션	Caichang	대만	All Rights	MG
314	창경원	인디스토리	Pacific Voices	일본	All Rights	Flat
315	첫사랑 사수 궐기 대회	모인그룹	IBLUE MEDIA llc	중국	Internet Rights	RS
316	청춘만화	모인그룹	Astro	말레이시아 외 14개 국가	All Rights (극장 제외)	MG
			IBLUE MEDIA llc	중국	Internet Rights	RS
317	춤추는 숲	시네마달	CNEX	중국	TV, Video	MG
			Alexander street press	미국, 캐나다	VOD, DVD	RS
318	치외법권	엠라인 디스트리뷰션	Blue Media Times	중국	TV, Internet VOD	MG
			GEE	싱가폴	항공판권	Flat
			Movie Cloud	대만	All Rights	MG
			Telesuccess	필리핀	All Rights	Flat
			Aerovista	항공판권	항공판권	Flat
319	친구	화인컷	Pony Canyon	일본	All Rights	MG
320	친구2	롯데 엔터테인먼트	IFE Services Limited	싱가포르	항공판권	Flat
321	친절한 가정부	엠라인 디스트리뷰션	Movie Cloud	대만	All Rights	MG
322	코인락커 외 9편	마운틴픽쳐스	King Contents	베트남	TV Rights	MG

No.	작품명(한글)	판권사	수입사	판매국가	판권 종류	계약 형태
323	키다리아저씨 외 10편	CJ E&M	IMMA Agency	카자흐스탄	Free TV	MG
324	킬미	엠라인 디스트리뷰션	Telesuccess	필리핀	All Rights	Flat
325	타짜	롯데 엔터테인먼트	Viva Communication	필리핀	All Rights	MG
326	탐욕의 제국	시네마달	Alexander street press	미국, 캐나다	VOD, DVD	RS
327	탐정: 더 비기닝	CJ E&M	Medyavizyon	터키	All Rights	MG
			Emphasis	홍콩	항공판권	Flat
			Viva	필리핀	All Rights	MG
			Bloomsbury	몽골	극장판권, TV판권, PPV	MG
328	터널	화인컷	MATV	동남아시아	TV, Internet VOD	MG
			Blue Media Times	중국	Internet Rights	MG
			AV-Jet International Media Co., Ltd.	대만	All Rights	MG
329	퇴마: 무녀굴	나이너스 엔터테인먼트	VIVA COMMUNICATIONS	필리핀	All Rights	MG
			LOTTE CINEMA VIETNAM	베트남	극장판권	MG
			Celestial Tiger	홍콩,마카오,싱가포르,말레이시아,브루나이,인도네시아,캄보디아,동티모르,라오스,미얀마,몽골,태국,베트남,필리핀,팔라우,파푸아뉴기니,스리랑카,주한미군부대	Pay TV	Flat
330	트럭	엠라인 디스트리뷰션	Sparkling Light Global	중국	TV Rights	MG
331	트리플 트러블	CJ E&M	VSTV	베트남	Pay TV, VOD	Flat
332	특종: 량첸살인기	롯데 엔터테인먼트	Klockworx	일본	All Rights	MG
			Cai Chang	대만	All Rights	MG
			Emphasis	홍콩	항공판권	Flat
			Viva Communication	필리핀	All Rights	MG
333	파닥파닥	인디스토리	Blue Media Times	중국	New Media Rights	Flat
			Alliance Media Group Limited	중국	TV Rights	Flat
334	파이널 레시피	CJ E&M	Cai Chang	대만	All Rights	MG
335	파이란	나이너스 엔터테인먼트	Fox Int'l Channels Asia Pacific Ltd.	홍콩, 마카오	non-exclusive SVOD	Flat
336	파파로티	쇼박스	Coral Culture Content (CCC)	태국	Free TV	Flat
337	팔당 사람들	시네마달	CNEX	중국	TV, Video	MG
			Alexander street press	미국, 캐나다	VOD, DVD	RS

No.	작품명(한글)	판권사	수입사	판매국가	판권 종류	계약 형태
338	패션왕	화인컷	Viva Communications	필리핀	All Rights	MG
			Plus Media Networks Asia	인도네시아	TV, Internet VOD	Flat
339	패키지딜 40편	엠라인 디스트리뷰션	BHD	베트남	Internet Rights	FLAT
340	펀치 레이디	나이너스 엔터테인먼트	Sparkling Light Global Limited	중국	Free TV, Pay TV	Flat
341	펭이와 솜이	엠라인 디스트리뷰션	Digital Media Rights	북미	TV, Internet VOD	MG
342	평범한 날들	인디스토리	Blue Media Times	중국	New Media Rights	Flat
343	평안도	CJ E&M	AV-Jet	대만	All Rights	MG
			Medyavizyon	터키	All Rights	MG
344	폭풍전야	유나이티드 픽쳐스	AV-Jet International Media Co., Ltd.	대만	All Rights	MG
345	표적	CJ E&M	Viva	필리핀	All Rights	MG
			Bloomsbury	몽골	PPV, TV Rights	MG
346	피해자들	나이너스 엔터테인먼트	I-Cable Entertainment	홍콩	All Rights	Flat
347	필름시대사랑	콘텐츠판다	Astro	동남아시아	All Rights	MG
348	하늘의 황금마차	화인컷	Blue Media Times	중국	Internet Rights	MG
349	하숙집	엠라인 디스트리뷰션	Movie Cloud	대만	All rights	MG
			Sundream	홍콩	All Rights	FLAT
			Tencent	중국	Internet Rights	MG
350	하이힐	롯데 엔터테인먼트	Zootrope Film	프랑스	All Rights	MG
			youku	중국	VOD rights	Flat
351	학교 반란 외	마운틴픽쳐스	IBLUE MEDIA llc	중국	TV Rights	MG
352	한공주	화인컷	Astro Shaw Sdn Bhd	동남아시아	All Rights	Flat
			Asian Media Rights	미국, 캐나다	All Rights	RS
353	한 번도 안 해본 여자	엠라인 디스트리뷰션	Tencent	중국	Internet Rights	MG
354	할 수 있는 자가 구하라	인디스토리	Blue Media Times	중국	New Media Rights	Flat
355	할머니는 일학년	나이너스 엔터테인먼트	MEASAT BROADCAST NETWORK SYSTEMS	말레이시아, 브루나이, 싱가포르, 베트남, 미얀마, 캄보디아, 인도네시아, 라오스, 필리핀, 동티모르, 크리스마스섬, 코코스제도, Andaman & Nicobar 제도	All Rights	Flat

No.	작품명(한글)	판권사	수입사	판매국가	판권 종류	계약 형태
356	해가 서쪽에서 뜬다면	나이너스 엔터테인먼트	Fox Int'l Channels Asia Pacific Ltd.	홍콩, 싱가포르, 대만, 선박(브루나이, 캄보디아, 인도네시아, 라오스, 말레이시아, 필리핀, 태국, 베트남)	non-exclusive SVOD	Flat
357	해무	화인컷	Fabula Medya A.S.	터키	All Rights	MG
			Coral Culture Content (CCC)	태국	All Rights	MG
			Film Movement	미국, 캐나다	All Rights	MG
			La Aventura Audiovisual	스페인	All Rights	MG
			Plus Media Networks Asia	인도네시아	TV, Internet VOD	Flat
358	해바라기	쇼박스	Digital Media Rights / Trinity Releasing	미국, 캐나다	VOD, DVD	MG
359	해적	롯데 엔터테인먼트	Picture works	인도	All Rights	MG
360	해피 에로 크리스마스	나이너스 엔터테인먼트	Fox Int'l Channels Asia Pacific Ltd.	홍콩, 마카오, 싱가포르, 대만	non-exclusive SVOD	Flat
361	해피엔드	나이너스 엔터테인먼트	I-Cable Entertainment	홍콩	All Rights	Flat
			Fox Int'l Channels Asia Pacific Ltd.	싱가포르, 대만, 선박(브루나이, 캄보디아, 인도네시아, 라오스, 말레이시아, 필리핀, 태국, 베트남)	non-exclusive SVOD	Flat
362	허삼관	화인컷	Coral Culture Content (CCC)	태국	All Rights	MG
			Hwa Yea Multimedia	싱가포르	All Rights	MG
363	헬머니	콘텐츠판다	Movie Cloud	대만	All Rights	MG
			Clover Films	싱가포르	All Rights	MG
			Astro	동남아시아	All Rights	MG
364	현기증	화인컷	Blue Media Times	중국	Internet Rights	MG
			AV-Jet International Media Co., Ltd.	대만	All Rights	MG
			Asian Media Rights	미국, 캐나다	All Rights	RS
365	협녀: 칼의 기억	롯데 엔터테인먼트	Picture Works	인도	All Rights	MG
			Viva Communication	필리핀	All Rights	MG
			Splendid Films	독일	All Rights	MG
			Cai Chang	대만	All Rights	MG
366	혼자	엠라인 디스트리뷰션	Lemontree media	중국	Internet Rights	MG

No.	작품명(한글)	판권사	수입사	판매국가	판권 종류	계약 형태
367	화기애애	인디스토리	Blue Media Times	중국	New Media Rights	Flat
368	화려한 외출	엠라인 디스트리뷰션	Tencent	중국	Internet Rights	MG
369	화이	쇼박스	Digital Media Rights / Trinity Releasing	미국, 캐나다	VOD, DVD	MG
			Coral Culture Content (CCC)	태국	Free TV	Flat
370	화장	화인컷	Shengchi Int'l Media	대만	All Rights	MG
			EdKo Films	홍콩, 마카오	All Rights	MG
			IFE Services Limited	싱가포르	항공판권	Flat
			Zootrope Films	프랑스	All Rights	MG
			Lemon Tree Media Company	중국	TV Rights	Flat
			Asian Media Rights	미국, 캐나다	All Rights	RS
371	황제를 위하여	유나이티드 픽쳐스	Lemon Tree Media Company	중국	PPV, Internet, Closednet	MG
372	황제펭귄 펭이와 솜이	엠라인 디스트리뷰션	Tencent	중국	Internet Rights	MG
373	황해	쇼박스	Coral Culture Content (CCC)	태국	Free TV	Flat
374	후쿠시마의 미래	시네마달	Digital Media Rights	미국, 캐나다	VOD rights	RS
375	흑산도	나이너스 엔터테인먼트	Viswass Films	인도	All Rights	Flat
376	히말라야	CJ E&M	AAA	프랑스어권	All Rights	MG
			Gulf Film	중동	All Rights	MG
			Panorama	홍콩	All Rights	MG
			Dreamwest	호주	All Rights	MG
			MVP	인도	All Rights	MG
			Medyavizyon	터키	All Rights	MG
			Blitz	구 유고권 국가	All Rights	MG
			Emphasis	홍콩	항공판권	Flat
			Viva	필리핀	All Rights	MG
			Bloomsbury	몽골	극장판권, TV판권, PPV	MG
377	히야	나이너스 엔터테인먼트	Encore Inflight Limited	홍콩	항공판권	Flat
378	힘내세요, 병헌씨	인디스토리	Blue Media Times	중국	New Media Rights	Flat

- 묶음 판매된 작품을 목록에서 제외했으므로 위의 3.4에서 제시한 총 수출 작품 수 650편과 수치상의 차이 있음
- 14번 〈간신〉은 국가별로 판권이 다른 관계로 판권사가 나뉘어 표기됨
- 211번 〈소수의견〉은 판권사가 CJ E&M에서 나이너스엔터테인먼트로 변경됨

2) 2015년 추가수익(Overage) 입금액 기준

No.	작품명(한글)	판권사	수입사	판매국가	판권 종류	계약 형태
1	20세여 다시 한 번	CJ E&M	일본 직배	일본	All Rights	-
2	20세여 다시 한 번	CJ E&M	인도네시아 직배	인도네시아	극장판권	-
3	GROW	CJ E&M	일본 직배	일본	All Rights	-
4	아이 엠(I AM: SM타운 라이브 월드투어 인 메디슨 스퀘어 가든	CJ E&M	AVEX Taiwan	대만	All Rights	MG
5	SM TOWN: THE STAGE	CJ E&M	인도네시아 직배	인도네시아	극장판권	-
6	SM TOWN: THE STAGE	CJ E&M	베트남 직배	베트남	극장판권	-
7	고스트	CJ E&M	NTV	일본	All Rights	MG
8	골든슬럼버 외 1편	CJ E&M	Amuse Soft	일본	All Rights	MG
9	국제시장	CJ E&M	일본 직배	일본	All Rights	-
10	국제시장	CJ E&M	인도네시아 직배	인도네시아	극장판권	-
11	국제시장	CJ E&M	미국 직배	미국	극장판권	-
12	귀신이 산다	CJ E&M	Eagle	대만	Video+TV Rights	MG
13	그녀를 믿지 마세요	CJ E&M	Eagle	대만	Video+TV Rights	MG
14	나의 P.S. 파트너	CJ E&M	Deltamac	홍콩	All Rights	MG
15	내 머리속의 지우개	CJ E&M	GAGA	일본	All Rights	MG
16	다이노타임	CJ E&M	미국 직배	미국	극장판권	-
17	도가니	CJ E&M	UA Film	홍콩	All Rights	MG
18	도희야	CJ E&M	일본 직배	일본	All Rights	-
19	동갑내기 과외하기 외 17편	CJ E&M	SPO	일본	All Rights	MG
20	두근두근 내 인생	CJ E&M	베트남 직배	베트남	극장판권	-
21	마담뺑덕	CJ E&M	일본 직배	일본	All Rights	-
22	마더	CJ E&M	Magnolia pictures	미국, 캐나다	All Rights	MG
23	명량	CJ E&M	Mingyo	호주	극장판권	MG
24	명량	CJ E&M	베트남 직배	베트남	극장판권	-
25	무사	CJ E&M	Polmedia	폴란드	All Rights	MG
26	무영검	CJ E&M	New Line Productions	미국, 캐나다	All Rights	MG
27	밀양	CJ E&M	IFC Films	미국, 캐나다	Video Rights	MG
28	밀양	CJ E&M	Golden Scene	홍콩	All Rights	MG
29	베테랑	CJ E&M	인도네시아 직배	인도네시아	극장판권	-
30	베테랑	CJ E&M	베트남 직배	베트남	극장판권	-

No.	작품명(한글)	판권사	수입사	판매국가	판권 종류	계약 형태
31	베테랑	CJ E&M	미국 직배	미국	극장판권	-
32	봉황위성유한공사 패키지딜	CJ E&M	凤凰卫视有限公司	중국	Internet	-
33	부가판권 총액	CJ E&M	일본 직배	일본	All Rights	-
34	부가판권 총액	CJ E&M	미국 직배	미국	부가판권	-
35	북경 소후신매체 정보기술 유한공사 패키지딜	CJ E&M	北京搜狐新媒体信息技术有限公司	중국	Internet	-
36	북경시월네트워크기술 유한공사 패키지딜	CJ E&M	北京时越网络技术有限公司	중국	Internet	-
37	북경치이세기과학기술 유한공사 패키지딜	CJ E&M	北京奇艺世纪科技有限公司	중국	Internet	-
38	사요나라이츠카 외 1편	CJ E&M	Asmik Ace	일본	All Rights	MG
39	상해잉베이문화전파 유한공사 패키지딜	CJ E&M	上海影贝文化传播有限公司	중국	Internet	-
40	상해쯔위엔 (강소화보) 패키지딜	CJ E&M	上海置缘(江苏华博)	중국	Internet	-
41	설국열차	CJ E&M	La Aventura	스페인	All Rights	MG
42	성난 변호사	CJ E&M	미국 직배	미국	극장판권	-
43	손님	CJ E&M	인도네시아 직배	인도네시아	극장판권	-
44	손님	CJ E&M	미국 직배	미국	극장판권	-
45	순수의 시대	CJ E&M	일본 직배	일본	All Rights	-
46	순수의 시대	CJ E&M	미국 직배	미국	극장판권	-
47	신촌좀비만화	CJ E&M	인도네시아 직배	인도네시아	극장판권	-
48	심천시 텅쉰 컴퓨터시스템유한공사 패키지딜	CJ E&M	深圳市腾讯计算机系统有限公司	중국	Internet	-
49	쎄시봉	CJ E&M	일본 직배	일본	All Rights	-
50	쎄시봉	CJ E&M	베트남 직배	베트남	극장판권	-
51	쎄시봉	CJ E&M	미국 직배	미국	극장판권	-
52	아저씨	CJ E&M	Well Go USA	미국, 캐나다	Video Rights	MG
53	악의 연대기	CJ E&M	베트남 직배	베트남	극장판권	-
54	악의 연대기	CJ E&M	미국 직배	미국	극장판권	-
55	영화망1905 패키지딜	CJ E&M	电影网1905	중국	Internet	-
56	오늘의 연애	CJ E&M	일본 직배	일본	All Rights	-
57	오늘의 연애	CJ E&M	인도네시아 직배	인도네시아	극장판권	-
58	오늘의 연애	CJ E&M	베트남 직배	베트남	극장판권	-
59	오늘의 연애	CJ E&M	미국 직배	미국	극장판권	-
60	왕의남자 외 1편	CJ E&M	Kadokawa	일본	All Rights	MG
61	용이간다	CJ E&M	SEGA	일본	All Rights	MG

No.	작품명(한글)	판권사	수입사	판매국가	판권 종류	계약 형태
62	우는 남자	CJ E&M	베트남 직배	베트남	극장판권	-
63	우아한 거짓말	CJ E&M	일본 직배	일본	All Rights	-
64	은밀한 유혹	CJ E&M	인도네시아 직배	인도네시아	극장판권	-
65	은밀한 유혹	CJ E&M	베트남 직배	베트남	극장판권	-
66	은밀한 유혹	CJ E&M	미국 직배	미국	극장판권	-
67	장수상회	CJ E&M	미국 직배	미국	극장판권	-
68	좋은 놈, 나쁜 놈, 이상한 놈	CJ E&M	Showgate	일본	All Rights	MG
69	타이거 영화 패키지딜	CJ E&M	泰阁映画	중국	Internet	-
70	탐정	CJ E&M	인도네시아 직배	인도네시아	극장판권	-
71	탐정	CJ E&M	베트남 직배	베트남	극장판권	-
72	탐정: 더 비기닝	CJ E&M	미국 직배	미국	극장판권	-
73	플란다스의 개	CJ E&M	Magnolia pictures	미국, 캐나다	All Rights	MG
74	해운대	CJ E&M	Magnolia pictures	미국, 캐나다	All Rights	MG
75	해운대	CJ E&M	Wild Side	프랑스	All Rights	MG
76	허이네트워크기술(북경) 유한공사 패키지딜	CJ E&M	合一网络技术（北京）有限公司	중국	Internet	-
77	황진이	CJ E&M	Eagle	대만	Video+TV Rights	MG
78	히말라야	CJ E&M	미국 직배	미국	극장판권	-
79	6년째 연애 중	나이너스 엔터테인먼트	Digital Media Rights	미국	VOD	RS
80	경축! 우리 사랑	나이너스 엔터테인먼트	Digital Media Rights	미국	VOD	RS
81	그 남자의 책 198쪽	나이너스 엔터테인먼트	Digital Media Rights	미국	VOD	RS
82	나의 사랑 나의 신부	나이너스 엔터테인먼트	LOTTE CINEMA VIETNAM	베트남	극장판권	MG
83	나의 친구, 그의 아내	나이너스 엔터테인먼트	Digital Media Rights	미국	VOD	RS
84	남남북녀	나이너스 엔터테인먼트	Digital Media Rights	미국	VOD	RS
85	복면달호	나이너스 엔터테인먼트	Digital Media Rights	미국	VOD	RS
86	봄날의 곰을 좋아하세요	나이너스 엔터테인먼트	Digital Media Rights	미국	VOD	RS
87	살인의뢰	나이너스 엔터테인먼트	CJ Entertainment America	미국	극장판권	RS
88	세븐데이즈	나이너스 엔터테인먼트	Sony Pictures Entertainment	일본	All rights	RS
89	소녀괴담	나이너스 엔터테인먼트	Taewang Sangsa	몽골	All rights	MG
90	소년은 울지 않는다	나이너스 엔터테인먼트	Digital Media Rights	미국	VOD	RS
91	아기와 나	나이너스 엔터테인먼트	Digital Media Rights	미국	VOD	RS

No.	작품명(한글)	판권사	수입사	판매국가	판권 종류	계약 형태
92	이대근 대 이대근	나이너스 엔터테인먼트	Digital Media Rights	미국	VOD	RS
93	전설의 고향	나이너스 엔터테인먼트	Digital Media Rights	미국	VOD	RS
94	카페서울	나이너스 엔터테인먼트	Digital Media Rights	미국	VOD	RS
95	퇴마: 무녀굴	나이너스 엔터테인먼트	LOTTE CINEMA VIETNAM	베트남	극장판권	MG
96	파이란	나이너스 엔터테인먼트	Digital Media Rights	미국	VOD	RS
97	펀치 레이디	나이너스 엔터테인먼트	Digital Media Rights	미국	VOD	RS
98	해피에로크리스마스	나이너스 엔터테인먼트	Digital Media Rights	미국	VOD	RS
99	허수아비들의 땅	나이너스 엔터테인먼트	Digital Media Rights	미국	VOD	RS
100	나인뮤지스: 그녀들의 서바이벌	독에어	Korea Festival at Korzo	네덜란드	영화제 상영료	상영료
101	달에 부는 바람	독에어	iFF One World	체코	영화제 상영료	상영료
102	달에 부는 바람	독에어	Montclair Film Festival	미국	영화제 상영료	상영료
103	목숨	독에어	Centro Cultural Coreano	멕시코	영화제 상영료	상영료
104	위로공단	독에어	Korean Film Festival in Austrailia	호주	영화제 상영료	상영료
105	위로공단	독에어	Centro Cultural Coreano no Brasil	브라질	영화제 상영료	상영료
106	위로공단	독에어	Rhubaba Gallery and Studios	영국	영화제 상영료	상영료
107	위로공단	독에어	Cambodia International Film Festival	캄보디아	영화제 상영료	상영료
108	철의 꿈	독에어	Centro Cultural Coreano	멕시코	영화제 상영료	상영료
109	건축학개론	롯데 엔터테인먼트	Showgate Inc.	일본	All Rights	MG
110	기술자들	롯데 엔터테인먼트	Lotte Cinema Vietnam	베트남	극장판권	MG
111	덕수리 5형제	롯데 엔터테인먼트	Lotte Cinema Vietnam	베트남	극장판권	MG
112	끝과 시작	쇼박스	Asian Media Rights	미국, 캐나다	Video, Broadband	flat
113	도레미파솔라시도	쇼박스	Fine Films	일본	극장판권, 비디오판권, 부가판권, TV판권, PPV	MG
114	미녀는 괴로워	쇼박스	Amuse Inc.	일본	극장판권, 비디오판권, 부가판권, TV판권, PPV, VOD, 인터넷판권	MG+RS
115	비몽	쇼박스	Asian Media Rights	미국, 캐나다	Video, Broadband	flat
116	애인	쇼박스	Asian Media Rights	미국, 캐나다	Video, Broadband	flat
117	영화는 영화다	쇼박스	Asian Media Rights	미국, 캐나다	Video, Broadband	flat

No.	작품명(한글)	판권사	수입사	판매국가	판권 종류	계약 형태
118	조선명탐정	쇼박스	Twin	일본	극장판권, 비디오판권, 부가판권, TV판권 등	RS
119	최강로맨스	쇼박스	SPO	일본	극장판권, 비디오판권, 부가판권, TV판권	MG+RS
120	기타 이야기	시네마달	Alexander street press	미국, 캐나다	VOD/DVD	RS
121	꿈의 공장	시네마달	Alexander street press	미국, 캐나다	VOD/DVD	RS
122	대추리에 살다	시네마달	Alexander street press	미국, 캐나다	VOD/DVD	RS
123	땅의 여자	시네마달	Alexander street press	미국, 캐나다	VOD/DVD	RS
124	또 하나의 세상-행당동사람들2	시네마달	Alexander street press	미국, 캐나다	VOD/DVD	RS
125	레드 마리아	시네마달	Alexander street press	미국, 캐나다	VOD/DVD	RS
126	명성 그 6일의 기록	시네마달	Alexander street press	미국, 캐나다	VOD/DVD	RS
127	미국의 바람과 불	시네마달	Alexander street press	미국, 캐나다	VOD/DVD	RS
128	미디어 숲속의 사람들	시네마달	Alexander street press	미국, 캐나다	VOD/DVD	RS
129	벼랑에선 도시빈민	시네마달	Alexander street press	미국, 캐나다	VOD/DVD	RS
130	상계동 올림픽	시네마달	Alexander street press	미국, 캐나다	VOD/DVD	RS
131	아메리칸 앨리	시네마달	Alexander street press	미국, 캐나다	VOD/DVD	RS
132	야보고의 오월	시네마달	Alexander street press	미국, 캐나다	VOD/DVD	RS
133	오월애	시네마달	Alexander street press	미국, 캐나다	VOD/DVD	RS
134	용산	시네마달	Alexander street press	미국, 캐나다	VOD/DVD	RS
135	웰랑뜨레이	시네마달	Alexander street press	미국, 캐나다	VOD/DVD	RS
136	잔인한 계절	시네마달	Alexander street press	미국, 캐나다	VOD/DVD	RS
137	잼 다큐 강정	시네마달	Alexander street press	미국, 캐나다	VOD/DVD	RS
138	철권가족	시네마달	Alexander street press	미국, 캐나다	VOD/DVD	RS
139	쿠바의 연인	시네마달	Alexander street press	미국, 캐나다	VOD/DVD	RS
140	하나가 되는 것은 더욱 커지는 일이다	시네마달	Alexander street press	미국, 캐나다	VOD/DVD	RS
141	하느님이 보시니 참 좋았다	시네마달	Alexander street press	미국, 캐나다	VOD/DVD	RS
142	한 사람	시네마달	Alexander street press	미국, 캐나다	VOD/DVD	RS
143	행당동 사람들	시네마달	Alexander street press	미국, 캐나다	VOD/DVD	RS
144	7급 공무원	엠라인 디스트리뷰션	Digital Media Rights	미국, 캐나다	Internet+TV rights	RS
145	AV 아이돌	엠라인 디스트리뷰션	Digital Media Rights	미국, 캐나다	Internet+TV rights	RS
146	B.E.D	엠라인 디스트리뷰션	Digital Media Rights	미국, 캐나다	Internet+TV rights	RS
147	가비	엠라인 디스트리뷰션	Digital Media Rights	미국, 캐나다	Internet+TV rights	RS

No.	작품명(한글)	판권사	수입사	판매국가	판권 종류	계약 형태
148	과속 스캔들	엠라인 디스트리뷰션	Digital Media Rights	미국, 캐나다	Internet+TV rights	RS
149	그랑프리	엠라인 디스트리뷰션	Digital Media Rights	미국, 캐나다	Internet+TV rights	RS
150	노르웨이의 숲	엠라인 디스트리뷰션	Digital Media Rights	미국, 캐나다	Internet+TV rights	RS
151	댄서의 순정	엠라인 디스트리뷰션	Digital Media Rights	미국, 캐나다	Internet+TV rights	RS
152	두 번의 결혼식과 한 번의 장례식	엠라인 디스트리뷰션	Digital Media Rights	미국, 캐나다	Internet+TV rights	RS
153	롤플레이	엠라인 디스트리뷰션	Digital Media Rights	미국, 캐나다	Internet+TV rights	RS
154	미안해 고마워	엠라인 디스트리뷰션	Digital Media Rights	미국, 캐나다	Internet+TV rights	RS
155	비밀애	엠라인 디스트리뷰션	Digital Media Rights	미국, 캐나다	Internet+TV rights	RS
156	비상	엠라인 디스트리뷰션	Digital Media Rights	미국, 캐나다	Internet+TV rights	RS
157	사람을 찾습니다	엠라인 디스트리뷰션	Digital Media Rights	미국, 캐나다	Internet+TV rights	RS
158	사랑이 무서워	엠라인 디스트리뷰션	Digital Media Rights	미국, 캐나다	Internet+TV rights	RS
159	수상한 이웃들	엠라인 디스트리뷰션	Digital Media Rights	미국, 캐나다	Internet+TV rights	RS
160	식객	엠라인 디스트리뷰션	Digital Media Rights	미국, 캐나다	Internet+TV rights	RS
161	식객2	엠라인 디스트리뷰션	Digital Media Rights	미국, 캐나다	Internet+TV rights	RS
162	심장이 뛰네	엠라인 디스트리뷰션	Digital Media Rights	미국, 캐나다	Internet+TV rights	RS
163	어쿠스틱	엠라인 디스트리뷰션	Digital Media Rights	미국, 캐나다	Internet+TV rights	RS
164	완벽한 파트너	엠라인 디스트리뷰션	Digital Media Rights	미국, 캐나다	Internet+TV rights	RS
165	외출	엠라인 디스트리뷰션	Digital Media Rights	미국, 캐나다	Internet+TV rights	RS
166	웨딩드레스	엠라인 디스트리뷰션	Digital Media Rights	미국, 캐나다	Internet+TV rights	RS
167	이층의 악당	엠라인 디스트리뷰션	Digital Media Rights	미국, 캐나다	Internet+TV rights	RS
168	작은 연못	엠라인 디스트리뷰션	Digital Media Rights	미국, 캐나다	Internet+TV rights	RS
169	전망 좋은 집	엠라인 디스트리뷰션	Digital Media Rights	미국, 캐나다	Internet+TV rights	RS
170	제니주노	엠라인 디스트리뷰션	Digital Media Rights	미국, 캐나다	Internet+TV rights	RS
171	주먹이 운다	엠라인 디스트리뷰션	Digital Media Rights	미국, 캐나다	Internet+TV rights	RS
172	죽이러 갑니다	엠라인 디스트리뷰션	Digital Media Rights	미국, 캐나다	Internet+TV rights	RS
173	짐승	엠라인 디스트리뷰션	Digital Media Rights	미국, 캐나다	Internet+TV rights	RS
174	째째한 로맨스	엠라인 디스트리뷰션	Digital Media Rights	미국, 캐나다	Internet+TV rights	RS
175	참을 수 없는	엠라인 디스트리뷰션	Digital Media Rights	미국, 캐나다	Internet+TV rights	RS

No.	작품명(한글)	판권사	수입사	판매국가	판권 종류	계약 형태
176	창피해	엠라인 디스트리뷰션	Digital Media Rights	미국, 캐나다	Internet+TV rights	RS
177	청담보살	엠라인 디스트리뷰션	Digital Media Rights	미국, 캐나다	Internet+TV rights	RS
178	카페느와르	엠라인 디스트리뷰션	Digital Media Rights	미국, 캐나다	Internet+TV rights	RS
179	커플즈	엠라인 디스트리뷰션	Digital Media Rights	미국, 캐나다	Internet+TV rights	RS
180	퀴즈왕	엠라인 디스트리뷰션	Digital Media Rights	미국, 캐나다	Internet+TV rights	RS
181	키친	엠라인 디스트리뷰션	Digital Media Rights	미국, 캐나다	Internet+TV rights	RS
182	토끼와 리저드	엠라인 디스트리뷰션	Digital Media Rights	미국, 캐나다	Internet+TV rights	RS
183	파주	엠라인 디스트리뷰션	Digital Media Rights	미국, 캐나다	Internet+TV rights	RS
184	팬트하우스 코끼리	엠라인 디스트리뷰션	Digital Media Rights	미국, 캐나다	Internet+TV rights	RS
185	평양성	엠라인 디스트리뷰션	Digital Media Rights	미국, 캐나다	Internet+TV rights	RS
186	핑크	엠라인 디스트리뷰션	Digital Media Rights	미국, 캐나다	Internet+TV rights	RS
187	핸드폰	엠라인 디스트리뷰션	Digital Media Rights	미국, 캐나다	Internet+TV rights	RS
188	혈투	엠라인 디스트리뷰션	Digital Media Rights	미국, 캐나다	Internet+TV rights	RS
189	홍길동의 후예	엠라인 디스트리뷰션	Digital Media Rights	미국, 캐나다	Internet+TV rights	RS
190	흉터	엠라인 디스트리뷰션	Digital Media Rights	미국, 캐나다	Internet+TV rights	RS
191	아저씨	유나이티드 픽쳐스	TOEI	일본	All Rights	MG
192	앤티크	유나이티드 픽쳐스	Showgate	일본	All Rights	MG
193	초능력자	유나이티드 픽쳐스	Twin	일본	All Rights	MG+직배수익
194	스물	콘텐츠판다	Lotte Cinema Vietnam	베트남	Cinematic Rights	MG
195	언펑해진	콘텐츠핀다	Full Brief Marketing (China Lion)	호주, 뉴질랜드	All Rights	Distribution Deal
196	몽타주	화인컷	Reach Glory	중국	Remake	Option/Purchase
197	봄 여름 가을 겨울 그리고 봄	화인컷	Sony Pictures Classics	미국	All Rights	MG
198	빈집	화인컷	Lev Cinema	이스라엘	All Rights	MG
199	숨바꼭질	화인컷	Village Roadshow	중국	Remake	Option/Purchase
200	시	화인컷	Diaphana Distribution	독일	TV	RS
201	시라노연애조작단	화인컷	Fine Films	일본	All Rights	MG
202	신부수업	화인컷	Pony Canyon	일본	All Rights	MG
203	신세계	화인컷	Sony Columbia	미국	Remake	Option / Purchase
204	아이리스: 극장판	화인컷	Kadokawa	일본	All Rights	MG

No.	작품명(한글)	판권사	수입사	판매국가	판권 종류	계약 형태
205	악마를 보았다	화인컷	1984 Entertainment	미국	Remake	Option / Purchase
206	여행자	화인컷	Lev Cinema	이스라엘	All Rights	MG
207	여행자 외 44편 패키지	화인컷	Asian Media Rights	미국	All Rights	RS
208	오아시스	화인컷	Atlas Entertainment	미국	Remake	Option / Purchase
209	포화속으로	화인컷	Kadokawa	일본	All Rights	MG

3.11 한국영화 국제영화제 출품

1) 연도별 한국영화 국제영화제 출품 현황

연 도	참가영화제 횟수	출품편수(편)	출품횟수(회)
2000	제53회 칸국제영화제 등 138개 처	126	387
2001	제18회 선댄스영화제 등 96개 처	176	431
2002	제55회 칸국제영화제 등 108개 처	156	362
2003	제56회 칸국제영화제 등 159개 처	120	423
2004	제57회 칸국제영화제 등 160개 처	130	475
2005	제58회 칸국제영화제 등 130개 처	172	487
2006	제59회 칸국제영화제 등 158개 처	169	507
2007	제60회 칸국제영화제 등 181개 처	160	522
2008	제61회 칸국제영화제 등 134개 처	163	385
2009	제62회 칸국제영화제 등 196개 처	183	577
2010	제63회 칸국제영화제 등 143개 처	112	388
2011	제64회 칸국제영화제 등 219개 처	215	668
2012	제64회 칸국제영화제 등 211개 처	179	584
2013	제65회 칸국제영화제 등 148개 처	143	429
2014	제66회 칸국제영화제 등 177개 처	201	517
2015	제67회 칸국제영화제 등 184개 처	163	401

• 국내 개최 국제영화제 및 한국영화 주간(한국영화만을 상영하는 행사) 제외, 단편영화 제외

2) 연도별 한국영화 국제영화제 권역별 출품 현황

연도	아시아	북미	중남미	유럽	오세아니아	기타	계
2000	21	29	2	82	3	1	138
2001	16	25	2	47	5	1	96
2002	14	25	4	60	4	1	108
2003	21	46	5	75	8	4	159
2004	23	37	5	87	5	3	160
2005	23	30	5	63	4	5	130
2006	25	32	10	73	10	8	158
2007	21	42	7	96	7	8	181
2008	20	28	5	72	4	5	134
2009	31	49	5	93	7	11	196
2010	25	34	5	63	6	6	143
2011	35	41	10	113	8	1	219
2012	42	43	11	100	12	3	211
2013	25	34	7	69	7	6	148
2014	39	40	7	82	6	3	177
2015	17	82	5	71	5	4	184

그림 Ⅱ-3-13 2015년 한국영화 국제영화제 권역별 출품 현황

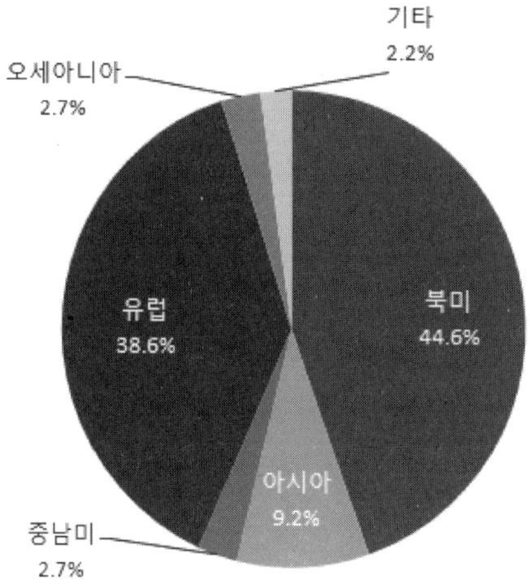

3.12 2015년 한국영화 국제영화제 출품 및 수상 현황

1) 장편영화 : 124개 처 181편 434회 출품, 23개 처 28편 32개상 수상

영화제(한)	영화제(영)	개최시기	지역	초청작(한)	초청부문	수상내역
팜스프링즈 국제영화제	Palm Springs International Film Festival	01.02~01.12	미국, 팜스프링즈	도희야	World Cinema Now	
				해무	Awards Buzz: Best Foreign Language Film	
블랙무비 제네바영화제	Black Movie, International Independent Film Festival, Geneva	01.16~01.25	스위스, 제네바	소셜포비아	Brainpower	
				들꽃	The apple of our eyes: Prix de la critique 2015	
				끝까지 간다	Scared stiff	
				10분	Step by step	
				산다	Following the scent	
				자유의 언덕	Following the scent	
				에드워드	Black Movie for Kids: Mondes chimériques	

영화제(한)	영화제(영)	개최시기	지역	초청작(한)	초청부문	수상내역
로테르담 국제영화제	International Film Festival Rotterdam	01.21~02.01	네덜란드, 로테르담	꿈보다 해몽	Bright Future	
로테르담 국제영화제	International Film Festival Rotterdam	01.21~02.01	네덜란드, 로테르담	산다	Bright Future	
로테르담 국제영화제	International Film Festival Rotterdam	01.21~02.01	네덜란드, 로테르담	거인	Bright Future	
로테르담 국제영화제	International Film Festival Rotterdam	01.21~02.01	네덜란드, 로테르담	메이드 인 차이나	Signals: Everyday Propaganda	
로테르담 국제영화제	International Film Festival Rotterdam	01.21~02.01	네덜란드, 로테르담	블랙 스톤	Spectrum	
로테르담 국제영화제	International Film Festival Rotterdam	01.21~02.01	네덜란드, 로테르담	한여름의 판타지아	Spectrum	
로테르담 국제영화제	International Film Festival Rotterdam	01.21~02.01	네덜란드, 로테르담	카트	What the F?!	
선댄스영화제	Sundance Film Festival	01.22~02.01	미국, 파크시티	서울 서칭	PREMIERES	
예테보리 국제영화제	Göteborg International Film Festival	01.23~02.02	스웨덴, 예테보리	북녘에서 온 노래	NEW VOICES (Nya röster)	
예테보리 국제영화제	Göteborg International Film Festival	01.23~02.02	스웨덴, 예테보리	자유낙하	FESTIVAL FAVORITES (Festival favoriter)	
예테보리 국제영화제	Göteborg International Film Festival	01.23~02.02	스웨덴, 예테보리	산다	FIVE CONTINENTS (Fem kontinenter)	
예테보리 국제영화제	Göteborg International Film Festival	01.23~02.02	스웨덴, 예테보리	거짓말	FIVE CONTINENTS (Fem kontinenter)	
예테보리 국제영화제	Göteborg International Film Festival	01.23~02.02	스웨덴, 예테보리	인 허 플레이스	FIVE CONTINENTS (Fem kontinenter)	
예테보리 국제영화제	Göteborg International Film Festival	01.23~02.02	스웨덴, 예테보리	한여름의 판타지아	Focus	
산타바바라 국제영화제	Santa Barbara International Film Festival	01.27~02.07	미국, 산타바바라	카트	Pan Asia	
산타바바라 국제영화제	Santa Barbara International Film Festival	01.27~02.07	미국, 산타바바라	끝까지 간다	Pan Asia	
산타바바라 국제영화제	Santa Barbara International Film Festival	01.27~02.07	미국, 산타바바라	해무	Pan Asia	
산타바바라 국제영화제	Santa Barbara International Film Festival	01.27~02.07	미국, 산타바바라	좋은 친구들	INTERNATIONAL FEATURES Competition	
산타바바라 국제영화제	Santa Barbara International Film Festival	01.27~02.07	미국, 산타바바라	해무	NON-COMPETITION FILMS SPECIAL PRESENTATIONS	
베를린 국제영화제	Berlin International Film Festival	02.05~02.15	독일, 베를린	잡식가족의 딜레마	Culinary Cinema	
베를린 국제영화제	Berlin International Film Festival	02.05~02.15	독일, 베를린	철원기행	Forum	
베를린 국제영화제	Berlin International Film Festival	02.05~02.15	독일, 베를린	공백의 얼굴들	Forum Expanded	
베를린 국제영화제	Berlin International Film Festival	02.05~02.15	독일, 베를린	국제시장	Panorama	
베를린 국제영화제 비평가 주간	Berlin Critic's Week	02.05~02.12	독일, 베를린	화장		
포틀랜드 국제영화제	Portland International Film Festival	02.05~02.21	미국, 포틀랜드	도희야	New Directors	

영화제(한)	영화제(영)	개최시기	지역	초청작(한)	초청부문	수상내역
브졸국제 아시아영화제	Vesoul International Film Festival of Asian Cinema	02.10~02.17	프랑스, 브졸	꿈보다 해몽	International Competition	COUP DE COEUR INALCO
				한공주	Breathless	
				도희야	Breathless	
				명왕성	Breathless	
애니마-브뤼셀국제 애니메이션 영화제	Anima-Brussels International Animation Film Festival	02.13~02.22	벨기에, 브뤼셀	사이비	International Competition-Feature Films	
				우리별 일호와 얼룩소	International Competition-Feature Films	
				넛잡: 땅콩 도둑들	International Competition-Feature Films For Children	Audience Award for Best Children's Animated Feature
유바리국제 판타스틱 영화제	Yubari International Fantastic Film Festival	02.19~02.23	일본, 홋카이도	일대일	Special Invitation	
피쿠남 국제영화제	FICUNAM: Festival	02.26~03.07	멕시코, 멕시코시티	북녘에서 온 노래	El Porvenir	
베오그라드 국제영화제	Belgrade International Film Festival	02.27~03.08	세르비아, 베오그라드	더 테너 리리코 스핀토	Forum	
				끝까지 간다	Thrills & Kills	
판타스포르토-오포르토 국제영화제	Oporto International Film Festival - Fantasporto	02.27~03.07	포르투갈, 포르토	소녀괴담	Fantasy Films Competition - Features / Orient Express Competition / Industry Screenings Focus Features	MELHOR ARGUMENTO (Best Screenplay)
				해무	Opening Film / Filme Abertura Official / Director's Week Competition / Orient Express Competition	MELHOR FILME (Best Film Orient Express) / MELHOR REALIZADOR (Directors Week Best Director Award)
				일대일	Director's Week Competition / Orient Express Competition	

영화제(한)	영화제(영)	개최시기	지역	초청작(한)	초청부문	수상내역
뉴욕 국제어린이 영화제	New York International Children's Film Festival	02.27~03.22	미국, 뉴욕	우리별 일호와 얼룩소	NEW YORK PREMIERE	
템포 다큐멘터리 영화제	Tempo Documentary Festival	03.02~03.08	스웨덴, 스톡홀름	님아, 그 강을 건너지 마오	International Competition	
원월드 국제인권 다큐멘터리 영화제	One World International Human Rights Documentary Film Festival	03.02~03.11	체코, 프라하 외 33개 도시	State of Play	The Power of the Media	
				달에 부는 바람	Learning Forever	
오사카 아시안영화제	Osaka Asian Film Festival	03.06~03.15	일본, 오사카	국제시장	Closing Film	
				마이가 결정할게 2	Special Programs 〈New Action! Southeast Asia〉	
				태양을 쏴라	Special Screenings	
				Brake Mode	Indie Forum	
아시안 아메리칸 미디어센터 영화제	Center For Asian American Media Fest (CAAMFest)	03.12~03.22	미국, 샌프란시스코	서울 서칭	GALA PRESENTATIONS	
				카트	CinemAsia	
				인 허 플레이스	CinemAsia	
				마이 페어 웨딩	CinemAsia	
사우스바이 사우스웨스트 컨퍼런스 앤 페스티발	SXSW® Film Conference and Festival	03.13~03.21	미국, 오스틴	조류인간	SX Global	
크레떼이유 국제여성 영화제	Films de Femmes-International Women film festival of Créteil	03.13~03.22	프랑스, 크레떼이유	도희야	Salle partenaire La LUCARNE	
뉴디렉터스/ 뉴필름영화제	New Directors / New Films Festival	03.18~03.29	미국, 뉴욕	해무		
페비오페스트	International Film Festival Prague - Febiofest	03.19~03.27	체코, 프라하	파이널 레시피	Culinary Cinema - Appetite for Film	
제임슨 더블린 국제영화제	Jameson Dublin International Film Festival	03.19~03.29	아일랜드, 더블린	도희야	Official Selection: International	
시네마 뒤 릴 국제 다큐멘터리 영화제	Cinema Du Reel Festival International De Films Documentaires	03.19~03.29	프랑스, 파리	경계	First Film International Competition	

영화제(한)	영화제(영)	개최시기	지역	초청작(한)	초청부문	수상내역
밀레니엄 국제 다큐멘터리 영화제	Millenium International Documentary Film Festival	03.20~03.28	벨기에, 브뤼셀	님아, 그 강을 건너지 마오	International Competition	Special Award of the Jury, La Trois Award (RTBF)
피렌체 한국영화제	Florence Korea Film Fest	03.20~03.30	이탈리아, 피렌체	명량	Opening	
				군도: 민란의 시대	Orizzonti Coreani	
				자유의 언덕	Orizzonti Coreani	
				슬로우 비디오	Orizzonti Coreani	
				도희야	Orizzonti Coreani	
				하이힐	Orizzonti Coreani	
				끝까지 간다	Orizzonti Coreani	
				님은 먼 곳에	Orizzonti Coreani	
				나의 독재자	Orizzonti Coreani	
				마담 뺑덕	Orizzonti Coreani	
				일대일	Orizzonti Coreani	
				고지전	Orizzonti Coreani	
				산다	Independent Korea	
				철원기행	Independent Korea	
				소셜포비아	Independent Korea	
				거인	Independent Korea	
				현기증	Independent Korea	
				신촌좀비만화	Independent Korea	
				화장	Retrospettiva Ahn Sung-ki	
				개그맨	Retrospettiva Ahn Sung-ki	
				남부군	Retrospettiva Ahn Sung-ki	
				라디오 스타	Retrospettiva Ahn Sung-ki	
				기쁜 우리 젊은 날	Retrospettiva Ahn Sung-ki	
				부러진 화살	Retrospettiva Ahn Sung-ki	
				축제	Im Kwon-taek Retrospettiva	
				하얀전쟁	K-War	
				실미도	K-War	
				태극기 휘날리며	K-War	
				비무장지대	K-War	

영화제(한)	영화제(영)	개최시기	지역	초청작(한)	초청부문	수상내역
				웰컴 투 동막골	K-War	
				라이브TV	Horror Film Night	
				소녀괴담	Horror Film Night	
				해무	Closing	
프리부르 국제영화제	Fribourg International Film Festival	03.21~03.28	스위스, 프리부르	도희야	International Competition: Long Films	
				해무	Special Screenings, Midnight Screening	
				자유낙하	Special Screenings, Decryption: Can you laugh about anything?, Midnight Screening	
				아티스트 봉만대	Genre Cinema: Terra Erotica I, Decryption: Can you laugh about anything?, Midnight Screening	
				마담 뺑덕	Genre Cinema: Terra Erotica I	
홍콩 국제영화제	Hong Kong International Film Festival	03.23~04.06	홍콩	한여름의 판타지아	Indie Power	
				화장	Master Class	
				산다	Global Vision	
				철원기행	Indie Power	
				북녘에서 온 노래	Documentaries: Reality Bites	
브뤼셀 국제 판타스틱 영화제	Brussels International Fantastic Film Festival	04.07~04.19	벨기에, 브뤼셀	추격자	Homage to Korea	
				하녀	Homage to Korea	
				살인의 추억	Homage to Korea	
				신의한수	I'm a Seoul Man	
				해무	I'm a Seoul Man	
				끝까지 간다	I'm a Seoul Man	
				일대일	I'm a Seoul Man	
				명량	I'm a Seoul Man	
				표적	I'm a Seoul Man	
				더 테러 라이브	I'm a Seoul Man	
				우는 남자	I'm a Seoul Man	

영화제(한)	영화제(영)	개최시기	지역	초청작(한)	초청부문	수상내역
CPH:PIX	CPH:PIX	04.09~04.22	덴마크, 코펜하겐	명량	PIX SPECIALS	
				자유의 언덕	MAESTROS	
				일대일	LONE STARS	
				끝까지 간다	WORLD VIEWS	
				해무	WORLD VIEWS	
				화이: 괴물을 삼킨 아이	THRILLS AND KILLS	
타이타닉 국제 영화제	Titanic International Film Festival	04.10~04.18	헝가리, 부다페스트	인 허 플레이스	In Competition	
				설국열차	The Dark Side	
하와이 국제영화제 스프링 쇼케이스	HIFF Spring Showcase	04.10~04.19	미국, 하와이	빅매치		
				허삼관		
				조선명탐정: 사라진 놉의 딸		
				강남 1970		
				헬머니		
				오늘의 연애		
				상의원		
휴스턴 국제영화제	World Fest Houston International Independent Film Festival	04.10~04.19	미국, 휴스턴	그림 그리는 해녀	Women's Issue	여성부문 금상
부에노스 아이레스 국제 독립영화제	Buenos Aires International Independent Film Festival (BAFICI)	04.15~04.25	아르헨티나, 부에노스 아이레스	북녘에서 온 노래	International Official Competition	Special Jury Prize
				우리별 일호와 얼룩소	Little Bafici	
				자유의 언덕	Panorama	
				화장	Panorama	
베이징 국제영화제	Beijing International Film Festival	04.16~04.23	중국, 베이징	제보자	Tiantan Award	
				들꽃	Forward Future	
				우리별 일호와 얼룩소	Panorama	
				메밀꽃, 운수 좋은 날, 그리고 봄봄	Panorama	
				혼자 서는 인간	Panorama	
				디렉터스 컷	Panorama	
				좋은 친구들	Panorama	
				군도: 민란의 시대	Panorama	
				화장	Panorama	

영화제(한)	영화제(영)	개최시기	지역	초청작(한)	초청부문	수상내역
				해적: 바다로 간 산적	Panorama	
				수상한 그녀	Panorama	
				도희야	Panorama	
				집으로 가는 길	Panorama	
				경주	Special Presentation	
필름페스트 DC	Filmfest DC	04.16~04.26	미국, 워싱턴	끝까지 간다	TRUST NO ONE, SISTER CITIES THROUGH THE LENS	
비전 뒤 릴	Vision du Reel	04.17~04.25	프랑스	님아, 그 강을 건너지 마오	GRAND ANGLE	
로스앤젤리스 아시안퍼시픽 영화제	Los Angeles Asian Pacific Film Festival	04.23~04.30	미국, 로스앤젤리스	고양이 장례식	International Showcase	
				다이빙벨	Shorts Programs	
샌프란시스코 국제영화제	San Francisco International Film Festival	04.23~05.07	미국, 샌프란시스코	산다	Global Visions	
				끝까지 간다	Global Visions	
				자유의 언덕	Masters	
핫독국제 다큐멘터리 영화제	Hot Docs Canadian International Documentary Festival	04.23~05.03	캐나다, 토론토	님아, 그 강을 건너지 마오	World Showcase	
우디네극동 영화제	Udine Far East Film Festival	04.24~05.02	이탈리아, 우디네	카트	Competition Section	
				좋은 친구들	Competition Section	
				강남 1970	Competition Section	
				두근두근 내 인생	Competition Section	Audience Award
				나의 사랑, 나의 신부	Competition Section	
				내 연애의 기억	Competition Section	
				국제시장	Competition Section	Audience Award
				타짜: 신의 손	Competition Section	
				상의원	Competition Section	Audience Award, My Movies Audience Award
				마녀	Competition Section	
토리노 GLBT 영화제	Torino GLBT Film Festival	04.29~05.04	이탈리아, 토리노	도희야	TGLFF 30 - FUORI CONCORSO	

영화제(한)	영화제(영)	개최시기	지역	초청작(한)	초청부문	수상내역
밀라노 국제영화제 (엑스포 내)	Milan International Film Festival Awards	05.11~10.18	이탈리아, 밀라노	더 테너 리리코 스핀토	Feature Fiction Films International	Best Cinemato graphy
시애틀 국제영화제	Seattle International Film Festival	05.14~06.07	미국, 시애틀	자유낙하		
				해무	Asian Crossroads	
				끝까지 간다	Asian Crossroads	
				꿈보다 해몽	Asian Crossroads	
				화장	Asian Crossroads	
				우리별 일호와 얼룩소	Films 4 Families	
				서울 서칭	Future Wave	
몽클레어 영화제	Montclair Film Festival	05.01~05.10	미국	달에 부는 바람	DOCUMENTARY FEATURE	
칸국제영화제	Cannes Film Festival	05.13~05.24	프랑스, 칸	무뢰한	UN CERTAIN REGARD	
				마돈나	UN CERTAIN REGARD	
				오피스	MIDNIGHT SCREENINGS	
칸국제영화제-비평가주간	Cannes Film Festival - Critics' Week	05.14~05.22	프랑스, 칸	차이나타운	SPECIAL SCREENINGS	
트란실바니아 국제영화제	Transylvania International Film Festival	05.29~06.07	루마니아, 클루즈-나포카	끝까지 간다	Supernova	
				해무	Shadows	
시드니영화제	Sydney Film Festival	06.03~06.14	호주, 시드니	해무		
				자유의 언덕		
				마더		
				님아, 그 강을 건너지 마오		
씨네토피아 영화제	Cinetopia Film Festival	06.05~06.14	미국, 앤아버/디트로이트	인 허 플레이스		
애니마페스트-자그레브 애니메이션 영화제	Animafest -World Festival of Animated Film-Zagreb	06.09~06.14	크로아티아, 자그레브	사이비	Grand Competition - Feature Film	특별 언급
LA 영화제	Los Angeles Film Festival	06.10~06.18	LA, 미국	님아, 그 강을 건너지 마오	Documentary Competition	Documentary Prize

영화제(한)	영화제(영)	개최시기	지역	초청작(한)	초청부문	수상내역
상하이 국제영화제	Shanghai International Film Festival	06.13~06.21	중국, 상하이	장수상회	Golden Goblet Award	
				무뢰한	Golden Goblet Award	Outstanding Artistic Achievement
				새출발	Asian New Talent Award	
				철원기행	Asian New Talent Award	
				위로공단	Documentaries for the Golden Goblet Award	
				선지자의 밤	Panorama	
				쎄씨봉	Panorama	
				소셜포비아	Panorama	
				꿈보다 해몽	Panorama	
				경주	Panorama	
				살인의뢰	Panorama	
				자유의 언덕	Panorama	
				성실한 나라의 앨리스	Panorama	
				도희야	Panorama	
				조선명탐정: 사라진 놉의 딸	Panorama	
				미성년	Panorama	
				나의 사랑, 나의 신부	Panorama	
				내 연애의 기억	Panorama	
				좋은 친구들	Panorama	
				눈길	Panorama	
				화장	Panorama	
				빅매치	Jackie Chan Action Movie Week	
모스크바 국제영화제	Moscow International Film Festival	06.19~06.28	러시아, 모스크바	님아, 그 강을 건너지 마오	Free Thought (비경쟁)	
아트 필름 페스트	Art Film Fest	06.20~06.26	슬로바키아, 트렌친	해무	Eastern Promises	
뮌헨 국제영화제	Filmfest Munchen (Munich International Film Festival)	06.25~07.04	독일, 뮌헨	산다	Cinevision	
				꿈보다 해몽	International Independants	
				경주	International Independants	

영화제(한)	영화제(영)	개최시기	지역	초청작(한)	초청부문	수상내역
뉴욕 아시안 영화제	New York Asian Film Festival	06.26~07.14	미국, 뉴욕	카트	MYUNG FILMS: Pioneers And Women Behind The Camera In Korean Film	
				그때 그 사람들	MYUNG FILMS: Pioneers And Women Behind The Camera In Korean Film	
				섬	MYUNG FILMS: Pioneers And Women Behind The Camera In Korean Film	
				화장	MYUNG FILMS: Pioneers And Women Behind The Camera In Korean Film	
				와이키키 브라더스	MYUNG FILMS: Pioneers And Women Behind The Camera In Korean Film	
				제보자	MYUNG FILMS: Pioneers And Women Behind The Camera In Korean Film	
				님아, 그 강을 건너지 마오		
				상의원		
				스물		
				소셜포비아		
				순수의 시대		
타이페이 영화제	Taipei Film Festival	06.26~07.18	대만, 타이페이	인 허 플레이스	International New Talent Competition	
				북녘에서 온 노래	Future Lights	
				화장	World Cinema	
카를로비바리 국제영화제	Karlovy Vary International Film Festival	07.03~07.11	체코, 카를로비바리	설행_눈길을 걷다	Official Selection (비경쟁)	
				스돕	Official Selection (비경쟁)	
				간신	Horizons	
				블랙 스톤	Another View	
				꿈보다 해몽	Another View	
				시	Six Close Encounters (Kim Ki-duk presents)	
후쿠오카 아시안 영화제	Fukuoka Asian Film Festival	07.03~07.12	일본, 후쿠오카	워킹걸		
				헬머니		
				다이빙벨		그랑프리 (Grand Prix)

영화제(한)	영화제(영)	개최시기	지역	초청작(한)	초청부문	수상내역
판타지아 국제영화제	Fantasia International Film Festival	07.14~08.04	캐나다, 몬트리올	암살		
				빅매치		Guru Prize for Best Action Feature
				끝까지 간다		Silver Prize for Best Asian Feature
				강남 1970		
				오피스		
				상의원		
				해무		
				소셜포비아		
				타짜: 신의 손		
				창백한 얼굴들		
				화산고래		
바르셀로나 빅아시안 섬머 필름페스티벌	Asian Summer Film Festival in Barcelona, Vic	07.14~07.19	스페인, 바르셀로나	해적: 바다로 간 산적	Competitive Official Selection	
				어쩌다	Competitive Official Selection	
				우리별 일호와 얼룩소	Children's Matinée	
달라스 아시안 영화제	Asian Film Festival of Dallas	07.16~07.23	미국, 달라스	서울 서칭	Opening Night Film	
				개를 훔치는 완벽한 방법		
				발레리노		
				빅매치		
				연평해전		
				도희야	Closing Night Film	
브레인워시 영화제	Brainwash Movie Festival	07.17~07.25	미국, 오클랜드	Bleach Formula	Double Feature	
지포니 영화제	GIFFONI EXPERIENCE	07.17~07.26	이탈리아, 지포니	개를 훔치는 완벽한 방법	ELEMENTS +6	
				우아한 거짓말	GENERATOR +13	Cinecircoli Giovanili Socioculturali
				차이나타운	GENERATOR +18	Gryphon Award

영화제(한)	영화제(영)	개최시기	지역	초청작(한)	초청부문	수상내역
티 모바일 뉴 호라이즌스 국제영화제	T-Mobile New Horizons	07.23~08.02	폴란드, 브라츠와프	자유의 언덕	Panorama	
				인 허 플레이스	Panorama	
				일대일	Panorama	
아시안 아메리칸 국제영화제	The Asian American International Film Festival (aaiff)	07.23~08.01	미국, 뉴욕	도희야	Narrative	
				서울 서칭	Narrative	
트래버스시티 영화제	Traverse City Film Festival	07.28~08.02	미국, 미시건	카트	Foreign Free Movies at the Buzz	
				해무	Foreign Movies on a Boat Don't Miss	
멜버른 국제영화제	Melburne International Film Festival	07.30~08.16	호주, 멜버른	님아, 그 강을 건너지 마오	Accent on Asia	
				산다	Accent on Asia	
				차이나타운	Accent on Asia	
				해무	Accent on Asia	
				자유의 언덕	Accent on Asia	
				거짓말	Accent on Asia	
로카르노 국제영화제	Festival del film Locarno	08.05~08.15	스위스, 로카르노	지금은맞고 그때는틀리다	Concorso internazionale	Pardo d'oro (대상) / Pardo per la miglior interpretazione maschile (남우주연상)
				오아시스	I film delle giurie	
라스베가스 영화제	Las Vegas Film Festival	08.11~08.16	미국, 라스베가스	서울 서칭	Feature	
몬트리올 세계영화제	Montreal World Film Festival	08.27~09.07	캐나다, 몬트리올	참 친절하시네요	World Greats (out of competition)	
				돼지같은 여자	World Greats (out of competition)	
				위로공단	Documentaries	
				그라운드의 이방인	Documentaries	
				하프	Focus on World Cinema	
				수색역	Focus on World Cinema	
				섬, 사라진 사람들	Focus on World Cinema	
				우리의 마지막 여름	Focus on World Cinema	

영화제(한)	영화제(영)	개최시기	지역	초청작(한)	초청부문	수상내역
토론토 국제영화제	Toronto International Film Festival	09.10~09.20	캐나다, 토론토	지금은맞고 그때는틀리다	MASTERS	
				베테랑	VANGUARD	
				돌연변이	VANGUARD	
후쿠오카 국제영화제	Focus on Asia - International Film Festival Fukuoka	09.18~09.25	일본, 후쿠오카	산다	Officially Invited Films	
산세바스티안 국제영화제	San Sebastian International Film Festival	09.18~09.26	스페인, 산세바스티안	울보	New Directors	
퀴어리스보아 - 국제 퀴어영화제	Queer Lisboa - International Queer Film Festival	09.18~09.26	포르투갈, 리스본	블랙 스톤	Competition for Best Feature Film	
시드니 언더그라운드 영화제	Sydney Underground Film Festival	09.19~09.20	호주, 시드니	일대일	Features	
실크로드 국제영화제	Silk Road International Film Festival	09.22~09.26	중국, 산시성	장수상회		
				쓰리 썸머 나잇		
				전우치		
				하울링		
				내사랑 내곁에		
				내가 살인범이다		
				끝까지 간다		
				아빠를 빌려드립니다		
				명량		
캘거리 국제영화제	Calgary International Film Festival	09.23~10.04	캐나다, 캘거리	해무	World Cinema	
발리 국제영화제	Bali International Film Festival (Balinale)	09.24~09.30	인도, 발리	국제시장	Feature Film	
				무뢰한	Feature Film	
판타스틱 페스트	Fantastic Fest	09.24~10.01	미국, 텍사스	오피스	Feature Films	
				간신	Feature Films	
				스피드	Feature Films	
				더티 로맨스	Feature Films	

영화제(한)	영화제(영)	개최시기	지역	초청작(한)	초청부문	수상내역
취리히 영화제	Zurich Film Festival	09.24~10.04	스위스, 취리히	한여름의 판타지아	Special Screenings	
밴쿠버 국제영화제	Vancouver International Film Festival	09.24~10.09	캐나다, 밴쿠버	지금은맞고 그때는틀리다	Dragons & Tigers	
				상의원	Dragons & Tigers	
				성실한 나라의 앨리스	Dragons & Tigers	
				극비수사	Dragons & Tigers	
				필름시대사랑	Dragons & Tigers	
				손님	Dragons & Tigers	
				연길	Dragons & Tigers	
				꿈보다 해몽	Dragons & Tigers	
				한여름의 판타지아	Dragons & Tigers	
뉴욕영화제	New York Film Festival	09.25~10.11	미국, 뉴욕	지금은맞고 그때는틀리다	Main Slate	
하이파 국제영화제	Haifa International Film Festival	09.26~10.05	이스라엘, 하이파	도희야	Panorama	
				인 허 플레이스	Panorama	
				차이나타운	Midnight Madness	
언스포큰 인권영화제	Unspoken Human Rights Film Festival	10.01~10.03	미국, 뉴욕	The Last Tear		
함부르크 영화제	Film Fest Hamburg	10.01~10.10	독일, 함부르크	사랑이 이긴다	Asia Express	
				인 허 플레이스	Asia Express	
				북녘에서 온 노래	Asia Express	
				지금은맞고 그때는틀리다	Asia Express	
리우 데 자네이루 국제영화제	Festival do Rio (Rio de Janeiro's International Film Festival)	10.01~10.14	브라질, 리우데 자네이루	자유의 언덕	Panorama: Masters	
				지금은맞고 그때는틀리다	Panorama: Masters	
				마돈나	World Panorama	
				스톱	World Panorama	
발디비아 국제영화제	Festival Internacional de Cine de Valdivia	10.05~10.11	칠레, 발디비아	지금은맞고 그때는틀리다	Gala	

영화제(한)	영화제(영)	개최시기	지역	초청작(한)	초청부문	수상내역
누보 시네마 영화제	Festival Du Nouveau Cinema	10.07~10.18	캐나다, 몬트리올	무뢰한	TEMPS ø	
				차이나타운	TEMPS ø	
				지금은맞고 그때는틀리다	SPECIAL PRESENTATION	
BFI 런던영화제	BFI London Film Festival	10.07~10.18	영국, 런던	암살		
				마돈나		
				지금은맞고 그때는틀리다		
				님아, 그 강을 건너지 마오		
햄톤즈 국제영화제	Hamptons International Film Festival	10.08~10.12	미국, 햄톤즈	님아, 그 강을 건너지 마오	World Cinema Documentary	
야마가타 국제 다큐멘터리 영화제	YAMAGATA International Documentary Film Festival	10.08~10.15	일본, 야마가타	반짝이는 박수소리	New Asian Currents	Special Mention
				잔인한 나의, 홈	New Asian Currents	Directors Guild of Japan Award
필름즈 프롬 더 사우스 영화제	Films from the South Festival	10.08~10.18	노르웨이, 오슬로	님아, 그 강을 건너지 마오		
				해무		
				원더풀 데이즈		
밀 밸리 영화제	Mill Valley Film Festival	10.08~10.18	미국, 샌 라파엘	우리별 일호와 얼룩소	Children's Film Fest	
바르샤바 영화제	Warsaw Film Festival	10.09~10.18	폴란드, 바르샤바	성실한 나라의 앨리스	Free Spirit Competition	
				울보	Competition 1-2	
시체스 국제 판타스틱 영화제	SITGES - International Fantastic Film Festival of Catalonia	10.09~10.18	스페인, 시체스	화신고래	Anima't	
				차이나타운	Noves Visions Plus	
				스피드	Noves Visions Plus	
				친절한 가정부	Noves Visions Plus	
				상의원	Noves Visions Plus Closing - out of competition	
				간신	Official Fantàstic - Special Screenings	
				강남 1970	Oficial Òrbita	
				베테랑	Oficial Òrbita	Focus Àsia
				오피스	Panorama Fantàstic	
				손님	Panorama Fantàstic	

영화제(한)	영화제(영)	개최시기	지역	초청작(한)	초청부문	수상내역
겐트 영화제	Film Fest Gent	10.13~10.24	벨기에, 겐트	마돈나	Official Selection - In Competition	
애들레이드 영화제	Adelaide Film Festival (AFF)	10.15~10.25	호주, 애들레이드	오피스	International Feature Competition	
도쿄 국제영화제	Tokyo International Film Festival	10.22~10.31	일본, 도쿄	지금은맞고 그때는틀리다	World Focus	
				내 심장을 쏴라	Asian Future	
라이프치히 국제 다큐멘터리& 애니메이션 영화제	DOC Leipzig	10.26~11.01	독일, 라이프치히	나인뮤지스; 그녀들의 서바이벌	Country Focus South Korea	
				님아, 그 강을 건너지 마오	Country Focus South Korea	
				두 개의 문	Country Focus South Korea	
				악사들	Country Focus South Korea	
				아버지의이메일	Country Focus South Korea	
				마이 페어 웨딩	Country Focus South Korea	
				만신	Country Focus South Korea	
				공부의 나라	Country Focus South Korea	
				위로공단	Country Focus South Korea	
				춘희막이	International Competition	
마르 델 플라타 국제영화제	Mar Del Plata International Film Festival	10.30~11.07	아르헨티나, 마르 델 플라타	지금은맞고 그때는틀리다	Panorama	
				한여름의 판타지아	Panorama	
세인트루이스 국제영화제	St. Louis International Film Festival (SLIFF)	11.03~11.13	미국, 세인트루이스	우리별 일호와 얼룩소	NARRATIVE	
				해무	NARRATIVE	St. Louis Film Critics' Joe Pollack and Joe Williams Awards
밴쿠버 아시안 영화제	Vancouver Asian Film Festival	11.05~11.08	캐나다, 밴쿠버	서울 서칭		
스코츠데일 국제영화제	Scottsdale International Film Festival	11.05~11.09	미국, 스코츠데일	인 허 플레이스		
				해무		

영화제(한)	영화제(영)	개최시기	지역	초청작(한)	초청부문	수상내역
AFI 영화제	AFI FEST (American Film Institute Festival)	11.05~11.12	미국, 캘리포니아	거짓말	Breakthrough	
				지금은맞고 그때는틀리다	World Cinema	
샌 디에고 아시안 영화제	San Diego Asian Film Festival (SDAFF)	11.05~11.14	미국, 샌디에고	상의원	Asia Pop!	
				뷰티 인사이드	Asia Pop!	
				차이나타운	Asia Pop!	
				스물	Asia Pop!	
				미쓰와이프	Asia Pop!	
				서울 서칭	Asian American Panorama	
				설행_눈길을 걷다	Discoveries	
토론토 릴 아시안 국제영화제	Toronto Reel Asian International Film Festival	11.05~11.15	캐나다, 토론토	상의원		
				서울 서칭		
				인 허 플레이스		
코크 영화제	Cork Film Festival	11.06~11.15	아일랜드, 코크	님아, 그 강을 건너지 마오		
까사 아시아 필름 위크	Casa Asia Film Week (CAFW)	11.11~11.15	스페인	카트	Corea del sur	
				자유의 언덕	Corea del sur	
				해무	Corea del sur	
				마돈나	Corea del sur	
오스틴 아시안 아메리칸 영화제	Austin Asian American Film Festival (AAAFF)	11.12~11.15	미국, 오스틴	서울 서칭		Best Narrative Feature
하이 펄즈 영화제	High Falls Film Festival	11.12~11.16	미국, 뉴욕	카트		
뉴욕 다큐멘터리 영화제	DOC NYC	11.12~11.19	미국, 뉴욕	춘희막이	Modern Family	
하와이 국제영화제	Hawaii International Film Festival	11.12~11.22	미국, 하와이	사도	Opening Night Film	
				마돈나	Spotlight on Korea	The Halekulani Golden Orchidawards for Best Narrative Feature
				암살	Spotlight on Korea	하정우 Renaissance Award
				지금은맞고 그때는틀리다	Spotlight on Korea	
				소수의견	Spotlight on Korea	
				베테랑	Spotlight on Korea	
				미쓰와이프	Spotlight on Korea	
				오피스	HIFF Extreme	
				춘향뎐	NETPAC 25th Anniversary	
				서울 서칭	New American Filmmakers	

영화제(한)	영화제(영)	개최시기	지역	초청작(한)	초청부문	수상내역
필라델피아 아시안 아메리칸 영화제	Philadelphia Asian American Film Festival	11.12~11.22	미국, 필라델피아	서울 서칭		Best Narrative Feature Award / Audience Choice Award for Narrative
인도 국제 어린이 영화제	International Children's Film Festival India	11.14~11.20	인도	개를 훔치는 완벽한 방법	Competition Asian Panorama	Golden Elephant trophy for Best Feature Film
				어떤 시선		
				우리별 일호와 얼룩소		
SVA 영화제	SVA (The Society for Visual Anthropology) Film Festival	11.18~11.21	미국	유예기간	GLOBAL SEX WORK	
아시아티카 영화제	Asiatica Film Mediale	11.20~11.28	이탈리아	한여름의 판타지아		The Jury Prize for Best Film
				만신		
				님아, 그 강을 건너지 마오		The Audience Award for Best Documentary
				박하사탕	Focus Corea	
				박쥐	Focus Corea	
				살인의 추억	Focus Corea	
				카트	Focus Corea	
동경 필멕스	Tokyo FILMex	11.21~11.29	일본, 도쿄	차이나다운	Competition	
마라케시 국제영화제	Marrakech International Film Festival	12.04~12.12	아프리카, 모로코	스틸 플라워		Jury Prize
파인애플 언더그라운드 영화제	Pineapple Underground Film Festival	12.04~12.12	홍콩	어우동: 주인 없는 꽃	World Cinema Presentation	
마이애미 국제 어린이 영화제	Miami International Children's Film Festival	12.26~12.31	미국, 마이애미	우리별 일호와 얼룩소		

• 3.11에서는 한국영화 주간(한국영화만을 상영하는 행사)을 제외하였으나, 동 자료에서는 포함하므로 3.11과 수치 다름

2) 단편영화 : 85개 처 104편 172회 출품, 10개 처 11편 11개상 수상

영화제(한)	영화제(영)	개최시기	지역	초청작(한)	초청부문	수상내역
블랙무비 제네바영화제	Black Movie, International Independent Film Festival, Geneva	01.16~01.25	스위스, 제네바	아코 온 더 로드	Black Movie for Kids: Tour du Monde	
				자니 익스프레스	Black Movie for Kids: Mondes chimériques	
시애틀 어린이영화제	Children's Film Festival Seattle	01.22~02.07	미국, 시애틀	콩나물	FINDING MY WAY	
끌레르몽페랑 국제 단편영화제	Clermont - ferrand International Short Film Festival	01.30~02.07	프랑스, 끌레르몽페랑	이상한 나라의 김민수	International Competition	심사위원 특별상
				호산나	International Competition	
				구ㅁ	Lab Competition	
베를린 국제영화제	Berlin International Film Festival	02.05~02.15	독일, 베를린	호산나	Berlinale Shorts	황금곰상
				독학자	Forum Expanded	
				히스테릭스	Forum Expanded	
유바리국제 판타스틱 영화제	Yubari International Fantastic Film Festival	02.19~02.23	일본, 홋카이도	허들	International Short Film Competition	예술공헌상 (Artistic Contribution)
				개진상	International Short Film Competition	
				미조	Off-theater Competition	
뉴욕 국제어린이 영화제	New York International Children's Film Festival	02.27~03.22	미국, 뉴욕	자니 익스프레스	SHORT FILMS TWO	GRAND PRIZE SHORT, SPECIAL JURY AWARDS: Best Animated Short
				일렉트릭 소울	SHORT FILMS TWO	

영화제(한)	영화제(영)	개최시기	지역	초청작(한)	초청부문	수상내역
탐페레영화제	Tampere Film Festival	03.04~03.08	핀란드, 탐페레	파킹찬스	INTERNATIONAL COMPETITION 10: PROFESSIONALS	
				사브라	INTERNATIONAL COMPETITION 9: YOUNG HEART	
볼더 국제영화제	Boulder International Film Festival	03.05~03.08	미국, 볼더	콩나물	Short Films 1	
아시안 아메리칸 미디어센터 영화제	Center For Asian American Media Fest (CAAMFest)	03.12~03.22	미국, 샌프란시스코	부랑자	Shorts	
				바캉스	Shorts	
클리블랜드 국제영화제	Cleveland International Film Festival	03.18~03.29	미국, 클리블랜드	더 로열리스트	Shorts Program 11	
				Taste In Guys	Shorts Program 12	
피렌체 한국영화제	Florence Korea Film Fest	03.20~03.30	이탈리아, 피렌체	수지	Corto, Corti!	
				12번째 보조사제	Corto, Corti!	
				민우씨 오는 날	Corto, Corti!	
				클로젯	Corto, Corti!	
				Something	Corto, Corti!	
				균열	Corto, Corti!	
				새벽 국경에서	Corto, Corti!	
				iBaby	Corto, Corti!	
				불면증	Corto, Corti!	
				60마일의 사나이	Corto, Corti!	
				인형	Corto, Corti!	
앤아버영화제	Ann Arbor Film Festival	03.24~03.29	미국, 앤아버	심경	Animated Films in Competition	
애선스 국제영화제	Athens International Film and Video Festival	04.03~04.09	미국, 오하이오	감각적 공해	Competition 2015: What Just Happened	
				심경	Competition2015: Cartoons for Adults	
				Winnings Is Not Everything	Competition2015: Cartoons for Kids	

영화제(한)	영화제(영)	개최시기	지역	초청작(한)	초청부문	수상내역
보스톤 국제영화제	Boston International Film Festival	04.16~04.21	미국, 보스톤	더 로열리스트		
사라소타 영화제	Sarasota Film Festival	04.10~04.19	미국, 사라소타	더 로열리스트	Shorts1 Narrative1	
				물보다 진한	Shorts17 Best of Web	
플로리다 영화제	Florida Film Festival	04.10~04.19	미국, 메이트랜드	물보다 진한	International Shorts	
				더 로열리스트	Shorts Program 3: When Will I Be Loved	
카툰스 온더베이 국제 애니메이션 영화제	Cartoons on the Bay-International Festival on Television	04.16~04.18	이탈리아, 베니스	TAP TAP COMO	TV SERIES FOR PRESCHOOL	
				BUBBLE MARIN	TV SERIES FOR PRESCHOOL	
로스앤젤리스 아시안퍼시픽 영화제	Los Angeles Asian Pacific Film Festival	04.23~04.30	미국, 로스앤젤리스	Quyen	Shorts Programs	SPECIAL JURY MENTIONS
				감각적 공해	Shorts Programs	
				스나이퍼의 관찰법	Shorts Programs	
				물보다 진한	Shorts Programs	SPECIAL JURY MENTIONS
				트리오	Shorts Programs	
브뤼셀 단편영화제	Brussels Short Film Festival	04.23~05.03	벨기에, 브뤼셀	야누스	Next Generation: International Competition	
크라코프 국제영화제	Krakow Film Festival	05.31~06.07	폴란드, 크라코프	서로가	Short Film Competition	
함부르크 국제 단편영화제	Hamburg International Short Film Festival	06.09~06.15	독일, 함부르크	커피 경제학	THREE-MINUTEQUICKIE COMPETITION	
				약속	THREE-MINUTEQUICKIE COMPETITION	
쇼트쇼츠 영화제	Short Shorts Film Festival & Asia	06.04~06.15	일본, 도쿄	목격자	Asia International & Japan	
				인형	Asia International & Japan	

영화제(한)	영화제(영)	개최시기	지역	초청작(한)	초청부문	수상내역
				여배우	Asia International & Japan	
				킬러 앞에, 노인	Asia International & Japan	
				바이크 레이디	Asia International & Japan	
				12번째 보조사제	Asiana International Short Film Festival(AISFF) Program from Korea	
				아티스트-110	Asiana International Short Film Festival(AISFF) Program from Korea	
				바캉스	Asiana International Short Film Festival(AISFF) Program from Korea	
				루이스 자네티의 영화의 이해	Asiana International Short Film Festival(AISFF) Program from Korea	
월드 필름 어워즈	World Film Awards	06.08~06.19	자카르타, 인도네시아	감각적 공해		
애니마페스트-자그레브 애니메이션 영화제	Animafest - World Festival of Animated Film-Zagreb	06.09~06.14	크로아티아, 자그레브	달팽이	Grand Competition-Short Film	
				의자 위의 남자	Grand Competition-Short Film	
				메테리얼 걸	Student Film Competition	
				애프터눈 클래스	Student Film Competition	특별 언급
상하이 국제영화제	Shanghai International Film Festival	06.13~06.21	중국, 상하이	아빠의 맛	International Student Shorts Exhibition and Competition	
안시 국제 애니메이션 영화제	Annecy International Animated Film Festival	06.15~06.20	프랑스, 안시	애프터눈 클래스	Graduation film (경쟁)	
				고치	Graduation film (경쟁)	
				원플러스원	Graduation film (경쟁)	
				인디-애니페스트 2014 트레일러 "One Thousand Buddhas"	Commissioned films (경쟁)	
				심경	Short films (비경쟁)	

영화제(한)	영화제(영)	개최시기	지역	초청작(한)	초청부문	수상내역
팜스프링즈 국제 단편영화제	Palm Springs International Short Fest	06.16~06.22	미국, 팜스프링즈	발롱	Short Fest	
				마트로 간 소년	Short Fest	
				Mrs. K	Short Fest	
				소월길	Short Fest	
필름 퀘스트 영화제	Film Quest Festival	06.18~06.27	미국, 유타	Mrs. K	Horror Shorts	
모스크바 국제영화제	Moscow International Film Festival	06.19~06.28	러시아, 모스크바	설화	short film	
				스나이퍼의 관찰법	short film	The Best Short Film
멜버른 국제 애니메이션 영화제	Melbourne International Animation Festival	06.21~06.28	호주, 멜버른	Imagine	Best of the Next - International	
				더 샌드	Best of the Next - International	
				구미	International Program	
				뷰티풀	Late Night Bizarre	
피크닉 영화제	Picknic Film Festival	06.23~06.27	스페인, 산탄데르	감각적 공해	Fiction Short film	
미코노스 비엔날레	Mykonos Biennale	07.02~07.07	미국, 뉴욕	더 로열리스트	Dramatic Nights	
마드리드 국제영화제	Madrid International Film Festival	07.02~07.11	스페인, 마드리드	우리 공주님	Talented New Director, Best Foreign Language Short, Best Supporting Actress in a Foreign Language Film	
				트리오	Best Supporting Actor in a Foreign Language Film, Best Original Screenplay of a Foreign Language Film	
롱아일랜드 국제 필름 엑스포	Long Island International Film Expo	07.08~07.16	미국, 롱아일랜드(뉴욕)	우리 공주님		
판타지아 국제영화제	Fantasia International Film Festival	07.14~08.04	캐나다, 몬트리올	Torment		
				아코 온 더 로드	Acho on the Road	
메이컨 영화제	Macon Film Festival	07.16~07.19	미국, 메이컨	심경	ANIMATION SHORTS	
샌 프란시스코 프로즌 영화제	San Francisco Frozen Film Festival	07.16~07.18	미국, 샌프란시스코	Dream	LOCAL BAY AREA FILM PROGRAM	

영화제(한)	영화제(영)	개최시기	지역	초청작(한)	초청부문	수상내역
달라스 아시안 영화제	Asian Film Festival of Dallas	07.16~07.23	미국, 달라스	교무실	LATE NIGHT SHORTS	
				Z	LATE NIGHT SHORTS	
지포니 영화제	GIFFONI EXPERIENCE	07.17~07.26	이탈리아, 지포니	자니 익스프레스	ELEMENTS +10	
뉴 호프 영화제	New Hope Film Festival	07.24~08.02	미국, 펜실베니아	열	Student films	
				더 로열리스트	Student films	
미디어 시티 영화제	Media City Film Festival	07.28~08.01	캐나다, 온타리오	삐 소리가 울리면	International Program	
트래버스 시티 영화제	Traverse City Film Festival	07.28~08.02	미국, 미시건	자니 익스프레스	SHORTS FOR KIDS	
애니메이션 블록 파티	Animation Block Party	07.30~08.02	미국, 뉴욕	심경	International Shorts - Program One	
로카르노 국제영화제	Festival del film Locarno	08.05~08.15	스위스, 로카르노	여배우	I film delle giurie	기타 / 문소리, 심사위원으로 위촉
콜롬비아 고지 국제영화제	Columbia Gorge International Film Festival	08.06~08.16	캐나다	Children of Stateless		
				Good Neighbor, The		
글로브 페스티벌	Festival of Globe	08.07~08.16	미국, 캘리포니아	설화	NARRATIVE SHORT	
헐리쇼츠 영화제	Holly Shorts Film Festival	08.13~08.22	미국, 헐리우드	물보다 진한	Thriller	
몬트리올 세계영화제	Montreal World Film Festival	08.27~09.07	캐나다, 몬트리올	스가우팅 리포트	Student Film Festival - International Competition	
				물보다 진한	Focus on World Cinema - Short Films	
				우주보자기	Focus on World Cinema - Short Films	
				실종	Student Film Festival - International Competition	
라웨이 국제 영화제	The Rahway International Film Festival	08.28~08.30	미국, 뉴저지	일어나	RIFF SHORT FILMS BLOCK #1	Best Editing in a Short Film

영화제(한)	영화제(영)	개최시기	지역	초청작(한)	초청부문	수상내역
VOB 영화제	VOB Film Festival	09.03~09.06	미국, 뉴욕	The Painter	Short Film Festival	
캘리포니아 독립 영화제	California Independent Film Festival	09.10~09.16	미국, 캘리포니아	더 로열리스트	Relationships	
내퍼빌 독립 영화제	Naperville Independent Film Festival	09.12~09.19	미국, 내퍼빌	우리 공주님	Student Short	
브리스톨 앤카운터스 단편 · 애니메이션 영화제	Bristol Encounters Short Film and Animation Festival	09.15~09.20	영국, 브리스톨	심경		
드라마 국제 단편영화제	International Short Film Festival in Drama	09.15~09.20	그리스, 드라마	사랑의 무게	Honorary Distinction for Female Leading Roll	
				더 로열리스트		
올덴버그 영화제	Oldenburg Film Festival	09.16~09.20	독일, 올덴버그	더 로열리스트	Kurzfilme	
실크로드 국제영화제	Silk Road International Film Festival	09.22~09.26	중국, 산시성	체어맨		
				루이스 자네티의 영화의 이해		
발리 국제영화제	Bali International Film Festival (Balinale)	09.24~09.30	인도, 발리	감각적 공해	Short Film	
레이카야빅 국제영화제	Reykjavik International Film Festival	09.24~10.04	아이슬란드, 레이카야빅	더 로열리스트	Short Film	
밴쿠버 국제영화제	Vancouver International Film Festival	09.24~10.09	캐나다, 밴쿠버	도깨비불	Dragons & Tigers	
메시지 투 맨 영화제	Message to Man	09.25~10.03	러시아, 상트 페테르부르크	심경	In Silico	
				의자 위의 남자	International Competition	
트레져 코스트 국제영화제	Treasure Coast International Film Festival	10.01~10.04	미국, 플로리다	Samaritan	Short Film Drama	
				밀크셰이크	Short Film Drama	

영화제(한)	영화제(영)	개최시기	지역	초청작(한)	초청부문	수상내역
삿포로 단편영화제	Sapporo Short Fest	10.07~10.12	일본, 삿포로	심경	International Programme	
				5 Minutes Serenade	International Programme	
				먹이	International Programme	
				군터	Family & Children	
				초대	Short Shorts Film Festival & Asia	
				여배우	Asian Typhoon 10	
어반 미디어 메이커스 영화제	Urban MediaMakers Film Festival	10.08~10.11	미국, 조지아	무서운 이야기	Videopalooza - High School Student Films	Best International Middle/High School Student Film
더블린 국제 단편영화제	Dublin International Short Film and Music Festival	10.08~10.11	아일랜드, 더블린	심경	Programme 15	
햄톤즈 국제영화제	Hamptons International Film Festival	10.08~10.12	미국, 햄톤즈	물보다 진한	Student Short Films Showcase	
뉴욕 독립영화제	NYC Independent Film Festival	10.12~10.18	미국, 뉴욕	스나이퍼의 관찰법		
				설화		
UN 영화제	United Nations Association Film Festival (UNAFF)	10.15~10.25	미국, 샌프란시스코	인생의 문을 두드려라		
시카고 국제영화제	Chicago International Film Festival	10.15~10.29	미국, 시카고	원플러스원	Shorts 2: Covered in Lines - Animation	
				물보다 진한	Shorts 3: Drawn to the Blood - Midnight Program	
이매진 사이언스 영화제	Imagine Science Film Festival	10.16~10.24	미국, 뉴욕	먹이	Shorts: Other Realities	
웁살라 국제단편 영화제	Uppsala International Short Film Festival	10.19~10.25	스웨덴, 웁살라	심경	IC8 - Stare Down	
				출사	Fantastic Film	
케리 영화제	Kerry Film Festival	10.21~10.25	아일랜드, 트랄리	Mrs. K	Shorts: Crime and Punishment	
몰로디스트 영화제	Molodist Film Festival	10.24~11.01	우크라이나, 키예프	파파라치	Student competition	

영화제(한)	영화제(영)	개최시기	지역	초청작(한)	초청부문	수상내역
라이프치히 국제 다큐멘터리& 애니메이션 영화제	DOC Leipzig	10.26~11.01	독일, 라이프치히	심경	Country Focus South Korea	
				더 샌드	Country Focus South Korea	
				산책가	Country Focus South Korea	
				소녀이야기	Country Focus South Korea	
				환	Country Focus South Korea	
				발효시킨 수박	Country Focus South Korea	
				해금니	Country Focus South Korea	
				벌레아이	International Programme Short Film	
마르 델 플라타 국제영화제	Mar Del Plata International Film Festival	10.30~11.07	아르헨티나, 마르 델 플라타	온 보드	Panorama	
				우주보자기	Panorama	
인디 멤피스 영화제	Indie Memphis Film Festival	11.03~11.10	미국, 멤피스	심경	Shorts Block: Experimental & Animation	
				Aporia	Shorts Block: Experimental & Animation	
세인트루이스 국제영화제	St. Louis International Film Festival (SLIFF)	11.03~11.13	미국, 세인트루이스	의자 위의 남자	Narrative Shorts: New Faces of French Animation	
				Mrs. K	Narrative Shorts: Sci-Fi, Thrillers & Westerns	
리즈 국제영화제	Leeds International Film Festival	11.03~11.17	영국, 리즈	애프터눈 클래스		
밴쿠버 아시안 영화제	Vancouver Asian Film Festival	11.05~11.08	캐나다, 밴쿠버	더 로열리스트		
				시절인연		
오하이 영화제	Ojai Film Festival	11.05~11.15	미국, 오하이	더 로열리스트		
토론토 릴 아시안 국제영화제	Toronto Reel Asian International Film Festival	11.05~11.15	캐나다, 토론토	The Auction		
크리스탈 팔라스 국제영화제	Crystal Palace International Film Festival	11.06~11.28	영국, 런던	설화	International Film Night	

영화제(한)	영화제(영)	개최시기	지역	초청작(한)	초청부문	수상내역
테헤란 국제 단편영화제	Tehran International Short Film Festival (TISFF)	11.11~11.17	이란	스나이퍼의 관찰법		
				시지프		
				Honey Trap		
에딘버러 단편 영화제	Edinburgh Short Film Festival	11.11~11.22	스코틀랜드, 에딘버러	우리 공주님	Brave New Worlds	
아르파 국제영화제	Arpa International Film Festival	11.13~11.15	미국, LA	더 로열리스트		Best Short Film
				설화		
시카고 국제릴영화제	Chicago International REEL Shorts Film Fest	12.11~12.12	미국, 시카고	Delete		

• 한국영화 주간(한국영화만을 상영하는 행사) 포함

4. 한국영화 제작비 및 투자 수익성

4.1 한국영화 제작비

2015년에 개봉한 한국영화는 총 232편이었고, 전체 제작비 추산 총액은 4,616.8억 원[7]으로 2014년 4,361.7억 원에 비해 255.1억 원 증가하였다. 2015년 한국영화의 평균 총제작비는 19.9억 원으로 전년에 비해 소폭 감소하였지만, 제작편수가 전년보다 15편 증가하면서 전체 제작비 규모는 증가하였다.

제작비 규모별 편수를 살펴보면, 총제작비 80억 이상의 블록버스터[8] 영화가 2014년 13편에서 2015년 19편으로 6편 증가한 점이 눈에 띈다. 또한, 60~70억 원 사이 영화편수는 7편으로 전년대비 3편이 증가하였고, 10억 미만의 저예산영화 편수는 2014년에 이어 2015년에도 증가하였다. 반면 총제작비 40~50억 원 사이 영화는 6편으로 전년에 비해 절반 수준으로 감소하였다.

한편, 한국 상업영화[9] 평균 제작비는 56.1억 원으로 전년 대비 소폭 증가하였다. 한국 상업영화 제작비 평균값이 2013년도에 비교적 큰 폭으로 상승한 바 있는데, 이는 〈설국열차〉, 〈미스터 고〉와 같이 일반적인 블록버스터 영화 제작비를 크게 상회하는 해외시장용 작품이 2013년에 개봉되었기 때문이다. 2014년의 〈넛잡〉, 2015년의 〈제7기사단〉등이 이렇게 해외시장을 목표로 하는 글로벌 프로젝트의 작품이었다.

1) 연도별 한국영화 개봉작 평균 제작비

(단위: 억 원)

구분	순제작비(A)		마케팅비(P&A)(B)		총제작비(A + B)
	평균 순제작비	비중	평균 마케팅비	비중	평균 총제작비
2006	25.8	64.2%	14.4	35.8%	40.2
2007	25.5	68.5%	11.7	31.5%	37.2
2008	20.7	68.8%	9.4	31.2%	30.1
2009	15.6	67.5%	7.5	32.5%	23.1
2010	14.2	65.7%	7.4	34.3%	21.6
2011	15.5	68.3%	7.2	31.7%	22.7
2012	13.4	66.0%	6.9	34.0%	20.3
2013	15.0	70.1%	6.4	29.9%	21.4
2014	14.9	74.1%	5.2	25.9%	20.1
2015	14.5	72.9%	5.4	27.1%	19.9

7) 2015년 한국영화 제작비 총액(추산) = 2015년 개봉편수 × 2015년 평균 총제작비

8) 영화진흥위원회는 매년 진행하는 한국영화 투자 수익성 분석에서 총비용 10억 원 미만 영화를 '저예산 영화', 10억 원 이상 80억 원 미만 영화를 '일반 상업영화', 80억 원 이상의 영화를 '블록버스터 영화'로 구분하고 있음

9) '상업영화'는 한국영화 투자 수익성 분석상인 상업적인 기획으로 제작 · 배급되는 경향의 영화(총제작비 10억 원 이상이거나 전국 개봉 스크린 수가 100개 이상인 작품)를 임의 지칭함. 2015년 대상작은 총 77편임.

그림 Ⅱ-4-1 연도별 한국영화 개봉작 평균 총제작비 구성

(단위: 억 원)

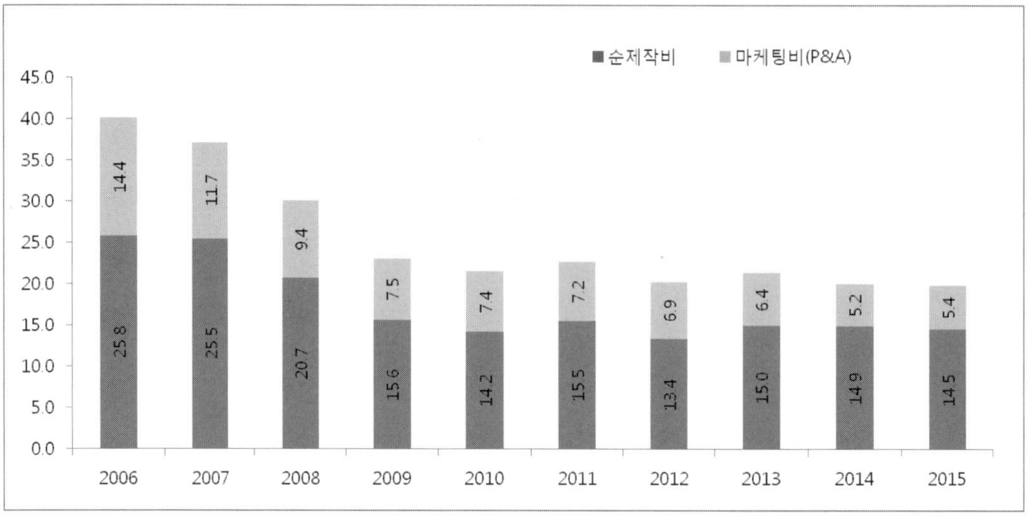

2) 연도별 총제작비 구간별 한국영화 개봉편수 분포

구분(억 원)		0~10	10~20	20~30	30~40	40~50	50~60	60~70	70~80	80~90	90~100	100~	합계
2011	편수(편)	82	10	6	10	14	10	6	3	1	1	3	146
	비율	56.2%	6.8%	4.1%	6.8%	9.6%	6.8%	4.1%	2.1%	0.7%	0.7%	2.1%	100%
2012	편수(편)	109	12	5	9	10	11	7	6	1	0	4	174
	비율	62.6%	6.9%	2.9%	5.2%	5.7%	6.3%	4.0%	3.5%	0.6%	0.0%	2.3%	100%
2013	편수(편)	125	8	4	7	11	7	5	7	0	3	5	182
	비율	68.7%	4.4%	2.2%	3.8%	6.0%	3.8%	2.8%	3.8%	0%	1.7%	2.8%	100%
2014	편수(편)	157	9	2	6	12	11	4	3	1	1	11	217
	비율	72.3%	4.1%	0.9%	2.8%	5.5%	5.1%	1.8%	1.4%	0.5%	0.5%	5.1%	100%
2015	편수(편)	163	12	6	6	6	11	7	2	5	8	6	232
	비율	70.3%	5.2%	2.6%	2.6%	2.6%	4.7%	3.0%	0.9%	2.2%	3.4%	2.6%	100%

그림 Ⅱ-4-2 연도별 총제작비 구간별 한국영화 개봉편수 분포도

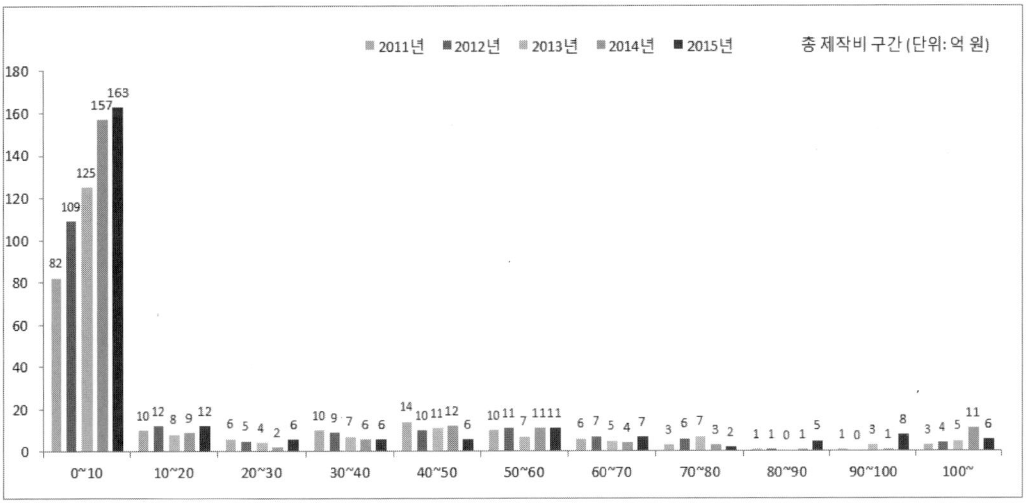

그림 Ⅱ-4-3 연도별 총제작비 구간별 한국영화 개봉편수 분포 비율

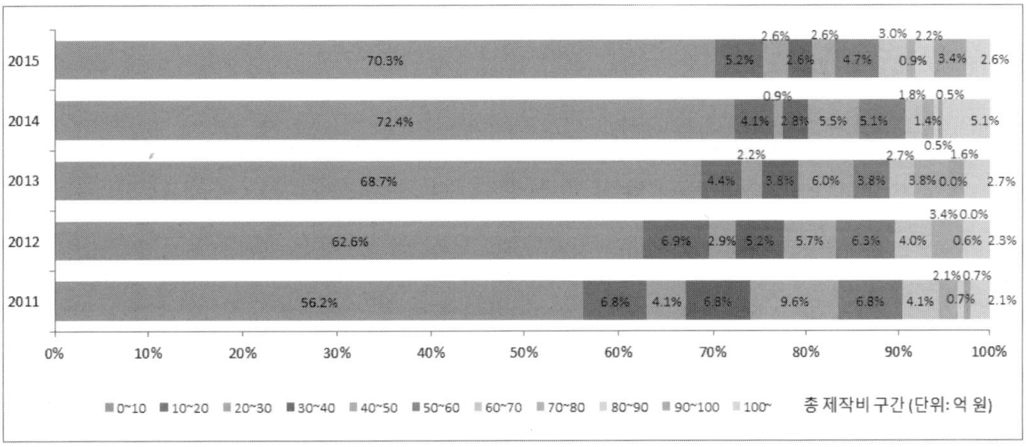

3) 연도별 한국 상업영화 개봉작 평균 제작비

(단위: 억 원)

	순제작비(A)		마케팅비(P&A)(B)		총제작비 (A + B)
	평균 순제작비	비중	평균 마케팅비	비중	평균 총제작비
2011	32.2	65.6%	16.9	34.4%	48.1
2012	30.6	62.3%	18.5	37.7%	46.8
2013	40.9	67.2%	20.0	32.8%	60.9
2014	35.5	65.7%	18.5	34.3%	54.0
2015*	40.8	72.7%	15.3	27.3%	56.1

- 2015년 순제작비와 마케팅비는 『2015년 한국 영화산업 결산』자료를 인용하였는데, 익년 초에 발표되는 『한국 영화산업 결산』보고서에 담긴 순제작비와 마케팅비는 간이조사 결과를 바탕으로 작성되는 잠정치임.
- 2011년~2014년 순제작비는 『2014년 한국영화 투자수익성 분석』의 〈표 Ⅰ-4-1〉에서, 동 기간 마케팅비는 동 문헌 〈표 Ⅱ-2-2〉에서 발췌하였음.

그림 Ⅱ-4-4 연도별 한국 상업영화 개봉작 순제작비와 마케팅비 구성

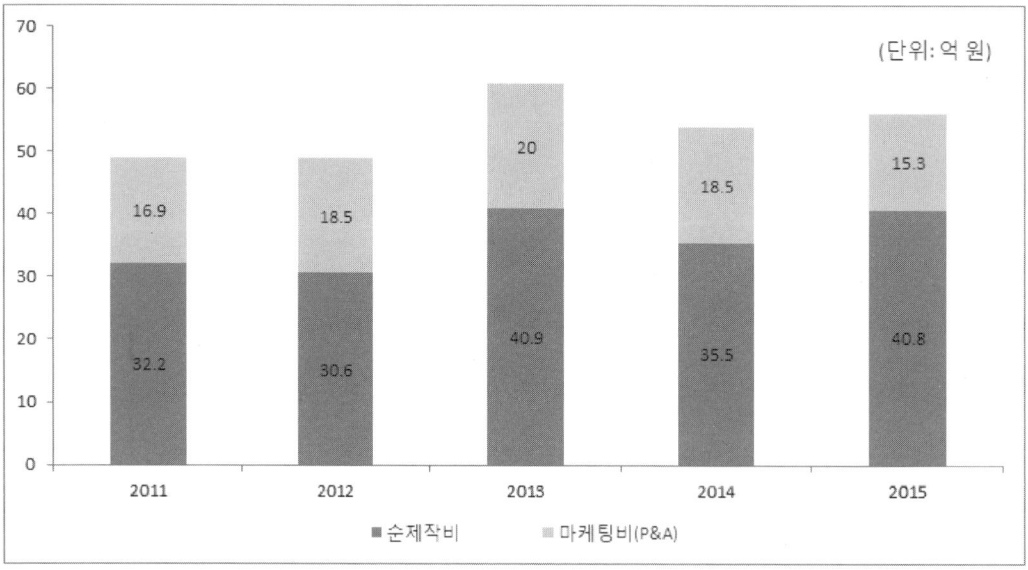

4.2 한국영화 투자 수익성

연초에 발표되는 『한국 영화산업 결산』 보고서에 수록되는 직전 년도 한국영화 투자 수익성 분석은 시기상 제작비 정산이 완료되지 않은 작품이 많은 상황이기 때문 조사대상 작품의 제작비 간이조사와 영화관입장권통합전산망 자료를 근거로 추산한 매출액[10]을 통해 전체 투자 수익률을 추정하는 방식을 활용하고 있다. 한국영화 투자 수익성에 관한 공식 데이터는 익년도 6월부터 12월까지 조사와 분석이 진행되어 그 다음해 초에 발표되는 『한국영화 투자 수익성 분석』 보고서에 수록된다. 본 고에 실린 수익성 관련 데이터 중 2014년도까지의 것은 『2014년 한국영화 투자 수익성 분석』 보고서에 수록된 공식 데이터에서 발췌했고, 2015년도 것은 2016년 초에 발표된 『2015년 한국 영화산업 결산』 보고서에 수록된 것을 사용했다.

2015년 극장 개봉한 한국영화 232편 중 투자 수익성 분석 조사 대상이 되는 영화는 73편[11]으로 전년대비 6편 증가하였고, 투자수익률은 -7.2%로 잠정적으로 집계되어 2011년 이후 처음으로 마이너스 수익률을 기록하였다.

손익분기점(BEP)을 넘긴 영화는 투자 수익성분석 대상 영화 73편의 22%인 16편이었고, 투자 수익률 100%를 상회하는 작품은 7편이었다. 2014년과 비교해 보면 손익분기점을 넘긴 영화는 2편 감소했지만, 투자 수익률 100%를 상회하는 작품은 2편 증가하였다. 한편, 매출이 총제작비의 절반에도 미치지 못하는 영화는 총 44편으로(수익성분석 대상작의 60%) 2014년 37편(수익성 분석 대상작의 55%) 대비 7편 증가하였다. 적자폭이 -90% 보다 큰 영화도 17편(수익성 분석 대상작의 23.3%)에 달해 2014년 12편(수익성 분석 대상작의 17.9%)보다 많아지는 등 한국영화 수익이 일부 영화에 편중되고, 수익률 하위권 영화들의 손실은 더욱 커지고 있는 것으로 나타났다.

2015년 극장가에 500만 명 이상 관객을 동원한 작품 수는 총 8편으로 전년 대비 4편 증가하였으나, '중급 성공작'이라고 평가될 수 있는 300~500백만 명 관객 동원 작품은 전년 6편에 비해 크게 감소하여 2편에 불과했다. 일부 대작영화들은 크게 흥행하며 많은 수익을 올렸지만, '중급 성공작'들이 크게 줄어들면서 전체 수익률이 저하된 것으로 보인다.

---

10) 영화관입장권통합전산망 자료(2016년 1월 19일까지의 누적 관객 수 기준)를 근거로 작품별 극장 매출액(부금 정산 후)과 디지털 온라인 시장(IPTV 등), 해외시장 등의 매출액을 추산하고 각종 수수료와 비용을 공제하는 방식으로 총매출액을 산정함

11) 2015년에 극장 개봉한 한국영화 232편 중 상업영화(총제작비 10억 원 이상이거나 전국 개봉 스크린 수가 100개 이상인 작품)은 총77편이나, 수익성 분석 대상으로 적합하지 않은 4편의 영화(〈제7기사단〉, 〈다이노 타임〉, 〈오디세오〉, 〈에스엠타운 더 스테이지〉를 제외한 수치임. 일반적으로 극장에서 개봉하는 상업영화는 극장 매출액과 디지털 온라인 시장 및 해외시장 매출이 정비례하는 경향이 있는데, 최근 몇 년간 해외시장을 메인 타깃으로 하는 국제공동제작 영화들은 해외매출이 국내 매출보다 훨씬 크기 때문에 영화관입장권통합전산망 자료를 근거로 전체 매출을 추산하는데 무리가 있음. 따라서 2015년 상업영화 중 해외 시장 타깃의 영화인 〈제7기사단〉, 〈다이노 타임〉, 〈오디세오〉 등 3편의 작품을 투자수익성 분석 대상에서 제외하였음. 또한, 순제작비의 대부분이 공연비용이어서 일반적인 극장개봉용 상업영화로 보기 어려운 공연 실황 촬영물인 〈에스엠타운 더 스테이지〉도 제외하였음

1) 2014년 vs 2015년 한국영화 개봉작 투자수익률

구 분		한국영화 개봉작		비고
		2014	2015 (잠정)	
수익성 분석 대상 작품 편수		67편	73편	
총제작비(A)	평균 순제작비	36.0억 원	36.3억 원	
	평균 마케팅비	15.4억 원	16.0억 원	
	합계	51.4억 원	52.3억 원	
평균 총매출액(B)		51.7억 원	48.5억 원	
평균 수익액(C= B-A)		0.2억 원	-3.8억 원	
평균 수익률		0.3%	-7.2%	
손익분기점(BEP) 상회 편수		18편	16편	
손익분기점(BEP) 상회 비율		26.9%	21.9%	
수익률 50% 상회 편수		10편	9편	수익률 100% 상회 편수 포함
수익률 50% 상회 비율		14.9%	12.3%	수익률 100% 상회 비율 포함
수익률 100% 상회 편수		5편	7편	
수익률 100% 상회 비율		7.5%	9.6%	

2) 연도별 한국영화 투자 수익률(2006~2015년)

(단위 : 억 원)

구분	2006	2007	2008	2009	2010	2011	2012	2013	2014	2015
총매출	3,881	2,669	2,008	2,458	2,634	2,939	4,385	5,018	3,461	3,540
총비용	5,136	4,488	3,557	2,829	2,960	3,447	3,869	4,396	3,449	3,815
총이익	-1,256	-1,819	-1,548	-371	-326	-508	516	622	12	-275
투자 수익률(%)	-24.5	-40.5	-43.5	-13.1	-11.0	-14.7	13.3	14.1	0.3	-7.2

- 2006~2009년 한국영화 투자 수익률은 극장에서 개봉한 전체 한국영화를 조사 대상으로 함
- 2010년부터는 극장 개봉한 한국영화 중 통상적으로 상업적인 기획을 통해 제작 · 배급되는 경향의 영화를 조사 대상으로 한정함(총비용 10억 원 미만이고 전국 개봉 스크린 수가 100개 미만인 작품 제외)
- 2006~2014년 한국영화 투자 수익률은 각 년도 『한국영화 투자수익성 분석』보고서에서 발췌하였고, 2015년 한국영화 투자 수익률은 『2015년 한국 영화산업 결산』자료에서 인용하였음

그림 Ⅱ-4-5 연도별 한국영화 총매출, 총비용, 총이익 추이

(단위 : 억 원)

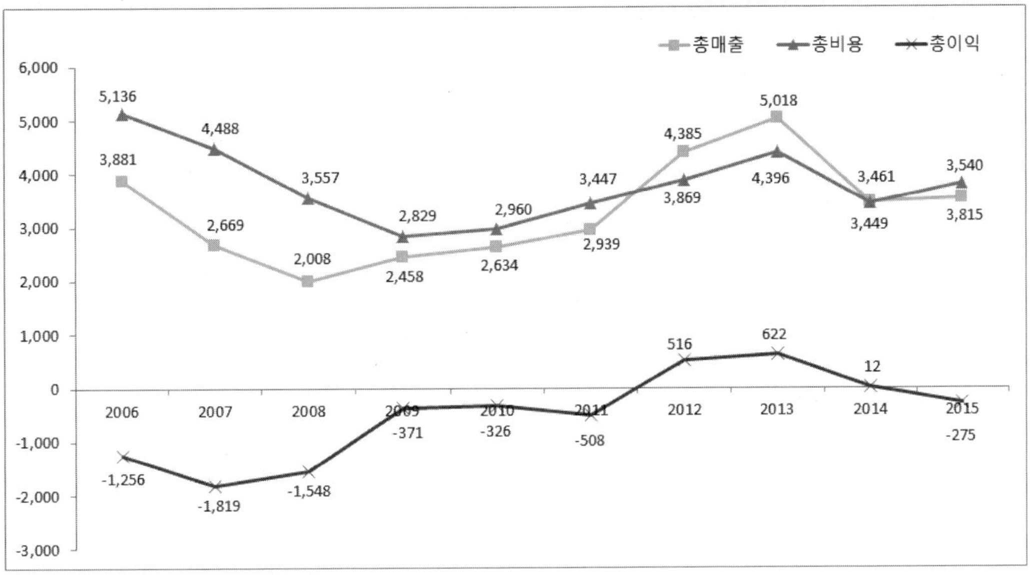

그림 Ⅱ-4-6 연도별 한국영화 투자 수익률

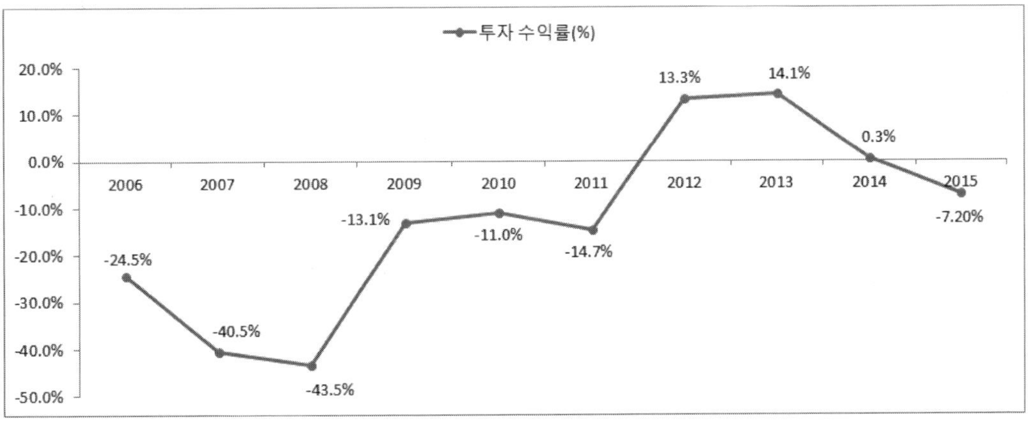

4.3 연도별 영상투자조합 결성 현황

결성 연도	투자조합명	결성일 (등록일)	조합규모 (억 원)	업무집행조합원	영진위 출자액 (억 원)	중진공 (모태) 출자액 (억 원)	일반 출자액 (억 원)	비고
1998	미래영상벤처1호	1998-10-21	50	미래에셋캐피탈	-	-	50	
소계	1개 조합		50		-	-	50	
1999	김동주 영상펀드	1999-10-12	50	미래에셋캐피탈	-	-	50	
	무한영상벤처1호	1999-12	115	무한기술투자	-	20	95	
소계	2개 조합		165		-	20	145	
2000	드림영상IT벤처1호	2000-06-02	135	드림벤처캐피탈	20	40	75	
	코웰멀티미디어	2000-06-02	100	코웰창업투자	10	30	60	
	튜브영상1호	2000-12-21	100	튜브인베스트먼트	20	40	40	
	소빅1호벤처투자조합	2000-12-27	100	소빅창업투자	15	30	55	
	MVP창투1호	2000-12-29	100	엠브이피창업투자	13	40	47	
	일신애니메이션	2000-12-29	50	일신창업투자주식회사	9	20	21	
	벤처플러스멀티미디어	2000-12-29	100	벤처플러스	13	40	47	
	드림애니메이션IT벤처2호	2000-12	50	드림벤처캐피탈	-	20	30	
소계	8개 조합		735		100	260	375	
2001	이수엔터테인먼트1호	2001-03-29	100	이수창업투자	-	30	70	
	센츄리온멀티미디어	2001-03-31	60	센츄리온기술투자	-	18	42	
	튜브영상투자조합2호	2001-03-31	100	튜브인베스트먼트	-	30	70	
	드림영상IT벤처3호	2001-04-06	80	드림벤처캐피탈	-	24	56	
	CJ창투3호영화투자조합	2001-04-05	80	CJ창업투자	-	24	56	
	손오공 신보투자조합	2001-05-23	70	신보창업투자	-	21	49	
	제우메가영상벤처투자조합	2001-05-23	80	제우창업투자	-	24	56	
	비티아이씨1호	2001-06-07	100	베스트기술투자	-	30	70	
	KTB시네마1호	2001-08-10	100	KTB네트워크	20	-	80	
	MBC무한영상2호	2001-09-20	100	무한기술투자	20	-	80	
	MBC무한영상1호	2001-09	50	무한기술투자	-	-	50	
	IMM문화콘텐츠전문투자조합	2001-12-31	123	아이엠엠창업투자	-	35	88	
소계	12개 조합		1,043		40	236	767	
2002	MVP창투2호	2002-01-15	100	엠브이피창업투자	17	-	83	
	소빅2호투자조합	2002-04-23	50	소빅창업투자	-	15	35	
	일신&코코 콘텐츠벤처	2002-04	120	일신창업투자주식회사	-	-	120	
	KTB시네마2호	2002-05	50	KTB네트워크	-	-	50	
	호서문화콘텐츠	2002-07-06	100	호서벤처투자	-	30	70	
소계	5개 조합		420		17	45	358	

결성 연도	투자조합명	결성일 (등록일)	조합규모 (억 원)	업무집행조합원	영진위 출자액 (억 원)	중진공 (모태) 출자액 (억 원)	일반 출자액 (억 원)	비고
2003	CJ창투6호영화투자조합	2003-01-09	90	CJ창업투자	18	27	45	
	넥서스영상콘텐츠	2003-12-08	100	넥서스투자	-	-	100	
	아스텍영상투자	2003-12-10	32	아스텍창업투자	-	-	32	
	센츄리온영상투자	2003-12-17	100	센츄리온기술투자	20	30	50	
	바이넥스트엔터테인먼트1호	2003-12-19	100	바이넥스트하이테크	20	30	50	
	미래에셋벤처4호	2003-12-22	100	미래에셋벤처투자	20	30	50	
	MVP창투6호	2003-12-22	90	엠브이피창업투자	10	-	80	
소계	7개 조합		612		88	117	407	
2004	미시건컬처투자조합	2004-04-25	50	미시간 벤처캐피탈주식회사	-	-	50	
	코웰엔터테인먼트	2004-05-12	110	코웰창업투자	20	40	50	
	이수엔터테인먼트2호	2004-07-01	110	이수창업투자	20	30	60	
	센츄리온영상지식기반 서비스업 투자조합	2004-10-05	100	센츄리온기술투자	20	35	45	
	K&C경남청년일자리창출 투자조합	2004-11-01	200	지식과창조벤처투자	20	100	80	
	ACTI비전플러스투자조합	2004-12-08	100	아시아문화기술투자	20	40	40	
소계	6개 조합		670		100	245	325	
2005	보스톤영상전문조합	2005-09-30	205	보스톤창업투자	-	-	205	
	스톤브릿지 영상콘텐츠투자조합	2005-09-30	263	스톤브릿지캐피탈	-	-	263	
	센츄리온영상지식기반 서비스업3호조합	2005-10-21	252.5	센츄리온기술투자	22.5	45	185	
	MVP창투지식기반서비스 투자조합	2005-10-21	120	엠브이피창업투자	20	30	70	
	엠벤처영상지식기반 서비스업투자조합	2005-10-25	150	엠벤처투자	22.5	45	82.5	
	화이텍뉴웨이브영상및 지식기반 서비스조합1호	2005-10-25	100	화이텍기술투자	15	30	55	
	이수엔터테인먼트3호	2005-12-22	80	이수창업투자	-	-	80	
	IMM영상투자조합	2005-12	248	IMM창업투자	-	-	248	
소계	8개 조합		1,418.50		80	150	1,188.50	

결성 연도	투자조합명	결성일 (등록일)	조합규모 (억 원)	업무집행조합원	영진위 출자액 (억 원)	중진공 (모태) 출자액 (억 원)	일반 출자액 (억 원)	비고
2006	미시건글로벌영상투자조합	2006-01-13	110	미시간벤처 캐피탈주식회사	-	-	110	
	미시간글로벌지식기반산업 투자조합	2006-03-17	50	미시간벤처 캐피탈주식회사	-	-	50	
	ACTI꿈이룸투자조합	2006-04-19	100	아시아문화기술투자	-	-	100	
	MAX영상전문1호투자조합	2006-08-07	90	한영창업투자	-	-	90	
	싸이더스FNH-베넥스 영상투자조합1호	2006-11-14	300	베넥스인베스트먼트	-	-	300	
	소빅5호콘텐츠전문투자조합	2006-12-08	100	소빅창업투자	20	-	80	
	보스톤 영상콘텐츠전문투자조합	2006-12-28	187	보스톤창업투자	28	51	108	
소계	7개 조합		937		48	51	838	
2007	CJ창투9호영화투자조합	2007-01-16	100	CJ창업투자	12	30	58	
	KTB 영화다양성을위한투자조합	2007-01-17	80	KTB네트워크	40	-	40	다양성 펀드
	이수문화콘텐츠투자조합	2007-05-18	250	이수창업투자	-	75	175	
	기은-베넥스문화콘텐츠투자조합	2007-06-13	100	베넥스인베스트먼트	-	-	100	
	미시건글로벌컨텐츠투자조합	2007-06-25	100	미시간 벤처캐피탈주식회사	-	30	70	
	제미니영상투자조합1호	2007-06-25	100	제미니투자	-	-	100	
	KTIC 문화콘텐츠전문투자조합2호	2007-06-25	100	한국기술투자	-	30	70	
	한화제1호문화컨텐츠투자조합	2007-08-13	115	한화기술금융	-	-	115	
	더가디언 엔젤문화콘텐츠투자조합	2007-09-10	50	베넥스인베스트먼트	-	-	50	
	우리들영상투자조합1호	2007-12-26	80	우리들창업투자	-	-	80	
소계	10개 조합		1,075		52	165	858	
2008	바이넥스트CT2호투자조합	2008-01-04	120	바이넥스트창업투자	-	36	84	
	스톤브릿지 디지탈콘텐츠전문투자조합	2008-01-04	290	스톤브릿지캐피탈	-	116	174	
	소빅다양성영화투자조합	2008-02-20	40	소빅창업투자	20	-	20	다양성 펀드
	한화제2호 데이지문화컨텐츠투자조합	2008-04-01	100	한화기술금융	-	-	100	
	ACTI기획개발전문투자조합	2008-04-15	40	아시아문화기술투자	20	-	20	기획개 발펀드
	KT-Global뉴미디어투자조합	2008-04-21	400	소프트뱅크벤처스	-	-	400	
	우리들-케이디미디어영상투자조합	2008-05-21	70	우리들창업투자	-	-	70	
	컴퍼니케이 파트너스콘텐츠투자조합	2008-06-03	100	컴퍼니케이파트너스	-	30	70	
	ACTI 문화콘텐츠전문투자조합1호	2008-06-13	150	아시아문화기술투자	-	45	105	

결성 연도	투자조합명	결성일 (등록일)	조합규모 (억 원)	업무집행조합원	영진위 출자액 (억 원)	중진공 (모태) 출자액 (억 원)	일반 출자액 (억 원)	비고
	MVP창투문화산업투자조합	2008-06-13	240	엠브이피창업투자	30	72	138	
	베넥스 디지털문화콘텐츠투자조합	2008-07-03	251	베넥스인베스트먼트	-	75	176	
	소빅콘텐츠전문투자조합	2008-07-03	200	소빅창업투자	20	80	100	
	베넥스영화전문투자조합	2008-08-28	290	베넥스인베스트먼트	-	-	290	
	컴퍼니케이영화투자조합1호	2008-08-28	150	컴퍼니케이파트너스	-	-	150	
	바이넥스트 CT3호 투자조합	2008-12-12	160	바이넥스트창업투자	-	48	112	
소계	15개 조합		2,601		90	502	2,009	
2009	보스톤글로벌콘텐츠투자조합	2009-01-30	314	보스톤창업투자	90	44	180	
	일신 M&C 투자조합	2009-01-09	100	일신창업투자주식회사	-	40	60	
	CJ창투 11호문화콘텐츠투자조합	2009-02-16	100	CJ창업투자	20	30	50	
	미시건 글로벌콘텐츠투자조합2호	2009-03-04	125	미시간 벤처캐피탈주식회사	-	50	50	
	ISU-글로벌콘텐츠투자조합	2009-05-11	211.50	이수창업투자	70	16.9	124.6	
	SB글로벌애니메이션투자조합	2009-05-04	100	소프트뱅크벤처스	-	40	60	
	엠벤처문화활성화조합	2009-10-14	100	엠벤처투자	-	40	60	
	CJ창투 12호글로벌콘텐츠투자조합	2009-11-20	419	CJ창업투자	122	132	165	
소계	8개 조합		1,469.50		302	392.9	749.6	
2010	캐피탈원다양성영화 전문	2010-03-18	50	캐피탈원(주)	25	-	25	
	미시간 글로벌컨텐츠투자조합3호	2010-05-07	150	미시간벤처캐피탈	-	45	105	
	유니온글로벌CG투자조합	2010-06-08	150	유니온 투자파트너스	-	75	75	
	동문미디어콘텐츠& 문화기술투자조합	2010-08-30	340	동문파트너즈	-	120	220	
소계	4개 조합		690		25	240	425	
2011	소빅영상전문	2011-01-04	150	소빅창업투자	50	-	100	
	ISU-르네상스콘텐츠투자조합	2011-01-31	150	이수창업투자	-	75	75	
	캐피탈원중저예산영화전문	2011-05-30	120	캐피탈원(주)	60	-	60	
	대성 CT 투자조합	2011-07-18	200	대성창업투자	-	80	120	
	미시간 글로벌컨텐츠투자조합4호	2011-06-17	100	미시간벤처캐피탈	-	70	30	
	이수S&M콘텐츠전문	2011-10-13	100	이수창업투자	60	-	40	
	보광18호콘텐츠투자조합	2011-11-09	100	보광창업투자	-	50	50	
	CJ창투14호 문화콘텐츠 투자조합	2011-11-14	200	씨제이창업투자	-	80	120	
	유니온글로벌콘텐츠투자조합	2011-11-28	1,236	유니온투자파트너스	400	-	836	
소계	9개 조합		2,356		570	355	1,431	

결성 연도	투자조합명	결성일 (등록일)	조합규모 (억 원)	업무집행조합원	영진위 출자액 (억 원)	중진공 (모태) 출자액 (억 원)	일반 출자액 (억 원)	비고
2012	캐피탈원한국영화르네상스	2012-10-11	100	캐피탈원(주)	50	-	50	
	지온콘텐츠펀드3호	2012-08-26	200	지온인베스트먼트	-	120	80	
소계	2개 조합		300		50	120	130	
2013	대한민국영화전문투자조합1호	2013-09-06	150	산수벤처스(주)	100	-	50	
	KOREA 콘텐츠 제작초기전문투자조합	2013-01-07	225	씨제이창업투자	-	140	85	
	IBK-대성문화콘텐츠 강소기업투자조합	2013-01-17	200	대성창업투자	-	108	92	
	CL애니드림투자조합	2013-09-16	210	씨엘인베스트	-	120	90	
	IBK-KTB문화콘텐츠저작재산권 투자조합	2013-09-06	200	케이티비네트워크	-	120	80	
	키움문화벤처제1호투자조합	2013-12-16	200	키움인베스트먼트	-	140	60	
	에스엠씨아이문화조합4호	2013-12-16	155	에스엠콘텐츠 인베스트먼트	-	100	55	
소계	7개 조합		1,340		100	728	512	
2014	대교위풍당당콘텐츠코리아 투자조합	2014-09-12	250	대교인베스트먼트	-	150	100	
	AG 위풍당당 콘텐츠코리아펀드 1호	2014-12-09	140	안강벤처투자	-	50	90	
소계	2개 조합		390		-	200	190	
2015	티지씨케이콘텐츠투자조합2호	2015-04-27	170	티지씨케이파트너스	100	-	70	
	유니온시네마투자조합	2015-10-06	240	유니온투자파트너스	140	-	100	
	에스엠씨아이6호 위풍당당콘텐츠코리아펀드	2015-01-02	218	에스엠콘텐츠 인베스트먼트	-	140	78	
	보스톤위풍당당 콘텐츠코리아투자조합	2015-01-09	263	지비보스톤창업투자	-	150	113	
	한국투자 글로벌콘텐츠투자조합	2015-05-01	1,000	한국투자파트너스	-	400	600	
	ISU-위풍당당콘텐츠코리아펀드	2015-07-06	160	이수창업투자	-	100	60	
	에스엠씨이이7호 위풍당당콘텐츠코리아펀드	2015-10-07	253	에스엠콘텐츠 인베스트먼트	-	150	103	
	KOREA 융합콘텐츠투자조합	2015-11-24	145	타임와이즈 인베스트먼트	-	30	115	
	CCVC문화-ICT융합투자조합	2015-11-24	100	쿨리지코너 인베스트먼트	-	10	90	
	SV한 · 중문화-ICT융합펀드	2015-11-24	460	에스브이인베스트먼트	-	40	420	
	P&I 문화창조 투자조합	2015-12-08	150	피앤아이인베스트먼트	-	100	50	
	미시간 글로벌콘텐츠투자조합5호	2015-12-22	280	미시간벤처캐피탈	-	70	210	
소계	12개 조합		3,439		240	1,190	2,009	
총계	125개 조합		19,711		1,902	5,017	12,767	

• 출처: 한국벤처투자(주), 영화진흥위원회

5. 극장환경

5.1 연도별 극장 수, 스크린 수, 좌석 수

연도	전국 인구 수(명)	관객 수(명)	극장 수(개)	스크린 수(개)	좌석 수(석)
2001	47,342,828	89,363,773	344	818	239,068
2002	48,021,550	105,137,723	309	977	240,652
2003	48,386,823	119,475,309	280	1,132	256,983
2004	48,583,805	135,166,175	302	1,451	297,584
2005	48,782,274	145,524,176	301	1,648	322,110
2006	48,991,779	153,413,510	321	1,880	354,691
2007	49,268,928	158,774,874	314	1,975	365,034
2008	49,540,367	150,830,679	309	2,004	362,657
2009	49,773,145	156,960,266	305	2,055	360,796
2010	50,515,666	149,182,008	300	2,003	349,220
2011	50,734,284	159,724,465	292	1,974	341,905
2012	50,948,272	194,890,622	314	2,081	358,659
2013	51,141,463	213,348,254	333	2,184	349,669
2014	51,327,916	215,067,760	356	2,281	372,361
2015	51,529,338	217,299,523	388	2,424	398,702

• 인구 수는 2015년 12월 31일자 행정자치부 주민등록인구통계(주민등록 인구 및 세대현황)

그림 Ⅱ-5-1 연도별 극장 수, 스크린 수

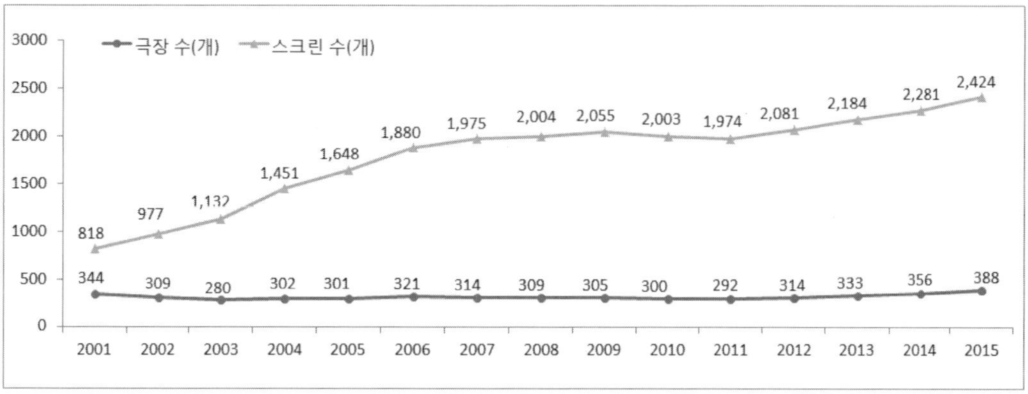

5.2 연도별 스크린 당 인구 수, 좌석 당 인구 수

연도	전국 인구 수(명)	스크린 수(개)	스크린 당 인구 수(명)	좌석 수(석)	좌석 당 인구 수(명)
2001	47,342,828	818	57,876	239,068	201
2002	48,021,550	977	49,152	240,652	200
2003	48,386,823	1,132	42,745	256,983	188
2004	48,583,805	1,451	33,483	297,584	163
2005	48,782,274	1,648	29,601	322,110	151
2006	48,991,779	1,880	26,059	354,691	138
2007	49,268,928	1,975	24,946	365,034	135
2008	49,540,367	2,004	24,721	362,657	137
2009	49,773,145	2,055	24,221	360,796	138
2010	50,515,666	2,003	25,220	349,220	145
2011	50,734,284	1,974	25,701	341,905	148
2012	50,948,272	2,081	24,483	358,659	142
2013	51,141,463	2,184	23,416	349,669	146
2014	51,327,916	2,281	22,502	372,361	138
2015	51,529,338	2,424	21,257	398,702	129

그림 Ⅱ-5-2 연도별 스크린 당 인구 수

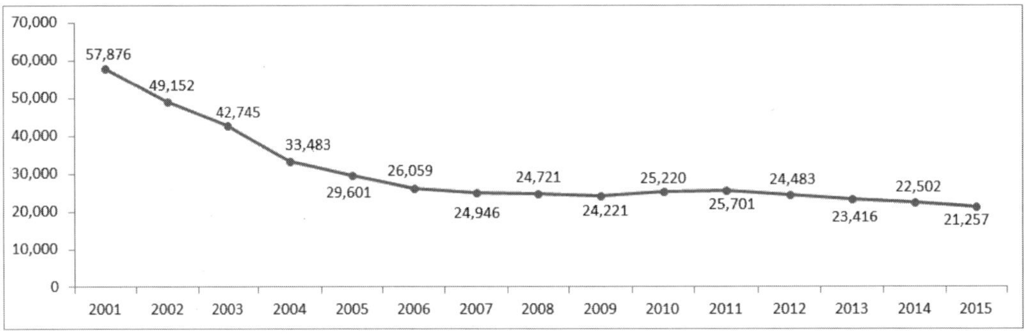

그림 Ⅱ-5-3 연도별 좌석 당 인구 수

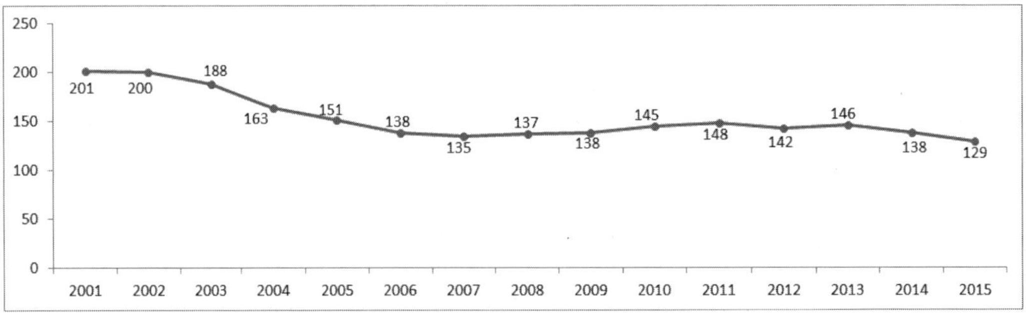

5.3 2014~2015년 지역별 극장 수, 스크린 수, 좌석 수

지역	극장 수				스크린 수				좌석 수			
	2014	2015	전년 대비 증감	전년 대비 증감률(%)	2014	2015	전년 대비 증감	전년 대비 증감률(%)	2014	2015	전년 대비 증감	전년 대비 증감률(%)
서울	76	81	5	6.6	469	511	42	9.0	80,334	89,160	8,826	11.0
부산	26	28	2	7.7	193	202	9	4.7	34,596	36,702	2,106	6.1
대구	20	21	1	5.0	132	131	-1	-0.8	21,187	20,975	-212	-1.0
인천	19	21	2	10.5	124	130	6	4.8	19,814	21,394	1,580	8.0
광주	14	14	0	0.0	107	107	0	0.0	18,145	18,279	134	0.7
대전	9	10	1	11.1	61	66	5	8.2	10,782	12,137	1,355	12.6
울산	5	6	1	20.0	37	38	1	2.7	6,022	6,242	220	3.7
경기	81	85	4	4.9	515	536	21	4.1	80,661	84,974	4,313	5.3
강원	11	13	2	18.2	65	69	4	6.2	9,866	10,390	524	5.3
충북	10	11	1	10.0	80	84	4	5.0	14,048	14,641	593	4.2
충남	12	16	4	33.3	77	97	20	26.0	10,913	13,409	2,496	22.9
전북	19	22	3	15.8	93	99	6	6.5	14,429	14,778	349	2.4
전남	10	12	2	20.0	63	73	10	15.9	8,977	10,276	1,299	14.5
경북	16	18	2	12.5	94	99	5	5.3	15,536	15,963	427	2.7
경남	21	22	1	4.8	133	137	4	3.0	21,927	23,044	1,117	5.1
제주	6	6	0	0.0	33	33	0	0.0	4,386	4,495	109	2.5
세종	1	2	1	100.0	5	12	7	140.0	738	1,843	1,105	149.7
지방 합계	280	307	27	9.6	1,812	1,913	101	5.6	292,027	309,542	17,515	6.0
총계	356	388	32	100.0	2,281	2,424	2158	100.0	372,361	398,702	26,341	100.0

그림 Ⅱ-5-4 2014~2015년 지역별 극장 수 증감 현황

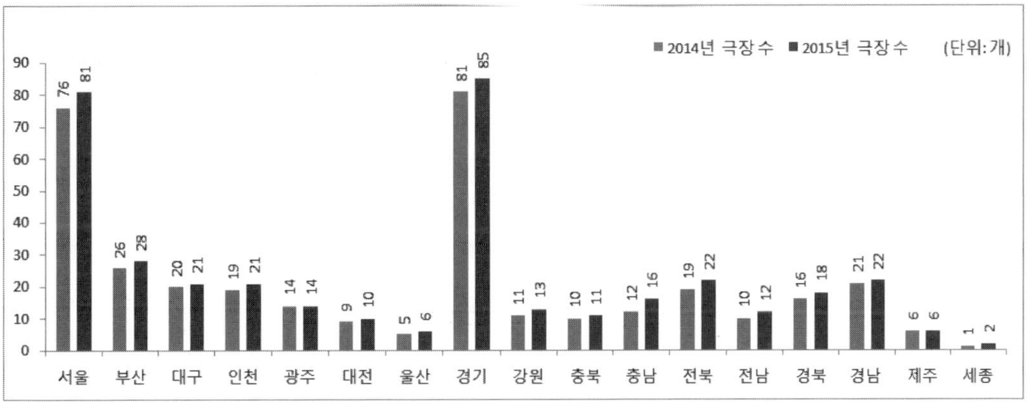

그림 Ⅱ-5-5 2014~2015년 지역별 스크린 수 증감 현황

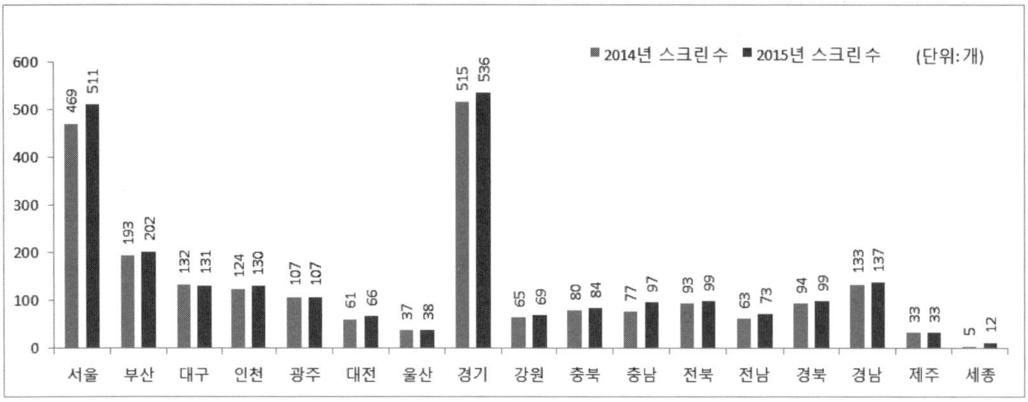

그림 Ⅱ-5-6 2014~2015년 지역별 좌석 수 증감 현황

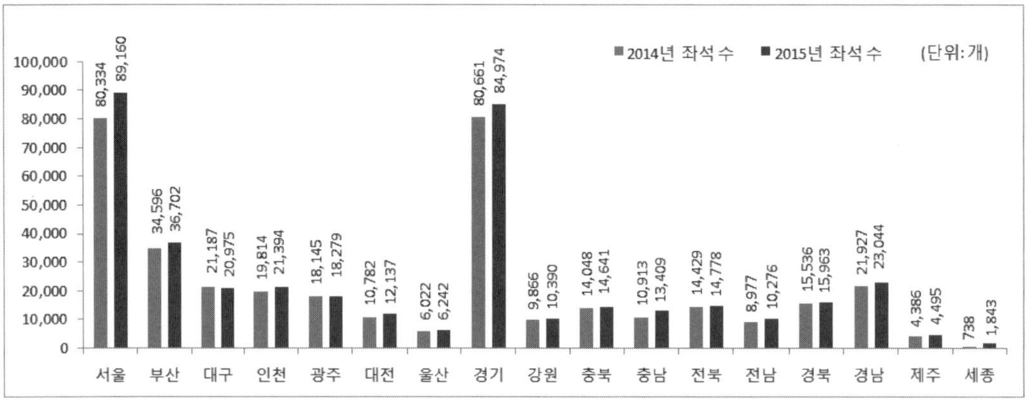

5.4 2015년 지역별 스크린 당 인구 수, 좌석 당 인구 수

지역	인구 수(명)	스크린 수(개)	스크린 당 인구 수(명)	좌석 수(석)	좌석 당 인구 수(명)
서울	10,022,181	511	19,771	89,160	113
부산	3,513,777	202	17,423	36,702	96
대구	2,487,829	131	19,033	20,975	119
인천	2,925,815	130	22,328	21,394	136
광주	1,472,199	107	13,793	18,279	81
대전	1,518,775	66	23,209	12,137	126
울산	1,173,534	38	30,694	6,242	187
경기	12,522,606	536	23,056	84,974	145
강원	1,549,507	69	22,383	10,390	149
충북	1,583,952	84	18,797	14,641	108
충남	2,077,649	97	21,261	13,409	154
전북	1,869,711	99	18,905	14,778	127
전남	1,908,996	73	26,107	10,276	185
경북	2,702,826	99	27,281	15,963	169
경남	3,364,702	137	24,454	23,044	145
제주	624,395	33	18,404	4,495	135
세종	210,884	12	13,010	1,843	85
합계	51,529,338	2,424	21,175	398,702	129

그림 Ⅱ-5-7 2015년 지역별 스크린 당 인구 수

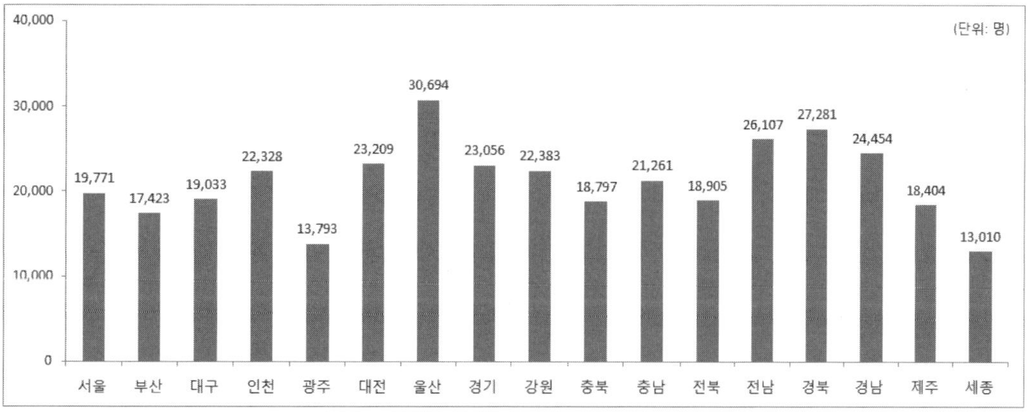

그림Ⅱ-5-8 2015년 지역별 좌석 당 인구 수

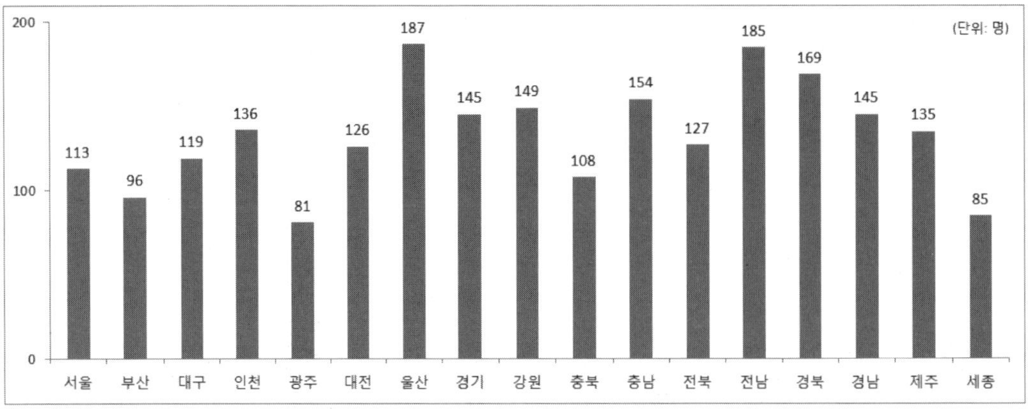

5.5 2015년 지역별 극장 세부현황

구분	1개관	2개관	3개관	4개관	5개관	6개관	7개관	8개관	9개관	10개관	11개관	12개관	14개관	16개관	18개관	21개관	극장수	스크린수
서울	13	6	1	3	11	9	6	11	6	7	3	3			1	1	81	511
부산	2	1		2	1	3	6	3	3	4	2	1					28	202
대구	4			1	1	4	5		3	2		1					21	131
인천	2	2	1	1	3	3	1	1	5	1			1				21	130
광주	2					1	2		5	4							14	107
대전	1				2	1	2	2	1	1							10	66
울산	1	1					1	1	1		1						6	38
경기	5	4	6	6	5	13	7	28	7	2	2						85	536
강원	2	3			2	1	1	2		1	1						13	69
충북				2		1	1	4		2	1						11	84
충남		2	2	1	2	1	3	2	1	1	1						16	97
전북	1	9		2	1	3	2	2	1	1							22	99
전남		2	1		1	1	2	4	1								12	73
경북	2	2	2	1	1	2	2	4		2							18	99
경남		2		1		9	7	1	2								22	137
제주	1					4		1									6	33
세종					1		1										2	12
합계	36	34	13	20	31	56	49	66	36	28	11	5	1	0	1	1	388	2,424
점유율 (%)	9.3	8.8	3.4	5.2	8.0	14.4	12.6	17.0	9.3	7.2	2.8	1.3	0.3	0.0	0.3	0.3	100.0	

5.6 2014~2015년 지역별 멀티플렉스 극장 수, 스크린 수

지역	멀티플렉스 극장 수(개)				멀티플렉스 스크린 수(개)			
	2014	2015	전년 대비 증감		2014	2015	전년 대비 증감	
			증감	증감률(%)			증감	증감률(%)
서울	58	63	5	8.6	445	487	5	9.4
부산	23	25	2	8.7	188	196	2	4.3
대구	17	17	0	0.0	129	127	0	-1.6
인천	15	16	1	6.7	113	118	1	4.4
광주	12	12	0	0.0	105	105	0	0.0
대전	7	8	1	14.3	54	59	1	9.3
울산	4	4	0	0.0	35	35	0	0.0
경기	74	79	5	6.8	500	527	5	5.4
강원	8	8	0	0.0	61	61	0	0.0
충북	10	11	1	10.0	80	84	1	5.0
충남	10	11	1	10.0	67	82	1	22.4
세종	1	2	1	100.0	5	12	1	140.0
전북	11	11	0	0.0	74	74	0	0.0
전남	9	10	1	11.1	61	69	1	13.1
경북	14	15	1	7.1	92	95	1	3.3
경남	18	20	2	11.1	123	129	2	4.9
제주	5	5	0	0.0	32	32	0	0.0
합계	295	317	22	7.5	2,164	2,292	22	5.9

• 집계 대상 멀티플렉스는 전국 CGV(프리머스 포함), 롯데시네마, 메가박스 체인 극장 및 기타 7개관 이상 극장

그림 Ⅱ-5-9 2014~2015년 멀티플렉스 극장 수

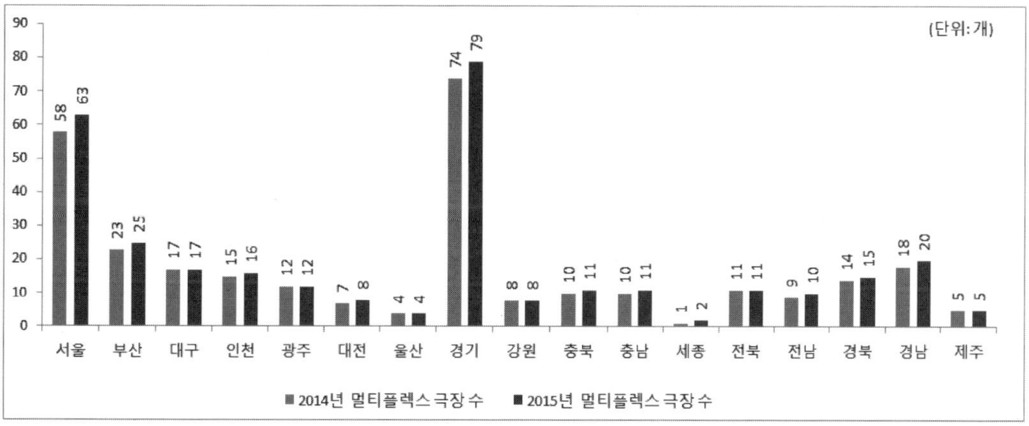

그림 Ⅱ-5-10 2014~2015년 멀티플렉스 스크린 수

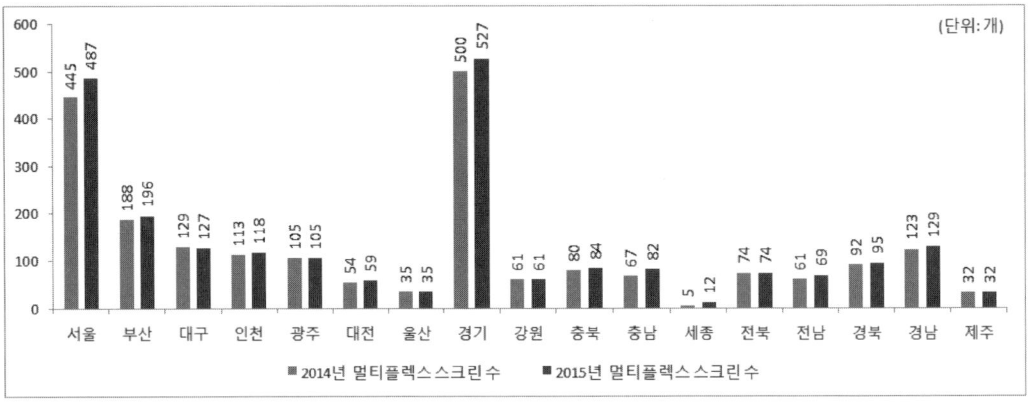

5.7 2015년 지역별 멀티플렉스 비중

지역	극장 수(개)				스크린 수(개)			
	전체 극장 수	멀티플렉스 극장 수	일반 극장 수	멀티플렉스 비중(%)	전체 스크린 수	멀티플렉스 스크린 수	일반 극장 스크린 수	멀티플렉스 비중(%)
서울	81	63	18	77.8	511	487	24	95.3
부산	28	25	3	89.3	202	196	6	97.0
대구	21	17	4	81.0	131	127	4	96.9
인천	21	16	5	76.2	130	118	12	90.8
광주	14	12	2	85.7	107	105	2	98.1
대전	10	8	2	80.0	66	59	7	89.4
울산	6	4	2	66.7	38	35	3	92.1
경기	85	79	6	92.9	536	527	9	98.3
강원	13	8	5	61.5	69	61	8	88.4
충북	11	11	0	100.0	84	84	0	100.0
충남	16	11	5	68.8	97	82	15	84.5
세종	2	2	0	100.0	12	12	0	100.0
전북	22	11	11	50.0	99	74	25	74.7
전남	12	10	2	83.3	73	69	4	94.5
경북	18	15	3	83.3	99	95	4	96.0
경남	22	20	2	90.9	137	129	8	94.2
제주	6	5	1	83.3	33	32	1	97.0
합계	388	317	71	81.7	2,424	2,292	132	94.6

• 집계 대상 멀티플렉스는 전국 CGV(프리머스 포함), 롯데시네마, 메가박스 체인 극장 및 기타 7개관 이상 극장

지역	관객 수(명)				극장 매출(원)			
	전체 관객 수	멀티플렉스 관객 수	일반 극장 관객 수	멀티플렉스 비중(%)	전체 극장매출액	멀티플렉스 극장 매출액	일반 극장 매출액	멀티플렉스 비중(%)
서울	59,131,129	57,037,775	2,093,354	96.5	486,415,699,465	472,499,105,602	13,916,593,863	97.1
부산	16,907,521	16,130,310	777,211	95.4	132,755,706,697	128,112,475,697	4,643,231,000	96.5
대구	12,403,565	11,748,248	655,317	94.7	97,151,058,900	92,479,017,400	4,672,041,500	95.2
인천	10,634,584	10,229,097	405,487	96.2	84,916,353,500	82,737,169,600	2,179,183,900	97.4
광주	8,194,922	8,170,295	24,627	99.7	59,732,050,700	59,558,357,700	173,693,000	99.7
대전	7,856,722	7,720,157	136,565	98.3	61,133,082,400	60,343,000,400	790,082,000	98.7
울산	4,556,196	4,546,231	9,965	99.8	37,971,123,900	37,921,298,900	49,825,000	99.9
경기	49,252,926	49,097,034	155,892	99.7	388,949,363,199	388,088,455,199	860,908,000	99.8
강원	4,972,158	4,777,859	194,299	96.1	38,765,015,100	37,778,205,100	986,810,000	97.5
충북	5,695,693	5,058,449	637,244	88.8	42,781,844,500	38,112,501,500	4,669,343,000	89.1
충남	6,805,497	5,102,556	1,702,941	76.3	51,752,068,500	39,839,052,500	11,913,016,000	78.1
세종	383,507	383,507	0	100.0	2,731,368,200	2,731,368,200	0	100.0
전북	6,680,558	6,115,545	565,013	91.5	50,113,897,099	47,116,907,100	2,996,989,999	94.0
전남	4,109,176	4,052,074	57,102	98.6	27,723,561,300	27,366,703,300	356,858,000	98.7
경북	6,347,384	6,319,705	27,679	99.6	49,600,886,800	49,424,919,300	175,967,500	99.6
경남	11,193,776	10,987,217	206,559	98.2	86,891,149,118	85,441,010,118	1,450,139,000	98.3
제주	2,174,209	2,174,209	0	100.0	16,117,342,300	16,117,342,300	0	100.0
합계	217,299,523	209,650,268	7,649,255	96.5	1,715,501,571,678	1,665,666,889,916	49,834,681,762	97.1

• 극장 수와 스크린 수는 2015년 12월 영화진흥위원회 자체 조사 근거
• 멀티플렉스의 관객 수와 매출액은 영화관입장권 통합전산망 기준

그림 Ⅱ-5-11 2015년 지역별 멀티플렉스 비중(극장 수)

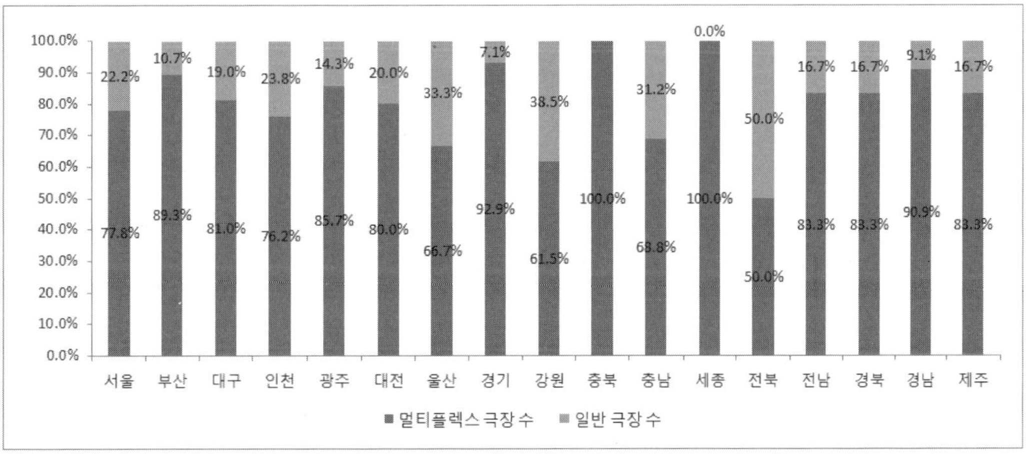

그림 Ⅱ-5-12 2015년 지역별 멀티플렉스 비중(스크린 수)

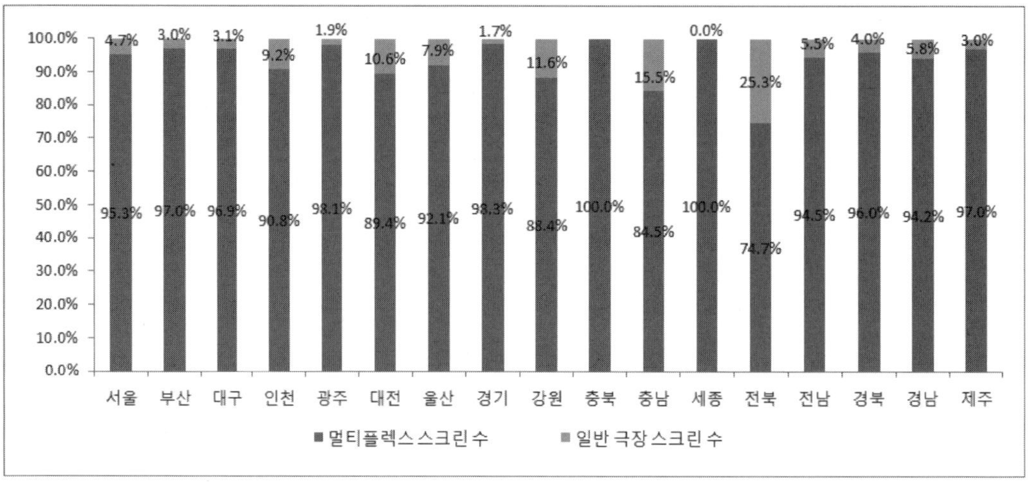

그림 Ⅱ-5-13 2015년 지역별 멀티플렉스 비중(관객 수)

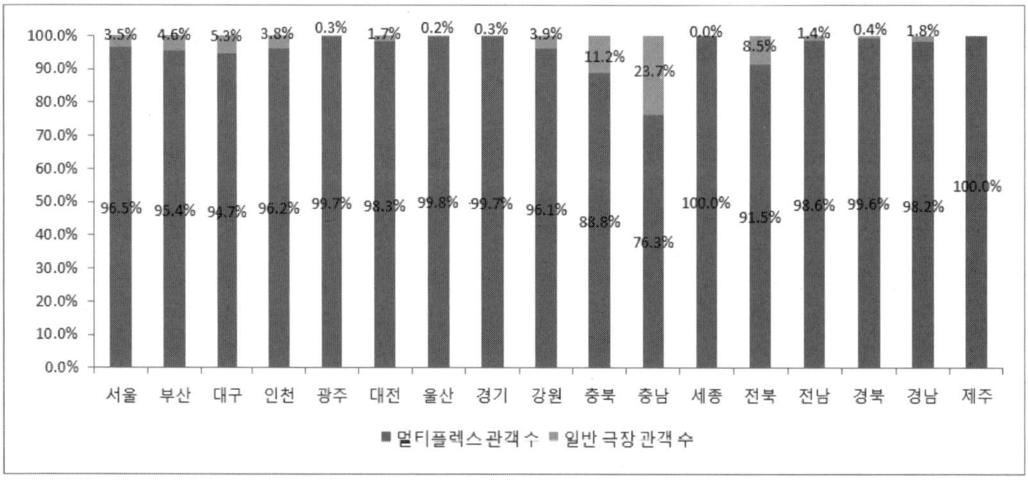

그림 Ⅱ-5-14 2015년 지역별 멀티플렉스 비중(매출액)

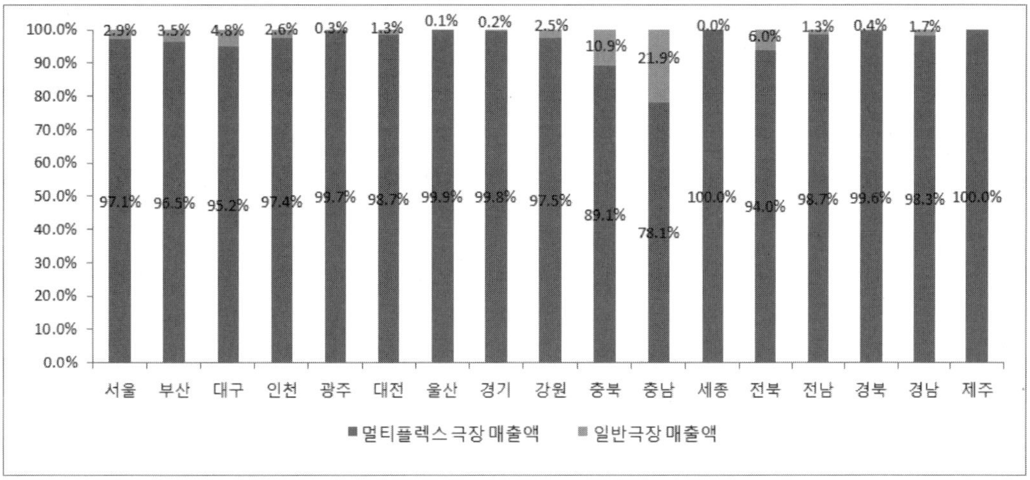

5.8 2015년 3대 멀티플렉스 현황

(단위: 개)

구분			2014			2015									운영 형태			
			극장 수	스크린 수	좌석 수	극장 수	전년 대비 증감 증감	전년 대비 증감 %	스크린 수	전년 대비 증감 증감	전년 대비 증감 %	좌석 수	전년 대비 증감 증감	전년 대비 증감 %	직영 극장 수	직영 비중 (%)	위탁 극장 수	위탁 비중 (%)
멀티플렉스	3대 멀티 체인	CGV	126	948	154,839	130	4	3.2	975	27	2.8	162,254	7,415	4.8	86	66	44	34
		롯데 시네마	100	698	116,684	107	7	7.0	753	55	7.9	127,908	11,224	9.6	81	76	26	24
		메가 박스	62	452	71,374	74	12	19.4	507	55	12.2	78,696	7,322	10.3	16	22	48	65
		소계	288	2,098	342,897	311	23	8.0	2,235	137	6.5	368,858	25,961	7.6	193	59	118	38
	기타 멀티플렉스		7	66	11,901	6	-1	-14.3	57	-9	-13.6	10,693	-1,208	-10.2	-	-	-	-
	중계		295	2,164	354,798	317	22	7.5	2,292	128	5.9	379,551	24,753	7.0	-	-	-	-
비 멀티플렉스			61	117	17,563	71	10	16.4	132	15	12.8	19,151	1,588	9.0	-	-	-	-
극장 총계			356	2,281	372,361	388	32	9.0	2,424	143	6.3	398,702	26,341	7.1	-	-	-	-

5.9 2015년 한국영화 평균 상영일수

구분	조사 상영관 수 (개)	총 상영일수 (일)	평균상영일수 (일)	한국영화 총 상영 일수 (일)	한국영화 평균 상영일수 (일)	일수 점유율 (%)
서울	511	247,331	484.01	92,874	190	37.5
지방	1,913	847,889	441.38	360,408	200	42.5
전국	2,424	1,095,220	570.13	453,282	198	41.3

5.10 연도별 스크린쿼터 준수 현황

년도	지역	조사 대상 전체 상영관 수(개)	미달 상영관 수(개)	미달 상영관수 비율(%)
2005	서울	229	0	0
	지역	830	12	1.5
	전국	1,059	12	1.1
2006	서울	259	0	0
	지역	525	0	0
	전국	784	0	0
2007	서울	266	1	0.4
	지역	108	2	1.9
	전국	374	3	0.8
2008	서울	413	4	1.0
	지역	1,386	5	0.4
	전국	1,799	9	0.5
2009	서울	459	6	1.3
	지역	1,520	6	0.4
	전국	1,979	12	0.6
2010	서울	476	7	1.5
	지역	1,615	18	1.1
	전국	2,091	25	1.1
2011	서울	457	2	0.4
	지역	1,634	3	0.2
	전국	2,091	5	0.2
2012	서울	462	6	1.3
	지역	1,712	16	0.9
	전국	2,174	22	1.0
2013	서울	505	10	2.0
	지역	1,790	10	0.6
	전국	2,295	20	0.9
2014	서울	515	3	0.6
	지역	1,921	27	1.4
	전국	2,436	30	1.2
2015	서울	521	7	1.3
	지역	1,948	9	0.4
	전국	2,500	16	0.6

- 2008년부터의 통계 수치는 영화관입장권 통합전산망 집계 자료 기준이므로 해당 연도에 휴 · 폐업한 극장도 포함됨
- 매 해 12월 31일 기준으로 작성된 '전국 극장 현황'과 숫자상 차이가 있을 수 있음(물리적 스크린 수 반영이 아닌 실 상영 스크린 수 반영)

6. 영화산업 업체 현황

6.1 연도별 영화업 신고 현황

연도	제작업(개)	수입업(개)	배급업(개)	상영업(개)	합계(개)
2001	918	390	268	511	2,087
2002	1,081	428	290	557	2,356
2003	1,218	469	302	611	2,600
2004	1,375	509	315	654	2,853
2005	1,965	785	405	893	4,048
2006	2,154	820	435	983	4,392
2007	1,967	629	425	773	3,794
2008	2,747	984	607	983	5,321
2009	2,365	741	559	715	4,380
2010	2,465	755	579	817	4,612
2011	2,664	813	641	829	4,947
2012	2,751	835	671	842	5,099
2013	2,877	860	709	851	5,297
2014	2,939	899	716	857	5,411
2015	3,029	930	758	857	5,574

• 영화업 신고는 각 지자체별로 접수된 문서를 영화진흥위원회가 협조를 받아 수집하여 집계하기 때문에 실제와 차이가 있을 수 있음

그림 Ⅱ-6-1 연도별 영화업 신고 현황

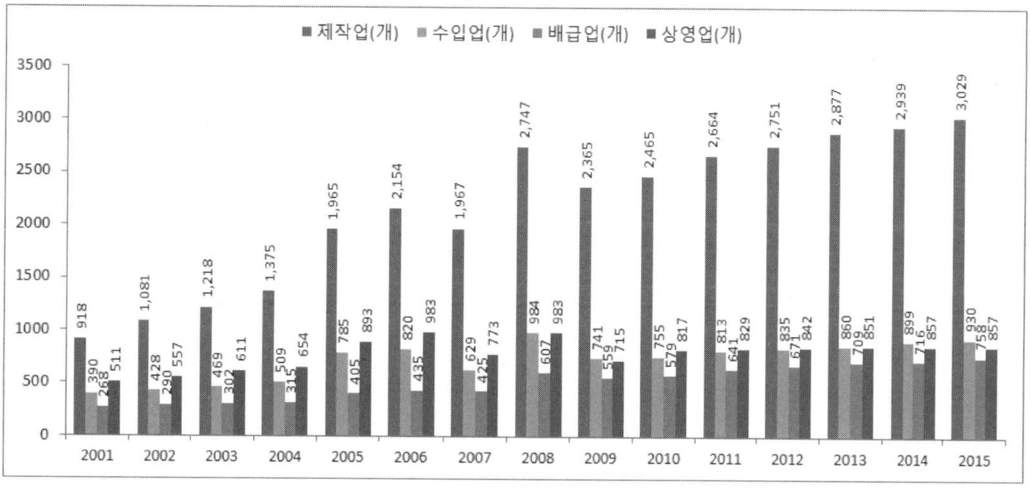

7. 애니메이션 · 다큐멘터리 영화 현황

7.1 연도별 애니메이션 · 다큐멘터리 제작 및 개봉 편수

구분	애니메이션(편)		다큐멘터리(편)		총 개봉편수 (편)
	수입 및 제작편수	개봉편수	수입 및 제작편수	개봉편수	
2011	55	53	50	41	94
2012	67	70	77	50	120
2013	105	109	40	42	151
2014	109	107	58	59	166
2015	82	77	51	54	131

- 수입 및 제작편수는 영상물등급위원회의 등급분류편수를 기준으로 하며, 영화 및 비디오물의 진흥에 관한 법률 상 단편 영화(40분 이하)는 제외
- 개봉편수는 영화관 입장권 통합전산망 공식통계를 기준으로 집계하며, 기타상영 및 유료시사회는 제외, 전년도 이월작, 재개봉작을 제외한 최초 개봉작(First Run)만을 대상으로 함

그림 Ⅱ-7-1 연도별 애니메이션 · 다큐멘터리 개봉편수

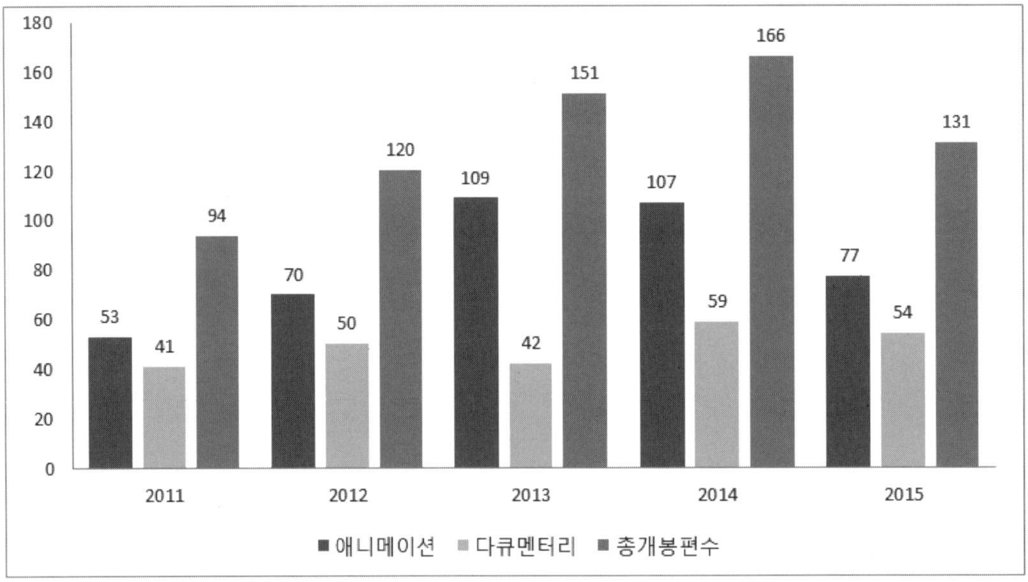

7.2 연도별 애니메이션 제작, 수입 및 개봉 편수

구분	한국 애니메이션(편)		외국 애니메이션(편)		총 개봉편수 (편)
	제작편수	개봉편수	수입편수	개봉편수	
2011	12	6	43	47	53
2012	6	9	61	61	70
2013	3	2	102	107	109
2014	13	9	96	98	107
2015	11	11	71	66	77

• 제작편수는 영상물등급위원회의 등급분류편수를 기준으로 하며, 단편영화(40분 이하)는 제외

• 개봉편수에 전년도 이월작, 재개봉작은 제외

그림 Ⅱ-7-2 연도별 한국 · 외국 애니메이션 개봉편수 비중

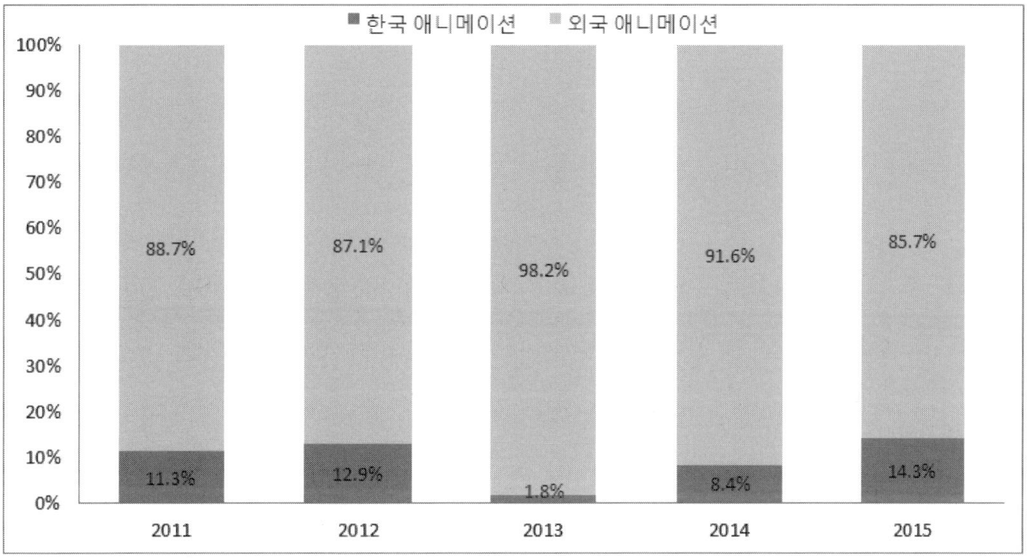

7.3 연도별 다큐멘터리 제작, 수입 및 개봉 편수

구분	한국 다큐멘터리(편)		외국 다큐멘터리(편)		총 개봉편수 (편)
	제작편수	개봉편수	수입편수	개봉편수	
2011	31	29	19	12	41
2012	41	32	36	18	50
2013	29	28	11	14	42
2014	39	38	19	21	59
2015	29	35	22	19	54

- 제작편수 및 수입편수는 영상물등급위원회의 등급분류편수를 기준으로 하며, 단편영화(40분 이하)는 제외
- 개봉편수에 전년도 이월작, 재개봉작은 제외
- 등급분류심사를 받고 그 다음해에 개봉하는 경우도 있어 상기 개봉편수가 수입편수보다 많은 경우가 있음

그림 Ⅱ-7-3 연도별 한국 · 외국 다큐멘터리 개봉편수 비중

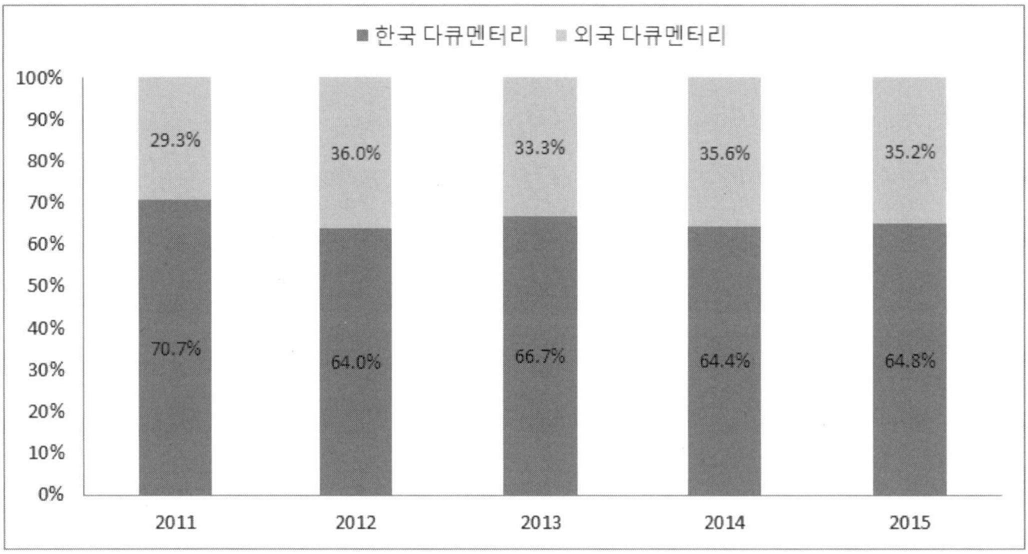

7.4 연도별 애니메이션 관객 수 및 극장 매출액

구분	한국 애니메이션		외국 애니메이션		애니메이션 전체	
	관객 수(명)	극장 매출액(원)	관객 수(명)	극장 매출액(원)	관객 수(명)	극장 매출액(원)
2011	2,311,725	15,436,208,900	15,541,967	126,898,582,800	17,853,692	142,334,791,700
2012	1,279,709	11,328,244,900	15,037,501	110,706,668,715	16,317,210	122,034,913,615
2013	951,849	6,982,701,800	13,612,514	91,586,781,492	14,564,363	98,569,483,292
2014	704,548	4,847,005,900	20,098,672	154,588,122,994	20,803,220	159,435,128,894
2015	956,623	7,076,169,000	19,023,867	142,269,531,525	19,980,490	149,345,700,525

• 영화관 입장권 통합전산망 공식통계를 기준으로 집계하며, 유료시사가 포함됨(기타상영만 제외)

그림 Ⅱ-7-4 2015년 한국 · 외국 애니메이션 관객 수 및 극장 매출액 비중

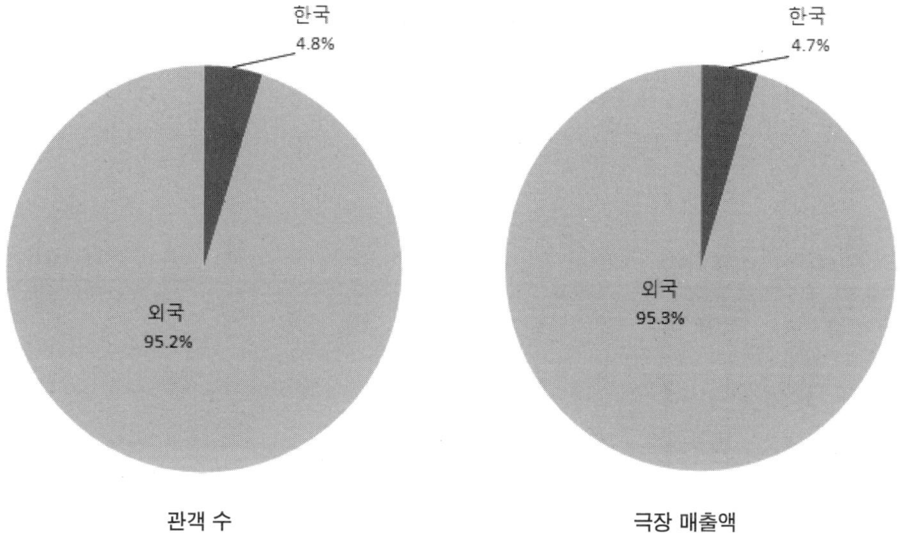

7.5 연도별 다큐멘터리 관객 수 및 극장 매출액

구분	한국 다큐멘터리		외국 다큐멘터리		전체	
	관객 수	극장 매출액	관객 수	극장 매출액	관객 수	극장 매출액
2011	358,956	2,244,660,900	73,729	543,911,300	432,685	2,788,572,200
2012	280,502	1,997,799,298	101,651	963,603,200	382,153	2,961,402,498
2013	187,526	1,284,384,900	29,125	220,121,600	216,651	1,504,506,500
2014	4,182,453	32,243,759,903	37,157	268,808,469	4,219,610	32,512,568,372
2015	1,175,159	9,104,076,065	100,328	795,168,082	1,275,487	9,899,244,147

그림 Ⅱ-7-5 2015년 한국 · 외국 다큐멘터리 관객 수 및 극장 매출액 비중

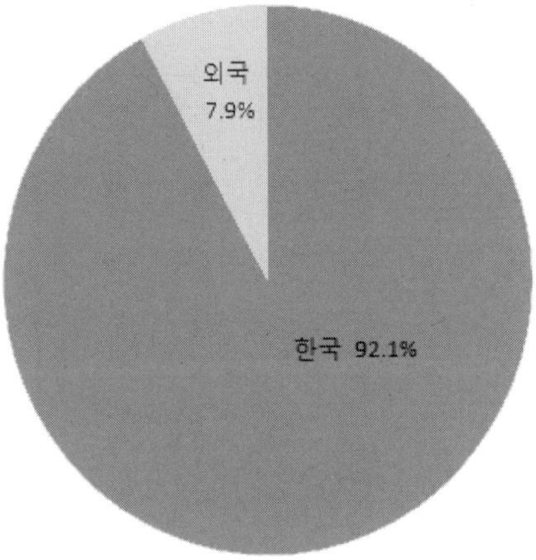

관객 수

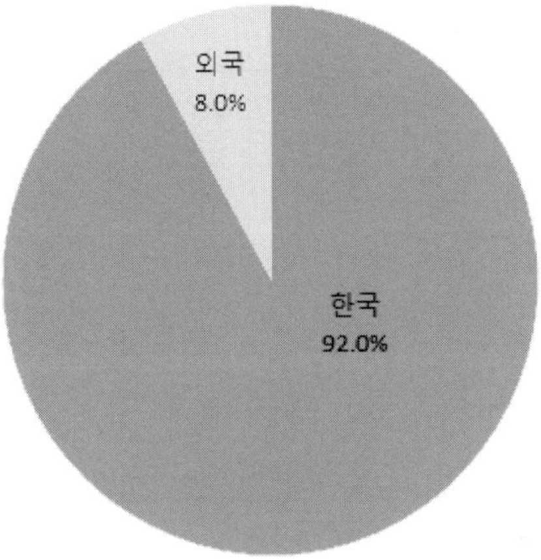

극장 매출액

7.6 연도별 전체 관객 수 대비 애니메이션 비중

구분	전체 극장 관객 수(명)	한국 애니메이션		외국 애니메이션	
		관객 수(명)	비중(%)	관객 수	비중(%)
2011	159,724,465	2,311,725	1.45	15,541,967	9.73
2012	194,890,622	1,279,709	0.66	15,037,501	7.72
2013	213,348,254	951,849	0.45	13,612,514	6.38
2014	215,067,760	704,548	0.33	20,098,672	9.35
2015	215,829,395	956,623	0.44	19,023,867	8.81

그림 Ⅱ-7-6 2015년 한국 · 외국 애니메이션 관객 수와 전체 관객 수 비교

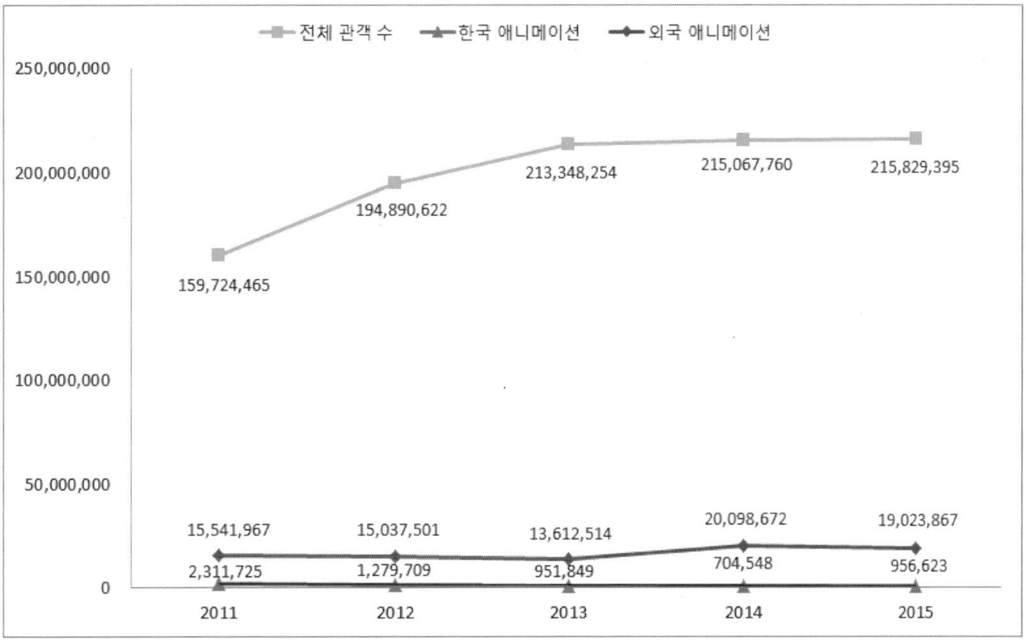

7.7 연도별 전체 관객 수 대비 다큐멘터리 비중

구분	전체 극장 관객 수(명)	한국 다큐멘터리		외국 다큐멘터리	
		관객 수(명)	비중(%)	관객 수(명)	비중(%)
2011	159,724,465	358,956	0.22	73,729	0.05
2012	194,890,622	280,502	0.14	101,651	0.05
2013	213,348,254	187,526	0.09	29,125	0.01
2014	215,067,760	4,182,453	1.94	37,157	0.02
2015	215,829,395	1,175,159	0.54	100,328	0.05

그림 Ⅱ-7-7 2015년 한국 · 외국 다큐멘터리 관객 수와 전체 관객 수 비교

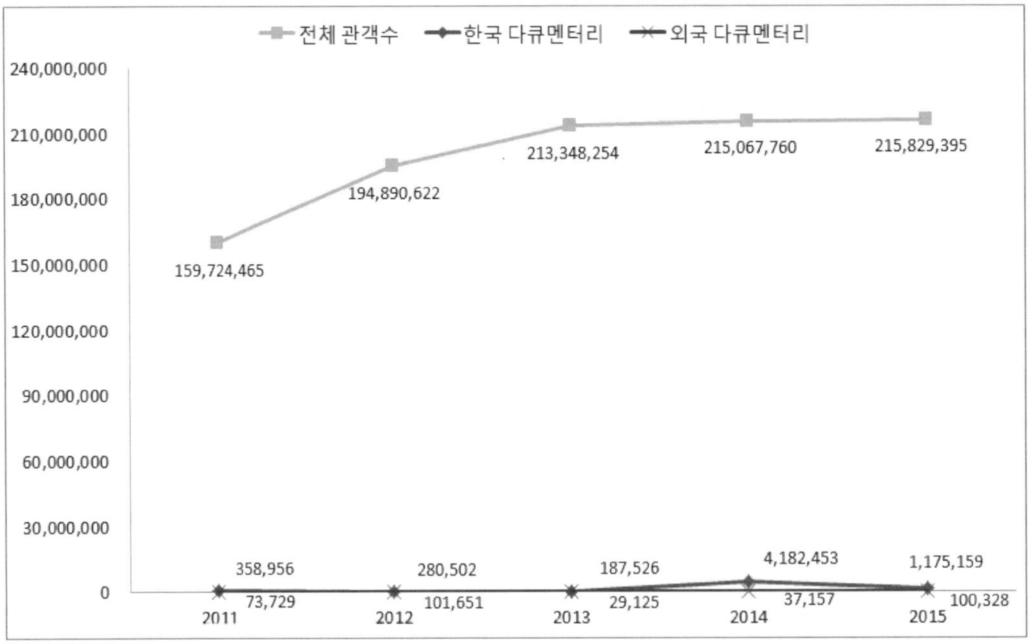

8. 다양성 영화

8.1 2015년 다양성 영화 결산

2015년의 다양성 영화[12] 시장은 2014년에 비해 한풀 꺾이며 다소 침체한 양상을 보였다. 그도 당연한 것이 2014년은 〈님아, 그 강을 건너지 마오〉(385만 명), 〈비긴 어게인〉(343만 명)이 기존 상업영화에서나 볼 수 있었던 흥행 기록을 보이며 대중의 주목을 받는데 성공하였고, 〈그랜드 부다페스트 호텔〉, 〈그녀〉 등의 영화가 선전하며 그야말로 '아트버스터'의 저력을 보여주었던 한 해였기 때문이다. 2009년 〈워낭소리(296만 명)〉이후, 지속적인 하락세를 보이며 '다양성 영화의 위기설'까지 대두되던 시기에 10만 명 이상의 관객과 만난 다양성 영화가 무려 18편에 달하며 역대 최고의 성적을 보인 2014년 다양성 영화 시장의 반등은 매우 고무적인 현상이었다.

2015년에 개봉한 다양성 영화 편수는 362편으로 전년 378편 대비 4.2% 감소하였고, 전체 개봉편수에서 차지하는 비율도 30.7%로 전년대비 3.8%p 감소하였다. 다양성 영화 개봉편수는 전년대비 소폭 감소한 반면, 관객 수는 39.3%로 크게 감소하였는데, 급격한 성장을 보였던 2014년 다양성 영화 시장의 특징을 감안한다면, 2015년의 성과가 매우 부정적인 것만은 아니다. 하지만, 여전히 흥행작 간의 편차가 크고, 관객 수 편차가 벌어진 만큼 스크린 수의 편차도 커지는 현상은 계속해서 풀어나가야 할 과제이기도 하다.

---

12) 2007년 영화진흥위원회가 발표한 '시네마워크 사업계획안'에 언급된 용어로 독립영화, 예술영화, 다큐멘터리 영화 등을 총칭한다. 다양성 영화, 특히 독립영화와 예술영화를 정의하는 기준이 다소 애매한 부분이 있으므로 보다 명확한 기준에 따른 자료 산출을 위해 이 장에서 언급되는 다양성 영화는 '영화진흥위원회의 독립영화 및 예술영화 인정심사를 통해 인정받은 작품(자동인정 포함)'에 한정한다.

〈표 Ⅱ-8-1〉 연도별 다양성 영화 개봉편수 및 관객 수

연도	2008	2009	2010	2011	2012	2013	2014	2015
전체 개봉편수(편)	379	361	426	439	631	905	1,095	1,177
다양성 영화 개봉편수(편)	151	162	190	197	232	333	378	362
다양성 영화 개봉 비율(%)	39.8	44.9	44.6	44.9	36.8	36.8	34.5	30.7
전체 영화 서울 관객 수(명)	46,201,103	44,948,210	46,278,808	47,880,098	56,543,239	60,087,210	59,509,392	58,458,175
다양성 영화 서울 관객 수(명)	2,878,111	4,098,170	2,742,317	2,132,380	1,996,621	2,000,225	5,764,852	3,764,364
다양성 영화 서울 관객 비율(%)	6.2	9.1	5.9	4.5	3.5	3.3	9.7	6.4
전체 영화 전국 관객 수(명)	150,830,679	156,960,266	149,182,008	159,724,465	194,890,622	213,348,254	215,067,760	217,299,523
다양성 영화 전국 관객 수(명)	7,429,482	10,375,572	8,097,199	4,766,478	3,692,507	3,723,352	15,194,750	9,216,179
다양성 영화 전국 관객 비율(%)	4.9	6.6	5.4	3.0	1.9	1.7	7.1	4.2

- 2010~2013년도는 2014년도판 한국영화연감 참고, 2014년도부터는 영화관입장권통합전산망 공식통계 기준 적용
- 2009년 〈워낭소리〉 299만 명, 2011년 〈마당을 나온 암탉〉 220만 명, 2012년 〈피에타〉 60만 명 포함
- 2014년 〈님아, 그 강을 건너지 마오〉 385만 명, 〈비긴 어게인〉 343만 명 포함
- 2015년 〈위플래쉬〉 159만 명, 〈님아, 그 강을 건너지 마오〉 96만 명 포함

그림 Ⅱ-8-1 연도별 다양성 영화 개봉편수 및 개봉비율 추이

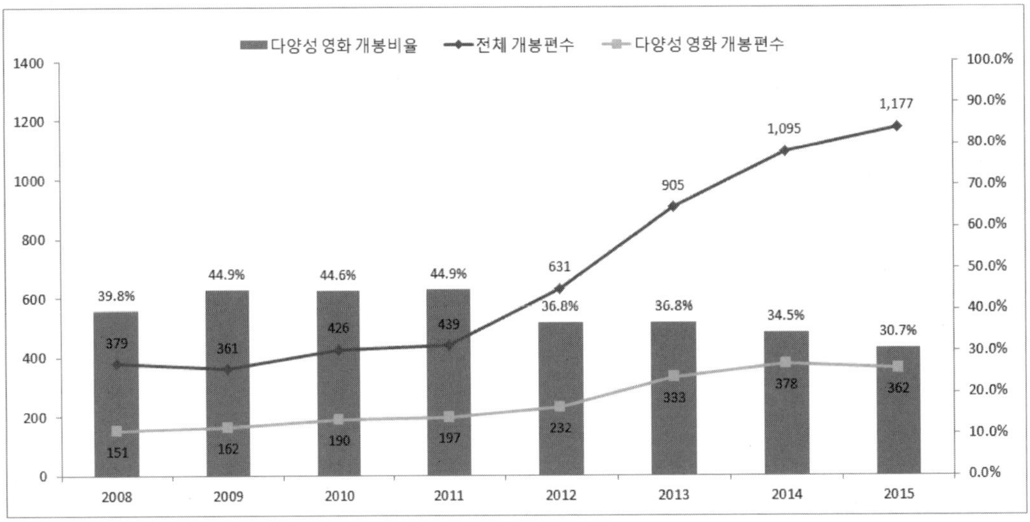

그림 Ⅱ-8-2 연도별 다양성 영화 관객 수 및 관객비율 추이

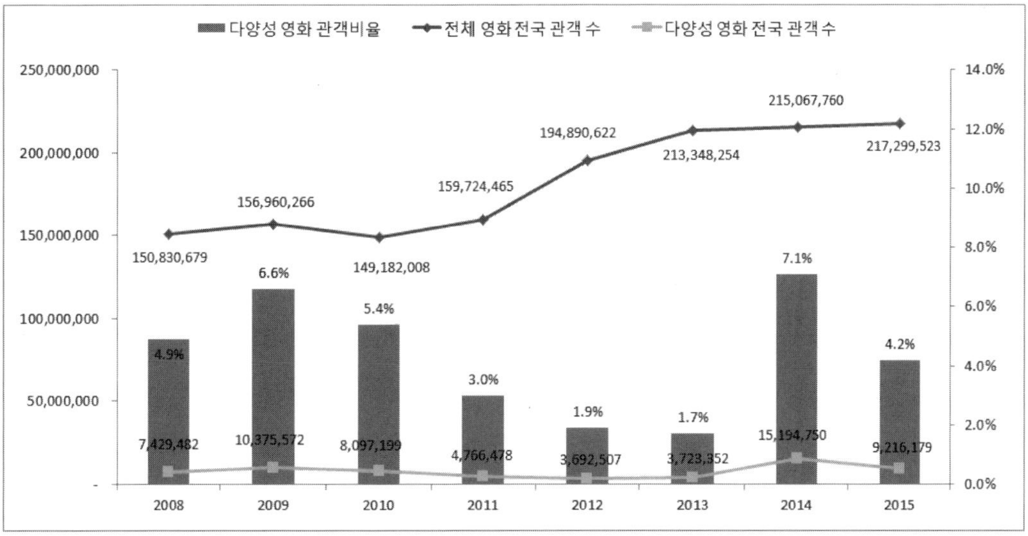

2014년도에는 〈님아, 그 강을 건너지 마오〉(2015년 관객 수 포함 480만 명)와 〈비긴 어게인〉(343만 명) 두 편의 영화가 다양성 영화로서는 이례적으로 300만 명 이상의 관객을 동원, 박스오피스를 역주행하면서 역대 다양성 영화 흥행 1,2위를 나란히 기록하였으나, 2015년에는 〈위플래쉬〉(159만 명)가 유일하게 100만을 넘긴 다양성 영화로 그 외에는 이렇다 할 큰 흥행작이 없어 전년도에 비해 관객 수가 급감했다.

다양성 영화 관객 수는 한 두 편의 흥행작 스코어에 의해서 전체 관람객 수의 편차가 커지기 때문에 당해 연도 관람객 수만으로는 다양성 영화 시장의 규모를 판단하기 어려운 경향이 있다. 다양성 영화 중 이례적인 흥행이라 볼 수 있는 100만 명을 넘긴 영화들을 제외하고 나머지 다양성 영화의 전체 관객 수를 보면 2014년 700만 명, 2015년 752만 명으로 다소 증가했다. 또한, 관객 수 10만 명을 넘긴 다양성 영화 수를 보면 2015년 16편으로 2014년 18편보다 소폭 감소하였지만, 2012년과 2013년에 각각 6편이었던 것에 비하면 전반적으로 다양성 영화 흥행작들이 많이 나온 편이라 할 수 있다.

〈표 Ⅱ-8-2〉 다양성 영화 인정기준

아래 규정에 의거 영화진흥위원회에서 예술영화 및 한국 독립영화로 인정한 작품

【예술영화 인정기준】

▶ 예술영화 인정 업무규정 제 5조

제5조(심사기준 등) ① 상영영화의 예술영화 인정에 관한 심사기준은 다음 각 호와 같다.

1. 작품의 영화 미학적 가치가 뛰어난 국내외 작가 영화
2. 소재, 주제, 표현방법 등에 있어 기존 영화와는 다른 새로운 특색을 보이는 창의적, 실험적인 작품
3. 국내에서 거의 상영된 바 없는 개인, 집단, 사회, 국가의 삶을 보여주는 작품으로서 문화 간 지속적 교류, 생각의 자유로운 유통, 문화다양성의 확대에 기여하는 작품
4. 예술적 관점, 사회문화적 관점에서 가치가 있는 재개봉 작품

② 위원회는 제1항과 관련하여 신청 영화의 순제작비와 개봉 규모 등을 고려하여 예술영화 인정이 적절하지 않은 것으로 판단되는 경우에는 이를 심사대상에서 제외할 수 있다.

③ 제1항 내지 제2항의 심사기준의 구체적 사항 및 심사의 절차, 방법 등은 심사운영세칙으로 정한다.

▶ 예술영화 인정에 관한 심사운영 세칙 제3조

제3조(심사기준)

① 심사기준은 규정 제5조에 규정된 각호의 기준에 따르되 규정 제5조 2항에 따라 개봉 당시 200개관 이상 동시 개봉인 경우는 심사 제외하는 것을 원칙으로 한다.

② 제1항의 기준에도 불구하고 다양성의 가치를 지니고 있는 다음 각 호의 영화에 대해서는 심사위원회의 승인을 거쳐 예술영화로 인정할 수 있다.

1. 영화진흥위원회의 제작지원 · 배급지원 작품
2. 영화진흥위원회 독립영화인정 작품
3. 애니메이션, 다큐멘터리, 단편영화, 실험영화 등 시장점유율 1% 이내인 영화형식의 작품. 단, 애니메이션의 경우 일본, 미국의 작품은 제외한다.
4. 심의연도 직전 3개년 평균 기준 전국 기준 시장점유율 1% 이내인 국가의 작품. 단, 개봉 당시 100개관 이상 동시 개봉인 경우는 제외함.

【한국독립영화 인정기준】

▶ 한국독립영화 인정에 관한 심사운영 세칙 제 6조

제6조(인정 및 불인정 기준)

① 한국독립영화의 인정기준은 다음 각 호와 같다.

1. 위원회 독립영화제작지원 사업 요강 기준에 부합하는 영화로, 이윤 확보를 1차 목적으로 하는 일반 상업영화와 달리 창작자의 예술적 의도가 우선시 되는 작품으로 상업영화의 제작/배급 방식으로부터 독립되어 제작 완료된 영화
2. 주류 상업 영화와 다른 시각적 경험을 줄 수 있는 새로운 스타일 또는 내용으로 영화문화의 다양성을 확대하는 영화
3. 정치적, 사회적, 문화적 이슈 등 주류 영화산업에서 다루지 않는 주제들을 과감히 다루고 있는 영화
4. 노골적으로 상업적이지 않아서 경제적 리스크가 높고 마케팅이 곤란한 영화

② 제1항의 기준에도 불구하고 위원회 출자 독립영화 전문 투자조합에서 독립영화로 판단하여 투심위에서 투자 결정한 영화에 대해 한국독립영화로 자동 인정할 수 있다. 인정된 영화에 대해 연간 운영실적을 심사위원회에 검토 보고해야하며 자동인정 지속여부를 심사위원회에서 결정하도록 해야 한다.

③ 제1항의 기준에도 불구하고 위원회의 독립영화 제작 및 배급지원 사업을 받아 제작되거나 배급되는 영화에 대해서는 심사위원회의 승인을 거쳐 한국독립영화로 자동 인정할 수 있다.

④ 제1항의 기준에도 불구하고 다음 각 호의 영화에 대해서는 한국독립영화로 인정할 수 없다.

1. 극장 판권관리 및 수익정산 주체가 전년도 기준 매출액 상위 10개 투자 · 배급사인 경우. 단, 독립영화의 투자, 제작, 배급을 업으로 하는 사업자의 경우 심사위원회의 승인을 거쳐 제외할 수 있다.
2. 극장 판권관리 및 수익정산 주체가 의무전송채널 사업자(지상파 방송채널 사업자 포함)인 경우
3. 극장 판권관리 및 수익정산 주체가 통신사업자, 종합유선방송사업자(홈초이스 포함)인 경우

다양성 영화 인정 기준에 따라 2015년 다양성 영화 흥행순위를 20위까지 산정한 결과는 〈표Ⅱ-8-3〉과 같다.

〈표 Ⅱ-8-3〉 2015년 다양성 영화 흥행순위

순위	제목	배급사	국적	스크린 수 (개)	서울 관객 수 (명)	전국 관객 수 (명)
1	위플래쉬	(주)쇼박스	미국	436	653,698	1,589,032
2	님아, 그 강을 건너지 마오	CGV아트하우스, (주)대명문화공장	한국	206	228,599	955,149
3	어린왕자	씨네그루(주)다우기술	프랑스	494	126,883	428,855
4	뮨: 달의 요정	씨네그루(주)다우기술	프랑스	365	62,132	319,072
5	오즈의 마법사: 돌아온 도로시	(주)박수엔터테인먼트	미국	330	68,014	298,298
6	개를 훔치는 완벽한 방법	㈜리틀빅픽쳐스, (주)대명문화공장	한국	205	84,238	263,227
7	소셜포비아	CGV아트하우스	한국	368	68,026	249,169
8	아메리칸 셰프	(주)영화사 진진	미국	111	95,079	151,833
9	우먼 인 골드	(주)팝엔터테인먼트	미국	252	73,527	144,154
10	화장	(주)리틀빅픽쳐스	한국	327	45,523	142,382
11	시카리오: 암살자의 도시	롯데쇼핑㈜롯데엔터테인먼트	미국	227	63,204	140,715
12	심야식당	(주)영화사 진진	일본	180	67,379	131,856
13	미라클 벨리에	(주)영화사 진진	프랑스	245	59,632	121,827
14	눈의 여왕 2: 트롤의 마법거울	씨네그루(주)다우기술	러시아	479	22,406	120,278
15	스틸 앨리스	그린나래미디어(주)	미국	109	61,814	112,711
16	프리덤	(주)씨타마운틴픽쳐스	미국	117	18,198	106,030
17	빌리와 용감한 녀석들 3	롯데쇼핑㈜롯데엔터테인먼트	미국	343	23,652	98,495
18	맥베스	판씨네마(주)	영국	141	46,389	93,610
19	숀더쉽	(주)박수엔터테인먼트	영국	263	21,247	91,790
20	더 매직: 리틀톰과 도둑공주	㈜코리아스크린, 와이드 릴리즈(주)	스페인	193	20,410	89,524

• 통합전산망 공식통계 기준으로 산출되는 '스크린 수'는 개봉 첫 주 최대 스크린 수를 나타냄

2015년 다양성 영화 관객 수 1위인 〈위플래쉬〉는 오스카 효과를 더해 주말 박스오피스 1위에도 올랐던 작품으로 〈비긴 어게인〉, 〈인사이드 르윈〉 등과 같은 음악을 앞세워 흥행몰이에 성공한 외화의 강세 열풍을 이어받아 159만 명의 관객을 동원하였다. 한국영화로는 한국영화아카데미 장편 제작연구과정에서 만들어진 〈소셜포비아〉(25만 명)가 CGV아트하우스 배급망의 힘을 더해 2015년에 개봉된 한국 다양성 영화 중 가장 많은 관객을 만났고, 거장 임권택 감독의 신작 〈화장〉도 눈에 띈다. 외국영화로는 프랑스의 전체관람가 애니메이션 영화인 〈어린왕자〉와 〈뮨: 달의 요정〉이 다양성 영화 흥행 상위권에 올랐다.

〈표 Ⅱ-8-4〉 2015년 다양성 영화 관객 수 상위 10위(한국영화)

순위	영화명	배급사	개봉일	전국 스크린 수	전국 관객 수 (명)	매출액 (천원)
1	님아, 그 강을 건너지 마오	CGV아트하우스, (주)대명문화공장	2014-11-27	206	955,149	7,509,448
2	개를 훔치는 완벽한 방법	㈜리틀빅픽쳐스, (주)대명문화공장	2014-12-31	205	263,227	2,019,167
3	소셜포비아	CGV아트하우스	2015-03-12	368	249,169	1,959,705
4	화장	(주)리틀빅픽쳐스	2015-04-09	327	142,382	1,073,035
5	지금은맞고그때는틀리다	㈜영화제작전원사, (주)넥스트 엔터테인먼트월드(NEW)	2015-09-24	59	79,840	658,073
6	고녀석 맛나겠다2: 함께라서 행복해	(주)리틀빅픽쳐스	2015-07-29	142	55,675	384,800
7	성실한 나라의 앨리스	CGV아트하우스	2015-08-13	69	43,964	349,483
8	타이밍	(주)스톰픽쳐스코리아	2015-12-10	196	38,232	288,312
9	한여름의 판타지아	㈜인디스토리	2015-06-11	46	35,950	279,273
10	더 테너 리리코 스핀토	㈜박수엔터테인먼트, (주)모인그룹	2014-12-31	185	32,644	260,190

한국영화 중에서는 2014년 11월 말에 개봉했지만, 관객들의 입소문을 타고 화제를 모았던 〈님아, 그 강을 건너지 마오〉(2015년 관객 수 96만 명)가 2015년 초까지 그 열기를 이어가며 2015년에도 다양성 영화 한국영화 순위 1위에 이름을 올렸다. CGV아트하우스 배급과 함께 마케팅에서도 전폭적인 지원이 더해져 개봉 첫 주 최대 스크린 수 206개로 상영을 시작했던 〈님아, 그 강을 건너지 마오〉는 관객들의 입소문으로 흥행 역주행이 일어나자 대형 멀티플렉스에서까지 상영횟수를 늘리고 개봉관 역시 늘어나 최대 스크린 수가 806개까지 늘어나는 기염을 토했다. 그 결과 여느 블록버스터 못지않은 스크린 수로 실제로 할리우드 대작들을 제치며 박스오피스 1위에 올랐다. 순제작비 1억 2000만원의 독립 다큐멘터리 한 편이 상업영화들도 하기 힘든 각종 기록들을 갈아치우며 독립영화로선 유례없는 흥행 기록과 함께 극장가에 적지 않은 파란을 일으켰다. 또한 〈개를 훔치는 완벽한 방법〉(2014.12.31.개봉, 2015년 관객 수 26만 명)은 개봉 초 상영관 확보로 어려움은 있었지만 재개봉으로 상영관을 늘려 다시 관객을 만나게 되면서 다양성 한국영화 2위를 차지했다. 10위권 내에는 로카르노영화제에서 황금표범상과 남우주연상을 수상한 홍상수 감독의 17번째 장편〈지금은맞고그때는틀리다〉, 청룡영화제 여우주연상 수상으로 재조명을 받았던 〈성실한 나라의 앨리스〉등이 포함되어 있으나 관객 수 10만 명이 넘는 영화는 전년도와 마찬가지로 총 4편에 불과하여 10위권 내 작품간 관객 수 편차가 여전히 심했다.

〈표 Ⅱ-8-5〉 2015년 다양성 영화 관객 수 상위 10위(외국영화)

순위	영화명	배급사	개봉일	국적	스크린 수	전국 관객 수 (명)	매출액 (천원)
1	위플래쉬	㈜쇼박스	2015-03-12	미국	436	1,589,032	12,656,619
2	어린왕자	씨네그루(주)다우기술	2015-12-23	프랑스	494	428,855	3,195,587
3	뮨: 달의 요정	씨네그루(주)다우기술	2015-09-24	프랑스	365	319,072	2,331,901
4	오즈의 마법사: 돌아온 도로시	㈜박수엔터테인먼트	2015-02-12	미국	330	298,298	2,175,321
5	아메리칸 셰프	㈜영화사 진진	2015-01-07	미국	111	151,833	1,240,661
6	우먼 인 골드	㈜팝엔터테인먼트	2015-07-09	미국	252	144,154	1,109,777
7	시카리오: 암살자의 도시	롯데쇼핑(주) 롯데엔터테인먼트	2015-12-03	미국	227	140,715	1,135,598
8	심야식당	㈜영화사 진진	2015-06-18	일본	180	131,856	1,042,452
9	미라클 벨리에	㈜영화사 진진	2015-08-27	프랑스	245	121,827	929,077
10	눈의 여왕 2: 트롤의 마법거울	씨네그루(주)다우기술	2014-12-24	러시아	479	120,278	859,031

다양성 영화 관객 수 상위 10위권 내 외국영화는 모두 관객 수가 10만 명이 넘고 〈위플래쉬〉를 제외하면 한국영화에 비해 비교적 고른 편차를 보였다. 역대 외국 다양성 영화 흥행 상위권은 상업영화 박스오피스와 마찬가지로 대부분 미국영화가 강세를 보였는데, 2015년 역시 상위 10위권 내 5편의 영화가 미국영화로 그 흐름은 깨지지 않았다. 한편, 프랑스의 애니메이션 〈어린왕자〉와 〈뮨: 달의 요정〉이 2,3위를 나란히 차지하며 상위권에 오른 것이 인상적인데, 두 영화 모두 전체관람가 애니메이션으로 세대를 아울러 극장을 찾을 수 있었던 가족영화라는 점과 더불어 각각 추석과 연말에 개봉하여 극장 성수기 시즌 수혜가 더해졌던 것이 흥행요인으로 보인다.

〈표 Ⅱ-8-6〉 다양성 영화의 국가별 현황을 살펴보면 일본을 제외한 한국, 미국, 그리고 유럽과 같은 나머지 국가의 관객 수가 2014년에 비해 현저히 줄어들었음을 알 수 있다. 특히 한국 다양성 영화의 관객 수는 〈님아, 그 강을 건너지 마오〉의 영향으로 관객 수가 급격히 증가했던 2014년에 비해 관객 수가 거의 반이 줄어들었다. 개봉편수 역시 소폭 감소하였지만, 전년도에 비해 거의 두 배가 증가했던 2014년도와 비슷한 수준을 유지했다. 미국의 경우, 개봉편수가 66편에서 81편으로 22.7% 증가했음에도 불구하고 관객 수는 592만 명에서 137만 명으로 76.9%가 감소했다. 유럽 다양성 영화의 경우 개봉편수 및 관객 수 모두 전년 대비 소폭 감소한 반면, 일본 영화는 개봉편수 와 관객 수 모두 소폭 증가하였다.

〈표 Ⅱ-8-6〉 국가별 연도별 다양성 영화 개봉편수 및 관객 수

구분		2007	2008	2009	2010	2011	2012	2013	2014	2015
한국(합작 포함)	개봉편수(편)	45	44	66	80	79	78	72	140	132
	개봉비율(%)	31.7	29.1	41.4	42.1	39.9	33.6	40.7	34.8	33.3
	관객 수(명)	331,149	1,338,345	2,748,743	5,094,181	2,347,969	1,482,152	3,939,607	5,612,902	2,454,138
	관객비율(%)	29.7	55.9	37.0	49.2	49.2	40.1	51.3	38.1	37.3
미국(합작 포함)	개봉편수(편)	15	14	20	26	25	33	28	66	81
	개봉비율(%)	10.6	9.3	12.3	13.7	12.6	14.2	15.8	16.4	20.5
	관객 수(명)	232,763	274,877	646,294	1,639,942	605,848	926,039	1,968,836	5,922,065	1,365,949
	관객비율(%)	9.7	3.7	6.2	20.3	12.8	25.1	25.7	40.2	20.7
유럽(합작 포함)	개봉편수(편)	52	64	56	46	48	76	43	156	139
	개봉비율(%)	36.6	42.4	34.6	24.2	24.2	32.8	24.3	38.8	35.1
	관객 수(명)	573,951	3,889,068	3,444,697	1,666,584	550,953	651,516	1,584,679	2,907,360	2,269,726
	관객비율(%)	24.0	52.3	33.2	20.6	11.5	17.6	20.7	19.7	34.5
일본(합작 포함)	개봉편수(편)	13	16	10	23	18	22	24	39	44
	개봉비율(%)	9.2	10.6	6.2	12.1	9.1	9.5	13.6	10.0	11.1
	관객 수(명)	47,628	311,954	212,656	107,301	177,337	405,531	114,766	305,686	496,313
	관객비율(%)	2.0	4.2	2.0	1.3	3.7	11.0	1.5	2.1	7.5

• 공식통계 개봉작 기준(개봉, 유료시사회)/대표국적 기준

1) 다양성 영화의 지역별 관객 분포

다양성 영화의 지역별 관객 수 분포를 보면 점유율이 가장 높은 곳은 41%를 기록한 서울이다. 전체 영화의 서울지역 점유율인 27.2%에 비해서도 굉장히 높은 수치인데, 서울은 전국에서 유일하게 전체 영화 점유율 대비 다양성 영화 점유율이 더 높은 지역으로 다양성 영화의 관객 편중도가 매우 높다는 사실을 알 수 있다. 2015년 서울의 다양성 영화 관객 비중은 2014년 39.4% 대비 다소 증가하였고, 경기지역 역시 비슷한 수준으로 다양성 영화에 있어서 수도권으로의 관객 편중은 여전한 것으로 보인다. 부산은 다양성 영화의 점유율이 7.6%로 전년도 7.4%와 비슷한 수준으로 몇 년째 전체 영화와 다양성 영화의 점유율이 비슷한 유일한 지역이기도 하다(극장/스크린 수 자체가 현저히 적어 비교가 무의미한 세종지역 제외). 서울, 부산과 같은 대도시에 다양성 영화를 상영하는 전용 상

영관이 집중되어 있는 사실에 비추어 보면, 이와 같은 수도권 집중 점유율 현상은 어찌 보면 당연한 결과일지도 모른다. 이러한 격차 해소를 위해서는 지방 관객들도 상업영화 뿐만 아니라 다양한 예술영화를 선택할 수 있는 기회를 가질 수 있도록 지방에도 보다 많은 다양성 영화들이 상영 가능한 인프라를 구축 또는 확대 하는 지원책이 필요할 것이다.

〈표 Ⅱ-8-7〉 2015년 다양성 영화 지역별 관객 수 분포

지역	서울	경기	강원	광주	대구	대전	부산	울산	인천	전남	전북	경남	경북	충북	충남	제주	세종
다양성영화 점유율(%)	41.0	19.1	1.7	3.1	5.0	3.0	7.6	1.6	4.4	1.2	2.2	3.1	1.8	1.9	2.4	0.7	0.2
전체 영화 점유율(%)	27.2	22.7	2.3	3.8	5.7	3.6	7.8	2.1	4.9	1.9	3.1	5.2	2.9	2.6	3.1	1.0	0.2
점유율 차이(%)	13.8	-3.6	-0.6	-0.7	-0.7	-0.6	-0.2	-0.5	-0.5	-0.7	-0.9	-2.1	-1.1	-0.7	-0.7	-0.3	0.0

그림 Ⅱ-8-3 2015년 다양성 영화 지역별 관객 분포

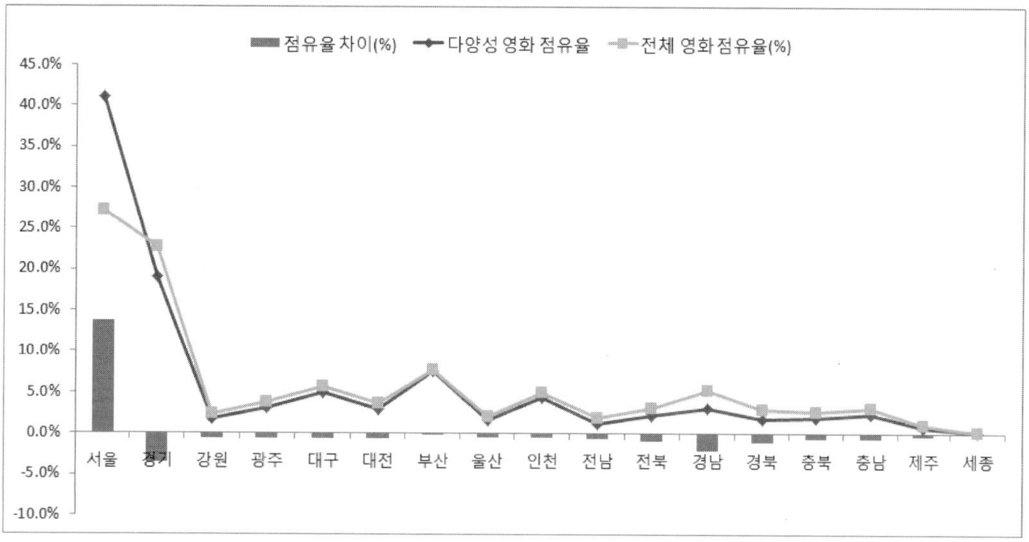

2) 다양성 영화의 차별

중소배급사의 영화들도 일반 극장에서 상영시간 배정에 공정한 룰을 적용받지 못하는 상황에서, 다양성 영화가 예술영화전용관이나 독립영화전용관이 아닌 일반극장에서 상영관을 확보하고 공정하게 상영시간이 편성된다는 것은 거의 불가능한 일이다. 2013년부터 2015년까지 최근 3년간 극장에서의 전체 영화 상영횟수와 다양성 영화의 상영횟수와 상영비율을 시간대별로 분석해 놓은 표를 보면, 2014년 이후에 멀티플렉스에서의 다양성 영화 상영횟수가 급증하였는데, 이는 2014년에 상업영화를 뛰어넘는 흥행을 보였던 다양성 영화의 등장과 더불어 다양성 영화 관객의 양적 성장

이 주된 요인으로 보인다. 또한 다양성 영화 상영회차의 증가와 관객증가 요인으로, 자체적으로 투자 · 제작하거나 수입하는 국내외 다양성 영화의 배급을 통해 영향력을 키워가고 있는 CGV아트하우스의 역할 역시 빼놓을 수 없다.

〈표 Ⅱ-8-8〉 2013~2015년 다양성 영화 상영횟수

연도	구분		시간대별 상영횟수									
			합계	~12시		12~18시		18~24시		24시~	
				상영횟수	비율(%)	상영횟수	비율(%)	상영횟수	비율(%)	상영횟수	비율(%)
2013	전체 상영(회)	전체극장	4,827,863	895,703	18.6	1,846,962	38.3	1,704,829	35.3	380,469	7.9
		멀티플렉스	4,508,049	836,790	18.6	1,700,181	37.7	1,594,822	35.4	376,256	8.3
	다양성영화 상영(회)	전체극장	91,528	22,437	24.5	41,734	45.6	22,951	25.1	4,406	4.8
		멀티플렉스	70,431	18,952	26.9	30,128	42.8	17,060	24.2	4,291	6.1
	다양성영화 상영비율(%)	전체극장	1.9	2.5		2.3		1.3		1.2	
		멀티플렉스	1.6	2.3		1.8		1.1		1.1	
2014	전체 상영(회)	전체극장	5,106,704	949,151	18.6	1,916,419	37.5	1,787,823	35.0	453,311	8.9
		멀티플렉스	4,787,847	890,650	18.6	1,769,751	37.0	1,681,714	35.1	445,732	9.3
	다양성영화 상영(회)	전체극장	572,221	118,137	20.7	225,778	39.5	180,592	31.6	47,714	8.3
		멀티플렉스	480,664	101,506	21.1	181,956	37.9	152,310	31.7	44,892	9.3
	다양성영화 상영비율(%)	전체극장	11.2	12.5		11.8		10.1		10.5	
		멀티플렉스	10.0	11.4		10.3		9.1		10.1	
2015	전체 상영(회)	전체극장	5,472,915	1,011,295	18.5	2,021,724	36.9	1,890,673	34.5	549,223	10.0
		멀티플렉스	5,153,917	951,849	29.0	1,876,593	57.3	1,784,658	54.5	540,817	16.5
	다양성영화 상영(회)	전체극장	467,848	101,981	21.8	187,272	40.0	136,729	29.2	41,866	8.9
		멀티플렉스	383,659	86,259	22.5	146,922	38.3	111,654	29.1	38,824	10.1
	다양성영화 상영비율(%)	전체극장	8.5	10.1		9.3		7.2		7.6	
		멀티플렉스	7.4	9.1		7.8		6.3		7.2	

• 멀티플렉스는 CGV(프리머스 포함), 롯데시네마, 메가박스(씨너스 포함)로 직영/위탁관 모두 포함하며, 각 멀티플렉스에서 운영하는 문화부지정 예술영화전용관은 제외
• 멀티플렉스 중 다양성 영화 전용관을 제외한 기준은 '문화부시성 예술영화상영관'으로 집계
• 시간대별 횟수는 상영시작 시간 기준
• 상영횟수: 상영일자/극장/스크린/상영회차의 건수

다양성 영화의 전체 상영횟수는 전년 572,221회에서 2015년 467,848회로 22.3% 감소하였다. 시간대별 다양성 영화 상영횟수를 보면 '오전 12시 이전 상영', '12~18시 상영'과 '24시 이후 상영'은 전년대비 소폭 증가한 반면, 프라임 타임인 '18~24시 상영'의 다양성 영화 비중은 소폭 감소하였다. 통상적으로 일반 극장이 흥행 가능성이 낮은 다양성 영화의 상영을 프라임 타임을 피해 배정하는 경우가 많은데, 2014년은 관객몰이를 했던 다양성 영화 한 두 편이 있었던 해로 일반적인 경향으로 비추어 보기에는 상당히 예외적인 경우라 할 수 있다.

8.2 한국 다양성 영화 제작 및 상영

1) 한국 독립영화 제작 및 상영

2015년 서울독립영화제 출품작[13)]을 보면, 전체 출품편수가 973편으로 2014년에 천 편이 넘는 역대 최대의 출품편수를 기록했던 것에는 못 미쳤다. 하지만, 2014년 이전까지의 출품편수를 놓고 전반적인 독립 장·단편 영화의 제작흐름으로 볼 때 제작편수가 크게 줄었다고 보기는 어렵다.

〈표 Ⅱ-8-9〉 연도별 서울독립영화제 출품편수

구 분	2008	2009	2010	2011	2012	2013	2014	2015
단편 (중편 포함)	578	665	584	620	691	742	899	880
장편	45	57	47	65	82	68	105	93
합계	623	722	631	685	773	810	1,004	973

• 출처: 서울독립영화제 / 2014년 출품편수 수치 수정

2015년 한 해 극영화와 다큐멘터리를 포함해 총 53편의 독립영화 인정작품이 극장에서 개봉되었다. 이는 2014년 62편에 비해 14.5% 감소한 수치이다. 전체 개봉작 53편 중 다큐멘터리는 14편으로 전년 21편 대비 약 33% 감소하였을 뿐 아니라 전체 개봉편수에서 극영화 대비 차지하는 비율 역시 줄어들었다.

독립영화 인정작품들은 개봉하여 2015년 한 해 동안 총 26만 명의 관객을 동원했다. 〈표 Ⅱ-8-11〉을 보면, 편당 평균 관객 수는 4,881명으로 전년도 평균 관객 72,058명에 비해 6.8% 밖에 안 되는 수준이다. 2014년 〈님아, 그 강을 건너지 마오〉 한 편의 흥행이 2015년도 평균 관객 수와의 편차를 극심하게 벌려놓은 셈이다. 한편, 2015년 독립영화 인정작품 중에는 같은 해에 개봉해서 10만 명 이상의 관객을 모은 작품이 한 작품도 없어 2014년 대비 전반적으로 초라한 성적을 보였다.

〈표 Ⅱ-8-10〉 연도별 한국 독립영화 인정작품 극장개봉 편수

구 분	2008	2009	2010	2011	2012	2013	2014	2015
극	19	28	16	32	29	40	41	39
다큐멘터리	10	10	7	13	15	27	21	14
전체편수	29	38	23	45	44	67	62	53

• 개봉년도 기준(독립영화 인정심사년도 기준 아님)

13) 서울독립영화제에 출품된 모든 작품이 독립영화 인정작품은 아니기 때문에 인정작품을 기준으로 작성된 본 연감 자료에는 적합하지 않을 수도 있지만, 서울독립영화제에 출품되는 작품편수를 통해 한 해 동안 한국에서 제작되는 독립영화 제작편수를 가늠 또는 추측해 볼 수 있으므로 참고자료의 하나로 다양성 영화 부문에 수록하였다.

〈표 Ⅱ-8-11〉 2015년 한국 독립영화 인정작품 개봉 실적

구 분	편수	평균 스크린 수	관객 수(명)	편당 평균 관객 수(명)
극	39	19	196,963	5,050
다큐멘터리	14	17	61,744	4,410
합계	53	36	258,707	4,881

• 역대 독립영화 인정작품 중 2015년도에 개봉한 작품 기준

영화진흥위원회는 2012년 독립영화 인정여부를 별도로 심사하기 시작하였다. 이에 따라 별도의 심의를 거쳐 2015년에 독립영화로 인정받은 작품은 총 65편(장편)으로 2014년 83편에 비해 감소하였다. 그 중에는 2015년 베를린국제영화제에 초청된 〈잡식가족의 딜레마〉와 〈철원기행〉 같은 작품도 포함되었다. 한편, 〈나쁜 나라〉, 〈밀양 아리랑〉등 정치적 소재를 다룬 다큐멘터리도 작게나마 극장에서 개봉해 관객을 만났으며, 국내외 유수의 영화제에서 호평을 받은 홍상수 감독의 〈지금은맞고그때는틀리다〉는 극장개봉으로 80,635명의 관객을 모으며 2015년 독립영화 인정 작품 중에 가장 좋은 결과를 보였다.

〈표 Ⅱ-8-12〉 2015년 한국 독립영화 인정작품 및 관객 수

No.	작품명	감독	개봉일	신청사	인정구분	스크린 수	관객 수
1	In Her Place	알버트신	2015-12-17	시타마운틴픽쳐스	심사인정	15	1,589
2	개:dog eat dog	박민우, 황욱	2015-03-05	어뮤즈	자동인정	12	1,505
3	거짓말	김동명	2015-10-29	방인리 필름	자동인정	30	5,134
4	고백할 수 없는	최인규	2016-03-31	하준사	심사인정	3	288
5	고양이 장례식	이종훈	2015-01-15	SSV산수벤처스	자동인정	46	2,865
6	국밥	손병조	미개봉	손병조	심사인정	미개봉	
7	그들이 죽었다	백재호	2015-12-10	인디스토리	심사인정	17	2,364
8	그라운드의 이방인	김명준	2015-03-19	㈜인디스토리	심사인정	28	4,007
9	그빨로	권만회	2016-06-03	야그 프러덕션	심사인정	20	294
10	나쁜 나라	김진열	2015-12-03	시네마달	심사인정	23	21,438
11	나의 아들, 나의 어머니 (오백년의 약속)	안재민	2015-12-17	㈜인디플러그	심사인정	24	4,218
12	늙은 자전거	문의융	2015-11-12	㈜영화사북촌	심사인정	17	4,688
13	다방의 푸른 꿈	김대현	미개봉	인디라인	심사인정	미개봉	
14	독도의 영웅들	권순도	2016-02-18	퓨어웨이 픽쳐스	심사인정	4	2,384
15	들꽃	박석영	2015-11-05	㈜인디플러그	심사인정	12	1,064

No.	작품명	감독	개봉일	신청사	인정구분	스크린 수	관객 수
16	디렉터스컷	박준범	2015-07-02	야간비행	심사인정	7	435
17	레나	채헌정	2016-05-26	씨네코뮨	심사인정	14	3,521
18	롤러코스터	정상수	미개봉	CMNIX 독립영화센터	심사인정	미개봉	
19	루치펠	임윤기	미개봉	와이키픽쳐스	심사인정	미개봉	
20	마귀	김성환	미개봉	김성환	심사인정	미개봉	
21	마이페어웨딩	장희선	2015-06-04	㈜레인보우팩토리	심사인정	39	4,586
22	마중: 커피숍 난동 수다 사건	임혜영	미개봉	영화사 물고기	심사인정	미개봉	
23	말하지 못한 비밀	송동윤	2015-10-22	디와이엔터테인먼트	심사인정	3	742
24	명령불복종교사	서동일	2015-05-14	㈜인디플러그	심사인정	10	1,827
25	미션 스쿨	강의석	2015-10-15	홀리가든	자동인정	4	152
26	밀양아리랑	박배일	2015-07-16	㈜시네마달	심사인정	14	3,007
27	반짝이는 박수소리	이길보라	2015-04-23	컴퍼니에스에스㈜	자동인정	21	4,678
28	배짱이들	정훈	2016-05-12	CMNIX 독립영화센터	심사인정	6	201
29	북쪽에서 온 여행자	이원식	미개봉	영화제작소 정감	심사인정	미개봉	
30	불안한 외출	김철민	2015-12-10	다큐창작소	심사인정	7	1,958
31	사돈의 팔촌	장현상	2016-05-12	피도안마른녀석들	심사인정	10	1,160
32	사랑의 찬가	김성환	미개봉	김성환	심사인정	미개봉	
33	사랑이 이긴다	민병웅	2015-09-10	리틀빅 픽쳐스	심사인정	48	15,331
34	산다	박정범	2015-05-21	전주영화제	자동인정	33	4,398
35	살인재능	전재홍	2015-07-30	㈜인디스토리	심사인정	14	1,536
36	생각보다 맑은	한지원	2015-01-22	㈜인디스토리	심사인정	17	3,887
37	서울야행	권중목	2016-05-05	CMNIX 독립영화센터	심사인정	3	53
38	설지	박진순	2015-11-26	미로스페이스	심사인정	14	380
39	설해	김정권	2015-01-08	㈜씨타마운틴픽쳐스	심사인정	34	3,933
40	설행	김희정	2016-03-03	㈜인스터	심사인정	72	5,866
41	소금별	이준학	미개봉	모모스토리샵	심사인정	미개봉	
42	실론, 세렌디피티	권중목	2015-12-14	권중목	심사인정	1	136
43	아리아	김형종	미개봉	김형종	심사인정	미개봉	
44	약혼	권순도	미개봉	퓨어웨이 픽쳐스	심사인정	미개봉	
45	어떤이의 꿈	조성규	2015-11-26	하준사	심사인정	20	2,090

No.	작품명	감독	개봉일	신청사	인정구분	스크린 수	관객 수
46	오늘영화	윤성호	2015-08-20	인디플러그	심사인정	17	2,841
47	울보	이진우	2016-01-28	오퍼스픽쳐스	심사인정	9	822
48	울보 권투부	이일하	2015-10-29	(주)인디스토리	심사인정	13	1,870
49	웨일 오브 어 다큐멘터리	권오경	미개봉	아니스트	심사인정	미개봉	
50	위드	김대석, 강동수	미개봉	김대석	심사인정	미개봉	
51	위드	박성수	미개봉	대양미디어	심사인정	미개봉	
52	위선자들	김진홍	2015-11-26	씨타마운틴픽쳐스	심사인정	82	9,566
53	이태백의 운동회	손병조	미개봉	손병조	심사인정	미개봉	
54	잡식가족의 딜레마	황윤	2015-05-07	㈜시네마달	자동인정	18	6,684
55	잡초의 노래	김성환	미개봉	김성환	심사인정	미개봉	
56	조류인간	신연식	2015-02-26	㈜루스이소니도스	심사인정	21	2,738
57	지금은맞고그때는틀리다	홍상수	2015-09-24	영화사 전원사	심사인정	70	80,635
58	철원기행	김대환	2016-04-21	타이거시네마	심사인정	28	3,581
59	파리의 한국 남자	전수일	미개봉	모멘텀 엔터테인먼트	심사인정	미개봉	
60	펑정지에는 펑정지에다	민병윤	2016-05-12	민병훈필름	심사인정	5	190
61	플랑크 상수	조성규	2015-04-30	㈜영화사 조제	심사인정	5	604
62	하프	김세현	2016-01-21	㈜인디플러그	자동인정	9	466
63	한여름의 판타지아	장건재	2015-06-11	㈜인디스토리	심사인정	59	36,655
64	해에게서 소년에게	안슬기	2015-11-19	디에스이이디	심사인정	21	675
65	후쿠시마의 미래	이홍기	2015-04-09	㈜인디플러그	심사인정	7	927

- 2015년에 독립영화 인정심사(심사의결)를 받은 작품기준
- 독립영화 인정작품 중 단편영화 제외
- '자동인정'으로 분류된 위 8편의 작품은 각각 '한국독립영화 인정에 관한 심사운영 세칙 제6조(인정 및 불인정 기준) ②항과 ③항'에 근거하여 독립영화로 자동인정 된 작품임

2) 한국 예술영화 제작 및 상영

2015년에는 총 99편의 한국 예술영화가 개봉하여 약 100만 명의 관객이 모였다. 전년도에 104편이 개봉하여 총 560만 명의 관객을 모은 것 보다 현저히 낮은 수치다. 2015년에 개봉한 2015년 한국 예술영화 인정작품 중 흥행에 있어서 돋보이는 작품은 〈개를 훔치는 완벽한 방법〉으로 개봉 초, 상영관 확보와 상영시간 배정에 어려움이 겪었지만, 관객들의 호평에 재개봉되어 30만 명의 관객을 모았다. 이 밖에도 임권택 감독의 신작 〈화장〉(14만 명)과 한국영화아카데미 장편 제작연구과정

작품인 〈소셜포비아〉(25만 명)가 예술영화로서 10만 명을 넘기며 선전했다.

〈표 Ⅱ-8-13〉 2015년 한국 예술영화 인정작품 개봉 실적

개봉편수	평균 스크린 수	총 관객 수(명)	편당 평균 관객 수(명)
99	38	1,009,634	26,569

• 개봉년도 기준(독립영화 인정심사년도 기준 아님. 이전년도 심사인정 작품일지라도 2015년 개봉작인 경우 포함)

〈표 Ⅱ-8-14〉 2015년 한국 예술영화 인정작품 및 관객 수

No.	작품명	감독	개봉일	제작사(신청사)	인정구분	스크린 수	관객 수
1	JSA 남북공동초등학교	한명구	2016-01-21	시네마서울	심사인정	6	1,049
2	개: dog eat dog	황욱, 박민우	2015-03-05	어뮤즈	자동인정 ②-1	12	1,505
3	개를 훔치는 완벽한 방법	김성호	2014-12-31	㈜삼거리 픽쳐스	심사인정	205	306,402
4	거짓말*	김동명	2015-10-29	방인리필름	심사인정	30	5,134
5	고녀석 맛나겠다2: 함께라서 행복해	최경석, 노나카 카즈미	2015-07-29	㈜미디어캐슬	자동인정 ②-3	142	55,675
6	고백	정영배	2015-08-20	㈜소나무픽쳐스	심사인정	20	568
7	고삐	이대환, 강정우	미개봉	이동진	자동인정 ②-3	미개봉	
8	고종황제와 의사 안중근	전창근	미개봉	(주)추억을파는극장	심사인정	미개봉	
9	국밥*	손병조	미개봉	한국스토리텔링 작가협회	자동인정 ②-2	미개봉	
10	권법형사: 차이나타운	박상현	2015-07-09	골든타이드픽처스㈜	심사인정	5	257
11	그들이 죽었다*	백재호	2015-12-10	㈜인디스토리	심사인정	17	2,364
12	그라운드의 이방인*	김명준	2015-03-19	㈜인디스토리	자동인정 ②-3	28	4,007
13	그리울 련	한철수	2015-08-13	㈜리필름	심사인정	20	429
14	기적의 피아노	임성구, 김은주	2015-09-03	㈜보고싶은영화사	자동인정 ②-3	74	8,567
15	기화	문정윤	2015-02-26	아방가르드 필름	자동인정 ②-2	5	831
16	길	최정민	미개봉	씨네마켓 픽쳐스	심사인정	미개봉	
17	꽃동네 새 동네	안숭희	미개봉	안숭희	심사인정	미개봉	
18	꿈보다 해몽	이광국	2015-02-12	컴퍼니에스에스㈜	심사인정	36	4,427
19	나는 쓰레기다	이상우	2016-05-12	이상우필름	심사인정	1	18
20	나쁜 나라*	김진열, 이수정, 정일건	2015-12-03	㈜시네마달	자동인정 ②-3	23	21,438
21	나의 아들, 나의 어머니*	안재민	2015-12-17	㈜인디플러그	자동인정 ②-3	24	4,218
22	늙은 자전거*	문희융	2015-11-12	㈜영화사 북촌	심사인정	17	4,688
23	당신만을 사랑해	문여송	1978-08-12	㈜명화극장	심사인정	1	902

No.	작품명	감독	개봉일	제작사(신청사)	인정구분	스크린 수	관객 수
24	더 테너 리리코 스핀토	김상만	2014-12-31	㈜모인그룹	심사인정	185	50,514
25	더테너 리리코 스핀토 감독판	김상만	미개봉	㈜모인그룹	심사인정	미개봉	
26	덫: 치명적인 유혹	봉만대	2015-09-17	㈜지오엔터테인먼트	심사인정	19	1,413
27	돼지 같은 여자	장문일	2015-09-10	㈜아이필름코퍼레이션	심사인정	91	7,238
28	들꽃*	박석영	2015-11-05	㈜인디플러그	심사인정	12	1,064
29	디렉터스 컷	박준범	2015-07-02	박준범	심사인정	7	435
30	딜쿠샤	김태영, 이세영	미개봉	㈜인디컴미디어	자동인정 ②-3	미개봉	
31	따라지: 비열한 거리	신동엽	2015-06-08	㈜조이앤컨텐츠그룹	심사인정	1	11
32	또순이	박상호	미개봉	㈜명화극장	심사인정	미개봉	
33	러브앤서울 복숭아마을 도색소동기	조조 히데오	2015-07-27	㈜케이알씨지	심사인정	20	744
34	레드 툼	구자환	2015-07-09	구자환	자동인정 ②-3	13	2,737
35	마돈나	신수원	2015-07-02	㈜준필름	심사인정	65	18,276
36	마이 페어 웨딩	장희선	2015-06-04	㈜레인보우팩토리	자동인정 ②-3	39	4,586
37	막걸스	김기영	2015-05-21	(유)조이앤컨텐츠그룹	심사인정	20	2,410
38	말하지 못한 비밀*	송동윤	2015-10-22	디와이엔터테인먼트㈜	심사인정	3	742
39	메밀꽃 필 무렵	이성구	1967-12-15	㈜명화극장	심사인정	1	1,568
40	메이드 인 차이나	김동후	2015-06-25	㈜김기덕필름	심사인정	2	419
41	멜리스	김용운	2016-02-11	㈜라임오렌지팩토리	심사인정	141	11,484
42	명량: 회오리 바다를 향하여	정세교, 김한민	2015-05-07	빅스톤픽쳐스	자동인정 ②-3	92	8,897
43	몽골리안 프린세스	정단우	2015-03-19	키호테	심사인정	4	424
44	미궁: 비밀애	조조 히데오	2015-04-23	㈜케이알씨지	심사인정	20	513
45	미라클 여행기	허철	2015-01-15	최미라	자동인정 ②-3	12	3,399
46	미션스쿨	강의석	2015-10-15	홀리가든	심사인정	4	152
47	민며느리	최은희	1965-09-10	㈜명화극장	심사인정	2	2,112
48	밀양 아리랑	박배일	2015-07-16	㈜시네마달	자동인정 ②-3	14	3,007
49	바보선언	이장호	1984-03-01	㈜명화극장	심사인정	1	584
50	반금련	김기영	1981-03-13	㈜명화극장	심사인정	1	1,193
51	반짝이는 박수 소리	이길보라	2015-04-23	컴퍼니에스에스㈜	자동인정 ②-3	21	4,678
52	방 안의 코끼리	박수영, 권칠인, 권호영	2016-03-03	㈜인디스토리	심사인정	24	1,451
53	불안한 외출*	김철민	2015-12-10	다큐창작소	자동인정 ②-3	7	1,958
54	블랙스톤	노경태	2016-03-28	테디베어필름	심사인정	6	284

No.	작품명	감독	개봉일	제작사(신청사)	인정구분	스크린 수	관객 수
55	사돈의 팔촌*	장현상	2016-05-12	피도안마른녀석들	심사인정	10	1,160
56	사랑오감	한철수	미개봉	㈜리필름	심사인정	미개봉	
57	사랑이 이긴다*	민병훈	2015-09-10	㈜민병훈필름	심사인정	48	15,331
58	산다*	박정범	2015-05-21	전주국제영화제	자동인정 ②-1	33	4,398
59	살인재능*	전재홍	2015-07-30	㈜인디스토리	심사인정	14	1,536
60	생각보다 맑은*	한지원	2015-0122	㈜인디스토리	자동인정 ②-3	17	3,887
61	서편제	임권택	1993-04-10	(주)추억을파는극장	심사인정	1	1,538
62	선지자의 밤	김성무	2015-09-10	KAFA FILMS	심사인정	2	286
63	설지*	박진순	2015-11-26	㈜미로스페이스	심사인정	14	380
64	설해*	김정권	2015-01-08	㈜씨타마운틴픽쳐스	심사인정	34	3,933
65	설행_눈길을 걷다	김희정	2016-03-03	㈜인스터	심사인정	72	5,866
66	섬. 사라진 사람들	이지승	2016-03-03	㈜시네마팩토리	심사인정	206	20,164
67	성난 화가	전규환	2015-06-18	㈜트리필름	심사인정	8	1,377
68	성난 화가 - 무삭제판	전규환	2015-09-03	주식회사 트리필름	자동인정 ②-1	1	1
69	성실한 나라의 앨리스	안국진	2015-08-13	KAFA FILMS	심사인정	69	44,012
70	세계일주	이항배	2015-03-26	㈜쿠나	심사인정	56	4,449
71	선샤인 러브	조은성	2015-09-17	㈜티피에스컴퍼니	자동인정 ②-1	17	896
72	소셜포비아	홍석재	2015-03-12	KAFA FILMS	심사인정	368	250,878
73	스피드	이상우	2015-10-22	(유)조이앤컨텐츠그룹	심사인정	6	776
74	실론, 세렌디피티*	권중목	2015-12-14	권중목	심사인정	1	136
75	십이야: 깊고 붉은 열두 개의 밤 Chapter1	오인천	2015-07-23	(유)조이앤컨텐츠그룹	심사인정	3	181
76	아리아*	김형종	미개봉	한국스토리텔링 작가협회	자동인정 ②-2	미개봉	
77	아일랜드 - 시간을 훔치는 섬	박진성	2015-11-26	(유)조이앤컨텐츠그룹	심사인정	21	948
78	아티스트	김선영	미개봉	김선영	자동인정 ②-3	미개봉	
79	악사들	김지곤	2014-12-04	㈜인디스토리	자동인정 ②-3	11	1,405
80	악인은 살아 있다	김회근	2015-07-16	㈜에스에이치필름	심사인정	11	1,821
81	안녕, 전우치! 도술로봇대결전	김대창	2015 10 08	㈜얼리버드픽처스	자동인정 ②-3	173	13,055
82	암행어사 박문수	이규웅	미개봉	㈜명화극장	심사인정	미개봉	
83	애인	박호태	1982-07-24	㈜명화극장	심사인정	1	206
84	앨리스: 원더랜드에서 온 소년	허은희	2015-12-10	어뮤즈	심사인정	59	9,323
85	어떤 여행, 시민창작뮤지컬	김정욱	2015-05-07	㈜씨타마운틴픽쳐스	자동인정 ②-3	2	112

No.	작품명	감독	개봉일	제작사(신청사)	인정구분	스크린 수	관객 수
86	어떤살인	안용훈	2015-10-28	㈜전망좋은영화사	심사인정	179	17,190
87	어떤이의 꿈*	조성규	2015-11-26	(주)영화사조제	심사인정	20	2,090
88	엘 꼰도르 빠사	송재용	2016-02-27	그림형제	심사인정	6	475
89	여인잔혹사 물레야 물레야	이두용	1984-02-25	㈜추억을파는극장	심사인정	1	4,538
90	영도	손승웅	2015-09-10	㈜브릿지 프로덕션	심사인정	21	3,089
91	영자의 전성시대	김호선	1975-02-11	㈜명화극장	심사인정	1	1,059
92	오늘영화	윤성호, 강경태, 구교환, 이옥섭	2015-08-20	서울독립영화제	심사인정	17	2,841
93	우산속의 세여자	이두용	1980-03-08	㈜명화극장	심사인정	1	1,227
94	울보 권투부*	이일하	2015-10-29	㈜인디스토리	자동인정 ②-3	13	1,870
95	원령	동역견	2015-08-13	(유)조이앤컨텐츠그룹	심사인정	4	914
96	위로공단	임흥순	2015-08-13	㈜엣나인필름	자동인정 ②-3	34	14,353
97	을화	변장호	1979-09-28	(주)추억을파는극장	심사인정	1	4,466
98	의자가 되는 법	손경화	미개봉	손경화	자동인정 ②-3	미개봉	
99	이바라키의 여름	전성호	2015-08-06	㈜CAC엔터테인먼트	자동인정 ②-3	5	568
100	이태백의 운동회*	손병조	미개봉	한국스토리텔링 작가협회	자동인정 ②-2	미개봉	
101	인 허 플레이스*	알버트 신	2015-12-17	㈜씨타마운틴픽쳐스	심사인정	15	1,589
102	잡식가족의 딜레마*	황윤	2015-05-07	주식회사 시네마달	자동인정 ②-3	18	6,684
103	장군의 아들	임권택	1990-06-09	(주)추억을파는극장	심사인정	1	2,974
104	장군의 아들 2	임권택	1991-07-20	㈜명화극장	심사인정	1	754
105	장미빛 인생	김홍준	1994-08-06	(주)추억을파는극장	심사인정	1	2,108
106	저 하늘에도 슬픔이	김수용	1965-05-05	㈜명화극장	심사인정	스코어 기록 없음	
107	제자, 옥한흠	김상철	2014-10-30	㈜씨타마운틴픽쳐스	자동인정 ②-3	41	50,339
108	조류인간*	신연식	2015-02-26	㈜루스이소니도스	심사인정	21	2,738
109	쥬로링 동물탐정 극장판	이종현, 박시후	2014-12-18	㈜제이엠애니메이션	자동인정 ②-3	188	25,167
110	지금은맞고그때는틀리다	홍상수	2015-09-24	㈜영화제작 전원사	심사인정	70	80,635
111	창백한 얼굴들	허범욱	2015-09-10	KAFA FILMS	자동인정 ②-3	3	326
112	천 번을 불러도	신성섭	2014-10-16	㈜씨타마운틴픽쳐스	심사인정	9	685
113	청일전쟁과 여걸 민비	임원식	미개봉	㈜명화극장	심사인정	미개봉	
114	춘희막이	박혁지	2015-09-30	㈜엣나인필름	자동인정 ②-3	268	29,543
115	친애하는 지도자동지께	이상우	2015-12-31	이상우필름	심사인정	3	339
116	타이온과 태권히어로즈	허욱준	미개봉	㈜콘텐츠비젼	자동인정 ②-3	미개봉	

No.	작품명	감독	개봉일	제작사(신청사)	인정구분	스크린 수	관객 수
117	태양을 쏴라	김태식	2015-03-19	(유)조이앤컨텐츠그룹	심사인정	156	17,444
118	파울볼	조정래, 김보경	2015-04-02	㈜티피에스컴퍼니	자동인정 ②-3	231	31,137
119	파티51	정용택	2014-12-11	㈜인디스토리	자동인정 ②-3	9	2,786
120	펑정지에는 펑정지에다*	민병훈	2016-05-12	㈜인디플러그	심사인정	5	190
121	프랑스 영화처럼	신연식	2016-01-14	㈜루스이소니도스	심사인정	29	4,759
122	플랑크 상수*	조성규	2015-04-30	㈜영화사조제	심사인정	5	604
123	필름시대사랑	장률	2015-10-22	㈜스마일이엔티	심사인정	19	1,611
124	하프*	김세연	2016-01-21	㈜인디플러그	자동인정 ②-1	9	466
125	학교 가는길	이경묵, 구중회	2014-11-27	㈜씨타마운틴픽쳐스	자동인정 ②-3	22	2,041
126	한강블루스	이무영	미개봉	㈜큰손엔터테인먼트	심사인정	미개봉	
127	한여름의 판타지아*	장건재	2015-06-11	㈜인디스토리	심사인정	59	36,655
128	혜경궁 홍씨	장동홍	2015-06-04	㈜영화사 숨	심사인정	5	1,217
129	화끈한 써비스: 어느 잔인한 미용사의	남기웅	2015-01-29	㈜노시스 에프앤디	심사인정	5	148
130	화산고래	박혜미	2015-09-10	KAFA FILMS	자동인정 ②-3	2	270
131	화장	임권택	2015-04-09	명필름	심사인정	327	142,609
132	황색바람	조현준	미개봉	어뮤즈	자동인정 ②-3	미개봉	
133	황진이	배창호	1986-09-18	㈜명화극장	심사인정	1	5,107
134	후쿠시마의 미래*	이홍기	2015-04-09	㈜인디플러그	자동인정 ②-3	7	927

• 2015년에 예술영화 인정심사(심사의결)를 받은 작품기준(외국 영화 및 단편영화 제외)
• 자동인정 ②-1: '예술영화 인정에 관한 심사운영 세칙 제3조(심사기준) ②항-1. 영화진흥위원회의 제작지원 · 배급지원 작품'에 근거하여 자동인정 된 작품
• 자동인정 ②-2: '예술영화 인정에 관한 심사운영 세칙 제3조(심사기준) ②항-2. 영화진흥위원회 독립영화인정 작품'에 근거하여 자동인정 된 작품
• 자동인정 ②-3: '예술영화 인정에 관한 심사운영 세칙 제3조(심사기준) ②항-3. 애니메이션, 다큐멘터리, 단편영화, 실험영화 등 시장점유율 1% 이내인 영화형식의 작품'에 근거하여 자동인정 된 작품
* 독립영화 인정작품인 동시에 예술영화 인정작품

8.3 외국 다양성 영화 상영

2015년 외국 다양성 영화 개봉편수는 265편으로 2014년 272편 대비 7편 감소한 수치를 보였다. 관객 수 역시 〈비긴 어게인〉등의 이례적인 흥행으로 전체 관객 수가 급증했던 2014년 961만 명 대비 30.6% 감소하였지만, 2014년 이전의 전체적인 흐름으로 볼 때 매우 부정적으로 보긴 어렵다.

외국 다양성 영화 수입업이 상대적으로 진입 장벽이 낮은 분야다보니 근 몇 년 사이에 국내 외화 수입사들이 급증하면서 다양한 외화들이 수입되고, 동시에 상영편수가 늘어나 국내에서 관객들이 외국 다양성 영화를 접할 수 있는 기회의 폭이 넓어진 것 또한 사실이다. 영화를 고르는 관객들의 소비패턴 역시 다양하게 변화하고 있어 당분간 외국 다양성 영화시장에 대한 추이는 주목해 볼 만하다.

〈표 Ⅱ-8-15〉 연도별 외국 다양성 영화 상영 현황

년도	개봉편수	관객 수(명)	평균 스크린 수	관객 점유율(%)*
2006	90	1,549,814	9	62.8
2007	97	2,258,394	36	36.0
2008	107	4,621,453	22	70.9
2009	95	5,269,825	45	58.6
2010	110	3,488,224	31	57.9
2011	118	2,188,135	22	59.9
2012	155	2,210,355	24	59.9
2013	243	2,758,457	30	77.2
2014	272	9,608,707	59	63.2
2015	265	6,669,645	64	87.4

• 영화진흥위원회 통합전산망 기준(공식통계 기준 아님)

• 2014년 수치 수정/보완

* 한국 다양성 영화를 포함한 전체 다양성 영화 중 외국 다양성 영화가 차지하는 관객 점유율

제3장 세계 영화산업 현황

1. 세계 영화산업 개관

1.1 권역별 영화시장 규모[1)]

(단위: 백만 USD, %)

권역	2011	2012	2013	2014	2015	최근 5년 평균 증감률	2014년 대비 2015년 증감률
북미	11,298	11,559	11,699	11,232	11,957	1.5	6.5
EMEA	9,679	9,819	9,740	9,854	10,784	2.8	9.4
아시아/오세아니아	8,252	9,208	9,971	11,197	14,163	14.7	26.5
중남미	1,920	2,047	2,120	2,109	2,342	5.2	11.0
합계	31,149	32,633	33,530	34,392	39,246	6.0	14.1

• 출처 : PWC , Global Entertainment and Media Outlook 2016-2020

그림Ⅲ-1-1 권역별 영화시장 비중 추이

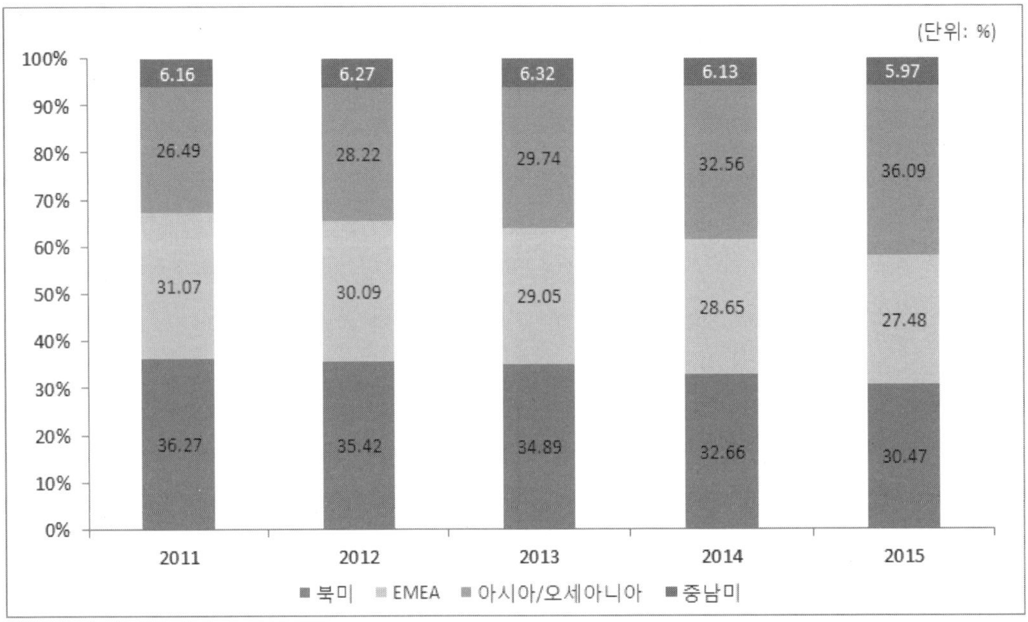

1) 권역별 분류에 포함된 국가는 다음과 같다.

대분류	중분류	소분류
북미		미국, 캐나다
EMEA	유럽	그리스, 덴마크, 독일, 벨기에, 아일랜드, 오스트리아, 이탈리아, 체코, 프랑스, 핀란드, 헝가리, 네덜란드, 노르웨이, 폴란드, 포르투갈, 루마니아, 러시아, 스페인, 스웨덴, 스위스, 터키, 영국
	중동 아프리카	MENA(알제리, 바레인, 쿠웨이트, 레바논, 모로코, 오만, 카타르), 케냐, 남아프리카, UAE, 사우디아라비아, 이스라엘, 이집트, 나이지리아
아시아 · 태평양		말레이시아, 베트남, 싱가포르, 인도, 인도네시아, 일본, 중국, 대만, 태국, 파키스탄, 필리핀, 한국, 홍콩, 뉴질랜드, 호주
중남미		아르헨티나, 브라질, 칠레, 콜롬비아, 멕시코, 페루, 베네

1.2 윈도우별 영화시장 규모[2)]

(단위: 백만 USD, %)

구분		2011	2012	2013	2014	2015	최근 5년 평균 증감률	2014년 대비 2015년 증감률
극장 매출		31,151	32,632	33,592	34,392	39,245	6.0	14.1
온라인	OTT/ Streaming	4,781	6,242	9,864	12,787	16,304	36.4	27.5
	TV subscription	3,405	3,643	3,972	4,425	4,949	9.8	11.8
	온라인 소계	8,168	9,885	13,817	17,213	21,253	27.2	23.5
홈비디오	VHS/DVD 대여	9,837	8,524	7,809	6,876	6,350	-10.3	-7.6
	VHS/DVD 판매	24,542	23,190	21,921	20,338	18,424	-6.9	-9.4
	홈비디오 소계	34,379	31,741	29,731	27,217	24,774	-7.9	-9.0
합계		73,698	74,258	77140	78,822	85,272	3.8	8.2

• 출처 : PWC , Global Entertainment and Media Outlook 2016-2020

그림Ⅲ-1-2 윈도우별 영화시장 비중 추이

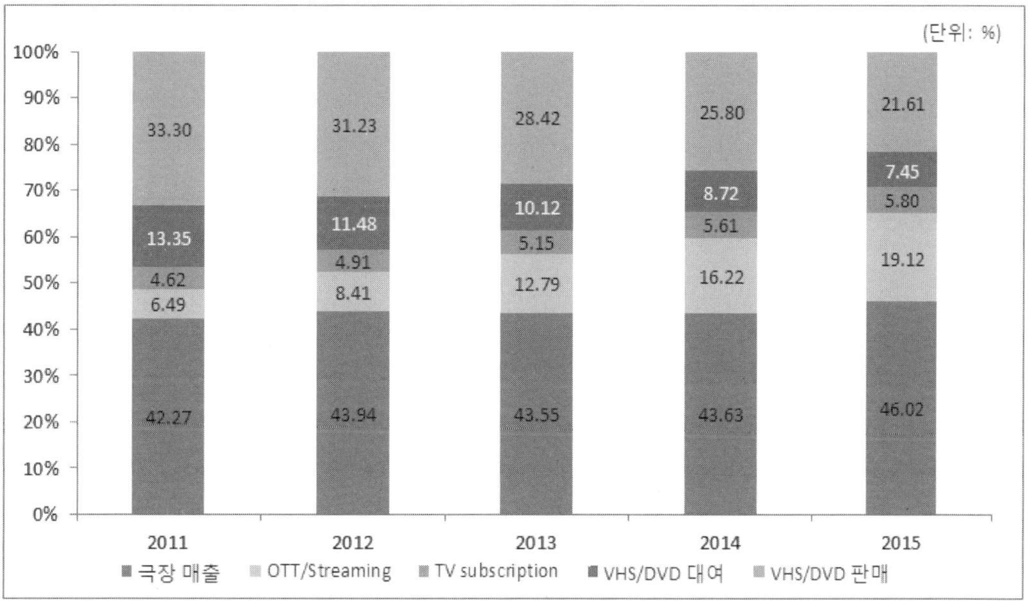

2) 윈도우별 분류는 다음과 같다.

극장 매출	박스오피스 매출, 광고 매출 (팝콘 등 매점 수입 제외)
OTT(Over-The-Top)/Streaming	유무선 통신망을 통해 스트리밍 또는 다운로드 받아 PC, TV 등의 디바이스로 영화를 보는 유형 (Netflix, 네이버/다음 등의 영화 다운로드 서비스 등)
TV subscription	TV 사업자를 통해 VOD(Video-On-Demand) 또는 PPV(Pay-Per-View) 방식으로 영화를 보는 유형 (IPTV 또는 디지털케이블 TV)
홈비디오	VHS, DVD, Blu-ray

1.3 2015년 세계 박스오피스 TOP 20

(단위: 백만 USD)

순위	영화명(국문)	영화명(원제)	국적	전세계 박스오피스		
				미국/캐나다	북미 제외	합계
1	쥬라기 월드	Jurassic World	미국/중국	652	945	1,597
2	분노의 질주: 더 세븐	Furious Seven	미국/일본/중국	353	1079	1,432
3	어벤져스: 에이지 오브 울트론	Avengers: Age of Ultron	미국	459	907	1,366
4	스타워즈: 깨어난 포스	Star Wars: Episode Ⅶ - The Force Awakens	미국	652	660	1,312
5	미니언즈	Minions	미국	336	774	1,110
6	인사이드 아웃	Inside Out	미국	356	527	883
7	007 스펙터*	Spectre*	영국/미국	197	625	822
8	미션 임파서블: 로그네이션	Mission: Impossible - Rogue Nation	미국/중국/홍콩	195	457	652
9	헝거게임: 모킹제이 파트2*	The Hunger Games: Mockingjay - P.2*	미국/독일	270	345	615
10	마션	The Martian	미국	225	353	579
11	그레이의 50가지 그림자	Fifty Shades of Grey	미국	166	388	554
12	신데렐라	Cinderella	미국/영국	201	340	542
13	앤트맨	Ant-Man	미국	180	325	505
14	몬스터 호텔 2	Hotel Transylvania 2	미국	168	302	471
15	샌 안드레아스	San Andreas	미국/호주/캐나다	155	292	447
16	터미네이터 제니시스	Terminator Genisys	미국	90	327	416
17	몬스터 헌트	Monster Hunt	중국/홍콩	-	407	407
18	킹스맨: 시크릿 에이전트	Kingsman: The Secret Service	영국/미국	128	267	395
19	빅 히어로	Big Hero 6	미국	18	288	306
20	로스트 인 홍콩	Lost in Hong Kong	홍콩/중국	1	257	258

• 출처: Focus 2016, World film market Trends, Marche Du Film 2016

* 2016년에도 계속 상영 중인 영화.

2. 주요 국가별 영화산업 현황

2.1 주요 국가 영화시장 규모

(단위: 백만 USD, %)

순위	국가	2011	2012	2013	2014	2015	최근 5년 평균 증감률	2014년 대비 2015년 증감률
1	미국	10,540	10,691	10,931	10,479	11,170	1.5	6.6
2	영국	1,825	1,927	1,914	1,884	2,167	4.6	15.0
3	일본	1,500	1,531	1,572	1,713	1,797	4.7	4.9
4	중국	2,150	2,748	3,181	4,313	6,398	31.9	48.3
5	독일	1,159	1,245	1,226	1,177	1,308	3.3	11.1
6	프랑스	1,638	1,560	1,492	1,568	1,590	-0.7	1.4
7	한국	1,141	1,168	1,212	1,257	1,578	8.8	25.5
8	호주	888	916	901	886	987	2.8	11.4
9	브라질	643	614	606	617	668	1.1	8.3
10	러시아	566	633	706	718	756	7.6	5.3
10개국 합계		22,050	23,033	23,741	24,612	28,419	6.7	15.5
10개국 중 한국 비중(%)		5.2	5.1	5.1	5.1	5.6	-	-
전 세계 합계		31,151	32,632	33,529	34,392	39,245	6.0	14.1
전 세계 중 한국 비중(%)		3.7	3.6	3.6	3.7	4.0	-	-

• 출처: PWC , Global Entertainment and Media Outlook 2016-2020

2.2 주요 국가 극장 매출

(단위: 십억 USD, %)

순위	국가	2011	2012	2013	2014	2015	최근 5년 평균 증감률	2014년 대비 2015년 증감률
1	미국/캐나다	10.19	10.80	10.90	10.40	11.10	2.2	6.7
2	중국	2.03	2.74	3.54	4.82	6.81	35.4	41.3
3	영국	1.67	1.74	1.69	1.74	1.90	3.3	8.9
4	일본	2.26	2.45	1.99	1.70	1.80	-5.8	5.9
5	인도	1.47	1.59	1.59	1.47	1.50	0.6	2.2
6	프랑스	1.91	1.68	1.66	1.77	1.48	-6.2	-16.5
7	한국	1.11	1.31	1.42	1.49	1.37	5.3	-8.1
8	독일	1.33	1.35	1.36	1.30	1.29	-0.8	-0.8
9	호주	1.13	1.17	1.06	0.87	0.89	-5.9	1.7
10	멕시코	0.81	0.78	0.91	0.84	0.84	10.9	0.5

• 출처: Focus 2016, World film market Trends, Marche Du Film 2016

2.3 주요 국가 부가시장 매출

(단위: 백만 USD, %)

순위	국가	구분	2011	2012	2013	2014	2015	2014년 대비 2015년 증감률
1	미국	홈비디오*	14,342	12,725	11,688	10,388	9,170	-11.7
		온라인**	4,671	5,633	8,030	9,641	11,189	16.1
		소계	19,013	18,358	19,718	20,029	20,359	1.6
2	일본	홈비디오	3,667	3,477	3,294	3,118	2,948	-5.5
		온라인	230	316	455	757	1,143	51.0
		소계	3,897	3,793	3,749	3,875	4,091	5.6
3	영국	홈비디오	3,297	3,173	3,055	2,674	2,245	-16.0
		온라인	611	765	1,018	1,267	1,523	20.2
		소계	3,908	3,938	4,073	3,941	3,768	-4.4
4	독일	홈비디오	1,832	1,800	1,829	1,723	1,593	-7.5
		온라인	234	327	343	473	630	33.2
		소계	2,066	2,127	2,172	2,196	2,223	1.2
5	캐나다	홈비디오	1,307	1,252	1,189	1,131	1,079	-4.6
		온라인	338	398	660	854	1,018	19.2
		소계	1,645	1,650	1,849	1,985	2,097	5.6
6	프랑스	홈비디오	1,353	1,321	1,289	1,194	1,075	-10.0
		온라인	205	257	270	338	421	24.6
		소계	1,558	1,578	1,559	1,532	1,496	-2.3
7	호주	홈비디오	1,192	1,090	1,025	964	934	-3.1
		온라인	81	101	126	152	334	119.7
		소계	1,273	1,191	1,151	1,116	1,268	13.6
8	중국	홈비디오	291	277	264	251	239	-4.8
		온라인	92	140	222	368	797	116.6
		소계	383	417	486	619	1,036	67.4
9	대만	홈비디오	962	935	908	882	857	-2.8
		온라인	16	22	38	51	58	13.7
		소계	978	957	946	933	915	-1.9
10	이탈리아	홈비디오	447	399	380	363	347	-4.4
		온라인	458	372	327	263	309	17.5
		소계	905	771	707	626	656	4.8
※ 한국		홈비디오	80	57	25	19	16	-15.8
		온라인	96	124	153	177	196	10.7
		소계	176	181	178	196	212	8.2
10개국 합계			35,627	34,779	18,611	36,852	37,907	-
전세계 부가시장 규모			42,566	41,599	43,548	44,427	46,027	

• 출처: PWC , Global Entertainment and Media Outlook 2016-2020

* 홈비디오는 DVD, 블루레이 등의 대여와 판매를 합한 수치

** 온라인은 SVOD(Subscription Video on Demand의 약어로 정액제 방식의 서비스), TVOD(Transactional Video on Demand의 약어로 건당 구매 방식의 서비스), TV subscription을 합한 수치

2.4 주요 국가 스크린 수

(단위: 개, %)

순위	국가	2011	2012	2013	2014	2015	최근 5년 평균 증감률	2014년 대비 2015년 증감률
1	미국	39,580	39,662	39,783	40,158	43,611	2.5	8.7
2	중국	9,286	13,118	18,195	24,607	31,627	35.8	28.5
3	인도	10,020	11,065	11,081	11,109	11,100	2.6	-0.1
4	멕시코	5,166	5,360	5,547	5,678	5,977	3.7	5.3
5	프랑스	5,464	5,508	5,587	5,653	5,741	1.2	1.6
6	독일	4,640	4,617	4,610	4,637	4,692	0.3	1.2
7	영국	3,767	3,817	3,867	3,909	4,046	1.8	3.5
8	러시아	2,704	3,100	3,479	3,829	4,021	10.4	5.0
9	이탈리아	4,058	3,945	3,866	3,852	-	-1.3*	-
10	스페인	4,044	4,003	3,908	3,694	3,588	-2.9	-2.9

• 출처: Focus 2016, World film market Trends, Marche Du Film 2016
• 이탈리아는 2015년 스크린 수가 확인되지 않아 최근 4년의 평균 증감률로 산출

2.5 주요 국가 극장 관객 수

(단위: 백만 명, %)

순위	국가	2011	2012	2013	2014	2015	최근 5년 평균 증감률	2014년 대비 2015년 증감률
1	인도	2,640	2,641	1,978	1,900	2,016	-6.5	6.1
2	미국/캐나다	1,285	1,358	1,340	1,270	1,320	0.7	3.9
3	중국	370	470	612	830	1,260	35.8	51.8
4	멕시코	205	228	248	240	286	8.7	19.2
5	한국	160	195	213	215	217	8.0	1.0
6	프랑스	217	204	194	209	205	-1.3	-1.8
7	러시아	160	160	176	176	174	2.1	-1.1
8	브라질	144	149	150	156	173	4.7	11.1
9	영국	172	173	166	157	172	0.0	9.1
10	일본	145	155	156	161	167	3.6	3.4

• 출처: Focus 2016, World film market Trends, Marche Du Film 2016

2.6 주요 국가 자국영화 제작 편수

(단위: 편, %)

순위	국가	2011	2012	2013	2014	2015	최근 5년 평균 증감률	2014년 대비 2015년 증감률
1	인도[3]	1,255	1,602	1,724	1,966	-	12.4	-
2	미국[4]	818	728	738	707	791	-0.8	11.9
3	중국[5]	588	745	638	618	686	3.9	11.0
4	일본[6]	441	554	591	615	581	7.1	-5.5
5	프랑스	272	479	270	258	300	2.5	16.3
6	한국	186	204	207	248	269	9.7	8.5
7	독일[7]	205	241	236	234	236	3.6	0.9
8	스페인	200	182	235	224	254	6.2	13.4
9	영국[8]	358	369	347	310	201	-4.7	~
10	이탈리아	155	166	167	201	185	4.5	-8.0

• 출처: Focus 2016, World film market Trends, Marche Du Film 2016
• 장편영화 제작편수이며, 소수(minority) 공동제작 편수도 포함되어 있음

2.7 주요 국가 자국영화 점유율

(단위: %)

순위	국가	2011	2012	2013	2014	2015	최근 5년 평균 증감률	2014년 대비 2015년 증감률
1	미국	91.4	91.1	94.6	95.0	88.8	-0.6	-6.5
2	인도	93.2	93.7	94.0	91.5	85.0	-2.2	-7.1
3	중국	53.6	48.5	58.7	54.5	61.6	4.3	13.0
4	일본	54.9	65.7	60.6	58.3	55.4	0.8	-5.0
5	한국*	51.9	58.8	59.7	50.1	52.0	0.6	3.8
6	영국	36.2	31.9	21.5	26.0	44.5	11.9	71.2
7	프랑스	40.9	40.2	33.8	44.4	35.5	-1.6	-20.2
8	독일	21.8	18.1	26.2	26.7	27.5	8.2	3.0
9	이탈리아	37.5	26.5	31.0	27.8	21.3	11.5	-23.4
10	스페인	15.0	19.5	13.9	25.5	19.2	15.0	-24.7

• 출처: Focus 2016, World film market Trends, Marche Du Film 2016
* 2015년 한국 자국영화 점유율은 영화진흥위원회, 2015년 한국영화산업결산 참고

3) 제작편수가 아닌 승인받은(Certified) 영화이며, 2015년 제작편수가 확인되지 않아 최근 4년의 평균 증감률로 산출
4) 다큐멘터리나 학생 영화의 수치는 자국영화 제작편수에 포함되지 않음.
5) SAPPRFT 시스템 의 데이터로 집계
6) 제작편수가 아닌 개봉편수
7) 제작편수가 아닌 개봉편수
8) 2015년 영화제작편수가 현저히 낮은 것은 GBP 500,000 미만의 영화제작편수를 집계하는데 시차가 발생하여 산출에서 제외되었기 때문. 국내 공동제작편수는 포함되었지만 VFX 작업은 포함되지 않은 수치임

제4장 2015년 북한영화

1. 2015년 북한영화 개관

김 승(북한학 박사)

1.1 2015년 북한의 사회문화 상황

북한은 전통과 계승을 체제 유지의 핵심으로 여긴다. 이런 맥락에서 역사적 임팩트를 강조하기 위해 이른바 '정주년'이라는 개념적 의미로 5년, 10년, 15년, 20년 단위를 중요하게 생각한다. '정주년'의 개념은 구소련, 중국과 같은 사회주의 국가에서도 시행한 관례가 있는데, 북한은 여러 '정주년' 중에서도 10년 단위를 가장 중요하게 인식한다. 북한에서 2015년은 한국전쟁 70주년과 조선노동당창건 70주년을 맞았던 해이다. 북한은 2015년을 '혁명적 대경사'의 해로 맞이하여 사회 각 부문에서 당적 영도와 전체 인민의 단결을 강조했다.

김정은의 육성으로 발표된 「신년사」에서는 인민들이 지난 70년의 역사에 대해 긍지와 자부심을 가지고 있으며 당의 영도에 따라 주체혁명의 최후승리를 이룩할 낙관에 넘쳐있다고 전했다. 그리고 2015년 새해를 백두의 혁명정신과 기상으로 온갖 적대세력들의 책동을 이겨내고 사회주의 수호전과 강성국가 건설을 위해 나서자고 강조했다. 이를 위해 "모두다 백두의 혁명 정신으로 최후승리를 앞당기기 위한 총공격전에 떨쳐나서자"라는 투쟁구호를 제시했다. 김정은 시대가 본격적으로 개막한지 3년이 지났음에도 새롭고 구체적인 정책적 비전의 제시보다는 정치적 수사에 그치고 있다고 평가할 수 있다.

한편 2015년 2월 13일 당중앙위원회 정치국은 결정서를 채택하고 모든 분야에서 새로운 비약을 일으킬 것을 주문했다. 사회문화 분야에서는 민족문화유산을 적극 보호하고 '사회주의문명국' 건설에 더욱 박차를 가할 것을 지적했다. '사회주의문명국'은 북한의 공식 매체를 통해 2013년부터 자주 언급돼왔다. 이 테제는 전체 인민이 폭넓은 문화지식과 건장한 체력, 고상한 도덕품성을 지니고 사회주의 문화생활을 마음껏 누리자는 것이다. 국가 기획으로부터 압도된 인민들은 국가가 원하는 문명국 이미지에 부합되기를 강요받고 있다.

2015년에는 사회주의 문명국 실현을 위한 '민족문화 보호'를 새로이 강조하면서 문학예술 부문에서는 시대 명작들의 창작을 통해 대중적 투쟁심을 고취할 것을 요구했다. 북한에서 문학예술은 혁명과 건설을 추동하는 무기이기 때문이다. 이에 따라 모든 창작가들은 문학예술을 수령과 당의 문학예술, 인민의 문학예술, 전투적인 문학예술이 되게 해야 했다. 이를 위해 백두의 혁명정신으로 투쟁하여 혁명의 난관을 뚫고 나가자고 강조했다. 김정은 체제가 '사회주의문명국'이라는 사회적 비전을 내세워 통치력을 강화하고 있음을 알 수 있다.

아직까지 북한이 1990년대 중반부터 지속된 만성적인 식량난과 국가 배급체제를 완전히 복구했다고 보기는 어렵다. 국가의 배급체계가 그 기능과 역할을 하지 못하는 상황에서 장마당이 북한 경제의 한 축인 것은 주지의 사실이다. 이렇게 시장이 확대된다는 것은 체제의 시장화와 더불어 타국의 문화콘텐츠가 장마당으로 유입된다는 것을 의미한다. 또 북한 주민이 자본주의 문화를 접촉하는 기회가 많아진다는 것은 북한 정치체제의 약화를 촉진시킬 수 있는 계기가 될 수도 있다. 최근 북한 당국은 북중 접경지대를 통해 유입되고 있는 외부 문화 유입 단속에 적극 대응하고 있으며, 새 세대를 대상으로 사상교양사업을 강화하고 있다.

1.2 2015년 문예정책

현재까지 '선군문학예술'이라는 북한 문학예술의 창작 기조에 큰 변화는 감지되지 않고 있다. 하지만 세부 창작방법론에 있어서는 기존 창작 방식과 다른 방식을 주문한다. 세련된 연출과 예측하기 힘든 스토리의 전개가 그것이다. 이러한 점은 아버지 김정일과 차별화된 김정은만의 문학예술 창작 지침이라고 할 수 있다. 김정은 시대의 문학예술은 기존 형식과의 차별화를 시도함으로써 변화를 도모하고 있다. 다시 말해서 사상이론(전통)은 그대로 유지하면서 세부적인 변화를 통해, 높아진 인민의 눈높이를 맞추기 위해 부단히 인민성 향상에 관심을 두고 있는 것이다. 북한은 인민성을 인민대중의 자족적 지향 요구를 구현하며 인민대중을 위하여 복무하는 문학예술의 질적 속성이자 사회적 성격으로 규정한다. 우리식으로 표현하면 인민성은 대중성과 유사하다. 효과적인 대중선전과 시대의 조류에 발맞춰 북한은 1980년대 후반부터 혁명성을 인민성에 우선하면서도 양자의 균형을 맞추려는 문예정책을 수립하는 경향을 보여 왔다. 최근 창작 기법의 변화도 같은 맥락에서 해석할 수 있다.

2014년 11월, 김정은은 제9차 전국예술인대회 참가자들에게 보낸 서한에서 예술인들이 자기 창작활동에서 사상적 각오를 가지고 창작적 야심을 지닐 것을 주문했다. 혁명적 수령관에 기초한 창작적 야심은 예술인들이 수령의 문예사상과 이론을 실현하겠다는 각오를 말한다. 또 이 서한에서는 문학예술을 수령의 문학예술, 당 정책화된 문학예술, 인민의 문학예술로 발전시켜나가는 것이 주체적 문학예술건설의 기본 원칙임을 명시한다. 여기서 중요한 것은 현실체험을 유람식이 아닌 군중 속으로 들어가 그들에게 당 정책을 해설하고 대중과 고락을 함께 나누면서 인민의 지향과 요구를 민감하게 받아들여야 한다는 것이다.

이를 실천하기 위한 구호로 "명작폭포로 당의 선군령도를 받들자!"를 제시했다. 명작 폭포의 실체는 여전히 주체문예이론이나 선군혁명문학론처럼 뚜렷한 창작 방법으로 정립된 것은 아니며 창작 방법 차원의 질적 제고를 요구하는 것으로 보인다. 예술인대회에서 제기된 가장 중요한 문제가 창작의 활성화, 특히 명작의 창작이었다. 그런데 결과적으로 문학예술계는 그 기대에 부응하는 성과를 올리지 못했다. 북한은 2013년부터 과거의 창작 도식을 깨기 위해서 예술교육을 강조하는 분위기가 형성되었는데 아직까지 그 방향성을 정확히 잡지 못한 듯하다.

북한 당국은 백두의 칼바람으로 문학예술의 침체를 떨쳐내고 전성기를 열어가자고 주장하지만, 북한 문학예술의 침체의 골은 점점 깊어지고 있다고 할 수 있다. 심지어 2015년 5월 18일자 노동신문에서는 1면의 상당부분을 할애하여 문학예술분야 예술인들이 백두의 칼바람으로 침체를 쓸어버리고 하루 빨리 명작폭포를 창작해야한다고 지적했다. 북한이 노동신문과 같은 당 기관지 1면을 통해 문학예술부문을 대대적으로 비판하는 것은 이례적이다. 그만큼 북한 문학예술 전반에 드리워진 침체의 깊이를 엿볼 수 있다.

북한은 문학예술부문의 침체가 곧 사상적 침체이며, 예술창조에서의 제자리걸음은 사상적 안일성의 표상이라고 인식한다. 이는 문학예술계의 침체 그 자체보다도 패배주의적인 관점의 유포를 더 우려하는 듯하다. 이에 대한 타계책의 하나로 1970년대에 제기됐던 사상, 기술, 문화의 '3대혁명붉은기 쟁취운동'을 광범위하게 펼쳤다. 이 운동은 인민이 높은 자주적 존엄을 지닌 혁명의 주체로 자라나게 하고 정치사상강국, 지식경제강국, 문명국건설을 향하여 사회 각 분야에서 김일성-김정일주의의 요구대로 개조해 나가는 투쟁이다. 이중에서 사상을 가장 중요한 혁명의 무기로 삼고 사상의 힘으로 사회주의 수호전을 승리로 이끌려한다. 사상이 퇴색되면 혁명성이 퇴색되고 체제가 전도될 수도 있기 때문이다. 이는 당과 수령에 대한 충실성에 기초한 사상의 적을 타파하고 당의 문학예술의 대중화 방침을 철저히 관철하여 어려운 국내외 정세에도 불구하고 낙천적인 투쟁기풍을 채우기 위함이다.

이러한 투쟁기풍의 최전선, 그 혁신 사례로 2015년에도 어김없이 모란봉악단을 들고 있다. 모란봉악단이 창조한 혁신적인 창조기풍은 문학예술인들이 따라 배워야 할 좋은 모범이라고 거듭 강조한다. 주지하듯이 김정은이 직접 창단한 모란봉악단의 창조적이고 진취적인 공연이 사회주의 강성국가 건설의 새로운 전성기를 열어나가고 있으며, 인민의 투쟁을 추동하는 참다운 예술의 본보기라는 것이다. 모란봉악단은 당의 문예정책을 앞장서서 실천해 나가는 결사관철의 정신을 가지고, 당이 준 과업을 밤을 새서라도 완성시킨다는 것이 북한의 평가다. 그 결과, 모란봉악단의 공연들은 모두 새롭고 특색이 있고 정서적 감화력이 매우 크다고 강조한다. 그 대표적인 사례로 〈가리라 백두산으로〉, 〈죽어도 혁명신념 버리지 말자〉와 같은 백두의 칼바람 소리를 형상화한 작품, 〈인민은 부르네 친근한 그 이름〉, 〈인정의 세계〉와 같이 김정은을 흠모한다는 노래들을 들 수 있다.

북한 당국의 모란봉악단에 대한 이러한 공개 지지는 보상으로 이어진다. 모란봉악단은 당의 목소리로 사회발전을 선도한 공로로 공훈국가합창단과 함께 군사칭호를 올려 받는다. 이렇게 모란봉악단은 혁명의 나발수로서 사명을 다하였지만, 다른 문학예술부문은 전반적인 침체 상황에서 벗어나지 못하고 있는 것으로 보인다.

1.3 2015년 북한영화

1) 2015년 예술영화

2015년 제작된 북한영화의 현황을 요약하면, 예술영화의 깊은 침체, 평년 수준을 웃도는 아동영화, 활발히 제작된 기록영화와 과학영화라고 정리할 수 있다. 구체적으로 살펴보면, 예술영화의 경우 〈벼꽃〉을 제외하고는 현재까지 공개된 북한의 공식 문헌에서는 그 제작 사례를 찾아보기 어렵다. 물론 영화매체의 제작 속성 상 제작기간이 길기 때문에 대작이 제작되고 있을 수 있고, 통상적으로 북한의 국가 통계를 총체적으로 공개하는 『조선중앙년감』 2015년판이 익익년(翌翌年)에 발간되기 때문에 아직 제작사례를 취합중일 수 있다. 제작 편수로만 침체를 단정하기는 무리가 있지만, 그럼에도 예술영화 부문이 과거와 비교해 봤을 때 확연히 위축됐음을 부인하기 어렵다. 대신 한웅빈의 단편소설 〈딸의 고민〉을 토대로 제작된 TV극 〈표창〉과 TV연속극 형태로 〈방탄벽〉이 14부에 걸쳐 제작됐다. 반면 아동영화는 20여 편, 기록영화와 과학영화는 각각 30여 편이 제작된 것으로 추정된다.

2000년 중반까지만 해도 연간 10여 편 정도 꾸준히 제작됐던 예술영화는 2012년에는 3편, 2014년에는 1편이 유일하다. 2012년에 영화예술 부문에서 제작 편수를 갑자기 줄인 것은 2011년 김정일의 사망에 따른 조문정국의 분위기를 조성하려는 측면이 강하다. 그런데 조문정국을 벗어난 현재 상황에도 제작 편수가 전혀 늘어나지 못하고 있다.

이렇게 유독 예술영화의 깊은 침체가 지속되는 이유는 무엇일까.

첫째 시대의 상(像)과 김정은에 대한 스토리텔링의 어려움을 들 수 있다. 북한의 문학예술은 시대와 궤를 함께 하고 그 본질적 내용과 특징을 가장 집중적으로 표현해야 한다. 그런데 이 통로가 막힌 것이다. 북한 당국은 이미 공식적으로 종료를 선언한 고난의 행군이라는 아픈 과거를 호출하고 싶지 않을 것이다. 또한 새 지도자의 시대를 열었는데 굳이 죽은 망자(김정일)의 이야기를 하고 싶지도 않을 것이다. 북한 영화예술에서 (재)생산된 신화는 우파 신화에 가깝다. 북한 영화에서 드러난 신화는 계속 변형되면서 진화하고 끊임없이 (재)생산되어 왔다. 그럼에도 김정은의 신화를 창조하기에는 아직 쌓여진 업적이 적다. 이는 곧 마땅히 인민에게 소구할 얘기가 없다는 것을 의미하는 것이라고 할 수 있다. 단적인 예로 최근까지 조선문학예술총동맹 중앙위원회 기관지 『조선예술』에서 김정은을 구체적으로 형상화할 것에 대한 논문이나 정론을 찾아보기 어렵다.

둘째, 예술영화는 사회적 화두인 속도전에 대응하기 어렵다. 2015년도 북한 사회의 키워드중 하나는 '속도전'일 것이다. 단기적으로는 백두산영웅청년발전소와 청천강계단식발전소, 과학기술전당과 미래과학자거리등을 성과적으로 건설했다. 그리고 이 속도전을 사회 전반에 뿌리내리도록 종용했다. 특히 문학예술은 언제나 현실보다 앞서 나가며 동원자적 역할을 해야 하기 때문에 창작을 속도전으로 해야 한다. 속도전의 선결조건은 종자를 바로 잡는 것이며 속도는 질을 전제로 한 속도이다. 그런데 이렇게 단기간 성과를 중시하는 나머지 재정적 투입, 장기간 제작을 요하는 예술영화 전반에 창작 저하가 나타나고 있다. 반면 기록영화는 제작공정이 비교적 단순하고 아동영화와 과학영화의 분량은 30여분 내외이다. 따라서 속도전적으로 단기에 북한 당국이 요구하는 속도를 맞출 수 있을 것이다. 북한은 예술영화를 효율성이 떨어지는 장르라고 인식하는 것으로 보인다.

셋째, 북한 당국의 예술영화 수준에 대한 현실인식의 반영이다. 즉 인민들이 접하는 세련된 외국 영상콘텐츠와 비교하여 수준이 뒤떨어진 예술영화를 제작하여 북한 주민들에게 선전하는 것은 효과가 미미하다는 점을 인식한 것이다. 따라서 북한 예술영화계는 모란봉악단이 파격적 변신을 통해 예술적 변화를 시도했던 것과 같이 이에 준하는 변화를 위한 진통을 겪고 있을 수도 있다. 그러나 북한 문학예술의 본질인 당성, 노동계급성, 인민성에 변화를 보이지 않는 한, 그 표출 방식의 근본적인 변화를 모색하기란 쉽지 않을 것이다.

이러한 예술영화의 침체를 보여주듯 조선중앙TV에서는 새로운 예술영화를 선보이기보다는 지나간 영화를 "추억에 남는 영화"라는 타이틀로 방영했다. 대표적인 사례로 〈심장에 남는 사람〉, 〈우리를 기다리지 말라〉, 〈우리는 묘향산에서 다시 만났다〉, 〈미래를 꽃피운 사랑〉, 〈조선의 별〉 시리즈 등 과거에 인기가 높았던 작품을 위주로 재상영했다. 또한 소련 영화를 "쏘련예술영화"라는 타이틀로 〈고객에게는 쏘지 말라〉, 〈북만호텔〉, 〈하늘에서 온 다섯용사〉, 〈북두칠성작전의 파탄〉, 〈대사들의 음모〉 등을 더빙 방송했다. 특이한 점은 김정은이 강조한 활극영화 장르를 소련영화를 통해서 수혈하고 있다는 것이다. 북한 영화계가 지도부의 이상을 쫓아가지 못함을 단적으로 보여주고 있다.

이러한 점에도 불구하고 예술영화는 반미교양의 실효성을 높이기 위해 여전히 활용되고 있다. 2015년 1월 29일 노동신문에 따르면, 예술영화 〈승냥이〉, 〈전초선〉, 〈평화는 깃들지 않았다〉 등에 대한 실효모임과 계급교양거점 참관사업을 조직하여 미제의 본성은 절대로 변하지 않는다는 것을 각인시키고 있다고 전했다. 미국과 예술영화의 역할에 대한 북한 당국의 인식을 엿볼 수 있다.

2) 2015년 기록영화

북한에서 최고지도자의 신년 공식 행보는 당해 연도의 집중사업을 가늠할 수 있는 지표이다. 2015년 1월 1일 김정은의 첫 번째 공식 행보는 원아들을 축복해주기 위한 평양육아원, 애육원 방문이었다. 북한은 이틀만에 신속하게 기록영화 〈경애하는 김정은 원수님께서 평양육아원, 애육원을 찾으시고 새해를 맞이하는 원아들을 축복해주시였다〉를 제작하여 공개했다. 그리고 1월 첫 주에만 조선중앙TV를 통해 5차례 재방송했다. 이는 김정은이 후대사랑, 미래사랑을 체현하는 어버이상의 재현이며, 모든 아이들이 김정은을 친어버이로 모시고 조국의 내일을 더욱 빛낼 것이라는 의미를 생성하고 있다. 이러한 전략은 광고에서 자주 사용되는 대세편승 기법으로 우리 모두가 최고지도자의 보은에 힘입어 행복을 누리고 있다는 의미를 통해 우리 다수도 이에 편승해야 함을 강조하고 있다.

기록영화는 북한정권 수립 직후부터 직접적인 선전선동 도구로 이용되어 왔다. 김일성은 "빨찌산 투쟁을 할 때에도 어려웠지만 사진기를 가지고 다니면서 찍었다"며, 극히 어려운 조건에서도 1946년 5월 '영화반'을 조직했다고 한다. 기록영화는 극영화에 비해서 소규모 장비로 제작이 가능한 장르로, 영화물자가 부족한 정권 초기에 가장 효과적인 선전선동 수단이었다. 지금도 북한 주민은 의무적으로 당국이 지정하는 기록영화를 관람해야 한다.

김일성 사망 21주년을 맞아 기록영화 〈어버이수령님 일군들과 함께 계시여〉를 인민문화궁전에서 상영했고 김기남, 박봉주 등 북한 실세들이 영화를 관람했다. 이 영화는 김정일이 일생동안 일군들의 생활에 깊은 관심을 가지고 그들이 당을 따라 혁명의 한길을 걸어가도록 지도해 주었다는 내용이다. 이를 통해 김정일이 평생 조국의 발전과 인민의 행복을 위해 모든 것을 다 바치었다는 점을 강조한다.

2015년에는 영화문헌과 주제기록영화가 각각 10여 편, 그리고 다부작기록영화 중 6편의 후속편이 제작된 것으로 추정된다. 최고지도자의 혁명활동을 기록한 영화문헌 중에서 〈경애하는 최고사령관 김정은동지께서 인민군대사업을 현지에서 지도〉와 〈경애하는 김정은동지께서 여러 부문 사업을 현지에서 지도〉는 주기적으로 꾸준히 제작됐다. 이러한 점을 통해 김정은 정권이 '선군'과 '애민'이라는 두 축에 관심을 두고 있음을 알 수 있다. 이 밖에 〈승리의 전통〉, 〈시대의 전우〉, 〈신념과 의지의 화신〉와 같은 주제기록영화와 〈절세의 애국자 김정일 장군(10)〉, 〈선군시대 공로자들(3)〉 등의 다부작기록영화를 제작하여 선대 지도자와 김정은의 이미지 중첩을 통해 주체의 혁명위업을 대를 이어 순결하게 계승해 나가도록 강조하고 있다.

3) 2015년 아동영화

2015년 한 해 동안 아동영화는 20여 편 가량이 제작됐다. 어린이의 사회적 계급성을 자각시켜주는 〈원쑤갚은 소녀〉, 〈받지못한 꽃다발〉, 〈다시 찾은 물방울〉 등과 〈동동이가 들려준 이야기〉, 〈백두광명성전설 2월16일〉, 〈교통질서를 잘 지키자요(5)〉시리즈와 같은 사회 계몽성이 짙은 아동영화를 제작했다. 이 밖에 〈고구려의 젊은 무사들(7)〉, 〈두 개의 장수칼〉, 〈소년장수〉시리즈 등을 공개했다. 전반적인 북한 영화계의 침체에도 불구하고 아동영화는 다양한 주제로 제작됐다. 이러한 제작 경향성은 북한이 그동안 꾸준히 아동 교육사업에 힘써온 측면도 있지만, 앞서 살펴본 김정은의 새해 행보에서 보듯이 김정은의 애민정책과 만화영화가 영화혁명의 불씨가 돼야 한다는 교시와 상관이 있을 것이다.

북한 최초의 만화영화촬영소는 1957년 9월 김일성에 의해 창립됐다. 그리고 1960년에 첫 아동영화 〈금도끼와 쇠도끼〉, 인형영화 〈신기한 복숭아〉를 발표했다. 연이어 아동영화 〈흥겨운 들판〉, 〈사슴과 호랑이〉도 제작했다. 당시에는 의식주 문제가 가장 시급한 문제였음에도 불구하고 어린이들의 교양사업에 힘을 기울인 것을 알 수 있다. 1964년 12월 8일 진행된 당중앙위 확대회의에서 혁명교양, 계급교양에 이바지할 영화들을 더 많이 만들기 위해 김일성은 아동영화제작단을 예술영화촬영소에서 분리하여 아동영화촬영소를 독립 출범시켰다. 이후 김정일에 의해 아동영화의 사명과 임무, 아동영화의 창작원칙과 방도가 제시됐다. 그리고 과학영화촬영소에 합병하여 물질적 토대를 제공받게 됐다. 다시 합작만화영화제작을 기본으로 하는 독자적인 아동영화촬영소인 조선4.26아동영화촬영소로 변화했다. 이곳에서 〈라이언킹〉, 〈레미제라블〉, 〈사자왕 실바〉 등이 제작된 것으로 알려졌다. 북한은 만화영화 제작을 위해 지속적으로 컴퓨터 화상처리 시스템을 구축했고, 디지털 체제로 전환했다. 현재 3D 제작설비들을 운용하고 있으며, 그 수준은 상당하다고 평가된다.

김정은은 영화부문에서 새 세기 영화혁명의 포성을 울리는 데에 있어 역사물주제만화영화를 사상 예술적으로 완벽하게 창작하는 것은 매우 중요하다고 교시했다. 즉, 당성의 원칙과 역사주의적 원칙에 의거하여 제작할 것을 강조한 것이다. 〈소년장수〉시리즈가 역사물 주제만화 영화창작의 대표적인 실례이다. 2015년에는 51부에서 57부까지 제작됐다. 만화영화 소년장수 연속편은 당시 고구려 사람들의 호칭과 예의범절, 옷차림 등 여러 면의 고증을 통해 제작했다. 이러한 당대의 시대상과 역사적 사실을 전달하여 민족 역사에 대한 이해력을 높이려고 했다. 1990년도에 제작된 〈호동왕자와 락랑공주〉에서도 당시 고구려인들이 뛰어난 인품과 자질을 지니고 새로운 봉건왕조수립이라는 역사적 위업을 이룩했고, 그 기틀을 마련한 주몽을 신성화했다.

김정은의 아동영화에 대한 각별한 관심을 반영하듯, 김정은은 조선4.26만화영화촬영소에 영상기자재를 선물했다. 새로운 영화혁명의 불길을 만화영화 창작에서부터 일으킬 의도였다. 북한은 청소년을 '혁명의 후비대'로 규정한다. 청소년에 상영되는 영화는 '주체형의 도덕적 공산주의자'를 교양하는 목적으로 제작됐다. 북한은 청소년들이 선호하는 콘텐츠를 창작하기 위한 방향성을 아동영화로부터 제시한 것이다. 이는 자본주의 영상물이 밀려드는 상황에서 사회주의 사상으로 무장시키는 데 목적이 있다. 또한 정보산업 시대, 지식경제 시대를 맞이하여 최신 기술을 만화영화 창작에 적극 받아들임으로써 촬영소를 세계적인 수준으로 건설하기를 희망하는 것 같다.

북한의 만화영화 제작의 실력은 이미 세계적으로 검증된 바 있다. 앞서 살펴본 모란봉 악단의 사례와 같이 북한은 잘 되는 분야부터 확실히 지원하고 있다. 그리고 그 성과를 타 분야로 확산시키려 한다. 북한의 이러한 접근법은 우수한 노동력과 경험으로 인해 아동영화부분에서 단기적으로 빠른 성과를 보일 것으로 예상된다. 한편 남포시에서는 우리의 4D영화관에 해당하는 율동영화관 건설을 통해 시민들에게 문화정서 생활거점을 마련해 주었다고 선전하고 있다.

4) 2015년 과학영화

북한은 과학영화 제작을 일찍이 강조해 왔는데, 1955년에는 과학영화가 본격적으로 제작되기 시작했고, 천연색 영화도 자체 제작이 가능하게 됐다. 이때부터 북한은 과학영화와 천연색 영화제작의 물질、기술적 조건이 마련된 것으로 보고 있다. 1956년 4월 2일 내각 결정 제32호 「영화예술의 급속한 발전 대책에 대하여」의 채택에 따라 영화예술을 장르별로 발전시키기 위해서 1957년 4월 18일 국립영화촬영소를 예술영화촬영소와 기록영화촬영소로 분리했다. 이에 따라 기록영화촬영소는 기존의 기록영화 창작과 함께 과학영화 제작을 하게 됐다. 1962년부터 과학영화부문에 대한 기술시보를 정기적으로 제작했다. 1996년 11월 북한은 기록영화를 제작하던 조선기록영화촬영소와 조선과학교육영화촬영소의 과학영화 제작부문을 통합, 조선기록과학영화촬영소를 설립하여 현재에 이르고 있다. 기록영화 부문과 과학영화 부문의 통합은 기록영화의 발전을 위해서라기보다는 고난의 행군을 거치면서 과학적인 영농법과 식생활 개선 차원에서 체계적인 과학영화 제작의 활성화를 위해 그동안 축적된 기록영화의 역량을 과학영화부문에 적용하기 위해서 행해진 측면이 강하다고 할 수 있다. 이런 면에서 조선기록영화촬영소와 조선과학교육영화촬영소의 통합은 김정일이 주장한 선군정치에 기초하여 고난의 행군을 정면으로 돌파하고자 하는 요구에 맞게 기록, 과학영화제작사업을 개선하기 위한 것이라고 볼 수 있다.

2015년에 과학영화는 30여 편 가량이 제작된 것으로 추정된다. 〈선부호와 그 리용〉, 〈극집초형 레드투광기〉, 〈나노첨가제의 비밀(1)〉와 같이 과학정보를 제공하는 주제와 〈수직로에서 고감도세멘트생산〉, 〈재자원화사업〉, 〈하구구조건설을 앞세우자〉처럼 사회주의 건설과 혁명에 필요한 과학영화를 제작했다. 또한 사회 계몽용으로 〈룡정어를 많이 기르다〉, 〈승마운동(1)〉, 〈특색있는 장식칠감들〉 등을 제작했다. 특이한 점은 북한 사회의 건강에 대한 관심을 반영하듯 건강관련 과학영화의 제작 사례가 늘어나고 있다는 것이다. 대표적으로 〈뇌수활동에 좋은 콩과 은행나무잎〉, 〈나노화된 즉효성고려약〉, 〈어린이건강과 영양관리(1)〉, 〈효능이 빠른 고려약생산〉 등이 있다. 이들 영화들은 컴퓨터그래픽을 활용하여 과학원리의 이해를 돕고 있다. 외부 정보취득이 제한적인 북한에서 인민들의 알권리 충족을 위해 과학영화는 당국의 지속적인 관심아래 더욱 활발하게 제작될 것이다.

북한은 문화건설 부문의 발선을 독려하고자 실력제일주의 구호를 들고 칭직 기량을 높이기 위해 영화제작설비들의 현대화, 컴퓨터화를 실현하고 있다. 이에 따라 과학영화 제작에서도 정보산업 시대의 요구에 맞게 넌리니어(non-linear) 제작시스템을 도입해 제작하고 있다. 이 제작방식은 기존의 방식에 비해 신속한 제작이 가능하기 때문에 기동성 있게 과학영화를 제작하여 시대적 요구를 적극 반영할 수 있다. 현재 북한에서 제작되는 다수의 과학영화는 넌리니어 제작시스템으로 제작되고 있는 것으로 추측된다.

2. 주요 작품

2.1 예술영화

〈벼꽃〉

- 책임연출: 백현구 | 촬영: 심영학, 정복남 | 미술: 김학철 | 편집: 최옥별
- 배역: 윤수경(정임 역), 김경애(선화 역), 신명욱(리당비서 역)
- 후원: 황해남도 신천군인민위원회
- 연주: 평양영화음악록음소
- 촬영소: 조선예술영화촬영소 장자산창작단

〈벼꽃〉은 선군시대 농촌 당초급선전원의 전형을 제시하고 있다. 영화는 뜨거운 인간미를 바탕으로 자기를 바칠 줄 아는 사람만이 대중의 마음을 열 수 있고 당이 맡겨준 혁명임무를 훌륭히 수행해 낼 수 있다는 것을 강조한다. 주인공 정임은 자신의 명예와 대가보다는 작업반이 합심하여 알곡 생산을 증대해야 한다는 신념이 있다. 반면 작업반장은 큰소리를 치며 뛰어다니지만 주먹구구식 농장사업과 편견으로 농장원들의 신망을 잃은 사람이다. 또한 중학교 동창생인 선화는 이기주의적 사상을 체현하고 있는 인물로, 농사일을 싫어하고 자기의 이익을 챙기는 여성이다. 정임은 이들의 그릇된 사업태도를 일깨워주고 자신들에게 주어진 의무를 다할 수 있게 만들어 준다. 한편 리당비서는 당의 목소리를 깊이 새겨주는 선동원으로서 당적으로 이끌어주는 전형적인 당일군으로 묘사된다. 이렇게 다각적인 인물간의 설정을 통해 정임이야말로 말로만 대중을 교양하는 교양자가 아니라 실천적 모범으로서 농장원들을 이끌어가는 모습을 재현한다. 결국 긍정에 의한 부정의 교양으로, 부정인물이 스스로 자책하고 뉘우치는 것으로 마무리 된다. 이 영화에서는 정임의 형상을 벼꽃에 이입하여 헌신의 마음을 투사하고, 벼꽃처럼 선군시대 새로운 인간전형을 창조하고 있다.

2.2 기록영화

〈경애하는 최고사령관 김정은 동지께서 인민군대사업을 현지에서 지도〉

- 촬영소: 조선기록과학영화촬영소

김정은이 선군혁명 영도를 총대로 굳건히 받아들고 백두산 혁명강군 건설을 위해 백두산 훈련열풍을 일으키고 있다는 내용이다. 그 어느 때보다도 극도에 달하고 있는 미국의 공화국 압살에 대응

하기 위해 혁명무력을 백두산 혁명강군으로 더욱 강화시킬 것을 요구한다. 이 영화에서는 인민군대가 김정은의 정력적인 선군 영도를 통해 반드시 승리한다는 필승의 신념을 더욱 굳건히 갖게 됐다고 주장한다. 그중에는 조선인민군 서부전선 기계화 타격집단 장갑보병군의 겨울철 도하공격 연습을 참관한 모습을 보여주고, 인민군 장병들에게 훈련 명령을 하달하는 김정은의 근엄한 모습을 반복해서 재현하며, 그가 조국과 인민, 사회주의의 위대한 수호자임을 강조한다. 또 영화는 지도자의 명령만 기다리는 인민군 장병들의 모습을 보여주고 조국의 하늘과 땅, 바다를 철옹성같이 지켜가는 억척같은 신념과 불타는 의지를 보여주고 있다.

〈경애하는 김정은 동지께서 꾸바공화국 국가대표단을 접견하시였다〉, 〈경애하는 김정은 동지께서 여러 부문 사업을 현지에서 지도〉, 〈경애하는 김정은 동지께서 위대한 조국해방전쟁승리 62돐을 맞으며 진행된 《조선인민군 항공 및 반항공군 비행지휘성원들의 전투비행술경기대회-2015》를 지도하시였다〉, 〈경애하는 김정은 동지께서 조선로동당창건 70돐에 즈음하여 우리나라를 공식 친선 방문하고 있는 중국공산당대표단을 접견하시였다〉, 〈경애하는 김정은 동지를 모시고 조선로동당창건 70돐 성대히 경축〉, 〈경애하는 김정은 동지를 모시고 조선인민군 제3차 수산부문열성자회의 참가자들에 대한 당 및 국가 표창수여식 진행〉, 〈경애하는 김정은 원수님께서 여러 부문 사업을 현지에서 지도〉, 〈경애하는 김정은 원수님을 모시고 제4차 전국로병대회 성대히 진행〉, 〈경애하는 최고사령관 김정은 동지께서 인민군대사업을 현지에서 지도〉, 〈경애하는 최고사령관 김정은 동지께서 조선인민군 전투비행사 백두산지구 혁명전적지답사행군대 성원들을 만나시고 혁명의 성산 백두산에 오르시였다〉, 〈민족최대의 명절 광명성절 경축〉, 〈선군시대 공로자들(3)〉, 〈승리의 전통〉, 〈시대의 전우〉, 〈신념과 의지의 화신〉, 〈어머니 당의 품(1)-우리 아버지-〉, 〈온 나라의 수림화, 원림화를 위하여(1)-산림복구전투의 포성은 울렸다-〉, 〈위대한 동지(4)-사랑과 믿음-〉, 〈위대한 변혁의 해 2014년〉, 〈인민군대를 인민의 행복의 창조자로 이끌어주시여〉, 〈인민들은 수령을 노래합니다〉, 〈인민을 위한 령도의 나날에(3)〉, 〈전시군수공업 로동계급의 영웅적 투쟁〉, 〈절세의 애국지 김정일 장군(10)-우리 겨레에게 통일된 조국을 안겨주시려-〉, 〈철령아래 사과바다〉, 〈한생을 변함없이〉, 〈행복의 기념사진〉

2.3 아동영화

〈소년장수〉 제51부

- 영화문학: 김화성, 한영 | 연출: 윤영길, 리철 | 편집: 김은영, 최승애
- 제작: 조선4.26만화영화촬영소

소년장수는 고구려의 천년 강국의 역사를 배경으로 한다. 긍정적 주인공 쇠메와 부정역 호비의 상반되는 성격을 내레이션을 통해 대비시키고 있다. 국상은 나라를 지키는 길에서 칼을 무뎌지게 두지 말라고 쇠메에게 권고한다. 이에 쇠메는 "국상어른의 말씀을 가슴에 새기겠소이다"라고 말한다. 쇠메는 나라를 위해 한목숨 서슴없이 바치겠다는 굳은 결심을 한다. 긍정적 주인공으로서의 쇠메의 성격을 부각시키고 있다. 즉, 자기 한 몸을 위해서가 아니라 고구려를 위해 자신을 바친다는 점을 무게 있게 형상화하고 있다. 한편 돌탄국의 장사군 수불에 의해 겨우 목숨을 건진 호비가 쇠메 때문에 여러 차례 죽을 뻔 했던 일을 상상하며 악에 받쳐 미친 듯이 날뛴다. 이를 통해 마지막까지 발악하는 계급적 원수의 몰골이 그대로 안겨오게 형상화함으로 호비의 성격을 더욱 부각시키고 있다.

〈고구려의 젊은 무사들(제7부)-고구려사신-〉, 〈교통질서를 잘 지키자요(5)-꼬마 거부기-〉, 〈다시 찾은 물방울〉, 〈동동이가 들려준 이야기〉, 〈두 개의 장수칼〉, 〈받지못한 꽃다발〉, 〈백두광명성 전설 2월16일〉, 〈소년장수(제51부)〉, 〈소년장수(제52부)〉, 〈소년장수(제53부)〉, 〈소년장수(제54부)〉, 〈소년장수(제55부)〉, 〈소년장수(제56부)〉, 〈소년장수(제57부)〉, 〈오늘도 기다리는 아버지-경상유치원-〉, 〈원쑤갚은 소녀〉, 〈재미있는 이야기-여우의 매방울소기-〉, 〈철이가 가져온 장수버섯〉, 〈흥미있는 새들의 세계 -4. 세계의 특이한 앵무새들(2)-〉

2.4 과학영화

〈극집초형 레드투광기〉, 〈《콩24》호의 새로운 재배방법〉, 〈나노첨가제의 비밀(1)-나노윤활유첨가제-〉, 〈나노화된 즉효성고려약〉, 〈나무모생산의 과학화, 공업화, 집약화〉, 〈뇌수활동에 좋은 콩과 은행나무잎〉, 〈돼지숙성비육먹이첨가제《명삼》〉, 〈로천광산에서 박토처리〉, 〈룡정어를 많이 기르다〉, 〈링농법〉, 〈물절약형농법〉, 〈삼투결정형방수재〉, 〈새형의 알깨우기설비「구성2호」〉, 〈선부호와 그 리용〉, 〈수직로에서 고감도세멘트생산〉, 〈수확고가 높은「은산고구마-4」호〉, 〈승마운동(1)-우리 민족사에 새겨진 승마의 자취-〉, 〈식물성농약 명록-3호〉, 〈신창양어장에서의 양어경험〉, 〈실리있는 영양랭상모〉, 〈어린이건강과 영양관리(1)-인간생명의 첫 1000일-〉, 〈재자원화사업〉, 〈콩크리트의 질을 높이는 감수제〉, 〈특색있는 장식칠감들〉, 〈하구구조건설을 앞세우자〉, 〈현대적기술에 의한 흰곤봉버섯 재배〉, 〈효능 높은 나노수의약품〉, 〈효능이 빠른 고려약생산〉, 〈희토류원소들과 그 리용〉

제5장

2015년 개봉영화 일람

1. 2015년 한국영화 개봉일람

순번	영화명	감독	제작사	배급사	개봉일	전국 스크린 수	전국매출액	전국 관객 수	등급	비고
이월1	카토 프로젝트	김정욱	(주)씨타마운틴 픽쳐스	(주)씨타마운틴 픽쳐스	2014-04-17	3	489,000	242	전체 관람가	다양성
이월2	족구왕	우문기	광화문시네마	KT&G 상상마당 영화사업팀 컴퍼니에스에스(주)	2014-08-21	58	352,000	52	15세이상 관람가	다양성
이월3	자유의 언덕	홍상수	㈜영화제작 전원사	㈜영화제작 전원사, (주)영화사 조제	2014-09-04	46	7,811,000	1,013	청소년 관람불가	다양성
이월4	1789, 바스티유의 연인들	정성복	(주)패뷸러스	유니버설픽쳐스 인터내셔널 코리아(유)	2014-09-18	35	1,266,000	65	전체 관람가	상업
이월5	다이빙벨	이상호, 안해룡	아시아프레스, (주)씨네포트	(주)시네마달	2014-10-23	20	12,881,000	1,796	15세이상 관람가	다양성
이월6	제자, 옥한흠	김상철	파이오니아21	(주)씨타마운틴 픽쳐스	2014-10-30	25	10,856,000	1,814	전체 관람가	다양성
이월7	누구에게나 찬란한	임유철	게릴라캠	CGV아트하우스	2014-11-06	51	7,229,000	1,137	전체 관람가	다양성
이월8	카트	부지영	(주)명필름	㈜리틀빅 픽쳐스	2014-11-13	544	14,240,800	1,743	12세이상 관람가	상업
이월9	거인	김태용	㈜메이킹 에이프린트	필라멘트픽쳐스	2014-11-13	77	2,437,000	352	12세이상 관람가	다양성
이월10	그 사람 그 사랑 그 세상	권혁만	KBS	THE 픽쳐스, (주)팝엔터테인먼트	2014-11-20	55	36,773,000	4,781	전체 관람가	다양성
이월11	못	서호빈	영화사 새삶	(주)씨타마운틴 픽쳐스	2014-11-20	18	346,500	57	15세이상 관람가	다양성
이월12	님아, 그 강을 건너지 마오	진모영	아거스필름	CGV아트하우스, (주)대명문화공장	2014-11-27	206	7,509,448,200	955,149	전체 관람가	다양성
이월13	안녕, 투이	김재한	메이드인필름	(주)인디플러그	2014-11-27	9	93,000	12	청소년 관람불가	다양성
이월14	목숨	이창재	(주)비트윈픽처스	필라멘트픽쳐스	2014-12-04	97	18,716,500	2,606	12세이상 관람가	다양성
이월15	GROW: 인피니트의 리얼 청춘 라이프	김진수	(주)울림 엔터테인먼트	골든타이드 픽처스(주)	2014-12-04	71	365,000	61	전체 관람가	상업
이월16	악사들	김지곤	반달,'탁주'조합	㈜인디스토리	2014-12-04	11	292,500	53	15세이상 관람가	다양성
이월17	춘하추동 로맨스	오창민	곤씨네	주식회사 노버스 엔터테인먼트	2014-12-04	5	199,000	27	15세이상 관람가	다양성
이월18	쿼바디스	김재환	주식회사 단유필름	㈜단유필름, ㈜푸르모디티	2014-12-10	15	42,652,600	5,841	12세이상 관람가	다양성
이월19	파티51	정용택	51+필름	㈜인디스토리	2014-12-11	9	6,991,500	989	청소년 관람불가	다양성
이월20	국제시장	윤제균	㈜제이케이필름, 씨제이이앤엠(주)	씨제이이앤엠(주)	2014-12-17	966	69,823,893,034	8,911,437	12세이상 관람가	상업
이월21	앙상블	이종필	길스토리	길스토리	2014-12-18	1	1,034,000	138	전체 관람가	상업

순번	영화명	감독	제작사	배급사	개봉일	전국 스크린 수	전국매출액	전국 관객 수	등급	비고
이월22	기술자들	김홍선	㈜트리니티 엔터테인먼트	롯데쇼핑㈜롯데 엔터테인먼트	2014-12-24	641	6,241,817,635	786,257	15세이상 관람가	상업
이월23	상의원	이원석	㈜영화사비단길, 상의원문화산업 전문(유)	㈜쇼박스, (주)와우픽쳐스	2014-12-24	466	908,709,400	113,526	15세이상 관람가	상업
이월24	명기	강현	(주)소나무픽쳐스	(주)소나무픽쳐스	2014-12-30	5	52,000	6	청소년 관람불가	상업
이월25	개를 훔치는 완벽한 방법	김성호	(주)삼거리픽쳐스	㈜리틀빅픽쳐스, (주)대명문화공장	2014-12-31	205	2,019,166,565	263,227	전체 관람가	다양성
이월26	더 테너 리리코 스핀토	김상만	(주)모인그룹	㈜박수엔터테인먼트, (주)모인그룹	2014-12-31	185	260,190,241	32,644	12세이상 관람가	다양성
이월27	두 번째 엄마	이민환	(주)케이알씨지	(주)케이알씨지	2014-12-31	3	490,000	90	청소년 관람불가	상업
1	워킹걸	정범식	㈜홍필름, (주)수필름	메가박스(주) 플러스엠	2015-01-07	308	1,183,887,479	149,181	청소년 관람불가	상업
2	설해	김정권	(주)맑음영화사	(주)마인스 엔터테인먼트, (주)씨타마운틴 픽쳐스	2015-01-08	34	20,767,500	2,796	12세이상 관람가	다양성
3	오늘의 연애	박진표	(주)팝콘에프앤엠	씨제이이앤엠(주)	2015-01-14	709	14,924,654,487	1,891,993	15세이상 관람가	상업
4	허삼관	하정우	㈜두타연, (주)판타지오픽쳐스	㈜넥스트 엔터테인먼트월드 (NEW)	2015-01-14	621	7,405,415,569	955,175	12세이상 관람가	상업
5	미라클 여행기	허철	미라클필름, (주)꿈길제작소, 허철필름	미라클필름	2015-01-15	12	20,562,500	3,228	전체 관람가	다양성
6	고양이 장례식	이종훈	영화 고양이 장례식 제작 조합	(주)인디플러그	2015-01-15	46	23,200,900	2,865	12세이상 관람가	다양성
7	꽃보다 처녀귀신	최영민	고구마콘텐츠 허브(주)	고구마콘텐츠 허브(주)	2015-01-15	5	7,909,000	1,567	청소년 관람불가	상업
8	가자! 장미여관으로 3 - 방황 무삭제 감독판	김봉은	(주)케이알씨지	(주)케이알씨지	2015-01-15	2	28,000	4	청소년 관람불가	상업
9	강남 1970	유하	㈜모베라픽처스, (주)쇼박스	(주)쇼박스	2015-01-21	841	17,717,971,499	2,192,172	청소년 관람불가	상업
10	생각보다 맑은	한지원	Studio Allo	애니메이션 배급, 씨앗, ㈜인디스토리	2015-01-22	17	27,393,900	3,881	12세이상 관람가	다양성
11	내 심장을 쏴라	문제용	(주)주피터필름	㈜리틀빅픽쳐스, (주)이수C&E	2015-01-28	452	2,856,859,132	387,409	15세이상 관람가	상업
12	어우동: 주인 없는 꽃	이수성	(유)조이앤 컨텐츠그룹, ㈜리필름	(주)드림팩트 엔터테인먼트	2015-01-29	18	60,141,000	12,203	청소년 관람불가	상업
13	비치하트애솔	이난	윤윤상회	골든타이드 픽처스(주)	2015-01-29	3	1,563,200	234	청소년 관람불가	다양성

순번	영화명	감독	제작사	배급사	개봉일	전국 스크린 수	전국매출액	전국 관객 수	등급	비고
14	화끈한 써비스: 어느 잔인한 미용사의	남기웅	골든타이드 픽처스(주), (주)노시스에프앤디	골든타이드 픽처스(주)	2015-01-29	5	868,000	148	청소년 관람불가	다양성
15	정사: 위험한 성적 유희 무삭제판	이민환	(주)케이알씨지	(주)케이알씨지	2015-01-29	2	28,000	4	청소년 관람불가	상업
16	비밀: 아내의 남자	이상화	굿픽처스	(주)나우콘텐츠	2015-02-04	1	270,000	54	청소년 관람불가	상업
17	쎄시봉	김현석	유한회사 제이필름, (주)무브픽쳐스	씨제이이앤엠(주)	2015-02-05	829	13,509,581,911	1,707,487	15세이상 관람가	상업
18	최강전사 미니특공대 : 새로운 악당의 습격	이영준	(주)삼지애니메이션	에이원엔터테인먼트	2015-02-05	318	1,163,431,200	154,342	전체 관람가	상업
19	망원동 인공위성	김형주	플레인 픽처스	(주)시네마달	2015-02-05	21	15,697,200	2,097	12세이상 관람가	다양성
20	조선명탐정: 사라진 놉의 딸	김석윤	청년필름(주)	(주)쇼박스	2015-02-11	811	30,456,879,428	3,872,015	12세이상 관람가	상업
21	꿈보다 해몽	이광국	영화사 벽돌	KT&G 상상마당 영화사업팀 컴퍼니에스에스(주)	2015-02-12	36	30,616,700	4,087	15세이상 관람가	다양성
22	미조-못 다한 이야기(감독판)	남기웅	진이엔터테인먼트, ㈜씨타마운틴픽쳐스, 영화사 민들레	(주)씨타마운틴 픽쳐스	2015-02-12	1	70,000	10	청소년 관람불가	상업
23	나는 야한 여자가 좋다 2 무삭제 감독판	김봉은	드림로드	(주)케이알씨지	2015-02-12	1	14,000	2	청소년 관람불가	상업
24	하숙집	경석호	영화사 인연	(주)소나무픽쳐스	2015-02-25	5	3,305,000	630	청소년 관람불가	상업
25	조류인간	신연식	(주) 루스이소니도스	(주) 루스이소니도스	2015-02-26	21	20,120,700	2,640	15세이상 관람가	다양성
26	기화	문정윤	아방가르드 필름	아방가르드 필름	2015-02-26	5	5,753,500	831	청소년 관람불가	다양성
27	친절한 가정부	노진수	㈜블루아이 엔터테인먼트, 영화사 분홍신	(주)박수 엔터테인먼트	2015-02-26	4	1,004,000	166	청소년 관람불가	상업
28	나는 야한 여자가 좋다 무삭제 감독판	신정균	드림로드	(주)케이알씨지	2015-02-26	1	14,000	2	청소년 관람불가	상업
29	헬머니	신한솔	(주)전망좋은 영화사, TCO(주)더콘텐츠온	㈜넥스트 엔터테인먼트월드 (NEW)	2015-03-05	422	4,096,141,972	519,983	청소년 관람불가	상업
30	순수의 시대	안상훈	㈜화인웍스, (주)키메이커	씨제이이앤엠(주)	2015-03-05	546	3,702,353,828	465,492	청소년 관람불가	상업
31	개: dog eat dog	황 욱, 박민우	어썸픽쳐스	어뮤즈	2015-03-05	12	10,802,000	1,359	청소년 관람불가	다양성
32	살인캠프	이상빈	핸드메이드 필름, (주)코난픽쳐스	골든타이드 픽처스(주)	2015-03-05	5	586,000	101	청소년 관람불가	다양성
33	울언니: 성상납의 비밀 무삭제판	이제락	(주)제이록스 필름	(주)팝엔터테인먼트	2015-03-11	1	14,000	2	청소년 관람불가	상업
34	살인의뢰	손용호	(주)미인픽쳐스	씨네그루 (주)다우기술	2015-03-12	646	6,986,456,737	855,980	청소년 관람불가	상업

순번	영화명	감독	제작사	배급사	개봉일	전국 스크린 수	전국매출액	전국 관객 수	등급	비고
35	소셜포비아	홍석재	한국영화아카데미	CGV아트하우스	2015-03-12	368	1,950,635,763	248,215	15세이상 관람가	다양성
36	베드(감독판)	박철수	씨네힐	(주)씨타마운틴 픽쳐스	2015-03-12	1	270,000	54	청소년 관람불가	상업
37	망대	문승욱	문화공작소낭만	골든타이드 픽처스(주)	2015-03-12	3	307,000	44	전체 관람가	다양성
38	두 번째 엄마 무삭제판	이민환	(주)케이알씨지	(주)케이알씨지	2015-03-12	1	28,000	4	청소년 관람불가	상업
39	태양을 쏴라	김태식	필름라인	(유)조이앤시네마	2015-03-19	156	126,046,400	17,444	청소년 관람불가	다양성
40	그라운드의 이방인	김명준	㈜인디스토리	㈜인디스토리	2015-03-19	28	24,944,000	3,822	전체 관람가	다양성
41	몽골리안 프린세스	정단우	키호테	(주)영화사 조제	2015-03-19	4	3,254,000	424	청소년 관람불가	다양성
42	스물	이병헌	㈜영화나무, (주)아이에이치큐	㈜넥스트 엔터테인먼트월드 (NEW)	2015-03-25	926	23,558,988,686	3,044,134	15세이상 관람가	상업
43	착한 여자	경석호	영화사 인연	(주)소나무픽쳐스	2015-03-25	20	2,959,000	708	청소년 관람불가	상업
44	세계일주	이항배	(주)쿠나	㈜나이너스 엔터테인먼트	2015-03-26	56	32,479,400	4,449	12세이상 관람가	다양성
45	나는 야한 여자가 좋다 3	김미연	(주)케이알씨지	(주)케이알씨지	2015-03-26	20	6,289,000	1,031	청소년 관람불가	상업
46	파울볼	조정래, 김보경	(주)티피에스컴퍼니	오퍼스픽쳐스	2015-04-02	231	212,849,500	28,324	전체 관람가	다양성
47	맛있는 택배	기대호	(주)로드하우스	노바엔터테인먼트	2015-04-02	50	31,122,000	6,276	청소년 관람불가	상업
48	공사중	강명진	(주)마부 엔터테인먼트	고구마콘텐츠 허브(주)	2015-04-08	1	9,000	1	청소년 관람불가	상업
49	장수상회	강제규	㈜빅픽쳐, 씨제이이앤엠(주)	씨제이이앤엠(주)	2015-04-09	688	8,707,389,643	1,160,935	12세이상 관람가	상업
50	화장	임권택	(주)명필름	(주)리틀빅픽쳐스	2015-04-09	327	1,059,405,100	140,616	청소년 관람불가	다양성
51	후쿠시마의 미래	이홍기	(주)리키필름	(주)인디플러그	2015-04-09	7	4,218,000	621	전체 관람가	다양성
52	검은손	박재식	골든타이드 픽처스(주)	㈜스톰픽쳐스 코리아	2015-04-16	178	89,815,665	11,650	청소년 관람불가	상업
53	다이빙벨: 진실은 침몰하지 않습니다	이상호, 안해룡	아시아프레스, (주)씨네포트	(주)시네마달	2015-04-16	4	2,209,000	300	15세이상 관람가	상업
54	약장수	조치언	(주)26컴퍼니	(주)대명문화공장, (주)나이너스 엔터테인먼트	2015-04-23	282	313,238,400	43,562	15세이상 관람가	상업
55	반짝이는 박수 소리	이길보라	낭만회관	KT&G 상상마당 영화사업팀 컴퍼니에스에스(주)	2015-04-23	21	26,070,600	4,074	전체 관람가	다양성
56	미궁: 비밀애	조조 히데오	(주)케이알씨지	(주)케이알씨지	2015-04-23	20	2,642,000	513	청소년 관람불가	다양성
57	뽕2014(무삭제)	공자관	밀크픽처스	밀크픽처스	2015-04-23	1	8,000	1	청소년 관람불가	상업
58	차이나타운	한준희	폴룩스픽쳐스(주)	CGV아트하우스	2015-04-29	551	11,989,400,678	1,472,006	청소년 관람불가	상업

순번	영화명	감독	제작사	배급사	개봉일	전국 스크린 수	전국매출액	전국 관객 수	등급	비고
59	위험한 상견례 2	김진영	(주)전망좋은영화사, TCO(주)더콘텐츠온,(주)마음에드는영화사	롯데쇼핑㈜롯데엔터테인먼트, (주)마인스엔터테인먼트	2015-04-29	429	3,575,384,754	472,693	15세이상 관람가	상업
60	다이노 타임	최윤석, 존 카프카	주식회사 토이온	씨제이이앤엠(주)	2015-04-30	430	2,099,683,100	283,300	전체 관람가	상업
61	플랑크 상수	조성규	(주)영화사 조제	하준사	2015-04-30	5	4,861,500	592	청소년 관람불가	다양성
62	부곡 하와이	하강훈	로드 시네마	어뮤즈	2015-04-30	10	2,805,300	406	청소년 관람불가	다양성
63	터치 바이 터치	김호준	㈜인피니티 엔터테인먼트	나이스플레이(주)	2015-04-30	1	200,000	40	청소년 관람불가	상업
64	연애의 맛	김아론	(주)청우필름	㈜와우픽쳐스, (주)쇼박스	2015-05-07	398	1,706,805,153	212,154	청소년 관람불가	상업
65	명량: 회오리 바다를 향하여	정세교, 김한민	(주)빅스톤픽쳐스	㈜넥스트 엔터테인먼트월드 (NEW)	2015-05-07	92	48,376,500	6,774	12세이상 관람가	다양성
66	잡식가족의 딜레마	황윤	스튜디오두마, (주)시네마달	(주)시네마달	2015-05-07	18	35,384,800	5,247	전체 관람가	다양성
67	젊은엄마: 내 나이가 어때서	김일종	골든타이드 픽처스(주)	골든타이드 픽처스(주)	2015-05-07	20	4,515,000	916	청소년 관람불가	상업
68	어떤 여행, 시민창작뮤지컬	김정욱	(주)씨타마운틴 픽쳐스	(주)씨타마운틴 픽쳐스	2015-05-07	2	335,000	60	전체 관람가	다양성
69	명기(무삭제)	강현	(주)소나무픽쳐스	(주)소나무픽쳐스	2015-05-07	1	8,000	1	청소년 관람불가	상업
70	악의 연대기	백운학	(주)비에이 엔터테인먼트	씨제이이앤엠(주)	2015-05-14	776	17,360,123,332	2,192,243	15세이상 관람가	상업
71	명령불복종 교사	서동일	두물머리픽쳐스	(주)인디플러그	2015-05-14	10	9,686,000	1,455	전체 관람가	다양성
72	간신	민규동	(주)수필름	롯데쇼핑㈜롯데 엔터테인먼트	2015-05-21	697	8,946,842,910	1,110,246	청소년 관람불가	상업
73	산다	박정범	세컨드윈드필름, (유)산다문화산업 저무회사	(주)리틀빅픽처스	2015-05-21	33	29,754,200	3,829	청소년 관람불가	다양성
74	막걸스	김기영	(주)한국시나리오 작가영상제작단	㈜드림팩트 엔터테인먼트	2015-05-21	20	15,993,500	2,410	15세이상 관람가	다양성
75	사랑에도 저작권이 있나요?	최경진	골든타이드 픽처스(주)	골든타이드 픽처스(주)	2015-05-21	1	8,000	1	청소년 관람불가	상업
76	무뢰한	오승욱	(주)사나이픽처스	CGV아트하우스	2015-05-27	482	3,262,087,431	414,626	청소년 관람불가	상업
77	전망 좋은 집 2	경석호	영화사 인연	(주)소나무픽쳐스	2015-05-27	20	3,032,000	605	청소년 관람불가	상업
78	코인라커	김태경	(주)씨타마운틴 픽쳐스	㈜드림팩트 엔터테인먼트	2015-05-28	13	7,043,500	1,008	청소년 관람불가	다양성
79	7공주 대리운전	이재훈	㈜유림엔터테인먼트	(주)나우콘텐츠	2015-05-28	20	4,308,000	894	청소년 관람불가	상업

순번	영화명	감독	제작사	배급사	개봉일	전국 스크린 수	전국매출액	전국 관객 수	등급	비고
80	은밀한 유혹	윤재구	㈜영화사비단길, (주)수필름	씨제이이앤엠(주)	2015-06-04	394	1,112,423,247	142,405	15세이상 관람가	상업
81	마이 페어 웨딩	장희선	(주)레인보우팩토리	(주)영화사 진진	2015-06-04	39	17,980,000	2,353	12세이상 관람가	다양성
82	혜경궁 홍씨	장동홍	(주)컴퍼니 숨	(주)씨타마운틴 픽쳐스	2015-06-04	5	6,248,500	466	12세이상 관람가	다양성
83	따라지: 비열한 거리	신동엽	디에스미디어, (주)영화사골든오션	㈜드림팩트 엔터테인먼트	2015-06-08	1	103,000	11	청소년 관람불가	다양성
84	한여름의 판타지아	장건재	모쿠슈라	㈜인디스토리	2015-06-11	46	278,898,458	35,902	전체 관람가	다양성
85	외출	기대호	(주)영화사 사계절	(주)영화사 사계절	2015-06-11	20	2,090,000	371	청소년 관람불가	상업
86	애인	이숭환	(주)케이알씨지	(주)케이알씨지	2015-06-17	20	2,594,000	485	청소년 관람불가	상업
87	극비수사	곽경택	㈜제이콘컴퍼니, (주)영화사신세계	(주)쇼박스	2015-06-18	894	22,389,535,897	2,860,786	15세이상 관람가	상업
88	경성학교: 사라진 소녀들	이해영	청년필름(주), 비밀의화원	롯데쇼핑㈜롯데 엔터테인먼트	2015-06-18	489	2,749,027,700	356,342	15세이상 관람가	상업
89	성난 화가	전규환	(주)트리필름	(주)트리필름	2015-06-18	8	10,595,500	1,377	청소년 관람불가	다양성
90	연평해전	김학순	(주)로제타시네마	㈜넥스트 엔터테인먼트월드 (NEW)	2015-06-24	1,013	45,560,620,330	6,043,458	12세이상 관람가	상업
91	소수의견	김성제	(주)하리마오픽쳐스	(주)시네마서비스	2015-06-24	398	2,891,431,205	383,332	15세이상 관람가	상업
92	어우동: 주인 없는 꽃 무삭제판	이수성	(유)조이앤 컨텐츠그룹, ㈜리필름	(주)드림팩 엔터테인먼트	2015-06-24	1	5,000	1	청소년 관람불가	상업
93	나의 절친 악당들	임상수	휠므빠말주식회사, 이십세기폭스 인터내셔널 프로덕션	이십세기폭스 코리아(주)	2015-06-25	384	1,054,470,664	133,553	청소년 관람불가	상업
94	메이드 인 차이나	김동후	(주)김기덕 필름	(주)김기덕 필름	2015-06-25	2	3,135,100	419	청소년 관람불가	다양성
95	어떤 가족	김형범	판픽처스	골든타이드 픽쳐스(주)	2015-06-25	5	280,000	50	12세이상 관람가	다양성
96	욕정이 활활	이상우, 황희경, 김헌	이상우 필름	이상우 필름	2015-06-25	2	262,000	37	청소년 관람불가	다양성
97	마돈나	신수원	준필름	(주)리틀빅픽쳐스	2015-07-02	65	127,237,400	16,385	청소년 관람불가	다양성
98	디렉터스 컷	박준범	야간비행	야간비행	2015-07-02	7	2,974,000	435	12세이상 관람가	다양성
99	미궁: 비밀애 무삭제 특별판	조조 히데오	(주)케이알씨지	(주)케이알씨지	2015-07-02	1	5,000	1	청소년 관람불가	상업
100	남편만 몰라요	고광현	(주)소나무픽쳐스	(주)소나무픽쳐스	2015-07-07	20	2,995,000	601	청소년 관람불가	상업
101	손님	김광태	(주)유비유필름	씨제이이앤엠(주)	2015-07-09	634	6,385,295,880	827,918	15세이상 관람가	상업

순번	영화명	감독	제작사	배급사	개봉일	전국 스크린 수	전국매출액	전국 관객 수	등급	비고
102	레드 툼	구자환	레드무비	(주)따미픽쳐스	2015-07-09	13	15,690,000	2,487	15세이상 관람가	다양성
103	파스카	안선경	궁금단영화	무브먼트	2015-07-09	11	6,701,500	961	15세이상 관람가	다양성
104	권법형사: 차이나타운	박상현	골든타이드 픽처스(주)	골든타이드 픽처스(주)	2015-07-09	5	1,405,000	257	청소년 관람불가	다양성
105	나는 야한 여자가 좋다 3 무삭제 감독판	김미연	(주)케이알씨지	(주)케이알씨지	2015-07-09	1	5,000	1	청소년 관람불가	상업
106	태양을 쏴라 무삭제판	김태식	필름라인	(유)조이앤시네마	2015-07-09	1	5,000	1	청소년 관람불가	상업
107	착한여자 (무삭제)	경석호	영화사 인연	(주)소나무픽쳐스	2015-07-14	1	50,000	10	청소년 관람불가	상업
108	쓰리 썸머 나잇	김상진	더램프(주), ㈜감독의집	(주)리틀빅픽쳐스, (주)인벤트스톤	2015-07-15	297	616,132,846	77,621	청소년 관람불가	상업
109	폴라로이드	주호성	(주)DVC픽쳐스	와이드 릴리즈(주)	2015-07-16	27	65,317,000	10,094	전체 관람가	상업
110	밀양 아리랑	박배일	오지필름	(주)시네마달	2015-07-16	14	17,209,000	2,837	15세이상 관람가	다양성
111	악인은 살아 있다	김회근	(주)에스에이치필름	예지림 엔터테인먼트	2015-07-16	11	13,976,000	1,821	청소년 관람불가	다양성
112	퀴어영화 나비: 어른들의 일	백인규	99film	99film	2015-07-18	1	943,000	135	청소년 관람불가	다양성
113	암살	최동훈	(주)케이퍼필름	(주)쇼박스	2015-07-22	1,519	98,463,132,781	12,705,700	15세이상 관람가	상업
114	십이야: 깊고 붉은 열두 개의 밤 Chapter1	오인천	블리트필름	㈜드림팩트 엔터테인먼트	2015-07-23	3	1,267,000	181	15세이상 관람가	다양성
115	러브앤서울 복숭아마을 도색소동기	조조 히데오	(주)케이알씨지	(주)케이알씨지	2015-07-27	5	3,847,000	744	청소년 관람불가	다양성
116	고녀석 맛나겠다2: 함께라서 행복해	최경석, 노나카 카즈미	(주)미디어캐슬	(주)리틀빅픽쳐스	2015-07-29	141	371,809,000	53,663	전체 관람가	다양성
117	폭풍정사	국영수	주식회사 대양미디어	위드 라이언 픽쳐스	2015-07-29	1	270,000	54	청소년 관람불가	상업
118	살인재능	전재홍	전재홍 필름, (주)씨제이에스지 마당엔터테인먼트	㈜인디스토리	2015-07-30	14	11,311,000	1,536	청소년 관람불가	다양성
119	무서운 집	양병간	무서운영화	(주)콘텐츠윙	2015-07-30	1	9,371,000	1,039	12세이상 관람가	상업
120	마지막 위안부	임선	(주)투윈미디어	(주)투윈미디어	2015-08-03	1	4,172,000	490	15세이상 관람가	상업
121	베테랑	류승완	(주)외유내강	씨제이이앤엠(주)	2015-08-05	1,064	105,024,756,250	13,395,400	15세이상 관람가	상업
122	이바라키의 여름	전성호	부산MBC	㈜씨에이씨 엔터테인먼트	2015-08-06	5	3,711,500	568	전체 관람가	다양성
123	짓2: 붉은 낙타	노진수	㈜리필름	㈜드림팩트 엔터테인먼트	2015-08-07	20	3,146,000	616	청소년 관람불가	상업

순번	영화명	감독	제작사	배급사	개봉일	전국 스크린 수	전국매출액	전국 관객 수	등급	비고
124	미쓰 와이프	강효진	㈜영화사 아이비젼	메가박스(주) 플러스엠	2015-08-13	437	7,357,162,869	984,265	15세이상 관람가	상업
125	협녀, 칼의 기억	박흥식	㈜티피에스 컴퍼니	롯데쇼핑㈜롯데 엔터테인먼트	2015-08-13	572	3,360,045,489	431,310	15세이상 관람가	상업
126	성실한 나라의 앨리스	안국진	한국영화아카데미	CGV아트하우스	2015-08-13	69	349,482,500	43,964	청소년 관람불가	다양성
127	에스엠타운 더 스테이지	배성상	(주)에스엠 컬처앤콘텐츠	주식회사 디에스이이디	2015-08-13	65	284,650,500	35,857	전체 관람가	상업
128	순교	김상철	파이오니아21	파이오니아21	2015-08-13	5	115,342,000	16,097	전체 관람가	다양성
129	위로공단	임흥순	반달	(주)엣나인필름	2015-08-13	34	103,598,000	13,827	15세이상 관람가	다양성
130	그리울 련	한철수	㈜리필름	㈜드림팩트 엔터테인먼트	2015-08-13	20	2,210,000	429	12세이상 관람가	다양성
131	원령	동역견	(유)조이앤 컨텐츠그룹	(유)조이앤시네마	2015-08-13	2	1,760,000	348	15세이상 관람가	다양성
132	마님	김광중	골든타이드 픽처스(주)	골든타이드 픽처스(주)	2015-08-14	20	4,088,000	791	청소년 관람불가	상업
133	뷰티 인사이드	백	(주)용필름	㈜넥스트 엔터테인먼트월드 (NEW)	2015-08-20	648	16,145,401,531	2,053,085	12세이상 관람가	상업
134	퇴마: 무녀굴	김휘	㈜케이프로덕션, 플로우식스(주), 버티고필름	씨네그루(주) 다우기술	2015-08-20	331	951,843,500	120,802	15세이상 관람가	상업
135	오늘영화	윤성호, 강경태, 구교환, 이옥섭	서울독립영화제	(주)인디플러그	2015-08-20	17	17,045,200	2,309	15세이상 관람가	다양성
136	없던 일	윤여창	굿픽처스	(주)나우콘텐츠	2015-08-20	21	3,799,000	772	청소년 관람불가	상업
137	고백	정영배	이글루픽쳐스, (주)오이필름	더그레이트 컴퍼니	2015-08-20	20	2,847,000	568	청소년 관람불가	다양성
138	엄마친구	명석환	(주)영화사 사계절	(주)영화사 사계절	2015-08-20	19	1,771,000	355	청소년 관람불가	상업
139	치외법권	신동엽	㈜유니프로, (주)스톰픽쳐스 코리아	판씨네마(주)	2015-08-27	446	2,664,941,005	346,483	15세이상 관람가	상업
140	맛2	경석호	영화사 인연	(주)소나무픽쳐스	2015-09-02	20	2,852,000	569	청소년 관람불가	상업
141	오피스	홍원찬	(주)영화사꽃	(주)리틀빅픽쳐스	2015-09-03	425	3,354,086,230	428,429	15세이상 관람가	상업
142	기적의 피아노	임성구, 김은주	(주)보고싶은영화사	롯데쇼핑㈜롯데 엔터테인먼트	2015-09-03	74	46,156,800	6,514	전체 관람가	다양성
143	젊은 엄마 3	채길병	골든타이드 픽처스(주)	골든타이드 픽처스(주)	2015-09-03	20	4,137,000	820	청소년 관람불가	상업
144	미션: 톱스타를 훔쳐라	노병하	(주)영화사희망	㈜드림팩트 엔터테인먼트	2015-09-03	2	289,000	34	청소년 관람불가	상업

순번	영화명	감독	제작사	배급사	개봉일	전국 스크린 수	전국매출액	전국 관객 수	등급	비고
145	타부 : 금지된 사랑	고구마	주식회사 대양미디어	주식회사 대양미디어	2015-09-03	1	72,000	8	청소년 관람불가	상업
146	성난 화가 - 무삭제판	전규환	(주)트리필름	(주)트리필름	2015-09-03	1	6,000	1	청소년 관람불가	다양성
147	외출 무삭제	기대호	(주)영화사 사계절	(주)영화사 사계절	2015-09-09	1	8,000	1	청소년 관람불가	상업
148	하숙집 무삭제	경석호	영화사 인연	(주)소나무픽쳐스	2015-09-09	1	8,000	1	청소년 관람불가	상업
149	함정	권형진	(주)데이드림 엔터테인먼트	(주)인벤트스톤	2015-09-10	445	2,088,685,200	257,716	청소년 관람불가	상업
150	사랑이 이긴다	민병훈	민병훈필름	(주)리틀빅픽쳐스	2015-09-10	48	114,003,900	14,916	15세이상 관람가	다양성
151	제 7기사단	키리야 카즈아키	(주)루카프로덕션	메가박스(주) 플러스엠	2015-09-10	95	80,160,964	10,710	15세이상 관람가	상업
152	슈퍼레이서 엔지	허선	(주)크레이지버드스튜디오	(주)에이원엔터테인먼트	2015-09-10	125	72,234,800	10,377	전관람가	상업
153	돼지 같은 여자	장문일	(주)아이필름홀딩스	CGV아트하우스	2015-09-10	91	52,852,400	7,238	15세이상 관람가	다양성
154	영도	손승웅	브릿지 프로덕션	(주)콘텐츠판다	2015-09-10	21	24,304,000	3,089	청소년 관람불가	다양성
155	젊은 처제	이세종	㈜리필름	주식회사 루믹스미디어	2015-09-10	21	4,913,000	770	청소년 관람불가	상업
156	자가당착: 시대정신과 현실참여	김선	곡사	(주)인디플러그	2015-09-10	5	2,559,000	412	청소년 관람불가	다양성
157	선지자의 밤	김성무	한국영화아카데미	CGV아트하우스	2015-09-10	1	2,424,500	286	청소년 관람불가	다양성
158	화산고래	박혜미	한국영화아카데미	CGV아트하우스	2015-09-10	1	2,273,000	263	청소년 관람불가	다양성
159	창백한 얼굴들	허범욱	한국영화아카데미	CGV아트하우스	2015-09-10	1	1,891,500	238	청소년 관람불가	다양성
160	보리의 은밀한 사생활	제임스 리	스마일컨텐츠	스마일컨텐츠	2015-09-10	1	5,000	1	청소년 관람불가	상업
161	조선안방 스캔들-칠거지악	이전	(주)스넵쏘울	(주)케이알씨지	2015-09-15	20	2,077,000	394	청소년 관람불가	상업
162	나쁜 수업	한동호	주식회사 비엠미디어	주식회사 비엠미디어	2015-09-15	1	5,000	1	청소년 관람불가	상업
163	사도	이준익	(주)타이거픽쳐스	(주)쇼박스	2015-09-16	1,210	48,842,912,501	6,246,851	12세이상 관람가	상업
164	은밀한 방문자	윤여창	(주)케이알씨지	(주)케이알씨지	2015-09-16	19	2,091,000	397	청소년 관람불가	상업
165	덫: 치명적인 유혹	봉만대	지오엔터테인먼트	골든타이드 픽처스(주)	2015-09-17	19	8,462,000	1,413	청소년 관람불가	다양성
166	섞사인 러브	조은성	㈜티피에스컴퍼니, 필름문	㈜인벤트스톤, (주)영화사오원	2015-09-17	17	7,069,800	896	12세이상 관람가	다양성
167	란제리살인사건	김세성	(주)노리픽쳐스	(주)노리픽쳐스	2015-09-17	20	2,295,000	472	청소년 관람불가	상업

순번	영화명	감독	제작사	배급사	개봉일	전국 스크린 수	전국매출액	전국 관객 수	등급	비고
168	위험한 섹스	이숭환	(주)케이알씨지	(주)케이알씨지	2015-09-23	20	2,249,000	419	청소년 관람불가	상업
169	탐정 : 더 비기닝	김정훈	(주)크리픽쳐스	씨제이이앤엠(주)	2015-09-24	764	20,463,956,973	2,625,686	15세이상 관람가	상업
170	서부전선	천성일	(주)하리마오픽쳐스	롯데쇼핑㈜롯데 엔터테인먼트	2015-09-24	509	4,751,661,400	609,063	12세이상 관람가	상업
171	지금은맞고그때는틀리다	홍상수	(주)영화제작전원사	(주)영화제작전원사, (주)넥스트엔터테인먼트월드 (NEW)	2015-09-24	59	658,072,600	79,840	청소년 관람불가	다양성
172	음란한 가족	신정균	(주)KW비젼	(주)KW비젼	2015-09-24	21	2,301,000	473	청소년 관람불가	상업
173	춘희막이	박혁지	(주)하이하버픽쳐스	메가박스(주) 플러스엠, (주)엣나인필름	2015-09-30	268	205,281,965	29,473	12세이상 관람가	다양성
174	맛있는 덫-정사	신정균	(주)케이알씨지	(주)케이알씨지	2015-09-30	3	2,227,000	426	청소년 관람불가	상업
175	남편만 몰라요 (무삭제)	고광현	(주)소나무픽쳐스	(주)소나무픽쳐스	2015-09-30	1	16,000	2	청소년 관람불가	상업
176	포장마차	최율권희	㈜리필름	에이라인	2015-10-01	20	2,617,000	520	청소년 관람불가	상업
177	라이브 TV	김선웅, 손광수	(주)파레토웍스,더컨텐츠콤(주)	더컨텐츠콤(주)	2015-10-01	1	128,000	15	청소년 관람불가	상업
178	성난 변호사	허종호	씨제이이앤엠(주), (주)영화사 빛나는 제국, 우수영화사	씨제이이앤엠(주)	2015-10-08	607	8,697,174,039	1,124,918	15세이상 관람가	상업
179	안녕, 전우치! 도술로봇대결전	김대창	㈜얼리버드픽쳐스, (주)쏘울 크리에이티브	(주)리틀빅픽쳐스	2015-10-08	173	88,535,600	12,378	전체 관람가	다양성
180	아내의 애인	소영환	(주)영화사 사계절	(주)영화사 사계절	2015-10-08	20	2,123,000	363	청소년 관람불가	상업
181	환타스틱 러브짐: 전쟁 같은 사랑	한우진	웃기시네	(주)유비네트워크	2015-10-08	20	1,575,000	303	청소년 관람불가	상업
182	유부녀들	경석호	(주)소나무픽쳐스	(주)소나무픽쳐스	2015-10-14	20	3,405,000	516	청소년 관람불가	상업
183	비밀	박은경, 이동하	영화사 도로시(주), (주)에스에이치기획	CGV아트하우스	2015-10-15	305	369,339,300	50,196	15세이상 관람가	상업
184	미션스쿨	강의석	강의석필름	홀리가든	2015-10-15	4	951,000	152	12세이상 관람가	다양성
185	힙스터: 안개의 덫	강명진	(주)마부 엔터테인먼트	고구마콘텐츠 허브(주)	2015-10-21	1	5,000	1	청소년 관람불가	상업
186	더 폰	김봉주	(주)미스터로맨스	㈜넥스트 엔터테인먼트월드 (NEW)	2015-10-22	794	12,309,164,568	1,593,694	15세이상 관람가	상업
187	특종: 량첸살인기	노덕	㈜우주필름, (주)뱅가드스튜디오	롯데쇼핑㈜롯데 엔터테인먼트	2015-10-22	776	4,754,763,118	616,481	15세이상 관람가	상업
188	돌연변이	권오광	영화사 우상	필라멘트픽쳐스	2015-10-22	399	748,816,684	100,523	12세이상 관람가	상업
189	맛있는 비행	최상훈	(주)로드하우스	노바엔터테인먼트	2015-10-22	21	16,041,000	3,141	청소년 관람불가	상업

순번	영화명	감독	제작사	배급사	개봉일	전국 스크린 수	전국매출액	전국 관객 수	등급	비고
190	필름시대사랑	장률	률필름, (주)스마일이엔티	(주)스마일이엔티	2015-10-22	19	12,658,000	1,605	15세이상 관람가	다양성
191	오디세오	정성복	(주)패뷸러스	(주)패뷸러스	2015-10-22	8	9,880,000	662	전체 관람가	상업
192	조선안방 스캔들 - 칠거지악2	이숭환	(주)케이알씨지	(주)케이알씨지	2015-10-22	20	1,922,000	368	청소년 관람불가	상업
193	말하지 못한 비밀	송동윤	디와이엔터테인먼트 주식회사	(주)씨타마운틴 픽쳐스	2015-10-22	3	722,000	86	청소년 관람불가	다양성
194	스피드	이상우	(주)무비엔진	㈜드림팩트 엔터테인먼트	2015-10-22	6	554,000	73	청소년 관람불가	다양성
195	새폴더2	황상원	더사람픽쳐스	더사람픽쳐스	2015-10-23	20	3,352,000	518	청소년 관람불가	상업
196	그놈이다	윤준형	상상필름(주)	CGV아트하우스	2015-10-28	681	8,096,427,152	1,046,015	15세이상 관람가	상업
197	미안해 사랑해 고마워	전윤수	타임박스엔터테인먼트(주)	(주)쇼박스	2015-10-28	344	359,247,800	51,207	15세이상 관람가	상업
198	어떤살인	안용훈	(주)전망좋은 영화사, TCO(주)더콘텐츠온	TCO(주) 더콘텐츠온, (주)전망좋은 영화사	2015-10-28	179	137,025,800	17,190	청소년 관람불가	다양성
199	수상한 미용실	한동호	주식회사 비엠미디어	주식회사 비엠미디어	2015-10-28	20	2,403,000	474	청소년 관람불가	상업
200	거짓말	김동명	방인리필름	(주)대명문화공장, (주)리틀빅픽쳐스	2015-10-29	30	40,895,000	5,043	청소년 관람불가	다양성
201	울보 권투부	이일하	exposed Film	㈜인디스토리	2015-10-29	13	11,052,100	1,790	12세이상 관람가	다양성
202	고시원	이영민	에이치케이 이엔엠	(주)로이테미디어	2015-10-30	20	3,380,000	524	청소년 관람불가	상업
203	핫섹토크	이전	(주)케이알씨지	(유)조이앤 컨텐츠그룹	2015-11-03	20	2,143,000	411	청소년 관람불가	상업
204	검은 사제들	장재현	영화사 집	씨제이이앤엠(주)	2015-11-05	1,088	42,392,877,092	5,440,536	15세이상 관람가	상업
205	들꽃	박석영	(주)무비엔진	(주)인디플러그	2015-11-05	12	5,192,300	663	청소년 관람불가	다양성
206	모텔	이숭환	(주)케이알씨지	(주)케이알씨지	2015-11-10	20	2,182,000	420	청소년 관람불가	상업
207	포장마차-무삭제판	최율권희	㈜리필름	에이라인	2015-11-11	1	5,000	1	청소년 관람불가	상업
208	늙은 자전거	문희융	(주)영화사 북촌, 대국미디어그룹, 한국방송예술교육진흥원, 영화사 키노(주)	(주)씨타마운틴 픽쳐스	2015-11-12	17	23,988,800	4,687	전체 관람가	다양성
209	세상끝의 사랑	김인식	(주)담소필름	㈜스톰픽쳐스 코리아	2015-11-12	97	34,737,300	4,472	청소년 관람불가	상업
210	나도 때론 포르노그라피의 주인공이고 싶다	장성수	(주)피터팬픽쳐스	(주)피터팬픽쳐스	2015-11-12	20	6,148,000	961	청소년 관람불가	상업
211	친구엄마	공자관	밀크픽처스	노바엔터테인먼트	2015-11-12	20	2,057,000	359	청소년 관람불가	상업

순번	영화명	감독	제작사	배급사	개봉일	전국 스크린 수	전국매출액	전국 관객 수	등급	비고
212	따라지: 비열한 거리 무삭제판	신동엽	디에스미디어, (주)영화사골든오션	(주)드림팩트 엔터테인먼트	2015-11-12	1	4,000	1	청소년 관람불가	상업
213	엄마친구(무삭제판)	명석환	(주)영화사 사계절	(주)영화사 사계절	2015-11-12	1	8,000	1	청소년 관람불가	상업
214	맛있는 정사: 오피스 와이프	김학묵	(주)케이알씨지	(주)케이알씨지	2015-11-17	20	1,929,000	368	청소년 관람불가	상업
215	내부자들	우민호	(유)내부자들 문화전문회사	(주)쇼박스	2015-11-19	1,075	56,443,214,157	7,052,907	청소년 관람불가	상업
216	꾸루꾸루와 친구들: 무지개 나무의 비밀	문제대	(주)팡고 엔터토이먼트	(주)팝엔터테인먼트	2015-11-19	103	51,367,500	7,345	전체 관람가	상업
217	해에게서 소년에게	안슬기	㈜타이거시네마, DGC	주식회사 디에스이이디	2015-11-19	21	4,549,500	675	15세이상 관람가	다양성
218	착한 처제	강훈	쟈비스미디어, PK미디어크레이티브	쟈비스미디어	2015-11-19	19	3,723,000	588	청소년 관람불가	상업
219	용주골	최우성	핵존슨	에이라인	2015-11-19	20	2,823,000	562	청소년 관람불가	상업
220	동창회의 목적(무삭제)	정대만	펀펀한영화사	펀펀한영화사	2015-11-19	1	8,000	1	청소년 관람불가	상업
221	러브앤서울 복숭아마을 도색소동기 무삭제판	조조 히데오	(주)케이알씨지	(주)케이알씨지	2015-11-19	1	4,000	1	청소년 관람불가	상업
222	열정같은소리 하고있네	정기훈	반짝반짝영화사(주)	㈜넥스트 엔터테인먼트월드 (NEW)	2015-11-25	566	4,758,959,902	654,102	15세이상 관람가	상업
223	도리화가	이종필	(주)영화사 담담, (주)어바웃필름	씨제이이앤엠(주)	2015-11-25	563	2,246,950,339	317,505	12세이상 관람가	상업
224	위선자들	김진홍	(주)영화사 메이플러스	THE 픽쳐스, (주)씨타마운틴 픽쳐스	2015-11-26	82	65,152,600	9,566	청소년 관람불가	다양성
225	서태지밴드 콘서트투어 '콰이어트나이트'	서태지	(주)서태지컴퍼니	(주)서태지컴퍼니	2015-11-26	6	52,669,600	5,908	전체 관람가	상업
226	어떤이의 꿈	조성규	㈜예스컴, 하준사	하준사	2015-11-26	20	16,971,600	2,090	12세이상 관람가	다양성
227	아일랜드 - 시간을 훔치는 섬	박진성	(주)고앤고필름	(유)조이앤시네마	2015-11-26	21	7,370,900	948	15세이상 관람가	다양성
228	한양 기방 춘향뎐	김민욱	(주)케이알씨지	(주)케이알씨지	2015-11-26	20	2,085,000	400	청소년 관람불가	상업
229	설지	박진순	㈜영화사 통, 이달투, ㈜미로비젼	㈜박수엔터테인먼트, (주)미로스페이스	2015-11-26	14	2,839,100	378	12세이상 관람가	다양성
230	공즉시색	김현빈	(주)영화사 사계절, 펀펀한영화사	(주)영화사 사계절	2015-11-26	20	1,478,000	271	청소년 관람불가	상업
231	극적인 하룻밤	하기호	㈜연우무대, (주)인사이드픽쳐스	CGV아트하우스	2015-12-03	434	2,604,823,429	320,166	청소년 관람불가	상업
232	나쁜 나라	김진열, 이수정, 정일건	4.16 세월호 참사 시민기록위원회	나쁜 나라 배급위원회, (주)시네마달	2015-12-03	19	106,027,400	15,657	12세이상 관람가	다양성
233	내 친구의 아내	탁승오	(주)소나무픽쳐스	(주)소나무픽쳐스	2015-12-03	20	4,493,000	622	청소년 관람불가	상업

순번	영화명	감독	제작사	배급사	개봉일	전국 스크린 수	전국매출액	전국 관객 수	등급	비고
234	감금의 시간	김대성	마법사필름	마법사필름	2015-12-03	20	3,310,000	555	청소년 관람불가	상업
235	뽀로로 극장판 컴퓨터 왕국 대모험	박영균	(주)오콘	㈜넥스트 엔터테인먼트월드(NEW)	2015-12-10	544	2,902,104,600	391,762	전체 관람가	상업
236	타이밍	민경조, 박대열	㈜효인엔터테인먼트, 베데코리아	㈜스톰픽쳐스 코리아	2015-12-10	195	279,990,200	37,175	15세이상 관람가	다양성
237	타투	이서	㈜다세포클럽, (주)코리아스토리	와이드 릴리즈(주)	2015-12-10	133	99,255,100	12,102	청소년 관람불가	상업
238	앨리스: 원더랜드에서 온 소년	허은희	(주)유비콘텐츠, 주식회사 유비컬쳐	(주)영화사 안다미로	2015-12-10	59	58,064,100	7,891	15세이상 관람가	다양성
239	그들이 죽었다	백재호	사십이	㈜인디스토리	2015-12-10	17	14,494,800	2,004	15세이상 관람가	다양성
240	불안한 외출	김철민	다큐창작소	홀리가든, 불안한외출 배급위원회	2015-12-10	7	12,103,600	1,844	15세이상 관람가	다양성
241	파일 : 4022일의 사육	박용집	활동사진	골든타이드 픽처스(주)	2015-12-10	20	9,090,000	1,414	청소년 관람불가	상업
242	슬픈남자	방현준	비에이치제이 시네마	비에이치제이 시네마	2015-12-10	1	749,000	109	청소년 관람불가	상업
243	황진이	신정균	드림로드	에이라인	2015-12-10	1	5,000	1	청소년 관람불가	상업
244	실론, 세렌디피티	권중목	주식회사 씨엠닉스	주식회사 씨엠닉스	2015-12-14	1	886,400	134	15세이상 관람가	다양성
245	전원일기: 젖소농장새댁	한동호	주식회사 비엠미디어	주식회사 비엠미디어	2015-12-15	20	1,407,000	274	청소년 관람불가	상업
246	히말라야	이석훈	(주)제이케이필름	씨제이이앤엠(주)	2015-12-16	1,009	39,461,896,048	5,128,397	12세이상 관람가	상업
247	대호	박훈정	(주)사나이픽처스	㈜넥스트 엔터테인먼트월드(NEW)	2015-12-16	892	12,097,919,332	1,583,454	12세이상 관람가	상업
248	유신의 미학	김노경	마그넷 엔터테인먼터	마그넷 엔터테인먼터	2015-12-16	1	739,000	93	15세이상 관람가	상업
249	나의 아들, 나의 어머니	안재민	창작집단917, 민프로덕션	(주)인디플러그	2015-12-17	24	23,417,300	3,248	전체 관람가	다양성
250	인 허 플레이스	알버트 신	Time Lapse pictures	홀리가든	2015-12-17	15	10,284,000	1,369	청소년 관람불가	다양성
251	색끈한 퓨전사극 심청야사	강명진	고구마콘텐츠 허브(주)	고구마콘텐츠 허브(주)	2015-12-17	20	3,542,000	551	청소년 관람불가	상업
252	위험한 중독	최율권 희	㈜리필름	(주)블루브릭	2015-12-24	20	2,117,000	388	청소년 관람불가	상업
253	굿바이 그리고 헬로우	한창근	(주)일월미디어	㈜액티버스 엔터테인먼트	2015-12-25	2	2,614,000	297	12세이상 관람가	다양성
254	조선마술사	김대승	위더스필름(주)	롯데쇼핑㈜롯데 엔터테인먼트	2015-12-30	605	1,506,435,794	224,656	12세이상 관람가	상업

순번	영화명	감독	제작사	배급사	개봉일	전국 스크린 수	전국매출액	전국 관객 수	등급	비고
255	한양기방 명기전	김민욱	(주)케이알씨지	(주)케이알씨지	2015-12-30	19	1,988,000	373	청소년 관람불가	상업
256	내부자들: 디 오리지널	우민호	(유)내부자들 문화전문회사	(주)쇼박스	2015-12-31	838	1,236,819,715	160,152	청소년 관람불가	상업
257	친애하는 지도자동지께	이상우	이상우 필름	이상우 필름	2015-12-31	2	7,000	1	청소년 관람불가	다양성

2. 2015년 외국영화 개봉일람

순번	영화명	감독	수입사	배급사	개봉일	국적	전국 스크린수	전국매출액	전국 관객 수	등급	비고
이월1	그녀	스파이크 존즈	주식회사 더쿱	유니버설픽쳐스 인터내셔널 코리아(유)	2014-05-22	미국	168	3,086,500	473	청소년 관람불가	다양성
이월2	비긴 어게인	존 카니	판씨네마(주)	판씨네마(주)	2014-08-13	미국	213	5,409,557	785	15세이상 관람가	다양성
이월3	프랭크	레니 에이브러햄슨	(주)영화사 진진	(주)영화사 진진	2014-09-25	영국	208	219,800	28	15세이상 관람가	다양성
이월4	5일의 마중	장예모	찬란	찬란	2014-10-08	중국	86	2,858,000	345	전체 관람가	다양성
이월5	보이후드	리차드 링클레이터	유니버설픽쳐스 인터내셔널 코리아(유)	유니버설픽쳐스 인터내셔널 코리아(유)	2014-10-23	미국	219	39,290,700	5,089	15세이상 관람가	다양성
이월6	인터스텔라	크리스토퍼 놀란	워너브러더스 코리아(주)	워너브러더스 코리아(주)	2014-11-06	미국	1,342	1,619,640,900	170,235	12세이상 관람가	상업
이월7	달사람	스테판 셰쉬	(주)씨타마운틴 픽쳐스	(주)씨타마운틴 픽쳐스	2014-11-13	프랑스	5	153,000	26	전체 관람가	다양성
이월8	액트 오브 킬링	조슈아 오펜하이머	(주)엣나인필름	(주)엣나인필름	2014-11-20	덴마크	32	8,443,552	1,138	15세이상 관람가	다양성
이월9	빌리 엘리어트 뮤지컬 라이브	스티븐 달드리	유니버설픽쳐스 인터내셔널 코리아(유)	유니버설픽쳐스 인터내셔널 코리아(유)	2014-11-27	미국	37	54,170,000	2,956	전체 관람가	상업
이월10	꾸뻬씨의 행복여행	피터 첼섬	그린나래미디어(주), (주)댕스코흥행	그린나래미디어(주)	2014-11-27	영국	227	20,405,000	2,765	15세이상 관람가	다양성
이월11	제인 구달	로렌츠 크나우어	오드	오드	2014-11-27	독일	29	255,000	37	전체 관람가	다양성
이월12	엑소더스: 신들과 왕들	리들리 스콧	이십세기폭스 코리아(주)	이십세기폭스 코리아(주)	2014-12-03	미국	865	5,652,000	650	12세이상 관람가	상업
이월13	지휘자를 위한 1분	앙헬 에스테반, 엘레나 고아텔리	(주)영화사 진진	(주)영화사 진진	2014-12-04	이탈리아	8	2,740,500	339	전체 관람가	다양성
이월14	꼬마 잠수함 올리 2	밥 두셋	예지림 엔터테인먼트	예지림 엔터테인먼트	2014-12-04	미국	186	95,000	79	전체 관람가	상업
이월15	갈증	나카시마 테츠야	찬란	찬란	2014-12-04	일본	35	469,400	77	청소년 관람불가	다양성
이월16	사랑에 대한 모든 것	제임스 마쉬	유니버설픽쳐스 인터내셔널 코리아(유)	유니버설픽쳐스 인터내셔널 코리아(유)	2014-12-10	미국	399	38,020,743	4,679	12세이상 관람가	상업
이월17	러브, 로지	크리스티안 디터	우성엔터테인먼트	㈜넥스트엔터테인먼트월드(NEW)	2014-12-10	영국	379	35,819,000	4,510	15세이상 관람가	상업
이월18	슈퍼처방전	대니 분	(주)영화사 빅	(주)영화사 빅	2014-12-10	프랑스	144	3,290,000	464	12세이상 관람가	다양성
이월19	버진 스노우	그렉 아라키	(주)드림웨스트픽쳐스	(주)영화사오원	2014-12-10	프랑스	126	1,800,000	200	청소년 관람불가	다양성

순번	영화명	감독	수입사	배급사	개봉일	국적	전국 스크린수	전국매출액	전국 관객 수	등급	비고
이월20	무드 인디고	미셸 공드리	(주)더블앤조이픽쳐스	(주)프레인글로벌	2014-12-11	프랑스	55	109,920,900	13,282	15세이상 관람가	다양성
이월21	호빗: 다섯 군대 전투	피터 잭슨	워너브러더스 코리아(주)	워너브러더스 코리아(주)	2014-12-17	미국	926	2,840,004,341	326,887	12세이상 관람가	상업
이월22	마미	자비에 돌란	(주)엣나인필름	(주)엣나인필름	2014-12-18	캐나다	84	182,817,800	22,508	15세이상 관람가	다양성
이월23	클라우즈 오브 실스마리아	올리비에 아사야스	㈜티캐스트 콘텐츠허브	㈜나이너스 엔터테인먼트	2014-12-18	프랑스	53	91,868,300	11,402	15세이상 관람가	다양성
이월24	파라노말 이니테이션	다린 스콧	스크린조이	스크린조이	2014-12-18	미국	4	59,000	7	15세이상 관람가	상업
이월25	살인의 기억	다비드 루이즈	(주)케이알씨지	(주)케이알씨지	2014-12-18	멕시코	5	32,000	4	15세이상 관람가	상업
이월26	라보엠	로버트 돈헴	(주)케빈앤컴퍼니	㈜쓰리캣 프로덕션	2014-12-20	독일	5	15,451,000	1,004	전체 관람가	상업
이월27	8광구: 몬스터의 부활	피터 애튼시오	(유)조이앤컨텐츠 그룹	(유)조이앤컨텐츠 그룹	2014-12-23	미국	4	462,000	86	청소년 관람불가	상업
이월28	눈의 여왕 2: 트롤의 마법거울	알렉세이 트시칠린	(주)시네마리퍼블릭	씨네그루(주)다우기술	2014-12-24	러시아	479	859,030,900	120,278	전체 관람가	다양성
이월29	일곱난쟁이	헤랄드 지페르만	(주)스마일이엔티	메가박스(주)플러스엠	2014-12-24	독일	263	304,278,800	42,925	전체 관람가	상업
이월30	숲속으로	롭 마샬	월트디즈니컴퍼니 코리아(주)	월트디즈니컴퍼니 코리아(주)	2014-12-24	미국	356	186,970,400	24,476	전체 관람가	상업
이월31	맵 투 더 스타	데이빗 크로넨버그	(주)도키 엔터테인먼트	와이드 릴리즈(주)	2014-12-25	캐나다	29	11,235,100	1,485	청소년 관람불가	다양성
이월32	그녀, 섹스의 시작	제이콥 체이스	(유)조이앤컨텐츠 그룹	(유)조이앤컨텐츠 그룹	2014-12-30	미국	3	568,000	100	청소년 관람불가	상업
이월33	아메리칸 섹스 파티	패트릭 C. 페레즈	스크린조이	스크린조이	2014-12-30	미국	3	532,000	96	청소년 관람불가	상업
이월34	마다가스카의 펭귄	에릭 다넬, 사이몬 J.스미스	씨제이이앤엠(주)	씨제이이앤엠(주)	2014-12-31	미국	615	11,450,482,159	1,512,340	전체 관람가	상업
1	테이큰 3	올리비에 메가턴	이십세기폭스 코리아(주)	이십세기폭스 코리아(주)	2015-01-01	미국	616	15,088,105,000	1,860,934	15세이상 관람가	상업
2	내일을 위한 시간	장 피에르 다르덴,뤽 다르덴	그린나래미디어(주)	그린나래미디어(주)	2015-01-01	벨기에	44	309,481,800	38,558	12세이상 관람가	다양성
3	극장판 파이널 하늘의 유실물: 영원한 나의 새장	사이토 히사시	㈜파노라마 엔터테인먼트	㈜파노라마 엔터테인먼트	2015-01-01	일본	5	1,410,000	255	15세이상 관람가	상업
4	불량변호사	애덤 캐슨, 마크 캐슨	(주)소나무픽쳐스	(주)소나무픽쳐스	2015-01-01	미국	1	400,000	200	청소년 관람불가	상업
5	하이킥 엔젤스	요코야마 카즈히로	(주)유로 커뮤니케이션	(주)유로 커뮤니케이션	2015-01-01	일본	3	285,000	41	15세이상 관람가	다양성
6	4명의 암살자	스텐리 J. 오젤	(주)케이알씨지	(주)케이알씨지	2015-01-05	미국	2	32,000	4	15세이상 관람가	상업

순번	영화명	감독	수입사	배급사	개봉일	국적	전국 스크린수	전국매출액	전국 관객 수	등급	비고
7	패딩턴	폴 킹	(주)누리픽쳐스	롯데쇼핑㈜롯데엔터테인먼트	2015-01-07	영국	408	2,246,424,729	305,100	전체 관람가	상업
8	언브로큰	안젤리나 졸리	유니버설픽쳐스 인터내셔널 코리아(유)	유니버설픽쳐스 인터내셔널 코리아(유)	2015-01-07	미국	401	1,997,947,292	256,475	15세이상 관람가	상업
9	아메리칸 셰프	존 파브로	(주)누리픽쳐스	(주)영화사 진진	2015-01-07	미국	111	1,240,660,929	151,833	15세이상 관람가	다양성
10	타임 패러독스	마이클 스피어리그, 피터 스피어이그	(유)조이앤컨텐츠그룹	(유)조이앤시네마	2015-01-07	호주	232	602,296,908	76,803	15세이상 관람가	다양성
11	위기의 유부녀들 2 - 남편의 취미	오부치 아키라	(주)도키 엔터테인먼트	(주)도키 엔터테인먼트	2015-01-07	일본	1	270,000	54	청소년 관람불가	상업
12	매직 티팟	라마 모슬리	씨네그루(주)다우기술	씨네그루(주)다우기술	2015-01-07	미국	1	250,000	50	청소년 관람불가	상업
13	천하영웅 자객	묘술	(주)케이알씨지	(주)케이알씨지	2015-01-07	중국	2	228,000	44	15세이상 관람가	상업
14	라스트 엘비스	아르만도 보	(주)소나무픽쳐스	(주)소나무픽쳐스	2015-01-07	아르헨티나	1	8,000	1	15세이상 관람가	상업
15	바티칸 뮤지엄	루카 드 마타	(주)에이블엔터테인먼트	(주)팝 엔터테인먼트	2015-01-08	이탈리아	51	106,215,500	11,027	전체 관람가	다양성
16	나의 사적인 여자친구	프랑소와 오종	찬란	찬란	2015-01-08	프랑스	34	72,990,155	9,162	청소년 관람불가	다양성
17	제거자	닉 사이먼	스크린조이	스크린조이	2015-01-08	미국	5	1,638,000	359	청소년 관람불가	상업
18	컨트랙티드	에릭 잉글랜드	(주)나우콘텐츠	(주)나우콘텐츠	2015-01-12	미국	1	270,000	54	청소년 관람불가	상업
19	다중살인	마이크 메이홀	스크린조이	스크린조이	2015-01-12	미국	1	14,000	2	청소년 관람불가	상업
20	아노말리: 타임 게이트	노엘 클락	스크린조이	스크린조이	2015-01-12	영국	1	14,000	2	청소년 관람불가	다양성
21	캐치헬	라이언 필립	(주)미디어로그	(주)미디어로그	2015-01-13	미국	1	270,000	54	청소년 관람불가	상업
22	박물관이 살아있다 : 비밀의 무덤	숀 레비	이십세기폭스 코리아(주)	이십세기폭스 코리아(주)	2015-01-14	미국	500	8,170,784,606	1,101,678	전체 관람가	상업
23	아메리칸 스나이퍼	클린트 이스트우드	워너브러더스 코리아(주)	워너브러더스 코리아(주)	2015-01-14	미국	308	2,800,001,438	344,766	청소년 관람불가	상업
24	극장판 포켓몬스터 XY: 파괴의 포켓몬과 디안시	유야마 쿠니히코	(주)포켓몬코리아	롯데쇼핑㈜롯데엔터테인먼트	2015-01-14	일본	360	1,653,084,000	233,347	전체 관람가	상업
25	돌싱녀의 성접대의혹	모리시마 다이스케	페퍼민트픽쳐스	페퍼민트픽쳐스	2015-01-14	일본	1	270,000	54	청소년 관람불가	상업
26	위기의 유부녀들 3 - 옆집 남편과	오부치 아키라	(주)도키 엔터테인먼트	(주)도키 엔터테인먼트	2015-01-14	일본	1	270,000	54	청소년 관람불가	상업

순번	영화명	감독	수입사	배급사	개봉일	국적	전국 스크린수	전국매출액	전국 관객 수	등급	비고
27	룰라바이	앤드류 레비타스	(주)누리픽쳐스	(주)누리픽쳐스	2015-01-14	미국	1	8,000	1	15세이상 관람가	상업
28	이별까지 7일	이시이 유야	(주)수키픽쳐스	(주)수키픽쳐스	2015-01-15	일본	42	49,911,406	6,788	12세이상 관람가	다양성
29	아이 킬드 마이 마더	자비에 돌란	(주)엣나인필름	(주)엣나인필름	2015-01-15	캐나다	15	43,083,500	5,488	청소년 관람불가	다양성
30	서바이벌 워	마크 밀혼	스크린조이	스크린조이	2015-01-15	미국	6	1,638,000	359	15세이상 관람가	상업
31	좀비 파이트 클럽	전인호	(주)씨타마운틴 픽쳐스	(주)씨타마운틴 픽쳐스	2015-01-15	홍콩	1	98,000	14	청소년 관람불가	다양성
32	빅 히어로	돈 홀, 크리스 윌리암스	월트디즈니 컴퍼니 코리아(주)	월트디즈니 컴퍼니 코리아(주)	2015-01-21	미국	825	21,993,119,765	2,801,949	전체 관람가	상업
33	존 윅	데이빗 레이치, 채드 스타헬스키	(유)조이앤컨텐츠 그룹	㈜나이너스 엔터테인먼트	2015-01-21	미국	321	925,995,637	116,119	청소년 관람불가	상업
34	엑스 마키나	알렉스 가랜드	유니버설픽쳐스 인터내셔널 코리아(유)	유니버설픽쳐스 인터내셔널 코리아(유)	2015-01-21	미국	207	629,716,963	78,049	청소년 관람불가	상업
35	유아 낫 유	조지 C. 울프	모비딕 엔터테인먼트(주)	(주)마인스 엔터테인먼트	2015-01-21	미국	103	138,505,400	17,372	15세이상 관람가	상업
36	위기의 유부녀들 4 -남편을 빼앗기다	오부치 아키라	(주)도키 엔터테인먼트	(주)도키 엔터테인먼트	2015-01-21	일본	1	270,000	54	청소년 관람불가	상업
37	츠보미의 아로마 오일마사지	카미야마 카오루	페퍼민트픽쳐스	페퍼민트픽쳐스	2015-01-21	일본	1	270,000	54	청소년 관람불가	상업
38	13 이어리	로웰 딘	(주)엘케이픽쳐스	(주)엘케이픽쳐스	2015-01-21	캐나다	1	270,000	54	청소년 관람불가	상업
39	신주쿠 에로스	이마오카 신지	미디어소프트	미디어소프트	2015-01-21	일본	1	50,000	10	청소년 관람불가	상업
40	와일드	장 마크 발레	이십세기폭스 코리아(주)	이십세기폭스 코리아(주)	2015-01-22	미국	58	665,271,800	83,334	청소년 관람불가	다양성
41	미스터 터너	마이크 리	(주)영화사 진진	(주)영화사 진진	2015-01-22	영국	29	105,909,883	13,792	청소년 관람불가	다양성
42	유닛7	알베르토 로드리게즈	㈜코리아스크린	와이드 릴리즈(주)	2015-01-22	스페인	20	16,948,000	3,068	청소년 관람불가	상업
43	네이키드 걸	데이빗 렌	스크린조이	스크린조이	2015-01-22	미국	5	1,322,000	254	청소년 관람불가	상업
44	익스트림 터미네이터	앤드류 벨웨어	스크린조이	스크린조이	2015-01-22	미국	5	1,322,000	254	12세이상 관람가	상업
45	봄의 멜로디	폴린 챤	영화사 새사람	(주)수키픽쳐스	2015-01-22	호주	1	270,000	54	12세이상 관람가	상업
46	미이라: 고대 전설의 부활	패트릭 맥마너스	(주)소나무픽쳐스	(주)소나무픽쳐스	2015-01-22	미국	5	289,000	47	15세이상 관람가	상업
47	일본범죄사 욕망의 구멍	스에나가 켄	(주)영진 크리에이티브	(주)영진 크리에이티브	2015-01-22	일본	1	100,000	10	청소년 관람불가	상업

순번	영화명	감독	수입사	배급사	개봉일	국적	전국 스크린수	전국매출액	전국 관객 수	등급	비고
48	성항기병	맥당웅	(주)케이알씨지	(주)케이알씨지	2015-01-22	홍콩	2	28,000	4	청소년 관람불가	상업
49	이엠쓰리	조크스 야네스	미카사미디어	미카사미디어	2015-01-22	미국	1	1,000	1	청소년 관람불가	상업
50	맥베스	에이드리언 노블	(주)인스터피씨엠	(주)인스터피씨엠	2015-01-24	미국	3	26,683,000	1,236	전체 관람가	상업
51	워터 디바이너	러셀 크로우	(주)더블앤조이픽쳐스	롯데쇼핑㈜롯데엔터테인먼트	2015-01-28	미국	326	1,008,818,235	136,134	15세이상 관람가	상업
52	빅 아이즈	팀 버튼	판씨네마(주)	판씨네마(주)	2015-01-28	미국	290	651,316,335	85,200	12세이상 관람가	다양성
53	더 이퀼라이저	안톤 후쿠아	유니버설픽쳐스 인터내셔널 코리아(유)	유니버설픽쳐스 인터내셔널 코리아(유)	2015-01-28	미국	255	639,464,500	82,779	청소년 관람불가	상업
54	진격의 거인: 홍련의 화살	아라키 테츠로	(주)애니플러스	(주)박수 엔터테인먼트	2015-01-28	일본	82	192,575,800	24,450	15세이상 관람가	상업
55	블랙버드	지나 프린스-바이스우드	(주)수키픽쳐스	(주)영화사 빅	2015-01-28	미국	135	97,711,400	13,130	15세이상 관람가	다양성
56	키스보다 야한 욕정	카미야마 카오루	페퍼민트픽쳐스	페퍼민트픽쳐스	2015-01-28	일본	1	270,000	54	청소년 관람불가	상업
57	트라이브	미로슬라브 슬라보슈비츠키	오드	오드	2015-01-29	우크라이나	30	80,321,400	10,368	청소년 관람불가	다양성
58	엔드 오브 디 어스	데렉 리,클리프 프라우즈	(주)콘텐츠판다	(주)콘텐츠판다	2015-01-29	캐나다	32	24,762,700	3,047	청소년 관람불가	다양성
59	참을 수 없는 사랑	메리 스튜어트 매스터슨	스크린조이	스크린조이	2015-01-29	미국	5	804,000	159	15세이상 관람가	다양성
60	임신하고 싶은 새댁의 음란한 정사	야마우치 다이스케	(주)콘텐츠랩자박	(주)콘텐츠랩자박	2015-01-29	일본	1	300,000	60	청소년 관람불가	상업
61	스페이스 둠스데이	닐 존슨	스크린조이	스크린조이	2015-01-29	미국	2	126,000	18	15세이상 관람가	상업
62	마피아	라이언 콤즈	스크린조이	스크린조이	2015-01-29	미국	2	112,000	16	청소년 관람불가	상업
63	익스트림 피어	마이클 코르빅	스크린조이	스크린조이	2015-01-29	미국	2	112,000	16	청소년 관람불가	상업
64	타임 랩스	브래들리 킹	(주)컴퍼니엘	(주)컴퍼니엘	2015-01-29	미국	1	70,000	10	청소년 관람불가	다양성
65	러브 모션	카마하라 세이진	(주)케이알씨지	(주)케이알씨지	2015-01-29	일본	2	28,000	4	청소년 관람불가	상업
66	킹 오브 파이터	진가상	씨네라인월드(주)	씨네라인월드(주)	2015-01-30	미국	1	28,000	4	15세이상 관람가	상업
67	세비야의 이발사	다미아노 미키엘레토	에스디시코리아 주식회사	에스디시코리아 주식회사	2015-02-04	프랑스	11	26,190,500	1,379	전체 관람가	다양성
68	위기의 유부녀들 5 - 남편의 정체	오부치 아키라	(주)도키 엔터테인먼트	(주)도키 엔터테인먼트	2015-02-04	일본	1	270,000	54	청소년 관람불가	상업

순번	영화명	감독	수입사	배급사	개봉일	국적	전국 스크린수	전국매출액	전국 관객 수	등급	비고
69	찬란한 동거생활 - 상속남과 유부녀	혼다 코이치	(주)도키 엔터테인먼트	(주)도키 엔터테인먼트	2015-02-04	일본	1	270,000	54	청소년 관람불가	상업
70	킬러스	키모 스탐보엘,티모 타잔토	씨네그루(주)다우기술	씨네그루(주)다우기술	2015-02-04	인도네시아	1	250,000	50	청소년 관람불가	상업
71	주피터 어센딩	라나 워쇼스키,앤디 워쇼스키	워너브러더스 코리아(주)	워너브러더스 코리아(주)	2015-02-05	미국	561	2,685,741,879	309,729	12세이상 관람가	상업
72	바다 탐험대 옥토넛 스페셜	니키 펠런	얼리버드	와이드 릴리즈(주)	2015-02-05	영국	210	383,427,600	51,884	전체 관람가	다양성
73	폭스캐처	베넷 밀러	그린나래미디어(주)	그린나래미디어(주)	2015-02-05	미국	80	190,702,421	24,083	청소년 관람불가	다양성
74	서유기: 모험의 시작	주성치, 곽자건	(주)씨타마운틴 픽처스	영화사 민들레, (주)씨타마운틴 픽쳐스	2015-02-05	중국	73	43,467,000	5,585	12세이상 관람가	다양성
75	노엘의 선물	알렉산더 코페르	(주)엔케이컨텐츠	㈜나이너스 엔터테인먼트	2015-02-05	프랑스	58	23,642,900	3,282	전체 관람가	다양성
76	스나이퍼	알렉세이 유치텔	(주)소나무픽쳐스	(주)소나무픽쳐스	2015-02-05	러시아	5	289,000	47	15세이상 관람가	상업
77	떡국열차의 비밀애	사카모토 후토시	(주)케이알씨지	(주)케이알씨지	2015-02-05	일본	1	28,000	4	청소년 관람불가	상업
78	슈퍼내츄럴 액티비티	데릭 리 닉슨	스크린조이	스크린조이	2015-02-05	미국	1	28,000	4	15세이상 관람가	상업
79	지저스 러브스 미	플로리안 데이비드 핏츠	에이원 엔터테인먼트	에이원 엔터테인먼트	2015-02-05	독일	1	14,000	2	15세이상 관람가	다양성
80	오르페오와 에우리디체	온드레이 하벨카	(주)케빈앤컴퍼니	(주)케빈앤컴퍼니	2015-02-07	독일	4	19,686,500	924	전체 관람가	상업
81	킹스맨: 시크릿 에이전트	매튜 본	이십세기폭스 코리아(주)	이십세기폭스 코리아(주)	2015-02-11	미국	706	50,333,635,795	6,125,154	청소년 관람불가	상업
82	7번째 아들	세르게이 보드로프	유니버설픽쳐스 인터내셔널 코리아(유)	유니버설픽쳐스 인터내셔널 코리아(유)	2015-02-11	미국	358	729,980,451	92,598	12세이상 관람가	상업
83	문열어! 요시미짱	야마가미 카오루	페퍼민트픽쳐스	페퍼민트픽쳐스	2015-02-11	일본	1	270,000	54	청소년 관람불가	상업
84	오늘밤 어때? 쾌락병동	한 헤이타로	페퍼민트픽쳐스	페퍼민트픽쳐스	2015-02-11	일본	1	270,000	54	청소년 관람불가	상업
85	도라에몽: 스탠 바이 미	야마자키 타카시, 야기 류이치	㈜넥스트엔터테인먼트월드(NEW)	㈜넥스트엔터테인먼트월드(NEW)	2015-02-12	일본	432	3,681,140,429	503,516	전체 관람가	상업
86	오즈의 마법사: 돌아온 도로시	윌 핀, 댄 세인트 피에르	㈜코리아스크린	(주)박수 엔터테인먼트	2015-02-12	미국	330	2,175,321,000	298,298	전체 관람가	다양성
87	명탐정 코난: 코난 실종사건 - 사상 최악의 이틀	야마모토 야스이치로	씨제이이앤엠(주)	씨제이이앤엠(주)	2015-02-12	일본	187	1,885,543,600	257,381	12세이상 관람가	상업
88	리틀 포레스트: 여름과 가을	모리 준이치	(주)영화사 진진	(주)영화사 진진	2015-02-12	일본	13	72,459,256	9,500	12세이상 관람가	다양성

순번	영화명	감독	수입사	배급사	개봉일	국적	전국 스크린수	전국매출액	전국 관객 수	등급	비고
89	갓 헬프 더 걸	스튜어트 머독	찬란	찬란	2015-02-12	영국	26	38,602,500	5,029	15세이상 관람가	다양성
90	백설공주 살인사건	나카무라 요시히로	제인앤유, 컨텐츠 1986	주식회사 씨네룩스	2015-02-12	일본	18	15,046,500	2,079	15세이상 관람가	다양성
91	관능소설 - 포르노그라피아 무삭제판	카네다 사토시	(주)케이알씨지	(주)케이알씨지	2015-02-12	일본	5	593,000	117	청소년 관람불가	상업
92	살인게임 무삭제판	에즈라 타카아키	스크린조이	스크린조이	2015-02-12	일본	5	593,000	117	청소년 관람불가	상업
93	탄트라 섹스 무삭제판	카네다 사토시	조이앤키노	조이앤키노	2015-02-12	일본	5	593,000	117	청소년 관람불가	상업
94	화끈하게 주는 젊은 애인	조조 히데오	(주)콘텐츠랩자박	(주)콘텐츠랩자박	2015-02-12	일본	1	300,000	60	청소년 관람불가	상업
95	다락방의 비밀 무삭제판	카네다 사토시	(주)케이알씨지	(주)케이알씨지	2015-02-12	일본	1	14,000	2	청소년 관람불가	상업
96	러브 호텔 무삭제판	히가시 요이치	(주)케이알씨지	(주)케이알씨지	2015-02-12	일본	1	14,000	2	청소년 관람불가	상업
97	성항기병2	맥당걸	(주)케이알씨지	(주)케이알씨지	2015-02-12	홍콩	1	14,000	2	청소년 관람불가	상업
98	옥보단 - 음행합궁비사	하번	(유)조이앤컨텐츠 그룹	(유)조이앤컨텐츠 그룹	2015-02-12	중국	1	14,000	2	청소년 관람불가	상업
99	첫 경험	미치하라 세이징	조이앤키노	조이앤키노	2015-02-12	일본	1	14,000	2	청소년 관람불가	상업
100	활: 사막의 제왕	고봉	(주)케이알씨지	(주)케이알씨지	2015-02-12	홍콩	1	14,000	2	12세이상 관람가	상업
101	불량 경찰2: 부정부패 소탕 작전	산티아고 세구라	(주)소나무픽쳐스	(주)소나무픽쳐스	2015-02-12	스페인	1	8,000	1	청소년 관람불가	상업
102	정무가정	풍덕륜	(주)소나무픽쳐스	(주)소나무픽쳐스	2015-02-12	중국	1	6,000	1	15세이상 관람가	상업
103	이미테이션 게임	모튼 틸덤	(주)미디어로그	메가박스(주)플러스엠	2015-02-17	영국	541	13,654,746,120	1,743,774	15세이상 관람가	상업
104	아내는 욥린힌 꽃	모리시마 다이스케	페피민드픽처스	페퍼민드픽쳐스	2015-02-17	일본	1	270,000	54	청소년 관람불가	상업
105	욕망의 대지	길예르모 아리아가	영화사 새사람	(주)수키픽쳐스	2015-02-17	미국	1	270,000	54	청소년 관람불가	상업
106	찬란한 동거생활2 - 마성의 여자들	혼다 코이치	(주)도키 엔터테인먼트	(주)도키 엔터테인먼트	2015-02-17	일본	1	270,000	54	청소년 관람불가	상업
107	스폰지밥 3D	폴 티비트	씨제이이앤엠(주)	씨제이이앤엠(주)	2015-02-18	미국	357	2,458,946,200	325,016	전체 관람가	상업
108	모데카이	데이빗 코엡	㈜나이너 스엔터테인먼트	㈜나이너스 엔터테인먼트	2015-02-18	미국	290	624,513,020	78,070	15세이상 관람가	상업
109	웰컴, 삼바	올리비에르 나카체,에릭 토레다노	블루미지	(주)이수C&E	2015-02-18	프랑스	252	324,426,800	40,214	15세이상 관람가	다양성

순번	영화명	감독	수입사	배급사	개봉일	국적	전국 스크린수	전국매출액	전국 관객 수	등급	비고
110	옐로우버드	도미니크 몽페리,크리스티앙 드 비타	(주)드림웨스트픽쳐스	㈜영화사오원, (주)브리즈픽처스	2015-02-18	프랑스	127	139,064,300	18,020	전체 관람가	다양성
111	이다	파웰 파울리코우스키	시네마 뉴원	시네마 뉴원	2015-02-18	폴란드	34	118,657,345	15,493	15세이상 관람가	다양성
112	피가로의 결혼		(주)인스터피씨엠	(주)인스터피씨엠	2015-02-21	미국	3	49,607,500	2,350	전체 관람가	상업
113	이그지스트	에두아르도 산체스	(주)에이블엔터테인먼트	(주)에이블엔터테인먼트	2015-02-23	미국	1	14,000	2	청소년 관람불가	상업
114	익스트랙션 데이	매튜 니나버	(주)스넵쏘울	(주)스넵쏘울	2015-02-25	미국	1	270,000	54	15세이상 관람가	상업
115	그레이의 50가지 그림자	샘 테일러-존슨	유니버설픽쳐스 인터내셔널 코리아(유)	유니버설픽쳐스 인터내셔널 코리아(유)	2015-02-26	미국	512	2,918,598,796	364,415	청소년 관람불가	상업
116	백 투 더 비기닝	딘 이스라엘리트	롯데쇼핑㈜롯데엔터테인먼트	롯데쇼핑㈜롯데엔터테인먼트	2015-02-26	미국	423	2,016,298,400	266,389	15세이상 관람가	상업
117	기생수 파트1	야마자키 타카시	판씨네마(주)	판씨네마(주)	2015-02-26	일본	247	1,534,923,185	186,184	청소년 관람불가	상업
118	포커스	글렌 피카라, 존 레쿼	워너브러더스 코리아(주)	워너브러더스 코리아(주)	2015-02-26	미국	349	702,878,700	91,164	15세이상 관람가	상업
119	나이트 크롤러	댄 길로이	(주)누리픽쳐스	㈜스톰픽쳐스 코리아	2015-02-26	미국	233	451,041,300	55,892	청소년 관람불가	다양성
120	더 라스트: 나루토 더 무비	코바야시 츠네오	애니박스 엔터테인먼트	와이드 릴리즈(주)	2015-02-26	일본	158	391,905,272	52,816	12세이상 관람가	다양성
121	파리 폴리	마르끄 피투시	(주)티캐스트콘텐츠허브	(주)티캐스트콘텐츠허브	2015-02-26	프랑스	22	82,533,500	10,737	15세이상 관람가	다양성
122	제네시스: 세상의 소금	빔 벤더스,훌리아노 리베이로 살가두	㈜영화사 백두대간	㈜영화사 백두대간	2015-02-26	프랑스	29	57,732,130	7,336	12세이상 관람가	다양성
123	울트라맨 사가	오카 히데키	(주)소나무픽쳐스	(주)마인스 엔터테인먼트	2015-02-26	일본	108	37,277,400	5,103	전체 관람가	상업
124	바람의 검심: 교토 대화재편	오오토모 케이시	아뮤즈코리아(주)	㈜T-JOY, 메가박스(주)플러스엠	2015-02-26	일본	26	25,230,000	3,160	15세이상 관람가	다양성
125	H컵 젊은 과부의 짜릿한 컴백	토모마츠 나오유키	(주)콘텐츠랩자박	(주)콘텐츠랩자박	2015-02-26	일본	1	300,000	60	청소년 관람불가	상업
126	이기스트 에이트	드하니크 페지예프	(주)시네마천국	㈜토러스 엔터테인먼트	2015-02-26	러시아	2	105,000	11	15세이상 관람가	상업
127	배틀 오브 스페이스: 우주전쟁	닐 존슨	스크린조이	스크린조이	2015-02-26	호주	1	14,000	2	12세이상 관람가	상업
128	킬러본색: 블랙페이스	야마가 타카유키	스크린조이	스크린조이	2015-02-26	일본	1	14,000	2	청소년 관람불가	상업
129	벤베누토 첼리니	테리 길리엄	에스디시코리아 주식회사	에스디시코리아 주식회사	2015-03-04	영국	12	13,781,500	693	전체 관람가	다양성

순번	영화명	감독	수입사	배급사	개봉일	국적	전국 스크린수	전국매출액	전국 관객 수	등급	비고
130	젊은 아내는 음란하다	쿠보데라 카즈토	페퍼민트픽쳐스	페퍼민트픽쳐스	2015-03-04	일본	1	270,000	54	청소년 관람불가	상업
131	찬란한 동거생활3 - 불륜과 진실의 섹스	혼다 코이치	(주)도키 엔터테인먼트	(주)도키 엔터테인먼트	2015-03-04	일본	1	270,000	54	청소년 관람불가	상업
132	버드맨	알레한드로 곤잘레스 이냐리투	이십세기폭스 코리아(주)	이십세기폭스 코리아(주)	2015-03-05	미국	380	1,653,103,800	204,742	청소년 관람불가	상업
133	세인트 빈센트	데오도르 멜피	(주)메인타이틀픽쳐스	(주)영화사 빅	2015-03-05	미국	308	604,885,528	78,336	12세이상 관람가	다양성
134	바람의 검심: 전설의 최후편	오오토모 케이시	아뮤즈코리아(주)	㈜T-JOY, 메가박스(주)플러스엠	2015-03-05	일본	23	14,666,100	1,851	15세이상 관람가	다양성
135	선라이트 주니어	로리 콜리어	(주)스튜디오후크	(주)스튜디오후크	2015-03-05	미국	2	3,245,000	399	청소년 관람불가	다양성
136	참을 수 없는 이미지 섹스	나카타 히로시	(주)콘텐츠랩자박	(주)콘텐츠랩자박	2015-03-05	일본	1	300,000	60	청소년 관람불가	상업
137	비트레이얼	잭 토팔리안	주식회사 루믹스미디어	주식회사 루믹스미디어	2015-03-05	미국	1	200,000	40	15세이상 관람가	상업
138	단지 키스, 맛있는 키스	데이빗 피닐로스	(주)씨타마운틴 픽쳐스	(주)씨타마운틴 픽쳐스	2015-03-05	이탈리아	1	16,000	3	15세이상 관람가	상업
139	완전한 사육 2015 무삭제판	타카자와 요시키	(주)케이알씨지	(주)케이알씨지	2015-03-05	일본	1	14,000	2	청소년 관람불가	상업
140	창녀와 아내 무삭제판	카와사키 히로유키	조이앤키노	조이앤키노	2015-03-05	일본	1	14,000	2	청소년 관람불가	상업
141	타이거 마스크	오치하이 켄	제인앤유	어뮤즈	2015-03-06	일본	1	60,000	10	12세이상 관람가	상업
142	미친 섹스	폴 슬레딴느	(주)캔들미디어	(주)캔들미디어	2015-03-09	노르웨이	1	1,120,000	130	청소년 관람불가	상업
143	팝 리뎀션	마르탱 르 갈	(주)미디어데이	(주)미디어데이	2015-03-10	프랑스	1	270,000	54	15세이상 관람가	다양성
144	찬란한 동거생활 4 -사랑과 욕망의 여행	혼다 코이치	(주)도키 엔터테인먼트	(주)도키 엔터테인먼트	2015-03-11	일본	1	270,000	54	청소년 관람불가	상업
145	첫 동거를 시작할 때	고도 토시히로	(주)도키 엔터테인먼트	(주)도키 엔터테인먼트	2015-03-11	일본	1	270,000	54	청소년 관람불가	상업
146	한밤의 사무실정사	야마우치 다이스케	페퍼민트픽쳐스	페퍼민트픽쳐스	2015-03-11	일본	1	270,000	54	청소년 관람불가	상업
147	위플래쉬	다미엔 차젤레	(주)에이든컴퍼니	(주)쇼박스	2015-03-12	미국	436	12,445,626,245	1,561,815	15세이상 관람가	다양성
148	채피	닐 블롬캠프	유니버설픽쳐스 인터내셔널 코리아(유)	유니버설픽쳐스 인터내셔널 코리아(유)	2015-03-12	미국	536	4,620,348,654	573,657	15세이상 관람가	상업
149	드래곤 블레이드	이인항	(유)조이앤컨텐츠 그룹	롯데쇼핑㈜롯데엔터테인먼트	2015-03-12	중국	264	427,722,800	56,547	15세이상 관람가	상업

순번	영화명	감독	수입사	배급사	개봉일	국적	전국 스크린수	전국매출액	전국 관객 수	등급	비고
150	우주로봇 씨어	왕장준, 부걸	(주)시네마천국	(주)마인스 엔터테인먼트, (유)영화사 화수분	2015-03-12	중국	185	73,050,900	10,483	전체 관람가	다양성
151	해피 해피 와이너리	미시마 유키코	주식회사 씨네룩스	주식회사 씨네룩스	2015-03-12	일본	23	26,356,300	3,640	전체 관람가	다양성
152	위대한 유산	그라함 맥라렌	(주)케빈앤컴퍼니	(주)케빈앤컴퍼니	2015-03-12	영국	5	9,252,000	574	12세이상 관람가	상업
153	젖은 팬티의 은밀한 유혹	토모마츠 나오유키	(주)콘텐츠랩자박	(주)콘텐츠랩자박	2015-03-12	일본	1	300,000	60	청소년 관람불가	상업
154	신북두신권	남내재	(유)조이앤컨텐츠 그룹	(유)조이앤컨텐츠 그룹	2015-03-12	홍콩	1	14,000	2	청소년 관람불가	상업
155	욕망의 라쇼몽 무삭제판	카와사키 히로유키	조이앤키노	조이앤키노	2015-03-12	일본	1	14,000	2	청소년 관람불가	상업
156	매미 그리고 여자	오리오카 토시유키	(주)뭉게구름	(주)뭉게구름	2015-03-15	일본	1	200,000	40	청소년 관람불가	상업
157	다리사이 여신강림	안도 본	(주)도키 엔터테인먼트	(주)도키 엔터테인먼트	2015-03-18	일본	1	270,000	54	청소년 관람불가	상업
158	달콤한 애인 계약서	이시카와 지로	(주)도키 엔터테인먼트	(주)도키 엔터테인먼트	2015-03-18	일본	1	270,000	54	청소년 관람불가	상업
159	불륜 드라마 같은 내 인생	아트포트	(주)도키 엔터테인먼트	(주)도키 엔터테인먼트	2015-03-18	일본	1	270,000	54	청소년 관람불가	상업
160	신데렐라	케네스 브래너	월트디즈니컴퍼니 코리아(주)	월트디즈니컴퍼니 코리아(주)	2015-03-19	미국	531	5,499,767,900	716,386	전체 관람가	상업
161	런 올 나이트	자움 콜렛 세라	워너브러더스 코리아(주)	워너브러더스 코리아(주)	2015-03-19	미국	411	2,293,671,495	289,534	청소년 관람불가	상업
162	추억의 마니	요네바야시 히로마사	대원미디어(주)	(주)이수C&E	2015-03-19	일본	242	284,458,700	37,182	전체 관람가	다양성
163	트레이서	다니엘 벤마요	(주)드림웨스트픽쳐스	㈜영화사오원, (주)브리즈픽처스	2015-03-19	미국	249	197,286,000	26,262	15세이상 관람가	상업
164	엘리제궁의 요리사	크리스티앙 뱅상	판씨네마(주)	판씨네마(주)	2015-03-19	프랑스	112	168,546,500	22,173	12세이상 관람가	다양성
165	리바이어던	안드레이 즈비아진체프	오드	오드	2015-03-19	러시아	25	74,527,400	9,569	청소년 관람불가	다양성
166	와일드 카드	사이먼 웨스트	(주)메인타이틀픽쳐스	(주)영화사 빅	2015-03-19	미국	69	23,712,000	3,109	청소년 관람불가	상업
167	너바나	티아고 피	미카사미디어	미카사미디어	2015-03-19	미국	1	18,000	2	청소년 관람불가	상업
168	완벽한 사육 무삭제판	카이하라 쿠리스 료	조이앤키노	조이앤키노	2015-03-19	일본	1	14,000	2	청소년 관람불가	상업
169	섹슈얼 어드벤쳐	숀 개리티	스크린조이	스크린조이	2015-03-20	캐나다	6	748,000	148	청소년 관람불가	상업
170	오 브라더, 오 시스터!	니시다 마사후미	(주)엔케이컨텐츠	(주)엔케이컨텐츠	2015-03-21	일본	1	469,000	75	12세이상 관람가	다양성

순번	영화명	감독	수입사	배급사	개봉일	국적	전국 스크린수	전국매출액	전국 관객 수	등급	비고
171	인서전트	로베르트 슈벤트케	(유)조이앤컨텐츠 그룹	롯데쇼핑㈜롯데엔 터테인먼트	2015-03-25	미국	480	2,158,449,889	282,662	15세이상 관람가	상업
172	코멧	샘 에스마일	(주)우성엔터테인 먼트	(주)지어소프트	2015-03-25	미국	121	57,135,511	7,597	15세이상 관람가	다양성
173	두 번째 불륜 프리섹스 선언!	아사노 유키야스	(주)도키 엔터테인먼트	(주)도키 엔터테인먼트	2015-03-25	일본	1	270,000	54	청소년 관람불가	상업
174	만져도 될까? -유부녀의 사랑	야마카미 카오루	(주)도키 엔터테인먼트	(주)도키 엔터테인먼트	2015-03-25	일본	1	270,000	54	청소년 관람불가	상업
175	빚잔치 2억 -노리개의 시작	사카모토 후토시	(주)도키 엔터테인먼트	(주)도키 엔터테인먼트	2015-03-25	일본	1	270,000	54	청소년 관람불가	상업
176	편의점 알바생의 정사	하라다 유지	(주)도키 엔터테인먼트	(주)도키 엔터테인먼트	2015-03-25	일본	1	270,000	54	청소년 관람불가	상업
177	울프	짐 타이후투	씨네그루(주) 다우기술	씨네그루(주) 다우기술	2015-03-25	네덜란 드	1	250,000	50	청소년 관람불가	상업
178	뷰티풀 라이	필리프 팔라도	씨제이이앤엠(주)	씨제이이앤엠(주)	2015-03-26	미국	91	112,466,200	15,050	12세이상 관람가	다양성
179	투캅스 인 파리	다비드 샤론	페어팍스 인터내셔날(주)	노바엔터테인먼트	2015-03-26	프랑스	51	34,266,000	6,786	청소년 관람불가	상업
180	나쁜 녀석들	줄리어스 에이버리	(주)타임픽쳐스	와이드 릴리즈 (주)	2015-03-26	호주	59	35,561,300	4,936	15세이상 관람가	상업
181	히든 스나이퍼	아네트 K. 올레슨	(주)캔들미디어	(주)캔들미디어	2015-03-26	덴마크	1	1,006,000	118	15세이상 관람가	상업
182	써스펜션	마이크 피기스	(주)시네마 리퍼블릭	(주)시네마 리퍼블릭	2015-03-26	영국	1	300,000	60	청소년 관람불가	상업
183	마법의 히드라	앤드류 프렌더게 스트	스크린조이	스크린조이	2015-03-26	미국	1	14,000	2	15세이상 관람가	상업
184	아이스 토네이도	스티븐 R. 몬로	스크린조이	스크린조이	2015-03-26	미국	1	14,000	2	12세이상 관람가	상업
185	분노의 질주: 더 세븐	제임스 완	유니버설픽쳐스 인터내셔널 코리아(유)	유니버설픽쳐스 인터내셔널 코리아(유)	2015-04-01	미국	983	26,449,334,694	3,247,558	15세이상 관람가	상업
186	송 원	케이트 베 커-플로이 랜드	(주)박수 엔터테인먼트	(주)박수 엔터테인먼트	2015-04-01	미국	365	343,444,743	46,079	15세이상 관람가	다양성
187	토스카	피에르 아우디	에스디시코리아 주식회사	에스디시코리아 주식회사	2015-04-01	프랑스	13	22,010,500	1,121	12세이상 관람가	다양성
188	달콤한 애인 계약서 2	이시카와 지로	(주)도키 엔터테인먼트	(주)도키 엔터테인먼트	2015-04-01	일본	1	270,000	54	청소년 관람불가	상업
189	왕게임-48일후 전편	코시자카 야스시	(주)도키 엔터테인먼트	(주)도키 엔터테인먼트	2015-04-01	일본	1	270,000	54	청소년 관람불가	상업
190	조금 더운 여름밤-불륜	칸바라 이쿠토	(주)도키 엔터테인먼트	(주)도키 엔터테인먼트	2015-04-01	일본	1	270,000	54	청소년 관람불가	상업
191	팔로우	데이빗 로버트 밋첼	(주)콘텐츠게이트	㈜영화사오원, (주)브리즈픽처스	2015-04-02	미국	197	267,202,743	32,187	청소년 관람불가	다양성

순번	영화명	감독	수입사	배급사	개봉일	국적	전국 스크린수	전국매출액	전국 관객 수	등급	비고
192	윈드랜드	세르지오 맨피오	예지림 엔터테인먼트	예지림 엔터테인먼트	2015-04-02	이탈리아	240	162,162,200	23,084	전체 관람가	다양성
193	모스트 바이어런트	J.C 챈더	(주)영화사 진진	(주)영화사 진진	2015-04-02	미국	71	68,033,425	8,614	15세이상 관람가	다양성
194	마담 보바리	앤 폰테인	㈜세종커뮤니케이션스	에이원엔터테인먼트	2015-04-02	프랑스	32	17,605,500	2,375	청소년 관람불가	다양성
195	폴 매카트니의 락쇼	폴 매카트니	(주)케빈앤컴퍼니	(주)케빈앤컴퍼니	2015-04-02	캐나다	6	6,737,000	380	전체 관람가	상업
196	네이키드 피어	돔 에버하트	스크린조이	스크린조이	2015-04-02	미국	1	14,000	2	청소년 관람불가	상업
197	코모도 대 코브라	짐 위노스키	스크린조이	스크린조이	2015-04-02	미국	1	14,000	2	15세이상 관람가	상업
198	한 번 더 해피엔딩	마크 로렌스	주식회사 더쿱	(주)팝 엔터테인먼트	2015-04-08	미국	231	348,096,551	45,166	15세이상 관람가	다양성
199	코블러	토마스 맥카시	(주)에이블엔터테인먼트	씨네그루(주)다우기술	2015-04-08	미국	250	309,895,732	40,366	15세이상 관람가	다양성
200	너에게 가르치는 사랑-욕정	칸바라 이쿠토	(주)도키 엔터테인먼트	(주)도키 엔터테인먼트	2015-04-08	일본	1	270,000	54	청소년 관람불가	상업
201	변태인간-시간여행	오쿠 와타루	(주)도키 엔터테인먼트	(주)도키 엔터테인먼트	2015-04-08	일본	1	270,000	54	청소년 관람불가	상업
202	사랑밖엔 난 몰라	고토 토시히로	(주)도키 엔터테인먼트	(주)도키 엔터테인먼트	2015-04-08	일본	1	270,000	54	청소년 관람불가	상업
203	색정여왕게임 -너는 견딜 수 있을까?	야마우치 다이스케	(주)도키 엔터테인먼트	(주)도키 엔터테인먼트	2015-04-08	일본	1	270,000	54	청소년 관람불가	상업
204	엘리노어 릭비: 그 남자 그 여자	네드 벤슨	(주)드림웨스트픽쳐스	(주)이수C&E	2015-04-09	미국	212	375,796,900	46,589	15세이상 관람가	다양성
205	유고와 라라: 하늘고래와 구름섬 대모험	왕운비	(주)타임스토리그룹	와이드 릴리즈(주)	2015-04-09	중국	222	291,706,400	40,374	전체 관람가	다양성
206	결혼하지 않아도 괜찮을까	미노리카와 오사무	골든타이드픽처스(주)	프리비젼 엔터테인먼트	2015-04-09	일본	27	96,425,500	11,782	12세이상 관람가	다양성
207	엘리노어 릭비: 그 남자	네드 벤슨	(주)드림웨스트픽쳐스	(주)이수C&E	2015-04-09	미국	18	80,908,700	9,593	15세이상 관람가	다양성
208	엘리노어 릭비: 그 여자	네드 벤슨	(주)드림웨스트픽쳐스	(주)이수C&E	2015-04-09	미국	16	77,773,300	9,233	15세이상 관람가	다양성
209	청춘의 증언	제임스 켄트	판씨네마(주)	판씨네마(주)	2015-04-09	영국	86	58,406,700	7,791	12세이상 관람가	다양성
210	뱀파이어 아카데미	마크 워터스	(주)누리픽쳐스	(주)누리픽쳐스	2015-04-09	미국	50	43,600,500	7,649	15세이상 관람가	상업
211	은하철도의 꿈	니시쿠보 미즈호	(주)퍼스트런	(주)영화사오원	2015-04-09	일본	85	35,438,000	4,812	전체 관람가	다양성
212	질투	필립 가렐	찬란	찬란	2015-04-09	프랑스	14	15,961,000	2,113	15세이상 관람가	다양성

순번	영화명	감독	수입사	배급사	개봉일	국적	전국 스크린수	전국매출액	전국 관객 수	등급	비고
213	그런 날 사이에 어떤 날	매튜 포터필드	펜타브리드	펜타브리드	2015-04-09	미국	7	2,267,500	300	15세이상 관람가	다양성
214	소림배구	토니 탕	(주)소나무픽쳐스	(주)소나무픽쳐스	2015-04-09	중국	5	289,000	47	15세이상 관람가	상업
215	몬스터	오오쿠 아키코	(주)씨타마운틴 픽쳐스	(주)씨타마운틴 픽쳐스	2015-04-09	일본	1	140,000	20	청소년 관람불가	상업
216	다크	쓰지 히로유키	아트비전엔터테인먼트	(주)액티버스엔터테인먼트	2015-04-09	일본	1	18,000	2	15세이상 관람가	상업
217	음양사 2015	아라키 켄지	조이앤키노	조이앤키노	2015-04-09	일본	1	14,000	2	청소년 관람불가	상업
218	더 타겟	존 허즈펠드	㈜에이블 엔터테인먼트	㈜에이블 엔터테인먼트	2015-04-09	미국	1	9,000	1	청소년 관람불가	상업
219	카르멘	매튜 다이아몬드, 파블로 헤라스 카사도	(주)인스터피씨엠	(주)인스터피씨엠	2015-04-11	미국	3	36,335,500	1,438	12세이상 관람가	상업
220	파리지엔느 프로젝트	림 케리시	(주)드림웨스트픽쳐스	(주)드림웨스트픽쳐스	2015-04-14	프랑스	1	9,000	1	15세이상 관람가	상업
221	왕게임-48일후 후편	코시자카 야스시	(주)도키 엔터테인먼트	(주)도키 엔터테인먼트	2015-04-15	일본	1	270,000	54	청소년 관람불가	상업
222	충격! 변태커플	아마오카 신지	(주)도키 엔터테인먼트	(주)도키 엔터테인먼트	2015-04-15	일본	1	270,000	54	청소년 관람불가	상업
223	더 건맨	피에르 모렐	(유)조이앤컨텐츠 그룹	롯데쇼핑㈜롯데엔터테인먼트	2015-04-16	프랑스	349	833,925,965	107,444	청소년 관람불가	상업
224	위자	스틸즈 화이트	유니버설픽쳐스 인터내셔널 코리아(유)	유니버설픽쳐스 인터내셔널 코리아(유)	2015-04-16	미국	337	570,154,035	73,549	15세이상 관람가	상업
225	신은 죽지 않았다	해롤드 크론크	(주)에스와이 코마드	㈜씨타마운틴 픽쳐스, (주)에스와이 코마드	2015-04-16	미국	137	281,738,000	38,149	12세이상 관람가	다양성
226	생 로랑	베르트랑 보넬로	㈜에이블 엔터테인먼트	(주)팝 엔터테인먼트	2015-04-16	프랑스	51	62,730,900	7,839	청소년 관람불가	다양성
227	나쁜 사랑	브누와 쟉꼬	(주)수키픽쳐스	수식회사 씨네룩스	2015-04-16	프랑스	35	46,875,500	6,107	15세이상 관람가	다양성
228	K 미싱 킹즈	스즈키 신고	㈜머스트씨무비 릴리징컴퍼니	(주)머스트씨무비 릴리징컴퍼니	2015-04-16	일본	12	11,637,000	1,509	12세이상 관람가	다양성
229	내일까지 5분전	유키사다 이사오	반함	㈜T-JOY	2015-04-16	일본	6	3,696,000	486	12세이상 관람가	다양성
230	아름다운 유혹	드니 아르캉	미디어소프트	(주)마인스 엔터테인먼트	2015-04-16	캐나다	7	1,372,500	218	청소년 관람불가	다양성
231	음란한 도촬	나카노 타카오	조이앤키노	조이앤키노	2015-04-16	일본	1	14,000	2	청소년 관람불가	상업
232	변태투명인간-팬티가 좋아	오쿠 와타루	(주)도키 엔터테인먼트	(주)도키 엔터테인먼트	2015-04-22	일본	1	270,000	54	청소년 관람불가	상업

순번	영화명	감독	수입사	배급사	개봉일	국적	전국 스크린수	전국매출액	전국 관객 수	등급	비고
233	사랑의 소용돌이	미우라 다이스케	(주)용심지구	(주)나우콘텐츠	2015-04-22	일본	1	270,000	54	청소년 관람불가	상업
234	몸으로 갚을께	카이하라 쿠리스 료	미디어소프트	미디어소프트	2015-04-22	일본	1	50,000	10	청소년 관람불가	상업
235	어벤져스: 에이지 오브 울트론	조스 웨던	월트디즈니컴퍼니 코리아(주)	월트디즈니컴퍼니 코리아(주)	2015-04-23	미국	1,843	88,582,586,366	10,494,499	12세이상 관람가	상업
236	짱구는 못말려 극장판: 정면승부! 로봇아빠의 역습	타카하시 와타루	대원미디어(주)	(주)이수C&E	2015-04-23	일본	372	1,085,388,600	150,226	전체 관람가	상업
237	땡큐, 대디	닐스 타베니어	(주)영화사 빅	(주)영화사 빅	2015-04-23	프랑스	252	236,688,561	33,036	전체 관람가	다양성
238	더 딥 블루 씨	테렌스 데이비스	주식회사 풍경소리	(주)팝 엔터테인먼트	2015-04-23	영국	38	53,600,961	6,956	청소년 관람불가	다양성
239	타이거 마운틴	서극	(주)누리픽쳐스	(주)누리픽쳐스	2015-04-23	중국	50	25,024,000	4,910	15세이상 관람가	상업
240	세레나	수잔 비에르	(주)누리픽쳐스	(주)영화사 진진	2015-04-23	미국	46	36,339,000	4,726	청소년 관람불가	다양성
241	아리아	아시아 아르젠토	(주)엣나인필름	(주)엣나인필름	2015-04-23	이탈리아	27	33,338,579	4,162	15세이상 관람가	다양성
242	살인 질주	크리스티안 E.크리스티안센	(주)캔들미디어	(주)캔들미디어	2015-04-23	덴마크	1	1,123,000	130	청소년 관람불가	상업
243	스티븐 시걸의 비밀요원	웨인 로즈	(주)소나무픽쳐스	(주)소나무픽쳐스	2015-04-23	미국	5	262,000	44	청소년 관람불가	상업
244	설화전설	아라키 켄지	조이앤키노	조이앤키노	2015-04-23	일본	1	5,000	1	청소년 관람불가	상업
245	스틸 앨리스	리처드 글랫저, 워시 웨스트모어랜드	그린나래미디어(주)	그린나래미디어(주)	2015-04-29	미국	109	856,744,246	111,008	12세이상 관람가	다양성
246	비키니 라멘걸	코이즈미 츠요시	(주)도키 엔터테인먼트	(주)도키 엔터테인먼트	2015-04-29	일본	1	270,000	54	청소년 관람불가	상업
247	음란한 꽃들의 정사	에모토 토시로	(주)도키 엔터테인먼트	(주)도키 엔터테인먼트	2015-04-29	일본	1	270,000	54	청소년 관람불가	상업
248	레이트 페이시스: 늑대의 저주	아드리안 가르시아 보글리아노	(주)티에스앤 컴퍼니	(주)티에스앤 컴퍼니	2015-04-29	미국	1	5,000	1	15세이상 관람가	상업
249	노아의 방주: 남겨진 녀석들	토비 젠켈	(주)스마일이엔티	씨네그루(주)다우기술	2015-04-30	독일	436	1,586,417,300	219,621	전체 관람가	상업
250	빌리와 용감한 녀석들 3	척 파워스	㈜코리아스크린	롯데쇼핑㈜롯데엔터테인먼트	2015-04-30	미국	343	699,788,600	98,495	전체 관람가	다양성 영화
251	비비안 마이어를 찾아서	존 말루프, 찰리 시스켈	오드	오드	2015-04-30	미국	36	144,671,500	18,061	전체 관람가	다양성
252	아스테릭스: 신들의 전당	루이 클리시, 알렉상드르 아스티에	㈜나이너스 엔터테인먼트	㈜나이너스 엔터테인먼트	2015-04-30	프랑스	104	108,464,000	15,315	전체 관람가	상업

순번	영화명	감독	수입사	배급사	개봉일	국적	전국 스크린수	전국매출액	전국 관객 수	등급	비고
253	도깨비 섹스	가와사키 히로유키	퍼즐컷	퍼즐컷	2015-04-30	일본	1	5,000	1	청소년 관람불가	상업
254	수라의 길	츠보이 에이지	퍼즐컷	㈜액티버스 엔터테인먼트	2015-04-30	일본	1	5,000	1	15세이상 관람가	상업
255	알래스카 대지진	폴 질러	스크린조이	스크린조이	2015-04-30	미국	1	5,000	1	12세이상 관람가	상업
256	파리오페라발레 갈라쇼	브리지트 르페브르	에스디시코리아 주식회사	에스디시코리아 주식회사	2015-05-02	프랑스	11	23,067,500	1,239	전체 관람가	다양성
257	바나나 온천정사	마츠무라 에이지	(주)도키 엔터테인먼트	(주)도키 엔터테인먼트	2015-05-06	일본	1	270,000	54	청소년 관람불가	상업
258	본능에 몸을 맡기고	칸바라 이쿠토	(주)도키 엔터테인먼트	(주)도키 엔터테인먼트	2015-05-06	일본	1	270,000	54	청소년 관람불가	상업
259	속옷 입기 싫어하는 유이	카네다 사토시	(주)도키 엔터테인먼트	(주)도키 엔터테인먼트	2015-05-06	일본	1	270,000	54	청소년 관람불가	상업
260	언프렌디드: 친구삭제	레오 가브리아제	유니버설픽쳐스 인터내셔널 코리아(유)	유니버설픽쳐스 인터내셔널 코리아(유)	2015-05-07	미국	386	1,643,911,941	219,678	15세이상 관람가	상업
261	기생수 파트2	야마자키 타카시	판씨네마(주)	판씨네마(주)	2015-05-07	일본	260	502,071,959	62,071	청소년 관람불가	상업
262	엑시덴탈 러브	데이빗 O. 러셀	㈜시네마 리퍼블릭	(주)프레인글로벌	2015-05-07	미국	86	64,516,847	8,291	15세이상 관람가	다양성
263	투 나잇 스탠드	맥스 니콜스	㈜우성 엔터테인먼트	와이드 릴리즈(주)	2015-05-07	미국	47	32,489,500	3,954	청소년 관람불가	다양성
264	투 라이프	장 자크 질베르만	주식회사 씨네룩스	주식회사 씨네룩스	2015-05-07	프랑스	13	13,145,000	1,954	15세이상 관람가	다양성
265	배틀독	알렉산더 예렌	스크린조이	스크린조이	2015-05-07	미국	5	580,000	111	청소년 관람불가	상업
266	아내의비밀욕정 1: 애욕	오가타 아리타	(주)콘텐츠랩자박	(주)콘텐츠랩자박	2015-05-07	일본	1	300,000	60	청소년 관람불가	상업
267	넥스트 제네레이션 패트레이버 5	오시이 마모루	(주)도키 엔터테인먼트	(주)도키 엔터테인먼트	2015-05-07	일본	1	270,000	54	12세이상 관람가	상업
268	미스 메도우	카렌 리 홉킨스	(주)매니아22	(주)나우콘텐츠	2015-05-07	미국	1	270,000	54	15세이싱 관람가	상업
269	친구의 아내를 탐하다 2	디에고 캐플란	(주)소나무픽쳐스	(주)소나무픽쳐스	2015-05-07	아르헨티나	5	289,000	47	청소년 관람불가	상업
270	감옥정사	자레드 콘	주식회사 루믹스미디어	주식회사 루믹스미디어	2015-05-07	미국	1	200,000	40	청소년 관람불가	상업
271	관능시대	가와사키 히로유키	조이앤키노	조이앤키노	2015-05-07	일본	1	5,000	1	청소년 관람불가	상업
272	딥 임팩트 파이널	데이빗 호건	스크린조이	스크린조이	2015-05-07	캐나다	1	5,000	1	12세이상 관람가	상업
273	일개인적무림	진덕삼	(주)소나무픽쳐스	(주)소나무픽쳐스	2015-05-07	홍콩	1	8,000	1	청소년 관람불가	상업

순번	영화명	감독	수입사	배급사	개봉일	국적	전국 스크린수	전국매출액	전국 관객 수	등급	비고
274	마리아가 속삭이는 이유	이즈치 키슈	(주)도키 엔터테인먼트	(주)도키 엔터테인먼트	2015-05-13	일본	1	270,000	54	청소년 관람불가	상업
275	왕게임 - 58일후 전편	코시자카 야스시	(주)도키 엔터테인먼트	(주)도키 엔터테인먼트	2015-05-13	일본	1	270,000	54	청소년 관람불가	상업
276	탐스러운 선생님의 향기	카네다 사토시	(주)도키 엔터테인먼트	(주)도키 엔터테인먼트	2015-05-13	일본	1	270,000	54	청소년 관람불가	상업
277	거리의 보안관	케이스 파머	(주)소나무픽쳐스	(주)소나무픽쳐스	2015-05-13	미국	5	268,000	47	청소년 관람불가	상업
278	매드 맥스: 분노의 도로	조지 밀러	워너브러더스 코리아(주)	워너브러더스 코리아(주)	2015-05-14	미국	799	32,906,364,462	3,842,441	15세이상 관람가	상업
279	위아영	노아 바움백	(주)드림웨스트픽쳐스	㈜브리즈픽처스, (주)영화사오원	2015-05-14	미국	235	495,343,360	62,016	15세이상 관람가	다양성
280	트래쉬	스티븐 달드리	유니버설픽쳐스 인터내셔널 코리아(유)	유니버설픽쳐스 인터내셔널 코리아(유)	2015-05-14	미국	206	182,102,913	25,260	15세이상 관람가	다양성
281	해피 홀리데이	앤디 해밀턴, 가이 젠킨	(주)유로 커뮤니케이션	(주)스톰픽쳐스코리아	2015-05-14	영국	102	102,633,800	13,529	12세이상 관람가	다양성
282	리틀 포레스트 2: 겨울과 봄	모리 준이치	(주)영화사 진진	(주)영화사 진진	2015-05-14	일본	33	81,416,544	10,557	12세이상 관람가	다양성
283	우주형제#0	와타나베 아유무	㈜머스트씨무비릴리징컴퍼니	(주)머스트씨무비릴리징컴퍼니	2015-05-14	일본	9	3,092,000	436	전체 관람가	다양성
284	아내의 비밀욕정 2 : 밀애	토미오카 타다후미	(주)콘텐츠랩자박	(주)콘텐츠랩자박	2015-05-14	일본	1	300,000	60	청소년 관람불가	상업
285	데몬 베이비	코리 그리노프	주식회사 루믹스미디어	주식회사 루믹스미디어	2015-05-14	미국	1	200,000	40	15세이상 관람가	상업
286	디아블로: 어둠의 파수꾼	존 게데스	미카사미디어	미카사미디어	2015-05-14	캐나다	1	5,000	1	청소년 관람불가	상업
287	아수라: 야쿠자의 길	츠보이 에이지	스크린조이	스크린조이	2015-05-14	일본	1	5,000	1	15세이상 관람가	상업
288	에이리언 터미네이터	폴 질러	스크린조이	스크린조이	2015-05-14	캐나다	1	5,000	1	15세이상 관람가	상업
289	벌거벗은 사랑은 음란하다	이마오카 신지	(주)도키 엔터테인먼트	(주)도키 엔터테인먼트	2015-05-20	일본	1	270,000	54	청소년관람불가	상업
290	사채빚 2억 -불어난 이자	에즈라 타카아키	(주)도키 엔터테인먼트	(주)도키 엔터테인먼트	2015-05-20	일본	1	270,000	54	청소년 관람불가	상업
291	욕정이 흐르는 대로	칸바라 이쿠토	(주)도키 엔터테인먼트	(주)도키 엔터테인먼트	2015-05-20	일본	1	270,000	54	청소년 관람불가	상업
292	스파이	폴 페이그	이십세기폭스 코리아(주)	이십세기폭스 코리아(주)	2015-05-21	미국	665	18,396,836,358	2,315,882	15세이상 관람가	상업
293	홈	팀 존슨	씨제이이앤엠(주)	씨제이이앤엠(주)	2015-05-21	미국	532	2,692,225,691	360,556	전체 관람가	상업
294	와일드 테일즈: 참을 수 없는 순간	데미안 스지프론	(주)도키 엔터테인먼트	와이드 릴리즈(주)	2015-05-21	스페인	16	38,674,600	4,778	청소년 관람불가	다양성

순번	영화명	감독	수입사	배급사	개봉일	국적	전국 스크린수	전국매출액	전국 관객 수	등급	비고
295	아내의 비밀욕정 3 : 쾌락	사토 토시키	(주)콘텐츠랩자박	(주)콘텐츠랩자박	2015-05-21	일본	1	300,000	60	청소년 관람불가	상업
296	어라우즈드: 그들의 호기심	데보라 앤더슨	(주)스넵쏘울	(주)스넵쏘울	2015-05-21	미국	1	270,000	54	청소년 관람불가	상업
297	데스타운	제레미 버그	주식회사 루믹스미디어	주식회사 루믹스미디어	2015-05-21	미국	1	200,000	40	청소년 관람불가	상업
298	워리어 스타	루카 보니, 마르코 리스토리	주식회사 루믹스미디어	주식회사 루믹스미디어	2015-05-21	이탈리아	1	200,000	40	15세이상 관람가	상업
299	집으로 간다	쿠보타 나오	(주)영화사 조제	하준사	2015-05-21	일본	1	253,000	29	청소년 관람불가	다양성
300	드래곤 킹 레전드	조셉 J. 로손	스크린조이	스크린조이	2015-05-21	미국	2	90,000	18	12세이상 관람가	상업
301	지구대충돌	폴 질러	스크린조이	스크린조이	2015-05-21	캐나다	2	85,000	17	12세이상 관람가	상업
302	서른명의 여자와 30일	마이클 마할	(주)씨타마운틴 픽쳐스	(주)씨타마운틴 픽쳐스	2015-05-21	미국	1	10,000	2	청소년 관람불가	상업
303	스크리블러	존 슈이츠	(주)이놀미디어	(주)이놀미디어	2015-05-21	미국	1	12,000	2	청소년 관람불가	상업
304	게이샤의 정사	오미노 마사시	조이앤키노	조이앤키노	2015-05-21	일본	1	5,000	1	청소년 관람불가	상업
305	마이 미스트리스	스티븐 랜스	(주)티에스앤 컴퍼니	(주)티에스앤 컴퍼니	2015-05-21	호주	1	5,000	1	청소년 관람불가	상업
306	원초적 본능 2015	미치 글레이저	(주)소나무픽쳐스	(주)소나무픽쳐스	2015-05-22	미국	4	205,000	37	청소년 관람불가	상업
307	투모로우랜드	브래드 버드	월트디즈니컴퍼니 코리아(주)	월트디즈니컴퍼니 코리아(주)	2015-05-27	미국	435	2,082,869,000	265,744	12세이상 관람가	상업
308	하나와 앨리스: 살인사건	이와이 순지	씨제이이앤엠(주)	씨제이이앤엠(주)	2015-05-27	일본	67	112,007,100	14,226	12세이상 관람가	다양성
309	변태투명인간2 - 간호사 훔쳐보기	오쿠 와타루	(주)도키 엔터테인먼트	(주)도키 엔터테인먼트	2015-05-27	일본	1	270,000	54	청소년 관람불가	상업
310	왕게임 -58일 후 후편	코시자카 야스시	(주)도키 엔터테인먼트	(주)도키 엔터테인먼트	2015-05-27	일본	1	270,000	54	청소년 관람불가	상업
311	피치 퍼펙트: 언프리티 걸즈	엘리자베스 뱅크스	유니버설픽쳐스 인터내셔널 코리아(유)	유니버설픽쳐스 인터내셔널 코리아(유)	2015-05-28	미국	297	591,516,497	75,598	15세이상 관람가	상업
312	사이코패스	시오타니 나오요시	(주)애니플러스	(주)박수 엔터테인먼트	2015-05-28	일본	69	191,148,000	23,586	15세이상 관람가	다양성
313	차일드 44	다니엘 에스피노사	(주)누리픽쳐스	㈜넥스트 엔터테인먼트월드 (NEW)	2015-05-28	미국	145	168,643,231	21,604	청소년 관람불가	상업
314	써드 퍼슨 - 감독판	폴 해기스	(주)에이블엔터테인먼트	(주)프레인글로벌	2015-05-28	미국	108	87,139,400	10,910	청소년관람불가	다양성 영화
315	적도	렁록만, 써니 럭	판씨네마(주)	판씨네마(주)	2015-05-28	홍콩	71	27,026,500	3,679	15세이상 관람가	상업

순번	영화명	감독	수입사	배급사	개봉일	국적	전국 스크린수	전국매출액	전국 관객 수	등급	비고
316	붓다: 위대한 여정	코무라 토시아키	(주)머스트씨무비 릴리징컴퍼니	(주)머스트씨무비 릴리징컴퍼니	2015-05-28	일본	7	781,000	108	전체 관람가	다양성
317	아내의 비밀욕정 4 : 음란	와타나베 켄사쿠	(주)콘텐츠랩자박	(주)콘텐츠랩자박	2015-05-28	일본	1	300,000	60	청소년 관람불가	상업
318	에일리언 라이징	데이너 슈로더	주식회사 루믹스미디어	주식회사 루믹스미디어	2015-05-28	미국	1	200,000	40	15세이상 관람가	상업
319	데이식스	바로 벤투리	(주)티에스앤 컴퍼니	(주)티에스앤 컴퍼니	2015-05-28	이탈리아	1	5,000	1	15세이상 관람가	상업
320	러브 이즈 크라임	아르노 라리외, 장-마리 라리외	(주)더블앤조이픽쳐스	(주)더블앤조이픽쳐스	2015-05-30	프랑스	5	1,522,000	226	청소년 관람불가	다양성
321	샌 안드레아스	브레드 페이튼	워너브러더스 코리아(주)	워너브러더스 코리아(주)	2015-06-03	미국	847	14,411,907,152	1,714,071	12세이상 관람가	상업
322	후궁탈출	자보 브리트만	에스디시코리아 주식회사	에스디시코리아 주식회사	2015-06-03	프랑스	12	8,002,500	455	전체 관람가	다양성
323	남친 집 방문기 -그놈의 유혹	쿠라타 다이묘	(주)도키 엔터테인먼트	(주)도키 엔터테인먼트	2015-06-03	일본	1	270,000	54	청소년 관람불가	상업
324	노천온천탕의 세자매-애욕계약	쿠라타 다이묘	(주)도키 엔터테인먼트	(주)도키 엔터테인먼트	2015-06-03	일본	1	270,000	54	청소년 관람불가	상업
325	아오이-창의적 정사	나카무라 키미히코	(주)도키 엔터테인먼트	(주)도키 엔터테인먼트	2015-06-03	일본	1	270,000	54	청소년 관람불가	상업
326	아이돌 간호사 모모코	쿠사노 요우카	(주)도키 엔터테인먼트	(주)도키 엔터테인먼트	2015-06-03	일본	1	270,000	54	12세이상 관람가	상업
327	령: 저주받은 사진	아사토 마리	(주)스톰픽쳐스 코리아	㈜스톰픽쳐스 코리아	2015-06-04	일본	253	273,761,253	35,984	15세이상 관람가	상업
328	트립 투 이탈리아	마이클 윈터바텀	찬란, (재)전주국제영화제 조직위원회	찬란	2015-06-04	영국	51	148,342,200	19,376	15세이상 관람가	다양성
329	호야와 토리: 드래곤 숲의 비밀	하타 마사미	(주)에이원엔터테인먼트	(주)팝 엔터테인먼트	2015-06-04	일본	198	40,189,200	5,950	전체 관람가	상업
330	에벌리	조 린치	㈜코리아스크린	와이드 릴리즈(주)	2015-06-04	미국	47	18,036,500	2,839	청소년 관람불가	상업
331	버진 뱀파이어	존 V. 놀즈	주식회사 루믹스미디어	주식회사 루믹스미디어	2015-06-04	미국	1	200,000	40	청소년 관람불가	상업
332	헤라클레스: 전설의 부활	닉 라이온	스크린조이	스크린조이	2015-06-04	미국	2	60,000	12	청소년 관람불가	상업
333	에이리언 토네이도	제프 버	스크린조이	스크린조이	2015-06-04	미국	1	5,000	1	12세이상 관람가	상업
334	세비야의 이발사	미켈레 마리오티	(주)인스터피씨엠	(주)인스터피씨엠	2015-06-06	미국	4	21,699,000	880	전체 관람가	상업
335	돈 조반니	크리스토프 에센바흐	(주)케빈앤컴퍼니	(주)케빈앤컴퍼니	2015-06-06	독일	6	21,033,500	814	12세이상 관람가	상업
336	신이 말하는 대로	미이케 다카시	(주)싸이더스	(주)싸이더스	2015-06-09	일본	1	559,000	66	청소년 관람불가	다양성

순번	영화명	감독	수입사	배급사	개봉일	국적	전국 스크린수	전국매출액	전국 관객 수	등급	비고
337	모두의 사정-절정의 스와핑	게닌 치로	(주)도키 엔터테인먼트	(주)도키 엔터테인먼트	2015-06-10	일본	1	270,000	54	청소년 관람불가	상업
338	썸타는 퇴근길 - 그놈이 기다리는 길	쿠라타 묘진	(주)도키 엔터테인먼트	(주)도키 엔터테인먼트	2015-06-10	일본	1	270,000	54	청소년 관람불가	상업
339	쓰레기 같은 남편과	사토 토시키	(주)도키 엔터테인먼트	(주)도키 엔터테인먼트	2015-06-10	일본	1	270,000	54	청소년 관람불가	상업
340	유부녀수사관 마키	쿠라타 다이묘	(주)도키 엔터테인먼트	(주)도키 엔터테인먼트	2015-06-10	일본	1	270,000	54	청소년 관람불가	상업
341	쥬라기 월드	콜린 트레보로우	유니버설픽쳐스 인터내셔널 코리아(유)	유니버설픽쳐스 인터내셔널 코리아(유)	2015-06-11	미국	1,290	47,800,698,826	5,546,792	12세이상 관람가	상업
342	꼬마 유령	알랑 그스포너	(주)스마일이엔티	(주)영화사오원	2015-06-11	독일	176	110,213,300	15,276	전체 관람가	다양성
343	엘리펀트 송	찰스 비네임	(주)엣나인필름	(주)엣나인필름	2015-06-11	캐나다	49	113,991,400	14,488	15세이상 관람가	다양성
344	카이트	랄프 지만	(주)누리픽쳐스	(주)누리픽쳐스	2015-06-11	미국	50	66,844,000	11,287	청소년 관람불가	상업
345	세컨 찬스	수잔 비에르	(주)콘텐츠게이트	㈜영화사오원, (주)브리즈픽쳐스	2015-06-11	덴마크	29	26,219,800	3,358	청소년 관람불가	다양성
346	누레예프 갈라	발레리 오브샤니코프	그린나래미디어(주)	그린나래미디어(주)	2015-06-11	독일	7	17,726,500	996	전체 관람가	다양성
347	키스 미 어게인	가브리엘 무치노	㈜영화사 백두대간	㈜영화사 백두대간	2015-06-11	이탈리아	2	2,290,000	301	청소년 관람불가	다양성
348	스티븐 시걸의 작전명 고스트	웨인 로즈	(주)소나무픽쳐스	(주)소나무픽쳐스	2015-06-11	미국	5	213,000	38	청소년 관람불가	상업
349	공자 춘추전국시대 감독판	후메이	(주)시네마천국	(유)영화사 화수분	2015-06-11	중국	1	100,000	10	12세이상 관람가	상업
350	파라노말 다이어리 : 클롭힐	마이클 바틀렛,케빈 게이츠	(주)이놀미디어	(주)이놀미디어	2015-06-11	미국	1	12,000	2	청소년 관람불가	상업
351	넥스트 제네레이션 패트레이버 6	오시이 마모루	(주)도키 엔터테인먼트	(주)도키 엔터테인먼트	2015-06-11	일본	1	5,000	1	12세이상 관람가	상업
352	사악한 정사	가와사키 히로유키	조이앤키노	조이앤키노	2015-06-11	일본	1	5,000	1	청소년 관람불가	상업
353	남편 몰래 외도하기	쿠라타 다이묘	(주)도키 엔터테인먼트	(주)도키 엔터테인먼트	2015-06-17	일본	1	270,000	54	청소년 관람불가	상업
354	노천온천탕의 세자매 2-욕구불만	쿠라타 다이묘	(주)도키 엔터테인먼트	(주)도키 엔터테인먼트	2015-06-17	일본	1	270,000	54	청소년 관람불가	상업
355	주부의 일탈-남편 부하	모치나가 히로시	(주)도키 엔터테인먼트	(주)도키 엔터테인먼트	2015-06-17	일본	1	270,000	54	청소년 관람불가	상업
356	화려한 오후: 그녀의 섹파트너	모치나가 히로시	(주)도키 엔터테인먼트	(주)도키 엔터테인먼트	2015-06-17	일본	1	270,000	54	청소년 관람불가	상업
357	심야식당	마츠오카 조지	(주)엔케이컨텐츠	(주)영화사 진진	2015-06-18	일본	180	1,041,911,974	131,748	12세이상 관람가	다양성

순번	영화명	감독	수입사	배급사	개봉일	국적	전국 스크린수	전국매출액	전국 관객 수	등급	비고
358	베스트 오브 미	마이클 호프만	(주)미디어로그	메가박스(주)플러스엠	2015-06-18	미국	118	100,915,600	13,399	15세이상 관람가	상업
359	미스 줄리	리브 울만	그린나래미디어(주)	그린나래미디어(주)	2015-06-18	노르웨이	30	32,306,500	4,380	15세이상 관람가	다양성
360	극장판 푸른 강철의 아르페지오 - 아르스 노바 - DC	키시 세이지	(주)머스트씨무비 릴리징컴퍼니	(주)머스트씨무비 릴리징컴퍼니	2015-06-18	일본	13	13,434,000	1,777	12세이상 관람가	다양성
361	도쿄 트라이브	소노 시온	제인앤유	어뮤즈	2015-06-18	일본	14	13,940,397	1,748	청소년 관람불가	다양성
362	하드 로맨티커	구수연	스크린조이	스크린조이	2015-06-18	일본	2	75,000	15	청소년 관람불가	상업
363	리스트	클라우스 휴트먼	(주)이놀미디어	(주)이놀미디어	2015-06-18	미국	1	12,000	2	15세이상 관람가	상업
364	스튜어디스의 사생활	안도 히로시	조이앤키노	조이앤키노	2015-06-18	일본	1	5,000	1	청소년 관람불가	상업
365	작전명: 베른하르트	장 리베르떼	스크린조이	스크린조이	2015-06-18	미국	1	5,000	1	12세이상 관람가	상업
366	좀비 2: 인도	하워드 J. 포드,조나단 포드	(주)티에스앤컴퍼니	(주)티에스앤컴퍼니	2015-06-18	영국	1	5,000	1	청소년 관람불가	상업
367	아웃사이더	브라이언 A. 밀러	(주)미디어데이	(주)미디어데이	2015-06-21	미국	2	18,555,000	3,711	15세이상 관람가	상업
368	포제션: 중독된 사랑	조엘 버그발,시몬 샌드퀴스트	(주)미디어데이	(주)미디어데이	2015-06-21	미국	2	18,125,000	3,625	15세이상 관람가	상업
369	쾌락지구X	구작문	씨네그루(주)다우기술	씨네그루(주)다우기술	2015-06-24	홍콩	1	300,000	60	청소년 관람불가	상업
370	에로 재팬 축제 - 밀리언 드림	아키 히데토	(주)도키 엔터테인먼트	(주)도키 엔터테인먼트	2015-06-24	일본	1	270,000	54	청소년 관람불가	상업
371	옆집 신혼녀의 유혹	쿠라타 다이묘	(주)도키 엔터테인먼트	(주)도키 엔터테인먼트	2015-06-24	일본	1	270,000	54	청소년 관람불가	상업
372	광란의 섹스파티 무삭제판	키타자와 유키오	(유)조이앤컨텐츠 그룹	(유)조이앤컨텐츠 그룹	2015-06-24	일본	1	5,000	1	청소년 관람불가	상업
373	알바레즈 형제: 마약왕을 제거하라	맷 피드몬트	(주)소나무픽쳐스	(주)소나무픽쳐스	2015-06-24	미국	1	8,000	1	청소년 관람불가	상업
374	19곰 테드 2	세스 맥팔레인	유니버설픽쳐스 인터내셔널 코리아(유)	유니버설픽쳐스 인터내셔널 코리아(유)	2015-06-25	미국	297	1,378,084,400	170,647	청소년 관람불가	상업
375	데모닉	윌 캐논	(주)우성엔터테인먼트	(주)와우픽쳐스	2015-06-25	미국	146	308,839,100	40,519	15세이상 관람가	다양성
376	정글번치: 너구리 해적단과 보물지도	에즈라 와이즈	그린나래미디어(주)	(주)팝 엔터테인먼트	2015-06-25	프랑스	247	272,076,100	38,219	전체 관람가	다양성
377	네이든	모건 매튜스	(주)블룸즈베리리소시스리미티드	(주)블룸즈베리리소시스리미티드	2015-06-25	영국	49	105,900,400	13,912	12세이상 관람가	다양성
378	밤을 걷는 뱀파이어 소녀	애나 릴리 아미푸르	찬란	찬란	2015-06-25	미국	23	26,003,679	3,407	15세이상 관람가	다양성

순번	영화명	감독	수입사	배급사	개봉일	국적	전국 스크린수	전국매출액	전국 관객 수	등급	비고
379	일급 살인	스테판 펄드버킨	(주)캔들미디어	(주)캔들미디어	2015-06-25	노르웨이	1	1,006,000	116	청소년 관람불가	상업
380	굿 메리지	피터 아스킨	주식회사 루믹스미디어	주식회사 루믹스미디어	2015-06-25	미국	1	200,000	40	청소년 관람불가	상업
381	하우스 오브 다크	헨리 벳웰	(주)시네마천국	(유)영화사 화수분	2015-06-25	스페인	1	50,000	10	15세이상 관람가	상업
382	런던잡	사샤 베넷	스크린조이	스크린조이	2015-06-25	영국	2	10,000	2	15세이상 관람가	상업
383	트리하우스	마이클 바틀렛	(주)이놀미디어	(주)이놀미디어	2015-06-25	미국	1	14,000	2	15세이상 관람가	상업
384	섹스의 맛 무삭제판	쿠라모토 카즈토	(유)조이앤컨텐츠 그룹	(유)조이앤컨텐츠 그룹	2015-06-25	일본	1	5,000	1	청소년 관람불가	상업
385	아이다	올리비에 피	에스디시코리아 주식회사	에스디시코리아 주식회사	2015-07-01	프랑스	12	35,327,500	2,303	전체 관람가	다양성
386	백합의 유혹-섹스리스의 해결	키토루네 가와구치	(주)도키 엔터테인먼트	(주)도키 엔터테인먼트	2015-07-01	일본	1	270,000	54	청소년 관람불가	상업
387	아내가 사랑한 여름 - 정사	이마오카 신지	(주)도키 엔터테인먼트	(주)도키 엔터테인먼트	2015-07-01	일본	1	270,000	54	청소년 관람불가	상업
388	오늘은 너랑 - 초보간호사	카타오카 슈지	(주)도키 엔터테인먼트	(주)도키 엔터테인먼트	2015-07-01	일본	1	270,000	54	청소년 관람불가	상업
389	O양 비디오의 정사	카타오카 슈지	(주)도키 엔터테인먼트	(주)도키 엔터테인먼트	2015-07-01	일본	1	270,000	54	청소년 관람불가	상업
390	터미네이터 제니시스	앨런 테일러	롯데쇼핑㈜롯데엔터테인먼트	롯데쇼핑㈜롯데엔터테인먼트	2015-07-02	미국	1,113	26,546,725,129	3,239,371	15세이상 관람가	상업
391	리틀드래곤 코코넛	허버트 베일란드,니나 웰스	(주)시네마 리퍼블릭	(주)영화사 빅	2015-07-02	독일	209	242,862,400	33,464	전체 관람가	다양성
392	라자루스	데이빗 겔브	(유)조이앤시네마	(유)조이앤시네마	2015-07-02	미국	89	214,955,800	27,279	15세이상 관람가	상업
393	호비와 엄마나무섬의 비밀	히라바야시 이사무	(주)머스트씨무비 릴리징컴퍼니	(주)머스트씨무비 릴리징컴퍼니	2015-07-02	일본	74	94,353,500	13,802	전체 관람가	다양성
394	알로, 슈티	대니 분	(주)콘텐츠판다	(주)프레인글로벌,(주)콘텐츠판다	2015 07 02	프랑스	33	107,360,900	13,373	12세이상 관람가	다양성
395	학교괴담: 저주의 언령	오치아이 마사유키	(주)애니플러스	(주)박수 엔터테인먼트	2015-07-02	일본	70	47,578,100	6,469	15세이상 관람가	다양성
396	모든 비밀스러운 것들	에이미 버그	(주)타임픽쳐스	와이드 릴리즈(주)	2015-07-02	미국	49	41,677,000	6,077	15세이상 관람가	상업
397	한밤의 아이들	디파 메타	(유)영화사 화수분	(주)나이너스엔터테인먼트	2015-07-02	영국	10	7,850,500	1,131	15세이상 관람가	다양성
398	동경 표류일기	에릭 쿠	(주)영화사 진진	(주)영화사 진진	2015-07-02	싱가포르	5	6,571,000	904	청소년 관람불가	다양성
399	숏텀 12	데스틴 크리튼	씨네라인월드(주)	(주)씨타마운틴 픽쳐스	2015-07-02	미국	5	1,170,000	171	15세이상 관람가	다양성

순번	영화명	감독	수입사	배급사	개봉일	국적	전국 스크린수	전국매출액	전국 관객 수	등급	비고
400	점쟁이 문어 파울의 일생	알렉산드르 O. 필립	오드	오드	2015-07-02	미국	1	250,000	50	전체 관람가	다양성
401	정사 4	알폰소 피네다 우조아	(주)케이알씨지	(주)케이알씨지	2015-07-02	멕시코	2	65,000	13	청소년 관람불가	상업
402	피그	핸리 배리얼	(주)이놀미디어	(주)이놀미디어	2015-07-02	미국	1	14,000	2	15세이상 관람가	상업
403	불륜 고백 무삭제판	조조 히데오	조이앤키노	조이앤키노	2015-07-02	일본	1	5,000	1	청소년 관람불가	상업
404	흔들리는 떡국 버스 무삭제판	키타자와 유키오	(유)조이앤컨텐츠 그룹	(유)조이앤컨텐츠 그룹	2015-07-02	일본	1	5,000	1	청소년 관람불가	상업
405	섹시한 마담의 은밀한 과거	키타자와 유키오	(주)콘텐츠랩자박	(주)콘텐츠랩자박	2015-07-03	일본	1	300,000	60	청소년 관람불가	상업
406	프롬 더 다크	코너 맥마혼	유니콘미디어	오퍼스픽쳐스	2015-07-07	아일랜드	1	500,000	100	청소년 관람불가	상업
407	꽃은 밤에 피고-유리아	조조 히데오	(주)도키 엔터테인먼트	(주)도키 엔터테인먼트	2015-07-08	일본	1	270,000	54	청소년 관람불가	상업
408	여자는 이걸로 만족하지 않아	우에노 타카히로	(주)도키 엔터테인먼트	(주)도키 엔터테인먼트	2015-07-08	일본	1	270,000	54	청소년 관람불가	상업
409	유출본 - 끝까지 한다	에노모토 토시로	(주)도키 엔터테인먼트	(주)도키 엔터테인먼트	2015-07-08	일본	1	270,000	54	청소년 관람불가	상업
410	풍만한 마리아의 가슴	제제 다카히사	(주)도키 엔터테인먼트	(주)도키 엔터테인먼트	2015-07-08	일본	1	270,000	54	청소년 관람불가	상업
411	뱅크레이디	크리스티앙 알바트	(주)에이원엔터테인먼트	(주)에이원엔터테인먼트	2015-07-08	독일	1	5,000	1	청소년 관람불가	상업
412	에로틱 컴필레이션	멜라니 로랑,토니 마살,롤라 드와이옹,레티샤 마송	S&S	S&S	2015-07-08	프랑스	1	5,000	1	청소년 관람불가	상업
413	인사이드 아웃	피트 닥터	월트디즈니컴퍼니 코리아(수)	월트디즈니컴퍼니 코리아(수)	2015-07-09	미국	777	38,015,586,936	4,968,687	전체 관람가	상업
414	인시디어스 3	리 워넬	유니버설픽쳐스 인터내셔널 코리아(유)	유니버설픽쳐스 인터내셔널 코리아(유)	2015-07-09	미국	409	6,396,650,620	825,517	15세이상 관람가	상업
415	우먼 인 골드	사이먼 커티스	(주)에이블엔터테인먼트	(주)팝 엔터테인먼트	2015-07-09	미국	252	1,096,192,800	142,456	12세이상 관람가	다양성
416	러덜리스	윌리엄 H. 머시	그린나래미디어(주)	그린나래미디어(주)	2015-07-09	미국	117	602,152,720	76,343	12세이상 관람가	다양성
417	라그나로크	미켈 브라에네 산데모세	(주)캔들미디어	(주)캔들미디어	2015-07-09	노르웨이	1	1,122,000	130	12세이상 관람가	상업
418	초식남의 미끈한 OL녀 맛보기	요시유키 유미	(주)콘텐츠랩자박	(주)콘텐츠랩자박	2015-07-09	일본	1	300,000	60	청소년 관람불가	상업
419	댓 어쿼드 모먼트-그 어색한 순간	톰 고미칸	(주)매니아22	(주)나우콘텐츠	2015-07-09	미국	1	270,000	54	청소년 관람불가	상업

순번	영화명	감독	수입사	배급사	개봉일	국적	전국 스크린수	전국매출액	전국 관객 수	등급	비고
420	두 여자의 남자	마누 페이옛	(주)누리픽쳐스	(주)누리픽쳐스	2015-07-09	프랑스	1	270,000	54	15세이상 관람가	상업
421	킹 오브 썸머	조던 복트-로버츠	(주)스넵쏘울	(주)스넵쏘울	2015-07-09	미국	1	270,000	54	15세이상 관람가	상업
422	와일드 인 블루	매튜 버코위츠	주식회사 루믹스미디어	주식회사 루믹스미디어	2015-07-09	미국	1	200,000	40	청소년 관람불가	상업
423	스플린터	토비 윌킨스	(주)시네마천국	(주)토러스엔터테인먼트	2015-07-09	미국	1	50,000	10	청소년 관람불가	상업
424	소림사 18동인 2	곽남굉	(유)조이앤컨텐츠 그룹	(유)조이앤컨텐츠 그룹	2015-07-09	홍콩	2	20,000	4	12세이상 관람가	상업
425	아웃캐스트: 절명도망 무삭제판	닉 포웰	스크린조이	스크린조이	2015-07-09	미국	1	10,000	2	청소년 관람불가	상업
426	동창생	다무라 코우스케	(주)케이알씨지	(주)케이알씨지	2015-07-09	일본	1	5,000	1	청소년 관람불가	상업
427	사쿠란-관능의 시대극 무삭제판	카와사키 히로유키	조이앤키노	조이앤키노	2015-07-09	일본	1	5,000	1	청소년 관람불가	상업
428	비서실 여직원들과의 교환섹스	하뉴켄지	(주)영진 크리에이티브	(주)영진 크리에이티브	2015-07-14	일본	1	100,000	10	청소년 관람불가	상업
429	다크 플레이스	질스 파겟-브레너	(주)누리픽쳐스	㈜스톰픽쳐스 코리아, 주식회사 우리네트웍스	2015-07-15	미국	268	530,282,654	66,075	청소년 관람불가	상업
430	남편은 없어-미망인의 정사	쿠라타 다이묘	(주)도키 엔터테인먼트	(주)도키 엔터테인먼트	2015-07-15	일본	1	270,000	54	청소년 관람불가	상업
431	노팬티 카페의 여자	키리시마 아키코	(주)엘케이픽쳐스	(주)엘케이픽쳐스	2015-07-15	일본	1	270,000	54	청소년 관람불가	상업
432	농염한 정사 - 젖은 속옷	하나와 유키나리	(주)도키 엔터테인먼트	(주)도키 엔터테인먼트	2015-07-15	일본	1	270,000	54	청소년 관람불가	상업
433	단지처 3: 위험한 과외	안도 본	(주)엘케이픽쳐스	(주)엘케이픽쳐스	2015-07-15	일본	1	270,000	54	청소년 관람불가	상업
434	사랑의 난	진두 마사아키	(주)엘케이픽쳐스	(주)엘케이픽쳐스	2015-07-15	일본	1	270,000	54	청소년 관람불가	상업
435	술집 거유녀와 이쁜이	이마오카 신지	(주)도키 엔터테인먼트	(주)도키 엔터테인먼트	2015-07-15	일본	1	270,000	54	청소년 관람불가	상업
436	픽셀	크리스 콜럼버스	유니버설픽쳐스 인터내셔널 코리아(유)	유니버설픽쳐스 인터내셔널 코리아(유)	2015-07-16	미국	557	5,390,909,947	681,945	12세이상 관람가	상업
437	라이드: 나에게로의 여행	헬렌 헌트	(주)티캐스트	(주)티캐스트	2015-07-16	미국	29	123,755,700	15,039	15세이상 관람가	다양성
438	더 리치	진-밥티스트 레오네티	(주)더블앤조이픽쳐스	㈜나이너스 엔터테인먼트	2015-07-16	미국	74	62,994,200	8,153	15세이상 관람가	다양성
439	더 디너	이바노 데 마테오	감 픽쳐스	(주)판다미디어	2015-07-16	이탈리아	19	48,040,700	6,548	청소년 관람불가	다양성

순번	영화명	감독	수입사	배급사	개봉일	국적	전국 스크린수	전국매출액	전국 관객 수	등급	비고
440	10,000km(만 킬로미터)	카를로스 마르쿠즈-마르셋	(주)누보필림	주식회사 쇼미미디어앤트레이딩	2015-07-16	스페인	11	10,304,000	1,387	청소년 관람불가	다양성
441	러브 펀치	조엘 홉킨스	㈜세종커뮤니케이션스	(주)에이원엔터테인먼트	2015-07-16	프랑스	5	1,209,000	155	15세이상 관람가	상업
442	청순 여형사의 비밀스런 이중생활	오쿠 와타루	(주)콘텐츠랩자박	(주)콘텐츠랩자박	2015-07-16	일본	1	300,000	60	청소년 관람불가	상업
443	소녀괴담: 17살 여고생의 악몽	미키 리델	스크린조이	스크린조이	2015-07-16	미국	2	20,000	4	15세이상 관람가	상업
444	쏠라 어택	폴 질러	스크린조이	스크린조이	2015-07-16	캐나다	2	20,000	4	12세이상 관람가	상업
445	쥬라기 헌터	아리 노박	브릿지웍스 엔터테인먼트(주)	브릿지웍스 엔터테인먼트(주)	2015-07-16	미국	1	5,000	1	청소년 관람불가	상업
446	메리 위도우	앤드류 데이비스	(주)인스터피씨엠	(주)인스터피씨엠	2015-07-18	미국	5	23,871,500	978	전체 관람가	상업
447	여형사: 강간,사랑 그리고 맛있는 섹스	안도 진	(주)영진 크리에이티브	(주)영진 크리에이티브	2015-07-20	일본	1	100,000	10	청소년 관람불가	상업
448	극장판 요괴워치: 탄생의 비밀이다냥!	타카하시 시게하루,우시로 신지	씨제이이앤엠(주)	씨제이이앤엠(주)	2015-07-22	일본	509	3,886,775,100	550,728	전체 관람가	상업
449	난 그녀와 키스했다	막심 고바레,노에미 사글리오	(주)엣나인필름	(주)엣나인필름	2015-07-22	프랑스	53	155,762,798	20,056	청소년 관람불가	다양성
450	녹아내리는 육체	나리타 유스케	(주)도키 엔터테인먼트	(주)도키 엔터테인먼트	2015-07-22	일본	1	270,000	54	청소년 관람불가	상업
451	사랑할 때 사랑받을 때	제제 다카히사	(주)도키 엔터테인먼트	(주)도키 엔터테인먼트	2015-07-22	일본	1	270,000	54	청소년 관람불가	상업
452	야한 동거 체험 - 키스 5초 전	타지리 유지	(주)도키 엔터테인먼트	(주)도키 엔터테인먼트	2015-07-22	일본	1	270,000	54	청소년 관람불가	상업
453	할 때까지 안 보낼꺼야	카네다 사토시	(주)도키 엔터테인먼트	(주)도키 엔터테인먼트	2015-07-22	일본	1	270,000	54	청소년 관람불가	상업
454	화려한 사쿠라 - 육체	이시카와 히토시	(주)도키 엔터테인먼트	(주)도키 엔터테인먼트	2015-07-22	일본	1	270,000	54	청소년 관람불가	상업
455	신의 전쟁	토마스 샤피로	(주)소나무픽쳐스	(주)소나무픽쳐스	2015-07-22	미국	5	289,000	47	15세이상 관람가	상업
456	종이 달	요시다 다이하치	(주)퍼스트런	㈜영화사오원, (주)퍼스트런	2015-07-23	일본	34	197,236,200	24,381	청소년 관람불가	다양성
457	셀미	에바 두버네이	찬란	찬란	2015-07-23	미국	48	117,488,324	16,029	12세이상 관람가	다양성
458	허니문	리 자니악	(주)메인타이틀픽쳐스	와이드 릴리즈(주)	2015-07-23	미국	20	9,996,000	1,774	15세이상 관람가	상업
459	수호지 -천하대영웅 손신	류신의	주식회사 루믹스미디어	주식회사 루믹스미디어	2015-07-23	중국	1	200,000	40	12세이상 관람가	상업
460	스노우 아마겟돈	쉘든 윌슨	스크린조이	스크린조이	2015-07-23	캐나다	2	30,000	6	12세이상 관람가	상업

순번	영화명	감독	수입사	배급사	개봉일	국적	전국 스크린수	전국매출액	전국 관객 수	등급	비고
461	실종자	드로 소레프	스크린조이	스크린조이	2015-07-23	미국	2	20,000	4	청소년 관람불가	상업
462	더스트 오브 워	앤드류 카이트링거	(주)이놀미디어	(주)이놀미디어	2015-07-23	미국	1	14,000	2	청소년 관람불가	상업
463	육체관계	우타가와 다이고	(유)조이앤컨텐츠 그룹	(유)조이앤컨텐츠 그룹	2015-07-23	일본	1	5,000	1	청소년 관람불가	상업
464	그녀의 젖은 속옷: 위에서 해줄래?	타지리 유우지	(주)영화사 사계절	(주)영화사 사계절	2015-07-24	일본	1	25,000	5	청소년 관람불가	상업
465	불륜: 친구의 아내를 탐하다	마츠오카 쿠니히코	(주)영화사 사계절	(주)영화사 사계절	2015-07-24	일본	1	25,000	5	청소년 관람불가	상업
466	쾌락지구 3	전국위	(주)케이알씨지	(주)케이알씨지	2015-07-24	중국	1	5,000	1	청소년 관람불가	상업
467	일 트로바토레 잘츠부르크 페스티벌	다니엘레 가티	(주)케빈앤컴퍼니	(주)케빈앤컴퍼니	2015-07-25	독일	6	23,993,500	945	전체 관람가	상업
468	지구침략: 기계들의 반란	짐 위노스키	스크린조이	스크린조이	2015-07-27	미국	2	10,000	2	15세이상 관람가	상업
469	미니언즈	피에르 꼬팽,카일 발다	유니버설픽쳐스 인터내셔널 코리아(유)	유니버설픽쳐스 인터내셔널 코리아(유)	2015-07-29	미국	792	18,997,911,278	2,625,572	전체 관람가	상업
470	메이드가 속삭일 때 - 유혹	카네다 사토시	(주)도키 엔터테인먼트	(주)도키 엔터테인먼트	2015-07-29	일본	1	270,000	54	청소년 관람불가	상업
471	속옷을 찢고 -미망인 정사	야마우치 다이스케	(주)도키 엔터테인먼트	(주)도키 엔터테인먼트	2015-07-29	일본	1	270,000	54	청소년 관람불가	상업
472	여의사의 유출본 - 얼굴	한 헤이타로	(주)도키 엔터테인먼트	(주)도키 엔터테인먼트	2015-07-29	일본	1	270,000	54	청소년 관람불가	상업
473	육체 간호의 시작	이시카와 히토시	(주)도키 엔터테인먼트	(주)도키 엔터테인먼트	2015-07-29	일본	1	270,000	54	청소년 관람불가	상업
474	아웃포스트: 불멸의 나치부대	키에란 파커	(주)소나무픽쳐스	(주)소나무픽쳐스	2015-07-29	영국	5	289,000	47	청소년 관람불가	상업
475	미션 임파서블: 로그네이션	크리스토퍼 맥쿼리	롯데쇼핑㈜롯데엔터테인먼트	롯데쇼핑㈜롯데엔터테인먼트	2015-07-30	미국	1,202	48,547,353,607	6,126,488	15세이상 관람가	상업
476	러브 앤 머시	빌 포래드	판씨네마(주)	판씨네마(주)	2015-07-30	미국	51	211,780,800	26,812	15세이상 관람가	다양성
477	사랑을 위한 여행	우다얀 프라사드	영화사 새사람	(주)수키픽쳐스	2015-07-30	미국	5	4,050,000	810	15세이상 관람가	다양성
478	헌트	맥 카터	(주)누리픽쳐스	(주)누리픽쳐스	2015-07-30	미국	1	270,000	54	15세이상 관람가	상업
479	아메리칸 하이스트	사릭 안드레아시안	㈜에이블 엔터테인먼트	㈜에이블 엔터테인먼트	2015-07-30	미국	1	35,000	7	청소년 관람불가	상업
480	무적의 소림쿵푸 마스터	두기봉	(유)조이앤컨텐츠 그룹	(유)조이앤컨텐츠 그룹	2015-07-30	홍콩	2	20,000	4	15세이상 관람가	상업
481	가정교사의 맛있는 수업	카타오카 슈지	(주)영화사 사계절	(주)영화사 사계절	2015-07-30	일본	1	5,000	1	청소년 관람불가	상업

순번	영화명	감독	수입사	배급사	개봉일	국적	전국 스크린수	전국매출액	전국 관객 수	등급	비고
482	여의사의 맛있는 진료	카츠 리이치	(주)영화사 사계절	(주)영화사 사계절	2015-07-30	일본	1	5,000	1	청소년 관람불가	상업
483	가위: 수면마비의 기억	로드니 에스쳐	위드 라이언 픽쳐스	(주)콘텐츠판다	2015-08-01	미국	1	270,000	54	15세이상 관람가	다양성
484	나쁜남자 -유부녀겁탈	카이즈 아키히코	(주)영진 크리에이티브	(주)영진 크리에이티브	2015-08-03	일본	1	100,000	10	청소년 관람불가	상업
485	명탐정 코난: 화염의 해바라기	시즈노 코분	씨제이이앤엠(주)	씨제이이앤엠(주)	2015-08-05	일본	433	3,294,096,400	470,990	전체 관람가	상업
486	아마조니아	티에리 라 고베르트	더컨텐츠콤(주)	(주)영화사 빅, (주)캔들미디어	2015-08-05	프랑스	105	150,680,200	21,318	전체 관람가	다양성
487	과부의 성	타지리 유지	(주)도키 엔터테인먼트	(주)도키 엔터테인먼트	2015-08-05	일본	1	5,000	1	청소년 관람불가	상업
488	그놈이 남긴 흔적-육정	이시카와 히토시	(주)도키 엔터테인먼트	(주)도키 엔터테인먼트	2015-08-05	일본	1	5,000	1	청소년 관람불가	상업
489	불륜여행 - 몸을 포개며	우메하라 노리카츠	(주)도키 엔터테인먼트	(주)도키 엔터테인먼트	2015-08-05	일본	1	5,000	1	청소년 관람불가	상업
490	스트리퍼-육체의 향연	카타오카 슈지	(주)도키 엔터테인먼트	(주)도키 엔터테인먼트	2015-08-05	일본	1	5,000	1	청소년 관람불가	상업
491	오늘밤은 녹여줄께-불륜	이시카와 킨	(주)도키 엔터테인먼트	(주)도키 엔터테인먼트	2015-08-05	일본	1	5,000	1	청소년 관람불가	상업
492	죽어도 좋아-유부녀	에모토 토시로	(주)도키 엔터테인먼트	(주)도키 엔터테인먼트	2015-08-05	일본	1	5,000	1	청소년 관람불가	상업
493	캠퍼스 어택 크리스티 처결단	올리버 블랙번	주식회사 풍경소리	(주)지어소프트	2015-08-05	미국	1	5,000	1	15세이상 관람가	상업
494	2047: 지구 최후의 날	알렉산드로 카폰	(주)소나무픽쳐스	(주)소나무픽쳐스	2015-08-05	이탈리아	1	8,000	1	15세이상 관람가	상업
495	어느 하녀의 일기	브누와 쟉꼬	(주)수키픽쳐스	주식회사 씨네룩스	2015-08-06	프랑스	37	110,710,900	14,436	청소년 관람불가	다양성
496	디올 앤 아이	프레드릭 청	(주)영화사 진진	(주)영화사 진진	2015-08-06	프랑스	21	78,578,000	9,669	전체 관람가	다양성
497	스트레인저랜드	킴 파란트	(주)엔케이컨텐츠	(주)엔케이컨텐츠	2015-08-06	호주	32	37,598,200	4,916	청소년 관람불가	다양성
498	범죄의 제국	마이클 알메레이다	(주)수키픽쳐스	(주)로드하우스	2015-08-06	미국	5	6,489,000	1,297	15세이상 관람가	다양성
499	웻랜드	다비드 브넨트	모비딕엔터테인먼트(주)	모비딕엔터테인먼트(주)	2015-08-06	독일	5	930,000	180	청소년 관람불가	다양성
500	뮤턴트 둠스데이	폴 질러	스크린조이	스크린조이	2015-08-06	캐나다	1	4,000	1	12세이상 관람가	상업
501	치한열차 2015	나카노 타카오	(유)조이앤컨텐츠 그룹	(유)조이앤컨텐츠 그룹	2015-08-06	일본	1	4,000	1	청소년 관람불가	상업
502	님프, 피의 요정	밀란 토도로빅	브릿지웍스 엔터테인먼트(주)	브릿지웍스 엔터테인먼트(주)	2015-08-07	세르비아	1	5,000	1	청소년 관람불가	상업
503	애인교환섹스	아키야마 요시오	(주)영진 크리에이티브	(주)영진 크리에이티브	2015-08-10	일본	1	100,000	10	청소년 관람불가	상업

순번	영화명	감독	수입사	배급사	개봉일	국적	전국 스크린수	전국매출액	전국 관객 수	등급	비고
504	직장 여선배와의 맛있는 섹스	안도 히로시	(주)영진 크리에이티브	(주)영진 크리에이티브	2015-08-11	일본	1	100,000	10	청소년 관람불가	상업
505	라 트라비아타	페터 콘비츠니	에스디시코리아 주식회사	에스디시코리아 주식회사	2015-08-12	영국	12	20,300,500	1,175	전체 관람가	다양성
506	가정교사의 질투	이시카와 히토시	(주)도키 엔터테인먼트	(주)도키 엔터테인먼트	2015-08-12	일본	1	5,000	1	청소년 관람불가	상업
507	농염한 유부녀의 손가락	카네다 사토시	(주)도키 엔터테인먼트	(주)도키 엔터테인먼트	2015-08-12	일본	1	5,000	1	청소년 관람불가	상업
508	닌자헌터-사냥의 시작	치바 세이지	(주)도키 엔터테인먼트	(주)도키 엔터테인먼트	2015-08-12	일본	1	5,000	1	청소년 관람불가	상업
509	마사지사의 유혹 - 손놀림	카타오카 슈지	(주)도키 엔터테인먼트	(주)도키 엔터테인먼트	2015-08-12	일본	1	5,000	1	청소년 관람불가	상업
510	불륜의 오피스걸-유이	카이바라 크리스	(주)도키 엔터테인먼트	(주)도키 엔터테인먼트	2015-08-12	일본	1	5,000	1	청소년 관람불가	상업
511	숀더쉽	마크 버튼,리처드 스타잭	(주)박수 엔터테인먼트	(주)박수 엔터테인먼트	2015-08-13	영국	263	592,435,000	85,568	전체 관람가	다양성
512	블러바드	디토 몬티엘	(주)씨타마운틴 픽쳐스	㈜씨타마운틴픽쳐스, TCO(주)더콘텐츠온	2015-08-13	미국	17	86,642,300	11,048	15세이상 관람가	다양성
513	폴레트의 수상한 베이커리	제롬 엔리코	㈜영화사 백두대간	㈜영화사 백두대간	2015-08-13	프랑스	8	30,108,000	4,062	청소년 관람불가	다양성
514	블루 룸	마티유 아말릭	(주)누보필림	주식회사 쇼미미디어앤트레이딩	2015-08-13	프랑스	13	14,628,400	1,890	청소년 관람불가	다양성
515	써드 스타	헤이티 달튼	영화사 새사람	(주)수키픽쳐스	2015-08-13	영국	5	4,050,000	810	15세이상 관람가	다양성
516	애프터: 하고 싶은 그녀	야마우치 다이스케	(주)콘텐츠랩자박	(주)콘텐츠랩자박	2015-08-13	일본	1	300,000	60	청소년 관람불가	상업
517	G컵 미녀의 참을 수 없는 폭주	카이하라 쿠리스 료	(주)콘텐츠랩자박	(주)콘텐츠랩자박	2015-08-13	일본	1	300,000	60	청소년 관람불가	상업
518	바이킹덤-신과의 전쟁 무삭제판	유스리 압드 하림	스크린조이	스크린조이	2015-08-13	말레이지아	1	4,000	1	청소년 관람불가	상업
519	불륜 동칭회	오타니 야스유키	(주)소나무픽쳐스	(주)소나무픽쳐스	2015-08-13	일본	1	5,000	1	청소년 관람불가	상업
520	파괴자	어니 바바라쉬	(주)에이블엔터테인먼트	(주)에이블엔터테인먼트	2015-08-13	캐나다	1	5,000	1	청소년 관람불가	상업
521	흉폭	마이클 S. 오헤이다	(주)티에스앤 컴퍼니	(주)티에스앤 컴퍼니	2015-08-14	미국	1	5,000	1	청소년 관람불가	상업
522	위험한 아파트관리인: 표적이 된 여대생	키타자와 유키오	(주)영진 크리에이티브	(주)영진 크리에이티브	2015-08-18	일본	1	100,000	10	청소년 관람불가	상업
523	필드 오브 로스트 슈즈	숀 맥나마라	(주)이놀미디어	(주)이놀미디어	2015-08-18	미국	1	14,000	2	15세이상 관람가	상업
524	그녀의 욕정: 너무 하고 싶어요	아키야마 요시오	(주)영진 크리에이티브	(주)영진 크리에이티브	2015-08-19	일본	1	100,000	10	청소년 관람불가	상업

순번	영화명	감독	수입사	배급사	개봉일	국적	전국 스크린수	전국매출액	전국 관객 수	등급	비고
525	강한걸 좋아하는 유부녀	미츠이시 후지로	(주)도키 엔터테인먼트	(주)도키 엔터테인먼트	2015-08-19	일본	1	5,000	1	청소년 관람불가	상업
526	노을지는 거실의 정사	이시카와 히토시	(주)도키 엔터테인먼트	(주)도키 엔터테인먼트	2015-08-19	일본	1	5,000	1	청소년 관람불가	상업
527	두 번 벗은 형수님	쿠보데라 카즈토	(주)도키 엔터테인먼트	(주)도키 엔터테인먼트	2015-08-19	일본	1	5,000	1	청소년 관람불가	상업
528	몸의 반응 -노예	이시카와 히토시	(주)도키 엔터테인먼트	(주)도키 엔터테인먼트	2015-08-19	일본	1	5,000	1	청소년 관람불가	상업
529	아이언걸2 - 얼티메이트 웨폰	후지와라 켄이치	(주)도키 엔터테인먼트	(주)도키 엔터테인먼트	2015-08-19	일본	1	5,000	1	청소년 관람불가	상업
530	절정쾌속열차 - 손놀림	쿠보데라 카즈토	(주)도키 엔터테인먼트	(주)도키 엔터테인먼트	2015-08-19	일본	1	5,000	1	청소년 관람불가	상업
531	판타스틱 4	조쉬 트랭크	이십세기폭스 코리아(주)	이십세기폭스 코리아(주)	2015-08-20	미국	451	3,029,310,600	399,667	12세이상 관람가	상업
532	나의 어머니	난니 모레티	(주)티캐스트	(주)티캐스트	2015-08-20	이탈리아	30	76,569,151	10,031	12세이상 관람가	다양성
533	마리 이야기: 손끝의 기적	장 피에르 아메리스	오드	오드	2015-08-20	프랑스	39	59,276,500	8,821	전체 관람가	다양성
534	쿠크하트: 시계심장을 가진 소년	스테판 벨라,마티아스 마르지유	(유)조이앤컨텐츠그룹	㈜드림팩트 엔터테인먼트	2015-08-20	프랑스	37	26,569,200	4,093	전체 관람가	상업
535	스킨 트레이드	에카차이 우에크롱탐	(주)수키픽쳐스	(주)로드하우스	2015-08-20	미국	20	18,621,000	3,588	청소년 관람불가	상업
536	더 커널	이반 캐바나	브런치메이트필름(주)	㈜영화사오원, (주)브리즈픽처스	2015-08-20	아일랜드	44	23,722,100	2,982	청소년 관람불가	다양성
537	일렉트릭 슬라이드	트리스탄 패터슨	모비딕엔터테인먼트(주)	모비딕엔터테인먼트(주)	2015-08-20	미국	5	930,000	180	15세이상 관람가	상업
538	수호지 - 최강무적 탕륭	류신의	주식회사 루믹스미디어	주식회사 루믹스미디어	2015-08-20	중국	1	200,000	40	12세이상 관람가	상업
539	연애가정교사 미숙한포옹	츠네모토 타쿠아키	(주)영진 크리에이티브	(주)영진 크리에이티브	2015-08-20	일본	1	100,000	10	청소년 관람불가	상업
540	오사마 좀비	존 라이드	(주)이놀미디어	(주)이놀미디어	2015-08-20	미국	1	7,000	1	청소년 관람불가	상업
541	올 아메리칸: 비키니 카워시	님로드 잘마노아이즈	(주)픽쳐레스크	(주)픽쳐레스크	2015-08-20	미국	1	5,000	1	청소년 관람불가	상업
542	여자 감옥: 간수의 노리개	사스가 사스케	(주)영진 크리에이티브	(주)영진 크리에이티브	2015-08-21	일본	1	100,000	10	청소년 관람불가	상업
543	호프만 이야기	바틀렛 셔	(주)인스터피씨엠	(주)인스터피씨엠	2015-08-22	미국	3	17,796,000	737	전체 관람가	상업
544	이복자매 -언니애인과의 황홀한 정사	조조 히데오	(주)영진 크리에이티브	(주)영진 크리에이티브	2015-08-24	일본	1	100,000	10	청소년 관람불가	상업
545	그녀가 그녀를 사랑할 때	마츠모토 유사쿠	(주)도키 엔터테인먼트	(주)도키 엔터테인먼트	2015-08-26	일본	1	5,000	1	청소년 관람불가	상업

순번	영화명	감독	수입사	배급사	개봉일	국적	전국 스크린수	전국매출액	전국 관객 수	등급	비고
546	아메리칸 울트라	니마 누리자데	(주)누리픽쳐스	씨제이이앤엠(주)	2015-08-27	미국	341	1,301,387,295	161,382	청소년 관람불가	상업
547	미라클 벨리에	에릭 라티고	(주)영화사 진진	(주)영화사 진진	2015-08-27	프랑스	245	857,214,018	112,121	12세이상 관람가	다양성
548	퇴마전: 마령검의 비밀	포덕희,조 천우	(주)누리픽쳐스	(주)누리픽쳐스	2015-08-27	중국	50	65,107,000	10,922	15세이상 관람가	상업
549	원 와일드 모먼트	장-프랑소와 리셰	(주)에브리쇼	주식회사 씨네룩스	2015-08-27	프랑스	40	39,192,000	5,258	청소년 관람불가	다양성
550	암살교실	하스미 에이이치로	(주)에이원엔터테인먼트	(주)에이원엔터테인먼트	2015-08-27	일본	55	40,197,700	5,097	12세이상 관람가	상업
551	솔로몬의 위증 전편: 사건	나루시마 이즈루	(주)엔케이컨텐츠	(주)엔케이컨텐츠	2015-08-27	일본	1	3,663,500	455	15세이상 관람가	다양성
552	오르가즘: 신입 여형사의 특수임무	오쿠 와타루	(주)콘텐츠랩자박	(주)콘텐츠랩자박	2015-08-27	일본	1	300,000	60	청소년 관람불가	상업
553	정글	알렉산드르 보이틴스키	주식회사 루믹스미디어	주식회사 루믹스미디어	2015-08-27	러시아	1	200,000	40	12세이상 관람가	상업
554	타임 트랙	제이슨 부케	스크린조이	스크린조이	2015-08-27	캐나다	2	16,000	4	12세이상 관람가	상업
555	투큰	존 애셔	(주)티에스앤컴퍼니	(주)티에스앤컴퍼니	2015-08-27	미국	1	5,000	1	청소년 관람불가	상업
556	히트맨 인 런던	아라 파이아야	(주)무브먼트 픽쳐스	(주)무브먼트 픽쳐스	2015-08-27	영국	1	5,000	1	청소년 관람불가	상업
557	바바둑	제니퍼 켄트	㈜나이너스 엔터테인먼트	㈜나이너스 엔터테인먼트	2015-08-28	호주	2	298,000	51	15세이상 관람가	다양성
558	친구 엄마	카타오카 슈지	(주)소나무픽쳐스	(주)소나무픽쳐스	2015-08-29	일본	1	9,000	1	청소년 관람불가	상업
559	친구 엄마: 여자가 되던 날	타지리 유우지	(주)소나무픽쳐스	(주)소나무픽쳐스	2015-08-29	일본	1	9,000	1	청소년 관람불가	상업
560	가정교사: 앞집 아줌마의 수업	고토 다이스케	(주)소나무픽쳐스	(주)소나무픽쳐스	2015-08-30	일본	1	9,000	1	청소년 관람불가	상업
561	낮에는 숙녀 밤에는 요부	이시카와 히토시	(주)영화사 사계절	(주)영화사 사계절	2015-08-30	일본	1	9,000	1	청소년 관람불가	상업
562	미망인: 돈을 받고 몸을 주다	야마우치 다이스케	(주)영화사 사계절	(주)영화사 사계절	2015-08-30	일본	1	9,000	1	청소년 관람불가	상업
563	노예로 삼아줘 - 첫사랑	타지리 유지	(주)도키 엔터테인먼트	(주)도키 엔터테인먼트	2015-09-02	일본	1	5,000	1	청소년 관람불가	상업
564	무삭제 스와핑 -절정	이마오카 신지	(주)도키 엔터테인먼트	(주)도키 엔터테인먼트	2015-09-02	일본	1	5,000	1	청소년 관람불가	상업
565	아내의 생생한 불륜남	코다마 요시히사	(주)도키 엔터테인먼트	(주)도키 엔터테인먼트	2015-09-02	일본	1	5,000	1	청소년 관람불가	상업
566	암캐들의 정사 - 유부녀	이시노 쇼세이	(주)도키 엔터테인먼트	(주)도키 엔터테인먼트	2015-09-02	일본	1	5,000	1	청소년 관람불가	상업

순번	영화명	감독	수입사	배급사	개봉일	국적	전국 스크린수	전국매출액	전국 관객 수	등급	비고
567	젖은 새신부의 유혹	카타오카 슈지	(주)도키 엔터테인먼트	(주)도키 엔터테인먼트	2015-09-02	일본	1	5,000	1	청소년 관람불가	상업
568	해피프렌치섹스	조르당 골드나델	미디어소프트	미디어소프트	2015-09-02	프랑스	1	7,000	1	청소년 관람불가	상업
569	앤트맨	페이튼 리드	월트디즈니컴퍼니 코리아(주)	월트디즈니컴퍼니 코리아(주)	2015-09-03	미국	949	23,502,249,937	2,839,921	12세이상 관람가	상업
570	러브 라이브! 더 스쿨 아이돌 무비	쿄고쿠 타카히코	(주)애니플러스	(주)박수 엔터테인먼트	2015-09-03	일본	66	908,579,000	122,574	전체 관람가	상업
571	갤로우즈	트래비스 클러프,크리스 로핑	워너브러더스 코리아(주)	워너브러더스 코리아(주)	2015-09-03	미국	299	674,767,406	87,301	15세이상 관람가	상업
572	히트맨: 에이전트 47	알렉산더 바흐	이십세기폭스 코리아(주)	이십세기폭스 코리아(주)	2015-09-03	미국	272	492,878,500	63,073	15세이상 관람가	상업
573	어바웃 리키	조나단 드미	유니버설픽쳐스 인터내셔널 코리아(유)	유니버설픽쳐스 인터내셔널 코리아(유)	2015-09-03	미국	123	118,503,900	15,867	15세이상 관람가	상업
574	이민자	제임스 그레이	주식회사 씨네룩스	주식회사 씨네룩스	2015-09-03	미국	36	115,862,023	14,807	15세이상 관람가	다양성
575	침묵의 시선	조슈아 오펜하이머	(주)엣나인필름	(주)엣나인필름	2015-09-03	덴마크	31	35,747,000	4,577	15세이상 관람가	다양성
576	고양이 살인사건	질리안 그린	영화사 새사람	(주)수키픽쳐스	2015-09-03	미국	20	11,247,000	2,263	15세이상 관람가	다양성
577	에덴 : 동물원 사수 대작전	오쿠보 도미히코	㈜에이원 엔터테인먼트	(주)팝 엔터테인먼트	2015-09-03	일본	55	14,451,600	2,093	전체 관람가	상업
578	솔로몬의 위증 후편: 재판	나루시마 이즈루	(주)엔케이컨텐츠	(주)엔케이컨텐츠	2015-09-03	일본	3	3,590,000	430	15세이상 관람가	다양성
579	사탄의 사자: 망자의 저주	올렉 스텝첸코	페어팍스인터내셔날(주)	페어팍스인터내셔날(주)	2015-09-03	러시아	1	270,000	54	15세이상 관람가	상업
580	더 포저	필립 마틴	(주)머스트씨무비릴리징컴퍼니	(주)머스트씨무비릴리징컴퍼니	2015-09-03	미국	4	381,000	53	15세이상 관람가	다양성
581	바르샤바 1944	얀 코마사	주식회사 루믹스미디어	주식회사 루믹스미디어	2015-09-03	폴란드	1	200,000	40	청소년 관람불가	다양성
582	홀스헤드	로메인 바셋	주식회사 루믹스미디어	주식회사 루믹스미디어	2015-09-03	프랑스	1	200,000	40	청소년 관람불가	상업
583	슈퍼 샤크	프레드 올렌 레이	스크린조이	스크린조이	2015-09-03	미국	2	40,000	10	12세이상 관람가	상업
584	흔들리는 떡국 열차 무삭제판	아키야마 요시오	(유)조이앤컨텐츠그룹	(유)조이앤컨텐츠그룹	2015-09-03	일본	2	40,000	10	청소년 관람불가	상업
585	응큼 살벌한 섹스	오쿠 와타루	(주)콘텐츠랩자박	(주)콘텐츠랩자박	2015-09-04	일본	1	300,000	60	청소년 관람불가	상업
586	비키니 모델 아카데미	스트로 와이즈먼	(주)스넵쏘울	(주)스넵쏘울	2015-09-04	미국	1	270,000	54	청소년 관람불가	상업
587	아메리칸 비치 하우스	스트로 와이즈먼	(주)스넵쏘울	(주)스넵쏘울	2015-09-04	미국	1	270,000	54	청소년 관람불가	상업

순번	영화명	감독	수입사	배급사	개봉일	국적	전국 스크린수	전국매출액	전국 관객 수	등급	비고
588	실화: 일본연쇄강간사건	우타가와 다이고	(주)영진 크리에이티브	(주)영진 크리에이티브	2015-09-07	일본	1	100,000	10	청소년 관람불가	상업
589	파우스트	장-루이 마르티노티	에스디시코리아 주식회사	에스디시코리아 주식회사	2015-09-09	프랑스	12	15,867,500	789	12세이상 관람가	다양성
590	그의 몸에 사랑을 느끼다 - 육체	카네다 사토시	(주)도키 엔터테인먼트	(주)도키 엔터테인먼트	2015-09-09	일본	1	5,000	1	청소년 관람불가	상업
591	마지막 한번만 더 - 육감적 정사	이시카와 히토시	(주)도키 엔터테인먼트	(주)도키 엔터테인먼트	2015-09-09	일본	1	5,000	1	청소년 관람불가	상업
592	생각나는 맛 - 육체관계	카이바라 크리스	(주)도키 엔터테인먼트	(주)도키 엔터테인먼트	2015-09-09	일본	1	5,000	1	청소년 관람불가	상업
593	서도가의 정사 - 몸에 그리는 붓	이시노 쇼세이	(주)도키 엔터테인먼트	(주)도키 엔터테인먼트	2015-09-09	일본	1	5,000	1	청소년 관람불가	상업
594	젊은 육체의 향연	한 헤이타로	(주)도키 엔터테인먼트	(주)도키 엔터테인먼트	2015-09-09	일본	1	5,000	1	청소년 관람불가	상업
595	셀프/리스	타셈 싱	블루미지	(주)이수C&E	2015-09-10	미국	340	874,447,764	111,127	15세이상 관람가	상업
596	스트레이트 아웃 오브 컴턴	F. 게리 그레이	유니버설픽쳐스 인터내셔널 코리아(유)	유니버설픽쳐스 인터내셔널 코리아(유)	2015-09-10	미국	185	412,749,800	48,844	청소년 관람불가	상업
597	앙: 단팥 인생 이야기	가와세 나오미	그린나래미디어(주)	그린나래미디어(주)	2015-09-10	일본	39	213,619,862	26,738	12세이상 관람가	다양성
598	우먼 인 블랙: 죽음의 천사	톰 하퍼	(주)영화사오원	㈜영화사오원, (주)브리즈픽처스	2015-09-10	영국	141	72,938,700	9,389	15세이상 관람가	다양성
599	칼릴 지브란의 예언자	로저 알러스	판씨네마(주)	판씨네마(주)	2015-09-10	미국	44	65,796,100	8,631	전체 관람가	다양성
600	라이즈 오브 더 레전드: 황비홍	주현량	더컨텐츠콤(주)	(주)영화사 빅, (주)캔들미디어	2015-09-10	홍콩	51	40,009,000	5,077	15세이상 관람가	다양성
601	위시 아이 워즈 히어	잭 브라프	(주)영화사 안다미로	(주)영화사 안다미로	2015-09-10	미국	32	14,391,500	1,868	15세이상 관람가	다양성
602	도쿄아포칼립스: 최후의 결전	미이케 다카시	미디어소프트	(주)마인스 엔터테인먼트	2015-09-10	일본	20	3,935,000	748	청소년 관람불가	다양성
603	스파이 게임	웨이먼 분스	스크린조이	스크린조이	2015-09-10	미국	2	32,000	8	청소년 관람불가	상업
604	섹스 러브 앤 테라피	토니 마샬	주식회사 풍경소리	주식회사 풍경소리	2015-09-10	프랑스	1	50,000	5	청소년 관람불가	상업
605	구울	페트 자클	(주)머스트씨무비 릴리징컴퍼니	(주)머스트씨무비 릴리징컴퍼니	2015-09-11	체코	1	38,000	5	청소년 관람불가	다양성
606	에코스 오브 워	케인 세네스	(주)이놀미디어	(주)이놀미디어	2015-09-11	미국	1	14,000	2	청소년 관람불가	상업
607	가면무도회	안드레아 바티스토니	(주)케빈앤컴퍼니	(주)케빈앤컴퍼니	2015-09-12	독일	6	15,340,500	629	12세이상 관람가	상업
608	개인교수: 맛있게 섹스하는 방법	칸바라 이쿠토	(주)영화사 사계절	(주)영화사 사계절	2015-09-12	일본	1	9,000	1	청소년 관람불가	상업

순번	영화명	감독	수입사	배급사	개봉일	국적	전국 스크린수	전국매출액	전국 관객 수	등급	비고
609	노조미의 음탕한 섹스	쿄우야 타다시	(주)영화사 사계절	(주)영화사 사계절	2015-09-12	일본	1	9,000	1	청소년 관람불가	상업
610	스티븐 시걸의 살인면허	키오니 왁스먼	(주)소나무픽쳐스	(주)소나무픽쳐스	2015-09-13	미국	1	9,000	1	청소년 관람불가	상업
611	여비서: 흥분되는 사무실 섹스	쿠도 마사노리	(주)영화사 사계절	(주)영화사 사계절	2015-09-13	일본	1	9,000	1	청소년 관람불가	상업
612	포크의 여왕 존 바에즈	매리 워튼	(주)나이너스엔터 테인먼트	(주)나이너스엔터 테인먼트	2015-09-15	미국	5	442,000	63	전체 관람가	다양성
613	신화: 고대 왕국의 비밀	유도	(주)소나무픽쳐스	(주)소나무픽쳐스	2015-09-15	중국	1	60,000	10	12세이상 관람가	상업
614	히트스트로크	에버린 퍼셀	(주)박수 엔터테인먼트	(주)박수 엔터테인먼트	2015-09-15	미국	2	15,000	2	15세이상 관람가	상업
615	메이즈 러너: 스코치 트라이얼	웨스 볼	이십세기폭스 코리아(주)	이십세기폭스 코리아(주)	2015-09-16	미국	804	21,596,946,349	2,744,413	12세이상 관람가	상업
616	네가 사랑한 육체 - 관계	사토 오사무	(주)도키 엔터테인먼트	(주)도키 엔터테인먼트	2015-09-16	일본	1	5,000	1	청소년 관람불가	상업
617	란교 - 닥치고 정사	오데라 슌고	(주)도키 엔터테인먼트	(주)도키 엔터테인먼트	2015-09-16	일본	1	5,000	1	청소년 관람불가	상업
618	여친과 여친동생 - 돌려막기	오데라 슌고	(주)도키 엔터테인먼트	(주)도키 엔터테인먼트	2015-09-16	일본	1	5,000	1	청소년 관람불가	상업
619	육감적 허벅지 - 젊다	쿄우야 타다시	(주)도키 엔터테인먼트	(주)도키 엔터테인먼트	2015-09-16	일본	1	5,000	1	청소년 관람불가	상업
620	카페 알바와의 정사	우치다 슌기쿠	(주)도키 엔터테인먼트	(주)도키 엔터테인먼트	2015-09-16	일본	1	5,000	1	청소년 관람불가	상업
621	극장판 도라에몽 : 진구의 우주영웅기~스페이스 히어로즈~	오오스기 요시히로	대원미디어(주)	(주)와우픽쳐스	2015-09-17	일본	351	816,868,100	113,404	전체 관람가	상업
622	미스터 하이네켄	다니엘 알프레드슨	(주)시네마 리퍼블릭	(주)스톰픽쳐스코리아	2015-09-17	영국	54	29,494,300	3,711	15세이상 관람가	다양성
623	트루스 어비웃 엠마누엘	프란체스카 그레고리니	(주)유로 커뮤니케이션	(주)유로 커뮤니케이션	2015-09-17	미국	9	4,632,500	611	15세이상 관람가	다양성
624	수호지-천하제패 선찬	류신의	주식회사 루믹스미디어	주식회사 루믹스미디어	2015-09-17	중국	1	200,000	40	12세이상 관람가	상업
625	유에프오	콜린 미니한	주식회사 루믹스미디어	주식회사 루믹스미디어	2015-09-17	캐나다	1	200,000	40	청소년 관람불가	상업
626	궁녀-방탕한 왕과 음란한 궁녀들	하세가와 구니히로	(주)영진 크리에이티브	(주)영진 크리에이티브	2015-09-17	일본	1	100,000	10	청소년 관람불가	상업
627	포커 나이트	그렉 프랜시스	(주)이놀미디어	(주)이놀미디어	2015-09-17	미국	1	14,000	2	청소년 관람불가	상업
628	루팡 3세 무삭제판	기타무라 류헤이	(주)드림팩트엔터 테인먼트	(주)드림팩트엔터 테인먼트	2015-09-17	일본	1	4,000	1	15세이상 관람가	상업
629	강제섹스: 그 남자의 섹스방식	니시야마 히데아키	(주)영진 크리에이티브	(주)영진 크리에이티브	2015-09-18	일본	1	100,000	10	청소년 관람불가	상업

순번	영화명	감독	수입사	배급사	개봉일	국적	전국 스크린수	전국매출액	전국 관객 수	등급	비고
630	가슴 노출을 허하라!	리나 에스코	(주)소나무픽쳐스	(주)소나무픽쳐스	2015-09-19	미국	1	9,000	1	15세이상 관람가	다양성
631	교수와 여제자 3	라파엘 오엘렛	(주)피터팬픽쳐스	(주)피터팬픽쳐스	2015-09-23	캐나다	5	2,797,000	492	청소년 관람불가	다양성
632	강시선생 2	유관위	(유)조이앤컨텐츠 그룹	(유)조이앤컨텐츠 그룹	2015-09-23	홍콩	2	160,000	40	12세이상 관람가	상업
633	완전한 사육 4: 비밀의 지하실	미즈타니 토시유키	(주)이엔엔터테인먼트	(주)이엔엔터테인먼트	2015-09-23	일본	2	8,000	2	18세관람가	상업
634	그녀의 음란한 꽃	이시카와 히토시	(주)도키 엔터테인먼트	(주)도키 엔터테인먼트	2015-09-23	일본	1	4,000	1	청소년 관람불가	상업
635	색남을 보았다 - 남친	이시노 쇼세이	(주)도키 엔터테인먼트	(주)도키 엔터테인먼트	2015-09-23	일본	1	4,000	1	청소년 관람불가	상업
636	섹스중독 - 아줌마 자매	오데라 슌고	(주)도키 엔터테인먼트	(주)도키 엔터테인먼트	2015-09-23	일본	1	4,000	1	청소년 관람불가	상업
637	인턴	낸시 마이어스	워너브러더스 코리아(주)	워너브러더스 코리아(주)	2015-09-24	미국	496	28,517,727,148	3,610,564	12세이상 관람가	상업
638	에베레스트	발타자르 코루마쿠르	유니버설픽쳐스 인터내셔널 코리아(유)	유니버설픽쳐스 인터내셔널 코리아(유)	2015-09-24	미국	331	3,055,119,748	332,180	12세이상 관람가	상업
639	뮨: 달의 요정	알렉상드르 헤보얀,베노이트 필립폰	(주)스마일이엔티	씨네그루(주)다우기술	2015-09-24	프랑스	365	2,331,062,700	318,863	전체 관람가	다양성
640	더 매직: 리틀톰과 도둑공주	어네스토 파드롱	(주)타임픽처스	㈜코리아스크린, 와이드 릴리즈(주)	2015-09-24	스페인	193	653,636,700	89,358	전체 관람가	다양성
641	레전드 오브 래빗: 불의 전설	마원, 동대가	주식회사 루믹스미디어	(주)팝 엔터테인먼트	2015-09-24	중국	126	178,371,100	24,111	전체 관람가	상업
642	싱 오버 미	제이콥 카인드버그	(사)필레마	문화선교연구원	2015-09-24	미국	2	12,276,000	1,668	12세이상 관람가	다양성
643	에로낚시광	이토우 마사오	(주)영진 크리에이티브	(주)영진 크리에이티브	2015-09-24	일본	1	100,000	10	청소년 관람불가	상업
644	나를 찾아봐	테드 게오게간	유니콘미디어	오퍼스픽쳐스	2015-09-24	미국	1	5,000	1	청소년 관람불가	상업
645	런어웨이-72	크리스찬 세스마	(주)블루브릭	(주)블루브릭	2015-09-24	미국	1	5,000	1	청소년 관람불가	상업
646	매치	스티븐 벨버	(주)블루브릭	(주)블루브릭	2015-09-24	미국	1	5,000	1	청소년 관람불가	상업
647	새벽 세시: 잠들지 못한 자의 이야기	이사라 나디,키라티 나킨타논, 푸티퐁 사이시깨우	(주)씨타마운틴 픽쳐스	(주)씨타마운틴 픽쳐스	2015-09-24	태국	1	6,000	1	15세이상 관람가	상업
648	세븐미니츠	제이 마틴	(주)블루브릭	(주)블루브릭	2015-09-24	미국	1	5,000	1	청소년 관람불가	상업
649	스탠딩 업	D.J. 카루소	(주)블루브릭	(주)블루브릭	2015-09-24	미국	1	5,000	1	12세이상 관람가	상업

순번	영화명	감독	수입사	배급사	개봉일	국적	전국 스크린수	전국매출액	전국 관객 수	등급	비고
650	좀비버	조던 루빈	유니콘미디어	오퍼스픽쳐스	2015-09-24	미국	1	5,000	1	청소년 관람불가	상업
651	정사: 비밀스런 사랑	타이가 마야	(주)영진 크리에이티브	(주)영진 크리에이티브	2015-09-25	일본	1	100,000	10	청소년 관람불가	상업
652	더 게스트	아담 윈가드	브릿지웍스 엔터테인먼트(주)	브릿지웍스 엔터테인먼트(주)	2015-09-25	미국	2	10,000	2	청소년 관람불가	상업
653	새크리파이스	마이클 콘	(주)이놀미디어	(주)이놀미디어	2015-09-25	미국	1	14,000	2	청소년 관람불가	상업
654	욜란타 & 푸른 수염의 성	게리 할버슨	(주)인스터피씨엠	(주)인스터피씨엠	2015-09-26	미국	3	13,431,000	551	12세이상 관람가	상업
655	친구아내와의 맛있는 불륜	쿠보데라 카즈토	(주)영화사 사계절	(주)영화사 사계절	2015-09-26	일본	1	9,000	1	청소년 관람불가	상업
656	스튜어디스 아내의 이중생활	쿠보데라 카즈토	(주)영화사 사계절	(주)영화사 사계절	2015-09-27	일본	1	9,000	1	청소년 관람불가	상업
657	대니 콜린스	댄 포겔맨	(주)나이너스 엔터테인먼트	(주)나이너스엔터 테인먼트, (주)지어소프트	2015-09-30	미국	309	426,338,305	56,515	15세이상 관람가	다양성
658	직장연애사 -섹스파트너	나츠카와 미츠루	(주)영진 크리에이티브	(주)영진 크리에이티브	2015-09-30	일본	1	100,000	10	청소년 관람불가	상업
659	주온: 더 파이널	오치아이 마사유키	유니버설픽쳐스 인터내셔널 코리아(유)	유니버설픽쳐스 인터내셔널 코리아(유)	2015-10-01	일본	318	461,765,400	60,981	15세이상 관람가	상업
660	드래곤볼 Z: 부활의 F	야마무로 타다요시	씨제이이앤엠(주)	씨제이이앤엠(주)	2015-10-01	일본	76	164,947,600	22,025	전체 관람가	상업
661	더 로프트: 비밀의 방	에릭 반 루이	(유)조이앤시네마	(유)조이앤시네마	2015-10-01	미국	114	39,660,300	5,287	청소년 관람불가	상업
662	노블	스티븐 브래들리	(주)에이블엔터테 인먼트	(주)프레인글로벌	2015-10-01	영국	34	8,597,500	1,220	청소년 관람불가	다양성
663	나이트 비포	케니 영	(주)이놀미디어	(주)이놀미디어	2015-10-01	미국	1	12,000	2	청소년 관람불가	상업
664	스파이 서바이버	제임스 맥티그	(주)드림쌕트엔터 테인먼트	(주)느림팩트엔터 테인먼트	2015-10-05	미국	1	344,000	43	15세이싱 관람가	상업
665	완벽한 파트너	코시자카 야스시	(주)영진 크리에이티브	(주)영진 크리에이티브	2015-10-05	일본	1	100,000	10	청소년 관람불가	상업
666	여동생의 금지된 사랑	아키야마 죠지	(주)영진 크리에이티브	(주)영진 크리에이티브	2015-10-06	일본	1	100,000	10	청소년 관람불가	상업
667	에프티이미지	토니 컨	(주)컴퍼니엘	(주)컴퍼니엘	2015-10-06	싱가 포르	1	10,000	2	15세이상 관람가	다양성
668	농염한 인어공주	쿠로사바 아키라	(주)영진 크리에이티브	(주)영진 크리에이티브	2015-10-07	일본	1	100,000	10	청소년 관람불가	상업
669	라이크 선데이, 라이크 레인	프랭크 웨일리	(주)이놀미디어	(주)이놀미디어	2015-10-07	미국	1	12,000	2	12세이상 관람가	다양성
670	마션	리들리 스콧	이십세기폭스 코리아(주)	이십세기폭스 코리아(주)	2015-10-08	미국	1,132	39,612,764,295	4,875,494	12세이상 관람가	상업

순번	영화명	감독	수입사	배급사	개봉일	국적	전국 스크린수	전국매출액	전국 관객 수	등급	비고
671	팬	조 라이트	워너브러더스 코리아(주)	워너브러더스 코리아(주)	2015-10-08	미국	428	1,422,971,592	185,960	전체 관람가	상업
672	슬로우 웨스트	존 맥클린	영화공간, (주)가보차	THE 픽쳐스	2015-10-08	영국	36	68,903,700	9,075	15세이상 관람가	다양성
673	경계의 저편: I'LL BE HERE -미래편-	이시다테 타이치	(주)머스트씨무비 릴리징컴퍼니	(주)머스트씨무비 릴리징컴퍼니	2015-10-08	일본	34	63,212,000	8,579	12세이상 관람가	다양성
674	러브 인 프로방스	로젤린 보쉬	(주)더블앤조이픽쳐스	주식회사 쇼미미디어앤트레이딩	2015-10-08	프랑스	34	41,210,600	5,563	15세이상 관람가	다양성
675	더 홈즈맨	토미 리 존스	(주)메인타이틀픽쳐스	와이드 릴리즈 (주)	2015-10-08	프랑스	19	16,284,000	2,381	청소년 관람불가	다양성
676	미스터 레오스 카락스	테사 루이즈-살로메	오드	오드	2015-10-08	프랑스	13	7,939,500	983	청소년 관람불가	다양성
677	낫 마이 데이	피터 쏘워스	(주)컴퍼니엘	(주)컴퍼니엘	2015-10-08	독일	4	3,280,000	656	청소년 관람불가	다양성
678	유부녀: 납치감금	쿠와하라 마사히데	(주)영진 크리에이티브	(주)영진 크리에이티브	2015-10-08	일본	1	100,000	10	청소년 관람불가	상업
679	음란한 화상 무삭제판	쿠니사와 미노루	(유)조이앤컨텐츠 그룹	(유)조이앤컨텐츠 그룹	2015-10-08	일본	1	16,000	4	청소년 관람불가	상업
680	고스트보트	맷 로프그렌	주식회사 루믹스미디어	주식회사 루믹스미디어	2015-10-08	미국	1	5,000	1	청소년 관람불가	상업
681	호프 로스트	데이빗 페트루치	(주)무브먼트 픽쳐스	(주)무브먼트 픽쳐스	2015-10-08	이탈리아	1	5,000	1	청소년 관람불가	상업
682	절정의 테크닉: 파동	카와사키 미노루	(주)영진 크리에이티브	(주)영진 크리에이티브	2015-10-09	일본	1	100,000	10	청소년 관람불가	상업
683	미친 줄리아	매튜 A. 브라운	(주)캔들미디어	(주)캔들미디어	2015-10-12	미국	1	1,131,000	130	청소년 관람불가	상업
684	그녀의 섹스 테크닉	코시자카 야스시	(주)영진 크리에이티브	(주)영진 크리에이티브	2015-10-12	일본	1	100,000	10	청소년 관람불가	상업
685	옆집 유부녀 - 은밀한 유혹	쿠보데라 카즈토	(주)도키 엔터테인먼트	(주)도키 엔터테인먼트	2015-10-12	일본	1	5,000	1	청소년 관람불가	상업
686	히 후 데어	폴 탠터	(주)박수 엔터테인먼트	(주)박수 엔터테인먼트	2015-10-12	영국	1	5,000	1	청소년 관람불가	상업
687	가정교사의 위험한 방문	나니와 텐카쿠	(주)영진 크리에이티브	(주)영진 크리에이티브	2015-10-13	일본	1	100,000	10	청소년 관람불가	상업
688	글래머 여선생의 야한 수업	나니와 텐카쿠	(주)영진 크리에이티브	(주)영진 크리에이티브	2015-10-14	일본	1	109,000	11	청소년 관람불가	상업
689	어론 인 더 다크2 : 마녀사냥꾼	마이클 로쉬, 피터 쉬어러	(주)소나무픽쳐스	(주)소나무픽쳐스	2015-10-14	독일	1	50,000	10	15세이상 관람가	상업
690	강한 건 당신의 키스 -체취	에모토 토시로	(주)도키 엔터테인먼트	(주)도키 엔터테인먼트	2015-10-14	일본	1	5,000	1	청소년 관람불가	상업
691	남편에게만은 알리지마	이시카와 히토시	(주)도키 엔터테인먼트	(주)도키 엔터테인먼트	2015-10-14	일본	1	5,000	1	청소년 관람불가	상업

순번	영화명	감독	수입사	배급사	개봉일	국적	전국 스크린수	전국매출액	전국 관객 수	등급	비고
692	유부녀 가정부의 정사	아즈마 지로	(주)도키 엔터테인먼트	(주)도키 엔터테인먼트	2015-10-14	일본	1	5,000	1	청소년 관람불가	상업
693	육체가 아는 관계	이시노 쇼세이	(주)도키 엔터테인먼트	(주)도키 엔터테인먼트	2015-10-14	일본	1	5,000	1	청소년 관람불가	상업
694	육체의 결합 - 100일의 사랑	이마오카 신지	(주)도키 엔터테인먼트	(주)도키 엔터테인먼트	2015-10-14	일본	1	5,000	1	청소년 관람불가	상업
695	트랜스포터: 리퓰드	카밀 들라마레	(주)에이블엔터테인먼트	씨네그루(주)다우기술	2015-10-15	프랑스	432	1,263,319,115	161,245	15세이상 관람가	상업
696	더 비지트	M. 나이트 샤말란	유니버설픽쳐스 인터내셔널 코리아(유)	유니버설픽쳐스 인터내셔널 코리아(유)	2015-10-15	미국	279	403,435,581	52,197	15세이상 관람가	상업
697	아델라인: 멈춰진 시간	리 톨랜드 크리거	(주)퍼스트런	(주)쇼박스	2015-10-15	미국	239	310,087,419	40,096	12세이상 관람가	상업
698	슈퍼 스파이: 수상한 임무	하비에르 페서	(주)씨타마운틴 픽쳐스	㈜스톰픽쳐스 코리아, TCO(주) 더콘텐츠온	2015-10-15	스페인	173	207,059,400	28,626	전체 관람가	다양성
699	라이프	안톤 코르빈	(주)프레인글로벌	㈜영화사오원, (주)프레인글로벌	2015-10-15	캐나다	99	155,668,185	19,596	15세이상 관람가	다양성
700	리그레션	알레한드로 아메나바르	(주)수키픽쳐스	(주)박수 엔터테인먼트	2015-10-15	스페인	143	141,042,885	18,057	15세이상 관람가	다양성
701	온리 유	장하오	(주)메인타이틀 픽쳐스	(주)영화사 빅	2015-10-15	중국	111	96,822,200	12,990	15세이상 관람가	다양성
702	데스가즘	제이슨 레이 하우덴	유니콘미디어	오퍼스픽쳐스	2015-10-15	뉴질랜드	1	5,000	1	청소년 관람불가	상업
703	수호지 - 무림호걸 이운	류신의	주식회사 루믹스미디어	주식회사 루믹스미디어	2015-10-15	중국	1	5,000	1	15세이상 관람가	상업
704	시럽	아람 라파포트	(주)티에스앤 컴퍼니	(주)티에스앤 컴퍼니	2015-10-15	미국	1	5,000	1	15세이상 관람가	상업
705	순결상실	카이즈 아키히코	(주)영진 크리에이티브	(주)영진 크리에이티브	2015-10-16	일본	1	100,000	10	청소년 관람불가	상업
706	밀애 : 과외선생님과의 비밀 정사	오타니 야스유키	(주)영화사 사계절	(주)영화사 사계절	2015-10-17	일본	1	9,000	1	청소년 관람불가	상업
707	저주받은 집	닐스 팀	(주)캔들미디어	(주)캔들미디어	2015-10-19	미국	1	1,107,000	130	15세이상 관람가	상업
708	마농	케네스 맥밀란	에스디시코리아 주식회사	에스디시코리아 주식회사	2015-10-21	프랑스	12	28,690,500	2,177	전체 관람가	다양성
709	욕정의 훔쳐보기	하세가와 쿠니히로	(주)도키 엔터테인먼트	(주)도키 엔터테인먼트	2015-10-21	일본	1	5,000	1	청소년 관람불가	상업
710	음탕한 유부녀의 수첩	이시카와 히토시	(주)도키 엔터테인먼트	(주)도키 엔터테인먼트	2015-10-21	일본	1	5,000	1	청소년 관람불가	상업
711	정사2015	클레넷 버디-로즈	(주)소나무픽쳐스	(주)소나무픽쳐스	2015-10-21	미국	1	8,000	1	청소년 관람불가	상업
712	쫄깃한 양다리정사	카네다 사토시	(주)도키 엔터테인먼트	(주)도키 엔터테인먼트	2015-10-21	일본	1	5,000	1	청소년 관람불가	상업

순번	영화명	감독	수입사	배급사	개봉일	국적	전국 스크린수	전국매출액	전국 관객 수	등급	비고
713	슬리핑 위드 아더 피플	레슬리 헤드랜드	오퍼스픽쳐스	오퍼스픽쳐스	2015-10-22	미국	106	65,868,300	8,252	청소년 관람불가	상업
714	디판	자크 오디아르	그린나래미디어(주)	그린나래미디어(주)	2015-10-22	프랑스	30	42,685,400	5,786	청소년 관람불가	다양성
715	라이엇 클럽	론 쉐르픽	(주)영화사 진진	(주)영화사 진진	2015-10-22	영국	53	37,266,300	4,662	청소년 관람불가	다양성
716	노크 노크	일라이 로스	(주)에이블 엔터테인먼트	(주)팝 엔터테인먼트	2015-10-22	미국	72	33,317,500	4,024	청소년 관람불가	상업
717	경계의 저편: I'LL BE HERE -과거편-	이시다테 타이치	(주)머스트씨무비 릴리징컴퍼니	(주)머스트씨무비 릴리징컴퍼니	2015-10-22	일본	32	25,700,000	3,579	12세이상 관람가	다양성
718	애니를 위하여	스티븐 번스타인	㈜영화사 백두대간	㈜영화사 백두대간	2015-10-22	미국	2	1,126,800	161	청소년 관람불가	다양성
719	헤이라이드: 죽음의 마을	테론 R. 팔슨즈	주식회사 루믹스미디어	주식회사 루믹스미디어	2015-10-22	미국	1	5,000	1	청소년 관람불가	상업
720	1941: 세바스토폴 상륙작전	세르게이 모크리츠키	(주)소나무픽쳐스	(주)소나무픽쳐스	2015-10-22	러시아	1	8,000	1	15세이상 관람가	다양성
721	터키탕: 섹시한 알바생	무로가 아츠시	(주)영진 크리에이티브	(주)영진 크리에이티브	2015-10-23	일본	1	100,000	10	청소년 관람불가	상업
722	운명의 힘	애셔 피쉬	(주)케빈앤컴퍼니	(주)케빈앤컴퍼니	2015-10-24	독일	6	19,302,000	784	12세이상 관람가	상업
723	호수의 여인		(주)인스터피씨엠	(주)인스터피씨엠	2015-10-24	미국	3	11,524,500	504	전체 관람가	상업
724	섹스천국 일본	토모마츠 나오유키	(주)영진 크리에이티브	(주)영진 크리에이티브	2015-10-26	일본	1	100,000	10	청소년 관람불가	상업
725	황금 육체 -정사의 맛	하세가와 쿠니히로	(주)도키 엔터테인먼트	(주)도키 엔터테인먼트	2015-10-26	일본	1	10,000	2	청소년 관람불가	상업
726	하늘을 걷는 남자	로버트 저메키스	유니버설픽쳐스 인터내셔널 코리아(유)	유니버설픽쳐스 인터내셔널 코리아(유)	2015-10-28	미국	415	2,267,273,653	238,257	12세이상 관람가	상업
727	맨 프롬 UNCLE	가이 리치	워너브러더스 코리아(주)	워너브러더스 코리아(주)	2015-10-28	미국	361	846,390,353	108,551	12세이상 관람가	상업
728	챔피언 프로그램	스티븐 프리어스	판씨네마(주)	판씨네마(주)	2015-10-28	영국	91	48,323,400	6,301	12세이상 관람가	다양성
729	스카이아크: 지구 최후의 날	사이먼 홍	(주)소나무픽쳐스	(주)소나무픽쳐스	2015-10-28	미국	1	100,000	10	12세이상 관람가	상업
730	더 랍스터	요르고스 란티모스	(주)콘텐츠게이트	㈜영화사오원, (주)브리즈픽쳐스	2015-10-29	영국	75	457,244,300	55,396	청소년 관람불가	다양성
731	아마데우스 감독판	밀로스 포만	시네마 뉴원	시네마 뉴원	2015-10-29	미국	31	108,229,000	13,428	12세이상 관람가	다양성
732	앙리 앙리	마틴 탈봇	(주)컴퍼니엘	(주)영화사 빅	2015-10-29	캐나다	61	50,044,500	6,394	12세이상 관람가	다양성
733	인생면허시험	이자벨 코이젯트	(주)영화사선	예지림 엔터테인먼트	2015-10-29	미국	25	19,244,500	2,325	청소년 관람불가	다양성

순번	영화명	감독	수입사	배급사	개봉일	국적	전국 스크린수	전국매출액	전국 관객 수	등급	비고
734	에덴: 로스트 인 뮤직	미아 한센-로브	찬란	찬란	2015-10-29	프랑스	11	13,493,300	1,675	청소년 관람불가	다양성
735	화장실의 피에타	마츠나가 다이시	영화공간, (주)가보차	THE 픽쳐스	2015-10-29	일본	3	5,139,000	661	15세이상 관람가	다양성
736	악령의 땅	안소니 J. 리케르트-엡스타인	(주)캔들미디어	(주)캔들미디어	2015-10-29	미국	1	722,000	83	청소년 관람불가	상업
737	안드로이드 캅	마크 앳킨스	(주)케이알씨지	(주)케이알씨지	2015-10-29	미국	1	4,000	1	12세이상 관람가	상업
738	창녀 고문 지옥	타나카 노보루	(주)씨타마운틴 픽쳐스	(주)씨타마운틴 픽쳐스	2015-10-29	일본	1	5,000	1	청소년 관람불가	상업
739	파라노말 인시던트	듀크 히치콕	주식회사 루믹스미디어	주식회사 루믹스미디어	2015-10-29	미국	1	5,000	1	청소년 관람불가	상업
740	직장섹스: 미국 남사장과 일본 여직원들	토모마츠 나오유키	(주)영진 크리에이티브	(주)영진 크리에이티브	2015-10-30	일본	1	100,000	10	청소년 관람불가	상업
741	특수부대: 정글의 전쟁	우베 볼	(주)소나무픽쳐스	(주)소나무픽쳐스	2015-11-03	캐나다	1	100,000	10	청소년 관람불가	상업
742	그녀는 맛있는 섹스파트너	사스가 사스케	(주)영진 크리에이티브	(주)영진 크리에이티브	2015-11-04	일본	1	100,000	10	청소년 관람불가	상업
743	언내추럴	행크 브랙스톤	(주)이놀미디어	(주)이놀미디어	2015-11-04	미국	1	12,000	2	청소년 관람불가	상업
744	굴욕 조교 - 불타는 유부녀	하세가와 쿠니히로	(주)도키 엔터테인먼트	(주)도키 엔터테인먼트	2015-11-04	일본	1	5,000	1	청소년 관람불가	상업
745	발칙한 사정열차 - 그놈의 느낌	오부치 아키라	(주)도키 엔터테인먼트	(주)도키 엔터테인먼트	2015-11-04	일본	1	5,000	1	청소년 관람불가	상업
746	상사를 사랑한 여직원	카타오카 슈지	(주)도키 엔터테인먼트	(주)도키 엔터테인먼트	2015-11-04	일본	1	5,000	1	청소년 관람불가	상업
747	어디까지 해봤니 -유부녀	오부치 아키라	(주)도키 엔터테인먼트	(주)도키 엔터테인먼트	2015-11-04	일본	1	5,000	1	청소년 관람불가	상업
748	스파이 브릿지	스티븐 스필버그	이십세기폭스 코리아(주)	이십세기폭스 코리아(주)	2015-11-05	미국	425	2,013,736,478	260,518	12세이상 관람가	상업
749	더 셰프	존 웰스	(주)누리픽쳐스	(주)이수C&E	2015-11-05	미국	409	1,466,464,148	184,469	15세이상 관람가	상업
750	아더와 미니모이 3: 두 세계의 전쟁	뤽 베송	(주)영화사오원	(주)라이크 콘텐츠	2015-11-05	프랑스	267	431,890,800	61,046	전체 관람가	상업
751	이스케이프	존 에릭 도들	위드 라이언 픽쳐스	㈜넥스트엔터테인먼트월드(NEW)	2015-11-05	미국	264	356,672,000	46,781	15세이상 관람가	상업
752	에이미	아시프 카파디아	주식회사 더쿱	주식회사 더쿱	2015-11-05	영국	31	84,834,400	10,252	청소년 관람불가	다양성
753	더 기프트	조엘 에저튼	(주)미디어로그	메가박스(주)플러스엠	2015-11-05	호주	116	59,383,748	7,729	15세이상 관람가	상업
754	세상의 끝에서 커피 한잔	치앙시우청	(주)도키 엔터테인먼트	(주)도키 엔터테인먼트	2015-11-05	일본	13	26,844,000	3,621	12세이상 관람가	다양성

순번	영화명	감독	수입사	배급사	개봉일	국적	전국 스크린수	전국매출액	전국 관객 수	등급	비고
755	더 원 아이 러브	찰리 맥도웰	(주)케이블티비브이오디	(주)팝 엔터테인먼트	2015-11-05	미국	58	22,910,500	2,910	15세이상 관람가	다양성
756	미저리: 엘리베이터 여자	마시모 코리또르	(주)캔들미디어	(주)캔들미디어	2015-11-05	이탈리아	1	1,115,000	130	15세이상 관람가	상업
757	하드코어 디스코	크시슈토프 스코니에츠니	(주)스넵쏘울	(주)스넵쏘울	2015-11-05	미국	1	270,000	54	청소년 관람불가	상업
758	007 스펙터	샘 멘데스	유니버설픽쳐스 인터내셔널 코리아(유)	유니버설픽쳐스 인터내셔널 코리아(유)	2015-11-11	영국	1,105	14,301,476,030	1,820,760	15세이상 관람가	상업
759	사쿠라 여자 수용소	하세가와 쿠니히로	(주)도키 엔터테인먼트	(주)도키 엔터테인먼트	2015-11-11	일본	1	5,000	1	청소년 관람불가	상업
760	실제로 있었던 조건만남	쿠보데라 카즈토	(주)도키 엔터테인먼트	(주)도키 엔터테인먼트	2015-11-11	일본	1	5,000	1	청소년 관람불가	상업
761	유부녀의 음담패설 - 실화	하세가와 쿠니히로	(주)도키 엔터테인먼트	(주)도키 엔터테인먼트	2015-11-11	일본	1	5,000	1	청소년 관람불가	상업
762	줄루 범죄도시	제롬 살레	주식회사 풍경소리	주식회사 풍경소리	2015-11-11	프랑스	1	5,000	1	청소년 관람불가	상업
763	흡족한 밤 - 마술과 섹스	쿠보데라 카즈토	(주)도키 엔터테인먼트	(주)도키 엔터테인먼트	2015-11-11	일본	1	5,000	1	청소년 관람불가	상업
764	개구리왕국	넬슨 신	예지림 엔터테인먼트	예지림 엔터테인먼트	2015-11-12	중국	227	362,895,100	53,576	전체 관람가	상업
765	위아 유어 프렌즈	맥스 조셉	(주)시네마 리퍼블릭	씨네그루(주)다우기술	2015-11-12	미국	220	215,918,400	27,412	청소년 관람불가	상업
766	몬스터 헌트	라맨 허	주식회사 루믹스 미디어,씨제이이앤엠(주)	(주)와우픽쳐스	2015-11-12	중국	184	200,197,000	27,257	12세이상 관람가	다양성
767	우리가 사랑한 시간	드레이크 도리머스	㈜영화사 백두대간	㈜영화사 백두대간	2015-11-12	미국	15	28,285,600	4,088	15세이상 관람가	다양성
768	나이트 오브 컵스	테렌스 맬릭	㈜프레인글로벌, (주)수키픽쳐스	(주)프레인글로벌	2015-11-12	미국	37	21,438,500	2,844	청소년 관람불가	다양성
769	더 크로니클: 뮤턴트의 반격	제제 다카히사	(주)엔케이컨텐츠	(주)영화사오원	2015-11-12	일본	41	20,126,500	2,613	15세이상 관람가	다양성
770	소림사 무림 탐정 - 대흥도방	해도	(주)케이알씨지	(주)케이알씨지	2015-11-12	중국	1	4,000	1	15세이상 관람가	상업
771	소림사: 무림 절대고수	해도	(주)케이알씨지	(주)케이알씨지	2015-11-12	중국	1	4,000	1	15세이상 관람가	상업
772	슈퍼히어로 어벤져	제레미 M. 인맨	(주)케이알씨지	(주)케이알씨지	2015-11-12	미국	1	4,000	1	12세이상 관람가	상업
773	킬 리스트	벤 웨틀리	주식회사 풍경소리	주식회사 풍경소리	2015-11-12	영국	1	5,000	1	청소년 관람불가	상업
774	후궁: 왕의 음탕한 정사	하세가와 구니히로	(주)영진 크리에이티브	(주)영진 크리에이티브	2015-11-17	일본	1	100,000	10	청소년 관람불가	상업
775	헝거게임: 더 파이널	프란시스 로렌스	(주)누리픽쳐스	롯데쇼핑㈜롯데엔터테인먼트	2015-11-18	미국	661	6,069,167,163	806,520	15세이상 관람가	상업

순번	영화명	감독	수입사	배급사	개봉일	국적	전국 스크린수	전국매출액	전국 관객 수	등급	비고
776	펜잔스의 해적	마이크 리	에스디시코리아 주식회사	에스디시코리아 주식회사	2015-11-18	영국	9	2,602,000	145	전체 관람가	다양성
777	사랑과 성욕의 차이	하세가와 쿠니히로	(주)도키 엔터테인먼트	(주)도키 엔터테인먼트	2015-11-18	일본	1	5,000	1	청소년 관람불가	상업
778	아내에겐 할 수 없는 일-화장실	하세가와 쿠니히로	(주)도키 엔터테인먼트	(주)도키 엔터테인먼트	2015-11-18	일본	1	5,000	1	청소년 관람불가	상업
779	욕정의 기모노 정사	쿠보데라 카즈토	(주)도키 엔터테인먼트	(주)도키 엔터테인먼트	2015-11-18	일본	1	5,000	1	청소년 관람불가	상업
780	프리덤	피터 쿠센스	(재) CBS,SOKOR MEDIA	(주)씨타마운틴 픽쳐스	2015-11-19	미국	117	736,220,100	106,030	12세이상 관람가	다양성
781	아이돌 마스터 무비: 빛의 저편으로!	니시고리 아츠시	(주)머스트씨무비 릴리징컴퍼니	(주)머스트씨무비 릴리징컴퍼니	2015-11-19	일본	55	211,857,000	29,193	전체 관람가	다양성
782	5 투 7	빅터 레빈	㈜코리아스크린	㈜코리아스크린, 와이드 릴리즈 (주)	2015-11-19	미국	62	37,072,200	4,921	15세이상 관람가	다양성
783	시티즌포	로라 포이트러스	에스디시코리아 주식회사	에스디시코리아 주식회사	2015-11-19	미국	39	35,565,400	4,769	12세이상 관람가	다양성
784	사일런트 하트	빌 어거스트	(주)영화사 진진	(주)영화사 진진	2015-11-19	덴마크	23	34,500,700	4,603	15세이상 관람가	다양성
785	재키 앤 라이언	아미 카난 만	(주)콘텐츠윙	(주)팝 엔터테인먼트	2015-11-19	미국	62	22,080,000	2,860	12세이상 관람가	다양성
786	당신의 세상은 지금 몇 시?	사피 야즈다니안	알토미디어(주)	알토미디어(주)	2015-11-19	프랑스	9	15,152,200	1,992	12세이상 관람가	다양성
787	아스타 라 비스타	제프리 엔트호벤	㈜인디스토리	㈜인디스토리	2015-11-19	벨기에	7	3,727,300	602	15세이상 관람가	다양성
788	완벽한 사육: 인간 사냥	마크 앳킨스	(주)캔들미디어	(주)캔들미디어	2015-11-19	미국	1	1,132,000	130	15세이상 관람가	상업
789	스타드 업	데이빗 맥킨지	(주)무브먼트 픽쳐스	THE 픽쳐스	2015-11-19	영국	4	516,000	77	청소년 관람불가	다양성
790	왕의 이름으로 3	우베 볼	(주)소니무픽처스	(주)소나무픽쳐스	2015-11-19	캐나다	1	60,000	10	15세이상 관람가	상업
791	친밀한 적	플로렝 에밀리오 시리	(주)시네마천국	(유)영화사 화수분	2015-11-19	프랑스	1	100,000	10	15세이상 관람가	상업
792	나치의 대침공	조셉 J. 로손	(주)케이알씨지	(주)케이알씨지	2015-11-19	미국	1	4,000	1	청소년 관람불가	상업
793	셜록홈즈 - 비밀의 열쇠	레이첼 골덴버그	(주)케이알씨지	(주)케이알씨지	2015-11-19	미국	1	4,000	1	12세이상 관람가	상업
794	앱	바비 보어만스	(주)무브먼트 픽쳐스	THE 픽쳐스	2015-11-19	네덜란드	1	5,000	1	15세이상 관람가	상업
795	오퍼레이터	마리아 올슨,오빈 올슨	브릿지웍스 엔터테인먼트(주)	브릿지웍스 엔터테인먼트(주)	2015-11-19	미국	1	5,000	1	15세이상 관람가	상업
796	클로즈 레인지	아이삭 플로렌틴	(주)블루브릭	(주)블루브릭	2015-11-19	미국	1	5,000	1	청소년 관람불가	상업

순번	영화명	감독	수입사	배급사	개봉일	국적	전국 스크린수	전국매출액	전국 관객 수	등급	비고
797	카발레리아 루스티카나 & 팔리아치		(주)인스터피씨엠	(주)인스터피씨엠	2015-11-21	미국	3	20,914,500	879	전체 관람가	상업
798	괴물의 아이	호소다 마모루	(주)얼리버드 픽쳐스	CGV아트하우스, (주)리틀빅픽쳐스	2015-11-25	일본	363	1,652,580,816	223,216	12세이상 관람가	상업
799	크림슨 피크	길예르모 델 토로	유니버설픽쳐스 인터내셔널 코리아(유)	유니버설픽쳐스 인터내셔널 코리아(유)	2015-11-25	미국	255	377,338,400	46,411	청소년 관람불가	상업
800	그 입술에 사랑을	이사카와 히토시	(주)도키 엔터테인먼트	(주)도키 엔터테인먼트	2015-11-25	일본	1	5,000	1	청소년 관람불가	상업
801	남편과 다른 맛	하세가와 쿠니히로	(주)도키 엔터테인먼트	(주)도키 엔터테인먼트	2015-11-25	일본	1	5,000	1	청소년 관람불가	상업
802	달빛섹스정사 - 기모노	키타가와 아츠야	(주)도키 엔터테인먼트	(주)도키 엔터테인먼트	2015-11-25	일본	1	5,000	1	청소년 관람불가	상업
803	모텔과 화장실	하세가와 쿠니히로	(주)도키 엔터테인먼트	(주)도키 엔터테인먼트	2015-11-25	일본	1	5,000	1	청소년 관람불가	상업
804	극장판 파워레인저 트레인포스 VS 다이노포스 THE MOVIE	와타나베 카츠야	대원미디어(주)	㈜스마일이엔티, (주)영화사오원	2015-11-26	일본	344	730,895,500	100,026	전체 관람가	상업
805	트립 투 잉글랜드	마이클 윈터바텀	찬란	찬란	2015-11-26	영국	33	33,045,800	4,192	15세이상 관람가	다양성
806	맹글혼	데이빗 고든 그린	(주)메인타이틀 픽처스	(주)영화사 빅	2015-11-26	미국	42	17,543,500	2,511	15세이상 관람가	다양성
807	쥬라기 시티	숀 케인	(주)스넵쏘울	(주)스넵쏘울	2015-11-26	미국	1	270,000	54	15세이상 관람가	상업
808	범해진 소녀들	우치다 나오유키	(주)영진 크리에이티브	(주)영진 크리에이티브	2015-11-26	일본	1	100,000	10	청소년 관람불가	상업
809	킬러	카말 암드	라인트리 엔터테인먼트	라인트리 엔터테인먼트	2015-11-26	미국	2	15,000	2	청소년 관람불가	상업
810	드래곤 레저렉션	마크 앳킨스	(주)케이알씨지	(주)케이알씨지	2015-11-26	미국	1	4,000	1	12세이상 관람가	상업
811	배트맨 v 슈퍼맨: 섹시히어로즈의 탄생	악셀 브라운	(주)픽쳐레스크	(주)픽쳐레스크	2015-11-26	미국	1	5,000	1	청소년 관람불가	상업
812	블랙홀	마크 스티븐 그로브	주식회사 루믹스미디어	주식회사 루믹스미디어	2015-11-26	미국	1	5,000	1	12세이상 관람가	상업
813	하숙집 자매: 총각	카에데	(주)영진 크리에이티브	(주)영진 크리에이티브	2015-11-27	일본	1	100,000	10	청소년 관람불가	상업
814	도미니언: 드라코니안의 음모	리차드 로리	(주)이놀미디어	(주)이놀미디어	2015-11-27	미국	1	12,000	2	15세이상 관람가	상업
815	리큐에게 물어라	타나카 미츠토시	(주)스튜디오후크	(주)스튜디오후크	2015-11-27	일본	1	5,000	1	15세이상 관람가	다양성
816	젊은 과부의 애프터서비스	카에데	(주)영진 크리에이티브	(주)영진 크리에이티브	2015-11-30	일본	1	100,000	10	청소년 관람불가	상업

순번	영화명	감독	수입사	배급사	개봉일	국적	전국 스크린수	전국매출액	전국 관객 수	등급	비고
817	목욕탕 그녀와 알바남	오부치 아키라	(주)도키 엔터테인먼트	(주)도키 엔터테인먼트	2015-11-30	일본	1	5,000	1	청소년 관람불가	상업
818	전철에서 만난 사랑이야기	사카모토 후토시	(주)영진 크리에이티브	(주)영진 크리에이티브	2015-12-02	일본	1	100,000	10	청소년관 람불가	상업
819	간호사들의 음담패설-충격실화	카타오카 슈지	(주)도키 엔터테인먼트	(주)도키 엔터테인먼트	2015-12-02	일본	1	8,000	1	청소년관 람불가	상업
820	과부의 욕정 풀기	카타오카 슈지	(주)도키 엔터테인먼트	(주)도키 엔터테인먼트	2015-12-02	일본	1	8,000	1	청소년 관람불가	상업
821	다다미 방의 정사	오쿠 와타루	(주)도키 엔터테인먼트	(주)도키 엔터테인먼트	2015-12-02	일본	1	8,000	1	청소년 관람불가	상업
822	밤손님과 거유녀	하세가와 쿠니히로	(주)도키 엔터테인먼트	(주)도키 엔터테인먼트	2015-12-02	일본	1	8,000	1	청소년 관람불가	상업
823	비포 위 고	크리스 에반스	(주)도키 엔터테인먼트	(주)도키 엔터테인먼트	2015-12-02	미국	1	8,000	1	15세이상 관람가	다양성
824	음탕한 여대생 기숙사	하세가와 쿠니히로	(주)도키 엔터테인먼트	(주)도키 엔터테인먼트	2015-12-02	일본	1	8,000	1	청소년 관람불가	상업
825	400 데이즈	매트 오스터만	(주)퍼스트런	(주)퍼스트런	2015-12-02	미국	1	5,000	1	15세이상 관람가	상업
826	하트 오브 더 씨	론 하워드	워너브러더스 코리아(주)	워너브러더스 코리아(주)	2015-12-03	미국	535	6,776,558,023	809,341	12세이상 관람가	상업
827	시카리오: 암살자의 도시	드니 빌뇌브	롯데쇼핑㈜롯데엔터테인먼트	롯데쇼핑㈜롯데엔터테인먼트	2015-12-03	미국	227	1,128,148,952	139,767	청소년 관람불가	다양성
828	맥베스	저스틴 커젤	판씨네마(주)	판씨네마(주)	2015-12-03	영국	141	711,589,153	93,534	15세이상 관람가	다양성
829	사우스포	안톤 후쿠아	(주)스마일이엔티	씨네그루(주)다우기술	2015-12-03	미국	335	649,386,248	87,426	15세이상 관람가	상업
830	스윗 프랑세즈	사울 딥	그린나래미디어(주)	그린나래미디어(주)	2015-12-03	영국	94	128,027,300	17,198	15세이상 관람가	다양성
831	가름워즈: 마지막 예언자	오시이 마모루	(주)유로 키뮤니케이션	(주)박수 엔터테인먼트	2015-12-03	일본	28	7,370,500	1,033	12세이상 관람가	다양성
832	체르노빌: 원전 대폭발	비탈리 보로비요브	(주)소나무픽쳐스	(주)소나무픽쳐스	2015-12-03	러시아	5	4,180,000	830	12세이상 관람가	다영화
833	스튜어디스의 이중생활	하세가와 쿠니히로	(주)영진 크리에이티브	(주)영진 크리에이티브	2015-12-03	일본	1	100,000	10	청소년 관람불가	상업
834	인투 더 다크	마크 에드윈 로빈슨	유니콘미디어	유니콘미디어	2015-12-03	미국	1	5,000	1	15세이상 관람가	상업
835	잃어버린 세계를 찾아 2015	C. 토마스 하우웰	(주)케이알씨지	(주)케이알씨지	2015-12-03	미국	1	4,000	1	12세이상 관람가	상업
836	카운트다운	나타우트 푼프리야	(주)제이에이와이이엔터테인먼트	(주)제이에이와이이엔터테인먼트	2015-12-03	태국	1	7,000	1	청소년 관람불가	상업
837	크롬스컬: 레이드 투 레스트 2	로버트 홀	유니콘미디어	유니콘미디어	2015-12-03	미국	1	5,000	1	청소년 관람불가	상업

순번	영화명	감독	수입사	배급사	개봉일	국적	전국 스크린수	전국매출액	전국 관객 수	등급	비고
838	하오의 음몽 무삭제판	아키야마 토요	(주)케이알씨지	(주)케이알씨지	2015-12-03	일본	1	4,000	1	청소년 관람불가	상업
839	하숙생 씻겨주는 과부	카에데	(주)영진 크리에이티브	(주)영진 크리에이티브	2015-12-04	일본	1	100,000	10	청소년 관람불가	상업
840	아이다 라스칼라	페터 슈타인	(주)케빈앤컴퍼니	(주)케빈앤컴퍼니	2015-12-05	독일	6	41,041,000	1,908	12세이상 관람가	상업
841	다크 타이드	존 스톡웰	(주)박수 엔터테인먼트	(주)박수 엔터테인먼트	2015-12-05	미국	1	10,000	1	12세이상 관람가	상업
842	엘사 앤 프레드	마이클 래드포드	㈜코리아스크린	㈜코리아스크린	2015-12-06	미국	1	1,932,000	644	12세이상 관람가	상업
843	프레셔	론 스캘펠로	(주)더블앤조이픽쳐스	(주)더블앤조이픽쳐스	2015-12-06	영국	1	10,000	1	청소년 관람불가	상업
844	카르멘	프란체스코 로시	(주)라이크 콘텐츠	(주)라이크 콘텐츠	2015-12-07	프랑스	1	6,497,000	3,118	12세이상 관람가	다양성
845	하숙집: 음란한 사생활	카에데	(주)영진 크리에이티브	(주)영진 크리에이티브	2015-12-09	일본	1	100,000	10	청소년 관람불가	상업
846	귀여운 연하남 - 이리와	에노모토 토시로	(주)도키 엔터테인먼트	(주)도키 엔터테인먼트	2015-12-09	일본	1	8,000	1	청소년 관람불가	상업
847	나어떡해-형수님	하세가와 쿠니히로	(주)도키 엔터테인먼트	(주)도키 엔터테인먼트	2015-12-09	일본	1	8,000	1	청소년 관람불가	상업
848	아내의 젖은 신음	카네다 사토시	(주)도키 엔터테인먼트	(주)도키 엔터테인먼트	2015-12-09	일본	1	8,000	1	청소년 관람불가	상업
849	레전드	브라이언 헬겔랜드	(주)퍼스트런	(주)이수C&E	2015-12-10	프랑스	449	1,436,348,930	179,738	청소년 관람불가	상업
850	보루토 - 나루토 더 무비	야마시타 히로유키	애니박스 엔터테인먼트	와이드 릴리즈(주)	2015-12-10	일본	219	475,552,400	63,954	12세이상 관람가	상업
851	파더 앤 도터	가브리엘 무치노	(주)에이블 엔터테인먼트	(주)박수 엔터테인먼트	2015-12-10	미국	352	445,586,100	58,487	15세이상 관람가	상업
852	나를 미치게 하는 여자	주드 아패토우	유니버설픽쳐스 인터내셔널 코리아(유)	유니버설픽쳐스 인터내셔널 코리아(유)	2015-12-10	미국	161	203,820,700	27,183	청소년 관람불가	상업
853	리틀 보이	알레한드로 몬테베르드	(주)우성 엔터테인먼트	메가박스(주)플러스엠	2015-12-10	미국	143	100,778,300	14,343	12세이상 관람가	다양성
854	미스트리스 아메리카	노아 바움백	이십세기폭스 코리아(주)	이십세기폭스 코리아(주)	2015-12-10	미국	26	61,962,800	7,541	15세이상 관람가	상업
855	마담 보바리	소피 바르트	(주)누리픽쳐스	(주)영화사 진진	2015-12-10	미국	20	49,643,300	6,410	청소년 관람불가	다양성
856	진격의 거인: 자유의 날개	아라키 테츠로	(주)애니플러스	(주)박수 엔터테인먼트	2015-12-10	일본	37	46,345,600	6,026	15세이상 관람가	다양성
857	캅카	존 와츠	(주)메인타이틀 픽쳐스	와이드 릴리즈(주)	2015-12-10	미국	20	8,838,000	1,581	15세이상 관람가	다양성
858	서툴지만, 사랑	이누도 잇신	블루미지	(주)이수C&E	2015-12-10	일본	11	12,439,000	1,440	전체 관람가	다양성

순번	영화명	감독	수입사	배급사	개봉일	국적	전국 스크린수	전국매출액	전국 관객 수	등급	비고
859	지구 최후의 날 2015	리차드 로리	(주)소나무픽쳐스	(주)소나무픽쳐스	2015-12-10	미국	1	300,000	60	15세이상 관람가	상업
860	그룹섹스: 젊은 여사장과 남자직원들	야마우치 다이스케	(주)영진 크리에이티브	(주)영진 크리에이티브	2015-12-10	일본	1	8,000	1	청소년 관람불가	상업
861	음란한 앵글 무삭제판	세키네 카즈미	(주)케이알씨지	(주)케이알씨지	2015-12-10	일본	1	4,000	1	청소년 관람불가	상업
862	무녀의 탐스러운 육체	카와사키 히로유키	(주)영진 크리에이티브	(주)영진 크리에이티브	2015-12-11	일본	1	100,000	10	청소년 관람불가	상업
863	에리카의 극장괴담	에지리 다이	(주)예당씨앤에스	(주)예당씨앤에스	2015-12-12	일본	1	5,000	1	청소년 관람불가	상업
864	음란한 채무 - 목소리	카이하라 쿠리스 료	(주)예당씨앤에스	(주)예당씨앤에스	2015-12-12	일본	1	5,000	1	청소년 관람불가	상업
865	노리개가 된 아내	카이하라 쿠리스 료	(주)영진 크리에이티브	(주)영진 크리에이티브	2015-12-14	일본	1	100,000	10	청소년 관람불가	상업
866	풍만한 하숙집 여주인	카에데	(주)영진 크리에이티브	(주)영진 크리에이티브	2015-12-15	일본	1	100,000	10	청소년 관람불가	상업
867	단지처 길들이기 - 유부녀	타지리 유지	(주)도키 엔터테인먼트	(주)도키 엔터테인먼트	2015-12-16	일본	1	8,000	1	청소년 관람불가	상업
868	백컨트리 - 야생곰의 습격	애덤 맥도날드	(주)도키 엔터테인먼트	(주)도키 엔터테인먼트	2015-12-16	캐나다	1	8,000	1	15세이상 관람가	다양성
869	음란한 꽃의 여름	에노모토 토시로	(주)도키 엔터테인먼트	(주)도키 엔터테인먼트	2015-12-16	일본	1	8,000	1	청소년 관람불가	상업
870	인류 멸종 - 좀비 바이러스	프란시스코 피콘	(주)도키 엔터테인먼트	(주)도키 엔터테인먼트	2015-12-16	캐나다	1	8,000	1	청소년 관람불가	상업
871	좀비들의 섬 - 데드 시즌	애덤 디요	(주)도키 엔터테인먼트	(주)도키 엔터테인먼트	2015-12-16	미국	1	8,000	1	청소년 관람불가	상업
872	쥬라기 타임트랙	그리프 퍼스트	(주)케이알씨지	(주)케이알씨지	2015-12-16	미국	1	4,000	1	12세이상 관람가	상업
873	하녀 - 기모노 섹스	하세가와 쿠니히로	(주)도키 엔터테인먼트	(주)도키 엔터테인먼트	2015-12-16	일본	1	8,000	1	청소년 관람불가	상업
874	환자의 욕정풀기 - 간호사	카타오카 슈지	(주)도키 엔터테인먼트	(주)도키 엔터테인먼트	2015-12-16	일본	1	8,000	1	청소년 관람불가	상업
875	스타워즈: 깨어난 포스	J.J. 에이브럼스	월트디즈니컴퍼니 코리아(주)	월트디즈니컴퍼니 코리아(주)	2015-12-17	미국	940	24,149,735,540	2,803,260	12세이상 관람가	상업
876	바닷마을 다이어리	고레에다 히로카즈	(주)티캐스트	(주)티캐스트	2015-12-17	일본	67	414,854,984	51,712	12세이상 관람가	다양성
877	더 봄버: 최강폭격부대	비탈리 보로비요브	(주)소나무픽쳐스	(주)소나무픽쳐스	2015-12-17	러시아	5	4,420,000	880	15세이상 관람가	다양성
878	대명겁: 천하대전	왕 징	(주)소나무픽쳐스	(주)소나무픽쳐스	2015-12-17	중국	1	50,000	10	12세이상 관람가	다양성
879	에로닌자걸: 정사	카와사키 히로유키	(주)영진 크리에이티브	(주)영진 크리에이티브	2015-12-17	일본	1	100,000	10	청소년 관람불가	상업

순번	영화명	감독	수입사	배급사	개봉일	국적	전국 스크린수	전국매출액	전국 관객 수	등급	비고
880	데블핸드	크리스티안 E.크리스티안센	㈜에이원 엔터테인먼트	㈜에이원 엔터테인먼트	2015-12-17	미국	1	5,000	1	청소년 관람불가	상업
881	라다랜드	소폰 사크다피싯	㈜제이에이와이이엔터테인먼트	㈜제이에이와이이엔터테인먼트	2015-12-17	태국	1	7,000	1	청소년 관람불가	상업
882	러브인베를린	룰루 왕	(주)블루브릭	(주)블루브릭	2015-12-17	미국	1	5,000	1	12세이상 관람가	상업
883	강아지 삼총사	제시 바겟	썬택엔터테인먼트 주식회사	썬택엔터테인먼트 주식회사	2015-12-18	미국	1	5,000	1	전체 관람가	상업
884	비디오 속 나의 비밀정사	진노 후토시	(주)영진 크리에이티브	(주)영진 크리에이티브	2015-12-19	일본	1	9,000	1	청소년 관람불가	상업
885	그녀와의 섹스는 맛있다	하지메 쇼우리	(주)영진 크리에이티브	(주)영진 크리에이티브	2015-12-20	일본	1	9,000	1	청소년 관람불가	상업
886	다크 바이 눈	알란 레오나드,마이클 오플라허티	(주)캔들미디어	(주)캔들미디어	2015-12-21	아일랜드	1	1,107,000	130	12세이상 관람가	상업
887	치한전차: 음란한 퇴근길	오쿠 와타루	(주)소나무픽쳐스	(주)소나무픽쳐스	2015-12-22	일본	1	300,000	60	청소년 관람불가	상업
888	리벤지 포 졸리	차드 하볼드	(주)콘텐츠윙	(주)콘텐츠윙	2015-12-22	미국	1	5,000	1	청소년 관람불가	상업
889	어린왕자	마크 오스본	와이즈앤와이드엔터테인먼트(주)	씨네그루(주)다우기술	2015-12-23	프랑스	494	3,195,583,794	428,855	전체 관람가	다양성
890	포켓몬 더 무비 XY 후파: 광륜의 초마신	유야마 쿠니히코	(주)포켓몬코리아	(주)이수C&E	2015-12-23	일본	360	1,528,041,500	214,284	전체 관람가	상업
891	음란한 병원: 전신마취	사토 토시키	(주)영진 크리에이티브	(주)영진 크리에이티브	2015-12-23	일본	1	100,000	10	청소년 관람불가	상업
892	떡국열차 신드롬 무삭제판	아키야마 요시오	(주)케이알씨지	(주)케이알씨지	2015-12-23	일본	1	4,000	1	청소년 관람불가	상업
893	바로 밑에서 훔쳐보기	하세가와 쿠니히로	(주)도키 엔터테인먼트	(주)도키 엔터테인먼트	2015-12-23	일본	1	8,000	1	청소년 관람불가	상업
894	아틸라: 매직 스워드	엠마뉴엘 아이티어	(주)케이알씨지	(주)케이알씨지	2015-12-23	미국	1	4,000	1	15세이상 관람가	상업
895	악령의 재림 13-13-13	제임스 쿨렌 브레삭	(주)케이알씨지	(주)케이알씨지	2015-12-23	미국	1	4,000	1	청소년 관람불가	상업
896	컨트랙티드 2	조쉬 포브스	(주)나우콘텐츠	(주)나우콘텐츠	2015-12-23	미국	1	8,000	1	청소년 관람불가	상업
897	몬스터 호텔 2	젠디 타타코브스키	유니버설픽쳐스 인터내셔널 코리아(유)	유니버설픽쳐스 인터내셔널 코리아(유)	2015-12-24	미국	685	7,011,936,585	960,867	전체 관람가	상업
898	스누피: 더 피너츠 무비	스티브 마티노	이십세기폭스 코리아(주)	이십세기폭스 코리아(주)	2015-12-24	미국	348	1,193,990,100	156,373	전체 관람가	상업
899	이웃집에 신이 산다	자코 반 도마엘	(주)엣나인필름	(주)엣나인필름	2015-12-24	벨기에	73	420,207,300	53,243	청소년 관람불가	다양성
900	마카담 스토리	사무엘 벤쉬트리	주식회사 씨네룩스	주식회사 씨네룩스	2015-12-24	프랑스	29	47,380,900	5,898	12세이상 관람가	다양성

순번	영화명	감독	수입사	배급사	개봉일	국적	전국 스크린수	전국매출액	전국 관객 수	등급	비고
901	데싸우 댄서스	장 마틴 샤프	(주)유로 커뮤니케이션	(주)유로 커뮤니케이션	2015-12-24	독일	9	3,368,000	446	15세이상 관람가	다양성
902	버스가이드의 젖은 속옷	이마오카 신지	(주)영진 크리에이티브	(주)영진 크리에이티브	2015-12-24	일본	1	100,000	10	청소년 관람불가	상업
903	내 생애 최악의 데이트	배리 폴락	주식회사 루믹스미디어	주식회사 루믹스미디어	2015-12-24	미국	1	5,000	1	15세이상 관람가	상업
904	살인게임	아눕 랜기	라인트리 엔터테인먼트	라인트리 엔터테인먼트	2015-12-24	미국	1	5,000	1	청소년 관람불가	상업
905	아기호랑이 루나의 대모험	마이클 J. 사나	유니콘미디어	오퍼스픽쳐스	2015-12-24	미국	1	5,000	1	전체 관람가	상업
906	3데이즈: 라스트 서바이벌	길 벨로우스	라인트리 엔터테인먼트	라인트리 엔터테인먼트	2015-12-24	캐나다	1	5,000	1	청소년 관람불가	상업
907	여대생 살인기	조조 히데오	(주)영진 크리에이티브	(주)영진 크리에이티브	2015-12-25	일본	1	100,000	10	청소년 관람불가	상업
908	음란한 유치장	카츠야마 시게오	(주)영진 크리에이티브	(주)영진 크리에이티브	2015-12-26	일본	1	100,000	10	청소년 관람불가	상업
909	불륜 와이프와 맛있는 처녀	짓소지 아키오	(주)영진 크리에이티브	(주)영진 크리에이티브	2015-12-26	일본	1	9,000	1	청소년 관람불가	상업
910	예쁜 여자가 섹스도 잘해	하지메 쇼우리	(주)영진 크리에이티브	(주)영진 크리에이티브	2015-12-27	일본	1	9,000	1	청소년 관람불가	상업
911	위기의 유부남: 만나는 여자마다 하고 싶어!	쿠도 마사노리	(주)소나무픽쳐스	(주)소나무픽쳐스	2015-12-29	일본	1	300,000	60	청소년 관람불가	상업
912	라스트 위치 헌터	브렉 에이즈너	(유)조이앤시네마	TCO(주)더콘텐츠온	2015-12-30	미국	278	345,219,000	49,558	15세이상 관람가	상업
913	음란한 너만을 생각해	타지리 유지	(주)도키 엔터테인먼트	(주)도키 엔터테인먼트	2015-12-30	일본	1	8,000	1	청소년 관람불가	상업
914	라스트 탱고	게르만 크랄	(주)미로스페이스	(주)미로스페이스	2015-12-31	독일	19	8,336,000	1,032	12세이상 관람가	다양성
915	연인들	도미니크 그라프	(주)무브먼트 픽처스	THE 픽쳐스	2015-12-31	독일	5	459,000	64	청소년 관람불가	다양성

3. 2015년 한국영화 작품일람

1. 워킹걸 Casa Amor: Exclusive for Ladies

청소년관람불가		**촬영**	이선영	**배급사**	메가박스(주)플러스엠
상영시간	112분 l 코미디	**조명**	정성철	**심의**	2014.12.17.
감독	정범식	**미술**	신미선, 백경인	**개봉**	2015.01.07.
출연	조여정, 클라라, 김태우	**의상**	윤미라		
		편집	김선민		
제작	김홍백, 민진수	**음악**	정범식, 별별악사		
프로듀서	윤소	**제작사**	(주)홍필름, (주)수필름		
각본	정범				

남편과의 섹스보다 업무성과가 좋을 때 쾌감을 느끼는 워커홀릭 보희. 직장에서는 최고 에이스, 가정생활은 형편없는 보희(조여정)는 승진을 앞둔 중요한 프레젠테이션에서 치명적인 실수를 저질러 해고를 당한다. 엎친 데 덮친 격, 집에서 그녀를 기다리는 건 남편의 이별통보가 담긴 메시지뿐!
섹스샵 오너이자 제대로 된 엔조이(?) 세계의 전도사 난희. 여자는 그것(?) 느껴본 여자와 못 느껴본 여자로 나뉜다는 그녀만의 철학으로 누구보다 섹스에 대해 박학다식하다. 그러나 정작 본인의 섹스샵은 빨간딱지로 가득한데…….
누구보다 완벽할 것 같지만 정작 실체는 허당인 그녀들, 하루아침에 쪽박 인생이 된 두 워킹걸의 은밀한 동업이 시작된다!

2. 설해 Snow In Sea Breeze

12세이상관람가		**조명**	이동섭		
상영시간	109분 l 드라마	**미술**	이병덕	**심의**	2014.12.04.
감독	김정권	**의상**	김유선	**개봉**	2015.01.08.
출연	박해진, 이영아	**편집**	권효림		
제작	최정락	**음악**	오수진		
프로듀서	홍상욱	**제작사**	(주)맑음영화사		
각본	김군영, 김정권	**배급사**	(주)마인스엔터테인먼트, (주)씨타마운틴픽처스		
촬영	최덕규				

어릴 적 아빠를 잃은 아픔을 간직한 조향사 선미(이영아).
사랑하는 여동생을 먼저 떠나보낸 실업팀 수영선수 만년후보생 상우(박해진).
어느 날, 상우는 우연히 술에 취해 인사불성이 된 선미를 구해주게 되고, 그녀가 소중하게 간직했던 아빠의 유품인 오르골을 찾아주면서 둘 사이는 점점 가까워진다.
운명처럼 사랑에 빠진 두 사람은 평생을 함께 할 것을 맹세하며 행복한 나날을 보내지만, 어느 날부턴가 선미의 몸에 이상신호가 감지되는데…….

3. 오늘의 연애 Love Forecast

15세이상관람가		**촬영**	성승택	**심의**	2014.12.24.
상영시간	119분 I 멜로, 코미디	**조명**	김은미	**개봉**	2014.01.14.
감독	박진표	**미술**	김미정, 김선주		
출연	이승기, 문채원	**의상**	김정원		
제작	이지훈, 박진표, 심영, 한성구	**편집**	배예은		
		음악	정세린, 주영훈		
프로듀서	정대훈	**제작사**	(주)팝콘에프앤엠		
각본	이병헌, 박진표	**배급사**	씨제이이엔엠(주)		

어릴 적 아빠를 잃은 아픔을 간직한 조향사 선미(이영아).
사랑하는 여동생을 먼저 떠나보낸 실업팀 수영선수 만년후보생 상우(박해진).
어느 날, 상우는 우연히 술에 취해 인사불성이 된 선미를 구해주게 되고, 그녀가 소중하게 간직했던 아빠의 유품인 오르골을 찾아주면서 둘 사이는 점점 가까워진다.
운명처럼 사랑에 빠진 두 사람은 평생을 함께 할 것을 맹세하며 행복한 나날을 보내지만, 어느 날부턴가 선미의 몸에 이상신호가 감지되는데…….

4. 허삼관 Chronicle of a Blood Merchant

12세이상관람가		**각본**	김주호, 하정우		
상영시간	124분 I 드라마	**촬영**	소정오		
감독	하정우	**조명**	김성관	**배급사**	(주)넥스트엔터테인먼트월드
출연	하정우, 하지원, 전혜진, 장광	**미술**	정은영	**심의**	2014.12.16.
		의상	임승희, 권유진	**개봉**	2015.01.14.
제작	고승희, 안동규, 김한길	**편집**	김상범, 김재범		
		음악	김정범		
프로듀서	오정현, 장원석	**제작사**	(주)두타연, (주)판타지오픽처스		

돈 없고, 대책 없고, 가진 것도 없지만 뒤끝만은 넘치는 남자 허삼관. 마을 절세미녀 허옥란에게 한눈에 반하지만 이미 그녀에겐 하소용이란 남자가 있다는 청천벽력 같은 소식을 듣게 된다. 하지만 여기서 포기하면 허삼관이 아니다!
온갖 물량공세로 마침내 결혼승낙을 받아낸 삼관은 보고만 있어도 배부른 세 아들 일락, 이락, 삼락을 낳고 행복한 하루하루를 보낸다.
하지만 시간이 흐를수록 마을에는 삼관의 행복을 위협하는 흉흉한 소문이 퍼져간다. 바로 큰 아들 일락이 허삼관이 아닌 하소용을 닮아간다는 것!
일락이 자신의 아들이란 사실을 입증하기 위해 마을 사람들을 모두 모은 삼관. 그리고 현장에 막 도착한 일락의 혈액형 검사결과를 발표하는데!

5. 고양이 장례식 Cat Funeral

12세이상관람가
상영시간 107분 | 멜로, 로맨스
감독 이종훈
출연 강인, 박세영, 정겨운
프로듀서 전윤찬, 윤경돈
각본 이종훈
촬영 김무유
조명 백광용
미술 현숙
의상 정의선
편집 손연지
음악 최학래, 이루마, 김영민
제작사 영화 고양이 장례식 제작조합
배급사 (주)인디플러그
심의 2014.12.23.
개봉 2015.01.15.

친구의 결혼식장에서 첫눈에 반해 알콩달콩 사랑을 키워온 동훈(강인)과 재희(박세영)! 아름답게 시작했던 그들은 결국 헤어졌다. 그리고 1년 후, 함께 키우던 고양이 '구름이'의 장례식에서 그들은 재회한다. 구름이가 선물한 그들의 특별한 하루는 지난 사랑을 추억하는 그리움의 하루이자 멈춘 사랑을 다시 시작하려는 설렘의 하루이다. 그들은 정말 다시 사랑할 수 있을까?

6. 꽃보다 처녀귀신 Flower Ghost

청소년관람불가
상영시간 103분 | 드라마
감독 최영민
출연 안재민, 박세영, 이정민
프로듀서 박승찬
각본 윤영호
촬영 박휴종, 최영민
조명 양진석
미술 우경희
의상 김지원
편집 문인대
제작사 고구마콘텐츠허브(주)
배급사 고구마콘텐츠허브(주)
심의 2014.11.29.
개봉 2015.01.15.

영웅은 사채빚으로 행방불명된 여자 친구를 찾기 위해 다니던 대기업을 그만두고 사채회사에 들어가 그녀의 행방을 찾는다. 그러던 중 채무자 홍두문을 만나게 된다.
홍두문은 건달생활을 하던 중 신내림을 받아 무당이 된 인물로, 사채를 얻어 강가의 오래된 펜션을 구입한다. 수행 도중 많은 귀신들이 원한을 풀어 달라고 찾아오지만 그는 처녀귀신들만을 골라 계약을 맺는다. 홍두문의 주 사업 아이템은 성상담으로 부부들의 시들해진 성생활을 회복시키는 것이다. 귀신들은 부인의 몸에 빙의돼 새로운 섹스 테크닉을 익히게 하고 그 대가로 부적을 모아 저승에 가고자 한다.
영웅의 도움으로 빚을 갚게 된 홍두문은 귀신과 함께 위험에 처한 영웅의 여자 친구를 도와주기로 한다.

7. 미라클 여행기 Mira Story

전체관람가
상영시간 84분| 다큐멘터리
감독 허철
출연 최미라, 김영민, 김정민
프로듀서 이동훈, 김정호
촬영 김지훈
동시녹음 김성훈
편집 이동훈
제작사 미라클필름, (주)꿈길제작소, 허철필름
배급사 미라클필름
심의 2014.12.24.
개봉 2014.01.15.

대학을 졸업한지 4년이 지났지만 아직도 갈피를 못 잡고 있는 20대 후반의 최미라는 자신의 신세에 대해 답답해하던 차에 제주도 강정마을에 책을 기부하는 행사를 알게 되고 삼만 권의 책을 나르는 배에 승선하게 된다. 배에는 3백여 명의 자원봉사자들이 타고 있고 미라는 본인의 답답한 심정에 더 몰두하지만 자연스럽게 배에 승선한 사람들과 어울리게 되면서 어렴풋이나마 강정마을의 이슈에 대해서 알게 된다. 미라에겐 개인적인 고민이 더 중요하지만 배에 탄 사람들은 가져가는 책으로 강정마을 주민들에게 큰 힘이 될 것이라고 희망하고 있다. 과연 강정마을 주민들은 책운동을 어떻게 받아들이게 될까?

8. 강남 1970 Gangnam Blues

청소년관람불가
상영시간 135분 | 액션, 드라마
감독 유하
출연 이민호, 김래원, 정진영, 설현
제작 김영준, 유정훈
프로듀서 한길로, 박선영
각본 유하
촬영 홍승혁, 김태성
조명 이준일, 김경석
미술 강승용
의상 김경미
편집 박곡지
음악 조영욱
제작사 (주)모베라픽쳐스, (주)쇼박스
배급사 (주)쇼박스
심의 2014.12.30.
개봉 2015.01.21.

호적도 제대로 없는 고아로, 넝마주이 생활을 하며 친형제처럼 살던 종대(이민호)와 용기(김래원). 유일한 안식처였던 무허가촌의 작은 판잣집마저 빼앗기게 된 두 사람은 건달들이 개입된 전당대회 훼방 작전에 얽히게 되고 그 곳에서 서로를 잃어버린다. 3년 후, 자신을 가족으로 받아 준 조직 두목 출신 길수(정진영)의 바람과 달리, 잘 살고 싶다는 꿈 하나로 건달 생활을 하게 되는 종대. 정보와 권력의 수뇌부에 닿아있는 복부인 민마담(김지수)과 함께 강남 개발의 이권다툼에 뛰어든 종대는 명동파의 중간보스가 된 용기와 재회하고, 두 사람은 정치권까지 개입된 의리와 음모, 배신의 전쟁터. 그 한 가운데에 놓이게 되는데…….

9. 생각보다 맑은 Clearer than You Think

12세이상관람가
상영시간 77분 | 애니메이션
감독 한지원
출연 엄상현, 양정화, 이호민
프로듀서 이홍수
편집 한지원, 이홍수
음악 엄빈
사운드 이홍수
제작사 스튜디오 알로
배급사 애니메이션 배급, 씨앗, (주)인디스토리
심의 2014.12.19.
개봉 2015.01.22.

진로 선택의 기로에 선 '고구마'와 사랑한다는 말이 듣고 싶은 '여과장'
음악이 하고 싶은 '기타소녀' 그리고 주인을 만나러 집을 나선 강아지 '마로'
그들의 내일은 오늘보다는 맑을까? 더 나은 내일을 꿈꾸는 우리 모두의 이야기!

10. 내 심장을 쏴라 Shoot Me in the Heart

15세이상관람가
상영시간 102분 | 드라마
감독 문제용
출연 이민기, 여진구, 유오성
제작 방미정, 주필호
프로듀서 이강진, 이석준
각본 문제용, 최정미, 유선동
촬영 강승기, 조용규
조명 신상열
미술 박지나
의상 최의영
편집 김창주, 박경숙
음악 김준석
제작사 (주)주피터필름
배급사 (주)리틀빅픽처스, (주)이수C&E
심의 2015.01.06.
개봉 2015.01.28.

어린 시절의 트라우마 때문에 6년째 병원을 제집처럼 드나든, 누구보다 성실한 모범환자 수명. 하지만 움직이는 시한폭탄 승민과 엮이면서 그의 평화로운 병원라이프가 흔들리기 시작한다.
이유도 없이 강제로 병원에 갇히게 된 승민. 어떻게든 이곳을 나가야만 하는 그는 같은 방 동기이자 동갑내기인 수명을 꼬드겨 탈출을 감행한다.

11. 비치하트애솔 Bitch Heart Asshole

청소년관람불가		편집	문인대
상영시간	100분 | 멜로, 드라마	음악	이한별, 박현준, 김정욱
감독	이난	사운드	이승철
출연	권현상, 박란	제작사	윤윤상회
프로듀서	홍이연정, 윤윤상	배급사	골든타이드픽처스(주)
각본	이난	심의	2014.12.27.
촬영	이큰솔	개봉	2015.01.29.
미술	곽향숙		

정남은 명품 대신 짝퉁을 배달한다. 진이는 꽃 대신 몸을 판다.
세탁소 앞 골목길, 진이가 숫자를 세며 누군가를 기다린다. 하지만 아무도 오지 않는다. 그런 진이를 정남은 계속 지켜본다. "지금 몇 시예요?" 몇 번 말을 걸어보지만 진이는 매번 처음인 듯 냉랭하기만 하다. 사창가 뒷골목에서 포주인 용수에게 맞고 있는 진이를 정남이가 구해주었을 때도 이들은 처음 만난 듯 어색하다. 그러던 어느 날, 건달 손님에게 두들겨 맞고 쓰레기 더미에 쓰러져 있는 정남을 진이가 발견하고 자기 집으로 데려간다. 거리를 배회하며 엇갈리기만 했던 두 사람은 함께 지내고 여행을 떠나는 등 가까워진다. 사랑을 위해 새로운 삶을 꿈꾸는 두 사람, 이들의 사랑은 이루어 질 수 있을까?

12. 어우동: 주인없는 꽃 Lost Flower Eo Woo-dong

청소년관람불가		촬영	박경석	개봉명	김욱
상영시간	101분 | 멜로, 로맨스	조츠그룹, (주)리필름		심의	2014.12.12.
감독	이수성	동시녹음	고동훈	개봉	2015.01.29.
출연	백도빈, 송은채, 여욱환, 남경읍	미술	김선정		
		음악	김은태		
제작	이수성	제작사	(유)조이앤컨텐		
프로듀서	박성민	배급사	(주)드림팩트엔터테인먼트		
각본	이창규				

곱고 아름다운 자태와 월등한 학문실력을 갖춘 박참판 댁 규수 혜인은 왕의 종친 이동의 구애로 그와 혼인한다. 그러나 혼인 후에도 남편 이동의 방탕한 생활은 이어지고, 때마침 혜인을 일편단심 사랑하는 역관 무공의 존재를 알게 된 이동은 혜인이 보는 앞에서 기생과 성사를 치른다. 남편의 배신에 충격을 받은 혜인은 복수를 위해 스스로 이름을 '어우동'이라고 짓고 조선 최고의 기녀로 새롭게 태어난다. 매일 밤 그녀를 탐하기 위해 몰려오는 사대부들의 소문은 결국 조선의 왕에게까지 전해지고, 어우동은 왕과도 은밀한 만남의 시간을 갖게 되는데…….

13. 화끈한 서비스: 어느 잔인한 미용사의

청소년관람불가		**각본**	남기웅	**배급사**	골든타이드픽처스(주)
상영시간	72분 I 스릴러	**촬영**	이성진	**심의**	2015.01.12.
감독	남기웅	**조명**	이성환	**개봉**	2015.01.29.
출연	이언정, 이원종, 김진휘	**미술**	장세영		
제작	송찬호, 양건의, 김진휘	**의상**	인지애		
프로듀서	김진휘	**음악**	석승희		
		제작사	골든타이드픽처스(주), (주)노시스에프앤디		

해가 지면 검은 선글라스와 금발의 가발, 검정 스타킹, 미니스커트를 입고 면도칼을 휘두르는 '난자', 그녀의 목적은 남자들에게 배신당한 여자들의 눈물에 응당한 대가를 치루기 위해 거침없이 남자들의 목을 베는 것. 하지만 진정한 목표물은 엄마에게 빵을 물린 채 강간하고 죽음으로 몰고 간 세 명의 남자, 길수, 재구, 만식을 찾아 복수하는 것이다. 그러던 어느 날, 실연의 아픔으로 자살하려던 여자를 통해 자신이 찾던 세 남자 중 한 명인 만식을 찾게 된다. 난자는 그를 납치, 자신의 아지트인 지하실로 끌고 오고 만식의 취미인 트럼펫을 불게 한다. 트럼펫 소리와 함께 춤을 추는 난자. 절정으로 향하던 그때 난자는 만식의 목을 긋고 트럼펫 관을 통해 분수처럼 뿜어져 나오는 피. 드디어 난자의 화끈한 복수가 시작된다.

14. 비밀: 아내의 남자

청소년관람불가		**동시녹음**	우성찬
상영시간	87분 I 드라마, 스릴러	**의상**	인지애
감독	이상화	**편집**	김유성
출연	장하람, 양정모	**음악**	이양섭
프로듀서	노해성	**제작사**	굿픽처스
각본	이상화	**배급사**	(주)나우콘텐츠
촬영	안금성	**심의**	2015.01.29.
조명	최만호	개봉	2015.02.04.

첫 눈에 반한 아내 지윤과 결혼해 행복한 신혼의 나날을 보내는 남수. 애교 가득한 사랑스런 지윤의 모습에 눈을 뗄 수 없는 남수는 매일 밤 행복한 사랑을 속삭인다.
그러던 중 어느 날 갑자기 찾아온 아버지의 방문에 남수는 당황해 하지만 그와 달리 지윤은 딸처럼 반갑게 맞이한다. 자신보다 아버지를 더 챙기는 아내에게 서운한 마음이 생긴 남수는 아빠 없이 자란 지윤의 불우했던 어린 시절을 듣게 되면서 아버지로부터 정을 느끼려 하는 그녀의 행동을 이해하려 한다. 하지만 너무나 다정해 보이는 그들의 모습에 둘의 관계를 의심하기 시작하고 시간이 지날수록 그 불안감은 돌이킬 수 없는 상태로 치달아 가는데…….

15. 망원동 인공위성 The Basement Satellite

12세이상관람가
상영시간 108분 | 다큐멘터리
감독 김형주
출연 송호준, 조성윤
제작 한선희, 김형주
프로듀서 안지혜
촬영 김형주
편집 엄윤주, 김형주
음악 강민국
제작사 플레인픽처스
배급사 (주)시네마달
심의 2014.11.06.
개봉 2015.02.05.

티셔츠 1만 장을 팔아 1억 원의 인공위성 발사비용을 충당, DIY 방식으로 인공위성을 만들어 우주로 띄우겠다는 야심 찬 계획에 도전한 아티스트 송호준. 오늘도 그는 자신만의 별을 쏘아 올리겠다는 원대한 포부를 안고 망원동 지하 작업실에서 고군분투 중이다. 하지만 그의 예상과 달리 티셔츠는 도통 팔리지 않고, 발사 일정은 거듭 연기된다. 까다로운 기술적 문제까지 돌파해야 하는 인공위성 DIY 작업 속에서 세계가 주목하는 '개인 인공위성 프로젝트'는 점차 벅찬 도전이 되어가는데……. 과연 송호준은 성공적으로 꿈을 이룰 수 있을까?

16. 쎄시봉 C'est Si Bon

15세이상관람가
상영시간 123분 | 멜로, 드라마
감독 김현석
출연 김윤석, 정우, 한효주, 김희애, 진구, 장현성, 강하늘, 조복래, 김인권
제작 강명찬, 이우정
프로듀서 강명찬
각본 김현석
촬영 이모개
조명 이성환
미술 최효선
의상 이은주
편집 김상범, 김재범
음악 이병훈
제작사 유한회사 제이필름, (주)무브픽처스
배급사 씨제이이엔엠(주)
심의 2015.01.14.
개봉 2015.02.05.

한국 음악계에 포크 열풍을 일으킨 조영남, 윤형주, 송창식, 이장희 등을 배출한 음악감상실 '쎄시봉', 젊음의 거리 무교동 최고의 핫플레이스였던 그곳에서 '마성의 미성' 윤형주와 '타고난 음악천재' 송창식이 평생의 라이벌로 처음 만나게 된다. '쎄시봉' 사장은 이들의 가수 데뷔를 위해 트리오 팀 구성을 제안하고, 자칭 '쎄시봉'의 전속 프로듀서 이장희는 우연히 오근태의 중저음 목소리를 듣고 그가 두 사람의 빈틈을 채워줄 '숨은 원석'임을 직감한다. 기타 코드조차 제대로 잡지 못하는 통영 촌놈 오근태는 이장희의 꼬임에 얼떨결에 '트리오 쎄시봉'의 멤버로 합류하게 되고 그 시절, 모든 남자들의 마음을 사로잡은 '쎄시봉'의 뮤즈 민자영에게 첫눈에 반해 그녀를 위해 노래를 부르기로 결심하는데…….

17. 최강 전사 미니 특공대: 새로운 악당의 습격

전체관람가
상영시간 62분 | 애니메이션
감독 이영준
출연 엄상현, 전태열, 신용우
프로듀서 김병우, 김성수, 김수훈
각본 김수훈, 최가희, 최인희
음악 동민호
제작사 (주)삼지애니메이션
배급사 에이원엔터테인먼트
심의 2015.01.23.
개봉 2015.02.05.

동물 친구들이 살고 있는 블루벨 마을을 지키기 위해 오랜 세월에 걸쳐 비밀리에 결성된 최강전사 미니특공대! 놀라운 스피드 '볼트', 최고의 점프 '새미', 막강 파워 '맥스', 최강 방어 '루시' 각각의 특별한 능력을 지닌 미니특공대는 작은 동물들을 끊임없이 괴롭히는 악당 '나인'과 '파스칼'에게 맞서 작고 힘없는 동물들을 지키고 있다. 어느 날, '파스칼'은 모든 것을 복제해 버리는 외계인 '조디'를 세뇌해 미니특공대를 공격한다. 여기에 향기만 맡아도 울음이 터지는 꽃 기계몬으로 블루벨 마을을 온통 울음바다로 만들어 버리고, '파스칼'의 힘으로 더욱 강해진 쌍둥이 펭귄 도둑까지 등장하는데…….

18. 조선명탐정: 사라진 놉의 딸 Dectective K: Secret of the Lost Island

12세이상관람가
상영시간 125분 | 사극, 코미디
감독 김석윤
출연 김명민, 오달수, 이연희
제작 이선미, 김조광수
프로듀서 이선미, 안몽식
각본 김수진, 이남규
촬영 장남철
조명 박순홍
미술 장춘섭, 변기연
의상 이혜란
액션 류현상
편집 임선경
음악 김한조, 나윤식
제작사 청년필름(주)
배급사 (주)쇼박스
심의 2015.01.29.
개봉 2015.02.11.

정조 19년. 한때는 왕의 밀명을 받던 잘나가는 특사였으나 무슨 이유인지 미운 털이 박혀 외딴 섬에 유배되어 버린 조선 제일의 명탐정 김민. 찾아오는 이라곤 지난 날 함께 했던 파트너 서필과 매일 같이 동생을 찾아달라며 오는 어린 소녀뿐이다.
그러던 중 김민은 조선 전역에 불량은괴가 유통되고 있다는 소식을 접하게 되고, 이로 인해 잠자고 있던 탐정 본능이 꿈틀거리기 시작한다. 결국 유배지 이탈이라는 초강수를 두며 불량은괴 유통사건과 행방불명 된 소녀의 동생을 찾기 위해 본격 수사에 착수하게 된다. 사상 최초로 동시에 두 사건 해결에 나선 조선 명탐정 김민과 서필! 그러나 정체를 알 수 없는 미모의 여인 히사코로 인해 명콤비의 수사는 더욱 혼선을 빚게 된다. 과연 이들은 의문의 두 사건을 해결하고, 화려한 옛 영광을 되찾을 수 있을까?

19. 꿈보다 해몽 A Matter of Interpretation

15세이상관람가
상영시간 98분 | 드라마, 코미디
감독 이광국
출연 유준상, 신동미, 김강현
프로듀서 도영훈, 이광국
각본 이광국
촬영 강대희
조명 우효재
미술 조상경
의상 조상경
편집 손연지
음악 정용진
제작사 영화사 벽돌
배급사 KT&G 상상마당 영화사업팀 컴퍼니에스에스(주)
심의 2015.01.08.
개봉 2015.02.12.

연극 공연을 하는 날 관객이 한 명도 없자 여배우는 단원들에게 화를 내고 극장을 나선다. 근처 공원에 간 그녀는 남자친구를 불러내서 최근 영화 출연이 성사될 뻔 했다가 무산된 얘기를 한다. 남자친구는 여배우를 달래려 하지만 잘 되지 않고 그녀에게 이제 그만 헤어지자는 말을 듣는다. 같은 공원에서 여배우는 행동이 수상한 형사도 만난다. 담배를 피우는 여배우에게 공원은 금연구역이라며 시비를 걸던 형사는 조금 전 근처에서 자살한 여인을 보고 왔다고 말한다. 형사는 자동차에서 질식사한 여자 이야기를 하는데 뒤이어 형사의 이야기처럼 여배우가 자동차에서 자살을 기도하는 장면이 이어진다. 자살하려던 여배우는 차 트렁크에 갇혀 있던 형사를 만나고 이야기는 종잡을 수 없는 방향으로 향한다. 과연 여배우를 둘러싼 상황은 어떻게 변해갈 것인가?

20. 하숙집

청소년관람불가
상영시간 94분 | 멜로, 드라마
감독 경석호
출연 권기하
프로듀서 김재현
각본 김윤수
촬영 정한철
조명 원명준
동시녹음 변희철
미술 국경남
의상 전주영
편집 김임현
제작사 태령시네마
배급사 (주)소나무픽처스
심의 2015.01.16.
개봉 2015.02.25.

모녀가 단 둘이 운영하는 하숙집에 머물게 된 신입생 은기. 낯선 서울 생활에서 그의 유일한 낙은 섹시한 모녀와의 은근한 밀당이다. 그런데 갑자기 고향에 있던 청순가련 첫사랑 순이가 은기를 보겠다며 무작정 하숙집에 찾아온다. 자신 옆에는 첫사랑 순이가, 문 너머에는 섹시한 글래머 하숙집 딸, 그리고 바로 옆 욕실에선 풍만한 몸매를 자랑하는 하숙집 아줌마까지! 스무 살 숫총각 은기의 잠들 수 없는 밤이 시작된다.

21. 기화 Gi-Hwa

청소년관람불가		**조명**	조은상	**심의**	2015.01.10.
상영시간	128분 ǀ 드라마, 코미디	**동시녹음**	정상수	**개봉**	2015.02.26.
감독	문정윤	**미술**	이보라		
출연	홍희용, 백승철, 김현준, 손민지	**의상**	이보라		
		편집	원창재		
프로듀서	이형석	**음악**	손은정		
각본	문정윤	**제작사**	아방가르드필름		
촬영	박경균	**배급사**	아방가르드필름		

태어나서 단 한 번도 아버지 역할을 해본 적 없는 철없는 아버지 희용은 어느 날 자신이 암으로 죽는다는 것을 알게 된다. 희용은 죽기 전 마지막으로 고향 선배인 승철과 함께 교도소에서 출소하는 아들을 찾아 나선다. 하지만 4년 만에 만난 아들은 아버지를 싸늘한 시선으로 쳐다본다. 철부지 아버지와 그런 아버지를 미워하는 아들의 처음이자 마지막 여행, 그 과정에서 만나는 인연들과의 평범하지만 조금은 특별한 로드무비가 시작된다.

22. 조류인간 The Avian Kind

15세이상관람가		**조명**	이준일, 이시현	**개봉**	2015.02.26.
상영시간	112분 ǀ 드라마	**동시녹음**	전영기, 박종우		
감독	신연식	**미술**	이재성		
출연	김정석, 소이, 정한비	**편집**	김정훈		
프로듀서	김지형, 장병원, 김영진, 이상용	**음악**	모그		
		제작	(주)루스 이 소니도스		
각본	신연식	**배급사**	(주)루스 이 소니도스		
촬영	최용진	**심의**	2015.02.12.		

유명 소설가인 정석은 작품 활동도 중단한 채 15년 전 사라진 아내의 행방을 쫓고 있다. 그런 정석에게 갑자기 나타난 묘령의 여인 소연은 아내를 찾기 위한 길잡이가 되어주겠다고 제안한다. 어딘가 다른 비밀을 품고 있는 듯한 소연이 의심스럽지만, 15년째 정처 없이 떠돌기만 하던 정석은 그녀와의 동행을 받아들인다.

그리고 또 다시 나타난 낯선 이들의 방문. 유사한 케이스로 가족, 연인을 잃은 실종자 가족을 만나게 된 정석은 모든 사건의 연결고리인 이은호라는 사내의 존재를 알게 된다. 이은호를 쫓기 시작한 정석은 그를 만나기 위해 '수상한 관문'들을 통과해나가고, 그 실체에 다가가면 다가갈수록 사라진 아내를 둘러싼 믿을 수 없는 진실과 마주하게 되는데…….

23. 친절한 가정부 The Maidroid

청소년관람불가
상영시간 76분 | 코미디
감독 노진수
출연 영건, 연송하, 키시 아이노, 박인수
제작 강양길, 노진수
프로듀서 박희순, 조창호, 이은경
각본 박우리
촬영 선상재
조명 이준일, 강병조
미술 홍재선
의상 최유정, 김정아
편집 차대섭
음악 김종근
제작사 (주)블루아이엔터테인먼트, 영화사 분홍신
배급사 (주)박수엔터테인먼트
심의 2015.02.03.
개봉 2015.02.26.

한 주에 5개 알바는 기본인 상수는 어느 날, 집으로 배달되어 온 사람보다 더 사람 같은 리얼봇 '핑키'를 만난다. 매일 계속되는 알바로 집안일에는 신경도 못 썼던 상수에게 핑키는 그 누구보다 고마운 살림꾼으로 집안일을 알아서 척척 해낸다. 그러던 어느 날, 알바에 지쳐 늦은 시간 집에 돌아온 상수는 그 어떤 여자보다 아름답고 매혹적인 핑키의 새로운 매력을 발견하게 되는데…….

24. 개: dog eat dog Dog Eat Dog

청소년관람불가
상영시간 105분 | 범죄, 드라마
감독 황욱, 박민우
출연 김선빈, 곽민호, 정준교
제작 최영빈
프로듀서 박우찬
각본 황욱
촬영 조형래
조명 조형래
미술 서은주
편집 박민우
음악 김철환
제작사 어썸픽쳐스
배급사 어뮤즈
심의 2015.01.30.
개봉 2015.03.05.

해외에서 여행 중인 한국인만을 노리는 '개'들이 있나. 일말의 죄책감 없이 납치와 강도를 일삼는 형신과 지훈 그리고 두진. 그들은 한 번 물면 놓지 않는 개처럼 한국으로 돌아와 피해자들과 그 가족들을 끈질기게 뒤쫓는다. 외국에서 형신 일당과 떨어져 홀로 남게 된 두진은 새로운 먹잇감을 발견하게 되는데……. 한편 여행 중 실종된 아들의 단서를 찾아 수소문 하던 중년 여성에게 수상한 전화가 한 통 걸려온다. 사라진 아들과 아들의 이름을 친근히 부르는 낯선 자. 그 불편한 진실이 세상에 공개된다.

25. 살인캠프 Barracks

청소년관람불가		**각본**	이상빈	**배급사**	골든타이드픽처스(주)
상영시간	98분 I 스릴러	**촬영**	이종우	**심의**	2015.01.16.
감독	이상빈	**조명**	박정우	**개봉**	2015.03.05.
출연	백도빈, 정시아,	**미술**	김성규, 이영훈		
	곽도원, 김성오,	**편집**	손연지, 함성원,		
	엄태구		이세훈		
제작	이상빈	**음악**	김우철		
프로듀서	장지훈	**제작사**	핸드메이드필름		

복학생 명훈은 여자 친구 영은, 서바이벌 게임동아리 친구들과 함께 낡은 군용 버스를 타고 병영체험을 위한 사설캠프를 찾아간다. 일행을 태운 버스는 명훈의 실수로 아무도 없는 사설캠프에 하루 일찍 도착한다. 교관과 조교의 안내에 따라 임시 막사에 짐을 풀고 자유로운 시간을 보내는 명훈과 친구들. 그러나 날이 어두워질수록 친구들이 하나 둘씩 사라지고 명훈과 영은은 그들을 찾아 나선다. 그리고 발견되는 끔찍한 시체들. 명훈은 자신을 쫓아오는 교관들을 피해 가까스로 버스에 올라타게 되는데, 과연 친구들은 누가 죽인 것일까? 명훈은 무사히 캠프를 벗어날 수 있을까?

26. 순수의 시대 Empire of Lust

청소년관람불가			김세희	**제작사**	(주)화인웍스
상영시간	113분 I 사극, 드라마	**각본**	김세희	**배급사**	씨제이이엔엠(주)
감독	안상훈	**촬영**	손원호	**심의**	2015.02.12.
출연	신하균, 장혁,	**조명**	김승규	**개봉**	2015.03.05.
	강한나, 강하늘	**미술**	김동위		
제작	김민기, 남화정	**의상**	심현섭		
프로듀서	김민국, 김연호,	**편집**	신민경		
	배원규, 김상은,	**음악**	박기헌		

1398년, 태조 이성계는 개국을 일군 왕자 이방원(장혁)이 아닌 어린 막내아들을 정도전의 비호 하에 세자로 책봉해, 왕좌와 권력을 둘러 싼 핏빛 싸움을 예고한다. 한편, 정도전의 사위이자 태조의 사위 진(강하늘)의 아버지 김민재(신하균) 장군은 북의 여진족과 남의 왜구로부터 위태로운 조선의 국경선을 지켜낸 공로로 군 총사령관이 된다. 왕이 될 수 없었던 왕자 이방원, 여진족 어미 소생으로 정도전의 개로 불린 민재와 그의 친자가 아니라는 비밀 속에 쾌락만을 쫓는 부마 진. 민재는 어미를 닮은 모습의 기녀 가희(강한나)에게서 난생 처음 지키고 싶은 것을 발견한다. 하지만 그의 최초의 반역, 야망의 시대를 거스르는 그의 순수는 난세의 한 가운데 선 세 남자와 막 태어난 왕국 조선의 운명을 바꿀 피 바람을 불러온다.

27. 헬머니 Granny's Got Talent

청소년관람불가
상영시간 108분 | 코미디
감독 신한솔
출연 김수미, 정만식, 김정태, 이태란, 이성민, 이영은, 박준금
제작 박춘배, 김상윤, 이서열
프로듀서 김효상
각본 신한솔, 사무엘
촬영 임재수
조명 원종백
미술 최주연
의상 이충연, 양현서
편집 문인대
음악 안소영, 김태성
제작사 (주)전망좋은영화사, (주)더콘텐츠온
배급사 (주)넥스트엔터테인먼트월드
심의 2015.02.03.
개봉 2015.03.05.

노래, 연기, 댄스, 요리 오디션에 이어 2015년을 화려하게 수놓을 극강 서바이벌이 시작된다! 이름 하야 세계최초 대국민 오디션, '욕의 맛'!
고삐리 일진부터 디스전문래퍼, 자갈치 할매, 욕쟁이 경찰, 지하철 막말녀 등 전국 각지 욕의 고수들이 한자리에 모여 레전드를 가릴 욕 배틀이 펼쳐진 가운데, 세상사는 맛을 욕 안에 모두 녹여낸 남다른 이빨(?)의 소유자 답답한 세상, 욕으로 풀어줄 지옥에서 온 할매 '헬(Hell)머니'가 온다!

28. 망대 Watchtower

전체관람가
상영시간 66분 | 다큐멘터리
감독 문승욱
출연 유관선
제작 홍미경, 김종원
프로듀서 손인호
각본 문승욱, 유예진
촬영 이동준, 문승욱
미술 문성억
편집 이동준, 문승욱
음악 정채웅
제작사 문화공작소 낭만
배급사 골든타이드픽처스(주)
심의 2014.11.22.
개봉 2015.03.12.

2030년, 시간여행을 할 수 있는 타임머신이 개발되면서 사람들은 위험을 무릅쓰고 잃어버린 추억이나 사랑을 찾아 과거로 시간여행을 떠나기 시작한다. 정부는 시간여행을 떠나 돌아오지 않는 사람들을 불법체류자로 간주하고, 2013년 춘천의 망대가 불법체류자들의 은신처라는 첩보를 입수한다.
춘천 약사동 언덕 위, 일제시대 때 화재 및 죄수들을 감시하기 위해 지어진 망대는 춘천에서 가장 오래된 옛 건축물 중 하나이다. 망대는 한국전쟁의 폐허 속에서도 살아남았고 길을 잃은 피난민들에게 나침반이 되어주었다. 그렇게 망대 주변으로 망대 마을이 형성된다. 하지만 2013년 망대 마을에도 대규모 아파트단지가 들어서게 되는데, 미래에서 온 불법체류자들은 망대가 사라지는 것을 막기 위해 안간힘을 쓴다. 2030년, 망대는 계속 그 자리에 있을 수 있을까?

29. 살인의뢰 The Deal

청소년관람불가
상영시간 103분 | 범죄, 스릴러
감독 손용호
출연 김상경, 김성균, 박성웅
제작 안영진
프로듀서 유승영
각본 안영진, 손용호
촬영 이종열
조명 장태현
미술 김덕순, 김희진
의상 채경화
편집 신민경
음악 구자완, 안현진
제작사 (주)미인픽처스
배급사 씨네그루(주)다우기술
심의 2015.02.16.
개봉 2015.03.12.

강력계 촉귀신이자 베테랑 형사인 태수는 어느 날 우연히 뺑소니범 조강천을 잡게 된다. 하지만 단순 뺑소니범이라고 생각했던 조강천의 차에서 수많은 혈흔과 머리카락이 발견되고, 그가 전국을 들썩이게 한 동남부 연쇄실종사건의 범인이라는 사실이 밝혀진다. 범인을 잡고 실종사건이 결국 연쇄 살인사건이라는 것이 드러나며 수사는 급물살을 탄다. 그러던 중, 강천의 마지막 범행 대상이 태수의 여동생 수경으로 밝혀져 태수는 충격에 휩싸인다. 태수는 강천에게 수경의 행방을 묻지만, 강천은 찾아보라는 말만 남긴 채 입을 다문다. 그리고 강천에게 아내를 잃은 또 다른 남자 승현은 슬픔과 분노를 견디지 못한 나머지 홀연히 사라져버린다.

그 후로 3년, 조폭 살인사건을 조사하던 태수는 누군가 감옥 안의 강천을 표적으로 하고 있음을 알게 된다. 사형선고를 받은 강천을 죽이려는 자는 도대체 누구인가. 표적이 된 강천을 지킬 수도, 죽일 수도 없는 태수, 그의 앞에 사라졌던 승현이 다시 나타난다.

30. 소셜포비아 Socialphobia

15세이상관람가
상영시간 102분 | 스릴러, 드라마
감독 홍석재
출연 변요한, 이주승, 하윤경
제작 유영식, 최익환
프로듀서 홍하늘, 이지승, 박찬옥, 박헌수, 김동영, 김지훈, 김태균
각본 홍석재, 조슬예, 조현민
촬영 이성중
조명 문일호
의상 김소라
편집 박민선
음악 김해원
제작사 한국영화아카데미
배급사 CGV아트하우스
심의 2015.01.19.
개봉 2015.03.12.

전국민을 떠들썩하게 한 군인의 자살 소식에 남긴 악플로 네티즌들의 분노를 사며 실시간 이슈에 오른 레나. 여기에 경찰지망생 지웅(변요한)과 용민(이주승)은 인기 BJ 양게가 생중계하는 현피 원정대에 참여한다. 하지만 현피 당일 날 레나는 싸늘한 시체로 발견되고, 비난의 화살은 순식간에 이들에게로 향한다.

경찰 시험에 불리한 기록이 남게 될까 불안한 지웅과 용민은 레나의 죽음에 의혹을 제기하는데…….

31. 그라운드의 이방인 Strangers on the Field

전체관람가
상영시간 103분 | 다큐멘터리
감독 김명준
출연 김근, 양시철, 배수찬, 권해효, 박용진
제작 곽용수
프로듀서 조은성
각본 김명준
촬영 이정민, 정호준, 조은성, 김명준, 이무진, 김진영, 리키타케 토시유키, 문명환
편집 김명준
음악 강상구
제작사 (주)인디스토리
배급사 (주)인디스토리
심의 2015.02.11.
개봉 2015.03.19.

누적관중 1억 명, 연 관중 700만 명, 사회인야구인 50만 명. 1982년 출범해 명실상부 국민 스포츠로 자리매김한 한국 프로야구! 그 해 여름, 잠실야구장을 내달리던 이름 없는 야구소년들이 있었다.
2015년 3월, 우리 생애 가장 뜨거운 순간을 함께한 전설들이 다시 돌아온다!

32. 몽골리안 프린세스 Mongolian Princess

청소년관람불가
상영시간 81분 | 멜로, 드라마
감독 정단우
출연 정단우, 엘리자베스 가르시아, 박하나
제작 정승용
프로듀서 박귀옥, 선우희영
각본 정단우
촬영 신상철
편집 김미영
음악 최수연, 홍지현
제작사 키호테
배급사 (주)영화사조제
심의 2015.03.05.
개봉 2015.03.19.

34살이 되도록 연애 한번 못해보고 영화밖에 모르고 살아온 단우. 어느 날, 본인이 주연으로 나온 영화 시사회에서 관객으로 찾아온 프랑스 여자 엘리자베스를 만나게 된다. 연애의 매 순간 서툴기만 한 그에게 나타난 천사 같은 그녀는 그의 하루하루를 설레게 하고 꿈처럼 빠져들게 하지만 어느 새 잔인한 서스펜스 드라마처럼 묘한 긴장감이 그들 주변을 맴돌게 된다. 결코 깨고 싶지 않은 그녀라는 꿈에서 빠져나온 단우는 어느덧 영화를 연출할 결심을 하게 되는데…….

33. 태양을 쏴라 Heartbreak Hotel

청소년관람불가		**조명**	서충근	**개봉**	2015.03.19.
상영시간	87분 I 멜로, 로맨스	**미술**	장주철, 김미경		
감독	김태식	**의상**	이효진		
출연	강지환, 윤진서, 안석환	**편집**	최현숙		
		음악	임민주		
프로듀서	김효정, 이연진	**제작사**	필름라인		
각본	김정행	**배급사**	(유)조이앤시네마		
촬영	손수범, 안성균	**심의**	2015.02.26.		

마지막까지 떠밀려 LA까지 오게 된 존. 그에겐 같은 불법체류자 신세의 둘도 없는 친구 첸이 있다. 어느 날 우연히 조직의 보스를 구하게 되고, 보스는 그들에게 자신의 밑에서 일하기를 권한다. 가슴 가득 꿈을 꾸었지만 별 볼 일 없이 살던 그들은 보스의 제안을 흔쾌히 수락한다. 보스의 아지트 재즈 바에서 보컬리스트 사라를 만나게 되는 존은 단숨에 그녀와 사랑에 빠지게 되는데…….

34. 스물 Twenty

15세이상관람가		**촬영**	노승보	**배급사**	(주)넥스트엔터테인먼트월드
상영시간	115분 I 코미디, 드라마	**조명**	이병훈		
감독	이병헌	**미술**	고봉진	**심의**	2015.02.16.
출연	김우빈, 이준호, 강하늘	**의상**	한혜숙	**개봉**	2015.03.25.
		편집	남나영		
제작	임지문, 정훈탁	**음악**	김태성		
프로듀서	이성두	**제작사**	(주)영화나무, (주)아이에이치큐		
각본	이병헌				

인기만 많은 놈 치호, 생활력만 강한 놈 동우, 공부만 잘하는 놈 경재.
아무것도 하지 않는 잉여의 삶을 지향하는 인기절정의 백수, 만화가가 되겠다는 꿈을 위해 쉴 틈 없이 준비하는 생활력 강한 재수생, 대기업 입사가 목표인 최강 스펙의 엄친아이지만 술만 마시면 돌변하는 새내기 대학생까지 인생의 가장 부끄러운 순간을 함께 한 스무 살 동갑내기 세 친구의 자체발광 코미디!

35. 착한 여자

청소년관람불가		**의상**	주희주, 이수지, 나지영
상영시간	95분 ǀ 멜로, 로맨스	**편집**	김임현
감독	경석호	**음악**	김명기
출연	주연서, 김정연, 이원	**제작사**	태령시네마
프로듀서	김재형	**배급사**	(주)소나무픽처스
촬영	장준영	**심의**	2014.12.16.
조명	원명준	**개봉**	2015.03.25.
미술	박준기, 국경남		

도박 빚만 남기고 또 잠수 타버린 아버지를 대신해서 돈을 벌러 다니는 착하고 순한 딸 분녀. 팍팍한 그녀 인생의 유일한 빛은 자신이 가정부로 일하고 있는 집의 지적이고 상냥한 강선생 뿐! 그러나 어느 날 밤, 함께 일하는 동료 명준이 갑자기 분녀에게 사랑을 고백하며 그녀의 몸을 탐한다. 분녀는 매일 밤 명준의 뜨거운 손길을 상상하지만 도무지 만족되지 않는다. 결국, 분녀는 본능에 이끌려 시장 제일의 부자 만갑, 그의 밑에서 일하는 천수, 그리고 오랫동안 흠모해온 강선생까지 유혹하기 시작한다.

36. 나는 야한 여자가 좋다 3

청소년관람불가		**조명**	김철희
상영시간	80분 ǀ 멜로, 로맨스	**제작사**	(주)케이알씨지
감독	김미연	**배급사**	(주)케이알씨지
출연	강필선, 손가람, 전예은	**심의**	2015.03.23.
프로듀서	이금복, 김응민	**개봉**	2015.03.26.
각본	신정균		
촬영	이영호		

대학 교수인 마강쇠(강필선)는 억울한 사건으로 인해 변태 교수로 낙인찍히지만 그 누명을 벗지 못하고 결국 교수직에서 해고를 당하게 된다. 더 이상 삶을 살아갈 의미가 없다고 생각한 강쇠는 자살을 결심하고, 스스로 목숨을 끊기 위해 떠난 마지막 여행지에서 정체불명의 한 여인 사라(손가람)를 만나게 된다. 매일 밤 그녀와 뜨거운 밤을 보내며 자신의 성적 판타지를 충족시키는 강쇠. 하지만 매번 나타났다가 금세 사라져버리는 사라의 존재에 대해 의구심만 커져가고, 결국 그녀의 충격적인 정체가 밝혀지는데…….

37. 세계일주 The Trip Around the World

12세이상관람가
상영시간 91분 | 가족, 어드벤처
감독 이항배
출연 김정태, 박하영, 구승현
제작 이의준
프로듀서 이의준, 윤희숙, 김민기
각본 김재환, 손소아
촬영 임운영
조명 이흥성
미술 윤재원
의상 최의영
편집 최재근, 김소연
음악 이정봉
제작사 (주)쿠나
배급사 (주)나이너스엔터테인먼트
심의 2013.02.25.
개봉 2015.03.26.

학교에서는 전교 1등, 집에서는 동생 뒷바라지하기 바쁜 9살 잔소리 대마왕 누나 지호. 세상물정을 너무 빨리 알아버린 천방지축 7살 동생 선호. 그런데 두 남매에게 청천벽력 같은 소식이 날아온다. 남들과는 좀 다르지만 어느 부모보다 남매를 사랑하는 아빠가 큰 위기에 처했다는 것! 아빠를 구하기 위해 4호선 상록수역에서 3호선 홍제역까지 남매들의 험난한 여행이 시작된다. 지갑도 잃어버리고, 동네 깡패가 따라 붙고, 배고파 죽겠는데 노숙자들한테 잡혀 죽을 뻔까지 하고, 도대체 얼마나 더 가야 하는 거야?!!

38. 맛있는 택배

청소년관람불가
상영시간 84분 | 멜로, 로맨스
감독 기대호
출연 송기준, 이예은, 이원
제작 이정훈
프로듀서 이훈
각본 이창렬
촬영 하지현
조명 이대우
미술 소윤아
의상 이세빈
편집 김수동
음악 이대철
제작사 (주)로드하우스
배급사 노바엔터테인먼트
심의 2015.03.04.
개봉 2015.04.02.

아버지의 사업 부도로 여친에게도 차이고 학교도 휴학하게 된 '절대 훈남' 임혁. 부모님을 돕고자 택배 아르바이트를 시작하면서 그의 인생이 180도 바뀐다. 택배 받는 걸 유일한 낙으로 여기며 살던 무료한 여인들에게 물건 배송 외의 특별한 서비스까지 제공하게 된 것!
혁을 공유하며 '고추자매'가 된 아파트 큰언니들, 섹시한 옛 여친 희선, 그리고 비밀을 간직한 청순녀 태희까지! 5명의 그녀들과 함께 하는 혁의 5감만족 택배 라이프가 지금 시작된다.

39. 파울볼 Wonders

전체관람가		**음악**	정중한
상영시간	87분 ǀ 다큐멘터리	**제작사**	(주)티피에스컴퍼니
감독	조정래, 김보경	**배급사**	오퍼스픽처스
출연	김성근, 조진웅	**심의**	2015.03.06.
제작	정원찬, 이대희	**개봉**	2015.04.02.
각본	정상선		
촬영	백종민, 이말금		
편집	김진오, 박민선		

한,미,일 3개국 프로야구 선수 출신 최향남, 국내 프로야구 신인왕 출신 김수경 등 화려한 경력의 소유자에서부터 헬스 트레이너, 대리 운전기사까지 오직 '프로야구' 선수를 꿈꾸는 이들이 '야신' 김성근 감독을 만나 탄생한 한국 최초 독립구단 고양 원더스. 지옥훈련을 견뎌내며 프로구단 진출만을 꿈꾸는 선수들은 3년 만에 90승 25무 61패라는 놀라운 성적을 거두고, 총 31명이 프로구단에 입단하는 기적과도 같은 성과를 이뤄낸다. 희망차게 다음 시즌을 준비하던 그들은 2014년 9월 11일, 갑작스런 구단 해체 소식을 접하게 되는데…….

40. 공사중 Under-Construction

청소년관람불가		**각본**	이지현	**개봉**	2015.04.08.
상영시간	92분 ǀ 멜로, 코미디	**촬영**	최영민		
감독	강명진	**조명**	서창환		
출연	성은, 김호창, 라리사, 최한빛, 문예신	**미술**	전진원		
		편집	홍수동		
		제작사	(주)마부엔터테인먼트		
제작	김금성, 지재정	**배급사**	고구마콘텐츠허브(주)		
프로듀서	서민규, 전우형	**심의**	2015.04.03.		

호스트바에서 일하는 민찬은 우연히 자신이 재벌3세 경민과 똑같이 생긴 사실을 알게 되고 친구인 준기, 봉수와 짜고 잘나가는 룸싸롱 김마담에게 사기를 치기로 작전을 짠다. 상황을 모르는 김마담은 라마담과 최마담을 불러 재벌3세(?) 경민-사실은 민찬-을 등골까시 빼먹기 위해 알바생인 연희를 고용하여 혼을 빼놓을 계획을 짠다. 양측이 엎치락뒤치락 모의를 꾸미지만 결국 승자도 패자도 없는 새로운 여정이 펼쳐진다.

41. 장수상회 Salut d'Amour

12세이상관람가
상영시간 112분 | 멜로, 드라마
감독 강제규
출연 박근형, 윤여정, 조진웅, 한지민
제작 임상진
프로듀서 전필도, 김윤아
각본 이상현
촬영 이형덕, 최주영
조명 박정우
미술 서주연
의상 유지연
편집 박곡지
음악 이동준
제작사 (주)빅픽처, 씨제이이엔엠(주)
배급사 씨제이이엔엠(주)
심의 2015.03.24.
개봉 2015.04.09.

틈만 나면 버럭, 까칠함으로 무장한 70세 연애 초보 성칠. 다정함과 배려는 잊은 지 오래인 그의 앞집에 고운 외모의 꽃집 여인 금님이 이사 온다. 성칠의 퉁명스러운 공세에도 언제나 환한 미소를 보여주는 금님. 난생 처음 받아 보는 다정한 친절에 성칠은 당혹스러워 하고, 금님은 그에게 저녁 식사를 제안한다. 무심한 척 했지만 떨리는 마음을 감출 수 없는 성칠. 그의 데이트를 위해 오랜 시간 함께 일해 온 장수마트 사장 장수가 적극적으로 나서기 시작한다. 온 동네 사람들은 물론 금님의 딸 민정까지 알게 된 성칠과 금님의 만남! 모두의 응원에 힘입어 첫 데이트를 무사히 마친 성칠은 어색하고 서툴지만, 금님과의 설레는 만남을 이어가는데…….

42. 화장 Revivre

청소년관람불가
상영시간 94분 | 드라마
감독 임권택
출연 안성기, 김규리, 김호정
제작 심재명, 이희원
각본 송윤희
원작 김훈
촬영 김형구
조명 정영민
미술 강창호
의상 이진희
편집 박순덕, 최민영
음악 김수철
제작사 (주)명필름
배급사 (주)리틀빅픽처스
심의 2015.02.10.
개봉 2015.04.09.

4년의 암 투병 끝에 아내가 사망하고, 50대 중반의 오상무는 느리게 장례절차를 밟는다. 소식을 듣고 달려온 딸아이의 길고 질긴 울음에 오상무는 암이 재발했다는 걸 알게 된 아내의 울음을 떠올린다. 화장품 대기업 중역인 오상무는 아내에게 헌신적이고 충실한 간병인이자 남편이었다. 장례식장은 어느새 손님들로 가득하고, 부하 직원들은 오상무의 결재를 필요로 하는 서류들을 가지고 온다. 겨울 신규 화장품 출시를 앞두고 광고 카피와 부분 모델에 대한 논의를 하면서도 오상무의 신경은 다른 쪽에 집중된다. 까만 바지 정장을 입고 문상을 온 부하직원 추은주는 오랜 기간 오상무의 연모의 대상이었다.

43. 후쿠시마의 미래 Fukushima:Is There a Way Out?

전체관람가			이창현
상영시간	70분 | 다큐멘터리	**제작사**	(주)리키필름
감독	이홍기	**배급사**	(주)인디플러그
출연	김미화	**심의**	2015.03.20.
프로듀서	이석원	**개봉**	2014.04.09.
각본	이창현		
촬영	이홍기		
편집	이홍기, 임승규,		

21세기 최대의 재앙이라 불리는 후쿠시마 원전사고. 원전 사고의 후유증은 여전히 현재 진행 중이며 그 끝을 예측조차 할 수 없다는 사실에 일본인들의 불안과 공포는 하루하루 증폭되어 가고 있다.

아무도 이야기 해주지 않는 후쿠시마의 두려운 미래를 찾아 17인의 평범한 시민들이 죽음의 땅으로 위험한 여정에 나섰다. 우크라이나 정부의 허가를 받고 어렵게 들어간 체르노빌 현장은 충격적이었다. 인구 5만이 살던 첨단 도시는 폐허로 변했고, 일부에선 놀랍게도 허용치의 300배가 넘는 방사선량이 검출된다는 사실에 모두들 경악했다. 강제 이주민들은 여전히 죽음의 공포와 실향의 서러움에서 벗어나지 못하고 있으며, 나이 어린 피폭 2세들은 병명조차 알 수 없는 각종 질환에 시달리고 있다.

44. 검은 손 Black Hand

청소년관람불가		**조명**	이시현
상영시간	96분 | 공포	**미술**	박상희
감독	박재식	**편집**	김미주
출연	김성수, 한고은	**음악**	이미성
제작	양건의	**제작사**	골든타이드픽처스(주)
프로듀서	임용재, 김성훈	**배급사**	(주)스톰픽처스코리아
각본	변혜주	**심의**	2015.03.27.
촬영	장성백	**개봉**	2015.04.16.

세계최초 생체공학연구 개발로 세간의 이목을 집중 받고 있는 신경외과 전문의 정우(김성수). 그 옆엔 끝을 알 수 없이 반복되는 연구에 지친 그를 위로하며 곁을 지키는 연인이자 동료 유경(한고은)이 있다. 그러던 어느 날 유경에게 의문의 사고가 일어난다. 손 절단이라는 의사로서 최악의 사태를 맞은 유경, 하지만 정우의 빠른 판단과 기지로 손 접합수술은 성공적으로 마무리된다. 수술 이후 서서히 회복해가던 중 이들 주변에 이해할 수 없는 기괴한 사건들이 연이어 일어나기 시작하는데!

45. 미궁: 비밀애

청소년관람불가		**의상**	이단비, 이선영
상영시간	69분 I 멜로, 스릴러	**편집**	조조 히데오
감독	조조 히데오	**제작사**	(주)케이알씨지
출연	김민기	**배급사**	(주)케이알씨지
프로듀서	최광래, 이은경	**심의**	2015.04.14.
각본	조조 히데오	**개봉**	2015.04.23.
촬영	선상재		
조명	이성환		

배우가 꿈인 동현과 용준은 정체모를 신사에게서 어떤 제안을 받는다. 아야카는 약혼자 민준의 부모님에게 인사를 드리고자 친구 사오리와 함께 한국을 방문한다. 동현과 용준을 우연히 만난 아야카와 사오리는 동현과 용준의 제안에 영화촬영장소로 이동한다. 사방이 막힌 촬영장소에 도착한 아야카는 곳곳에 설치된 감시카메라를 발견하게 되고 동현과 용준을 의심하지만 그때 미치광이 청년들이 나타나 아야카와 사오리를 강간하려고 한다. 사오리를 쫓아 어떤 방에 들어온 용준은 최음가스에 취해 사오리와 격렬한 정사를 벌이게 되고 점점 이성을 잃은 사오리는 용준을 죽이고만다. 이 장면을 목격한 아야카는 이성을 잃은 사오리와 동현을 죽이게 되는데, 아야카의 약혼자 민준은 이런 아야카의 모습을 실시간 스크린으로 지켜보고 있다.

46. 반짝이는 박수소리 Glittering Hands

전체관람가		**미술**	전지현	**개봉**	2015.04.23.
상영시간	80분 I 다큐멘터리	**편집**	이길보라		
감독	이길보라	**음악**	이민재		
출연	이상국, 길경희, 이길보라, 이광희	**제작사**	낭만회관		
		배급사	KT&G 상상마당 영화사업팀 컴퍼니에스에스(주)		
제작	이길보라				
촬영	전지현, 성준용 이길보라	**심의**	2015.03.26.		

들리지 않는 세상에서 입술 대신 손으로 말하는 젊은 남녀가 있었다. 축구선수가 되고 싶던 젊은 청년과 선생님이 되고 싶던 숙녀는 곧 사랑에 빠졌다. 그러나 청각장애를 가진 그들은 꿈을 이룰 수 없었기에 청년은 목수로, 숙녀는 미싱사가 되어 부부의 연을 이어간다. 그들의 사랑은 결실을 맺어 예쁜 딸과 건강한 아들을 얻게 된다. 청각장애를 가진 엄마, 아빠였지만 그들은 건청인으로 태어났고, 다른 사람과 다르게 손말을 먼저 배우고 늦게 입말을 배우게 된다. 하지만 그들은 그 누구보다 빠르게 어른들의 표현방식을 배우게 되고, 듣지 못하는 엄마, 아빠의 통역사가 되어 세상과 이른 소통을 하게 된다.

47. 약장수 Clown of a Salesman

15세이상관람가		**촬영**	정기원	**심의**	2015.03.20.
상영시간	104분 ｜ 드라마	**조명**	이준일, 방선화	**개봉**	2015.04.23.
감독	조치언	**미술**	박지원		
출연	김인권, 박철민, 이주실	**의상**	정경미		
		음악	송준석, 김민태		
제작	박세준, 박재현	**제작사**	(주)26컴퍼니		
프로듀서	김종민, 양성준	**배급사**	(주)대명문화공장, (주)나이너스엔터테인먼트		
각본	조치언				

대리운전, 일용직 등을 전전하던 일범에게 신용불량자라는 딱지는 번번이 그의 발목을 잡는 족쇄다. 아픈 딸의 치료비를 위해 어머니들에게 각종 건강식품과 생활용품을 파는 홍보관 '떴다방'에 취직한 일범은 자신의 처지가 한심하다. 그런 그에게 홍보관 점장 철중은 "우리가 자식보다 낫다"며 당장 처자식 먹여 살리려면 목숨 걸고 팔라 한다. 그의 말처럼 오히려 즐거워하는 어머니들을 보며 일범 역시 보람을 느끼기 시작하고 그러던 중, 자랑스런 검사 아들을 뒀지만 자식에게 짐이 되기 싫어서 홀로 외로이 노년을 보내던 옥님이 홍보관을 찾아와 일범을 만나게 되는데…….

48. 위험한 상견례2 Enemies In-Law

15세이상관람가		**촬영**	오재호		
상영시간	119분 ｜ 멜로, 코미디	**조명**	한기업	**배급사**	롯데쇼핑(주)롯데엔터테인먼트, (주)마인스엔터테인먼트
감독	김진영	**미술**	송윤숙		
출연	진세연, 홍종현	**의상**	양현서, 황혜림		
제작	김상윤, 이서열, 김준수	**편집**	문인대	**심의**	2015.04.13.
		음악	김종천	**개봉**	2015.04.29.
프로듀서	김효상, 박준배	**제작사**	(주)선방좋은 영화사, (주)더콘텐츠온, (주)마음에드는영화사		
각본	조중훈				

은퇴를 앞둔 강력반 형사 아빠, 과학수사팀 리더 큰 언니, 경찰대학 교수 형부, 강력반 형사 둘째 언니, 온 가족이 경찰공무원인 집안의 막내, 전직 국가대표 펜싱선수이자 강남경찰서 마약 3팀 팀장 영희.
문화재 전문털이범 아빠, 각종 문서 위조 전문가 엄마. 온 가족이 지명수배자인 집안의 귀한 외아들로 천재적 범죄성의 강점만을 물려받은 철수.
7년째 경찰공무원 시험 준비 중인 철수를 영희가 뒷바라지하고 있는데, 둘은 집안의 반대를 무릅쓰고 결혼에 골인할 수 있을까?

49. 차이나타운 Coin Locker Girl

청소년관람불가		**각본**	한준희	**배급사**	CGV아트하우스
상영시간	110분 | 범죄, 드라마	**촬영**	이창재	**심의**	2015.04.09.
감독	한준희	**조명**	박민수	**개봉**	2015.04.29.
출연	김혜수, 김고은, 엄태구, 박보검, 고경표, 배유람	**미술**	진혜정		
		의상	최세연		
		편집	신민경		
제작	조동기, 안은미	**음악**	장영규, 김선		
프로듀서	윤경환, 김정숙	**제작사**	폴룩스픽처스(주)		

지하철 보관함 10번에 버려져 이름이 일영(김고은)인 아이. 아이는 오직 쓸모 있는 자만이 살아남는 차이나타운에서 엄마(김혜수)라 불리는 여자를 만난다. 엄마는 일영을 비롯해 쓸모 있는 아이들을 자신의 식구로 만들어 차이나타운을 지배한다. 돈이 되는 일이라면 어떤 일도 마다하지 않는 엄마가 일영에게는 유일하게 돌아갈 집이었다. 그리고 일영은 엄마에게 가장 쓸모 있는 아이로 자란다. 그러던 어느 날 일영은 엄마의 돈을 빌려간 악성채무자의 아들 석현을 만난다. 그는 일영에게 엄마와는 전혀 다른 따뜻하고 친절한 세상을 보여준다. 일영은 처음으로 차이나타운이 아닌 또 다른 세상이 궁금해진다. 그런 일영의 변화를 감지한 엄마는 그녀에게 위험천만한 마지막 일을 준다.

50. 다이노 타임 Dino Time

전체관람가			허준범, 박재우	**제작사**	(주)토이온
상영시간	85분 | 애니메이션	**프로듀서**	로버트 아브라모프, 박재우	**배급사**	씨제이이엔엠(주)
감독	최윤석, 존 카프카			**심의**	2015.03.25.
출연	멜라니 그리피스, 제인 린치, 윌리엄 볼드윈	**각본**	애덤 비첸, 박재우, 재커리 로젠블라토, 제임스 그레코, 박재우	**개봉**	2015.04.30.
제작	박재우, 제이 모, 데이비드 러브그린,	**편집**	데이빗 바론		

어니, 맥스, 줄리아 악동 3인방은 우연히 맥스 아버지의 비밀 작업실 알 모양의 타임캡슐을 건드려 4천5백년 전 공룡세계에 도착하게 된다. 그들이 도착한 곳은 무시무시한 티라노사우루스 타이라의 둥지 속. 하지만 타이라는 악동 삼총사를 아기공룡으로 착각하고 타이라의 알을 노리는 알 도둑 삼총사는 알 모양의 타임캡슐을 훔치려 하는데…….

51. 부곡 하와이 Illusionary Paradise

청소년관람불가		**조명**	이재건	**개봉**	2015.04.30.
상영시간	84분 l 드라마	**미술**	박지현		
감독	하강훈	**의상**	이진화		
출연	박명신, 류혜린, 오성태	**편집**	이도현		
		음악	김민태		
제작	하강훈	**제작사**	로드시네마		
각본	이선경	**배급사**	어뮤즈		
촬영	이춘희	**심의**	2015.04.14.		

오랜 시간 정신병원에 갇혀 지낸 40대 아줌마 자영. 남편에게서 이민 간다는 통보를 받고 하나뿐인 아들을 만나기 위해 정신병원에서 탈출한다. 수차례 자살 시도로 정신병원에 입원한 17살의 소녀 초희. 그러던 어느 날 생각지도 못한 임신을 하게 되고, 뱃속의 아이를 지키기 위해 정신병원에서 탈출한다.

탈출에 성공한 두 여자는 뜻하지 않았던 동행을 시작하고, '부곡 하와이'로 향한다.

갖은 고비를 넘기고 비로소 서로의 상처를 어루만질 수 있게 되자, 그녀들의 인생을 송두리째 바꿔온 비밀이 밝혀지는데!

52. 터치 바이 터치

청소년관람불가		**조명**	이준일, 방선화	**심의**	2014.09.19.
상영시간	75분 l 멜로, 로맨스	**미술**	조기원	**개봉**	2015.04.30.
감독	김호준	**의상**	임주현		
출연	하나경, 구지성	**편집**	김희원		
제작	장지욱	**음악**	박장순		
프로듀서	전주현, 차병길	**제작사**	(주)인피니티엔터테인먼트		
각본	김호준				
촬영	이봉주	**배급사**	나이스플레이(주)		

결혼을 앞두고 있는 주희(하나경)에게 진정한 만족을 느껴볼 수 있다며 한 장의 명함을 내미는 선미(구지성). 살아오면서 느낄 수 없었던 새로운 성적 쾌감을 경험하게 된 주희는 시간과 장소를 불문하고 예비신랑 민우에게 끓어오르는 감정을 표출하기 시작한다. 모든 성적 행위를 주도하며 즐기는 주희와는 달리 날이 갈수록 힘들어하는 민우. 선배 준석에게 조언까지 받으며 그녀를 만족시켜주기 위해 노력하지만 이미 최고의 성적 쾌감을 느껴버린 주희를 만족시키는 것은 결코 만만치가 않은데…….

53. 플랑크 상수 Planck Constant

청소년관람불가		**조명**	이종혁
상영시간	69분 I 드라마, 코미디	**편집**	홍성림
감독	조성규	**음악**	조성규
출연	김재욱, 김지유, 진아름	**제작사**	(주)영화사 조제
		배급사	하준사
제작	조은운	**심의**	2015.04.09.
프로듀서	조성규	**개봉**	2015.04.30.
촬영	이종혁		

매일 같이 미용실에 들러 1mm씩 머리를 자르는 남자, 김우주. 그의 머리카락이 잘려나갈 때마다 그의 상상 속에선 보조미용사의 치마가 조금씩 짧아진다. 카페에서 매력적인 여종업원을 두고 에로틱한 상상을 하며 시나리오를 쓰는 남자, 김우주. 마시던 커피를 리필할 때 마다 그녀에게 놀라운 변화가 생겨나는데. 극장에 와서 영화를 보는 남자, 김우주. 옆자리에 앉은 여자에게 시선이 꽂히고, 닿을 듯 말 듯 한 정체불명의 그녀를 따라 나가지만 그녀는 늘 사라지고 없다. 겨울산에 오르면서 세 명의 여자를 만나 은밀한 대화를 이어가는 남자, 김우주. 그러나 산 정상에서 한자리에 모인 그녀들은 정작 그를 알아보지 못하는데…….

54. 명량: 회오리 바다를 향하여 Roaring Currents: The Road of the Admiral

12세이상관람가		**조명**	이석제	**개봉**	2015.05.07.
상영시간	95분 I 다큐멘터리	**의상**	김진주		
감독	정세교, 김한민	**편집**	조한울, 허선미		
출연	김한민, 오타니 료헤이, 이해영, 권율	**음악**	정지훈, 김태성		
		제작사	(주)빅스톤픽처스		
		배급사	(주)넥스트엔터테인먼트월드		
프로듀서	김지홍, 도위석				
촬영	곽상훈	**심의**	2015.04.16.		

"명량해전, 과연 승리한 전쟁인가?"
영화 〈명량〉 이후 대내외적으로 제기된 도발적인 질문의 해답을 찾기 위해 김한민 감독과 〈명량〉의 주역들이 국내 최초 다큐 영화에 도전하다! 명량해전이 있기 직전 16일 간 이순신 장군의 실제 행적을 좇아가며 우리가 몰랐던 이순신의 진짜 이야기를 낱낱이 파헤친다.

55. 어떤 여행, 시민창작뮤지컬 Incheon Waltz, The Community Musical

전체관람가		**음악**	김예림
상영시간	80분 I 다큐멘터리	**제작사**	(주)씨타마운틴픽처스
감독	김정욱	**배급사**	(주)씨타마운틴픽처스
출연	추민주, 홍성희, 김민지, 박소희	**심의**	2015.04.09.
촬영	김정욱	**개봉**	2015.05.07.
조명	정재수		
편집	김정욱		

인천문화재단이 인천 시민의 문화참여 기회를 확대하고자 만든 기획 프로그램 '인천왈츠'의 준비 과정과 공연 모습을 담은 다큐멘터리이다. 인천왈츠는 2012년부터 시민이 제작에 참여하고 출연하는 창작뮤지컬을 기획했는데, 첫 작품이 '어떤 여행'이다. 다양한 사연을 지닌 70명의 인천 시민이 문화활동에 참여하는 과정과 그들이 겪는 체험담이 흥미롭게 펼쳐진다.

56. 연애의 맛 Love Clinic

청소년관람불가		**촬영**	이희섭	**심의**	2015.04.09.
상영시간	101분 I 멜로, 코미디	**조명**	이순재	**개봉**	2015.05.07.
감독	김아론	**미술**	강승원, 김진철		
출연	오지호, 강예원, 최령	**의상**	양화령		
프로듀서	김동균, 이상진, 이성훈	**편집**	문인대		
		제작사	(주)청우필름		
각본	윤필준, 이상언, 문정원	**배급사**	(주)와우픽처스, (주)쇼박스		

겉으론 멀쩡한 외모와 스펙의 뇌섹남! 그러나, 여자 속만 알고 정작 여자 맘은 모르는 산부인과 전문의 왕성기(오지호). 거침없는 성격으로 여성 불모지인 금녀의 벽에 도전! 그러나, 남성의 은밀한 그 곳을 진단하면서도 연애 경험은 전무한 비뇨기과 전문의 길신설(강예원). 낮에는 성 전문가, 밤에는 연애 초보자. 한 지붕 아래 만난 두 닥터! 환자 쟁탈을 위한 제로섬 게임이 시작된다!

57. 잡식가족의 딜레마 An Omnivorous Family's Dilemma

전체관람가
상영시간 105분 | 다큐멘터리
전체관람가
감독 황윤
프로듀서 김일권, 안보영
각본 황윤
촬영 최재호, 태준식, 황윤, 김구영,
김성환, 김영준, 김지은, 신임호, 신정훈
편집 황윤, 이연정
음악 김해원, 시와
제작사 스튜디오두마, (주)시네마달
배급사 (주)시네마달
심의 2015.03.27.
개봉 2015.05.07.

구제역이 전국을 휩쓸던 어느 겨울 날, 육아에 바쁘던 영화감독 윤은 살아있는 돼지를 평소에 한 번도 본 적이 없었음을 깨닫고 돼지를 찾아 길을 나선다. 산골마을농장에서 돼지들의 일상을 지켜보면서 이제껏 몰랐던 돼지의 새로운 모습을 발견하게 되는데……. 그런 윤에게 딜레마가 생긴다. 돼지들과 정이 들며 그들의 영리하고 사랑스러운 모습을 알게 되는 한편 농장의 이면을 알게 될수록, 그동안 좋아했던 돈가스를 더 이상 마음 편히 먹을 수 없게 된 것. 육식파 남편 영준과 어린 아들 도영은 식단결정을 더욱 복잡하게 한다. 마트에서 반찬거리를 살 때마다, 저녁에 무엇을 먹을까 식당을 고를 때마다 갈등에 빠지게 된 윤. 이제 어떻게 해야 할까?

58. 젊은 엄마: 내 나이가 어때서

청소년관람불가
상영시간 94분 | 드라마
감독 김일종
출연 명계남, 채민서, 홍서준
제작 양건의
프로듀서 채길병, 김성훈
각본 김효진
촬영 최현기
조명 황성욱
미술 김수호, 박용규
의상 임주현
편집 김미주
음악 김민태
제작사 골든타이드픽처스(주)
배급사 골든타이드픽처스(주)
심의 2015.04.10.
개봉 2015.05.07.

아내와 사별하고 동네 약국을 운영하는 말기 암 시한부 아버지, 용태(명계남). 눈치라고는 약에 쓸래도 없는 정리해고 1순위 아들, 성민(홍서준). 밤이면 밤마다 공부보다는 성인영화에 푹 빠져있는 만년 재수생 손자, 영찬(김민상). 한 지붕 세 남자 앞에 역대 〈젊은 엄마〉 시리즈 사상 최고의 엄마가 나타났다!
29세 존예 섹시맘 진희(채민서)의 등장으로 온통 집 안이 양기로 가득 찬 가운데 각자의 사정으로 위기에 몰린 세 남자를 위한 젊은 엄마의 특급 처방이 시작된다. 아버지부터 손자까지! 도대체 누가 엄마랑!

59. 명령불복종 교사 The Disobeying Teacher

전체관람가			이귀정
상영시간	97분 | 다큐멘터리	**편집**	서동일
감독	서동일	**음악**	베르다마로
출연	최혜원, 정재호, 김경희, 오정희, 김윤주	**제작사**	두물머리픽처스
		배급사	(주)인디플러그
		심의	2015.03.30.
촬영	서동일, 최혜원, 정재호, 전경남,	**개봉**	2015.05.14.

2008년 10월 13일. 초등 6학년, 중등 3학년, 고등 1학년을 대상으로 국가수준학업성취도평가(일명 일제고사)가 전국적으로 실시됐다. 이 시험을 앞두고 일부 교사가 학부모들에게 '담임편지'를 보낸다. '담임편지'에는 일제고사가 아이들과 교육현장에 미칠 교육자로서의 우려와 일제고사를 원치 않을 경우 체험학습을 선택할 수 있다는 안내가 담겨 있었다. 그리고 일부 학생과 학부모가 이 시험 대신 체험학습을 선택했다. 이 후 교사들은 '학생들에게 체험학습을 허락했다는 이유', '이 시험의 선택권을 알렸다는 이유' 그리고 '국가공무원으로서 국가의 명령에 불복종했다는 이유'로 해임, 파면의 중징계를 받게 된다.

60. 악의 연대기 The Chronicles of Evil

15세이상관람가		**촬영**	박종철, 정철민	**배급사**	씨제이이엔엠(주)
상영시간	102분 | 스릴러	**조명**	송현석	**심의**	2015.04.20.
감독	백운학	**미술**	권주희	**개봉**	2015.05.14.
출연	손현주, 마동석, 최다니엘, 박서준	**의상**	남지수		
		편집	최민영		
제작	장원석, 정의석	**음악**	황상준		
프로듀서	최원기, 김솔	**제작사**	(주)비에이엔터테인먼트		
각본	백운학				

특급 승진을 앞둔 최반장은 회식 후 의문의 괴한에게 납치를 당한다. 위기를 모면하려던 최반장은 우발적인 살인을 저지르는데, 승진을 위해 사건을 은폐하기로 결심한다. 이튿날 아침, 최반장이 죽인 시체가 경찰서 앞 공사장 크레인에 매달려 공개되고 대한민국이 발칵 뒤집힌다. 자신이 진범인 사건을 담당하게 된 최반장은 좁혀오는 수사망에 불안감을 느낀다. 최반장은 자신의 실수를 덮기 위해 사건을 조작하고 재구성한다. 어느 날, 경찰서로 의문의 전화가 걸려오고, 그의 앞에는 더 큰 위험을 몰고 올 거대한 사건이 예고되는데…….

61. 간신 The Treacherous

청소년관람불가
상영시간 131분 | 사극, 드라마
감독 민규동
출연 주지훈, 김강우, 천호진, 임지연, 이유영
제작 민진수
프로듀서 박자명
각본 이윤성, 민규동
촬영 박홍렬
조명 정해지
미술 김지오
의상 이진희
편집 김선민
음악 김준성
제작사 (주)수필름
배급사 롯데쇼핑(주)롯데엔터테인먼트
심의 2015.04.30.
개봉 2015.05.21.

연산군은 임숭재를 채홍사로 임명하여 조선 각지의 미녀를 강제로 징집했고, 그들을 운평이라 칭하였다. 최악의 간신 임숭재는 이를 기회로 삼아 천하를 얻기 위한 계략을 세우고, 양반집 자제와 부녀자, 천민까지 가릴 것 없이 잡아들이니 백성들의 원성이 하늘을 찔렀다. 임숭재와 임사홍 부자는 왕을 홀리기 위해 뛰어난 미색을 갖춘 단희를 간택해 직접 수련하기 시작하고, 임숭재 부자에게 권력을 뺏길까 전전긍긍하던 희대의 요부 장녹수는 조선 최고의 명기 설중매를 불러들여 단희를 견제한다. 한 치도 물러설 수 없는 간신들의 치열한 권력다툼이 시작되고, 단희와 설중매는 살아남기 위해 조선 최고의 색(色)이 되기 위한 수련을 하게 되는데…

62. 막걸스 Makgeolli Girls

15세이상관람가
상영시간 103분 | 코미디
감독 김기영
출연 홍아름, 창조, 임원희, 양택조, 정의갑
제작 지상학
프로듀서 이주생, 장용대, 문성룡
각본 지상학
촬영 석형징
조명 최석재
미술 박재형, 국경남, 허서형
의상 박효진
편집 고임표
음악 방효민, 홍성민, 이상훈
제작사 (주)한국시나리오작가영상제작단
배급사 (주)드림팩트엔터테인먼트
심의 2015.05.15.
개봉 2015.05.21.

21세기, 우리나라 전통주 막걸리는 경쟁력을 잃고 있다. 하지만 여기 '오곡 막걸리' 개발을 향해 열정을 불태우는 누룩 3인방이 있다. 막걸리 없이 못 사는 필 충만한 초롱, 잡기에 능하고 이름만큼 외모에 관심 많은 공주, 새카만 피부 말더듬이 세미까지! 하지만 3인방에게 응원은커녕 장똘 선생님, 가족들마저 협조해주지 않는데……. 어느 날 이들에게 운명의 날이 찾아온다. 바로 막걸리 콘테스트에 지금까지 만든 막걸리를 출품하는 것. 하지만 고등학생 신분으로는 출품이 어렵다고 하는데……. 과연 낭랑 18세의 막걸리 발효 프로젝트는 성공할 수 있을까?

63. 사랑에도 저작권이 있나요?

청소년관람불가		**조명**	이준일	**개봉**	2015.05.21.
상영시간	111분 | 코미디	**미술**	서유미		
감독	최경진	**의상**	박정진		
출연	최재환, 왕빛나	**편집**	김미주, 이용표		
제작	양건의, 박성준	**음악**	송준석, 김민태		
프로듀서	손선옥	**제작사**	골든타이드픽처스(주)		
각본	최경진	**배급사**	골든타이드픽처스(주)		
촬영	이두훈	**심의**	2015.02.11.		

'선배 여친과 홧김에 섹', '친구 누나 시리즈' 등 인터넷 인기 야설의 작가 아놀드. 현실은 입시학원 강사이자 신춘문예 당선을 꿈꾸는 생계형 작가 동명(최재환). 어느 날 그의 앞에 첫 사랑 소연(왕빛나)이 나타난다. 그가 쓴 소설 중 '선배 여친과 홧김에 섹'의 저작권을 주장하며 그동안 벌어들인 수익금을 나눠달라는 것! 가뜩이나 첫 사랑 실패 후 소연을 증오하며 삐뚤어진 여성관을 갖고 있는 동명에게는 기가 찰 노릇이다. 소연은 저작권료를 받기 전까지는 절대 못 간다며 동명의 집에 주저앉고 동명은 그래도 돈은 안 줄 거라며 소연을 없는 사람 취급하지만 그녀는 오히려 속옷 차림으로 돌아다니며 십 년 전 그때처럼 줄 듯 말듯 애간장만 태운다.

64. 산다 Alive

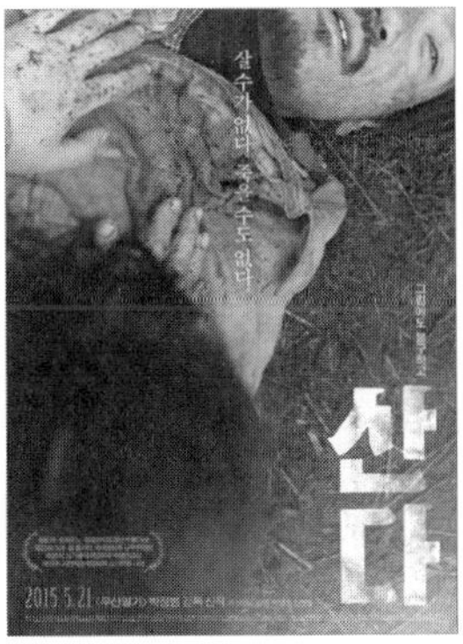

청소년관람불가		**각본**	박정범	**배급사**	(주)리틀빅픽처스
상영시간	166분 | 드라마	**촬영**	김종선	**심의**	2015.04.27.
감독	박정범	**조명**	서호영	**개봉**	2015.05.21.
출연	박정범, 이승연, 근휘	**의상**	강동율		
제작	박정범, 김영진	**편집**	조현주		
프로듀서	장병원, 이상용, 박홍식, 정재근, 신유재	**음악**	박인영		
		제작사	세컨드윈드필름, (유)산다문화산업전문회사		

정철은 산골마을에서 누나와 누나의 딸과 함께 산다. 정신이 온전치 않은 누나는 가끔 혼자 거리를 헤매거나 심각한 자해를 하고, 건설 현장에서 피땀 흘려 모은 돈은 믿었던 동료가 들고 튀어버려 정철의 속은 썩어 들어간다. 겨우내 먹고 살 길이 막막한 정철은 누나가 일하는 된장공장에서 일을 시작하고 된장공장 사장은 정철이 일을 잘 해서 만족스러워한다. 정철은 사장에게 젊은이를 쓰면 더 빨리 많은 일을 할 수 있다며 된장공장에 자기 동료들을 데리고 오려 한다. 된장공장에서 일하던 동네 어른들은 하루아침에 해고 통보를 받는 상황에 놓이고 정철은 그들의 원수가 된다.

65. 무뢰한 The Shameless

청소년관람불가		**촬영**	강국현	**배급사**	CGV아트하우스
상영시간	118분 | 멜로, 로맨스	**조명**	배일혁	**심의**	2015.04.30.
감독	오승욱	**미술**	이재성, 박옥경, 박일현	**개봉**	2015.05.27.
출연	김남길, 전도연, 박성웅	**의상**	채경화		
제작	지정삼, 한재덕	**편집**	김상범, 김재범		
프로듀서	국수란	**음악**	조영욱		
각본	오승욱	**제작사**	(주)사나이픽처스		

범인을 잡기 위해선 어떤 수단이든 다 쓸 수 있는 형사 정재곤(김남길). 그는 사람을 죽이고 잠적한 박준길(박성웅)을 쫓고 있다. 그를 잡을 수 있는 유일한 실마리는 박준길의 애인인 김혜경(전도연). 재곤은 준길의 감방 동기 이영준이란 이름으로 위장해 혜경이 일하고 있는 단란주점 마카오의 영업상무로 들어간다. 하지만, 재곤은 준길을 잡기 위해 혜경 곁에 머무는 사이 퇴폐적이고 강해 보이는 술집 여자의 외면 뒤에 자리한 혜경의 외로움과 눈물, 순수함을 느끼고 범인을 잡는다는 목표에 중독된 그는 자기감정의 정체도 모른 채 마음이 흔들리기 시작한다. 그리고 언제 연락이 올 지도 모르는 준길을 기다리던 혜경은, 자기 옆에 있어주는 영준에게 마음을 열기 시작한다.

66. 전망 좋은 집 2

청소년관람불가		**조명**	박태윤
상영시간	89분 | 멜로, 드라마	**의상**	강은하
감독	경석호	**편집**	김임현
출연	정시현, 이수진, 이승현, 이은미	**제작사**	태령시네마
프로듀서	곽동학	**배급사**	(주)소나무픽처스
각본	김이경	**심의**	2015.05.14.
촬영	정영덕	**개봉**	2015.05.27.

엄마에게 구박 받던 만년 백수 형준은 지인 소개로 부동산에서 일을 시작한다. 섹시한 커리어우먼 사모님, 적극적인 바디 어택의 실장님, 그리고 풋풋한 순수함이 귀여운 신입 여직원까지! 이제 쌔끈한 그녀들과의 빈 집 탐험이 시작된다.

67. 7공주 대리운전

청소년관람불가
상영시간 83분 | 코미디
감독 이재훈
출연 곽진영, 차영옥, 김동수, 윤설희
제작 유준재
프로듀서 김명서
각본 김수안
촬영 김욱
조명 유혁준
의상 손도희
편집 윤서하, 김종훈
음악 박세준
제작사 (주)유림엔터테인먼트
배급사 (주)나우콘텐츠
심의 2015.04.29.
개봉 2015.05.28.

여덟 세대가 거주중인 공주빌라에 어느 날 갑자기 빌라 경매 예정 통지서가 날라 온다. 세입자 대표 오하니(곽진영)는 각 세입자들을 소집해 공주빌라를 남의 손에 넘기지 말고 지켜내자며 빌라 입찰을 제안한다. 하지만, 각자 가지고 있는 돈을 모두 합해도 공주빌라를 낙찰 받기에는 턱없이 부족한 상황. 고심 끝에 공주 빌라 사람들은 경매 입찰금의 모자란 금액을 충당하기 위해 '7공주 대리운전'을 결성하게 된다. 타 업체와는 다른 차별화된 서비스로 입소문을 타기 시작하면서 대박 행진을 하게 되고 우여곡절 끝에 가까스로 입찰금을 마련하지만, 예상치 못한 사건으로 모두 날리게 되면서 쫓겨날 위기에 처하게 되는데…….

68. 코인라커 Coin Locker

청소년관람불가
상영시간 95분 | 드라마
감독 김태경
출연 손여은, 이영훈, 한지은
제작 이재식
프로듀서 박용재
각본 김태경, 윤민경
촬영 이희섭
조명 장동훈
미술 송민주
의상 심은숙
편집 박지현
제작사 (주)씨타마운틴픽처스
배급사 (주)드림팩트엔터테인먼트
심의 2015.05.11.
개봉 2015.05.28.

연에게 세상은 지옥이다. 남편 상필은 도박과 폭력으로 그녀의 삶을 갉아먹고, 사채업자 재곤은 남편의 빚을 받아내려 그녀에게 위협을 가한다. 그녀에게 있어서 마지막 남은 희망은 자폐증세가 있는 아들 건호와 지긋지긋한 한국을 떠나 친구가 있는 뉴질랜드에서 새 삶을 시작하는 것이다. 모든 것을 정리하고 떠나려는 순간, 남편 상필의 빚이 다시 한 번 그녀의 발목을 잡는다. 도움을 청할 곳도 기댈 곳도 없는 그녀는 뉴질랜드로 가기 위한 여비를 마련하기 위해 아이를 코인라커에 넣고 몸을 팔러 다닌다. 이제 하룻밤만 지내면 이 지옥 같은 한국을 떠날 수 있는데…….

69. 마이 페어 웨딩 My Fair Wedding

12세이상관람가

상영시간 94분 | 다큐멘터리
감독 장희선
출연 김조광수, 김승환
제작 김승환, 김정영
프로듀서 김정영
촬영 문명환
편집 장희선
음악 계수정
제작사 (주)레인보우팩토리
배급사 (주)영화사진진
심의 2015.04.28.
개봉 2015.06.04.

〈친구사이?〉,〈원나잇 온리〉를 연출한 김조광수 감독은 자신의 9년 지기 연인 김승환에게 프러포즈를 한 후, 공개 결혼식을 준비하지만 주변의 시선부터 심지어 사사건건 말다툼을 하게 되는 연인과의 관계까지 어느 것 하나 쉽지가 않다. 이들은 과연 어떤 과정을 거쳐 결혼에 골인할 수 있었을까?

70. 은밀한 유혹 Perfect Proposal

15세이상관람가

상영시간 110분 | 멜로, 범죄
감독 윤재구
출연 임수정, 유연석, 이경영, 박철민, 진경
제작 윤인범, 김수진, 민진수
프로듀서 노재훈, 신창환
각본 윤재구
촬영 이태윤
조명 김상철
미술 김진희, 윤나라
의상 유세희
편집 이진
음악 심현정
제작사 (주)영화사비단길, (주)수필름
배급사 씨제이이엔엠(주)
심의 2015.05.06.
개봉 2015.06.04.

믿었던 친구에게 배신당하고 사채업자들에게 쫓기며 돈도, 미래도 모든 것이 절박한 여자 지연(임수정). 그녀 앞에 천문학적인 재산을 소유한 마카오 카지노그룹의 비서 성열(유연석)이 나타나 인생을 바꿀 위험한 거래를 제안한다. 그 제안은 바로 그룹의 회장(이경영)을 사로잡아 그의 전 재산을 상속받는 신데렐라가 되라는 것. 단, 성공 시 그 재산의 절반을 그와 나누는 것을 조건으로 내건다. 달콤한 만큼 위험한 제안이지만 성열에게 강한 끌림을 느낀 지연은 마침내 회장의 호화 요트에 오르게 되는데…….

71. 혜경궁 홍씨

12세이상관람가		**촬영**	박정훈
상영시간	134분 | 공연, 사극, 드라마	**의상**	박현철
		편집	송호장, 김민섭
감독	장동홍	**음악**	박남예
출연	김소희, 윤여성, 정태화	**제작사**	(주)컴퍼니숨
		배급사	(주)씨타마운틴픽처스
프로듀서	이승원, 김회식	**심의**	2015.04.29.
각본	이윤택	**개봉**	2015.06.04.

정조는 어머니 혜경궁 홍씨의 회갑을 기념해 새로 축조한 화성행궁에서 회갑 진찬례를 연다. 그 자리에서 정조는 아버지 사도세자를 장조란 임금의 칭호로 추대하고, 그날 밤 혜경궁 홍씨는 죽은 사도세자의 혼령을 마주한다. 혜경궁 홍씨의 기억을 따라 현실과 기억 저편의 경계를 넘나들며 산 사람과 죽은 사람이 만나 엉킨 실타래를 풀 듯 그녀의 삶을 되짚어 가는데…….

72. 따라지: 비열한 거리 The Outsider: Mean Streets

청소년관람불가		**촬영**	김홍기	**배급사**	(주)드림팩트엔터테인먼트
상영시간	85분 | 멜로, 로맨스	**조명**	황성현		
감독	신동엽	**미술**	김미정	**심의**	2015.01.06.
출연	고세원, 한이서, 조한선	**의상**	김현정	**개봉**	2015.06.08.
		편집	경민호		
제작	이호, 최광래, 오세일	**음악**	성환, 이은석		
프로듀서	이정석	**제작사**	디에스미디어, (주)영화사골든오션		
각본	신동엽, 최정미				

사창가 윤락녀로 빚을 떠안고 살아가는 미송과 그녀에게 빌붙어 사는 남자 건희. 그들의 인생은 가장 보잘 것 없고 하찮은 따라지라 불리는 인생이다. 벗어나고 싶어 발버둥 쳐보지만 그럴수록 더욱 깊이 빠져드는 늪처럼 그들의 인생은 하루하루가 살아남기 위한 전쟁이다. 단 한 줄기 희망조차 보이지 않는 따라지 인생 속에서 미송은 점점 지쳐만 가고, 백수로 자신에게 얹혀사는 건희가 한심하고 답답하기만 하다. 한편, 그런 미송에게 언제나 미안함 마음을 안고 살아가는 백수 건희는 일자리를 알아보기 위해 돌아다니던 중 우연히 옛 친구이자 현재 삼류건달로 살아가는 운철을 만나게 되고, 그에게서 뿌리치지 못할 위험한 제안을 하나 받게 된다.

73. 외출

청소년관람불가		**조명**	이대우	**개봉**	2015.06.11.
상영시간	80분 | 멜로, 로맨스	**미술**	소윤아		
감독	기대호	**의상**	이세빈		
출연	정서윤, 전현수	**편집**	김수동		
제작	이필훈, 박정호	**음악**	이대철		
프로듀서	이훈	**제작사**	(주)영화사 사계절		
각본	양재구	**배급사**	(주)영화사 사계절		
촬영	하지현	**심의**	2015.05.15.		

젊고 아름다운 여자 신혜. 그녀는 남편과 집안 일 밖에 모르는 현모양처다. 하지만 요즘 그녀에겐 걱정이 하나 생겼다. 남편과의 관계가 점점 더 소원해져만 가고 있기 때문. 자신을 그림자 취급하며 잠자리까지 거부하는 남편에 대한 불만이 쌓여갈 즈음 기분 전환을 위해 나간 고교 동창회에서 신혜는 자신의 첫사랑 성진을 다시 만나게 된다. 멋있는 남자로 변해 있는 성진에게서 신혜는 묘한 설렘을 느끼게 되고 '외도'라는 금지된 유혹에 자신도 모르게 이끌려 들어가게 되는데…….

74. 한 여름의 판타지아 A Midsummer's Fantasia

전체관람가		**각본**	장건재
상영시간	97분 | 드라마	**동시녹음**	김현상
감독	장건재	**편집**	이연정, 장건재
출연	김새벽, 이와세 료, 임형국	**음악**	이민휘
		제작사	모쿠슈라
프로듀서	가와세 나오미, 장건재, 김우리, 도도 슌지	**배급사**	(주)인디스토리
		심의	2015.04.20.
		개봉	2015.06.11.

영화감독 태훈은 새 영화를 찍기 위해 일본의 지방 소도시인 나라현 고조시를 방문한다. 조감독 미정과 함께 쇠락해가는 마을 곳곳을 누비며 그 곳에 사는 사람들을 인터뷰한다. 떠나기 전날 밤, 이상한 꿈에서 깨어난 태훈은 이제 막 불꽃놀이가 시작된 밤하늘을 조용히 올려다본다.
한국에서 혼자 여행 온 혜정은 역전 안내소에서 고조시에 정착해 감을 재배하며 사는 청년 유스케를 우연히 만난다. 가이드를 자처한 그와 함께 걸으며 길 위에서 많은 대화를 나누는 두 사람. 어느새 해가 지고 별이 뜨는 밤, 유스케는 자신의 마음을 조심스럽게 고백한다.

75. 애인

청소년관람불가
상영시간 84분 | 멜로, 로맨스
감독 이숭환
출연 문주연, 최준열
제작 이숭환
프로듀서 최광건, 최광래
각본 동동이
촬영 이재상
조명 서충근
동시녹음 임영진, 이대진
편집 이숭환
음악 이토
제작사 (주)케이알씨지
배급사 (주)케이알씨지
심의 2015.06.02.
개봉 2015.06.17.

아버지의 주식 빚으로 매일 사채업자에게 괴롭힘을 당하는 상림. 그런 그에게 절호의 찬스가 찾아온다. 빽도 없고 스펙도 없던 상림은 SG벤처라는 큰 기업의 서류면접에 합격하게 되고, 여사장 숙경은 상림을 최종 인턴으로 채용한다. 상림은 카리스마 있고 매력적인 숙경을 동경하게 되고, 일에 집중하려 하지만 마음처럼 쉽지 않다. 섹시한 숙경에게 대시까지 받은 상림은 어리둥절해 하면서도 곧 숙경에게 적응해 가던 중, 새로 들어 온 인턴 연수와도 가까워진다.

76. 경성학교: 사라진 소녀들 The Silenced

15세이상관람가
상영시간 99분 | 미스터리, 드라마
감독 이해영
출연 박보영, 엄지원, 박소담, 고원희
제작 김조광수, 심현우
프로듀서 이치범
각본 이해영
촬영 김일연
조명 김민재
동시녹음 김경호
미술 이화성, 남일연
의상 함현주
편집 김창주
음악 달파란
제작사 청년필름(주), 비밀의 화원
배급사 롯데쇼핑(주)롯데엔터테인먼트
심의 2015.04.30.
개봉 2015.06.18.

외부와 단절된 경성의 한 기숙학교. 어느 날부터, 학생들이 하나 둘 이상 증세를 보이다 흔적도 없이 사라지기 시작한다. 주란(박보영)은 사라진 소녀들을 목격하지만 아무도 그녀의 말을 믿어주지 않고, 교장(엄지원)도 아무 일 없었다는 듯 우수학생 선발에만 힘쓸 뿐이다. 학교에서 벌어지는 사건들에 의문을 품은 주란, 하지만 곧 주란에게도 사라진 소녀들과 동일한 이상 증세가 나타나기 시작하는데…….

77. 극비수사 The Classified File

15세이상관람가
상영시간 107분 | 드라마, 범죄
감독 곽경택
출연 김윤석, 유해진, 송영창, 장영남
제작 유주영
프로듀서 박영진, 송범수, 김병인, 한기준
각본 곽경택, 한대덕
촬영 기세훈
조명 정영민
미술 전인한, 김유정
의상 이은경
편집 김창주
제작사 (주)제이콘컴퍼니, (주)영화사신세계
배급사 (주)쇼박스
심의 2015.06.04.
개봉 2015.06.18.

1978년 부산에서 일어난 실제 이야기. 한 아이가 유괴된 후, 수사가 시작되고 아이 부모의 특별 요청으로 담당이 된 공길용 형사는 아이를 보호하기 위해 극비 수사를 진행하기로 한다. 한편, 가족들은 유명한 점술집을 돌아다니며 아이의 생사여부를 확인하지만 이미 아이가 죽었다는 절망적인 답만 듣게 되고, 마지막으로 도사 김중산을 찾아간다. 아이의 사주를 풀어보던 김도사는 아직 아이가 살아있고, 보름 째 되는 날 범인으로부터 첫 연락이 온다고 확신한다. 보름 째 되는 날, 김도사의 말대로 연락이 오고, 범인이 보낸 단서로 아이가 살아있음을 확신한 공형사는 김도사의 말을 믿게 된다. 하지만 한 달이 지나도록 수사는 진전되지 않고, 모두가 아이의 생사 보다 범인 찾기에 혈안이 된 상황 속에 공형사와 김도사 두 사람만이 아이를 살리기 위한 수사를 계속 진행하는데…….

78. 성난 화가 Angry Painter

청소년관람불가
상영시간 104분 | 액션
감독 전규환
출연 유준상, 문종원
프로듀서 최미애
각본 전규환
촬영 김진경
조명 이승원
동시녹음 고영춘
미술 이태량
제작사 (주)트리필름
배급사 (주)트리필름
심의 2015.03.23.
개봉 2015.06.18.

화가(유준상)는 베일에 싸여 있는 인물로 드라이버(문종원)와 함께 악마 같은 살인마를 쫓는 사냥꾼이다. 화가는 늘 그렇듯 화폭에 그림을 그리고, 오토바이를 타고 어디론가 끊임없이 달려간다. 옆방의 드라이버는 클럽에서 만난 에스토니아 여인 엘베와 사랑스런 교감을 나누며 그 쾌락의 순간을 즐긴다. 알 수 없는 기운이 이들을 쫓고 쫓기는 클럽 뒷골목에 이르게 하고 클럽 갱들에 의해 운명을 가르는 순간을 맞닥뜨리게 된다. 빛이 공간을 아우르며 화가의 실체가 서서히 드러나게 되는데…….

79. 소수의견 The Unfair

15세이상관람가
상영시간 127분 | 드라마
감독 김성제
출연 윤계상, 유해진, 김옥빈
제작 임영호, 천성일
프로듀서 김유평, 김대승
원작 손아람
각본 손아람
촬영 김동영
조명 김형용
미술 주미현, 이인옥
의상 최의영
편집 김상범, 김재범
음악 조영욱
제작사 (주)하리마오픽처스
배급사 (주)시네마서비스
심의 2015.06.05.
개봉 2015.06.24.

지방대 출신, 학벌 후지고, 경력도 후진 2년차 국선변호사 윤진원(윤계상). 강제철거 현장에서 열여섯 살 아들을 잃고, 경찰을 죽인 현행범으로 체포된 철거민 박재호(이경영)의 변론을 맡게 된다. 그러나 구치소에서 만난 박재호는 아들을 죽인 건 철거깡패가 아니라 경찰이라며 정당방위에 의한 무죄를 주장한다.
변호인에게도 완벽하게 차단된 경찰 기록, 사건을 조작하고 은폐하려는 듯 한 검찰, 유독 이 사건에 관심을 갖고 접근해오는 신문기자 수경(김옥빈). 진원은 단순한 살인 사건이 아님을 직감하고, 선배인 이혼전문 변호사 대석(유해진)에게 사건을 함께 파헤칠 것을 제안한다. 진원과 대석은 국가에게 잘못을 인정받기 위해 '100원 국가배상청구소송'이라는 과감한 선택을 하는데…….

80. 연평해전 Northern Limit Line

12세이상관람가
상영시간 130분 | 드라마
감독 김학순
출연 김무열, 진구, 이현우, 이완, 이청아
프로듀서 김학순, 정문구, 박세환
촬영 김병일, 김형구
조명 윤종한
동시녹음 임형주
미술 이정훈, 손소일, 신점희
의상 이진숙
편집 주재익, 최민영, 이승준, 이은정
음악 목영진, 임민주
제작사 (주)로제타시네마
배급사 (주)넥스트엔터테인먼트월드
심의 2015.05.15.
개봉 2015.06.24.

월드컵의 열기로 뜨거웠던 2002년 6월. 해군 출신 아버지의 자랑스러운 아들이자, 참수리 357호 정장 윤영하 대위. 아내의 든든한 남편이자, 참수리 357호 조타장 한상국 하사. 어머니의 하나뿐인 아들이자, 참수리 357호 의무병 박동혁 상병.
참수리 357호 대원들은 실전을 방불케 하는 고된 훈련 속에 서로를 의지하며 가족 같은 존재가 되어간다. 무더운 여름과 함께 월드컵의 함성이 뜨거워지는 가운데, 한국과 터키의 3, 4위전 경기가 열리던 그날 서해 한 가운데에 포성이 울리는데…….

81. 나의 절친 악당들 Intimate Enemies

청소년관람불가

상영시간	110분 I 범죄, 액션, 드라마	**각본**	임상수	**제작사**	휠므빠말(주), 20세기 폭스 인터내셔널 프로덕션
감독	임상수	**촬영**	김영민	**배급사**	20세기폭스코리아(주)
출연	류승범, 고준희, 류현경	**조명**	박세문	**심의**	2015.06.09.
제작	이남희	**미술**	최유리, 이래규, 유진경	**개봉**	2015.06.25.
프로듀서	서정훈, 최보람	**의상**	함현주		
		편집	이은수		
		음악	김홍집		

인턴 지누에게 첫 번째 임무가 내려진다. 그동안 감시해온 차량의 이동라인을 완벽하게 파악해 상세히 보고하는 것. 하지만, 뒤쫓던 차가 대형트럭과 충돌하면서 그의 임무 수행은 순식간에 실패로 돌아간다. 한편, 사고수습을 위해 달려온 렉카차 운전자 나미는 반파된 차량 뒷좌석에서 수상한 가방을 발견하고, 그녀를 뒤쫓아 온 지누 역시 가방의 정체를 알게 되면서 함께 나눠 갖기로 한다. 하지만 이때부터 두 사람은 가방을 되찾으려는 일당의 표적이 되고, 위험천만한 상황 앞에 놓인 지누와 나미는 악랄한 추격에 맞서 더 지독한 악당이 되기로 결심하는데…….

82. 메이드 인 차이나 Made in China

청소년관람불가

상영시간	100분 I 드라마	**촬영**	이춘희	**심의**	2015.05.19.
감독	김동후	**조명**	정영삼	**개봉**	2015.06.25.
출연	박기웅, 한채아, 유재명	**미술**	박재형		
제작	김기덕	**의상**	이진숙		
프로듀서	김순모, 홍성은	**편집**	박민선		
각본	김기덕	**음악**	박영민, 권석홍		
		제작사	(주)김기덕필름		
		배급사	(주)김기덕필름		

한국에 수출한 장어에서 수은이 검출돼 전량 폐기처분 당할 위기에 처한 중국인 첸(박기웅)은 쓰러진 아버지를 대신해 한국으로 밀입국한다. 첸은 장어의 재검사 요청을 위해 무작정 식품안전처로 향하고, 그곳에서 검사관으로 일하는 미(한채아)와 만나게 된다. 국적도, 언어도 다른 두 사람 사이에 미묘한 기류가 흐르기 시작하고, 숨겨진 진실은 그들의 관계를 파국으로 치닫게 하는데…….

83. 어떤 가족

12세이상관람가		**의상**	정혜정
상영시간	80분 | 드라마	**편집**	최영준
감독	김형범	**음악**	최익건
출연	최원영, 류혜원	**제작사**	판픽처스
제작	김형범	**배급사**	골든타이드픽처스(주)
각본	김형범	**심의**	2015.05.28.
촬영	오재호	**개봉**	2015.06.25.
조명	황학성		

6년 전 잃어버린 아이 민구(강산)를 찾았다는 뜻밖의 소식을 듣게 된 태성(최원영)과 연희(류혜원). 분명 기뻐해야 할 일이지만 그렇지 못하다. 민구를 찾으러 보육원으로 가는 내내 두 사람 사이에 적막이 흐른다. 지금의 상황이 어리둥절한 건 열 살 민구(강산)도 마찬가지다. 없는 줄만 알았던 부모가 어느 날 갑자기 찾아온 것이 내심 기쁘기도 하지만 모든 것이 조심스럽기만 하다. 보육원 근처 모텔에서 하루 밤을 보내는 세 사람. 그날 밤, 태성은 연희에게 민구도 찾았으니 지난 일은 다 잊고 다시 합치자는 제안을 한다. 하지만 연희는 냉정하게 거절한다. 그것도 모자라 다음 날 아침 작별 인사도 없이 태성과 민구 곁을 떠나버린다. 남겨진 태성은 민구와 둘이 잘 살 수 있을까 고민한다. 자신이 없는 태성은 결국 민구를 다시 보육원에 맡기고 도망치듯 서울로 올라온다.

84. 욕정이 활활 All About My Father

청소년관람불가		**촬영**	송진열	**심의**	2015.03.31.
상영시간	82분 | 드라마	**조명**	송진열	**개봉**	2015.06.25.
감독	이상우, 황희경, 김헌	**미술**	정찬호, 정희원, 서인혁, 허대로		
출연	이상우, 정태원, 한종훈	**편집**	이상우, 김헌		
제작	이정배, 이상우, 김화용	**음악**	김미승		
		제작사	이상우필름		
프로듀서	최지원	**배급사**	이상우필름		

〈욕정이 활활〉은 세가족의 아버지를 둘러싸고 벌어지는 옴니버스 퀴어 영화이다. 1부 '내 아버지의 욕망'에서는 아들을 욕망하는 아버지를, 2부 '내 아버지의 진실'에서는 한 남자에게 이끌리는 아버지와 아들을, 3부 '내 아버지의 비밀'에서는 유치원생 아들의 가방에서 게이 잡지를 발견한 아버지의 이야기를 다루고 있다.

85. 디렉터스 컷 Director's Cut

12세이상관람가		**조명**	고용진, 이병성	**개봉**	2015.07.02.
상영시간	95분 I 드라마	**미술**	류새별		
감독	박준범	**의상**	김미정		
출연	박정표, 한송희, 김하영, 장기훈	**편집**	박준범		
		음악	김지근		
프로듀서	손기현	**제작사**	야간비행		
각본	박준범	**배급사**	야간비행		
촬영	최성호	**심의**	2015.04.27.		

십여 년 동안 독립영화를 만들어 온 해강은 아홉 편의 단편영화를 끝내고, 첫 번째 장편영화를 준비한다. 늘 버팀목이 되어준 여자 친구와 오래 함께 해온 동료들이 하나 둘 떠나면서 해강은 힘들게 영화 작업을 이끈다. 해강은 야심에 비해 아직 현장을 통솔하는 법을 알지 못하고, 그가 스태프들과 창작의 고통과 기쁨을 나누려 하지 않을수록 그는 고립무원의 처지에 빠진다. 사고로 촬영이 중단되고 새 제작자가 나서면서 겨우 촬영이 재개되지만 이번에는 제작자의 상업적 요구로 인해 곤란해진다. 감독으로서의 해강의 갈등은 더욱 깊어가지만 그럴수록 자신의 예술적 판단에 대한 자의식은 더욱 강해진다. 몸과 마음이 만신창이 된 해강은 자신이 꼭 지키고 싶었던 '한 컷'을 위해 행동에 나선다.

86. 마돈나 Madonna

청소년관람불가		**촬영**	윤지운	**개봉**	2015.07.02.
상영시간	120분 I 드라마	**조명**	강성훈		
감독	신수원	**미술**	전은진		
출연	서영희, 권소현, 김영민, 변요한	**편집**	이도현		
		음악	류재아		
제작	임충근	**제작사**	준필름		
프로듀서	임충근	**배급사**	(주)리틀빅픽처스		
각본	신수원	**심의**	2015.05.27.		

한 병원의 간호보조사 해림(서영희)과 의사(변요한)는 심장 이식이 필요한 전신마비 환자 철오를 담당하게 된다. 철오의 아들 상우(김영민)가 아버지의 재산을 얻기 위해 모든 수단을 동원해 아버지의 생명을 억지로 연장하고 있다는 사실을 알게 된 그들. 어느 날, 정체불명의 사고 환자 미나(권소현)가 실려 오게 되고, 냉혹한 재벌 2세 상우는 해림에게 그녀의 가족을 찾아 장기기증 동의서를 받아오라는 위험한 거래를 제안한다. 상황이 어려웠던 해림은 제안을 어렵게 수락하고, '마돈나'라는 별명을 가졌던 미나의 과거를 추적해가며 충격적인 비밀들을 마주하게 되는데…….

87. 남편만 몰라요

청소년관람불가		**조명**	서충근	**개봉**	2015.07.07.
상영시간	91분 | 멜로, 코미디	**미술**	국경남		
감독	고광현	**의상**	주민구		
출연	최선미, 황호상, 문주연	**편집**	강경아		
		음악	정민, 숀리, 오슈아		
제작	손병옥	**제작사**	(주)소나무픽처스		
각본	이영	**배급사**	(주)소나무픽처스		
촬영	정윤석	**심의**	2015.04.16.		

청초한 얼굴과 완벽한 몸매, 게다가 남편 앞에선 언제나 착하고 순진하던 현모양처 그녀! 그런데 남편이 집을 벗어나기만 하면 온 동네 남자들 혼을 쏙쏙 빼먹는 마력 같은 미모와 밤기술을 뽐낸다? 남편만 모르는 그녀의 뜨거운 밤생활이 지금 펼쳐진다.

88. 권법형사: 차이나타운 Martial Arts Detective: Chinatown

청소년관람불가		**촬영**	김종윤	**개봉**	2015.07.09.
상영시간	83분 | 액션, 범죄	**조명**	김승현		
감독	박상현	**의상**	김우주		
출연	서준영, 반소영, 서범식	**편집**	이상민		
		음악	엄주혁		
제작	양건의	**제작사**	골든타이드픽처스(주)		
프로듀서	양지숙	**배급사**	골든타이드픽처스(주)		
각본	부덕현	**심의**	2015.04.10.		

범죄와 배신이 난무하는 곳, 차이나타운. 강력계 형사 고정혁(서준영)은 마약밀매, 인신매매를 일삼는 차이나타운 최대 범죄 조직의 보스 송사장을 잡는데 혈안이 되어 여자 친구 지현(반소영)의 부탁도 외면한다. 노숙자들을 위한 사회봉사를 하는 지현은 얼마 전부터 하나 둘 보이지 않는 노숙자들의 행방이 수상하여 그들을 찾아달라고 부탁했던 것. 하지만 정혁은 온통 송사장을 잡아야 한다는 생각뿐이다. 그러던 어느 날, 정혁은 정보원의 도움으로 송사장의 위치를 파악, 검거에 나선다. 하지만 중국 최대 범죄 조직 흑사회의 방해로 매번 송사장 검거에 실패한다. 알고 보니 흑사회 보스 관시패(원진)도 송사장을 죽이기 위해 차이나타운을 뒤지고 있었던 것. 가진 거라곤 깡 밖에 없는 강력계 형사 정혁은 중국 무술 최고의 고수들이 모인 관시패 일당에 맞서 목숨을 건 싸움을 시작한다!

89. 레드 툼 Red Tomb

15세이상관람가		**음악**	최진우
상영시간	91분 ǀ 다큐멘터리	**제작사**	레드무비
감독	구자환	**배급사**	(주)따미픽처스
출연	김원규, 김주완, 김형렬	**심의**	2015.06.26.
각본	구자환	**개봉**	2015.07.09.
촬영	구자환		
편집	구자환		

해방 이후부터 휴전을 전후한 기간 동안 100만 명 이상의 민간인이 희생되었다. 지방 좌익과 우익의 보복 학살도 자행되었지만, 많은 피해자들은 남한의 군경, 우익단체, 미군의 폭격에 의해 학살당했다. 이 가운데 한국전쟁 초기 예비검속 차원에서 구금당하고 학살당한 국민보도연맹원이 있다. 이들은 대다수가 농민으로 정치 이념과 관계없는 사람이었다. 전쟁과는 직접적인 상관없이 국가의 이념적 잣대로 인해 재판조차 받지 못하고 무고하게 희생된 몇 십만 명의 이야기.

90. 손님 The Piper

15세이상관람가		**촬영**	홍재식	**심의**	2015.06.17.
상영시간	107분 ǀ 판타지, 공포	**조명**	김재근	**개봉**	2015.07.09.
감독	김광태	**미술**	김수경, 강소영		
출연	류승룡, 이성민, 천우희, 이준	**의상**	유지연		
제작	노봉조, 김동우, 이한	**편집**	김창주		
프로듀서	김경준	**음악**	이지수		
각본	김광태	**제작사**	(주)유비유필름		
		배급사	씨제이이엔엠(주)		

1950년대의 어느 날, 떠돌이 악사 우룡(류승룡)과 영남(구승현) 부자는 서울로 가던 길에 우연히 지도에도 나오지 않는 산골 마을에 들어선다. 시끄러운 바깥세상과 달리 촌장(이성민)의 강력한 지도 아래 모든 게 평화롭고 풍족한 마을이지만 단 하나, 시도 때도 없이 출몰하는 쥐떼들이 골칫거리다. 마을의 골칫거리인 쥐떼를 쫓아주면 목숨보다 소중한 아들, 영남이의 폐병을 고칠 목돈을 준다는 약속을 믿고 우룡은 피리를 불어 쥐떼를 쫓아낸다. 하지만 그 날 이후, 마을의 비밀이 하나씩 드러나기 시작하면서 우룡과 마을 사람들은 설명할 수 없는 이상한 사건에 휘말리게 되는데…….

91. 파스카 Pascha

15세이상관람가
상영시간 97분 | 드라마
감독 안선경
출연 김소희, 성호준
프로듀서 성호준
각본 안선경
촬영 유지선
조명 윤대우
미술 김혜민
의상 배은수
음악 이민휘
제작사 궁금단영화
배급사 무브먼트
심의 2015.06.22.
개봉 2015.07.09.

시나리오 작가인 마흔의 가을과 고등학교를 중퇴한 무직의 열아홉 요셉은 서로 사랑하는 사이다. 시나리오를 쓰는 일보다 김밥을 마는 일이 익숙한 여자 가을과 연인 가을을 지키기엔 아직 해야 할 것들이 너무 많은 남자 요셉. 조급하게 소리를 내지 않는 그들의 사랑처럼 가을과 요셉의 집에는 얌전하고 사랑스러운 식구 고양이 세 마리가 그들과 함께 삶을 살아가고 있다. 그러던 어느 날 비극의 전조인양 고양이 '희망'이 예기치 못한 죽음을 맞이하고 양가의 극렬한 반대로 두 연인은 원치 않는 이별을 맞이한다. 희망에 이어 요셉마저 잃게 된 가을은 뱃속의 아이마저 자신의 곁에서 떠나보내는 선택을 하게 된다.

92. 쓰리 썸머 나잇 Three Summer Night

청소년관람불가
상영시간 106분 | 코미디
감독 김상진
출연 김동욱, 임원희, 손호준, 윤제문, 류현경, 심은진
제작 박은경, 김상진, 이성환
프로듀서 이신범, 김철용
각본 박수진
촬영 김동천
조명 신학성
미술 유지현
의상 조은정, 이민희
편집 홍임수, 김창주
음악 최승현
제작사 더램프(주), (주)감독의집
배급사 (주)리틀빅픽처스, (주)인벤트스톤
심의 2015.06.30.
개봉 2015.07.15.

여친에 지친 만년 고시생 차명석(김동욱), 고객에 지친 콜센터 상담원 구달수(임원희), 갑에게 지친 제약회사 영업사원 왕해구(손호준). 어느 여름 밤, 술에 만취한 세 친구는 욕망으로 불타는 뜨거운 하룻밤을 꿈꾸며 갑자기 해운대로 떠난다. 화려한 일탈을 꿈꾸며 도착한 해운대. 하지만 눈을 떠보니 하룻밤 만에 지명수배자가 되어있고 조폭, 경찰, 그리고 여친에게 쫓기는 신세가 돼 인생 최대 난관에 봉착하게 되는데……. 아무도 예측할 수 없는 해운대의 밤이 시작된다!

93. 밀양 아리랑 Miryang Arirang-Legend of Miryang 2

15세이상관람가		**배급사**	(주)시네마달
상영시간	102분 | 다큐멘터리	**심의**	2015.06.26.
감독	박배일	**개봉**	2015.07.16.
각본	박배일		
촬영	박배일, 이경희		
편집	박배일		
음악	김현석		
제작사	오지필름		

우리 밭 옆에 765인가 뭔가 송전탑을 세운다케서 농사꾼이 농사도 내팽겨치고 이리저리 바쁘게 다녔어예. 그거 들어오면 평생 일궈온 고향 땅 잃고, 나도 모르게 병이 온다카데예. 동네 어르신들이랑 합심해가 정말 열심히 싸웠는데 3천명이 넘는 경찰들이 쳐들어와가 우리 마을을 전쟁터로 만들어 놨었습니더. 산길, 농로길 다 막고 즈그 세상인 냥 헤집고 다니는데 속에 울화병이 다 왔어예. 경찰들 때문에 공사현장에도 못 올라가보고, 발악을 해봐도 저놈의 철탑 막을 길이 없네예.

94. 악인은 살아있다 Bad Man

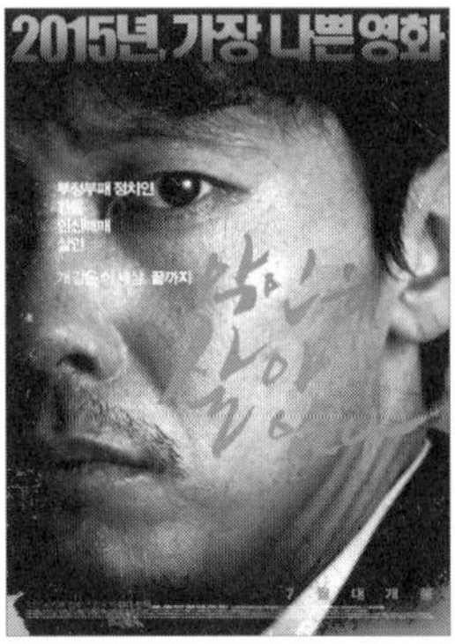

청소년관람불가		**촬영**	이승협	**배급사**	예지림엔터테인먼트
상영시간	91분 | 스릴러	**조명**	옥성준	**심의**	2015.06.08.
감독	김회근	**동시녹음**	이은주	**개봉**	2015.07.16.
출연	박병은, 김홍파,	**미술**	현숙, 김선정		
	한수연, 김법래	**의상**	김다정		
제작	송영기	**편집**	이도현		
프로듀서	이성창	**음악**	류재아		
각본	김회근	**제작사**	(주)에스에이치필름		

한승벤처캐피탈 백동일 회장의 비리와 횡령 스캔들로 정제계가 떠들썩한 가운데, 은행의 고위 간부였던 여직원 유미의 변사체가 청계산 절벽 아래서 끔찍한 모습으로 발견된다. 타살의 흔적도 유서도 없는 죽음, 경찰은 이 사건을 실족사 또는 자살로 결론짓고 수사를 마무리한다. 하지만 아내의 죽음이 백동일의 비리와 관련 있다고 생각한 남편 한병도는 백동일을 직접 응징하기 위해 그의 뒤를 쫓는다. 한편, 백동일은 검은 세계에 몸담고 있는 송찬혁의 도움을 받아 밀항을 준비하고, 남 몰래 사건의 진실을 추적하던 형사 김주원은 한병도와 백동일의 계획을 눈치 채는데…….

95. 폴라로이드 Polaroid

전체관람가		**촬영**	신태호	**배급사**	와이드릴리즈(주)
상영시간	106분 I 드라마, 가족	**조명**	김훈, 정문용	**심의**	2014.02.07.
감독	주호성	**미술**	고재영, 홍재선	**개봉**	2015.07.16.
출연	양범, 김태용, 정재연	**의상**	김보라		
제작	서정민, 장현호, 주호성	**편집**	김목현		
프로듀서	김응민, 김경식	**음악**	남기오, 서승현, 정재연		
각본	니쥔, 조수민	**제작사**	(주)DVC픽처스		

8년 전, 예기치 않은 사고로 중국 아이스하키 선수 생활을 그만두게 된 양밍은 어느 날 길에서 갑자기 혼절한 수호라는 아이를 알게 된다. 아빠 없이 철없는 엄마 은주와 단 둘이 살아가던 수호는 마침 보모를 구하던 차에 따뜻하고 듬직한 양밍을 적합한 사람으로 선택한다. 양밍을 잘 따르는 수호와는 달리, 엄마인 은주는 외국인이고 낯선 남자였던 그에게 거리를 두려 하지만 곧 그의 따뜻함과 자상함에 이끌리게 되고 수호와 양밍은 더욱 돈독한 사이가 되어 간다. 하지만 시한부인생을 살아가던 수호와 절망과 슬픔 속에 살아가는 엄마, 그리고 그들 앞에 나타난 낯선 남자 양밍에게 생각지도 못한 사건이 생기게 되는데…….

96. 퀴어영화 나비: 어른들의 일

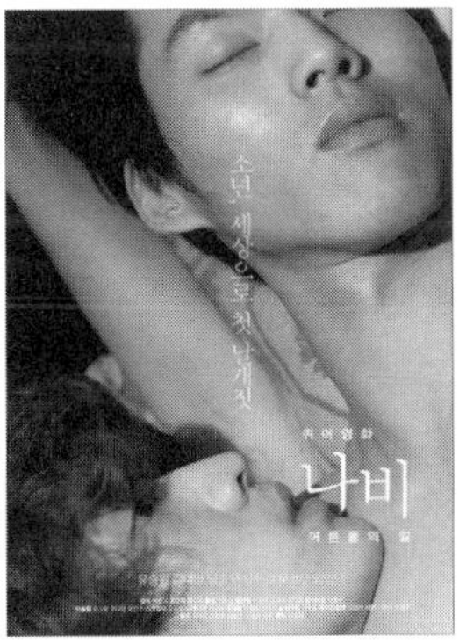

청소년관람불가		**편집**	백인규
상영시간	72분 I 드라마, 멜로	**제작사**	99필름
감독	백인규	**배급사**	99필름
출연	유승원, 김동훈	**심의**	2015.07.10.
각본	백인규	**개봉**	2015.07.18.
촬영	이춘길		
동시녹음	이홍선		
미술	강소랑		

어른이 된 철수는 직장을 구하지 못하고 호스트바에서 사회생활을 시작한다. 하지만 욕망으로 넘실거리는 세상의 압축판 호스트바 '정글'에서 적응하기란 쉽지 않다. 사회초년생으로 세상 속에서 분투하던 철수는 점차 현실에 눈 뜨게 되고, 새로운 신입 호스트를 맞게 되는데…….

97. 암살 Assassination

15세이상관람가
상영시간 140분 | 액션, 드라마
감독 최동훈
출연 전지현, 이정재, 하정우, 오달수, 조진웅, 이경영, 최덕문, 김의성
제작 최동훈, 안수현
프로듀서 김성민
각본 최동훈, 이기철
촬영 김우형
조명 김승규
미술 류성희, 권주희, 최정은, 최우임, 임세진, 윤성혜, 서성경
의상 조상경, 손나리
편집 신민경
음악 장영규, 달파란
제작사 (주)케이퍼필름
배급사 (주)쇼박스
심의 2015.07.06.
개봉 2015.07.22.

1933년 조국이 사라진 시대. 대한민국 임시정부는 일본 측에 노출되지 않은 세 명을 암살 작전에 지목한다. 한국 독립군 저격수 안옥윤, 신흥무관학교 출신 속사포, 폭탄 전문가 황덕삼! 김구의 두터운 신임을 받는 임시정부 경무국 대장 염석진은 이들을 찾아 나서기 시작한다. 암살단의 타깃은 조선주둔군 사령관 카와구치 마모루와 친일파 강인국. 한편, 누군가에게 거액의 의뢰를 받은 청부살인업자 하와이 피스톨이 암살단의 뒤를 쫓는데……. 친일파 암살 작전을 둘러싼 이들의 예측할 수 없는 운명이 펼쳐진다!

98. 십이야: 깊고 붉은 열두 개의 밤 Chapter 1 12 Deep Red Nights

15세이상관람가
상영시간 74분 | 공포, 스릴러
감독 오인천
출연 이관훈, 정보름, 박은석, 정희준
제작 오인천
프로듀서 심은하, 이상헌
각본 오인천
촬영 이큰솔, 김명제
조명 오석필
미술 옥은진
편집 이보배
음악 옥은혜
제작사 블리트필름
배급사 (주)드림팩트엔터테인먼트
심의 2015.03.12.
개봉 2015.07.23.

1. 드라이버- 대리운전기사 인식은 어느 날 미모의 여자 손님으로부터 '자신을 죽이면 많은 돈을 주겠다'는 제안을 받는다.
2. PM 11:55- 늦은 밤 번역가 영란은 출판사 편집장의 수정사항 요구에 맞춰서 간신히 마감을 지킨다. 그날 밤 자정 5분전. 영란의 오피스텔에 누군가가 초인종을 누른다.
3. 남의 소리- 사운드디자이너 광현은 드라마 사운드 작업을 위해 늦은 밤 인적 없는 공원에서 소리들을 녹음하던 중 정체불명의 여자 비명소리를 듣는다.
4. 비밀의 밤- 늦은 밤, 20대 중반의 여사원 영민은 컴퓨터에 저장된 회사 기밀 정보들을 USB에 담아 사무실에서 나가려는 순간, 직장선배인 하윤과 맞닥뜨리는데!

99. 러브앤서울 복숭아마을 도색소동기 AV Idol 2

청소년관람불가		**조명**	권문칠	**개봉**	2015.07.27.
상영시간	89분 ǀ 멜로, 로맨스	**동시녹음**	진동훈		
감독	조조 히데오	**미술**	곤조 하야시		
출연	나나우미 나나, 이현주, 조현숙	**의상**	조현숙, 최유정		
		편집	조조 히데오		
프로듀서	최광래, 이은경	**제작사**	(주)케이알씨지		
각본	조조 히데오	**배급사**	(주)케이알씨지		
촬영	선상재	**심의**	2015.06.26.		

잘나가던 도쿄 AV 아이돌 유미는 자신의 과거를 숨기고 사랑하는 한국 남자 대순과 결혼한다. 순식간에 마을의 청년회장이자 단 하나밖에 없는 우체부 대순의 아내가 된 유미. 과거는 청산하고 눈총과 시기를 한 몸에 받는 마을의 여신으로 등극하지만 그것도 잠시, 어느 날 일본에서 대순의 마을에 AV 영화를 찍으러 오게 되고, 이를 안 유미는 정체가 발각될까 노심초사한다. 그런 유미의 속을 아는지 모르는지, 온 마을 사람들은 영화의 정체도 모른 체 발 벗고 나서서 돕기 시작하는데…….

100. 고녀석 맛나겠다 2: 함께라서 행복해 You Are So Yummy-Happy to Be with You

전체관람가		**각본**	스가 요시유카, 강민하, 마스다 히사오, 미야니시 타츠야	**심의**	2015.06.26.
상영시간	83분 ǀ 애니메이션			**개봉**	2015.07.29.
감독	최경석, 노나카 카즈미				
출연	엄상현, 시영준, 안장혁	**편집**	한창우		
		음악	박형준, 조란, 김준성		
프로듀서	하태용, 강성욱, 최지유	**제작사**	(주)미디어캐슬		
		배급사	(주)리틀빅픽처스		

평화로운 공룡들의 백악기 초원. 아빠 제스타와 엄마 세라의 사랑을 듬뿍 받으며 자라난 티라노사우르스 미르는 훗날 아빠같은 강하고 씩씩한 티라노사우르스가 되고 싶어 한다. 그러던 어느 날, 갑작스런 지진으로 미르는 엄마를 잃고, 이어서 흉폭한 티라노사우르스 발드에게 아빠마저 잃고 만다.

가까스로 발드 일당을 피한 미르는 육식공룡 훌쩍훌쩍과 초식공룡 키라리와 친구가 되면서 모든 공룡은 평화롭게 살 수 있다는 아빠의 말을 깨닫게 된다. 용감하고 지혜로운 티라노사우르스로 자란 미르는 초원의 평화를 위협하는 발드와 한 판 승부를 펼치게 되는데…….

101. 폭풍정사

청소년관람불가
상영시간 75분 | 멜로, 로맨스
감독 국영수
출연 채린, 신상록, 한상호
프로듀서 김성필, 문주연
각본 국영수
촬영 이준희
동시녹음 윤현철
음악 조제훈
제작사 (주)대양미디어
배급사 위드 라이언 픽처스
심의 2015.07.06.
개봉 2015.07.29.

고교동창생 김과 한은 대학졸업 후 백수로 지내고 있다. 서로에 대한 열등감을 숨긴 채 지내는 두 사람은 김의 아버지가 출장간 사이 김의 아버지의 펜션에서 지내게 된다. 김은 펜션으로 사이가 소원해진 여자 친구 미정을 부르고, 미정은 러시아에서 교환학생으로 온 이라나와 함께 펜션에 도착한다. 바비큐 파티가 열리고 김은 미정과 관계를 개선해보려고 하지만 돌아오는 건 미정의 싸늘한 시선뿐이다. 술에 취한 김은 미정의 방으로 찾아가는데…….

102. 무서운 집 Scary House

12세이상관람가
상영시간 98분 | 공포
감독 양병간
출연 구윤희, 양병간
제작 양병간
각본 양병간
촬영 양병간
조명 양병간
동시녹음 양병간
편집 양병간
음악 강인구, 박세은
제작사 무서운영화
배급사 (주)콘텐츠윙
심의 2014.08.05.
개봉 2015.07.30.

사진작가 부부는 새로 장만한 4층 집에 스튜디오를 꾸미고 이벤트에 사용할 마네킹들을 조립하며 행복한 시간을 보낸다. 그러던 중 남편이 출장을 가게 되어 큰 집에 홀로 남게 된 아내. 새 집에서의 생활을 기대하며 한껏 기분이 들뜬 아내는 노래를 부르며 혼자만의 즐거운 시간을 보내지만 즐거움도 잠시, 자신의 눈앞으로 다가와 쳐다보는 마네킹의 모습에 놀라 도망치지만 이사 준비로 예민해진 탓에 헛것을 보았을 거라고 생각하며 무심히 넘겨버린다. 집안 구석구석을 정리하며 시간을 보내지만 곳곳에서 들려오는 괴이한 소리와 자신을 따라다니기라도 하는 듯 쉬지 않고 나타나는 정체불명의 형체들이 아내를 쫓아다니며 괴롭힌다.

103. 살인재능 Gifted

청소년관람불가
상영시간 102분 | 스릴러, 드라마
감독 전재홍
출연 김범준, 배정화, 전범수
프로듀서 정희섭
각본 전재홍
촬영 전재홍, 김종선
동시녹음 강나루, 장상열, 김상운
의상 김광수
편집 조한울
음악 성운
제작사 전재홍 필름, (주)씨제이에스지 마당엔터테인먼트
배급사 (주)인디스토리
심의 2015.06.25.
개봉 2015.07.30.

32세의 실업자 민수는 미래가 없다는 이유로 결혼을 약속한 여자 친구 수진에게 버림받는다. 그녀를 되찾기 위한 유일한 방법은 돈. 민수는 밤낮없이 일을 하지만, 상황은 좀처럼 나아지지 않는다. 궁지에 몰린 그는 돈벌이가 된다는 솔깃한 제안을 받아 훔친 차를 장물업자에게 되파는 불법적인 일을 시작한다. 그러던 중, 우연히 만난 전 직장 상사의 멸시에 증오를 느낀 후 홧김에 살인을 저지르게 되고, 자신도 몰랐던 재능을 처음으로 발견한다. 이후 민수는 그 재능을 살려 돈을 벌기 시작한다.

104. 마지막 위안부 The Last Comfort Women

15세이상관람가
상영시간 91분 | 드라마
감독 임선
출연 한가영, 김미영, 레이
프로듀서 장보영, 박동렬, 김재영
각본 임선
촬영 문권일
조명 김영수
동시녹음 손종채
미술 원기주, 윤철중
의상 박종환
편집 고중근
음악 김주완
제작사 (주)투윈미디어
배급사 (주)투윈미디어
심의 2014.11.24.
개봉 2015.08.03.

1943년 말, 순진한 연희(한가영)는 애국 봉사대 활동을 마치면 동경 음대 유학을 갈 수 있다는 권모술수에 속아 전장으로 가는 배에 오른다. 중국의 전장에 도착한 연희는 곧 뭔가 잘못됐다는 사실을 느끼게 된다. 치욕적인 신체검사를 당한 것도 모자라 바이올린은 거친 군홧발에 짓밟히고 일본군들에게 몸까지 유린당한다. 연희와 함께 온 조선 여자들, 강제로 끌려온 중국 여자들, 돈을 벌기 위해 전쟁터를 찾은 일본의 퇴기들까지 수많은 여성들이 위안부라는 희생양이 되었다. 일본에서 온 퇴기 미야꼬(김미영), 강한 중국 여성 단단(레이)과 의지하며 하루하루를 버텨가지만 연희의 지옥 같은 삶은 끝날 줄 모르는데…….

105. 베테랑 Veteran

15세이상관람가
상영시간 124분 | 액션, 드라마
감독 류승완
출연 황정민, 유아인, 유해진, 오달수, 박소담
제작 김정민, 강혜정
프로듀서 조성민, 박정
각본 류승완
촬영 최영환
조명 김호성
동시녹음 정군
미술 선진화, 조화성
의상 조상경
편집 김상범, 김재범
음악 방준석
제작사 (주)외유내강
배급사 씨제이이엔엠(주)
심의 2014.12.18.
개봉 2015.08.05.

한 번 꽂힌 것은 무조건 끝을 보는 행동파 서도철(황정민), 20년 경력의 승부사 오팀장(오달수), 위장 전문 홍일점 미스봉(장윤주), 육체파 왕형사(오대환), 막내 윤형사(김시후)까지 겁 없고, 못 잡는 것 없고, 봐주는 것 없는 특수 강력사건 담당 광역수사대.

오랫동안 쫓던 대형 범죄를 해결한 후 숨을 돌리려는 찰나, 서도철은 재벌 3세 조태오(유아인)를 만나게 된다. 세상 무서울 것 없는 안하무인의 조태오와 언제나 그의 곁을 지키는 오른팔 최상무(유해진). 서도철은 의문의 사건을 쫓던 중 그들이 사건의 배후에 있음을 직감한다.

106. 이바라키의 여름 The Summer in Ibaraki

전체관람가
상영시간 96분 | 다큐멘터리
감독 전성호
출연 김성화, 이승언
프로듀서 전성호
각본 권초원
촬영 고세진, 김욱진
음악 김민태, 송준석
제작사 부산MBC
배급사 (주)씨에이씨엔터테인먼트
심의 2015.07.28.
개봉 2015.08.06.

일본 오사카 건국 고등학교 1학년에 재학 중인 재일교포 강선화와 그가 소속된 전통예술부 학생 9명이 한국의 전통 예술로 전 일본 고등학교 종합예술발표대회에 오사카 대표로 참가하는 도전기. 아이들의 노력과 지도교사의 헌신을 통해 자신들의 꿈과 정체성을 찾아가는 성장 드라마이기도 하다.

107. 짓2: 붉은 낙타 Death in Desert

청소년관람불가		**미술**	예민한	**개봉**	2015.08.07.
상영시간	79분 | 드라마	**의상**	남지수		
감독	노진수	**편집**	한송이		
출연	고원, 김민기, 이재인, 유지수	**음악**	김종근		
프로듀서	이수성	**제작사**	(주)리필름		
각본	노진수	**배급사**	(주)드림팩트엔터테인먼트		
동시녹음	박재형	**심의**	2015.06.19.		

도경은 자신의 결혼식 전 날, 옛 연인이었던 가인을 만난다. 그의 아이를 임신했다며 찾아온 그녀는 도경에게 마지막 하룻밤만 같이 보내달라고 애원한다. 그렇게 도경과 가인은 모텔에 들러 마지막 정사를 보내는 중 예기치 못한 사건이 일어나게 되고, 도경은 죽음에 이르고 만다. 하지만 다행히 모텔주인 병수가 사건을 덮어주며 가인은 무사히 경찰 조사에서 풀려나게 되고, 병수는 가인에게 그 대가로 하룻밤을 요구한다. 처음엔 서로의 이익을 위해 위험한 관계를 가진 그들. 하지만 자신의 과거사를 털어놓으며 돈독해진 두 사람의 관계는 더욱 대담해져 가는데…….

108. 그리울 련 Amor

12세이상관람가		**각본**	서지운		
상영시간	84분 | 판타지, 로맨스	**촬영**	한성수	**심의**	2015.08.05.
감독	한철수	**조명**	고재철, 김대환	**개봉**	2015.08.13.
출연	정경호, 정윤선, 후지이 미나	**의상**	김도희, 김윤주		
제작	황한용, 이수성, 김대홍	**편집**	한성수		
		음악	백봉진		
		제작사	(주)리필름		
프로듀서	지청용, 양민우	**배급사**	(주)드림팩트엔터테인먼트		

동물원 사육사인 태우(정경호)는 시한부 판정을 받고 입원해 있는 연인 희연(정윤선) 때문에 하루하루 힘든 나날을 보내고 있다. 희연은 죽음이 가까워 옴을 느끼고 태우에게 자신과의 추억이 담긴 물건들을 정리하게 한다.

희연과의 이별을 생각하며 슬퍼하던 태우는 어느 날 동물원의 화장실에서 옷이 찢긴 채 쓰러져 있는 한 여자(후지이 미나)를 발견한다. 그는 이름을 물어도 대답이 없는 여자를 하는 수 없이 집에 데려온다. 다음날 퇴근하는 길에 태우는 여전히 집 앞에서 자신을 기다리고 있는 그녀를 발견하고, 두 사람은 동거 아닌 동거를 시작하며 미묘한 감정이 생기는데……. 마지막까지 태우 곁을 지켜줬던 그녀는 과연 누구였을까?

109. 미쓰 와이프 Wonderful Nightmare

15세이상관람가		**프로듀서**	차상민	**제작사**	(주)영화사아이비젼
상영시간	125분 l 코미디	**각본**	김제영	**배급사**	메가박스(주)플러스엠
감독	강효진	**촬영**	손원호	**심의**	2015.06.03.
출연	엄정화, 송승헌, 김상호, 라미란, 서신애	**조명**	김재근	**개봉**	2015.08.13.
		미술	박지나, 김동위		
		의상	최미연		
제작	전호진, 박종욱, 유중호	**편집**	신민경		
		음악	이효정		

잘나가는 변호사 연우(엄정화)는 갑작스럽게 교통사고를 당하게 되고 생사의 위기 앞에 수상한 남자 이소장이 나타난다. 이소장은 연우에게 한 달간 다른 사람의 인생을 살면 다시 원래의 삶으로 돌려 보내주겠다고 제안한다. 단, 조건은 누구도 그녀의 정체를 알아차려서는 안 된다는 것! 제안을 수락한 후 눈을 뜬 그녀에게 찾아온 건 애 둘 딸린 아줌마로의 전쟁 같은 일상! 구청 공무원인 애처가 남편 성환(송승헌)과 "밥줘"와 "만원만"을 외치는 아이들, 동네 아줌마 부대와의 폭풍수다에 장당 350원 봉투 접기 알바까지, 청천벽력 같은 인생반전으로 패닉에 빠진 연우. 하지만 여전히 고급진 변호사의 속성(?)을 버릴 수 없는 연우는 돌발 행동을 이어가고, 남편 성환과 아이들은 영문도 모른 채 아내, 엄마의 변화에 당황하기 시작하는데!

110. 성실한 나라의 앨리스 Alice In Earnestland

청소년관람불가			김지훈, 김태균	**제작사**	한국영화아카데미
상영시간	90분 l 드라마	**각본**	안국진	**배급사**	CGV아트하우스
감독	안국진	**촬영**	이석준	**심의**	2015.01.19.
출연	이정현, 이준혁, 이해영, 서영화	**조명**	이형중	**개봉**	2015.08.13.
		미술	손소일		
제작	유영식, 최익환	**의상**	양현서, 이수진		
프로듀서	이지승, 박찬옥, 박현수, 김동영,	**편집**	김우일		
		음악	장영규, 최태현		

제가 이래배도 스펙이 좋거든요. 제 자랑은 아니지만 자격증이 한 14개? 어렸을 때부터 손으로 하는 건 뭐든지 잘했어요. 근데 결국 컴퓨터에 일자리를 뺏겼죠. 그래도 다행히 취직도 하고, 사랑하는 남편까지 만났어요. 그래서 둘이 함께 살 집을 사기로 결심했죠. 잠도 줄여가며 투잡 쓰리잡 열심히 일했어요. 근데 아무리 꾸준히 일해도 빚은 더 쌓이더라고요. 그러다 빚을 한방에 청산할 기회가 찾아왔는데! 왜 행복을 방해하는 사람들이 자꾸 생기는 걸까요? 이제 제 손재주를 다르게 써보려고요. 더 이상 당하고만 있지 않을 거예요!

111. 순교 The Martyrdom

전체관람가
상영시간 83분 | 다큐멘터리
감독 김상철
출연 임미선
촬영 김한국, 안성수
조명 안세진
동시녹음 정창영
편집 김우석
음악 채수현
제작사 파이오니아21
배급사 파이오니아21
심의 2015.08.04.
개봉 2015.08.13.

김영학의 아내인 안원정 사모가 남긴 자술서를 최초로 인용하며, 그들의 삶과 슬픈 가족사를 조명한다. 영화는 순교라는 것이 한 사람의 의지에 의해 일어나는 것이 아니라, 하나님의 결정과 또 다른 가족의 희생이 함께 어우러진 가장 귀한 값진 열매임을 다시 한 번 확인한다. 그리고 순교라는 것이 무엇인지를 돌아보고 그 의미를 한국 교회에 전달한다.

112. 에스엠타운 더 스테이지 SM Town The Stage

전체관람가
상영시간 107분 | 다큐멘터리
감독 배성상
제작사 (주)에스엠컬처앤콘텐츠
배급사 (주)디에스이이디
심의 2015.06.30.
개봉 2015.08.13.

SM엔터테인먼트의 글로벌 공연 SM타운라이브 무대의 감동과 실황, 가수들의 비하인드 스토리를 담은 다큐멘터리 영화.

113. 원령 Haunted Road

15세이상관람가
상영시간 91분 | 공포
감독 동역견
출연 홍수아, 강조
제작사 (유)조이앤컨텐츠그룹
배급사 (유)조이앤시네마
심의 2015.07.24.
개봉 2015.08.13.

고교동창 설련, 훠즈, 정지엔, 허지엔, 닝멍과 두두는 결혼식에 참석하러 가던 중 고속도로에서 사고가 난 차량을 발견하게 된다. 한 여자가 죽어가고 있었으나 그들은 그녀를 무시한 채 갈 길을 서두른다. 설련은 동창들의 차가운 행동에 회의를 느끼게 된다. 얼마 후 그들이 타고 가던 차가 고장이 나 고속도로 휴게소에 잠시 들르게 된다. 휴게소가 텅 비어있음을 알게 된 일행들은 술과 음식을 마음대로 먹기 시작하고 무료해진 시간을 때우기 위해 게임을 한다. 두두가 어렸을 적 귀신 본 이야기를 했지만 아무도 믿지 않고 오히려 두두가 벌칙을 받게 된다. 어두운 곳에 가서 사진을 찍어 와야 하는 두두는 건너편 카센터로 향하는데…….

114. 위로공단 Factory Complex

15세이상관람가
상영시간 95분 | 다큐멘터리
감독 임흥순
출연 강명자, 김영미, 김진숙, 신순애
프로듀서 김민경
촬영 김길자, 이선영, 임흥순, 정엄지, 지윤정
조명 김명관, 유석문
편집 이학민
음악 이태원
제작사 반달
배급사 (주)엣나인필름
심의 2015.06.23.
개봉 2015.08.13.

2014년 1월, 바다 건너 캄보디아에서 봉제노동자들이 일어선 그날, 21살 여공의 머리에 총알이 날아들었다. 노동자도 사람이라고, 인간답게 살 수 있는 임금을 달라고 외친 결과였다. 1970년대 대한민국 동대문 청계시장을 가득 채웠던 말들이, 2014년 동남아시아를 떠돈다. 왜 여성노동자들의 삶은 여전히 어렵고 궁핍해져만 가는 걸까?

115. 협녀, 칼의 기억 Memories of the Sword

15세이상관람가
상영시간 121분 | 사극, 액션
감독 박흥식
출연 이병헌, 전도연, 김고은
제작 김주경, 김현철
프로듀서 정금자, 이대희
각본 최아름, 박흥식
촬영 조은수, 김병서
조명 신경만
미술 이혜숙, 유효정, 김은혜, 한아름
의상 조상경
편집 오명준, 김창주
음악 이은주, 모그
제작사 (주)티피에스컴퍼니
배급사 롯데쇼핑(주)롯데엔터테인먼트
심의 2015.07.21.
개봉 2015.08.13.

칼이 지배하던 시대, 고려 말. 왕을 꿈꿨던 한 남자의 배신 그리고 18년 후 그를 겨눈 두 개의 칼. 고려를 탐한 검, 유백(이병헌). 대의를 지키는 검, 월소(전도연). 복수를 꿈꾸는 검, 홍이(김고은). 뜻이 달랐던 세 개의 칼이 부딪친다.

116. 마님

청소년관람불가
상영시간 76분 | 멜로, 로맨스
감독 김광중
출연 김정아, 김지훈, 명계남
제작 양건의
각본 김광중
촬영 김무유
조명 백광용
미술 장미선
의상 최은정
편집 김미주
음악 나른한 고양이
제작사 골든타이드픽처스(주)
배급사 골든타이드픽처스(주)
심의 2015.08.07.
개봉 2015.08.14.

사별 후 홀로된 젊은 마님(김정아)이 재혼을 하기 위해 찾아 온 북간도. 새롭게 연을 맺은 서방님은 재력과 덕망을 모두 갖춘 자상한 남편이었지만 합방도 하기 전 일본 순사의 손에 목숨을 잃고 만다. 커다란 저택에 다시 혼자가 된 마님. 남편의 곁을 지키던 이들이 모두 떠나고 할아범과 어린 종놈 바우만이 그녀 곁에 남아 함께 살기 시작한다. 그러던 어느 날 자신을 쳐다보는 종놈 바우의 눈길이 예사롭지 않음을 느낀 마님은 미묘한 감정에 휩싸인다. 두 번의 짧은 결혼생활과 엄격했던 신분 때문에 여자로서의 욕망을 억누른 채 살아야 했던 그녀. 한 번도 여자와 사랑해 본 적 없는 어린 바우의 은밀한 눈길이 싫지 만은 않다. 두 사람은 결국 할아범의 시선을 피해 금지된 사랑을 시작하는데…….

117. 고백

청소년관람불가
상영시간 101분 | 미스터리
감독 정영배
출연 김영호, 윤인조, 최철호, 추소영
프로듀서 김태관, 전용재, 양성호
각본 정영배, 김아경, 이윤조
촬영 박정식, 정영배
조명 최효석
미술 안태랑
편집 이도현
제작사 이글루픽처스, (주)오이필름
배급사 더그레이트컴퍼니
심의 2015.07.03.
개봉 2015.08.20.

자동차 폭발사고에서 구사일생으로 목숨을 구한 상우, 사고로 기억은 잃었지만 옆에서 헌신적으로 자신을 보살피는 아내 윤희 덕분에 다시 행복했던 일상으로 돌아온다. 그러나 행복도 잠시, 과거의 자신과 아내가 말하는 자신 사이에서 괴리감을 느끼고 의심하기 시작하는 상우. 심지어 아내에게 내연남이 있었다는 사실을 알게 되고 과거를 밝혀내겠다는 집착은 커져만 간다. 게다가 은밀하게 자신의 뒤를 쫓는 남자까지 등장하면서 상우는 점점 더 혼란에 빠진다. 잃어버린 과거 속 나는 어떤 사람이었는가? 그 충격적 진실이 밝혀진다.

118. 뷰티 인사이드 The Beauty Inside

12세이상관람가
상영시간 127분 | 판타지, 멜로
감독 백
출연 한효주, 김대명, 도지한, 배성우, 박신혜, 이범수, 박서준, 천우희, 우에노 주리, 유연석, 이동휘
제작 임승용
프로듀서 박태준
각본 김선정, 박정예, 노경희
촬영 김태경
조명 홍승철
동시녹음 이은주
미술 배정윤, 모소라
의상 안지현
편집 양진모
음악 조영욱
제작사 (주)용필름
배급사 (주)넥스트엔터테인먼트월드
심의 2015.06.02.
개봉 2015.08.20.

남자, 여자, 아이, 노인, 심지어 외국인까지! 자고 일어나면 매일 다른 모습으로 변하는 남자, 우진. 그에게 처음으로 비밀을 말하고 싶은 단 한 사람이 생겼다. 드디어 D-DAY! 우진은 그녀에게 자신의 마음을 고백하기로 하는데…….

119. 엄마친구 My Mother's Friend

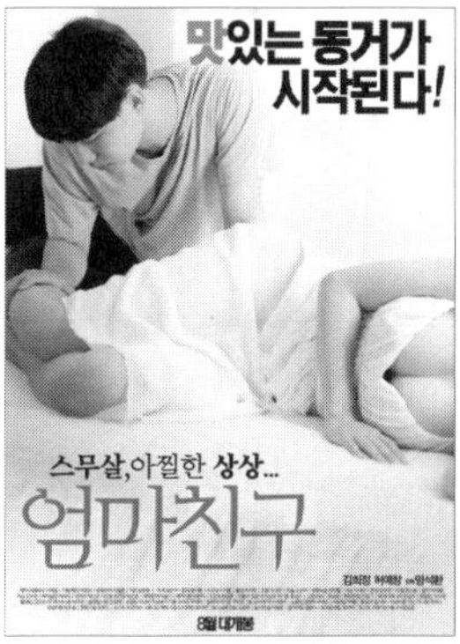

청소년관람불가		**조명**	이대우	**개봉**	2015.08.20.
상영시간	82분 I 멜로, 로맨스	**미술**	소윤아		
감독	명석환	**의상**	이세빈		
출연	허예창, 희우	**편집**	김수동		
제작	이필훈, 박정호	**음악**	이대철		
프로듀서	이훈	**제작사**	(주)영화사 사계절		
각본	남현동	**배급사**	(주)영화사 사계절		
촬영	하지현	**심의**	2015.07.09.		

파란만장하고 판타스틱한 대학생활을 꿈꾸던 스무살 성수. 하지만 상경하자마자 부동산 사기를 당하고 만다. 얼떨결에 엄마 손에 이끌려 엄마 친구 자영의 집에 얹혀살게 된 성수는 자영을 보는 순간 믿을 수 없는 초절정 동안과 섹시한 바디 라인에 빠져 들고 만다. 매일 마주치는 자영을 보며 그녀를 향한 은밀한 상상은 점점 도를 넘는 수준에 이르던 성수는 어느 날, 그녀가 은밀하게 숨겨온 놀랍고도 화끈한 비밀을 알게 된다.

120. 없던 일

청소년관람불가		**조명**	최만호	**개봉**	2015.08.20.
상영시간	84분 I 드라마	**동시녹음**	이석준		
감독	윤여창	**의상**	함선화		
출연	곽민준, 최임경, 김수현	**편집**	김유성		
		음악	윤용수		
프로듀서	신해성, 김학묵	**제작사**	굿픽처스		
각본	이승현	**배급사**	(주)나우콘텐츠		
촬영	김두영	**심의**	2015.05.28.		

시골에서 중국집을 운영하던 형규에게 어느 날 옛 연인이었던 수정이 찾아온다. 오랜만에 재회한 두 사람은 아직까지 서로에 대한 사랑이 식지 않았음을 확인하고 동거를 시작한다. 형규의 동생 민규는 수정이 형규의 돈을 노리고 온 것이 아닐까 불안해한다. 수정에게서 엄마의 따뜻함을 느꼈던 막내 동규는 민규와 수정의 관계를 목격하게 되고, 동규는 더 이상 수정을 엄마가 아닌 여자로 보게 되고 참을 수 없는 욕망을 가지게 된다. 하지만 수정은 더 이상의 실수를 하지 않기 위해 동규를 철저히 거부한다. 그러자 동규는 수정의 관심을 얻기 위해 위험한 장난을 시작하게 되는데…….

121. 오늘영화 Now Playing

15세이상관람가
상영시간 91분 | 멜로, 로맨스
감독 윤성호, 강경태, 구교환, 이옥섭
출연 정연주, 박종환, 백승화, 백수장, 박민지, 허정도, 구교환
프로듀서 조영각, 구교환, 이옥섭, 김정석
각본 윤성호, 강경태, 구교환, 이옥섭
촬영 조영천, 이상길, 김동혁
조명 안희성, 나두열, 박동순
미술 유태우, 김지웅, 김택윤
의상 윤지아, 김도영
편집 강경태, 구교환, 이옥섭, 이상민
음악 푸르내, 김동욱
제작사 서울독립영화제
배급사 (주)인디플러그
제공 (주)인디플러그
심의 2015.07.01.
개봉 2015.08.20.

〈백역사〉 주말 잔업을 남겨 두고 숙취 때문에 공장을 조퇴한 남자는, 간밤에 나이트에서 만난 여자를 찾아 약속대로 영화를 보려 한다. 중국 만두집에서 일하는 여자는 남자와의 부킹을 딱히 기억하고 있는 것 같지 않지만 어쨌든 무료한 주말, 그와 극장 구경을 함께하기로 한다.
〈뇌물〉 졸업 작품 촬영을 앞둔 영화과 학생인 대일. 담당 교수는 그의 시나리오를 마음에 들어 하지 않고, 영화 스태프들 역시 딴죽을 걸거나 시비를 건다. 그는 이 영화를 마무리할 수 있을까?
〈연애다큐〉 연인인 교환과 하나는 영화제 사전 제작 지원금을 받기 위해 자신들의 셀프 연애 다큐멘터리를 기획한다. 하지만 제작 지원금을 받게 됐을 때 둘은 이미 헤어진 뒤. 교환은 하나에게 전화를 걸어 연애 다큐를 찍자고 제안한다.

122. 퇴마: 무녀굴 The Chosen: Forbidden Cave

15세이상관람가
상영시간 106분 | 공포, 스릴러
감독 김휘
출연 김성균, 유선, 천호진, 차예련, 김혜성, 임화영
제작 한재훈, 유재현
프로듀서 한재훈, 김낭희, 김성민
각본 강향숙, 김휘
촬영 이선영
조명 홍승철
미술 강명희, 강소영
의상 유지연
편집 최민영
음악 신이경, 홍준호
제작사 (주)케이프로덕션, 플로우식스(주), 버티고필름
배급사 씨네그루(주)다우기술
심의 2015.07.30.
개봉 2015.08.20.

유명한 정신과 전문의 진명은 그의 조수이자 영매인 지광과 함께 퇴마를 하는 '퇴마사'이다. 평소처럼 빙의 환자를 치료하던 어느 날, 절친한 선배에게서 의문의 메일이 왔다. 그리고 갑작스러운 선배의 죽음으로 찾아간 장례식장에서 무서운 기운을 느꼈다. 그 곳에서 진명은 금주를 만난다.
하루에도 몇 번씩 다른 사람처럼 변하고 이따금 기억을 잃는 금주. 얼마 전 남편의 죽음도, 점점 변해가는 딸의 모습도 나 때문인 것 같아 괴롭다. 남편의 장례식장에 그의 후배라는 정신과 의사 진명이 찾아왔다. 내 안에 또 다른 뭔가 있는 게 분명하다! 그의 도움이 필요하다!

123. 치외법권 Untouchable Lawmen

15세이상관람가
상영시간 104분 | 액션
감독 신동엽
출연 임창정, 최다니엘, 임은경, 장광
제작 이형훈, 김동영, 김성택
프로듀서 김용대, 박해랑, 최석균
각본 민경근, 신동엽
촬영 김훈광
조명 김계중
미술 윤범석, 도고운, 김경호
의상 임찬영
편집 경민호
음악 이은석
제작사 (주)유니프로, (주)스톰픽처스코리아
배급사 판씨네마(주)
심의 2015.08.05.
개봉 2015.08.27.

범인만 봤다 하면 일단 패고 보는 프로파일러 정진. 여자 꼬시려고 경찰대 수석 졸업한 강력계 형사 유민. 경찰청장도 포기한 두 또라이 형사가 특수수사본부로 비밀리에 호출된다. 그야말로 골칫덩어리에, 내놓은 자식인 두 형사에게 대한민국 높으신 분들을 뒤에 업고 법 위에 군림하는 최악의 범죄조직 보스를 잡으라는 명령이 떨어진다. 어떤 명령도, 외압도 받지 않는 특별한 수사팀에 투입된 두 형사. 법보다 주먹이 통하는 세상을 향한 그들의 통쾌한 액션이 시작된다.

124. 맛2 Taste 2

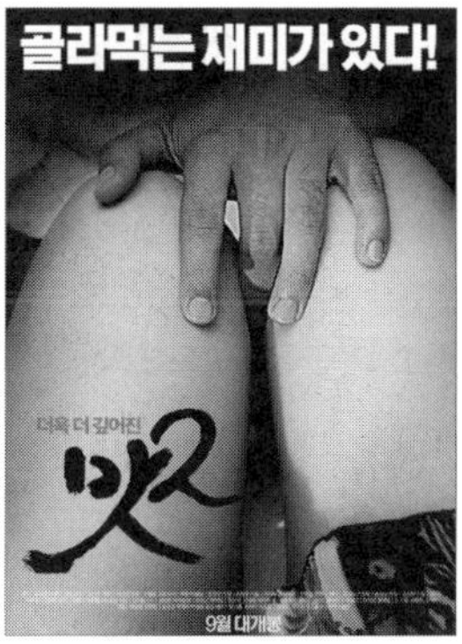

청소년관람불가
상영시간 98분 | 멜로, 드라마
감독 경석호
출연 이은미
프로듀서 곽동학
각본 이현정
촬영 장준영
조명 원명준
미술 박이규
편집 김임현
음악 김명기
제작사 태령시네마
배급사 (주)소나무픽처스
심의 2015.08.03.
개봉 2015.09.02.

섹시한 여교수가 운영하는 요리학원에 취직을 하게 된 현섭은 곧 요리 보다도 더 매력적인 그녀의 육체에 빠져든다. 콜라병 같은 완벽한 바디라인. 빵처럼 풍만한 가슴. 파스타 보다 더 쫄깃하고 뜨거운 입술. 여교수는 음식뿐만 아니라 사랑도 요리할 줄 알아야 진짜로 사람의 마음을 울리는 요리사가 될 수 있다며 현섭에게 일일 요리 강습을 제안한다. 아무도 알아선 안 되는 은밀한 요리 강습이 지금 시작된다.

125. 기적의 피아노 Miracles on the Piano

전체관람가
상영시간 79분 | 다큐멘터리
감독 임성구, 김은주
출연 유예은, 박정순, 유장주, 박유천
제작 진재우, 장욱진, 임성구, 김근철, 김근화
프로듀서 김주한, 박선영
촬영 강대원, 황소성, 최지열, 전희승
조명 황보성
편집 경민호, 박곡지
음악 이진욱
제작사 (주)보고싶은 영화사
배급사 롯데쇼핑(주)롯데엔터테인먼트
심의 2015.08.12.
개봉 2015.09.03.

엄마의 노래 소리를 듣고, 세 살 때부터 스스로 피아노를 익히며 천재 피아니스트라 불리던 예은이는 선천적 시각장애인이다. TV 출연 후 일약 스타가 되었지만 단 한 번도 피아노 수업을 받아본 적 없는 예은이는 피아니스트가 되기 위해 첫발을 내딛는 것조차 쉽지 않다. 하지만 세상이 두려운 예은이 곁에는 든든한 지원군이 있다. 속상해서 울면 바보라고 놀리지만 그 누구보다도 예은이를 믿어주는 엄마. 몸이 불편하지만 예은이를 세상에 알리기 위해 한 손으로 자판을 두드리는 아빠. 그리고 백설공주와 일곱 난쟁이를 연주해주는 다정한 훈남 선생님까지. 9월, 예은이와 함께 꿈꾸는 사람들이 만들어 가는 기적의 이야기가 시작된다!

126. 미션: 톱스타를 훔쳐라 Mission: Kidnap the Top Star

청소년관람불가
상영시간 85분 | 액션, 코미디
감독 노병하
출연 오창석, 정헌, 김주리, 윤아민
제작 채영웅, 노병하
각본 노병하
촬영 권영준
조명 이준식
편집 김형진
음악 김지현, 박지희
제작사 (주)영화사희망
배급사 (주)드림팩트엔터테인먼트
심의 2015.08.24.
개봉 2015.09.03.

윤빈은 완벽한 이목구비, 다비드 같은 몸매의 국가대표급 톱스타이다. 매일매일 잘생김을 더해가던 어느 날, 수상한 여자에 의해 납치되고 만다. 얼굴도 이름도 모르는 여자에게 어이없이 납치되고 만 것! 납치범은 윤빈의 기획사 대표 한철호에게 10억 원을 몸값으로 요구하고, 한철호는 폭력배를 동원하고 돈 가방에 GPS를 넣어도 번번이 납치범을 놓치고 만다. 한편, 윤빈의 마약 복용설을 취재 중이던 열혈기자 수진은 다른 사건에 휘말려 윤빈의 납치범에게 잡혀오게 된다. 과연 윤빈과 수진은 납치범에게서 무사히 빠져나올 수 있을까?

127. 오피스 Office

15세이상관람가
상영시간 111분 | 스릴러, 미스터리
감독 홍원찬
출연 고아성, 박성웅, 배성우, 김의성, 류현경
제작 최윤진
프로듀서 이성진
각본 최윤진
촬영 박용수
조명 최철수
미술 신혜나, 정은교, 신유진
의상 신지영
편집 김선민
음악 정지훈, 안소영, 김태성
제작사 (주)영화사꽃
배급사 (주)리틀빅픽처스
심의 2015.05.21.
개봉 2015.09.03.

어느 날 한 가족의 가장이자 착실한 회사원인 김병국 과장이 일가족을 살해하고 사라졌다. 이에 형사 종훈은 그의 회사 동료들을 상대로 수사를 시작하지만 모두들 말을 아끼고, 특히 김과장과 사이가 좋았다는 이미례 인턴은 무언가를 숨기고 있는 눈치다. 게다가 종훈은 김과장이 사건 직후 회사에 들어온 CCTV 화면을 확보하지만, 그가 회사를 떠난 화면은 어디에도 없어 사건은 미궁으로 빠진다. 한편, 김과장이 아직 잡히지 않았다는 사실에 동료들은 불안에 떠는 가운데, 이들에게 의문의 사건들이 계속 일어나는데…….

128. 젊은 엄마 3 Young Mother 3

청소년관람불가
상영시간 95분 | 멜로, 로맨스
감독 채길병
출연 김정아, 김하래, 채길병
제작 양건의
프로듀서 공지영, 김성훈
각본 최예선
촬영 김영남
조명 박찬윤
미술 정윤선
의상 임주현
음악 김민
제작사 골든타이드픽처스(주)
배급사 골든타이드픽처스(주)
심의 2015.08.17.
개봉 2015.09.03.

아버지와 단 둘이서 사는 스무 살 청년 기찬. 어느 날 서른 두 살의 새 엄마 윤서(김정아)가 이들이 사는 집으로 들어온다. 아들 기찬과 친해지려고 노력하는 젊은 엄마와 달리 기찬은 언제부터인가 윤서가 여자로 느껴지고, 그 마음을 노골적으로 표현하기 시작한다. 윤서는 강하게 거부하지만 기찬은 직감적으로 윤서도 자신을 원한다는 것을 알고 있다. 그러던 어느 날, 기찬을 오랫동안 짝사랑해 온 민정에게 둘의 관계가 들통나게 되고, 남편을 속이고 아들과 사랑을 나누던 젊은 엄마와 아버지의 여자를 사랑하게 된 기찬. 이들은 민정의 마음을 달래 주기 위해 파격적인 제안을 한다.

129. 타부: 금지된 사랑 Taboo: Forbidden Love

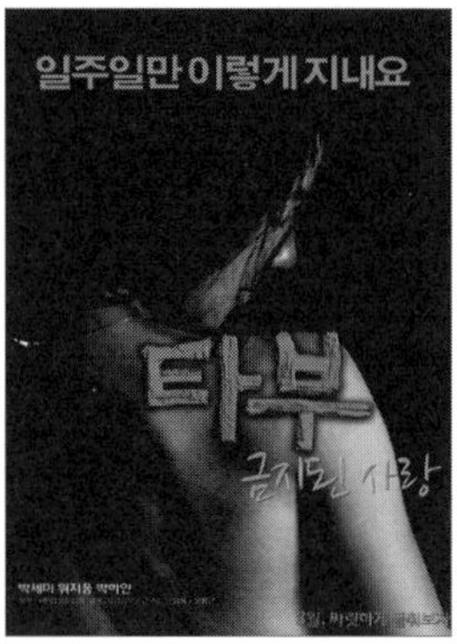

청소년관람불가		**조명**	김형택
상영시간	78분 I 멜로, 로맨스	**의상**	배혜진, 김은지
감독	고구마	**음악**	남기용
출연	박은정, 한진아	**제작사**	(주)대양미디어
제작	고구마	**배급사**	(주)대양미디어
프로듀서	민기훈	**심의**	2015.08.17.
각본	박정근	**개봉**	2015.09.03.
촬영	강백호		

아이돌 연습생 은지는 자신을 후원해주던 진태에게 버림받고 언니 선영의 집에 머물게 된다. 이젠 형부가 되어버린 첫사랑 준환은 그런 은지를 따뜻하게 받아주고, 선영과 은지가 말다툼을 할 때마다 은지를 감싸준다. 그러던 어느 날 선영이 일주일간 출장을 가게 되고, 은지와 준환은 옛 추억을 회상하다 하룻밤을 보내게 된다. 일주일간 뜨거운 사랑을 나눈 은지와 준환. 선영이 돌아오는 날이 가까워올수록 은지는 준환을 갖고 싶다는 욕망에 사로잡히게 된다.

130. 돼지같은 여자 My Sister, the Pig Lady

15세이상관람가		**촬영**	김영호, 이태오	**배급사**	CGV아트하우스
상영시간	103분 I 멜로, 로맨스	**조명**	황순욱	**심의**	2015.08.28.
감독	장문일	**동시녹음**	이은주	**개봉**	2015.09.10.
출연	황정음, 이종혁, 최여진, 박진주	**미술**	이재성, 김익철, 윤상윤		
제작	김상영, 정훈탁	**편집**	신민경, 한영규		
프로듀서	한상범	**음악**	정차식		
각본	장문일	**제작사**	(주)아이필름홀딩스		

학창시절 뒤에서 1, 2, 3위를 사이좋게 다투던 재화, 유자, 미자는 어느덧 젊은이들이 다 떠나버린 어촌 마을을 꿋꿋이 지키고 있는 처녀들이다. 그녀들이 마을에 남은 이유는 단 하나! 바로 마을의 유일한 총각 준섭 때문이다. 준섭의 마음은 가족의 생계를 책임지며 굳세게 살아가는 재화를 향하지만, 질투의 화신 유자와 마구 들이대는 민폐녀 미자의 도발이 만만치 않다. 악착같은 세 여자의 사활을 건 총각 쟁탈전으로, 소문 많고 탈 많은 자그마한 시골 마을이 들썩이기 시작하는데!

131. 보리의 은밀한 사생활

청소년관람불가		**심의**	2014.07.16.
상영시간	81분 I 멜로, 로맨스	**개봉**	2015.09.10.
감독	제임스 리		
출연	보리, 신영웅		
각본	제임스 리		
촬영	찰리 김		
제작사	스마일컨텐츠		
배급사	스마일컨텐츠		

보리의 은밀한 사생활이 공개된다. 성인배우가 된 계기, 그녀의 경험, 남자와의 관계 및 영화 속 정사씬과 남자 배우들에 대한 솔직한 생각 등. 솔직하고 대담한 인터뷰를 통해 그녀의 생각을 여과 없이 들여다본다.

132. 사랑이 이긴다 Love Never Fails

15세이상관람가		**각본**	민병훈	**배급사**	(주)리틀빅픽처스
상영시간	100분 I 드라마	**촬영**	이상훈, 김범근, 민병훈	**심의**	2015.07.09.
감독	민병훈			**개봉**	2015.09.10.
출연	최정원, 장현성, 오유진	**미술**	김남표, 지용호		
		의상	주민구, 김현정		
제작	강성일, 최치영, 조진현	**편집**	안광섭		
		음악	정봉신		
프로듀서	이찬호	**제작사**	민병훈필름		

매력 있는 외모에 출중한 학벌까지 갖춰 언제나 자신만만했던 은아는 결혼 이후 찾아온 불만족스러운 현재를 자신의 딸 수아를 통해 보상받으려 한다. 국제수학올림피아드 선수이기도 한 수아는 수학뿐만 아니라 과학, 외국어에도 능통하다. 하지만 은아는 수아에게 더 높은 수준을 기대하며 다그치기만 하고, 수아는 점점 더 깊은 공허함과 외로움을 느끼며 삶으로부터 지쳐간다. 은아의 남편 상현은 대학병원 내과의사로 성공한 인텔리이다. 하지만 쉽게 타협하지 않는 권위적이고 독단적인 태도로 인해 자신의 조교와 성추행 문제로 법정 다툼을 벌이고, 택시기사와 다투는 등 크고 작은 문제를 일으킨다. 자신을 둘러싼 문제들과 싸늘한 은아의 시선에 자괴감에 빠진 상현은 결국 은아가 보는 앞에서 분신을 시도하는데…….

133. 선지자의 밤 The Night of the Prophet

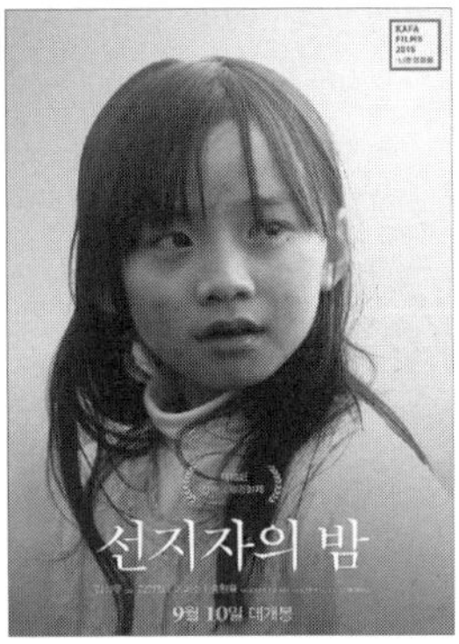

청소년관람불가
상영시간 82분 | 드라마
감독 김성무
출연 이미소, 황석하
음악 임민주
제작사 한국영화아카데미
배급사 CGV아트하우스
심의 2015.08.13.
개봉 2015.09.10.

고통 받는 사람들에게 상담을 해주는 상담 콜센터 직원 여주는 어느 날 자신을 찾아온 중년의 남자에 의해 납치된다. 남자는 며칠 뒤에 세상의 종말이 온다며 여주에게 동참할 것을 권한다. 그러나 남자는 여주를 해하거나 할 의사가 없어 보이고, 차차 두 사람을 둘러싼 과거 20여 년 전의 일들이 하나하나 밝혀지는데…….

134. 슈퍼레이서 앤지 Super Racer Enzy

전체관람가
상영시간 63분 | 애니메이션
감독 허선
출연 손무성, 최대한, 김재정
프로듀서 허선
각본 허선, 박재우
음악 신승준
제작사 (주)크레이지버드스튜디오
배급사 (주)에이원엔터테인먼트
심의 2015.09.03.
개봉 2015.09.10.

두들산 산골마을에서 엄마의 가게를 도와 피자를 배달하는 엔지. 카레이서가 되는 것이 꿈인 엔지와 그의 동네 친구들인 아쿠, 라지, 토리는 매일 마을의 산길에서 자동차를 몰며 드라이빙을 연습한다. 그러던 어느 날, 도시에서 온 마틴 일행을 만나게 되고 자신들을 무시하는 마틴에게 레이싱 도전을 선언한다. 한편, 불의의 사고로 마을에 숨어 지내던 전설의 카레이서인 레이를 우연히 만나게 된 엔지와 친구들은 레이의 지도하에 본격적인 카레이싱 트레이닝을 시작하게 된다. 힘든 훈련을 모두 마치고 드디어 카레이싱 시합에 나서게 된 엔지와 친구들. 예선경기에서 경쟁 팀들을 모두 이기고 뜻밖의 다크호스로 떠오른 엔지의 팀은 드디어 자신들을 무시했던 마틴의 팀과 결승에서 맞붙게 된다.

135. 영도 Shadow Island

청소년관람불가		**촬영**	최원욱	**개봉**	2015.09.10.
상영시간	116분 | 드라마, 범죄	**조명**	이준일		
감독	손승웅	**동시녹음**	손용익		
출연	태인호, 김근수, 이상희, 강보경	**미술**	장원		
		편집	백경원		
제작	손승웅	**제작사**	브릿지 프로덕션		
프로듀서	신민경, 김창언	**배급사**	(주)콘텐츠판다		
각본	손승웅	**심의**	2015.08.26.		

엽기적 살인마를 아버지로 둔 청년 영도는 어린 시절부터 '괴물'이라는 욕을 듣고 산다. 아버지는 사형을 당했지만 아버지의 어두운 그림자는 영도에게 짙은 그늘을 만들었다. 그는 자신에게 괴물이라 욕하는 자들에게 악에 받친 욕을 되돌려주고 점점 더 폭력적이 된다. 어느 날 영도의 집에 아기를 키우는 정체불명의 여자가 들어온다. 여자는 자기 부모가 영도 아버지에게 살해당했다며 영도의 심장을 요구한다. 영도는 칼을 자기 가슴에 들이대며 찔러보라고 윽박지르지만 여자와 아이를 내치지 못하고 몰랐던 여자의 비밀이 밝혀진다.

136. 자가당착: 시대정신과 현실참여 Self-Referential Traverse: zeitgeist and engagement

청소년관람불가			
상영시간	74분 | 코미디	**편집**	김곡, 김선, 방인리
감독	김선	**음악**	강민석
출연	정아영, 강석, 이란희	**제작사**	곡사
프로듀서	김선	**배급사**	(주)인디플러그
각본	김선	**심의**	2015.07.30.
촬영	김선	**개봉**	2015.09.10.
조명	채정석, 박근범, 배수찬		

대한민국 법과 질서의 수호자, 포돌이는 또 하루를 시작합니다. 어머니에게 문안인사를 드리고, 체력단련을 위해 아침운동을 합니다. 비록 다리가 없지만, 상체운동을 힘차게 합니다. 맥아더의 아버지의 기도를 읽으며 아버지를 생각해봅니다. 아버지를 생각하니 온몸에 더 힘이 납니다. 더 열심히 팔과 목, 허리를 흔들어봅니다. 다리는 없어서 못 흔들지만 말입니다. 포돌이는 아버지를 만나기 위해 순비해온 것이 있습니다. 바로 자신의 다리입니다. 거의 완성단계인 이 다리는 아버지를 만나러 갈 때 장착될 것입니다. 그리고 아버지는 내일 만나기로 했습니다. 이 완성된 멋진 다리를 하고 아버지를 향해 당당히 걸어 나갈 생각을 하니 벌써 마음이 벅차오릅니다.

자, 다리를 완성해야 합니다. 포돌이는 작업에 몰두합니다. 앗! 그런데 어디선가 쥐들이 나타나 다리를 갉아먹기 시작합니다. 아버지에게 보여드릴 늠름한 다리를 쥐새끼들이 갉아먹기 시작합니다. 포돌이는 분노합니다. 포돌이는 쥐새끼들과 전쟁을 벌이기로 결심합니다.

137. 젊은 처제

청소년관람불가		**조명**	김여명
상영시간	73분 I 멜로, 코미디	**의상**	정경미
감독	이세종	**편집**	한송이
출연	고원, 곽한구, 허민영	**음악**	김종근
		제작사	(주)리필름
제작	이수성	**배급사**	(주)루믹스미디어
프로듀서	이수성	**심의**	2015.07.20.
촬영	박효훈	**개봉**	2015.09.10.

준석과 수연은 3년차 신혼부부다. 아직은 행복하지만 아이가 없고 약간의 권태기가 스멀스멀 올라오는 상황이다. 그러던 중 일본에 사는 여동생이 한국에 오게 되고, 한 달 동안 한국의 언니 집에 머물게 되면서 사단이 벌어진다. 수연의 동생은 바로 준의 열렬한 팬이었던 일본 최고의 AV아이돌 이었던 것이다. 그렇게 바라던 히또미가 내 집 쇼파에서 잠자고 있다니!

138. 제 7기사단 Last Knights

15세이상관람가		**미술**	한유정
상영시간	115분 I 액션	**제작사**	(주)루카프로덕션
감독	키리야 카즈아키	**배급사**	메가박스(주)플러스엠
출연	클라이브 오웬, 모건 프리먼, 안성기, 엑셀 헨니	**심의**	2015.09.01.
		개봉	2015.09.10.
프로듀서	조희영, 홍희경, 김윤아		

사상 최고의 실력으로 전설이 된 최강 부대 제 7기사단과 대장 레이든(클라이브 오웬). 그는 절대 권력의 횡포로 힘없는 이들이 고통 받는 세상을 바로 잡으려는 바톡(모건 프리먼) 영주의 뜻에 따라 정의와 신념을 지키기 위한 반격을 결심한다. 타락한 왕국, 절대 권력에 맞선 최후의 전투가 시작된다!

139. 창백한 얼굴들 On The White Planet

청소년관람불가
상영시간 73분 | 애니메이션
감독 허범욱
출연 조민수, 진성민, 허범욱, 김민지
제작 최익환
프로듀서 김기환, 홍준선, 연상호, 이성강
각본 허범욱
촬영 이석준
음악 최현근, 봉윤근, 이소영
제작사 한국영화아카데미
배급사 CGV아트하우스
심의 2015.07.31.
개봉 2015.09.10.

모든 것이 무채색인 하얀 행성. 사람들 또한 모두 하얀 피부를 갖고 있다. 이 창백한 하얀 행성에 유일하게 누런 피부를 가진 한 아이 최민재가 태어난다. 유일한 색. 민재는 괴물로 취급된다. 부모는 민재를 밖으로 내보일 수 없다. 방 안에 갇혀 성장하는 민재. 부모의 사랑을 받기는커녕, 끊이질 않는 부모의 싸움과 욕설, 그리고 폭력을 받으며 자란다. 민재가 15살이 된 어느 날. 민재는 세상에 홀로 남겨진다. 그는 다른 평범한 사람들처럼 하얀 피부가 되어, 평범하게 살고 싶지만 도저히 그 해결책을 찾을 수가 없다.

140. 함정 Deep Trap

청소년관람불가
상영시간 96분 | 스릴러, 범죄
감독 권형진
출연 마동석, 조한선, 김민경, 지안
제작 최웅환, 송정우, 김성진
프로듀서 최선미
각본 한수봉
촬영 하경호
조명 신태섭
미술 김지수
의상 김지수
편집 최민영, 박경숙
음악 김진하, 목영진
제작사 (주)데이드림엔터테인먼트
배급사 (주)인벤트스톤
심의 2015.08.20.

5년째 아이가 없는 부부, 준식과 소연. 소연은 기분 전환을 위해 준식과 휴대폰도 터지지 않는 외딴 섬으로 여행을 떠나고, 그 곳에서 인터넷을 통해 우연히 알게 된 한 맛집에 가게 된다. 맛집은 허름하고 불안한 기운이 감돌지만, 주인 성철의 친절에 준식과 소연은 경계를 차츰 풀게 된다. 화기애애한 분위기 속에 해가 지고 준식과 소연은 하룻밤 묵어가기로 하는데, 그때부터 묘한 분위기가 그들을 덮쳐오기 시작한다.

141. 화산고래 Crimson Whale

청소년관람불가		**편집**	박혜미, 왕성익
상영시간	70분 | 애니메이션	**음악**	추현진, 함은진
감독	박혜미	**제작사**	한국영화아카데미
출연	김민지, 이정훈	**배급사**	CGV아트하우스
제작	최익환, 유영식	**심의**	2015.07.31.
프로듀서	김기환, 연상호, 이성강	**개봉**	2015.09.10.
각본	박혜미		

2070년, 인류는 대지진과 화산폭발로 위기를 맞게 되었다. 자연재해로 인해 무정부 시대가 지속되면서 대한민국, 부산도 난민촌이 들끓는 곳이 되어버린다. 그곳에서 마약을 팔며 하루하루를 살아가는 어린소녀 하진. 하진은 고래와의 대화가 가능한 능력을 지녔지만 숨기고 살아간다. 낯선 외팔이 여자, 백상원은 하진에게 화산고래를 잡으러 가자며 제안을 하고, 하진은 백상원을 따라 화산고래를 잡으러 수상한 사냥에 따라 나선다.

142. 나쁜 수업 Bad Class

청소년관람불가		**조명**	김경택, 최경조	**개봉**	2015.09.15.
상영시간	106분 | 드라마	**미술**	강상수, 조승진		
감독	한동호	**의상**	김지월		
출연	윤설희, 김보현, 김현정	**편집**	김장원		
		음악	정지수		
프로듀서	이정우	**제작사**	(주)비엠미디어		
각본	황석정	**배급사**	(주)비엠미디어		
촬영	김장원	**심의**	2015.08.25.		

아빠와의 안 좋은 기억으로 남자의 존재를 거부하는 지은은 엄마(현아)의 권유로 미대생에게 과외를 받게 되고, 미대생(정우)은 쌀쌀맞은 지은의 태도에 당황해하며 둘 사이에는 미묘한 기류가 흐르게 된다. 한편 지은과 정우에게 혹시 무슨 일이 생길까 불안해하는 현아는 정우를 집으로 불러 한 가지 제안을 하지만 정우는 현아에게 뜻밖의 고백을 하게 된다. 부적절한 관계가 된 현아와 정우, 엄마를 못마땅해 하는 지은은 자신의 방법대로 엄마에게 충격을 주게 된다.

143. 조선안방스캔들-칠거지악

청소년관람불가
상영시간 69분 | 멜로, 로맨스
감독 이전
출연 은민, 최경일
프로듀서 이동현
각본 박주연
조명 김대유
동시녹음 김경호
편집 이숭환
음악 안윤지
제작사 (주)스넵쏘울
배급사 (주)케이알씨지
심의 2015.07.17.
개봉 2015.09.15.

칠거지악을 이유로 이혼 조정에 나선 조선시대 부부들의 네 가지 에피소드(음행, 질투, 무자, 도절)를 옴니버스 형식으로 엮은 애로 사극 영화.

144. 사도 The Throne

12세이상관람가
상영시간 125분 | 사극
감독 이준익
출연 송강호, 유아인, 문근영
제작 오승현
프로듀서 성창연, 이정세
각본 조철현, 이송원, 오승현
촬영 김태경
조명 홍승철
동시녹음 정진욱
미술 최우석, 강승용
의상 이지현, 심현섭
편집 김상범, 김재범
음악 방준석
제작사 (주)타이거픽처스
배급사 (주)쇼박스
심의 2015.08.31.
개봉 2015.09.16.

재위기간 내내 왕위계승 정통성 논란에 시달린 영조는 학문과 예법에 있어 완벽한 왕이 되기 위해 끊임없는 노력을 기울인다. 뒤늦게 얻은 귀한 아들 세자만은 모두에게 인정받는 왕이 되길 바랐지만 기대와 달리 어긋나는 세자에게 실망하게 된다.
어린 시절 남다른 총명함으로 아버지 영조의 기쁨이 된 아들. 아버지와 달리 예술과 무예에 뛰어나고 자유분방한 기질을 지닌 사도는 영조의 바람대로 완벽한 세자가 되고 싶었지만 자신의 진심을 몰라주고 다그치기만 하는 아버지를 점점 원망하게 된다. 왕과 세자로 만나 아버지와 아들의 연을 잇지 못한 운명, 역사상 가장 비극적인 가족사가 시작된다.

145. 은밀한 방문자 Secret Visitor

청소년관람불가		**촬영**	안세진	**개봉**	2015.09.16.
상영시간	72분 l 멜로, 스릴러	**조명**	최만호		
감독	윤여창	**동시녹음**	이석준		
출연	박재훈, 곽지은, 손재헌	**미술**	우지원		
		편집	김종레		
제작	이동레	**제작사**	(주)케이알씨지		
프로듀서	이동레	**배급사**	(주)케이알씨지		
각본	이상로	**심의**	2015.09.01.		

창수는 필름사진 동호회 활동하면서 알게 된 낯선 사내를 집에 끌어들이게 되고 둘이 술을 마시다 취해 잠든다. 잠에서 깬 창수는 포박돼있고 아내는 겁에 질려있다. 창수를 묶어 놓은 사내는 시니컬한 표정으로 이 광경을 바라만 본다. 아내를 지켜야겠다는 생각에 창수는 탈출을 시도한다. 그런데 어쩐지 아내와 그 사내의 분위기가 수상하다.

146. 덫: 치명적인 유혹 Trap

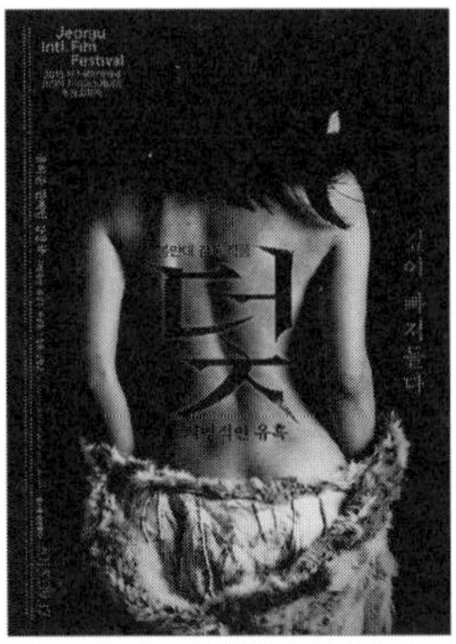

청소년관람불가		**촬영**	김현태	**심의**	2014.12.10.
상영시간	107분 l 스릴러, 멜로	**조명**	배산	**개봉**	2015.09.17.
감독	봉만대	**동시녹음**	김완동		
출연	유하준, 한제인, 강용규	**미술**	김선정, 황중현		
		의상	김다정		
제작	최현묵	**편집**	문인대		
프로듀서	김정곤	**제작사**	지오엔터테인먼트		
각본	이창열	**배급사**	골든타이드픽처스(주)		

시나리오 집필을 위해 허름한 산골 민박을 찾은 작가 정민. 앳된 얼굴에 관능적인 매력을 가진 소녀 유미를 만나고 그녀에게서 눈을 떼지 못한다. 추운 겨울밤, 창고 안 소녀의 나신을 훔쳐보던 정민은 타오르는 욕망을 애써 누른 채 서울로 돌아온다. 하지만, 자신을 유혹하는 듯한 유미의 눈빛을 잊지 못하고 다시 돌아간 그는 한밤중 방으로 찾아온 그녀와 뜨거운 정사를 나누지만, 도무지 현실인지 꿈인지 알 수 없는 혼란스러운 상황과 누구도 믿을 수 없는 패닉에서 벗어나지 못하는데…….

147. 란제리살인사건

청소년관람불가		**촬영**	이희섭	**심의**	2015.09.03.
상영시간	95분 | 스릴러	**조명**	윤종한	**개봉**	2015.09.17.
감독	김세성	**미술**	국경남		
출연	권민중, 원기준, 한창혁, 김선주	**의상**	주민구		
		편집	이도현		
제작	이성훈	**음악**	이종수		
프로듀서	김응민	**제작사**	(주)노리픽처스		
각본	성위환	**배급사**	(주)노리픽처스		

하연은 호화로운 펜트하우스에 사는 재벌가 일신그룹 후계자의 아내로 누구나 부러워하는 위치에 있다. 그런 어느 날 호텔에서 하연이 음독 변사체로 발견되고, 자살인지 타살인지를 밝히기 위해 극비수사가 진행된다. 르포기자 하연의 언니 하정은 동생의 죽음을 밝히기 위해 뛰어들게 된다. 하나 둘씩 밝혀지는 하연의 비밀. 하연은 음란화상채팅을 하고 그를 통해 만난 남성들과 수차례 성행위를 해왔다는 증언들이 쏟아진다. 하연의 음란동영상마저 인터넷에 유통되고 있는데, 과연 하정은 하연의 죽음을 비밀을 밝혀낼 수 있을까?

148. 션샤인 러브 Sunshine Love

12세이상관람가		**촬영**	정성욱	**심의**	2015.09.04.
상영시간	85분 | 판타지, 멜로	**조명**	이병성	**개봉**	2015.09.17.
감독	조은성	**미술**	김유미		
출연	오정세, 조은지, 송삼동	**의상**	김유진		
		편집	김정훈		
제작	이종호, 이재석	**음악**	김동온		
프로듀서	박준식	**제작사**	(주)티피에스컴퍼니		
각본	조은성	**배급사**	(주)인벤트스톤		

매일 만화책과 무협지에 빠져 살지만 공무원 꿈만큼은 버리지 못한 만년 노량진지킴이 고시생 길호(오정세)는 우연히 대학시절 내내 그를 짝사랑했던 후배 정숙(조은지)을 만난다. 술과 함께 추억에 젖어 폭풍 같은 하룻밤을 보내게 된 두 사람은 운명 같은 사랑을 시작하지만, 핑크빛 행복노 삼시……. 시험도, 취업도 연거푸 탈락의 고배를 마시면서도 정신을 못 차리는 길호의 모습에 정숙의 짜증과 잔소리는 늘어만 가고, 설상가상 그녀의 부모님의 반대에까지 부딪히게 되는데!

149. 위험한 섹스

청소년관람불가
상영시간 72분 | 멜로, 로맨스
감독 이승환
출연 최정아, 김상우
제작 이승환
프로듀서 최광래
촬영 이재상, 심상영, 라태영
조명 장진석, 서충근
음악 송재혁
제작사 (주)케이알씨지
배급사 (주)케이알씨지
심의 2015.09.01.
개봉 2015.09.23.

성영과 그녀를 둘러싼 세 명의 남자. 성영이 사랑했고 사랑했었던 남자들. 순수하게 만나던 승원, 불같은 만남의 장혁, 안락한 석민. 이 세 남자의 중심엔 성영이 있었다. 성영은 남자를 만나면서 상처받고 힘들어 한다. 그녀는 자신을 배신한 남자들을 향해 복수의 칼날을 갈게 된다.

150. 서부전선 The Long Way Home

12세이상관람가
상영시간 112분 | 전쟁, 드라마
감독 천성일
출연 설경구, 여진구, 이경영, 정성화, 정인기
제작 강민규, 임영호
각본 천성일, 김익로
촬영 이재혁
조명 김희태
미술 안정임
의상 오상진
편집 김창주
음악 최승현
제작사 (주)하리마오픽처스
배급사 롯데쇼핑(주)롯데엔터테인먼트
심의 2015.08.11.
개봉 2015.09.24.

휴전 3일전, 농사짓다 끌려온 남한군 남복(설경구)은 전쟁의 운명을 가를 일급 비밀문서를 정해진 장소, 정해진 시간까지 전달하라는 임무를 받게 되지만, 적의 습격으로 동료들과 비밀문서까지 모두 잃게 된다. 탱크는 책으로만 배운 북한군 탱크병 영광(여진구)은 남으로 진군하던 도중 무스탕기의 폭격으로 사수를 잃고 혼자 남게 된다. 탱크를 끌고 홀로 북으로 돌아가려던 영광은 우연히 남복의 비밀문서를 손에 쥐게 되고 서부전선에서 남복과 단둘이 맞닥뜨리게 되는데!

151. 음란한 가족

청소년관람불가		**조명**	김훈	**개봉**	2015.09.24.
상영시간	89분 I 코미디, 드라마	**미술**	국경남		
감독	신정균	**의상**	주민구		
출연	한수아, 김솔, 김영민	**편집**	홍수동		
제작	이성훈	**음악**	이종수		
프로듀서	김응민	**제작사**	(주)KW비전		
각본	원일구	**배급사**	(주)KW비전		
촬영	장준영	**심의**	2015.09.03.		

지방 소읍의 우체국 직원 연우는 스물네 살 청춘이지만 변변한 연애한 번 해본 적 없다. 하지만 연우의 가족은 연우와 전혀 딴판이다. 책임감 제로의 아버지는 복부인에게 빠져있고 삼수생 남동생은 다방여종업원에게 홀딱 넘어가있다. 할아버지조차 경로당에 새로 온 할머니에게 열심히 구애의 손길을 뻗치고 있고, 집안의 실질적 가장인 엄마만이 미용실을 운영해 가족들을 뒷바라지하고 있다. 그런 연우에게 어느 날 아날로그 손편지가 도착하고 손편지의 주인공은 다름 아닌 우체국 유부남 과장 인규. 엄마마저 남동생의 친구와 사랑에 빠지면서 가족 전체에게 거센 위기가 닥쳐오는데!

152. 지금은맞고그때는틀리다 Right Now, Wrong Then

청소년관람불가		**조명**	이의행
상영시간	121분 I 드라마	**동시녹음**	송예진
감독	홍상수	**편집**	함성원
출연	정재영, 김민희, 윤여정, 기주봉	**음악**	정용진
		제작사	(주)영화사전원사
프로듀서	김경희	**배급사**	(주)영화사전원사
각본	홍상수	**심의**	2015.06.01.
촬영	박홍렬	**개봉**	2015.09.24.

실수로 영화감독 함춘수는 수원에 하루 일찍 내려간다. 다음날 특강을 기다리며 들른 복원된 궁궐에서 윤희정이라는 화가를 만난다. 둘은 윤의 작업실에 가서 윤의 그림을 구경하고, 저녁에는 회에다 소주를 많이 마신다. 거기서 가까워지는 두 사람. 다른 카페로 이동한 두 사람은 술을 더 마신다. 거기서 누군가의 질문 때문에 함은 자신이 결혼한 사실을 할 수 없이 말하게 되고, 윤은 함에게 많이 실망하게 된다. 이런 비슷한 만남과 헤어짐의 이야기가 다시 한 번 이어진다. 여자가 더 목소리가 위축되어 있고, 몸도 굽어져 있다. 둘이 돌아다니는 데는 비슷한데, 여기선 남자가 옷도 벗고 그런다.

153. 탐정: 더 비기닝 The Accidental Detective

15세이상관람가
상영시간 120분 | 코미디, 범죄
감독 김정훈
출연 권상우, 성동일, 박해준, 이승준
제작 정종훈
프로듀서 윤창숙
각본 김정훈, 황혜순
촬영 기세훈
조명 김성관
미술 최효선
의상 함현주
편집 정계현, 남나영
음악 정중한
제작사 (주)크리픽처스
배급사 씨제이이엔엠(주)
심의 2015.09.02.
개봉 2015.09.24.

국내 최대 미제살인사건 카페를 운영하는 파워블로거 강대만(권상우)은 아기 돌보랴, 만화방 운영하랴, 부인 눈치 보랴 일상에 치여, '셜록'급의 추리력을 당최 쓸 데가 없다. 유일한 낙은 경찰서 기웃거리며 수사에 간섭하기! 광역수사대 출신 레전드 형사 노태수(성동일)는 형사 뺨치는 실력의 대만이 눈엣가시 같기만 하다. 그러던 어느 날, 친구이자 강력계 형사인 준수가 살인 사건의 범인으로 체포되고, 그의 누명을 벗기기 위해 두 사람은 어쩔 수 없이 비공식 합동추리작전을 시작한다. 그렇게 사사건건 부딪히기만 하던 그들 앞에 두 번째 살인사건이 일어나는데…….

154. 맛있는 덫-정사

청소년관람불가
상영시간 88분 | 멜로, 드라마
감독 신정균
출연 한수연, 유석환, 김지연, 박지연
프로듀서 이금복, 김응민
각본 신정균
촬영 이영호
조명 김철희
동시녹음 안재석
편집 김현수
제작사 (주)케이알씨지
배급사 (주)케이알씨지
심의 2015.09.01.
개봉 2015.09.30.

임대업을 하는 문자는 셔터맨 남편 상인과 따분한 결혼생활을 보내고 있다. 문자는 상인을 무시하고, 상인은 자신의 처지 때문에 소심한 반항만 한다. 그러던 어느 날 문자네 집에 잘나가던 에로 여배우 연희가 이사 오고, 상인은 연희에게 묘한 끌림을 느낀다. 한편 상인은 문자가 자기 몰래 바람을 피우고 있다는 것을 알게 되고, 연희도 전 매니저로부터 폭행을 당하고 있다는 것을 알게 된다. 마음이 착잡해진 상인은 복어독을 구하는데…….

155. 춘희막이 With or Without You

12세이상관람가
상영시간 96분 | 다큐멘터리
감독 박혁지
출연 김춘희, 최막이
프로듀서 한경수
촬영 박혁지
편집 박혁지
음악 김광민
제작사 (주)하이하버픽처스
배급사 메가박스(주)플러스엠, (주)엣나인필름
심의 2015.08.21.
개봉 2015.09.30.

홍역과 태풍으로 두 아들을 잃은 큰댁 막이는 집안의 대를 잇기 위해 작은댁 춘희를 집안으로 들인다. 영감이 떠난 지 한참이 지나도록 둘은 모녀인 듯, 자매인 듯, 친구인 듯한 애매한 관계를 46년간이나 유지하며 함께 살았다. 모질고 질긴 두 할머니의 특별한 인연. 이제 서로의 마지막을 지켜줄 유일한 사람으로서 세상에서 가장 아름다운 동행을 이어가는데…….

156. 라이브 TV Live TV

청소년관람불가
상영시간 86분 | 공포
감독 김선웅, 손광수
출연 연제욱, 고은아, 홍의정
제작 이정석, 이강규
프로듀서 박은성
각본 김선웅, 손광수
촬영 김홍기
조명 황성현
동시녹음 최민호
미술 홍재선, 박혜정
의상 김지월
편집 강경호
제작사 (주)파레토웍스, 더컨텐츠콤(주)
배급사 더컨텐츠콤(주)
심의 2015.08.12.
개봉 2015.10.01.

나이트클럽 삐끼인 청록의 또 다른 직업은 인터넷방송 BJ다. 청록은 친구 선홍과 함께 핸드폰 카메라로 '쓰리썸'을 생중계하기로 계획한다. 함께 하기로 한 자주가 술을 핑계로 빠지면서, 청록과 선홍은 거리에서 걸그룹을 꿈꾸는 가출소녀 연두를 만난다. 그들은 불타는 금요일, 빈 방을 찾아 헤매다 마침내 구한 외곽의 모텔에서 꿈의 쓰리썸 생방송을 시작한다. 그러나 갑자기 함께 하겠다며 걸려온 자주의 전화. 그리고 자주를 데리러 나간 사이, 연두는 사라진다. 아무도 없는 방에는 흥건한 피뿐. 공포에 질려 탈출을 시도하지만, 모든 출입문은 잠겨있고 모텔 방들은 시체들로 만실이다. 설상가상으로, 그들은 주인행세를 하며 투숙객을 잔인하게 살해하는 살인마를 발견한다. 이성을 잃고 공포에 질려버린 선홍, 예상치 못한 상황에 말려든 자주. 그리고 BJ 청록은, 어느새 기하급수적으로 늘어난 방송 접속자들을 보며 이 모든 상황을 핸드폰 카메라로 생중계한다.

157. 포장마차

청소년관람불가		**동시녹음**	박재형
상영시간	82분 I 코미디, 멜로	**의상**	정경미
감독	최율권희	**편집**	한송이
출연	이채담	**음악**	김종근
제작	이수성	**제작사**	(주)리필름
프로듀서	이수성	**배급사**	에이라인
촬영	최성원	**심의**	2015.08.11.
조명	손정원	**개봉**	2015.10.01.

학창시절 잘나가던 날라리 친구의 결혼식을 앞두고 한 자리에 모인 세 친구 대호, 만수, 재경은 결혼 전날 한 턱 크게 쏘겠다는 신랑의 전화에 동네 포장마차에서 하염없이 소주잔을 기울인다. 오겠다던 신랑은 감감 무소식이고 안주 하나 시킬 돈에 쩔쩔매는 세 친구는 이윽고 각자 무용담처럼 자신이 겪었던 가장 짜릿했던 섹스 경험담을 털어놓기 시작하는데…….

158. 성난 변호사 The Advocate: A Missing Body

15세이상관람가		**각본**	이공주, 최관영	**배급사**	씨제이이엔엠(주)
상영시간	117분 I 범죄, 액션	**촬영**	김지용	**심의**	2015.08.24.
감독	허종호	**조명**	조규영	**개봉**	2015.10.08.
출연	이선균, 김고은, 임원희	**미술**	이수정, 윤나라		
		의상	고희정		
제작	임상진, 김남수, 김현정, 박지성	**편집**	신민경		
		음악	모그		
프로듀서	소윤성, 김용기	**제작사**	씨제이이엔엠(주)		

두뇌 상위 1%, 승소확률 100%의 에이스 변호사 변호성(이선균). 대형 소송을 성공적으로 마무리 짓고 승승장구하는 그에게 새로운 의뢰가 들어온다. 바로 시체도 증거도 없는 신촌 여대생 살인 사건의 유력 용의자를 변호하는 것! 좀처럼 풀리지 않는 사건이지만 그의 두뇌는 빠르게 움직이기 시작하고, 파트너 박사무장(임원희)과 함께 사건 현장에서 용의자의 혐의를 벗길 결정적 증거를 확보한다. 재판 당일, 사사건건 부딪히는 후배 검사 진선민(김고은)의 반론에 맞서 조목조목 반박하는 변변. 언제나 그렇듯 승리를 확신하는 순간, 용의자가 자신이 피해자를 살해했다고 자백한다. 갑작스런 자백에 판세는 뒤바뀌고, 변변은 승소를 위해 증거를 조작했다는 의혹과 함께 인생 최대의 위기를 맞게 되는데!

159. 아내의 애인 My Wife's Lover

청소년관람불가
상영시간 85분 | 멜로, 로맨스
감독 소영환
출연 김태정, 이현성, 장지현
촬영 최장민
조명 최만호
미술 김지월
의상 심가영
편집 이경기
음악 권세익
제작사 (주)영화사 사계절
배급사 (주)영화사 사계절
심의 2015.09.04.
개봉 2015.10.08.

남편과 아들 챙기느라 눈 코 뜰 새 없이 살아온 미연. 가족에게 그녀는 그저 살림해주는 여자일 뿐이다. 그래도 고생하는 남편을 도와볼까 하는 마음으로 아르바이트를 시작한 미연은 놀랍게도 집에 와서 그저 앉아 있기만 하면 거금을 준다는 은밀한 제안을 받는다. 알고 보니 미연과 똑같이 생겼던 전처를 잃고 그리워하던 남자 현길이 미연을 우연히 발견하고 집으로 불러들인 것. 망설이던 미연은 결국 자신을 바라보던 현길의 눈빛을 잊지 못한 채 그의 집으로 다시 찾아가고, 끝내 그의 손길 아래 무너지고 만다. 현길과의 뜨거운 밤을 잊지 못한 미연은 이제 자신의 남편과 현길, 두 남자 모두의 와이프로 살아가기로 마음먹는데…….

160. 안녕, 전우치! 도술로봇대결전 Hello, Jeonwoochi! The Robot Armageddon

전체관람가
상영시간 88분 | 애니메이션
감독 김대창
출연 김율, 김새해, 정선혜
프로듀서 김미희, 박기원, 이별남
각본 최인희, 권오현, 김대창, 신현덕
음악 나잠수
제작사 (주)얼리버드픽처스, (주)쏘울크리에이티브
배급사 (주)리틀빅픽처스
심의 2015.09.23.
개봉 2015.10.08.

조선시대에서 백성을 괴롭히는 왕을 혼내준 뒤 입술 엘리베이터를 타고 500년의 시간을 훌쩍 넘어 2015년 현재로 오게 된 전우치는 서울 부암동으로 이사 온 초등학생 석이와 무술 신동 산초를 만나게 되고 셋은 친구가 된다. 그 사이 조선에서는 전우치의 친구이자 라이벌인 도사 우당탕과 왕이 손잡고 전우치에게 복수를 계획하며 비밀병기 도술로봇까지 만들게 된다. 한편 시간을 넘나들며 우정과 모험을 쌓아가던 우치와 친구들은 왕과 우당탕의 계략에 의해 째깍째깍 물고기가 살고 있는 시간의 방에 갇히게 되는 최대 위기에 빠지게 된다. 째깍째깍 물고기에게 시간을 빼앗겨 아이가 된 전우치가 능력을 잃어버린 틈을 타 왕은 도술로봇을 이용해 백성들을 또 다시 괴롭히는데!

161. 환타스틱 러브짐: 전쟁 같은 사랑

청소년관람불가		**조명**	이상택, 양우진	**심의**	2015.07.03.
상영시간	83분 | 코미디	**동시녹음**	이재준	**개봉**	2015.10.08.
감독	한우진	**미술**	최소라		
출연	안홍진, 곽정화, 이수정	**의상**	김지월		
		편집	한우진, 무시		
프로듀서	한우진, 김광섭	**음악**	박가을		
각본	한우진	**제작사**	웃기시네		
촬영	변준석	**배급사**	(주)유비네트워크		

40대의 노안을 가진 23살 노동완. 그는 술만 먹으면 완전히 정신줄을 놓아 버리는 소꿉친구 주리를 짝사랑하고 있다. 하지만 그녀에게 동완은 남자가 아니다. 그러던 어느 날 동완, 주리 그리고 4차원 혼혈 요가강사 제임스가 일하는 헬스클럽에 미모의 여팀장 은정과 주리의 교회 오빠 승기가 나타나면서 흥미진진한 사건들이 벌어지기 시작한다. 과연 동완은 주리에게 자신의 사랑을 고백할 수 있을까?

162. 유부녀들

청소년관람불가		**동시녹음**	변희철
상영시간	90분 | 멜로, 드라마	**미술**	이명범
감독	경석호	**편집**	김임현
출연	김소현, 김하늘	**음악**	김명기
프로듀서	곽동학	**제작사**	(주)소나무픽처스
시나리오	신정규	**배급사**	(주)소나무픽처스
촬영	정재승	**심의**	2015.09.16.
조명	원명준	**개봉**	2015.10.14.

한 상가 안에 모여 있는 미용실, DVD방, 호프집 여사장들이 지긋지긋한 남편을 벗어나 신선한 남자를 찾아 나섰다. 건물주부터 아르바이트생 그리고 손님들까지 모두를 사로잡는 마성의 유부녀들이 지금 매력 발산을 시작한다!

163. 미션스쿨 Mission School

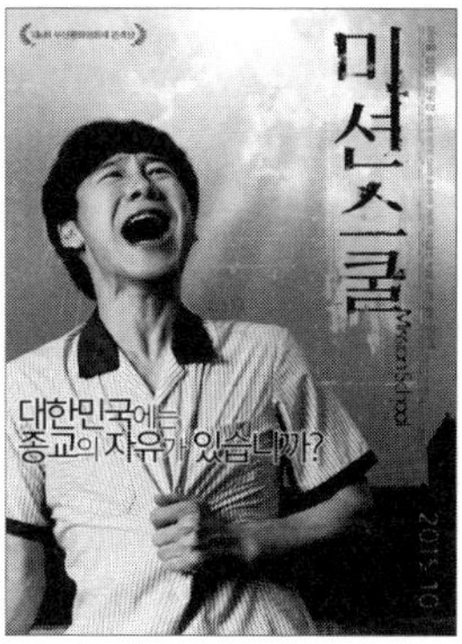

12세이상관람가
상영시간 62분 | 드라마
감독 강의석
출연 이바울, 임정은, 박선형
프로듀서 이보람
각본 강의석
촬영 이득
동시녹음 박성준
미술 강혜리
편집 이득, 이연정
제작사 강의석필름
배급사 홀리가든
심의 2015.10.12.
개봉 2015.10.15.

기독교 명문사학인 대명고등학교의 아침은 교내에 울려 퍼지는 찬송가 소리로 시작된다. 비기독교인인 학생회장 바울은 매일 반복되는 종교수업과 예배를 받아들일 수 없다. 교장실을 찾아가 강제예배는 부당하다 말하지만, 누구도 그의 말을 귀담아들으려고 하지 않는다. 급기야 유일한 바울의 상담자였던 교목실장은 종교다원주의자로 몰려 학교에서 내쫓기게 되고, 부모님과 친구들 역시 바울의 행동을 못마땅하게 여긴다. 바울은 결국 강제예배를 거부하고, 1인 시위와 단식투쟁을 감행한다. 이에 학교는 퇴학이라는 강경책을 내세우는데……. 과연, 바울은 다시 평범했던 날들로 돌아갈 수 있을까?

164. 비밀 Circle of Atonement

15세이상관람가
상영시간 102분 | 미스터리, 드라마
감독 박은경, 이동하
출연 성동일, 김유정, 손호준
제작 장소정, 이행복
프로듀서 양아영
각본 박은경, 이동하
촬영 전대성
조명 이석환
미술 신순옥
의상 신지영, 박정진
편집 성수아
음악 최인영
제작사 영화사 도로시(주), (주)에스에이치기획
배급사 CGV아트하우스
심의 2015.09.23.
개봉 2015.10.15.

전국을 떠들썩하게 만든 연쇄 살인 사건, 극적으로 범인을 검거한 형사 상원(성동일)은 홀로 남겨진 살인범의 딸을 데려다 키운다. 그리고, 10년의 세월이 지난 후, 평온한 부녀 앞에 비밀을 쥔 의문의 남자 철웅(손호준)이 정현(김유정)의 선생님으로 나타나는데…….

165. 힙스터: 안개의 덫 Hipster

청소년관람불가		**촬영**	권영준	**배급사**	고구마콘텐츠허브(주)
상영시간	84분 l 멜로, 드라마	**조명**	서창환	**심의**	2015.06.01.
감독	강명진	**동시녹음**	진동훈	**개봉**	2015.10.21.
출연	유사라, 김동윤, 정종우	**미술**	전진원		
		의상	고우리		
제작	김금성	**편집**	임철민		
프로듀서	김선주	**음악**	서민규		
각본	이지현	**제작사**	(주)마부엔터테인먼트		

재인, 신우, 은진, 선예로 이루어진 언더그라운드 밴드는 꿈과 열정이 가득한 뮤지션들이다. 녹록치 않은 현실에서도 꿈을 잃지 않는 이들에게 대형기획사에서 재인과의 하룻밤을 미끼로 메이저데뷔를 제안하게 되고, 사이좋던 이들은 점점 갈등의 수렁으로 빠진다. 재인이 하룻밤을 결심하자, 재인의 연인 신우는 현실에 좌절하고 주변인들 모두 갈등의 정점으로 달려가는데…….

166. 더 폰 The Phone

15세이상관람가		**각본**	김봉주	**제작사**	(주)미스터로맨스
상영시간	114분 l 스릴러, 액션	**촬영**	김영민	**배급사**	(주)넥스트엔터테인먼트월드
감독	김봉주	**조명**	박세문		
출연	손현주, 엄지원, 배성우	**동시녹음**	이상준	**심의**	2015.09.17.
		미술	권기진	**개봉**	2015.10.22.
제작	석재승, 구성목, 심세윤	**의상**	남지수		
		편집	신민경		
프로듀서	석재승	**음악**	이준오		

2014년 5월 16일 서초동 주택가 살인사건 발생. 아내가 살해당한 지 1년 후, 그녀가 내게 전화를 걸어왔다! 모든 것을 되돌릴 단 한 번의 기회! 동호(손현주)는 과거로부터 걸려온 전화를 통해 1년 전 그날을 바꿀 수 있는 기회를 얻게 되는데!

167. 돌연변이 Collective Invention

12세이상관람가		**촬영**	김태수	**심의**	2015.09.30.
상영시간	93분 I 드라마, 코미디	**조명**	전영석	**개봉**	2015.10.22.
감독	권오광	**미술**	홍상원		
출연	이광수, 이천희, 박보영, 강봉성	**의상**	홍수희, 이정은		
		편집	김우일, 김혜경		
제작	김우상, 김동혁	**음악**	정현수		
프로듀서	김우상	**제작사**	영화사 우상		
각본	권오광	**배급사**	필라멘트픽처스		

약을 먹고 잠만 자면 30만원을 주는 생동성실험의 부작용으로 박구는 '생선인간'이 된다. 구는 일약 청년세대를 대표하는 상징이 되고, '생선인간 박구 신드롬'이라는 사회현상으로까지 번진다. 그러나 제약회사의 음모로 구는 스타 생선에서 순식간에 죽일 놈의 생선으로 몰려 세상에서 퇴출당할 위기에 처하는데…….

168. 말하지 못한 비밀 Black Idols

청소년관람불가		**촬영**	정재승	**심의**	2015.07.07.
상영시간	103분 I 드라마	**조명**	최정수	**개봉**	2015.10.22.
감독	송동윤	**미술**	원연주		
출연	우주원, 신재승, 신지수, 김선영	**의상**	인지애		
		편집	김기업		
제작	김현석, 송동윤	**음악**	허유라		
프로듀서	김기업, 양국석	**제작사**	니와이엔터테인먼트(주)		
각본	송동윤	**배급사**	(주)씨타마운틴픽처스		

꽉 막힌 교육의 틀에서 벗어나 새로운 희망을 품고 모인 아이들. 미수가 전학 온 그날을 계기로 모두가 한자리에 모여든다. 새롭게 시작된 그들의 희망이자 꿈은 밴드부 결성. 그리고 함께 음악을 하는 것일 뿐. 하지만 그 길은 어른들의 이기심과 아이들 마음속 깊이 자리 잡고 있던 본연의 어두운 면에 부딪혀 결코 순단치만은 않다. 어느 날 벌어진 충격적인 사건과 함께 그들조차 알지 못했던 비밀이 하나씩 드러난다!

169. 맛있는 비행 A Delicious Flight

청소년관람불가		촬영	임운영	심의	2015.10.06.
상영시간	97분 I 멜로, 로맨스	조명	고영광	개봉	2015.10.22.
감독	최상훈	미술	박지현		
출연	손덕기, 정유진, 신유주	의상	박정진		
		편집	최용운		
제작	임승엽	음악	김동기		
프로듀서	나용국	제작사	(주)로드하우스		
각본	최상훈	배급사	노바엔터테인먼트		

청순가련의 대명사였지만 아이돌과의 섹스 스캔들로 도망친 여배우, 그녀의 모든 커리어를 망쳐 버린 발랑 까진 아이돌, 그녀에게 절대 충성하는 열혈 매니저, 그리고 이제는 섹시한 승무원이 된 매니저의 전 여친까지! 절대 만나선 안 될 네 사람이 비행기 안에서 마주쳤다. 도망칠 수 없는 그곳에서 지나치게 발칙하고 지독하게 화끈한 로맨스가 펼쳐진다.

170. 스피드 Speed

청소년관람불가		촬영	김민수		
상영시간	108분 I 드라마	조명	김중근	심의	2015.07.27.
감독	이상우	미술	김성윤, 이윤경	개봉	2015.10.22.
출연	서준영, 백성현, 임형준, 이상아	의상	김현정		
		편집	이상민		
제작	오동진, 배정민	음악	김미승		
프로듀서	나용국	제작사	(주)무비엔진		
각본	이상우	배급사	(주)드림팩트엔터테인먼트		

담임과의 갈등으로 고등학교를 중퇴한 친구들 추원, 구림, 대성, 서원은 이제 스물한 살이 되었다. 우사인 볼트 같은 육상선수가 꿈인 추원, 인기 가수가 됐지만 스캔들로 각종 포털사이트의 실시간 검색 1위에 올라 끊임없는 구설수에 휘말리는 구림, 스티븐 스필버그 같은 영화감독을 꿈꾸는 자유로운 영혼의 대성과 서울대 의대를 다니고 있는 순수남 서원. 추원은 늘상 달리고, 구림은 사랑을 갈구하고, 대성은 헤어나올 수 없는 욕망에 빠져있고, 서원은 공부에 매달리며 청춘을 보내고 있다. 추원과 구림 그리고 대성은 서원의 생일날 아주 특별한 선물을 준비한다. 술이 취해 쓰러진 서원은 자신의 몸을 더듬는 은애와 운명적으로 만나고, 사건사고가 끊임없는 이들에게 이제 얼마 남지 않은 운명의 시간이 다가 오는데!

171. 오디세오 Odysseo

전체관람가		**개봉**	2015.10.22.
상영시간	80분 | 공연		
감독	정성복		
제작	노만 라투렐		
프로듀서	최용승		
제작사	(주)패뷸러스		
배급사	(주)패뷸러스		
심의	2015.10.16.		

2003년 첫 공연을 시작으로 65개 도시에서 600만 이상의 관객을 매료시킨 'Odysseo: 오디세오'의 공연실황이 한국 최초 다면 상영관인 ScreenX에서 개봉된다. 전 세계 각지에서 공수된 다양한 종의 말들과 곡예사를 비롯한 50여 명의 아티스트의 교감을 토대로 펼쳐질 이번 공연은 환상적인 아크로바틱을 비롯해 공중곡예, 텀블링, 아프리카 토속춤 등의 화려한 기술로 꾸며져 있다. 뿐만 아니라 보컬, 기타, 베이스, 드럼, 건반, 첼로로 이루어진 6인조 밴드의 신비로운 연주는 전에 없던 몰입감을 선사하는 ScreenX의 기술과 더불어 환상의 세계로 관객들을 초대할 것이다.

172. 조선안방스캔들-칠거지악2

청소년관람불가		**편집**	이숭환
상영시간	76분 | 멜로, 로맨스	**음악**	안윤지
감독	이숭환	**제작사**	(주)케이알씨지
출연	은경, 최경일, 이미경	**배급사**	(주)케이알씨지
프로듀서	이동현	**심의**	2015.07.17.
각본	박주연	**개봉**	2015.10.22.
조명	김대유		
동시녹음	김경호		

조선시대 마누라 잡는 칠거지악! 전혀 유교적이지 못한 그녀들의 발칙하고 은밀한 부부생활이 공개된다! 〈조선안방 스캔들-칠거지악〉 그 두 번째 이야기!

173. 특종: 량첸살인기 The Exclusive: Beat the Devil's Tattoo

15세이상관람가
상영시간 125분 | 스릴러
감독 노덕
출연 조정석, 이미숙, 이하나
제작 한재림, 홍지용
프로듀서 송정민, 김창수, 김효정
각본 노덕
촬영 박용수
조명 최철수
미술 주미현
의상 채경화
편집 김창주
음악 조영욱
제작사 (주)우주필름, (주)뱅가드스튜디오
배급사 롯데쇼핑(주)롯데엔터테인먼트
심의 2015.09.18.
개봉 2015.10.22.

이혼, 해고의 위기에 몰린 열혈 기자 허무혁. 우연한 제보로 연쇄살인사건과 관련한 일생일대의 특종을 터트린다. 하지만 단독 입수한 연쇄살인범의 친필 메모가 소설 '량첸살인기'의 한 구절임을 알게 된 무혁은 세상을 떠들썩하게 만든 특종이 사상초유의 실수임을 깨닫게 된다. 이를 알 리 없는 보도국은 후속 보도를 기다리고 경찰은 사건의 취재 과정을 밝히라며 무혁을 압박해온다. 심지어 특종의 진실을 알고 있다는 목격자까지 나타나는 걷잡을 수 없는 상황 속, 무혁이 보도한 오보 그대로 실제 살인사건이 벌어지기 시작하는데!

174. 필름시대 사랑 Love and...

15세이상관람가
상영시간 70분 | 드라마
감독 장률
출연 박해일, 안성기, 문소리, 한예리
제작 장률, 윤선영
프로듀서 조현정
각본 장률
촬영 조영직
조명 정훈
동시녹음 김상운
미술 최비아
의상 남지수
편집 이학민
제작사 률필름, (주)스마일이엔티
배급사 (주)스마일이엔티
심의 2015.10.14.
개봉 2015.10.22.

정신병동에 입원중인 할아버지(안성기)를 면회 간 손녀(한예리). 할아버지는 손녀와 담소를 나누다가 깎고 있던 사과를 평소 흠모하던 청소부 아주머니(문소리)에게 다가가 건넨다. 아주머니가 한사코 거절하자, 이에 화가 난 할아버지는 들고 있던 과도로 위협하며 아주머니를 뒤쫓는다. 그들의 추격극이 시작되고, 두 사람의 거리가 좁혀진 순간 갑작스레 들려오는 컷(cut) 소리! 그 모든 것은 사실 영화 촬영현장의 한 장면! 할아버지와 청소부 모두 유명배우들이고 감독은 OK사인을 외친다. 모두 다음 촬영을 준비하는 가운데, 조명부 퍼스트(박해일)가 감독(김학선)에게 '사랑'을 잘 모르는 것 같다며, 영화를 이렇게 찍으면 안 된다고 항의하지만 그에게 돌아오는 것은 조롱뿐이다. 제작팀은 다시 촬영준비를 위해 분주해지고 결국 조명부 퍼스트는 촬영된 필름통을 들고 현장에서 도망치는데…….

175. 새폴더 2 New Folder 2

청소년관람불가		**미술**	최미정
상영시간	88분 | 드라마, 코미디	**의상**	주민구
감독	황상원	**편집**	권혁준
출연	윤설희, 권현정, 최한	**음악**	서정훈
프로듀서	김재홍, 안성준	**제작사**	더사람픽처스
각본	황상원	**배급사**	더사람픽처스
촬영	최은석	**심의**	2015.08.21.
조명	김해용	**개봉**	2015.10.23.

사업차 외국에 나가 계신 부모님이 맡기고 간 건물, 집, 고급차. 금수저를 입에 물고 있는데 잘생긴 외모에 엄청난 거시기까지! 부모님에겐 성실한 아들인 척, 현실은 끊이지 않는 여자들과의 거칠 것 없는 섹스라이프를 즐기고 있는 주인공 호재. 친구들 모두가 부러워만 하던 호재의 일상에, 갑자기 비상이 걸렸다. 너무 완벽하게 숨긴 탓일까? 아들이 여자 좀 만나게 해달라며 호재 이모에게 특명을 내린 호재 어머니. 섹시한 이모와 마성의 조카, 이 둘의 아슬아슬한 동거가 시작된다.

176. 그놈이다 Fatal Intuition

15세이상관람가		**조명**	김희태	**심의**	2015.09.21.
상영시간	109분 | 스릴러	**동시녹음**	박성호	**개봉**	2015.10.28.
감독	윤준형	**미술**	최지연, 지현서		
출연	주원, 유해진, 이유영	**의상**	김경미		
제작	안상훈	**편집**	최민영		
프로듀서	윤일중	**음악**	이진희, 김홍집		
각본	윤순형, 김영갑	**제작사**	상상필름(주)		
촬영	이재혁	**배급사**	CGV아트하우스		

세상에 단 둘뿐인 남매 장우와 은지. 부둣가 마을의 재개발을 앞두고 장우는 은지를 위해 서울로 이사를 결심하는데, 은지가 홀연히 사라지고 사흘 만에 시체가 되어 돌아온다. 타인의 죽음을 미리 알 수 있는 예지력 때문에 외톨이로 지내는 시은은 은지의 죽음을 외면한 죄책감에 장우에게 다가온다. 시은이 예견한 장소에서 누군가를 만난 장우는 그 놈을 범인이라고 확신하고 뒤를 쫓기 시작한다.

177. 미안해 사랑해 고마워 Summer Story

15세이상관람가
상영시간 115분 | 드라마
감독 전윤수
출연 지진희, 김성균, 성유리, 김영철
제작 백인권
프로듀서 이성훈, 홍성범, 최지윤
각본 박희강
촬영 박희주
조명 오석필
동시녹음 이태규
미술 김민정, 신보경
편집 박곡지
음악 황상준
제작사 타임박스엔터테인먼트(주)
배급사 (주)쇼박스
심의 2015.10.13.
개봉 2015.10.28.

가까워서 더 꺼내기 힘들었던 말 '미안해'. 오래 전 과거의 오해와 비밀을 풀어나가는 왕년의 챔피언 친구들 강칠(김영철)과 종구(이계인)의 뜨거운 고백.
너를 볼 때 마다 숨겨야 했던 말 '사랑해'. 까칠한 여배우 서정(성유리)을 오랜 시간 옆에서 지켜보며 10년째 짝사랑해온 매니저 태영(김성균)의 용기 있는 고백.
한 번도 진실 되게 전하지 못한 말 '고마워'. 자신의 딸을 죽인 범인의 딸과 마주해야 했던 형사 명환(지진희)과 아빠가 돌아오기만을 손꼽아 기다렸던 은유(곽지혜)의 진실된 고백. 소중한 사람을 지키는 데엔 이 세 마디면 충분합니다. '미안해 사랑해 고마워'.

178. 수상한 미용실

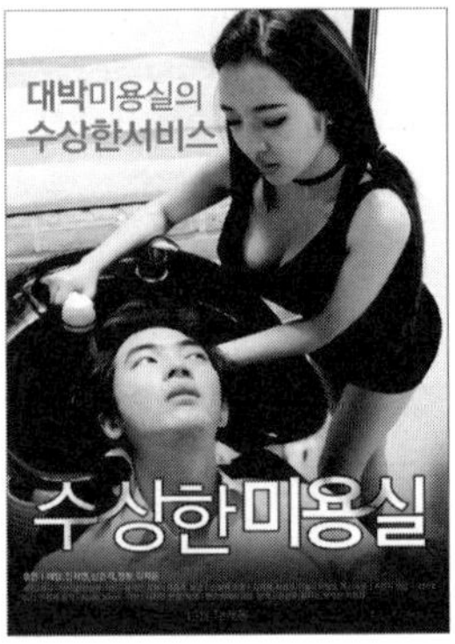

청소년관람불가
상영시간 84분 | 멜로, 로맨스
감독 한동호
출연 이채담, 김지은
각본 황석정
촬영 김장원
조명 최경조, 김경택
동시녹음 최정식
미술 조승진, 이상호
의상 이지연
편집 이현제
제작사 (주)비엠미디어
배급사 (주)비엠미디어
심의 2015.10.06.
개봉 2015.10.28.

미용실을 개업한 원장 분홍과 종업원 미나. 미용실을 개업한지 한참 지나도 손님이 늘지는 않고, 미용실에는 파리만 날리고 있다. 그래서 미나는 섹시함을 컨셉으로 손님들을 끌어들이고 이에 미용실은 대박이 나게 된다. 한편 미나는 애인인 오탁구에게 미용실 홍보를 부탁하고, 오탁구의 회사 동료들도 미용실을 애용하게 된다. 그러던 와중 탁구의 회사 부장인 변상태가 분홍의 미용실을 찾게 되고, 분홍에게 관심을 보이며 탁구에게 분홍, 미나와 함께 여행을 가자며 제안한다.

179. 어떤 살인 The Lost Choices

청소년관람불가
상영시간 108분 | 스릴러
감독 안용훈
출연 윤소이, 신현빈, 김용우
제작 김상윤, 이서열
프로듀서 노일환, 박춘배
각본 신미희, 안용훈
촬영 이봉주
조명 고용진
미술 이미애, 박혜정
의상 이은주
편집 문인대
음악 이상호
제작사 (주)전망좋은 영화사, (주)더콘텐츠온
배급사 (주)더콘텐츠온, (주)전망좋은 영화사
심의 2015.09.14.
개봉 2015.10.28.

교통사고 후유증으로 언어장애가 있지만, 게임 디자이너의 꿈을 향해 살고 있는 20대 여성 지은. 그러던 어느 날, 집으로 향하던 골목길에서 세 명의 남자에게 참혹한 일을 겪고 만다. 범인을 잡아달라고 요청했던 경찰은 되려 그녀를 의심하고, 결국 모두에게 외면 받게 된다. 누구에게도 보호 받지 못한 그녀는 같은 날 또 다시 같은 상처를 입게 되는데…….

180. 거짓말 The Liar

청소년관람불가
상영시간 98분 | 드라마
감독 김동명
출연 김꽃비, 전신환, 임희라
프로듀서 박나미
각본 김동명
촬영 이선영
조명 이의행
미술 박재형
편집 이연정
음악 정진화
제작사 방인리필름
배급사 (주)대명문화공장, (주)리틀빅픽처스
심의 2015.10.20.
개봉 2015.10.29.

리플리 증후군을 앓고 있는 아영. 멋지게 차려 입고 부동산에 가서 고급 아파트를 구경하고, 값비싼 물건을 진짜 살 것처럼 생색내며 백화점 쇼핑을 한다. 동료들에게 곧 결혼할 부자 남자친구가 있다고 자랑도 한다. 그러던 어느 날, 아영에게 온 가난하지만 순정적인 남자, 태호. 아영이 태호의 청혼을 받고 고민에 빠지면서 허점이 드러나기 시작하고, 회사 동료들, 가족들은 그녀의 허점을 물고 늘어져 벼랑 끝으로 내몰지만, 오직 태호만은 아영을 바른 길로 이끌 수 있다고 믿는다. 과연 아영은 자신이 만든 허영의 감옥에서 벗어나 행복해질 수 있을까?

181. 울보권투부 A Crybaby Boxing Club

12세이상관람가		음악	정현정, 천예영, 김가진, 김보람, 노영래
상영시간	86분 I 다큐멘터리	제작사	exposed 필름
감독	이일하	배급사	(주)인디스토리
제작	이일하	심의	2015.10.14.
프로듀서	조은성, 김도형	개봉	2015.10.29.
촬영	이일하		
미술	조덕희		
편집	이일하		

땀범벅, 눈물범벅, 콧물범벅이 된 채 고교생활의 마지막 단체경기를 준비하는 소년들이 있다. 타고난 체력 제로, 뛰어난 기술 제로, 막강한 파워 제로! 이 녀석들 정말 권투부가 맞는 걸까?

182. 고시원

청소년관람불가		촬영	김두복	개봉	2015.10.30.
상영시간	97분 I 멜로, 드라마	조명	이태호		
감독	이영민	미술	우석민		
출연	김승민, 강민우, 이명재, 우서현, 김용운, 김한규	의상	이혜정, 이설아		
		음악	이승준		
		제작사	에이치케이 이엔엠		
프로듀서	김일도	배급사	(주)로이테미디어		
각본	김인규	심의	2015.09.02.		

엄마의 병원비가 필요해 장씨와 어둠의 계약을 하게 되는 미정. 아버지가 물려주신 고시원을 운영하다가 경영난에 허덕여 장씨에게 사채를 쓰게 된 시운. 사채 빚을 못 갚은 시운은 강제적으로 고시원 방 하나를 장씨에게 내 놓게 되고, 그렇게 미정은 현실적으로 불가능한 고시원에서의 영업을 시작하게 된다. 아무도 예상치 못한 고시원 영업은 여러 사람을 잠 못 들게 하고, 미정이 안쓰러운 시운은 서서히 묘한 감정을 느끼기 시작한다. 한편 건달두목 최두팔은 부하들을 풀어 장씨를 겁박하여 고시원을 뺏기 위한 계략을 짜고, 장씨는 시운의 고시원을 뺏기 위해 미정에게 시운과의 가장 결혼식을 올리도록 제안한다.

183. 핫섹토크

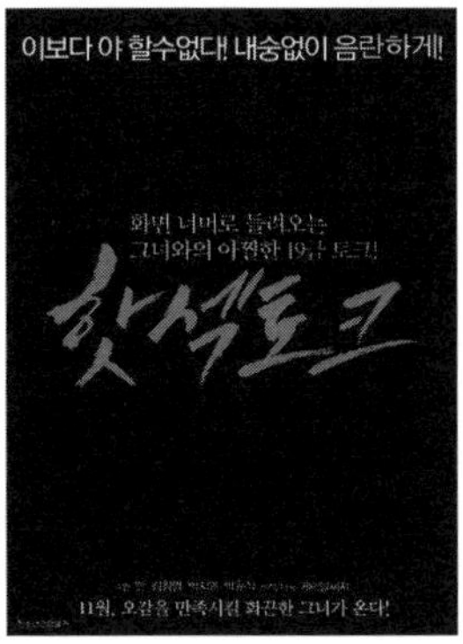

청소년관람불가		**제작사**	(주)케이알씨지
상영시간	75분 | 멜로, 로맨스	**배급사**	(유)조이앤컨텐츠그룹
감독	이전	**심의**	2015.10.15.
출연	앤, 박윤식	**개봉**	2015.11.03.
각본	김인규		
촬영	이재상		
동시녹음	남현식		
편집	이전		

미국교포 제인은 한국에서 마사지샵을 차리기 위해 아버지 친구인 허씨 아저씨네에서 머물고 있다. 하지만 제인은 마사지샵 대신 인터넷 개인방송으로 성인용품을 팔게 되고 제인의 남자친구 태인은 그런 제인이 못마땅하다. 그러던 어느 날 미국에 있는 제인의 엄마가 아프다는 소식에 제인은 미국으로 가게 되고, 한국에 남아있던 태인은 교통사고를 당하게 된다. 태인의 교통사고로 성인용품을 테스트할 수 없게 된 제인은 테스트 알바를 구하기 시작하는데…….

184. 검은 사제들 The Priests

15세이상관람가			오효진	**편집**	신민경
상영시간	108분 | 미스터리, 드라마	**각본**	장재현	**음악**	김태성
		촬영	고낙선	**제작사**	영화사 집
감독	장재현	**조명**	이승빈	**배급사**	씨제이이엔엠(주)
출연	김윤석, 강동원, 박소담	**동시녹음**	안복남	**심의**	2015.10.08.
		미술	신봉곤, 이아름, 김시용	**개봉**	2015.11.05.
제작	이유진				
프로듀서	송대찬, 백지선,	**의상**	윤정희		

2015년 서울. 뺑소니 교통사고 이후 의문의 증상에 시달리는 한 소녀(박소담). 잦은 돌출 행동으로 교단의 눈 밖에 난 김신부(김윤석)는 모두의 반대와 의심 속, 소녀를 구하기 위한 자신만의 계획을 준비한다. 이를 위해선 모든 자격에 부합하는 또 한 명의 사제가 필요한 상황. 모두가 기피하는 가운데 신학생인 최부제(강동원)가 선택되고, 그는 김신부를 돕는 동시에 감시하라는 미션을 받게 된다. 그리고 마침내 소녀를 구할 수 있는 단 하루의 기회, 김신부와 최부제는 모두의 목숨을 잃을 수도 있는 위험한 예식을 시작하는데!

185. 들꽃 Wild Flowers

청소년관람불가
상영시간 115분 | 드라마
감독 박석영
출연 조수향, 정하담, 권은수, 이바울, 강봉성
제작 배정민
프로듀서 박성진, 전보성
각본 박석영
촬영 이성은
미술 전보성
의상 전보성
편집 이성은, 김형주
음악 김대환, 김동기
제작사 (주)무비엔진
배급사 (주)인디플러그
심의 2015.04.16.
개봉 2015.11.05.

세 소녀 수향, 하담, 은수는 휴대폰을 훔쳐 판 돈으로 길에서 살아가며, 내일을 꿈꿀 수 없는 불안과 외로움에 이미 익숙해져 버린 10대들이다. 가출 소녀들의 삶은 위험천만이다. 하룻밤 잘 곳을 찾아 헤매다가 성매매를 강요당하거나 폭력에 노출되곤 한다. 은수와 수향도 그런 상황이다. 둘은 길에서 남자에게 폭행을 당하는 소녀 하담을 구해내고 잠 잘 곳을 찾아 모텔로 간다. 그곳엔 가출 소녀를 감금하고 성매매를 시키는 악당인 삼촌과 삼촌의 부하인 태성이 있다. 셋은 모텔 방에 갇히지만 태성이 수향을 좋아하는 바람에 탈출에 성공한다. 철거촌 빈 집에서 기거하던 세 소녀는 같이 살 집을 마련하기 위해 애쓴다. 은수가 집 계약을 하고 셋은 기대에 부풀지만 예기치 않은 일이 벌어지면서 그들의 계획은 성사되지 않는다.

186. 모텔 Motel

청소년관람불가
상영시간 80분 | 멜로, 스릴러
감독 이승환
출연 이은미
제작 이승환
프로듀서 최광래
각본 김경옥
촬영 이재상, 심상영
조명 김필구, 서충근
동시녹음 이현권, 이재원
편집 전소민, 이승환
음악 어토
제작사 (주)케이알씨지
배급사 (주)케이알씨지
심의 2015.10.19.
개봉 2015.11.10.

시골의 어느 모텔. 주인인 창수와 은영은 부부다. 결혼한 지 수년이 지난 지금도 너무나 서로를 아끼고 사랑하는 각별한 부부. 성기능 장애를 갖고 있는 창수지만 두 사람의 애틋함을 갈라놓지 못한다. 그런 두 사람의 유일한 취미생활은 독특하다. 모텔 객실마다 몰카를 설치해놓고 사이좋게 같이 본다는 것. 남자를 모르는 어린 나이에 창수와 같이 살았던 은영의 성 욕구는 이렇게 해소됐다. 그런 은영이 조금씩 변해가기 시작한다. 어느 날 장기 투숙하는 젊은 남자 손님이 모텔로 들어오면서 사건들이 생기고 창수 역시 거칠어지기 시작한다.

187. 나도 때론 포르노그라피의 주인공이고 싶다 WET DREAM

청소년관람불가		**촬영**	한은석	**배급사**	(주)피터팬픽처스
상영시간	82분 I 멜로, 로맨스	**조명**	박지수	**심의**	2015.10.20.
감독	장성수	**동시녹음**	전상준	**개봉**	2015.11.12.
출연	최리호, 박지수, 김영근, 서갑숙	**미술**	김동위		
		의상	김명희		
제작	조성열	**편집**	정진희		
프로듀서	김대근	**음악**	최용락, 이지연		
각본	장성수	**제작사**	(주)피터팬픽처스		

한 남자를 알게 되면서 사랑을 행위가 아닌 떨림만으로도 만족할 수 있다는 것을 깨닫게 된 진희(한지은)는 그 남자를 통해 그 동안 궁금했던 모든 걸 알아가려 한다. 사랑을 하면 왜 집착하게 되는 것일까? 집착하지 않고 소유하려 하지도 않고 또한 사랑이 증오로 변하지 않는 그런 사랑을 확인하고 싶은 진희. 그런 사랑이 가능한지 그 남자에 대한 자신의 믿음을 확인하고 싶었다. 그 남자를 통해 남녀 간의 관계가 일방적인 쟁취가 아닌 섬세함과 배려를 통해 완성되는 것임을 다시 한 번 확인하려 한다. 그리고 그것을 통해 진정 위로 받고 치유되면서, 버림받은 여자가 아닌 사랑 받는 여자로 다시 태어난다.

188. 늙은 자전거 Old Bicycle

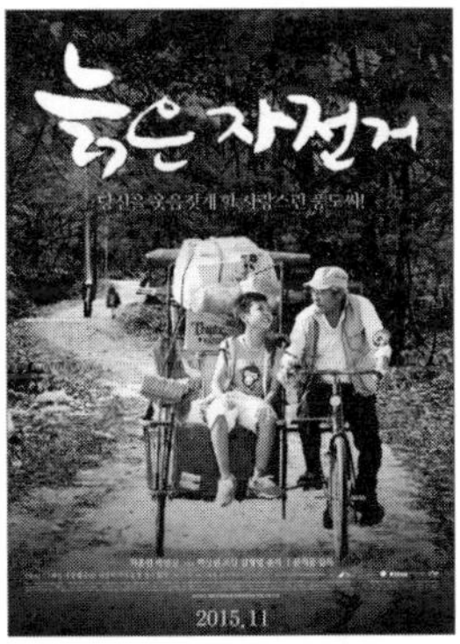

전체관람가		**각본**	문희융		국미디어그룹, 한국방송예술교육진흥원, 영화사 키노(주)
상영시간	106분 I 드라마, 가족	**촬영**	이동국		
감독	문희융	**조명**	최석재, 송재석		
출연	최종원, 박민상, 박상면	**미술**	박주혜	**배급사**	(주)씨타마운틴픽처스
		의상	심가영	**심의**	2015.11.02.
제작	이준성, 조규형, 홍기영, 문미호	**편집**	경민호	**개봉**	2015.11.12.
		음악	김홍희		
프로듀서	오정택	**제작사**	(주)영화사 북촌, 대		

괴팍하고 고약한 성격 탓에 반겨주는 이 없이 술과 낡은 자전거를 친구 삼아 살아가던 강만. 어느 날, 그의 앞에 수 년 전 집을 나간 아들 길재가 사고로 죽었다는 소식과 함께 손자 풍도가 나타난다. 하나뿐인 핏줄임이 분명함에도 강만은 제 핏줄이 아니라며 풍도를 강하게 거부한다. 당돌하기를 넘어서 뻔뻔하기까지 한 풍도는 울고불고 바닥에 드러누우며 결국 강만의 곁에 남는데 성공하는데!

189. 세상 끝의 사랑 Love at The End of The World

청소년관람불가		**촬영**	김동천	**심의**	2015.09.25.
상영시간	100분 ǀ 멜로, 로맨스	**조명**	이준일, 박동순	**개봉**	2015.11.12.
감독	김인식	**미술**	장윤아		
출연	한은정, 조동혁, 공예지	**의상**	양희화		
		편집	이은수		
제작	김진섭	**음악**	김민석		
프로듀서	유연수	**제작사**	(주)담소필름		
각본	김인식	**배급사**	(주)스톰픽쳐스코리아		

3년 전 아빠가 죽은 후 단 둘이 살아가던 엄마 자영과 딸 유진에게 어느 날 동하가 나타난다. 지난 상처를 잊은 채 동하와 함께 행복한 인생을 꿈꾸는 엄마 때문에 늘 외롭기만 한 유진은 이런 자신을 늘 애틋하게 대해주는 동하의 모습에서 사랑을 느낀다. 그러나 유진과 동하의 다정한 모습을 본 자영은 묘한 불안감에 휩싸이고 세 사람의 어긋난 사랑은 점차 파국으로 치닫게 되는데!

190. 친구 엄마 Buddy's Mom

청소년관람불가		**의상**	정대규
상영시간	102분 ǀ 멜로, 드라마	**편집**	금성수
감독	공자관	**음악**	김민
출연	김영삼, 아리, 김해진	**제작사**	밀크픽처스
각본	공자관	**배급사**	노바엔터테인먼트
촬영	박상철	**심의**	2015.11.02.
조명	박찬윤	**개봉**	2015.11.12.
동시녹음	장상열		

섹스를 인터넷 야동으로 보고 배운 경수는 실전경험은 전무하다. 짝사랑하던 선배 지연에게 고백했다 차이고, 방학이 되면 자신의 집에 놀러오라는 친구 백현의 얘기를 떠올리고 무작정 강원도 삼척으로 향한다. 백현의 엄마 현옥은 나이가 무색할 정도로 완벽한 바디라인을 갖춘 동안녀이다. 경수와 현옥은 매일 매일 뜨거운 날들을 불태우게 되는데, 그러던 어느 날 지연이 삼척으로 내려오고 경수는 현옥과 지연 사이에서 갈팡질팡한다.

191. 맛있는 정사: 오피스 와이프 My Office Wife

청소년관람불가
상영시간 64분 | 멜로, 드라마
감독 김학묵
출연 박태산, 김현태, 김수현, 김태환
제작 신해성
각본 이상화
촬영 김두영
조명 최만호
동시녹음 우성찬
의상 김은영
편집 김유성, 김학묵
음악 윤용수
제작사 (주)케이알씨지
배급사 (주)케이알씨지
심의 2015.10.19.
개봉 2015.11.17.

태산에게는 와이프가 둘 있다. 회사에는 똑똑하면서도 내 맘을 잘 알아주는 유미, 집에는 철없는 아내, 현아. 하지만 태산과 현아는 유산 이후 사이가 멀어지게 되고, 태산은 철없는 아내의 행동이 마음에 들지 않는다. 그에게는 회사의 유미가 훨씬 편하다. 그러던 와중 현아가 연인처럼 다정히 있는 태산과 유미를 보게 되고, 현아는 복수를 계획한다. 현아는 일부러 태산의 회식 자리에 찾아와 그를 곤란하게 만들고, 급기야 태산은 술김에 그녀의 목을 조르게 된다. 그 다음날 홀연히 사라진 현아. 태산과 유미는 함께 현아를 찾기 위해 태산의 집을 방문하게 되는데, 현아가 몰래 그 둘을 지켜보고 있다.

192. 꾸루꾸루와 친구들: 무지개 나무의 비밀

전체관람가
상영시간 74분 | 애니메이션
감독 문제대
출연 서유리, 조현정, 박신희, 이소은
제작사 (주)팡고엔터토이먼트
배급사 (주)팝엔터테인먼트
심의 2015.11.05.
개봉 2015.11.19.

자우쿵 남방에는 여러 동물들이 모여 사는 마을이 있는데, 그 마을에는 모든 생명체를 지켜주는 '무지개 나무'가 있다. 해적 하이에나 일당은 영원한 생명을 얻기 위해 '팡야'를 찾아 헤매다 무지개 나무 아래 팡야가 있다는 것을 알게 된다. 마을의 말썽꾸러기들은 천년 된 무지개나무를 기념하는 축제를 준비하던 중 팡야의 존재를 알게 되고 팡야를 지키기 위해 해적 하이에나 일당과 숨 막히는 추격전을 벌인다.

193. 내부자들 Inside Men

청소년관람불가
상영시간 130분 | 범죄, 드라마
감독 우민호
출연 이병헌, 조승우, 백윤식
제작 박철수, 원영식, 이동호, 최진호
프로듀서 이민수, 진재우
각본 우민호
촬영 고낙선
조명 이승빈
미술 조화성
의상 조상경
편집 김상범, 김재범
음악 조영욱
제작사 (유)내부자들 문화전문회사
배급사 (주)쇼박스
심의 2015.10.15.
개봉 2015.11.19.

유력한 대통령 후보와 재벌 회장, 그들을 돕는 정치깡패 안상구(이병헌). 뒷거래의 판을 짠 이는 대한민국 여론을 움직이는 유명 논설주간 이강희(백윤식)다. 더 큰 성공을 원한 안상구는 이들의 비자금 파일로 거래를 준비하다 발각되고, 이 일로 폐인이 되어 버려진다. 빽 없고 족보가 없어 늘 승진을 눈앞에 두고 주저앉는 검사 우장훈(조승우). 마침내 대선을 앞둔 대대적인 비자금 조사의 저격수가 되는 기회를 잡는다. 그러나 비자금 파일을 가로챈 안상구 때문에 수사는 종결되고, 우장훈은 책임을 떠 안고 좌천된다. 자신을 폐인으로 만든 일당에게 복수를 계획하는 정치깡패 안상구. 비자금 파일과 안상구라는 존재를 이용해 성공하고 싶은 무족보 검사 우장훈. 그리고 비자금 스캔들을 덮어야 하는 대통령 후보와 재벌, 그들의 설계자 이강희. 과연 살아남는 자는 누가 될 것인가?

194. 동창회의 목적 Purpose of Reunion

청소년관람불가
상영시간 107분 | 멜로, 로맨스
감독 정대만
출연 조인우, 김유연, 이현성
프로듀서 조형우
각본 김아경
촬영 최장민
조명 고봉성
동시녹음 이윤재
미술 장세영
의상 정경미
편집 이병기
제작사 펀펀한 영화사
배급사 펀펀한 영화사
심의 2015.06.03.
개봉 2015.11.19.

자고로 바람은 세상물정 모르는 어린애나 독기만 남은 노처녀 말고 쿨하게 지킬 건 지키는 유부녀랑 해야 한다는 신조로 살아온 기러기 아빠 동철. 15년 만에 동창회에서 재회한 첫사랑 유진의 퍼펙트한 바디를 보는 순간, 그는 무슨 수를 써서라도 그녀와 침대 위에서 뜨거운 조우를 하리라 마음먹는다.

195. 용주골

청소년관람불가
상영시간 94분 | 드라마, 멜로
감독 최우성
출연 민도윤, 이채담, 진서현
촬영 최성원
조명 손정원
동시녹음 박주영
미술 예민한
편집 최정수
음악 김근종
제작사 핵존슨
배급사 에이라인
심의 2015.11.10.
개봉 2015.11.19.

용주골의 생계형 건달 용화(민도윤)는 발길이 끊긴 손님들과 악덕 돈줄 강회장(박종환)에게 빚 독촉을 받다가 온라인에 유행하는 성인방송국을 시작하기로 결심한다. 용주골의 선수 끝판왕 섹시 BJ 마샤(이채담)을 내세워 순식간에 엄청난 반응을 끌어 모으는 용화. 성깔 있는 질투화신 BJ 방울(진서현)까지 가세해 순식간에 둘은 뜨거운 BJ 인기경쟁을 시작하는데!

196. 착한 처제 Nice Sister-in-law

청소년관람불가
상영시간 98분 | 드라마
감독 강훈
출연 강성필, 장혜영
프로듀서 신철승
각본 여필주
촬영 최현기, 서민수
조명 황성욱
동시녹음 허상기
미술 서은주, 박선영
의상 김보배
편집 한송이
음악 백은우
제작사 쟈비스미디어, PK미디어크레이티브
배급사 쟈비스미디어
심의 2015.10.02.
개봉 2015.11.19.

성공한 심리치료사로 승승장구 하고 있는 여의사 하영(비키)은 어느 날 언니 하주(이승채)에게서 비밀스런 부탁을 받는다. 형부 우성(강성필)이 예전과 달리 잠자리에서 자신을 거부한다는 것. 심리치료로 부부관계를 치료할 수 있다고 언니의 부탁을 받아들인 하영은 형부의 최면치료 도중 형부가 언니가 아닌 하영 자신에게 욕망을 품고 있다는 사실을 알게 되는데…….

197. 해에게서 소년에게 Under the Sun

15세이상관람가
상영시간 79분 | 드라마
감독 안슬기
출연 신연우, 김가현, 김호원, 김영선
제작 김동호
프로듀서 박봉수, 박기용
각본 정지은
촬영 김구영
조명 최민철
동시녹음 한동훈
미술 김용만
의상 박주미
편집 박봉수
제작사 (주)타이거시네마
배급사 (주)디에스이이디
심의 2015.10.20.
개봉 2015.11.19.

종교에 빠졌다가 자살한 엄마, 모든 걸 방관하다 떠난 아빠. 시완은 이 모든 것이 전도사의 탓이라 생각하고 복수를 꿈꾸며 칼을 집어 든다. 그러나 복수의 목표였던 전도사는 어느새 형과 같은 존재가 되어 버리고, 엄마와 같은 신도였던 PC방 주인 진숙과 그녀의 딸이자 자신을 스스럼없이 대하는 민희에게 가족의 따뜻함을 느끼게 된다. 그러던 어느 날, 다시 교회를 살려보자는 진숙과 그의 폭력적인 남편 때문에 모든 것이 어그러질 위기에 처하는데…….

198. 도리화가 The Sound of A Flower

12세이상관람가
상영시간 109분 | 사극, 드라마
감독 이종필
출연 류승룡, 배수지, 송새벽, 김남길
제작 김성환, 백연자
프로듀서 김대승
각본 김아영, 이종필
촬영 김현석
조명 이철오
동시녹음 이상준
미술 홍영식, 김혜빈
편집 김상범, 김재범
음악 김태성
제작사 (주)영화사담담, (주)어바웃필름
배급사 씨제이이엔엠(주)
심의 2015.11.05.
개봉 2015.11.25.

어릴 적 부모를 잃고 우연히 듣게 된 신재효의 아름다운 소리를 잊지 못한 채 소리꾼의 꿈을 품어 온 채선. 그러나 신재효는 여자는 소리를 할 수 없다는 이유로 채선의 청을 단호히 거절한다. 채선은 포기하지 않고 남장까지 불사하며 동리정사에 들어가지만 신재효는 그녀를 제자로 인정하지 않는다. 하지만 흥선대원군이 개최하는 전국의 소리꾼을 위한 경연 '낙성연'의 소식이 들려오고 신재효는 춘향가의 진정한 소리를 낼 수 있는 단 한 사람, 남자는 결코 흉내 낼 수 없는 소리를 지닌 채선을 받아들이기로 결심한다. 그리고 채선이 여자임이 발각되면 모두가 죽음을 면치 못하는 위험 속, 채선에게 자신의 모든 것을 가르치는데…….

199. 열정같은소리하고있네 You Call It Passion

15세이상관람가		**각본**	정기훈, 서유민	**배급사**	(주)넥스트엔터테인먼트월드
상영시간	106분 ǀ 드라마	**촬영**	김정원	**심의**	2015.10.22.
감독	정기훈	**조명**	신경만	**개봉**	2015.11.25.
출연	정재영, 박보영, 오달수, 배성우, 류덕환	**미술**	임성미, 김인양		
		의상	이석호		
		편집	김형주		
제작	김무령	**음악**	정세린		
프로듀서	정두환	**제작사**	반짝반짝영화사(주)		

취업만 하면 인생 제대로 즐기리라 생각한 햇병아리 연예부 수습기자 도라희(박보영). 몸에 딱 맞는 정장에 하이힐을 신은 완벽한 커리어우먼! 이 모든 환상은 첫 출근 단 3분 만에 깨졌다. 도라희의 눈앞에 펼쳐진 건 터지기 일보 직전인 진격의 부장 하재관(정재영). 첫 출근 따뜻한 말 한마디 대신 찰진 욕이 오가는 가운데 손대는 일마다 사건사고인 도라희는 하재관의 집중 타겟이 되어 본격적으로 털리게 되는데!

200. 공즉시색

청소년관람불가		**조명**	고봉성	**심의**	2015.11.17.
상영시간	90분 ǀ 멜로, 로맨스	**동시녹음**	안대환	**개봉**	2015.11.26.
감독	김현빈	**미술**	장세영		
출연	김화연, 지은서, 박초현, 방협	**의상**	심가영		
		편집	금성수		
프로듀서	조형우	**제작사**	(주)영화사 사계절, 펀펀한 영화사		
각본	김현빈				
촬영	백광호	**배급사**	(주)영화사 사계절		

청순한 얼굴, 섹시한 바디, 모든 것을 다 갖춘 명문 미대의 미녀 삼총사 호경, 주영, 연희. 남자를 너무 몰라서, 또 너무 알아서 곤란한 그녀들은 자꾸만 치근덕거리는 시시한 남자들 말고 자신들을 만족시킬 수 있는 진짜 남자를 찾기로 결심한다. 누드모델 출신 식스팩을 자랑하는 조각남, 완벽한 테크닉으로 무장한 연하남, 여자 보기를 황금 같이 하는 돌쇠남까지! 그들을 유혹하기 위한 섹시 발랄 여대생들의 화끈하고 과감한 바디어택. 이제 그녀들의 거침없는 남친 만들기 프로젝트가 시작된다.

201. 서태지밴드 콘서트투어 '콰이어트나이트' Seotaiji Band Concert Tour 'Quiet Night'

전체관람가
상영시간 122분 | 공연
감독 서태지
출연 서태지
제작사 (주)서태지컴퍼니
배급사 (주)서태지컴퍼니
심의 2015.11.12.
개봉 2015.11.26.

서태지의 9집 앨범 '서태지 9TH 콰이어트나이트' 발매 기념 콘서트 투어 공연 실황 영화.

202. 설지 Sunshine

12세이상관람가
상영시간 98분 | 드라마
감독 박진순
출연 다나, 강은탁, 이미소
제작 전윤찬, 채희승, 이상욱
프로듀서 이상욱
각본 박진순
촬영 김현태
조명 김훈, 배산
동시녹음 윤종민
미술 김혜민, 장승룡
편집 김우일, 장원준
제작사 (주)영화사 통, 이달투, (주)미로비전
배급사 (주)박수엔터테인먼트, (주)미로스페이스
심의 2015.10.23.
개봉 2015.11.26.

오토바이 헬멧을 쓴 채 홍대 주변에 아름답고 독특한 벽화를 그리는 일명 '홍대 벽화녀'가 온라인에서 화제가 된다. 퇴출 위기에 처한 방송 PD 신웅(강은탁)은 대박 다큐멘터리를 만들 욕심에 그녀를 찾아간다. 신웅이 찾아낸 '홍대 벽화녀'는 북에서 탈출한지 2년 된 새터민 설지(다나)로 그녀는 북한에서 선전용 벽화를 그렸다. 신웅은 그녀에게 다큐멘터리 촬영을 제안하지만 설지는 북에 계신 부모님의 신변 노출을 걱정해 거절한다. 신웅의 간곡한 요청에 결국 얼굴을 모자이크로 가리는 조건으로 촬영을 허락한다. 촬영이 진행되면서 신웅은 설지의 독특한 그림세계와 외로움, 상처를 알게 되고 그녀에게 취재원 이상의 마음을 갖게 된다. 하지만 다큐멘터리가 완성돼 갈수록 제작사는 설지를 점점 더 자극적으로 이용하려 한다.

203. 아일랜드-시간을 훔치는 섬 Island

15세이상관람가		**촬영**	정성욱	**심의**	2015.11.23.
상영시간	107분 | 미스터리, 드라마	**조명**	이은수	**개봉**	2015.11.26.
		미술	주미현		
감독	박진성	**의상**	이윤정		
출연	오지호, 문가영	**편집**	황은주, 김선민		
제작	고두현	**음악**	박진석		
프로듀서	최원영	**제작사**	(주)고앤고필름		
각본	박진성, 박진석	**배급사**	(유)조이앤시네마		

불의의 사고로 가족을 잃고 실의에 빠진 K는 한 동안 잊고 지냈던 마지막 유산으로 물려받은 고향집을 찾아 간다. 주민은 '매일 밤 유령이 나와 뭔가를 찾아다니는 바람에 이 집에선 아무도 살 수 없다'고 말하지만 K는 개의치 않는다. 흉흉한 소문으로 아무도 찾지 않는 폐가가 되어버린 그 곳에 살기 시작한 K에게 소문 그대로 매일 밤 집 안에서 의문의 소리가 들리자 그 소리를 추적하다 묘령의 여인 연주 그리고 그녀의 부모님을 마주하게 된다. K는 자신의 계획을 잠시 접어두고 그들의 사연에 귀를 기울이게 되면서 수상한 기운을 느끼게 된다. 그것도 모자라 그의 앞에 불현듯 나타난 제주도 토박이 묘한 아가씨는 그의 곁을 졸졸 따라다니기 시작하며 그의 죽음을 부추기는 듯 만류하는 듯 그의 삶에 끼어들기 시작한다.

204. 어떤 이의 꿈 Life Is But an Empty Dream

12세이상관람가		**각본**	조성규	**개봉**	2015.11.26.
상영시간	72분 | 드라마	**촬영**	이희섭		
감독	조성규	**조명**	이희섭		
출연	김동완, 최필립, 후지이 미나, 김동완	**편집**	박주영		
		음악	조성규		
제작	조은경, 윤창중	**제작사**	(주)예스컴, 하준사		
프로듀서	조은운, 이경재, 임연정	**배급사**	하준사		
		심의	2015.11.04.		

자신의 밴드와 함께 락 페스티벌 헤드 라이너가 되어 무대에 서는 것이 꿈이었던 동완은 5년째 펜타포트 락 페스티벌에서 행사진행과 인력 관리를 담당하고 있는 사무직 베테랑이다. 몇 년 동안 직장을 구하지 못한 채 어느새 인생의 목표가 취직이 되어버린 필립은 같은 부대에 근무했던 동완 덕에 페스티벌에서 영어 통역 아르바이트 자리를 얻게 된다. 유명 뮤지션이 된 남자친구를 만나기 위해 일본에서 온 미나는 페스티벌 통역 아르바이트에 지원한다. 그러나 멋진 재회는커녕 상사인 동완의 눈치보기도 바쁜 현실은 그녀에게 냉정하기만 하다. 점점 기대가 실망으로 바뀌어갈 즈음 어느새 그녀 옆에서 위로가 되어주는 필립에게 조금씩 마음을 열게 된다.

205. 위선자들 The Hypocrites

청소년관람불가
상영시간 101분 | 드라마
감독 김진홍
출연 권민중, 김정균, 장두이, 최할리
제작 김종수, 김진홍
프로듀서 김재선, 강철희, 김기범
각본 김충렬
촬영 이춘희
조명 남한호
미술 신별나, 국경남, 허남희
의상 주민구
편집 경민호, 김미애
음악 전태화, 함길수
제작사 (주)영화사메이플러스
배급사 더 픽처스, (주)씨타마운틴픽처스
심의 2015.08.27.
개봉 2015.11.26.

대한민국의 평범한 여대생이 전 국민 앞에 섰다. 대기업 취업을 조건으로 성상납을 강요받은 그녀는 모든 책임과 원인은 국가에 있다고 판단, 대한민국을 상대로 이에 대한 소송을 제기한다. 전대미문의 국가 상대 소송은 순식간에 나라 전체를 발칵 뒤집고 급기야 공중파 TV 프로그램 '블랙토론'에서는 이를 주제로 생방송을 진행하게 된다. 변호사, 작가, 여배우, 문화 평론가 패널들의 적극적인 책임 공방이 펼쳐지기 시작하며 생방송 토론의 열기는 더욱 뜨거워진다. 하지만 시간이 흐를수록 사회 지도층들의 이중성과 사회의 부조리에 패널과 사회자의 감정은 점차 격앙되고 결국 토론장에는 삿대질과 폭언도 모자라 서로를 겨냥한 폭로가 난무하기 시작하는데!

206. 한양 기방 춘향뎐

청소년관람불가
상영시간 89분 | 멜로, 사극
감독 김민욱
출연 나영, 주영
제작사 (주)케이알씨지
배급사 (주)케이알씨지
심의 2015.10.28.
개봉 2015.11.26.

조선 초 한양. 기생집 매월당에는 월향을 필두로 녹수, 춘향, 심청 등 미모와 예를 겸비한 기생들이 함께 살고 있다. 녹수는 8년 만에 한양으로 돌아오는 박판서 대감을 유혹해 매월당의 실세가 되고 싶어 하고, 어느 비오는 날 기모노를 입은 나미꼬가 매월당에 찾아온다. 다음 날 아침 매월당의 머슴 돌쇠가 춘향이가 잃어버렸던 비녀에 찔려 변사체로 발견되고, 월향의 먼 조카인 이준기 도령이 요양차 매월당에 머물면서 이도령을 차지하려는 기생들의 명기대결이 펼쳐진다.

207. 감금의 시간

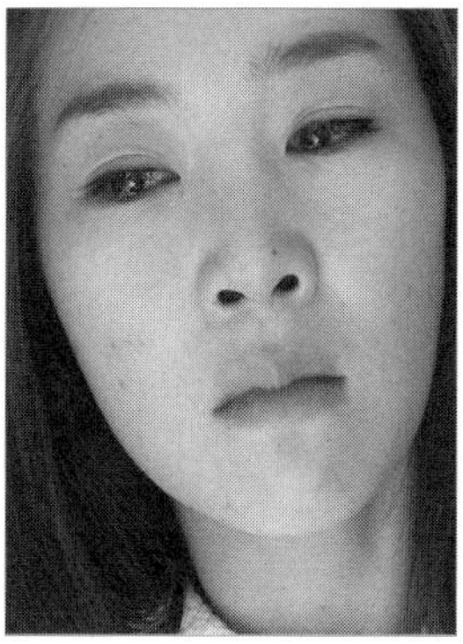

청소년관람불가		**촬영**	하지현	**배급사**	마법사필름
상영시간	91분 | 스릴러, 드라마	**조명**	이대우	**심의**	2015.11.02.
감독	김대성	**동시녹음**	김안철	**개봉**	2015.12.03.
출연	전유진, 허동원, 김윤재, 이용주	**미술**	소윤미		
		의상	이세빈, 이진		
제작	이필훈	**편집**	김수정		
프로듀서	명석환	**음악**	이대철		
각본	박우리	**제작사**	마법사필름		

길거리에서 몸을 파는 거리의 창녀 현아(전유진)는 포주의 학대와 폭행 속에 구해준 낯선 남자 정호(허동원)에 의해 반라의 상태로 그의 펜션에 감금된다. 이유도 모른 채 시작된 정호의 감금 속에 아무리 발악해도 돌아오는 건 그의 폭력뿐이다. 펜션에 놀러 온 커플들에 의해 현아가 발견되고, 순간의 욕정으로 그녀를 강간하려던 커플남은 정호에 의해 죽임을 당한다. 정호의 광기어린 행동들에 공포를 느끼며 탈출하려 하지만 돌아갈 곳조차 없는 자신의 처지를 깨닫게 된다. 사랑한다는 이유로 그녀를 감금하고 집착하는 정호. 필요이상으로 자신에게 잘해주는 그에게 조금씩 호감을 느끼기 시작한 현아는 다른 여자와 관계를 갖고 있는 정호의 모습에 질투심에 빠지게 되고, 서로 진정한 사랑이라 느끼던 그들의 어긋난 사랑은 점차 파국으로 치닫게 되는데!

208. 극적인 하룻밤 Love Guide For Dumpees

청소년관람불가		**각본**	하기호		사이드픽처스
상영시간	107분 | 멜로, 코미디	**촬영**	백윤석	**배급사**	CGV아트하우스
감독	하기호	**조명**	이제우	**심의**	2015.11.02.
출연	윤계상, 한예리, 박효주	**미술**	김보미	**개봉**	2015.12.03.
		의상	신지영		
제작	한상범, 유인수	**편집**	최기성, 이진		
프로듀서	오채진, 박대희, 이지연	**음악**	나래		
		제작사	(주)연우무대, (주)인		

각자 전 애인 결혼식장에서 만난 정훈(윤계상)과 시후(한예리). 술잔을 기울이며 실연의 고통을 함께 나누던 두 사람은 몸까지 나누는 극적인 하룻밤을 보내고 만다. 하지만 이대로 끝내기엔 너무나 기막혔던 하룻밤! 시후는 커피 쿠폰 10개 채울 때까지, 딱 아홉 번만 더 자자는 당돌한 제안을 한다. 하지만 쿠폰 도장이 늘어갈수록 두 사람의 마음은 미묘해 지고, 시후의 전 남친 준석(박병은)은 자꾸 시후 곁을 맴돌며 정훈(윤계상)의 심기를 건드린다. 과연 정훈과 시후는 원나잇 쿠폰 열 번 찍고 쿨하게 굿바이 할 수 있을까?

209. 나쁜 나라 Cruel State

12세이상관람가		**편집**	태준식
상영시간	119분 I 다큐멘터리	**음악**	강상구
감독	김진열, 이수정, 정일건	**제작사**	4.16 세월호참사 시민기록위원회
출연	최경덕, 박지민	**배급사**	〈나쁜 나라〉 배급위원회, (주)시네마달
각본	신범숙	**심의**	2015.11.23.
촬영	김진열, 이수정, 정일건	**개봉**	2015.12.03.

2014년 4월, 진도 앞바다에서 생중계된 세월호 침몰사건은 304명의 희생자가 속해 있는 가족들에게 평생 지고 가야 할 상처를 안겨줬다. 그 중에서도 단원고 학생들의 유가족들은 자식 잃은 슬픔을 가눌 틈도 없이 국회에서, 광화문에서, 대통령이 있는 청와대 앞에서 노숙 투쟁을 해야만 했다. 그들의 질문은 단 하나, 내 아이가 왜 죽었는지 알고 싶다는 것. 하지만 그 진실은 1년이 지나도 밝혀지지 않고 있다. 평생 '유가족'으로 살아야 하는 사람들이 마주친 국가의 민낯, 그리고 뼈아픈 성찰의 시간을 그린 세월호 참사 진상규명 투쟁 1년의 기록.

210. 내 친구의 아내

청소년관람불가		**미술**	박민우
상영시간	82분 I 멜로, 드라마	**의상**	이연아
감독	탁승오	**편집**	김은비
출연	정태민, 탁민	**제작사**	(주)소나무픽처스
제작	조성우, 탁승오	**배급사**	(주)소나무픽처스
프로듀서	조성우	**심의**	2015.11.16.
촬영	임정환	**개봉**	2015.12.03.
조명	고영광		

오랜만에 대학시절 절친이었던 친구 부부가 귀국한다. 하지만 오랜만에 만난 친구보다 더욱 눈길이 가는 건 완숙미가 넘치는 친구의 아내 혜숙이다. 이런 생각은 하면 안 된다고 다짐해 보지만 이미 마음속으론 친구의 아내를 탐하고 있던 정우. 이러다 무슨 일이든 저지를 것 같은 바로 그때! 사무실로 찾아온 친구가 뜻밖의 제안을 하는데!

211. 그들이 죽었다 We Will Be Ok

상영시간 102분 | 판타지, 드라마
15세이상관람가
감독 백재호
출연 김상석, 이화, 백재호, 김태희
제작 백재호
각본 백재호
촬영 백재호, 이희섭
편집 백재호
음악 지쿠
제작사 사십이
배급사 (주)인디스토리
심의 2015.11.30.
개봉 2015.12.10.

지구 종말론으로 떠들썩한 연말, "죽기 전에 뭐라도 남겨보자"라는 일념으로 친구와 함께 영화를 찍기로 한 상석. 영화제 레드카펫을 밟는 헛꿈에 젖은 것도 잠시, 어수선한 현장 분위기를 감지한 여배우와 촬영 감독은 돌연 잠적해 버린다. 그날 이후, 상석은 유서인지 시나리오인지 모를 자신만의 이야기를 써 내려가기 시작하고, 우연한 만남을 반복하는 신비로운 여인 이화와 함께 마지막 날을 함께 하기로 하는데…….

212. 불안한 외출 The Anxious Day Out

15세이상관람가
상영시간 90분 | 다큐멘터리
감독 김철민
제작 김철민
각본 김철민, 류성
촬영 김철민, 지준, 신미연, 윤여창, 이무진, 전승호
편집 김철민
음악 백자
제작사 다큐창작소
배급사 훌리가든, 불안한외출배급위원회
심의 2015.11.13.
개봉 2015.12.10.

학생운동을 했다는 이유로 10년의 수배생활과 5년의 감옥생활을 했던 윤기진. 그는 2011년 감옥에서 출소한다. 수배 중에 결혼을 해 두 딸을 낳았지만 한 번도 같이 살아본 적이 없다. 출소하면서 처음으로 가족과 살게 되면서 두 딸과 함께 할 소박한 일상을 꿈꾼다. 하지만 출소 하루 전 감옥에서 쓴 편지를 이유로 검찰은 다시 그를 국가보안법 위반으로 기소한다. 출소와 함께 시작된 재판. 그는 1년 만에 다시 감옥에 갇힐지 모른다.□

213. 뽀로로 극장판 컴퓨터 왕국 대모험 Pororo 3: Cyber Space Adventure

전체관람가		**제작**	김일호		먼트월드
상영시간	62분 ǀ 애니메이션	**프로듀서**	김현호, 김종범,	**심의**	2015.11.30.
감독	박영균		김현성, 남편, 우지희	**개봉**	2015.12.10.
출연	이선, 이미자,	**각본**	박영균, 이인균,		
	함수정, 홍소영,		김은숙		
	정미숙, 김서영,	**음악**	김정아		
	김환진, 엄상현,	**제작사**	(주)오콘		
	홍범기	**배급사**	(주)넥스트엔터테인		

어느 날, 에디가 만들어 낸 '황금날개 대모험'이라는 게임 속으로 빨려 들어간 뽀로로와 크롱! 그 곳에서 게임의 주인공 치치왕자를 만난 뽀로로와 크롱은 함께 '황금날개'를 찾아 공주를 구하기 위한 모험을 떠나게 된다. 한편, 그 둘을 따라 들어온 친구들은 게임 속 세상을 노리는 거미마왕의 부하들에게 잡혀가게 되는데! 과연 뽀로로와 친구들이 함께 거미마왕을 물리치고, 게임 속에서 탈출할 수 있을까?

214. 슬픈 남자 Sad Man

청소년관람불가		**조명**	정환종	**개봉**	2015.12.10.
상영시간	101분 ǀ 액션	**동시녹음**	이종옥		
감독	방현준	**의상**	이미애		
출연	서종철, 이제관,	**편집**	김한, 이예린		
	고민우, 소선	**음악**	임태빈		
프로듀서	소선	**제작사**	비에이치제이 시네마		
각본	방현준	**배급사**	비에이치제이 시네마		
촬영	황지훈	**심의**	2015.11.27.		

한 아버지의 잘못된 선택으로 인하여 자식인 아들마저 불행한 운명에 놓이는 이야기.

215. 앨리스: 원더랜드에서 온 소년 Alice: Boy From Wonderland

15세이상관람가
상영시간 118분 | 판타지, 공포
감독 허은희
출연 홍종현, 정소민, 정연주, 박현숙
제작 최윤, 지영모, 최욱
프로듀서 최윤, 최성호
각본 허은희, 지재형
촬영 김학배
조명 방선화, 이준일
동시녹음 이성철
미술 이현우
편집 박세영
음악 전성식
제작사 (주)유비콘텐츠
배급사 (주)영화사 안다미로
심의 2015.10.07.
개봉 2015.12.10.

매일 밤 지독한 악몽에 시달리는 혜중(정소민)은 4살 이전의 기억이 전혀 없다. 심각한 환청과 환각으로 일상생활이 힘들어진 그녀는 어느 날, 무녀의 충고를 듣고 잃어버린 과거를 찾아 24년 전 가족이 머물렀던 별장을 찾아간다. 별장은 '원더랜드' 펜션으로 변해있고, 그곳에는 신비로운 소년 환(홍종현)과 그를 보살피는 여인 수련(정연주), 그리고 흰 토끼가 혜중을 기다리고 있다. 알 수 없는 숫자의 비밀과 잃어버린 기억을 찾아야 하는 혜중은 원더랜드를 뒤지기 시작하고, 환은 항상 그녀만을 바라보며 지켜준다. 그리고, 마침내 24년간 봉인된 잔혹한 비밀과 진실을 마주하게 되는데…….

216. 타이밍 Timing

15세이상관람가
상영시간 100분 | 애니메이션
감독 민경조, 박대열
출연 엄상현, 박지윤, 성완경
프로듀서 오효석, 김명숙
각본 이언희, 이권
원작 강풀
음악 23
특수효과 최성민
제작사 (주)효인엔터테인먼트, 베데코리아
배급사 (주)스톰픽처스코리아
심의 2015.09.25.
개봉 2015.12.10.

불길한 미래를 보는 박자기는, 꿈속에서 믿을 수 없는 대참사를 예견한다. 그녀는 꿈속에서 본 의문의 연쇄 자살사건을 막기 위해, 또 다른 시간 능력자들을 찾아내 도움을 요청한다. 드디어, 대참사를 막기 위해 시간을 지배하는 능력자 4명이 모이게 되지만, 불길하고 강력한 기운은 더욱 강해지는데!

217. 타투 Tatoo

청소년관람불가		**조명**	김성관	**배급사**	와이드릴리즈(주)
상영시간	92분 I 스릴러	**동시녹음**	송진혁	**심의**	2015.11.24.
감독	이서	**미술**	김영탁, 정민경	**개봉**	2015.12.10.
출연	송일국, 윤주희, 권현상, 서영	**의상**	최미연		
프로듀서	강성규, 장원석	**편집**	손연지		
각본	이서	**음악**	김민태, 송준석		
촬영	이두훈	**제작사**	(주)다세포클럽, (주)코리아스토리		

어린 시절 말 못할 아픈 상처를 가진 수나(윤주희). 그녀는 의사생활도 포기한 채 타투이스트로 생계를 이어간다. 그녀의 타투가 행운을 부른다는 소식에 고객은 늘어가나 반대로 과거의 고통 속에 몸부림치는 수나. 그녀는 밤마다 자신에게 상처를 준 범인에 대한 복수를 꿈꾸며 거리를 헤맨다. 그러던 어느 날 수나 앞에 꿰매기 문신을 요구하는 의문의 남자 지순(송일국)이 나타나고 그녀가 지순의 등에 메두사 문신을 새기던 중 어린 시절 목격한 범인과 똑같은 흉터를 그에게서 발견한다. 메두사의 머리가 완성되던 날, 지순은 살인본색을 드러내며 수나를 납치하고 그녀에게 자신의 독특한 살인의식을 생생히 목격하게 하는데…….

218. 파일: 4022일의 사육 The File

청소년관람불가		**촬영**	김학수	**배급사**	골든타이드픽처스(주)
상영시간	92분 I 미스터리, 스릴러	**조명**	송재완	**심의**	2015.11.04.
감독	박용집	**동시녹음**	권예영	**개봉**	2015.12.10.
출연	이종혁, 강별, 하연주, 김형범	**미술**	김미란		
		의상	이석호		
제작	장원익	**편집**	문인대		
프로듀서	홍용수	**음악**	서종현		
각본	박기형, 배영란	**제작사**	활동사진		

잘나가는 사회부 기자 수경(강별)은 학창시절을 함께 보낸 절친 미수(하연주)가 실종되는 가슴 아픈 기억을 가지고 있다. 그러던 어느 날, 지역신문 편집장인 선배 민국에게서 미수를 봤다는 이야기를 듣게 되고 그녀의 행적을 쫓는다. 하지만 실종 이후 11년 만에 마주한 미수는 활달했던 예전과는 180도 달라진 어딘지 불안해 보이는 모습으로 변해있다. 그리고 그녀의 곁에는 연인이자 전도유망한 유전공학 연구원 한동민(이종혁) 박사가 항상 함께 하는데…….

219. 황진이

청소년관람불가
상영시간 98분 | 멜로, 드라마
감독 신정균
출연 장성원, 신유주, 심호성
제작 김미연
프로듀서 김응민, 이금복
각본 원일구
촬영 정준영
제작사 드림로드
배급사 에이라인
심의 2015.11.16.
개봉 2015.12.10.

조선 중기, 송도 명월관의 기녀, 진이는 서화에 능하고 기녀로는 드물게 학식까지 갖춘 송도삼절 가운데 으뜸이라 불릴 만큼 명성이 자자한 미녀이다. 한편 송도 유수의 부임을 기념하는 연회에 참석하고자 한양에서 내려온 선비 벽계수는 방탕한 친구들과는 달리 독야청청 자연과 시책을 벗 삼는 선비이다. 벽계수는 조선제일色 진이의 명성을 전해 듣고 친구들의 호언장담에 얼떨결에 진이의 유혹에 넘어가지 않겠다는 내기를 하게 되는데…….

220. 실론, 세렌디피티 Ceylon Serendipity

15세이상관람가
상영시간 108분 | 드라마
감독 권중목
출연 김민체, 권중목, 이민서
각본 권중목
촬영 이영진
편집 이영진
음악 석승희
제작사 (주)씨엠닉스
배급사 (주)씨엠닉스
심의 2015.04.15.
개봉 2015.12.14.

연극배우였던 엄마 민체는 다시 연극활동을 시작하고, 대학 새내기가 된 딸 다솔은 복학생 선배 승기에게 집착한다. 아빠 수남에게 닥친 불운으로 행복했던 가정에 파란이 일어나면서 사랑과 미움, 삶에 대한 철학적 담론을 제시하는 힐링 시네마.

221. 전원일기: 젖소농장새댁

청소년관람불가		**촬영**	김장원	**개봉**	2015.12.15.
상영시간	92분 I 멜로, 로맨스	**조명**	김경택, 최경조		
감독	한동호	**미술**	강상수		
출연	신건석, 임송이, 김경택, 김현정, 이흥재	**의상**	김지월		
		편집	김장원		
		제작사	(主)비엠미디어		
프로듀서	이정우	**배급사**	(主)비엠미디어		
각본	황석영	**심의**	2015.10.26.		

젖소농장에서 열심히 일을 하며 하루하루를 보내는 동길. 어느 날 동길이 일하고 있는 젖소농장에 매력적인 여자 주라가 일손을 도우러 오게 된다. 동길은 주라에게 마음을 빼앗기게 되고 주라도 그런 동길이 싫지만은 않다. 펜션과 젖소농장에서 분주하게 일하고 있는 주라에게 갑자기 의문의 남자가 찾아온다. 이 남자는 주라가 일하는 곳의 주인인 정태에게 은밀한 제안을 하게 되는데…….

222. 대호 The Tiger

12세이상관람가		**각본**	박훈정	**제작사**	(주)사나이픽처스
상영시간	139분 I 사극	**촬영**	이모개	**배급사**	(주)넥스트엔터테인먼트월드
감독	박훈정	**조명**	이성환		
출연	최민식, 정만식, 김상호, 성유빈, 오스기 렌	**미술**	박지희, 최현석, 조화성	**심의**	2015.11.24.
				개봉	2015.12.16.
		의상	조상경		
제작	한재덕	**편집**	김창주		
프로듀서	박민정	**음악**	조영욱		

1925년, 조선 최고의 명포수로 이름을 떨치던 천만덕(최민식)은 더 이상 총을 들지 않은 채, 지리산의 오두막에서 늦둥이 아들 석(성유빈)과 단둘이 살고 있다. 만덕의 어린 아들 석은 한 때 최고의 포수였지만 지금은 사냥에 나서지 않는 아버지에게 불만을 품는다. 한편, 마을은 지리산의 산군(山君)으로 두려움과 존경의 대상이자, 조선의 마지막 호랑이인 '대호'를 찾아 몰려든 일본군 때문에 술렁이고, 도포수 구경(정만식)은 '대호' 사냥에 열을 올린다. 조선 최고의 전리품인 호랑이 가죽에 매혹된 일본 고관 마에조노(오스기 렌)는 귀국 전에 '대호'를 손에 넣기 위해 일본군과 조선 포수대를 다그치고 구경과 일본군 장교 류(정석원)는 자취조차 쉽게 드러내지 않는 '대호'를 잡기 위한 마지막 수단으로 명포수 '만덕'을 영입하고자 한다.

223. 유신의 미학

15세이상관람가
상영시간 77분 | 드라마
감독 김노경
출연 김효비, 박상현
제작사 마그넷 엔터테인먼트
배급사 마그넷 엔터테인먼트
심의 2015.09.04.
개봉 2015.12.16.

1974년 부산에 사는 인애는 남동생 요한과 여동생 조신을 뒷바라지한다. 인애와 조신의 뒷바라지로 요한은 서울대에 입학하고 인애는 크게 기뻐한다. 대학생이 된 요한은 독재타도와 유신반대, 사회정의를 위해 '민주청년학생연맹'이라는 단체의 부의장이 된다. 정부는 긴급조치를 동원해 요한에게 체포령을 내리고, 지금은 경찰이 된 마을오빠 김주성이 요한의 소식을 접하게 된다. 한때 인애를 사랑했던 주성은 요한을 지키려고 하는데…….

224. 히말라야 The Himalayas

12세이상관람가
상영시간 124분 | 드라마
감독 이석훈
출연 황정민, 정우, 조성하, 김인권, 라미란, 김원해, 이해영, 전배수, 정유미
제작 윤제균, 박지성
프로듀서 주승환, 길영민, 이창현, 장진승
각본 수오, 민지은
촬영 홍승혁, 김태성
조명 김경석
미술 박옥경, 서희영, 박일현
의상 김은숙
편집 이진
음악 황상준
제작사 (주)제이케이필름
배급사 씨제이이엔엠(주)
심의 2015.12.03.
개봉 2015.12.16.

해발 8,750 미터 히말라야 에베레스트 데스존. 인간의 접근을 허락하지 않은 신의 영역. 그곳에 우리 동료가 묻혀있다. 산 아래 하나였고, 또 다른 가족이었던 사람들.
생을 마감한 후배 대원의 시신을 찾기 위해 기록도, 명예도, 보상도 없는 가슴 뜨거운 여정을 시작한다. 그 누구도 시도하지 않았던 위대한 도전, 엄홍길 대장과 휴먼원정대의 감동 실화가 공개된다!

225. 나의 아들, 나의 어머니 Where Is My Son?

전체관람가
상영시간 69분 | 다큐멘터리
감독 안재민
프로듀서 송규학, 이성규
촬영 김태곤, 박혁지, 서연택, 안재민
편집 진효민, 현진식
음악 홍윤진
제작사 창작집단917, 민프로덕션
배급사 (주)인디플러그
심의 2015.03.30.
개봉 2015.12.17.

안동의 고즈넉한 시골마을, 백발의 칠순 아들이 거동이 불편한 홀어머니와 함께 살고 있다. 그가 바라는 것은 단 한 가지, 어머니와 함께 오래오래 사는 것이다. 하지만 어머니는 점점 쇠약해져만 간다.

226. 색끈한 퓨전사극 심청야사

청소년관람불가
상영시간 94분 | 사극
감독 강명진
출연 이상무, 박성현
제작 이천호
프로듀서 박승찬, 박종성, 이천호
각본 이귀운, 임완기
촬영 황성운
조명 임성철, 전정훈
미술 한거울
편집 임철민
음악 최성환
제작사 고구마콘텐츠허브(주)
배급사 고구마콘텐츠허브(주)
심의 2015.11.18.
개봉 2015.12.17.

고전 소설 심청전과 춘향전을 재해석하여 기생, 술집을 배경으로 일어나는 통쾌하면서 유쾌한 퓨전사극.

227. 인 허 플레이스 In Her Place

청소년관람불가		**조명**	김희태
상영시간	115분 ǀ 드라마	**미술**	장원, 최영미, 허서형
감독	알버트 신	**의상**	김현정, 인지애
출연	윤다경, 길해연, 안지혜	**편집**	알버트 신
		제작사	타임랩스 픽처스
프로듀서	알버트 신, 윤현찬	**배급사**	홀리가든
각본	알버트 신	**심의**	2015.12.04.
촬영	문명환	**개봉**	2015.12.17.

부유한 도시의 한 여인이 시골 농장에 도착한다. 그곳에는 임신한 십대 소녀와 어머니 단 둘이 생활하고 있다. 낡고 작은 방 안에서 모녀를 지켜보며 하루하루를 보내는 그녀. 소녀의 어머니는 태어나지도 않은 아이를 그녀에게 비밀리에 입양 보내는 것에 동의한다. 그녀는 마치 임산부처럼 새로운 삶의 리듬에 맞춰 간다. 하지만, 이들의 계획은 예상보다 훨씬 복잡해져만 가는데…….

228. 위험한 중독

청소년관람불가		**동시녹음**	이보경
상영시간	92분 ǀ 드라마	**의상**	정경미
감독	최율권희	**편집**	하미라
출연	고원, 황지후, 류한홍	**음악**	김종근
제작	이수성	**제작사**	(주)리필름
각본	이은영	**배급사**	(주)블루브릭
촬영	박효훈	**심의**	2015.11.19.
조명	김일준	**개봉**	2015.12.24.

가정 폭력에 시달리던 수정과 재수생 윤호가 서로 다른 상처를 가졌다는 공통점으로 연민관계에 빠져든다.

229. 굿바이 그리고 헬로우 Goodbye and Hello

12세이상관람가		**촬영**	김종진	**심의**	2015.11.11.
상영시간	82분 | **드라마**	**조명**	라시윤, 서충근	**개봉**	2015.12.25.
감독	한창근	**미술**	김미정		
출연	서하준, 최종남, 선은지	**의상**	서혜인		
		음악	배화영		
제작	최림	**제작사**	(주)일월미디어		
프로듀서	최현민	**배급사**	(주)액티버스엔터테인먼트		
각본	안소울				

도완은 물속에 있으면 행복하다. 말수도 적고, 친구도, 엄마도 없지만, 수영을 하고 있으면 마음이 평안했다. 물속에서라면 마치 엄마의 품속에 있는 듯한 평안함을 느끼는 도완. 물을 좋아하고 수영의 재능이 있던 도완은 수영 선수의 꿈을 키워나간다. 그러나 물이라면 질색을 하며 싫어하는 아버지는 아들의 수영을 강하게 만류하고, 거듭되는 아버지의 만류에 도완과 아버지는 점점 멀어져간다.

230. 조선마술사 The Magician

12세이상관람가		**각본**	조정화, 김대승	**배급사**	롯데쇼핑(주)롯데엔터테인먼트
상영시간	123분 | 드라마	**촬영**	조상윤		
감독	김대승	**조명**	강대희	**심의**	2015.12.09.
출연	유승호, 고아라, 곽도원, 조윤희	**미술**	김민혜, 정이진, 박종국, 조화성	**개봉**	2015.12.30.
제작	정원석, 최재원, 최정호	**편집**	이진		
		음악	방준석		
프로듀서	손세훈	**제작사**	위더스필름(주)		

평안도 최대 유곽 물랑루의 자랑이자 의주의 보배인 조선 최고의 마술사 환희. 하지만 어린 시절, 청나라 마술사 귀몰에게서 학대 받았던 기억으로 늘 난봉꾼처럼 삐뚤어져있다. 그런 그를 이해하는 것은 귀몰의 손에서 함께 도망친 의누이 보음 뿐. 한편, 청명은 사행단의 호위무사 안동휘와 함께 청나라의 11번째 왕자빈으로 혼례를 치르러 가던 중 의주에 머물게 되고, 우연히 마주친 환희에게 운명처럼 끌리게 된다. 청명이 공주일거라고는 꿈에도 생각 못한 환희 역시 처음 느낀 감정에 다른 사람처럼 변해간다. 하지만 이들의 사랑이 채 피어나기도 전에 과거의 악연에 앙심을 품은 귀몰이 복수를 위해 물랑루에 온다. 청명이 가지고 있던 청나라에 올릴 진상품을 노린 물랑루의 주인인 김갑서의 음모가 더해지면서 위험의 그림자가 점점 그들을 조여온다.

231. 한양기방 명기전

청소년관람불가
상영시간 101분 | 멜로, 로맨스
감독 김민욱
출연 나영
제작사 (주)케이알씨지
배급사 (주)케이알씨지
심의 2015.12.14.
개봉 2015.12.30.

매월당의 기생 춘향에게 반한 변사또는 매일같이 기방에 출입한다. 녹수는 남자 몸종 덕구를 들이고 나미꼬와 닌자 고이즈미는 박판서 대감을 살해하기 위해 신분을 숨긴 채 매월당에서 지내고 있다. 기생 심청과 오렌지 도령은 서로 사랑에 빠지고, 고이즈미는 박판서 대감을 살해하려고 하나 실패한다. 변사또가 나미꼬와 고이즈미의 정체를 밝혀내고 나미꼬는 매월당에서 쫓겨난다. 몰래 매월당에 숨어있던 고이즈미는 논개와 맞딱뜨리고, 다음 날 아침 매월당에서 덕구가 살해된 채로 발견된다. 녹수는 월향을 범인으로 지목하기 위해 알리바이를 위증하고, 변사또는 녹수의 계략에 말려 월향을 범인으로 지목하게 되는데!

232. 친애하는 지도자 동지께 Dear Dictator

청소년관람불가
상영시간 99분 | 드라마
감독 이상우
출연 김영건, 신원호, 서현석
각본 이상우
촬영 김민수
조명 김중근
미술 이윤경
편집 이채현
음악 강민국
제작사 이상우필름
배급사 이상우필름
심의 2015.11.12.
개봉 2015.12.31.

작고 허름한 달동네에 고등학교를 중퇴한 북성, 영림, 우석이 살고 있다. 어느 날 간첩이 나타나 가난한 사람들의 일상을 캠코더에 담기 시작하며 가난에 발버둥치는 세 친구와 간첩과의 복잡한 사건이 벌어진다.